Die Bonus-Seite

Ihr Vorteil als Käufer dieses Buches

Auf der Bonus-Webseite zu diesem Buch finden Sie zusätzliche Informationen und Services. Dazu gehört auch ein kostenloser **Testzugang** zur Online-Fassung Ihres Buches. Und der besondere Vorteil: Wenn Sie Ihr **Online-Buch** auch weiterhin nutzen wollen, erhalten Sie den vollen Zugang zum **Vorzugspreis**.

So nutzen Sie Ihren Vorteil

Halten Sie den unten abgedruckten Zugangscode bereit und gehen Sie auf **www.sap-press.de**. Dort finden Sie den Kasten **Die Bonus-Seite für Buchkäufer**. Klicken Sie auf **Zur Bonus-Seite/ Buch registrieren**, und geben Sie Ihren **Zugangscode** ein. Schon stehen Ihnen die Bonus-Angebote zur Verfügung.

Ihr persönlicher **Zugangscode**: 5tr7-9q23-z84u-6xps

Praxishandbuch Vertrieb mit SAP®

SAP PRESS ist eine gemeinschaftliche Initiative von SAP und Galileo Press. Ziel ist es, Anwendern qualifiziertes SAP-Wissen zur Verfügung zu stellen. SAP PRESS vereint das fachliche Know-how der SAP und die verlegerische Kompetenz von Galileo Press. Die Bücher bieten Expertenwissen zu technischen wie auch zu betriebswirtschaftlichen SAP-Themen.

Susanne Hess, Stefanie Lenz, Jochen Scheibler
Vertriebscontrolling mit SAP NetWeaver BI
2009, 255 S., geb.
ISBN 978-3-8362-1199-4

Gulyássy, Hoppe, Isermann, Köhler
Disposition mit SAP
2009, 608 S., geb.
ISBN 978-3-8362-1221-2

Uwe Blumöhr, Manfred Münch, Marin Ukalovic
Variantenkonfiguration mit SAP
2009, 557 S., geb.
ISBN 978-3-8362-1202-1

Torsten Hellberg
Einkauf mit SAP MM
2., aktualisierte und erweiterte Auflage 2009, 375 S., geb.
ISBN 978-3-8362-1394-3

Stefan Bomann, Torsten Hellberg
Rechnungsprüfung mit SAP MM
2008, 373 S., geb.
ISBN 978-3-8362-1160-4

Aktuelle Angaben zum gesamten SAP PRESS-Programm finden Sie unter *www.sap-press.de*.

Jochen Scheibler, Tanja Maurer

Praxishandbuch Vertrieb mit SAP®

Bonn • Boston

Liebe Leserin, lieber Leser,

vielen Dank, dass Sie sich für ein Buch von SAP PRESS entschieden haben.

Der Vertrieb ist die Visitenkarte Ihres Unternehmens. Entsprechend der hohen Qualität Ihrer Produkte sollte auch der Vertrieb effektiv und effizient ablaufen: Ob es nun um die Preisfindung, die Verfügbarkeitsprüfung oder die Versandterminierung geht, das Kreditmanagement oder Cross-Company-Geschäfte.

Jochen Scheibler und Tanja Maurer gelingt es auch in der nunmehr dritten Auflage dieses Buchs, die betriebswirtschaftlichen Zusammenhänge mit einer Darstellung der Funktionalität des SAP-Systems zu verbinden und eingängig zu vermitteln. Zahlreiche Beispiele für unterschiedliche Produktionsszenarien verdeutlichen dabei durchgängig die funktions- und unternehmensübergreifende Anwendung der Komponente SD. Mit SAP NetWeaver BW und SAP CRM sind neue Möglichkeiten hinzugekommen, Informationen system- und komponentenübergreifend auszuwerten und ein ganzheitliches Kundenbild zu gewinnen. Auch hierauf gehen die Autoren ein. Nicht zuletzt wurden mit den Enhancement Packages 3 und 4 neu eingeführte Funktionen aufgenommen, z.B. zum Kreditmanagement, zu Fakturaplänen und zur Retourenabwicklung.

Kurz gesagt: In Ihren Händen halten Sie ein umfassendes und praxisorientiertes Handbuch zu den wichtigsten Vertriebsfunktionen und -prozessen mit SAP.

Wir freuen uns stets über Lob, aber auch über kritische Anmerkungen, die uns helfen, unsere Bücher zu verbessern. Am Ende dieses Buchs finden Sie daher eine Postkarte, mit der Sie uns Ihre Meinung mitteilen können. Als Dankeschön verlosen wir unter den Einsendern regelmäßig Gutscheine für SAP PRESS-Bücher.

Ihr Frank Paschen
Lektorat SAP PRESS

Galileo Press
Rheinwerkallee 4
53227 Bonn

frank.paschen@galileo-press.de
www.sap-press.de

Auf einen Blick

1 Einführung 15
2 Vertriebskomponente SD – Funktionsüberblick 41
3 Vertriebskomponente SD – Prozessüberblick 241
4 Gestaltung von Wertschöpfungsketten
   in SAP ERP 445
5 Prozessorientierte Einführung 541
6 Unternehmensübergreifende Geschäftsprozesse 551
7 Zusammenfassung 617
A Transaktionen und Menüpfade 621
B Glossar 633
C Literaturempfehlungen 643
D Die Autoren 645

Der Name Galileo Press geht auf den italienischen Mathematiker und Philosophen Galileo Galilei (1564–1642) zurück. Er gilt als Gründungsfigur der neuzeitlichen Wissenschaft und wurde berühmt als Verfechter des modernen, heliozentrischen Weltbilds. Legendär ist sein Ausspruch *Eppur se muove* (Und sie bewegt sich doch). Das Emblem von Galileo Press ist der Jupiter, umkreist von den vier Galileischen Monden. Galilei entdeckte die nach ihm benannten Monde 1610.

Lektorat Frank Paschen
Korrektorat Angelika Glock, Wuppertal
Einbandgestaltung Silke Braun
Titelbild Masterfile/Royalty Free
Typografie und Layout Vera Brauner
Herstellung Lissy Hamann
Satz Typographie & Computer, Krefeld
Druck und Bindung Bercker Graphischer Betrieb, Kevelaer

Gerne stehen wir Ihnen mit Rat und Tat zur Seite:
frank.paschen@galileo-press.de bei Fragen und Anmerkungen zum Inhalt des Buchs
service@galileo-press.de für versandkostenfreie Bestellungen und Reklamationen
thomas.losch@galileo-press.de für Rezensionsexemplare

Bibliografische Information der Deutschen Nationalbibliothek
Die Deutsche Nationalbibliothek verzeichnet diese Publikation in der Deutschen Nationalbibliografie; detaillierte bibliografische Daten sind im Internet über http://dnb.d-nb.de abrufbar.

ISBN   978-3-8362-1472-8

© Galileo Press, Bonn 2010
3., aktualisierte und erweiterte Auflage 2010
Die Vorauflage erschien unter dem Titel »Vertrieb mit SAP«

Das vorliegende Werk ist in all seinen Teilen urheberrechtlich geschützt. Alle Rechte vorbehalten, insbesondere das Recht der Übersetzung, des Vortrags, der Reproduktion, der Vervielfältigung auf fotomechanischen oder anderen Wegen und der Speicherung in elektronischen Medien. Ungeachtet der Sorgfalt, die auf die Erstellung von Text, Abbildungen und Programmen verwendet wurde, können weder Verlag noch Autor, Herausgeber oder Übersetzer für mögliche Fehler und deren Folgen eine juristische Verantwortung oder irgendeine Haftung übernehmen.

Die in diesem Werk wiedergegebenen Gebrauchsnamen, Handelsnamen, Warenbezeichnungen usw. können auch ohne besondere Kennzeichnung Marken sein und als solche den gesetzlichen Bestimmungen unterliegen.
Sämtliche in diesem Werk abgedruckten Bildschirmabzüge unterliegen dem Urheberrecht © der SAP AG, Dietmar-Hopp-Allee 16, D-69190 Walldorf.

SAP, das SAP-Logo, mySAP, mySAP.com, mySAP Business Suite, SAP NetWeaver, SAP R/3, SAP R/2, SAP B2B, SAPtronic, SAPscript, SAP BW, SAP CRM, SAP EarlyWatch, SAP ArchiveLink, SAP GUI, SAP Business Workflow, SAP Business Engineer, SAP Business Navigator, SAP Business Framework, SAP Business Information Warehouse, SAP interenterprise solutions, SAP APO, AcceleratedSAP, InterSAP, SAPoffice, SAPfind, SAPfile, SAPtime, SAPmail, SAPaccess, SAP-EDI, R/3 Retail, Accelerated HR, Accelerated HiTech, Accelerated Consumer Products, ABAP, ABAP/4, ALE/WEB, Alloy, BAPI, Business Framework, BW Explorer, Enjoy-SAP, mySAP.com e-business platform, mySAP Enterprise Portals, RIVA, SAPPHIRE, TeamSAP, Webflow und SAP PRESS sind Marken oder eingetragene Marken der SAP AG, Walldorf.

Inhalt

Danksagung 13

1 Einführung 15

1.1 Überblick über die Software SAP ERP 19
1.2 Organisationseinheiten 21
    1.2.1 Mandant 22
    1.2.2 Buchungskreis 22
    1.2.3 Werk 23
    1.2.4 Lagerort 23
    1.2.5 Vertriebsbereich 24
    1.2.6 Verkaufsbüro und Verkäufergruppe 26
    1.2.7 Organisationseinheiten im Versand 27
    1.2.8 Organisationsstrukturen im Controlling 27
1.3 Materialstamm 28
1.4 Kundenstamm 34
1.5 Zusammenfassung 39

2 Vertriebskomponente SD – Funktionsüberblick 41

2.1 Preisfindung 41
    2.1.1 Betriebswirtschaftliche Grundlagen 42
    2.1.2 Elemente der Preisfindung 43
    2.1.3 Beispiel 54
2.2 Nachrichtenfindung 59
    2.2.1 Betriebswirtschaftliche Grundlagen 60
    2.2.2 Elemente der Nachrichtenfindung 62
    2.2.3 Beispiel 67
2.3 Verfügbarkeitsprüfung 71
    2.3.1 Betriebswirtschaftliche Grundlagen 72
    2.3.2 Verfügbarkeitsprüfung in SAP ERP 73
    2.3.3 Beispiel 80
2.4 Versandterminierung 87
    2.4.1 Überblick 87
    2.4.2 Versandterminierung in SAP ERP 88
    2.4.3 Beispiel 92
2.5 Chargenfindung 95
    2.5.1 Betriebswirtschaftliche Grundlagen 95
    2.5.2 Chargenverwaltung in SAP ERP 96

	2.5.3	Komponenten der Chargenfindung	98
	2.5.4	Beispiel	101
2.6	Serialnummern		106
	2.6.1	Betriebswirtschaftliche Grundlagen	106
	2.6.2	Serialnummern in SAP ERP	108
	2.6.3	Tipp zur Verwaltung mehrerer Serialnummern	116
	2.6.4	Beispiel	120
2.7	Materialfindung		120
	2.7.1	Betriebswirtschaftliche Grundlagen	121
	2.7.2	Materialfindung in SAP ERP	121
	2.7.3	Elemente der Materialfindung	123
	2.7.4	Beispiel zur Materialfindung	127
	2.7.5	Beispiel zur Produktselektion	130
2.8	Materiallistung und -ausschluss		136
	2.8.1	Materiallistung und -ausschluss in SAP ERP	136
	2.8.2	Beispiel	138
2.9	Dynamischer Produktvorschlag		143
	2.9.1	Dynamischer Produktvorschlag in SAP ERP	143
	2.9.2	Beispiel	149
2.10	Cross-Selling		152
	2.10.1	Cross-Selling in SAP ERP	152
	2.10.2	Beispiel	154
2.11	Kreditmanagement		156
	2.11.1	Betriebswirtschaftliche Grundlagen	157
	2.11.2	Herkömmliches Kreditmanagement	157
	2.11.3	SAP Credit Management	171
2.12	Integration der Ergebnis- und Marktsegmentrechnung		189
	2.12.1	Betriebswirtschaftliche Grundlagen	189
	2.12.2	Funktionalität	190
	2.12.3	Szenarien	192
	2.12.4	Beispiel	198
2.13	Vertriebsinformationssystem (VIS)		203
	2.13.1	Betriebswirtschaftliche Grundlagen	203
	2.13.2	Konzeption des Vertriebsinformationssystems	204
2.14	SAP NetWeaver Business Warehouse (BW) inklusive SAP BusinessObjects		212
	2.14.1	Überblick	213

		2.14.2	Informationsstrukturen in SAP NetWeaver BW	218

- 2.14.2 Informationsstrukturen in SAP NetWeaver BW 218
- 2.14.3 Informationsstrukturen in SAP BusinessObjects 221
- 2.14.4 Beispiel »Business Explorer Analyzer« 222
- 2.14.5 Beispiel »Crystal Reports« 232
- 2.14.6 Fazit 239
- 2.15 Zusammenfassung 239

3 Vertriebskomponente SD – Prozessüberblick 241

- 3.1 Belegstruktur 241
- 3.2 Belegfluss 250
- 3.3 Terminauftragsabwicklung 253
  - 3.3.1 Kundenanfrage 254
  - 3.3.2 Kundenangebot 256
  - 3.3.3 Terminauftrag 256
  - 3.3.4 Lieferungsbearbeitung 258
  - 3.3.5 Fakturierung 269
  - 3.3.6 Beispiel 273
- 3.4 Streckenauftragsabwicklung 287
  - 3.4.1 Betriebswirtschaftliche Grundlagen 287
  - 3.4.2 Streckenauftragsabwicklung in SAP ERP 289
  - 3.4.3 Beispiel 294
- 3.5 Konsignationsabwicklung 300
  - 3.5.1 Betriebswirtschaftliche Grundlagen 300
  - 3.5.2 Konsignationsabwicklung mit SAP ERP 301
  - 3.5.3 Beispiel 303
- 3.6 Fakturierungspläne und Anzahlungsabwicklung 307
  - 3.6.1 Betriebswirtschaftliche Grundlagen 307
  - 3.6.2 Fakturierungspläne 310
  - 3.6.3 Beispiel 1: Fakturierungsplan mit Anzahlungen 316
  - 3.6.4 Anzahlungsabwicklung mit Belegkonditionen 329
  - 3.6.5 Beispiel 2: Neue Anzahlungsabwicklung 332
- 3.7 Leihgutabwicklung 338
  - 3.7.1 Betriebswirtschaftliche Grundlagen 338
  - 3.7.2 Leihgutabwicklung in SAP ERP 339
  - 3.7.3 Beispiel: Customizing von Leihgutabwicklung und Mietgeschäft 340
- 3.8 Retourenabwicklung 348

	3.8.1	Betriebswirtschaftliche Grundlagen	348
	3.8.2	Retourenabwicklung in SAP ERP	350
	3.8.3	Beispiel	356
	3.8.4	Erweiterte Retourenabwicklung für Kundenretouren	365
	3.8.5	Beispiel	368
3.9	Gut- und Lastschriften		374
	3.9.1	Betriebswirtschaftliche Grundlagen	374
	3.9.2	Gut- und Lastschriften in SAP ERP	374
	3.9.3	Beispiel	378
3.10	Rahmenverträge		383
	3.10.1	Betriebswirtschaftliche Grundlagen	383
	3.10.2	Rahmenverträge in SAP ERP	384
	3.10.3	Beispiel	389
3.11	Cross-Company-Geschäfte		396
	3.11.1	Betriebswirtschaftliche Grundlagen	396
	3.11.2	Cross-Company-Konzept in SAP ERP	399
	3.11.3	Beispiel	412
3.12	Zentrale Reklamationsbearbeitung		422
	3.12.1	Betriebswirtschaftliche Grundlagen	422
	3.12.2	Beispiel »Austausch«	426
	3.12.3	Beispiel »Gutschrift«	431
	3.12.4	Beispiel »Massenreklamation«	436
3.13	Zusammenfassung		442

4 Gestaltung von Wertschöpfungsketten in SAP ERP ... 445

4.1	Lagerverkauf mit Chargenfertigung		446
	4.1.1	Produkte und Märkte	446
	4.1.2	Organisationsstruktur	447
	4.1.3	Prozessbeschreibung	447
	4.1.4	Beispiel	454
4.2	Vorplanung ohne Endmontage		465
	4.2.1	Produkte und Märkte	465
	4.2.2	Organisationsstruktur	467
	4.2.3	Prozessbeschreibung	468
	4.2.4	Beispiel	476
4.3	Kundeneinzelfertigung		498
	4.3.1	Produkte und Märkte	498
	4.3.2	Organisationsstruktur	499
	4.3.3	Prozessbeschreibung	500

	4.3.4	Beispiel	510
4.4	Weitere Szenarien		532
	4.4.1	Losfertigung	533
	4.4.2	Anonyme Lagerfertigung mit Bruttoplanung	533
	4.4.3	Kombination von Losfertigung und anonymer Lagerfertigung	534
	4.4.4	Vorplanung mit Endmontage	535
	4.4.5	Kundeneinzelfertigung mit Verrechnung gegen die Vorplanung	536
	4.4.6	Variantenkonfiguration	537
	4.4.7	Projektfertigung	539
4.5	Zusammenfassung		540

5 Prozessorientierte Einführung 541

5.1	Prinzip »Prozessorientierung«	542
5.2	Prinzip »Mitarbeiterorientierung«	545
5.3	Projektorganisation	547
5.4	Zusammenfassung	549

6 Unternehmensübergreifende Geschäftsprozesse 551

6.1	SAP NetWeaver als Technologiebasis		552
	6.1.1	Architektur	552
	6.1.2	Integration von Anwendungen	554
	6.1.3	Integration von Prozessen	556
	6.1.4	Integration von Informationen	560
	6.1.5	Integration von Menschen	561
	6.1.6	Wandel von der Komponenten- zur Anwendungssicht	566
6.2	Unternehmensübergreifende Auftragsabwicklung		566
	6.2.1	Prozessbeschreibung	568
	6.2.2	Beispiel	573
6.3	Customer Relationship Management		596
	6.3.1	Stammdaten in SAP CRM	597
	6.3.2	Funktionen und Prozesse in SAP CRM	599
	6.3.3	E-Commerce-Funktionen in SAP ERP	614
6.4	Zusammenfassung		616

7 Zusammenfassung 617

Anhang 619

- A Transaktionen und Menüpfade 621
  - A.1 Anwendung 621
    - A.1.1 Komponente SD 621
    - A.1.2 Komponente MM 623
    - A.1.3 Komponente PP 624
    - A.1.4 Komponente FI 625
    - A.1.5 Komponente CO 626
    - A.1.6 Werkzeuge 626
    - A.1.7 Sonstiges 627
  - A.2 Customizing 627
    - A.2.1 Komponente SD 627
    - A.2.2 Logistics Execution 630
    - A.2.3 Komponente MM 630
    - A.2.4 Komponente PP 631
    - A.2.5 Komponente FI 631
    - A.2.6 Komponente CO 631
    - A.2.7 Unternehmensstruktur 632
    - A.2.8 Logistik Allgemein 632
- B Glossar 633
- C Literaturempfehlungen 643
- D Die Autoren 645

Index 647

Danksagung

Als Autoren der inzwischen dritten Auflage dieses Buchs bedanken wir uns vor allem bei unseren Kollegen in der PIKON International Consulting Group (*www.pikon.com*) für ihre unentbehrliche Unterstützung. PIKON konzentriert sich als Beratungshaus auf die Geschäftsfelder ERP, Business Intelligence und Business Integration.

In der dritten Auflage haben wir vor allem neue Funktionen der Software ergänzt. Frau Alena Dörr hat sich um das Thema Reklamationsabwicklung gekümmert und darüber hinaus viele Korrektur- und Fleißarbeiten übernommen, die eine solche Überarbeitung mit sich bringt. Frau Dörr arbeitet als Beraterin im Geschäftsfeld ERP. Herzlichen Dank an dieser Stelle für den geleisteten Einsatz! Herrn Jörg Hofmann danken wir für die Durchsicht und die Weiterentwicklung der Controllingaspekte, die nach wie vor stark in diesem Buch vertreten sind.

Auch der Bereich Business Intelligence der PIKON International Consulting Group wurde anlässlich der Überarbeitung unseres Buchs integriert. Der Abschnitt 2.14 zum Thema Business Intelligence wurde um Beispiele ergänzt, die auf den neuen BusinessObjects-Produkten von SAP basieren. Frau Susanne Hess, Frau Stefanie Lenz, Frau Cornelia Köhler, Herr Oliver Dworschak und Herr Andrew Barker haben sich um diese Aspekte verdient gemacht, und dafür danken wir ihnen!

Herr Rauno Müller verantwortet den Bereich Business Integration in der PIKON International Consulting Group. Er hat Kapitel 6, »Unternehmensübergreifende Geschäftsprozesse«, aktualisiert und um einige Informationen ergänzt. Herr Heiko Breitenstein ist Berater im Bereich Business Intelligence und der Fachmann in Bezug auf das Thema Portal. Ihm ist zu verdanken, dass in diesem Kapitel gezeigt wird, wie ERP-Funktionen aus der SAP-Portalsoftware heraus aufgerufen werden können.

Herr Jörg Kümpflein ist Geschäftsführer der innovate Software GmbH. Ihm danken wir, wie schon bei der zweiten Auflage, für die kritische Durchsicht der Abschnitte zu SAP CRM in Kapitel 6 und die daraus resultierenden wertvollen Verbesserungsvorschläge.

Des Weiteren bedanken wir uns bei Frau Sarah Burlefinger, Frau Sabine Hofmann, Frau Conny Hummel und Frau Rebecca Ringdal für die gründliche Durchsicht der Manuskripte.

Ein herzliches Dankeschön gilt auch unserem Lektor bei Galileo Press, Herrn Frank Paschen, für die jederzeit sehr gute, konstruktive und angenehme Zusammenarbeit bei der Erstellung des Buchs.

Schließlich gilt unser Dank allen Mitarbeitern der PIKON International Consulting Group und unseren Freunden und Familien, die uns während des Buchprojekts mit Rat und Tat unterstützt haben.

Trotz der wertvollen Hilfe, die wir für die Erstellung des Buchs erfahren haben, sind wir für die verbliebenen Fehler allein verantwortlich.

Jochen Scheibler und **Tanja Maurer**

Was ist das Ziel dieses Buchs? Wer kann von der Lektüre profitieren, und wie ist sie aufgebaut? Diese Fragen werden im Folgenden beantwortet. Darüber hinaus lernen Sie die Grundstruktur der SAP ERP-Software, die Abbildung der Organisationseinheiten und den Aufbau der Stammdaten kennen.

1 Einführung

In den letzten zehn Jahren des vergangenen Jahrhunderts hat die Software SAP R/3 als integriertes betriebswirtschaftliches Anwendungssystem einen Siegeszug durch die Unternehmen der ganzen Welt angetreten. Was macht den Erfolg dieser Software aus? Warum setzen so viele Unternehmen verschiedener Branchen und unterschiedlicher Größe dieses System zur Unterstützung der Prozesse im Unternehmen ein? Die Antwort ist klar und einfach: Es bietet die wichtigsten Komponenten (Vertrieb, Produktion, Materialwirtschaft, Finanzbuchhaltung und Controlling) und vor allem deren integrierte Anwendung. Außerdem können Funktionen und Prozesse über das Customizing an die unterschiedlichen Anforderungen der jeweiligen Unternehmen angepasst werden.

Als die SAP AG im Jahr 2004 den Nachfolger der erfolgreichen Software SAP R/3 vorstellte, lautete die Frage »Evolution oder Revolution?«. *mySAP ERP 2004* brachte mit der SAP NetWeaver-Plattform und der Komponente SAP Web Application Server (jetzt SAP NetWeaver Application Server) vor allem eine funktional wesentlich erweiterte und voll internetfähige Systembasis. Der Kern der Software SAP ERP – im aktuellen Release SAP ERP 6.0 (vormals SAP ERP 2005) – ist die Enterprise Core Component (ECC). Diese umfasst im Wesentlichen nach wie vor die bekannten Module der SAP R/3-Software. Dies ist auch der Grund dafür, dass die Umstellung von SAP R/3 auf SAP ERP über einen Releasewechsel erfolgt und nicht über eine völlige Neuinstallation des Systems. Damit lässt sich die eingangs formulierte Frage auch eindeutig beantworten: Zumindest aus Sicht der betriebswirtschaftlichen Kernkomponenten handelt es sich beim

Von SAP R/3 nach SAP ERP

Übergang von SAP R/3 zu SAP ERP um eine Evolution! Aus diesem Grund haben wir auch in der dritten Auflage dieses Buchs den grundsätzlichen Aufbau beibehalten.

Neue Funktionalitäten werden von SAP über sogenannte *Enhancement Packages* (EhP) zur Verfügung gestellt. Kunden, die diese Funktionalitäten nutzen wollen, müssen die Enhancement Packages aktivieren. Damit wird ein umfassender Releasewechsel seltener als bisher benötigt. Das Buch ist aktuell in Bezug auf EhP3, wobei wir auf die wichtigsten Änderungen in EhP4 bereits hinweisen. Zum Zeitpunkt der Fertigstellung des Manuskripts war EhP4 von SAP gerade ausgeliefert worden, und wir hatten daher nur wenig tief gehende Erfahrung mit dieser Version. Aus unserer Sicht gibt es lediglich Änderungen in der Retourenabwicklung, auf die wir in unserem Buch auch eingehen.

Neuerungen in der zweiten Auflage

Sämtliche Systembeispiele wurden in der zweiten Auflage neu erstellt und basieren auf dem Release SAP ERP 6.0. Die Beispiele wurden auf einem SAP IDES-System (IDES: *International Demonstration and Education System*) erstellt. Damit Sie die Systembeispiele leichter auf einem eigenen IDES-System nachvollziehen können, haben wir unter den jeweiligen Abbildungen Transaktionscodes ergänzt. Am Ende des Buchs haben wir zu den verwendeten Transaktionscodes auch beschrieben, wie Sie die Transaktionen über den Menüpfad erreichen. Was gibt es sonst an Neuerungen? In den letzten Jahren hat sich die Business-Warehouse-Lösung von SAP (SAP NetWeaver BW) als Werkzeug für die Analyse mehr und mehr durchgesetzt. Dem haben wir Rechnung getragen und diesem Komplex einen eigenen Abschnitt, Abschnitt 2.14, gewidmet. In Abschnitt 3.11, »Cross-Company-Geschäfte«, stellen wir eine interessante neue Transaktion zur zentralen Bearbeitung von Reklamationen vor. Grundsätzlich neu gestaltet wurde Kapitel 6, »Unternehmensübergreifende Geschäftsprozesse«, mit einem neuen Systembeispiel. Dabei zeigen wir die komplette systemübergreifende Auftragsabwicklung zwischen Kunde und Lieferanten auf Basis elektronischer Nachrichten.

Neuerungen in der dritten Auflage

Auch in die dritte Auflage haben wir wieder einige neue Themen aufnehmen können: In Kapitel 2, »Vertriebskomponente SD – Funktionsüberblick«, haben wir zum Thema Kreditmanagement neue Funktionen ergänzt, die im Rahmen der Komponente *Financial Supply Chain Management* zur Verfügung gestellt werden (siehe Abschnitt 2.11.3). Darin enthalten sind neue Funktionen für eine systemübergreifende Überwachung von Kreditlimits. In Kapitel 3, »Vertriebskomponente SD – Prozessüberblick«, haben wir das Thema Fakturapläne und die Abwicklung von Anzahlungen (inkl. Systembeispiel) ergänzt. Diese Punkte haben vor allem im Anlagenbau und im Projektgeschäft große Bedeutung. Aus diesem Grund haben wir unser Systembeispiel in Abschnitt 4.3, »Kundeneinzelfertigung«, neu aufgebaut und dabei die Anzahlungsabwicklung integriert. Zusätzlich beschreiben wir in Kapitel 3 neue Funktionen in der Reklamationsabwicklung. Die Systembeispiele dieser Änderungen basieren auf dem Release SAP ERP 6.0 Enhancement Package 3. Wie bereits erwähnt, gibt es in EhP4 Änderungen in der Retourenabwicklung. Aus diesem Grund haben wir das Systembeispiel zu diesem Punkt auf der Basis von EhP4 neu erstellt. Abschnitt 2.14 haben wir um einen Überblick über die wichtigsten Business-Intelligence-Komponenten aus dem Bereich SAP BusinessObjects erweitert und zeigen auch dazu ein Systembeispiel. Des Weiteren haben wir das Buch um ein Glossar ergänzt. Außerdem liegt jedem Exemplar eine herausnehmbare Referenzkarte bei. Diese listet die wichtigsten Transaktionscodes als Unterstützung für die tägliche Arbeit auf.

Das Buch richtet sich grundsätzlich an alle, die sich mit der Abbildung von Vertriebsprozessen in der Software SAP ERP beschäftigen und sich dabei vor allem auch für die Schnittstellen zu den angrenzenden Komponenten in Finanzwesen, Controlling, Materialwirtschaft und Produktion interessieren. SAP-Kenntnisse sind nicht erforderlich, aber grundlegendes IT-Wissen wird die Lektüre erleichtern. Das Buch ist vor allem für jene geschrieben, die sich anschließend auf Basis einer soliden Grundlage detailliert mit dem Thema auseinandersetzen wollen. Es richtet sich damit gleichermaßen an Mitarbeiter in Fach- und IT-Abteilungen, Projektleiter und Berater. Es eignet sich aber auch für Studenten und Dozenten an Hochschulen, insbesondere dann, wenn ein SAP IDES-System zur Verfügung steht, mit dem sich die Prozesse nachspielen lassen. Das Buch ersetzt selbstverständlich keine vollständige Dokumentation (siehe *http://help.sap.com*) und auch keine Schulung in der Anwendung oder im Customizing. Es

Zielgruppe des Buchs

dient aber als gezielte Vorbereitung, um mehr Nutzen aus Schulungen zu ziehen und die Informationen aus der Dokumentation effektiver einzusetzen.

IT und Betriebswirtschaft

Ein wichtiger Erfolgsfaktor für ein gelungenes Einführungsprojekt ist das Zusammenspiel zwischen betriebswirtschaftlich-organisatorischen Anforderungen und der technischen Umsetzung in der Software. Berater und IT-Mitarbeiter dürfen sich dabei nicht ausschließlich auf technische Aspekte fokussieren, sondern müssen auch betriebswirtschaftliches Know-how mitbringen. Key User (Power User) dürfen sich umgekehrt aber nicht auf die fachlichen Aspekte beschränken. Vielmehr ist es entscheidend, dass Key User die grundsätzlichen Gestaltungsmöglichkeiten von Funktionen und Prozessen kennen, um gemeinsam mit Beratern und IT-Mitarbeitern die bestmöglichen Lösungen zu schaffen. Dazu gehört auch ein Grundverständnis des Customizings, wie es dieses Buch vermittelt. Gerade für Key User ist es deshalb ein guter Einstieg in das Thema

Ziel des Buchs

Ziel des Buchs ist es, Ihnen ein grundlegendes Verständnis für die wesentlichen Gestaltungsmöglichkeiten der Abbildung von Geschäftsprozessen mit SAP zu vermitteln. Es geht darum, den Zusammenhang zwischen Einstellungen im Customizing und dem Ablauf von Funktionen und Prozessen in der Anwendung deutlich zu machen. Dabei wollen wir den *Vertrieb* (Komponente SD, *Sales and Distribution*) nicht als isolierte Komponente betrachten. Vielmehr geht es um das prozessorientierte Zusammenspiel von Vertrieb, Produktion, Materialwirtschaft, Controlling und Finanzbuchhaltung zur Optimierung betrieblicher Wertschöpfungsketten.

Aufbau des Buchs

Im vorliegenden Kapitel 1 erläutern wir die Grundstrukturen der Software. Dabei stehen die Abbildung der Unternehmensorganisation und der Aufbau der Stammdaten im Mittelpunkt. In Kapitel 2, »Vertriebskomponente SD – Funktionsüberblick«, geben wir Ihnen einen Überblick über alle wichtigen Funktionen der Komponente SD, jeweils verbunden mit den betriebswirtschaftlichen Grundlagen, den wesentlichen Bestandteilen und einem umfassenden Beispiel. Nachdem Sie die Funktionen kennengelernt haben, werden in Kapitel 3, »Vertriebskomponente SD – Prozessüberblick«, die Vertriebsprozesse in den Blickpunkt gerückt – auch hier wieder in Verbindung mit betriebswirtschaftlichen Grundlagen und Beispielen aus unterschiedlichen Branchen. In Kapitel 4, »Gestaltung von Wertschöpfungsketten in SAP ERP«, zeigen wir das komponentenübergreifende Zusammenspiel in unterschiedlichen Szenarien der Massenfertigung und der Kundeneinzelfertigung. Kapitel 5 stellt die wichtigsten Prinzipien vor, die bei der Einführung von SAP-Systemen zu beachten sind. In Kapitel 6 erweitern wir die Perspektive auf die Möglichkeiten zur Abbildung unternehmensübergreifender Geschäftsprozesse. Kapitel 7 schließt das Buch mit einer kurzen Zusammenfassung ab. Im Anhang finden Sie unter anderem alle im Buch aufgeführten Transaktionen und die entsprechenden Menüpfade.

1.1 Überblick über die Software SAP ERP

Die Enterprise Core Component der Software SAP ERP gliedert sich, wie schon der Vorgänger SAP R/3, in unterschiedliche Komponenten (früher Module). Diese repräsentieren die verschiedenen Funktionen und Prozesse der betriebswirtschaftlichen Standardsoftware. Wenn, wie eingangs formuliert, der Nutzen der Software SAP ERP besonders in der Integration dieser Komponenten liegt und das Buch aus diesem Grund einen prozessorientierten und komponentenübergreifenden Ansatz verfolgt, so ist es sinnvoll, sich zunächst einen Überblick über die einzelnen Komponenten zu verschaffen. Dabei wollen wir uns auf die wichtigsten Komponenten beschränken. Mit diesen werden die wesentlichen Unternehmensprozesse abgebildet. Auf Sonder- und Zusatzkomponenten, die in bestimmten Branchen oder für spezifische Funktionen eingesetzt werden, werden wir hingegen nicht eingehen.

Beginnen wir mit den Logistikanwendungen. Im *Vertrieb* (Komponente SD, *Sales and Distribution*) wird der Verkauf (Angebote, Aufträge, Rahmenverträge), der Versand (Lieferung, Kommissionierung, Warenausgangsbuchung) sowie die Fakturierung der gelieferten Produkte vorgenommen. Zur *Materialwirtschaft* (Komponente MM, *Materials Management*) gehören vor allem die Bestandsführung, der Einkauf, die Bestandsbewertung und die Rechnungsprüfung. Die Produktion wird über die *Produktionsplanung und -steuerung* (Komponente PP, *Production Planning*) unterstützt. Dazu gehören die Absatz- und Produktionsgrobplanung, die Programmplanung, die Bedarfsplanung (Disposition), die Fertigungssteuerung und die Kapazitätsplanung. Die *Instandhaltungskomponente* (Teil der Anwendung SAP PLM, *SAP Product Lifecycle*

Logistikanwendungen

Management) dient der Instandhaltungs- und Wartungsplanung von eigenen Anlagen. Dagegen wird die Lösung *Customer Service* (Komponente CS) für die Planung und Durchführung der Instandhaltung von Kundenanlagen benötigt. Zum *Qualitätsmanagement* (Komponente QM, *Quality Management*) gehört die Planung und Durchführung von Maßnahmen zur Qualitätssicherung (z. B. Qualitätsmeldungen, Qualitätsprüfungen, Erstellung von Qualitätszeugnissen).

SAP ERP HCM

Die Lösung *SAP ERP Human Capital Management* (SAP ERP HCM) dient dem Thema Personalmanagement (Personalabrechnung, -administration, -beschaffung, -entwicklung, -kostenplanung, Zeitwirtschaft, Organisations- und Veranstaltungsmanagement).

»Kaufmännische« Anwendungen

Zu den »kaufmännischen« Anwendungen gehören die *Finanzbuchhaltung* (inklusive *Anlagenbuchhaltung*) und das *Controlling*. Die Lösung *SAP ERP Financials* deckt die Bereiche Hauptbuchhaltung, Debitorenbuchhaltung, Kreditorenbuchhaltung, Kreditmanagement, Konsolidierung und Bankbuchhaltung ab. Ein Teil der Finanzbuchhaltung ist die *Anlagenbuchhaltung* (Asset Accounting). Sie dient der kaufmännischen Verwaltung betrieblicher Anlagen (z. B. Anlagenspiegel, Abschreibungen). Über die Komponente CO (Controlling) wird die gesamte Kostenrechnung (Kostenarten, Kostenstellen, Kostenträgerstückrechnung, Betriebsergebnisrechnung) abgebildet. Die Komponente PS (Project System) wird für die kaufmännische *und* technische Strukturierung komplexer Projekte genutzt. Insofern handelt es sich dabei um eine Software, die sowohl den Anwendungen des Rechnungswesens (kaufmännische Komponenten) als auch den Komponenten der Logistik zugeordnet werden kann. Aus diesem Grund kann sie sowohl über das Menü RECHNUNGSWESEN als auch über das Menü LOGISTIK erreicht werden.

Im Verlauf des Buchs (vor allem in Kapitel 4) werden wir sehen, wie diese Anwendungen komponentenübergreifend zur Abbildung der gesamten betrieblichen Wertschöpfungskette eingesetzt werden.

Customizing

Wie bereits erwähnt, setzen viele unterschiedliche Unternehmen SAP-Software ein. Diese Unternehmen unterscheiden sich vor allem hinsichtlich der Größe und der Branche, in der sie tätig sind. Über das Customizing werden die Funktionen und Prozesse an die jeweiligen Anforderungen angepasst. Es handelt sich beim Customizing um einen separaten Bereich, in dem vielfältige Einstellungen vorgenommen werden können, die den Ablauf der Anwendung steuern. Auch das Customizing ist in die unterschiedlichen Komponenten gegliedert (d.h., zu jeder Komponente gibt es einen eigenen Bereich im Customizing). Allerdings gibt es auch Einstellungen, die Auswirkungen in mehreren Komponenten haben. In der Standardauslieferung werden bereits viele wichtige Customizing-Einstellungen zur Verfügung gestellt. Diese können im Zuge eines Einführungsprojekts erweitert und ergänzt werden. In der Regel erfolgen die Einstellungen im Customizing durch IT-Mitarbeiter und Berater. Allerdings sollten auch sogenannte *Key User* in den Fachabteilungen über die grundsätzlichen Einstellungsmöglichkeiten Bescheid wissen.

Schließlich sollte das Customizing so durchgeführt werden, dass die Anforderungen der Anwender erfüllt werden. In den weiteren Kapiteln des Buchs werden Sie immer wieder Customizing-Einstellungen und deren Auswirkungen in der Anwendung kennenlernen.

1.2 Organisationseinheiten

Mithilfe von *Organisationseinheiten* wird die Aufbauorganisation des Unternehmens im SAP-System abgebildet – dies erfolgt im Customizing. Die Einrichtung dieser Strukturen ist von großer Bedeutung, da hier der Rahmen für den Ablauf der Prozesse und die Gestaltung des Rechnungswesens definiert wird.

Im Folgenden werden wir die wesentlichen Elemente zur Abbildung der Unternehmensstruktur beschreiben. Dabei werden neben den Vertriebsstrukturen auch die wichtigsten übergreifenden Organisationseinheiten der Finanzbuchhaltung, des Controllings, der Materialwirtschaft und der Produktion erklärt. Die entsprechenden Zuordnungen und Verknüpfungen der Organisationseinheiten im System zeigen die weitreichende Integration der Software SAP ERP ein erstes Mal auf. Diese wird an verschiedenen Stellen des Buchs immer wieder deutlich betont und aus unterschiedlichen Perspektiven beleuchtet werden.

1.2.1 Mandant

Ein Mandant ist ein eigener abgegrenzter Bereich in einem SAP-System. Innerhalb eines Mandanten werden die weiteren Organisationsstrukturen sowie die Stamm- und Bewegungsdaten angelegt und verwaltet. Er kann in etwa als Konzern verstanden werden, innerhalb dessen mehrere rechtlich selbstständige Unternehmenseinheiten existieren. Jedes System kann aus mehreren Mandanten bestehen. Der Benutzer meldet sich in SAP mit seiner Benutzerkennung in einem bestimmten Mandanten an.

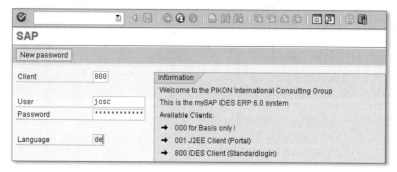

Abbildung 1.1 Anmeldebildschirm in der Software SAP ERP

Abbildung 1.1 zeigt uns den Bildschirm beim Login. Der Benutzer meldet sich mit der Kennung JOSC im Mandanten (hier wird der Begriff CLIENT verwendet) 800 in der Sprache DE (Deutsch) an. Wir haben es bei einem Mandanten mit einem eigenen Systembereich zu tun. Die meisten Daten im SAP-System sind mandantenabhängig. Auch die überwiegende Zahl der Customizing-Einstellungen ist mandantenabhängig. Es gibt darüber hinaus aber auch mandantenübergreifende Einstellungen, die in allen Mandanten wirksam werden.

1.2.2 Buchungskreis

Innerhalb eines Mandanten können mehrere *Buchungskreise* angelegt werden. Ein Buchungskreis repräsentiert eine selbstständig bilanzierende Einheit, z. B. eine Firma innerhalb eines Konzerns. Auf der Buchungskreisebene werden die vom Gesetzgeber geforderten Jahresabschlüsse erstellt. Das heißt, es werden alle buchungspflichtigen Ereignisse erfasst. Für jede rechtlich selbstständige Einheit (Einzelunternehmen, Personengesellschaft, Kapitalgesellschaft) ist ein Buchungskreis anzulegen.

Damit können über Buchungskreise die Tochtergesellschaften eines Konzerns abgebildet werden. Innerhalb eines Mandanten kann über die Komponente *Konsolidierung* ein Konzernabschluss erstellt werden.

1.2.3 Werk

Über *Werke* werden in der Software SAP ERP Produktionsstandorte des Unternehmens abgebildet. Auf der Ebene eines Werks erfolgt unter anderem:

- die Bestandsführung
- die Bewertung und die Inventur der Bestände
- die Programm- und Produktionsplanung
- die Produktionssteuerung
- die Bedarfsplanung (Disposition)

Ein Werk ist immer genau einem Buchungskreis zugeordnet. Einem Buchungskreis können mehrere Werke zugeordnet werden (siehe Abbildung 1.2).

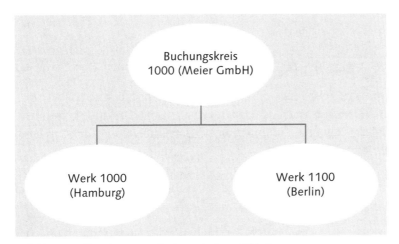

Abbildung 1.2 Zuordnung von Buchungskreis und Werk

1.2.4 Lagerort

Wie im vorherigen Abschnitt erwähnt, erfolgt die Bestandsführung in der Software SAP ERP auf der Werksebene. Eine weitere Differenzierung der Materialbestände kann über *Lagerorte* vorgenommen werden. Eine Zusammenfassung mehrerer räumlich nahe beieinanderliegender Orte mit Materialbestand innerhalb eines Werks bildet somit einen Lagerort ab. Die Bestände werden dann unterhalb des Werks auf der Ebene des Lagerorts geführt. Ein Lagerort ist damit immer eindeutig einem Werk zugeordnet.

Zu einem Werk können mehrere Lagerorte angelegt werden (siehe Abbildung 1.3). Dabei ist die Nummer des Lagerorts nur innerhalb eines Werks eindeutig; d.h., der Lagerort 0001 kann sowohl in Werk 1000 als auch in Werk 2000 vorkommen.

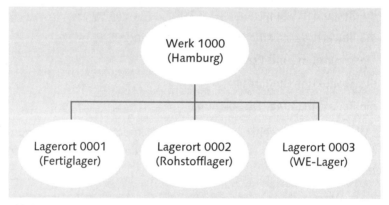

Abbildung 1.3 Zuordnung von Werk und Lagerort

1.2.5 Vertriebsbereich

Die zentrale Organisationseinheit im Vertrieb ist der *Vertriebsbereich*. Ein Vertriebsbereich ist dabei keine eigene Organisationseinheit, sondern stellt eine Kombination aus den Einheiten *Verkaufsorganisation*, *Vertriebsweg* und *Sparte* dar. Im Customizing werden diese Einheiten (Verkaufsorganisation, Vertriebsweg, Sparte) zunächst getrennt voneinander angelegt. Über die Zuordnung entsteht dann der Vertriebsbereich.

Vertriebsbelege (Angebote, Aufträge) werden immer innerhalb eines Vertriebsbereichs erfasst. Auch die vertriebsbezogenen Stammdaten für Debitoren und die Konditionen der Preisfindung (Preise, Rabatte, Zuschläge) werden für einen Vertriebsbereich gepflegt. Vertriebsstatistiken werden in der Praxis häufig auf Vertriebsbereichsebene fortgeschrieben und ausgewertet. In der Ergebnisrechnung (Komponente *CO-PA*) können Ergebnisse differenziert nach Vertriebsbereichen dargestellt werden.

Die Aufbauorganisation der Vertriebsabteilung kann im System über einzelne *Verkaufsorganisationen* abgebildet werden. Denkbar wäre z. B. eine regionale Untergliederung innerhalb eines Landes. In der Praxis wird häufig auch die Untergliederung in Inlands- und Exportvertrieb über die Verkaufsorganisationen vorgenommen. Jede Verkaufsorganisation ist genau einem Buchungskreis zugeordnet. Einem Buchungskreis können mehrere Verkaufsorganisationen zugeordnet werden.

<small>Verkaufsorganisation</small>

Über *Vertriebswege* werden die Absatzkanäle des Unternehmens abgebildet. Der Vertriebsweg ist der Weg, auf dem Waren bzw. verkaufsfähige Materialien oder Dienstleistungen zum Kunden gelangen. Um eine möglichst reibungslose Bedienung des Marktes zu gewährleisten, arbeitet der Vertrieb auf verschiedenen Vertriebswegen. Großhandel, Einzelhandel, Industriekunden oder Direktverkauf ab Werk sind typische Vertriebswege. Ein Kunde kann innerhalb einer Verkaufsorganisation über mehrere Vertriebswege beliefert werden. Vertriebsrelevante Materialstammdaten, wie z. B. Preise oder Auslieferwerk, können sich je nach Verkaufsorganisation und Vertriebsweg unterscheiden. Ein Vertriebsweg kann einer oder mehreren Verkaufsorganisationen zugeordnet werden.

<small>Vertriebsweg</small>

Eine *Sparte* stellt eine Produktlinie oder eine Produktgruppe dar (z. B. Haushaltsgeräte, Spielwaren, Pumpen). Der Definition von Sparten kommt eine besondere Bedeutung zu. Da jeder Materialstamm (siehe Abschnitt 1.3, »Materialstamm«) eindeutig einer Sparte zugeordnet werden kann, sollten Sparten stets so definiert werden, dass eine eindeutige Zuordnung von Materialien möglich ist.

<small>Sparte</small>

Wie bereits erwähnt, ist der Vertriebsbereich keine eigenständige Organisationseinheit, sondern eine Kombination aus Verkaufsorganisation, Vertriebsweg und Sparte. Über die Verkaufsorganisation ist der Vertriebsbereich eindeutig einem Buchungskreis zugeordnet. Abbildung 1.4 veranschaulicht die Bildung von Vertriebsbereichen. Die Abbildung zeigt die Zuordnung der Verkaufsorganisation zum Buchungskreis. Durch die Kombinationen von Verkaufsorganisation, Vertriebsweg und Sparte entstehen drei Vertriebsbereiche.

<small>Zuordnungen des Vertriebsbereichs</small>

Jeder Kombination aus Verkaufsorganisation und Vertriebsweg können mehrere Werke zugeordnet werden. Über diese Zuordnung wird für den jeweiligen Vertriebsbereich festgelegt, aus welchen Werken dieser Vertriebsbereich seine Produkte verkaufen kann.

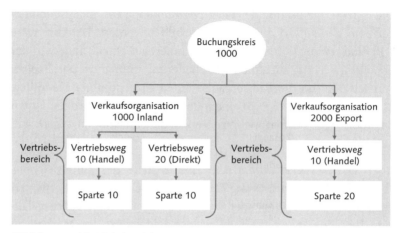

Abbildung 1.4 Vertriebsbereiche

1.2.6 Verkaufsbüro und Verkäufergruppe

Vertriebsbereiche (Verkaufsorganisation/Vertriebsweg/Sparte) dienen zur Abbildung der Organisationsstrukturen im Vertrieb. Zur weiteren Untergliederung dieser Bereiche können *Verkaufsbüros* und *Verkäufergruppen* definiert werden.

Verkaufsbüro

Verkaufsbüros dienen häufig zur Abbildung der Strukturen im Innen- und Außendienst. So kann eine Vertriebsniederlassung als Verkaufsbüro angelegt werden. Vertriebsstatistiken können auf dieser Ebene fortgeschrieben werden, und auch die Konditionengestaltung kann abhängig von Verkaufsbüros erfolgen. Auf den Formularen (Auftragsbestätigungen, Lieferscheine, Rechnungen) können die zuständigen Verkaufsbüros mit Adresse und Ansprechpartner angedruckt werden.

Verkaufsbüros sind den Vertriebsbereichen zugeordnet. Dabei können einem Vertriebsbereich mehrere Verkaufsbüros zugeordnet werden. Ebenso kann auch ein Verkaufsbüro für unterschiedliche Vertriebsbereiche tätig sein. Abbildung 1.5 zeigt die Zuordnung der Verkaufsbüros zu den Vertriebsbereichen.

Verkäufergruppe

Verkaufsbüros lassen sich in einzelne Personengruppen (*Verkäufergruppen*) untergliedern. Auch für Verkäufergruppen können Statistiken fortgeschrieben werden. Die Zuständigkeit für einen Vertriebsbeleg (Anfrage, Auftrag) lässt sich über die Verkäufergruppen ermitteln, dazu stehen entsprechende Listen bereit. Jedem Verkaufsbüro können mehrere Verkäufergruppen zugeordnet werden; ebenso ist es möglich, eine Verkäufergruppe mehreren Verkaufsbüros zuzuordnen.

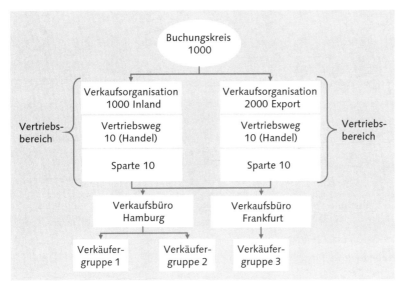

Abbildung 1.5 Verkaufsbüros

1.2.7 Organisationseinheiten im Versand

Die Einplanung und die Bearbeitung von Lieferungen an Kunden werden über *Versandstellen* abgewickelt. Eine Versandstelle ist ein Ort, an dem Versandaktivitäten (Kommissionierung, Versanddisposition, Verpacken, Verladen, Transport) stattfinden. Jede Lieferung wird von einer Versandstelle bearbeitet und geht von dieser aus. Die Lieferbelege im System werden immer für eine Versandstelle erfasst.

Versandstellen können werksübergreifend definiert werden, d.h., sie sind nicht an die Organisationseinheiten *Werk* und *Lagerort* gebunden. Eine werksübergreifende Einrichtung von Versandstellen ist allerdings nur dann sinnvoll, wenn die Werke räumlich nahe beieinanderliegen, z. B. rechts und links einer Straße. Es können aber auch mehrere Versandstellen für ein Werk zuständig sein, die sich beispielsweise in den Ladestellen bzw. Ladehilfsmitteln oder in der Bearbeitungsdauer unterscheiden.

1.2.8 Organisationsstrukturen im Controlling

Die wichtigsten Organisationseinheiten im Controlling sind der *Ergebnisbereich* und der *Kostenrechnungskreis*. Abbildung 1.6 zeigt die Organisationsstrukturen im Controlling.

1 | Einführung

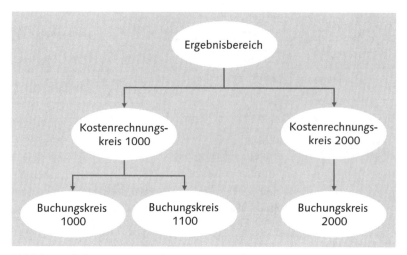

Abbildung 1.6 Organisationsstrukturen im Controlling

Ergebnisbereich
: Der Ergebnisbereich ist die Organisationseinheit der Ergebnis- und Marktsegmentrechnung. Diese wird uns an mehreren Stellen in diesem Buch beschäftigen. Innerhalb eines Ergebnisbereichs werden die Strukturen der Betriebsergebnisrechnung definiert. Einem Ergebnisbereich können mehrere Kostenrechnungskreise zugeordnet werden. Dagegen wird jeder Kostenrechnungskreis genau einem Ergebnisbereich zugeordnet.

Kostenrechnungskreis
: Der Kostenrechnungskreis bildet den Rahmen für das interne Rechnungswesen. Dazu gehören die Kostenarten-, die Kostenstellen-, die Produktkosten- und die Profit-Center-Rechnung. Einem Kostenrechnungskreis können mehrere Buchungskreise zugeordnet werden. Dagegen muss jeder Buchungskreis mit genau einem Kostenrechnungskreis verknüpft werden.

1.3 Materialstamm

Grundlagen
: Der Materialstamm ist ein zentraler Stammsatz, um die Informationen bezüglich der Artikel, Teile und Dienstleistungen zu speichern, die ein Unternehmen beschafft, fertigt, lagert und verkauft.

Durch die Integration aller materialspezifischen Informationen in einen einzigen zentralen Stammsatz entfällt eine redundante Datenhaltung. Die gespeicherten Informationen der Materialstammsätze sind die Grundlage für die unterschiedlichen Belege (z. B. Kundenaufträge, Bestellungen, Fertigungsaufträge) in der Software SAP ERP.

Der Materialstamm wird von sämtlichen Abteilungen (wie z. B. Einkauf, Verkauf, Produktion, Buchhaltung und Controlling) genutzt, und die materialspezifischen Daten dieser Abteilungen werden im Materialstammsatz gespeichert. Aus diesem Grund gibt es einen engen Zusammenhang mit den Organisationsstrukturen (siehe Abschnitt 1.2): Die einzelnen Bereiche des Materialstamms werden in Abhängigkeit von den Organisationsstrukturen gepflegt. Konkret bedeutet dies, dass der Materialstamm mit der Nummer 0815 im Werk 1000 einen anderen Bewertungspreis haben kann als im Werk 2000! Allerdings gibt es auch allgemeingültige Daten, die für alle Fachbereiche gelten. Dazu gehört an erster Stelle die Materialnummer, die den Artikel eindeutig identifiziert.

Man unterscheidet im Materialstamm Haupt- und Nebendaten. Die *Hauptdaten* enthalten die eigentlichen Informationen zum Produkt aus Sicht der unterschiedlichen Unternehmensbereiche. Zusätzlich werden in sogenannten *Nebendaten* Informationen zu mehrsprachigen Texten, Umrechnungsfaktoren von Mengeneinheiten und auch Verwaltungsdaten hinterlegt. Abbildung 1.7 zeigt die Struktur der Materialstammdaten im Überblick.

Haupt- und Nebendaten

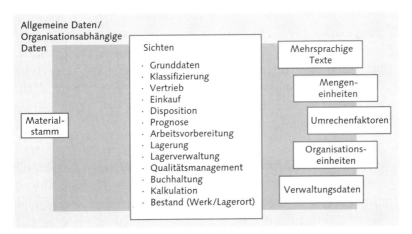

Abbildung 1.7 Struktur der Materialstammdaten (Quelle: SAP AG)

Abbildung 1.7 zeigt zudem die verschiedenen Sichten (Hauptdaten) des Materialstamms. Diese sind zum Teil abhängig von der Organisationsstruktur (organisationsabhängige Daten). Einige Sichten (z. B.

Grunddaten) sind mandantenweit gültig und werden deshalb als *allgemeine Daten* bezeichnet.

Sichten des Materialstamms

Im Folgenden stellen wir die unterschiedlichen Sichten des Materialstamms dar und geben jeweils eine kurze Erläuterung:

- **Grunddaten**
  Dieser Bereich enthält Informationen, die von allen Fachbereichen benötigt werden. Deshalb werden die Grunddaten auf Mandantenebene gepflegt. Zu den Grunddaten gehören z. B. die Materialnummer, die Beschreibung des Materials oder die Basismengeneinheit. Außerdem wird jeder Materialstamm im Grunddatenbild einer Sparte zugeordnet, wodurch diese Zuordnung ebenfalls mandantenweit gültig ist.

- **Klassifizierung**
  Die Klassifizierung dient dazu, Materialien (oder auch andere Objekte wie z. B. Lieferanten) in Klassen zu gruppieren, um diese anschließend leichter wiederzufinden. Die Klassen enthalten Merkmale, über die die Materialien beschrieben werden können. Auch die Klassifizierung von Materialstämmen wird auf der Mandantenebene vorgenommen.

- **Vertrieb**
  Vertriebsdaten (z. B. Verkaufsmengeneinheiten, Mengenvereinbarungen, Versanddaten und Außenhandelsdaten) des Materialstammsatzes werden in Kundenaufträge übernommen und steuern unter anderem die Funktion *Preisfindung*. Insgesamt gibt es drei Vertriebssichten im Materialstamm. Die ersten beiden werden auf der Ebene *Verkaufsorganisation* und *Vertriebsweg* definiert. Die dritte Sicht enthält die Vertriebs-/Werksdaten und wird abhängig vom Werk gepflegt.

- **Einkauf**
  In den Einkaufssichten werden Daten hinterlegt, die für die externe Beschaffung relevant sind. Dies sind z. B. die Beschaffungszeiten, die zuständige Einkäufergruppe und die Bestellmengeneinheit. Einkaufsdaten werden auf der Werksebene festgelegt.

- **Disposition**
  In den Dispositionssichten werden die relevanten Daten für die Materialbedarfsplanung hinterlegt. Das sind z. B. Daten für die Dispositionsverfahren, für die Losgrößenermittlung, für die Beschaf-

fung (Fremd- oder Eigenbeschaffung) und für die Terminierung. Die Dispositionsdaten werden werksabhängig gepflegt.

- **Prognose**
  In der Prognosesicht werden Daten zur Ermittlung des zukünftigen Materialbedarfs hinterlegt, wie z. B. Prognosemodelle, Glättungsfaktoren, zu berechnende Prognoseperioden. Auch die Prognosedaten sind abhängig vom Werk.

- **Arbeitsvorbereitung**
  In der Arbeitsvorbereitungssicht werden die benötigten Daten für die Fertigungssteuerung hinterlegt. Dies sind z. B. losgrößenabhängige Fertigungszeiten, der zuständige Fertigungssteuerer oder Toleranzen in der Fertigung. Die Pflege der Arbeitsvorbereitungsdaten erfolgt auf der Werksebene.

- **Lagerung**
  Die Lagersicht enthält Informationen zur Lagerung des Materials, z. B. Lagerungsvorschriften, Haltbarkeitsdaten und Chargenpflicht. Hier wird definiert, in welchen Lagerorten das Material gelagert werden kann. Demzufolge sind diese Daten abhängig von den Organisationseinheiten Werk und Lagerort.

- **Lagerverwaltung**
  Die Lagerverwaltungssichten werden genutzt, wenn mit der SAP-Lagerwirtschaftssoftware (Komponente WM, *Warehouse Management*) gearbeitet wird. Es werden Daten für Lagerungsstrategien und Palettierung hinterlegt. Für die Komponente *Warehouse Management* gibt es eigene Organisationsstrukturen. Diese werden in einem Exkurs in Abschnitt 3.3.4, »Lieferungsbearbeitung«, vorgestellt.

- **Qualitätsmanagement**
  Wird mit der Komponente Qualitätsmanagement (QM, *Quality Management*) von SAP ERP gearbeitet, werden in dieser Sicht Informationen zur Beschaffung und zur Qualitätsprüfung hinterlegt. Die Qualitätsdaten werden auf der Werksebene gepflegt.

- **Buchhaltung**
  Hier werden Daten für die Bewertung des Materials hinterlegt. Dazu gehört vor allem die Bewertungssteuerung. Materialien können mit einem Standardpreis oder mit einem gleitenden Durchschnittspreis bewertet werden. Ebenfalls im Buchhaltungsbild wird das Material einer Bewertungsklasse zugeordnet: Über die Bewertungsklasse werden bei Warenbewegungen die Konten der Finanzbuchhaltung ermittelt. Da die Bewertung auf der Werks-

ebene erfolgt, sind auch die Buchhaltungsdaten werksabhängig. Über das Werk sind die Buchhaltungsdaten dann immer auch einem Buchungskreis zugeordnet.

- **Kalkulation**
  Es werden hier Informationen zur Kalkulation und zur Plankalkulation gespeichert, z. B. Daten zur Gemeinkostenbezuschlagung oder zur Abweichungsermittlung. Wie die Buchhaltungsdaten werden auch die Kalkulationsdaten werksabhängig gepflegt.

- **Bestand (Werk/Lagerort)**
  In diesen Sichten werden die Bestandsinformationen auf Werks- und Lagerortebene gezeigt.

Materialarten

Materialien mit gleichen Eigenschaften lassen sich einheitlich verwalten, indem sie in *Materialarten* zusammengefasst werden. Jeder Materialstammsatz wird bei der Erfassung einer Materialart zugeordnet, wodurch bestimmte Eigenschaften des Materials festgelegt werden. Dazu gehören die *Feldauswahl*, die *Bildfolgesteuerung* (Auswahl der Sichten) und die *Nummernvergabe* (intern durch das System und/oder extern durch den Benutzer). Die Einstellung einer Materialart erfolgt im Customizing.

Im Standardsystem werden vorkonfigurierte Materialarten ausgeliefert, die im Customizing durch eigene Materialarten ergänzt werden können. Nachfolgend beschreiben wir kurz einige Standardmaterialarten:

- **Fertigerzeugnisse (FERT)**
  Fertigerzeugnisse stellt ein Unternehmen selbst her. Da sie vom Einkauf nicht bestellt werden können, enthält ein Materialstammsatz der Materialart mit dem Schlüssel FERT keine Einkaufsdaten.

- **Rohstoffe (ROH)**
  Rohstoffe werden ausschließlich fremdbeschafft und anschließend weiterverarbeitet. Da Rohstoffe nicht verkauft werden können, enthält ein Materialstammsatz dieser Materialart zwar Einkaufsdaten, jedoch (zumindest in der Standardauslieferung) keine Vertriebsdaten.

- **Halbfabrikate (HALB)**
  Halbfabrikate können fremdbeschafft oder in Eigenfertigung hergestellt werden. Anschließend werden sie im Unternehmen weiterverarbeitet. Ein Materialstammsatz dieser Materialart kann Einkaufs- und Arbeitsvorbereitungsdaten enthalten.

▶ **Handelswaren (HAWA)**
Handelswaren werden immer fremdbeschafft und anschließend gelagert und verkauft. Ein Materialstammsatz dieser Materialart kann Einkaufs- und Vertriebsdaten enthalten.

Materialstämme können einer *Produkthierarchie* zugeordnet werden. Diese Zuordnung kann sowohl auf dem Grunddatenbild (mandantenabhängig) als auch in den Vertriebsdaten (abhängig von Verkaufsorganisation und Vertriebsweg) erfolgen. Erfolgt eine Zuordnung auf dem Grunddatenbild, wird die gleiche Produkthierarchie bei der Erfassung der Vertriebsdaten vorgeschlagen.

Produkthierarchien können im Customizing definiert werden. Es handelt sich dabei um eine hierarchische Gliederung des Produktprogramms. Die maximale Gliederungstiefe ist auf neun Stufen begrenzt. In der Praxis sind Produkthierarchien jedoch meist nur auf drei oder vier Stufen angelegt.

Die Produkthierarchie wird z. B. in der Preisfindung verwendet. Dort können für eine Produkthierarchie Konditionen (Preise, Zu- und Abschläge) definiert werden, die nicht nur für ein Produkt, sondern für einen ganzen Teilbereich des Produktspektrums gelten. Außerdem wird die Produkthierarchie in Auswertestrukturen genutzt. Dazu zählt die *Ergebnis- und Marktsegmentrechnung* in der Komponente CO-PA (siehe Abschnitt 2.12), das Vertriebsinformationssystem VIS (siehe Abschnitt 2.13) und SAP NetWeaver BW, die Business-Intelligence-Lösung von SAP (siehe Abschnitt 2.14). Abbildung 1.8 zeigt ein Beispiel für die Definition einer Produkthierarchie.

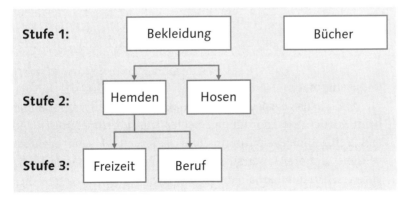

Abbildung 1.8 Beispiel für eine Produkthierarchie

1 | Einführung

1.4 Kundenstamm

Grundlagen

Im Kundenstamm pflegen die unterschiedlichen Bereiche des Unternehmens (z. B. Vertrieb und Finanzbuchhaltung) unterschiedliche Sichten auf einen zentralen Kundenstammsatz. Aus dem Kundenstamm geht auch hervor, welche Rolle der jeweilige Geschäftspartner einnehmen kann.

Im Kundenstamm werden sämtliche Informationen über die Kunden gespeichert. Von entscheidender Bedeutung ist, dass sämtliche Bereiche des Unternehmens auf einen zentralen Stammsatz zugreifen. Dies verhindert Redundanz und stellt sicher, dass ein Kunde in der Debitorenbuchhaltung unter der gleichen Kundennummer verwaltet wird wie im Vertrieb. In Abschnitt 1.2, »Organisationseinheiten«, haben wir gesehen, dass die Aufbauorganisation des Unternehmens mithilfe der Organisationseinheiten im SAP-System abgebildet wird. Wie im Materialstamm werden auch die Informationen des Kundenstamms abhängig von dieser Organisationsstruktur gepflegt. Im Einzelnen unterscheiden wir die folgenden Sichten:

- Allgemeine Daten (auf Mandantenebene)
- Buchhaltungsdaten (auf Buchungskreisebene)
- Vertriebsdaten (auf Vertriebsbereichsebene)

Allgemeine Daten

Zu den *allgemeinen Daten* gehören zunächst die Kundennummer und die Adresse. Sie sind mandantenweit gültig. Damit ist auch die Kundennummer innerhalb eines Mandanten eindeutig. Zu den Adressdaten gehören Landes- und Sprachkennzeichen. Über das Sprachkennzeichen wird die Sprache ermittelt, in der die Vertriebsbelege (Auftragsbestätigungen, Lieferscheine, Rechnungen) gedruckt werden. Darüber hinaus gliedern sich die allgemeinen Daten in folgende Sichten:

- **Steuerungsdaten**
  Zu den Steuerungsdaten gehören z. B. die Kreditorennummer beim Kunden, die Zuordnung zu einer Transportzone, über die in den Vertriebsbelegen Informationen für den Versand ermittelt werden, und die Umsatzsteuer-Identnummer für die Abwicklung von Geschäften innerhalb der Europäischen Union.

- **Zahlungsverkehr**
  Im Zahlungsverkehr werden vor allem die Bankverbindungen des Kunden hinterlegt.
- **Marketing**
  Zu den Marketinginformationen gehören die Zuordnung zu einem Nielsenbezirk (regionale Gliederung von Märkten, benannt nach dem Marktforschungsinstitut Nielsen), der Jahresumsatz des Kunden, ein Branchenschlüssel und die Anzahl der Mitarbeiter des Kunden.
- **Abladestellen**
  Hier werden die Abladestellen des Kunden mit den entsprechenden Warenannahmezeiten hinterlegt. Diese Informationen werden in der Versandsteuerung benötigt.
- **Exportdaten**
  Hier werden Kennzeichen für kritische Exportabwicklungen vergeben (dass z. B. bestimmte Technologien an diesen Kunden nicht geliefert werden dürfen).
- **Ansprechpartner**
  Die unterschiedlichen Ansprechpartner des Kunden können mit detaillierten Informationen an dieser Stelle gepflegt werden.

Die *Buchhaltungsdaten* werden auch als *Buchungskreisdaten* bezeichnet, weil sie auf der Buchungskreisebene gepflegt werden. Die Buchhaltungsdaten sind gleichzeitig das Debitorenkonto in der Debitorenbuchhaltung. Sie gliedern sich in folgende Sichten: *(Buchhaltungsdaten)*

- **Kontoführung**
  Im Bereich Kontoführung wird vor allem das Abstimmkonto hinterlegt. Das Abstimmkonto ist ein Bilanzkonto (Forderungen), auf dem sämtliche debitorischen Buchungen »mitgebucht« werden. Man spricht in diesem Zusammenhang deshalb auch von einem Mitbuchkonto.
- **Zahlungsverkehr**
  Im Bereich Zahlungsverkehr werden z. B. die Hausbank und die Zahlungswege des Kunden hinterlegt.
- **Korrespondenz**
  Über die Sicht Korrespondenz wird unter anderem das Mahnverfahren festgelegt. Außerdem werden die für den Kunden zuständigen Mitarbeiter in der Finanzbuchhaltung gespeichert.

- **Versicherungen**
  Zu den Versicherungsdaten gehören vor allem Informationen zu Warenkreditversicherungen.

Vertriebsdaten

Die *Vertriebsdaten* zum Debitor werden auf der Vertriebsbereichsebene gepflegt und deshalb auch als *Vertriebsbereichsdaten* bezeichnet. Sie untergliedern sich in folgende Sichten:

- **Verkauf**
  In den Verkaufsdaten werden Informationen zur Steuerung der Vertriebsprozesse hinterlegt. Dazu gehört z. B. die Zuordnung zu einer Kundengruppe, zu einem Verkaufsbüro oder zu einer Verkäufergruppe. All diese Zuordnungen können z. B. in der Preisfindung zur differenzierten Verkaufspreisermittlung genutzt werden. Weiterhin wird die Währung festgelegt, in der die Vertriebsbelege für diesen Kunden abgewickelt werden.

- **Versand**
  Hier werden Informationen für die Versandsteuerung hinterlegt. Dazu gehören unter anderem das Auslieferwerk, das in die Vertriebsbelege übernommen wird, die Lieferpriorität, ein Kennzeichen, ob mehrere Aufträge zu einem Lieferbeleg zusammengefasst werden dürfen, ein Teillieferkennzeichen und Toleranzwerte für die Unter- bzw. Überlieferung.

- **Faktura**
  In den Fakturadaten wird z. B. die Erlöskontengruppe definiert. Hierüber wird das Erlöskonto in der Fakturierung ermittelt. Weiterhin werden Lieferungs- und Zahlungsbedingungen, die Rechnungstermine und eine Steuerklasse für die korrekte Ermittlung der Umsatzsteuer in Vertriebsbelegen festgelegt.

Partnerrollen

Zu den wichtigsten Informationen im Kundenstamm gehört die Definition der *Partnerrollen*. An dieser Stelle wird festgelegt, welche Rollen ein Kundenstamm einnehmen kann. Die wichtigsten Partnerrollen sind:

- Auftraggeber
- Warenempfänger
- Rechnungsempfänger
- Regulierer

Welche Partnerrollen jeweils grundsätzlich erlaubt sind, legt der Anwender beim Anlegen des Kundenstammsatzes durch die Vorgabe einer Kontengruppe fest. Dabei kann ein Kundenstamm durchaus mehrere Rollen einnehmen. Wird z. B. ein Kundenstamm mit der Kontengruppe *Auftraggeber* angelegt, werden die Rollen *Warenempfänger*, *Regulierer* und *Rechnungsempfänger* automatisch erlaubt. Es ist im Kundenstamm aber auch möglich, zusätzliche abweichende Warenempfänger, Regulierer und Rechnungsempfänger zu definieren.

Betrachten wir diesen Zusammenhang an einem konkreten Beispiel. Abbildung 1.9 zeigt uns das Partnerrollenbild des Kundenstammsatzes für den Kunden mit der Nummer 1025 (Karl Müller GmbH). Dieser wurde mit der Kontengruppe *Auftraggeber* angelegt. Im Partnerbild erkennen wir, dass dieser Kunde Auftraggeber, Regulierer und Warenempfänger sein kann. Zusätzlich wurde ein weiterer möglicher Warenempfänger (der Kundenstamm mit der Nummer 1030, DELA Handelsgesellschaft mbH) hinterlegt.

Beispiel: Partnerrollen

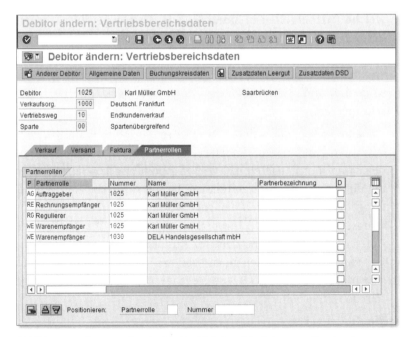

Abbildung 1.9 Partnerrollen in den Vertriebsbereichsdaten zum Kundenstamm

Wird für diesen Kunden ein Auftrag angelegt, muss der Anwender den Warenempfänger manuell auswählen. Das System schlägt die hier definierten Warenempfänger zur Auswahl vor. Die übrigen Partnerrollen (Regulierer und Warenempfänger) werden automatisch in den Auftrag des Auftraggebers übernommen. Im Kundenstamm können jeweils mehrere abweichende Warenempfänger, Regulierer und Rechnungsempfänger hinterlegt werden. Der Auftraggeber muss jedoch eindeutig sein.

Kontengruppen Bereits bei der Erläuterung der Partnerrollen wurde erwähnt, dass beim Anlegen eines Kundenstammsatzes immer die *Kontengruppe* mitgegeben wird. Die Kontengruppe wird im Customizing angelegt. Sie steuert unter anderem:

- **die Nummernvergabe beim Anlegen eines Kundenstammsatzes**
  Dabei wird festgelegt, aus welchem Nummernkreis die Debitorennummer vergeben wird. Außerdem wird hier definiert, ob eine interne oder externe Nummernvergabe erfolgt: Bei der internen Nummernvergabe wird die Kundennummer automatisch vom System vergeben, bei der externen Nummernvergabe legt der Anwender die Debitorennummern fest.

- **welche Partnerrollen in einem Kundenstamm gepflegt werden können**
  Für die Kontengruppe wird festgelegt, welche Partnerrollen erlaubt sind. Außerdem wird definiert, welche Rollen obligatorisch sind und welche Partnerrollen im Kundenstamm eindeutig sein müssen.

  Obligatorische Rollen sind Pflichtrollen, sie müssen im Kundenstamm vorhanden sein. Eindeutige Rollen kommen in jedem Kundenstamm nur genau einmal vor. In Abbildung 1.9 haben wir es mit einer Kontengruppe zu tun, bei der die Partnerrollen AG (Auftraggeber), WE (Warenempfänger), RG (Regulierer) und RE (Rechnungsempfänger) als Pflichtrollen hinterlegt sind. Die Partnerrolle Auftraggeber muss außerdem im Kundenstamm eindeutig sein. Darüber hinaus könnten noch weitere Rollen in dem Kundenstamm aus Abbildung 1.9 festgelegt werden (z. B. der zuständige Vertriebsmitarbeiter).

- **die Bildsteuerung**
  Im Customizing wird die Feldsteuerung für die Kontengruppe hinterlegt. Felder können den Status ÄNDERBAR, AUSBLENDEN und ANZEIGEN haben.

Im Customizing können *Kundenhierarchien* aufgebaut werden. Die einzelnen Kundenstämme werden dann einem Knoten aus der Hierarchie zugeordnet. Diese Zuordnung erfolgt durch den Anwender. Kundenhierarchien können ebenso wie Produkthierarchien (siehe Abschnitt 1.3, »Materialstamm«) zu Auswertungszwecken verwendet werden. In der *Preisfindung* können Konditionen für Hierarchieknoten vergeben werden. Diese Konditionen gelten dann für alle Kundenstämme, die diesem Knoten zugeordnet sind. Kundenhierarchien werden in der Praxis dazu verwendet, Einkaufsverbände, aber auch komplexe Konzernstrukturen abzubilden.

Kundenhierarchien

1.5 Zusammenfassung

In diesem ersten Kapitel haben wir die Entwicklung der Software von SAP R/3 bis zum aktuellen Release SAP ERP 6.0 aufgezeigt und die grundlegenden Strukturen erläutert. Dazu zählt vor allem die Abbildung von Organisationsstrukturen und Stammdaten. Auf dieser Basis können Sie sich in dem folgenden Kapitel mit den Funktionen der Software SAP ERP vertraut machen.

In diesem Kapitel geben wir Ihnen einen Überblick über alle wichtigen Funktionen der Komponente SD, jeweils verbunden mit den betriebswirtschaftlichen Grundlagen, den wesentlichen Bestandteilen und einem umfassenden Beispiel.

2 Vertriebskomponente SD – Funktionsüberblick

Mit den in diesem Kapitel beschriebenen Funktionen der Vertriebskomponente SD werden die einzelnen Schritte im Vertriebsprozess abgebildet. Dazu gehören z. B. die automatische (systemgestützte) Ermittlung von Preisen und Konditionen in den Vertriebsbelegen (siehe Abschnitt 2.1, »Preisfindung«) sowie die automatische Ermittlung des Lieferdatums (siehe Abschnitt 2.3, »Verfügbarkeitsprüfung«). Wir wollen dabei stets auf das Zusammenspiel von Einstellungen im Customizing und dem Ablauf einer Funktion hinweisen, um so die Gestaltungsmöglichkeiten zu verdeutlichen, die sich bei der Einführung, aber auch bei der Optimierung des SAP-Systems ergeben.

In Kapitel 3, »Vertriebskomponente SD – Prozessüberblick«, und Kapitel 4, »Gestaltung von Wertschöpfungsketten in SAP ERP«, werden wir dann beschreiben, wie diese Funktionen im Vertriebsprozess, also im Ablauf mehrerer Funktionen, eingesetzt werden.

2.1 Preisfindung

Die Preisfindung ist eine der zentralen Funktionen im Vertriebsprozess. In den Vertriebsbelegen werden Preise, weitere Konditionen (z. B. Zu- und Abschläge, Rabatte oder Gebühren) und Steuern automatisch ermittelt. Zusätzlich können manuelle Konditionen vom Anwender erfasst werden.

2.1.1 Betriebswirtschaftliche Grundlagen

Die Gestaltung von Preisen für Produkte und Dienstleistungen sowie die Vereinbarung entsprechender Konditionen (Zu- und Abschläge wie z. B. Frachtzuschläge, Rabatte, Skonti) sind ein wesentlicher Bestandteil von Vertriebsprozessen. In der Praxis werden viele individuelle Absprachen mit dem Kunden vereinbart, die bei der Erfassung von Angeboten und Aufträgen automatisch als Grundlage für die Preisbestimmung herangezogen werden. Preise und Konditionen werden für bestimmte Materialien, Materialgruppen oder Hierarchien vereinbart. Sie gelten auf Kundengruppenebene, aber auch kundenindividuelle Vereinbarungen werden geschlossen. Die SAP-Preisfindung bietet eine breite Palette von Möglichkeiten, um die individuellen Anforderungen unterschiedlicher Unternehmen abzubilden. Neben den individuellen Anforderungen an Preis- und Konditionengestaltung in den einzelnen Unternehmen müssen bei der Rechnungsstellung auch gesetzliche Bestimmungen berücksichtigt werden. Es ist z. B. zu prüfen, ob ein bestimmter Vorgang mehrwertsteuerrelevant ist. Anschließend ist der entsprechende Mehrwertsteuersatz zu ermitteln.

Schließlich sind die in Aufträgen und Fakturen ermittelten Werte auch korrekt an die angrenzenden Unternehmensfunktionen zu übermitteln. So muss jede Kundenfaktura mit ihren Werten in der Finanzbuchhaltung auf den richtigen Konten verbucht werden.

Insofern stehen bei der Gestaltung der Funktion in einem Einführungsprojekt zwar vertriebliche Belange durchaus im Vordergrund. Gleichwohl ist es von großer Bedeutung, in einer frühen Phase die Aspekte der angrenzenden Funktionen zu berücksichtigen.

Grundsätzlich nimmt die Einrichtung der Preisfindung im System folgenden Verlauf:

1. Während des Einführungsprojekts wird im Customizing zunächst der Rahmen definiert, der dem Benutzer für die Hinterlegung von Konditionen zur Verfügung stehen soll.
2. Im Rahmen der *Konditionenpflege* entscheidet dann letztlich der Anwender der Fachabteilung darüber, welcher Teil des Gesamtrahmens für ihn relevant ist. Dazu muss er die Möglichkeiten der im System hinterlegten Logik kennen, um diese für seinen Bereich optimal zu nutzen.

3. Bei der *Erfassung der Vertriebsbelege* geschieht dann ein wesentlicher Teil der Preisfindung automatisch. Auf Basis der Einstellungen des Customizings und der Stammdaten ermittelt das System die entsprechenden Werte selbstständig.

Ziel jeder Einführung sollte es demnach sein, zunächst einen zweckmäßigen Rahmen zu definieren. Wenn die anschließende Pflege der Stammdaten durch die Anwender gründlich erfolgt, können die Prozesse (und damit das Massengeschäft) weitgehend automatisch ablaufen.

2.1.2 Elemente der Preisfindung

In diesem Abschnitt erläutern wir die Systematik der Preisfindung im SAP-System. Es soll deutlich werden, welche grundsätzlichen Gestaltungsmöglichkeiten im Customizing zur Verfügung stehen und an welchen Stellen der Anwender über den Ablauf der Preisfindung entscheiden kann.

Die Preisfindung in SAP ERP erfolgt mithilfe der sogenannten *Konditionstechnik*, die auch von weiteren Funktionen im Vertrieb genutzt wird. Folgende Funktionen werden wir in diesem Kapitel vorstellen, die ebenfalls auf der Konditionstechnik beruhen:

Konditionstechnik

- Nachrichtenfindung (siehe Abschnitt 2.2)
- Chargenfindung (siehe Abschnitt 2.5)
- Materialfindung (siehe Abschnitt 2.7)
- Materiallistung und -ausschluss (siehe Abschnitt 2.8)

Haben Sie den grundlegenden Ablauf der Konditionstechnik einmal verstanden, fällt Ihnen die Einarbeitung in diese Abschnitte wesentlich leichter.

Abbildung 2.1 zeigt den Ablauf der Konditionstechnik im Überblick. Aus der Auftragsart (wird vom Anwender beim Erfassen des Auftrags festgelegt) und den Daten im Kundenstamm (dem sogenannten *Kundenschema*) wird über eine Tabelle im Customizing das *Kalkulationsschema* ermittelt. Dieses Schema enthält *Konditionsarten*, die die Preisbestandteile (Preise, Konditionen) repräsentieren. Für jede Konditionsart ist im Customizing eine *Zugriffsfolge* hinterlegt. Zugriffsfolgen enthalten die Zugriffsschlüssel, unter denen die *Konditionssätze*

Überblick

vom Anwender angelegt werden können. Ist ein Konditionssatz angelegt worden, werden dessen Werte in den Auftrag übernommen.

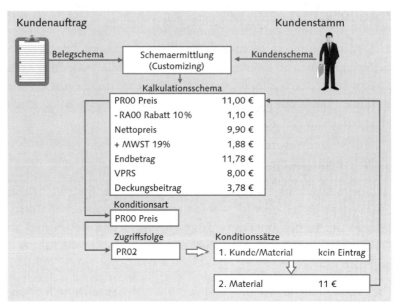

Abbildung 2.1 Ablauf der Konditionstechnik am Beispiel der Preisfindung

In unserem Beispiel ist die erste Konditionsart PR00. Dieser ist die Zugriffsfolge PR02 zugeordnet. In dieser Zugriffsfolge wird definiert, dass Preise entweder unter dem Schlüssel *Kunde/Material* oder *Material* abgelegt werden können. Das System findet einen materialabhängigen Preis (11,00 €) und übergibt diesen in den Beleg. Anschließend erfolgt die Bearbeitung der nächsten Konditionsart. Die einzelnen Komponenten (Kalkulationsschema, Konditionsart, Zugriffsfolge und Konditionssätze) wollen wir im Folgenden näher betrachten.

Kalkulationsschema

Zunächst wird in Abhängigkeit von Verkaufsbelegart und Kunde im Kundenauftrag ein *Kalkulationsschema* ermittelt. Dieses Kalkulationsschema enthält sämtliche Preisbestandteile, die in einem Verkaufsbeleg oder einer Verkaufsbelegposition relevant werden können. Die Preisbestandteile werden in SAP ERP über die Konditionsarten abgebildet. Damit stellt das Kalkulationsschema gewissermaßen den Rahmen für die Preisfindung dar. Hier wird festgelegt, in welcher Reihenfolge die einzelnen Konditionsarten ermittelt werden und wie demzufolge die Logik der Verkaufspreiskalkulation aufgebaut ist.

Folgende Einstellungen werden innerhalb des Kalkulationsschemas pro Zeile festgelegt:

- **Obligatorische Konditionen**
  Diese Konditionen müssen im Vertriebsbeleg immer vorhanden sein. Ansonsten erscheint eine Fehlermeldung.

- **Druck**
  Es wird festgelegt, ob die Kondition auf den Papierbelegen (Auftragsbestätigung, Rechnung) gedruckt werden soll. Auch wenn anstelle eines Papierbelegs eine elektronische Nachricht erzeugt und versendet werden soll, steuert das Kennzeichen, ob diese Zeile im Schema an die entsprechende Datei übergeben wird. Damit wird über dieses Kennzeichen festgelegt, inwieweit die einzelnen Bestandteile der Verkaufspreiskalkulation für den Kunden transparent sind.

- **Manuelle Kondition**
  Es wird festgelegt, ob die Kondition automatisch ermittelt werden soll oder vom Anwender manuell vorgegeben werden muss.

- **Bedingung**
  Es wird gesteuert, unter welchen Bedingungen eine Kondition im Vertriebsbeleg relevant ist. So werden beispielsweise bestimmte Konditionen nur bei Verkäufen an verbundene Unternehmen verwendet.

- **Kontoschlüssel**
  Über diesen Eintrag wird gesteuert, auf welches Erlös- oder Rückstellungskonto der Wert der Kondition in SAP ERP Financials gebucht werden soll. An dieser Stelle wird wieder die Integration der einzelnen Komponenten deutlich.

Neben den Konditionsarten enthält das Kalkulationsschema auch *Zwischensummen*. Diese erleichtern dem Anwender die Übersicht. Außerdem kann im Customizing auch festgelegt werden, welche Zwischensummen in die Statistikdateien fortgeschrieben werden. Über derartige Zwischensummen wird z. B. auch der Grenzübergangswert bei Außenhandelsaufträgen ermittelt. Dieser wird dann in den Dateien zur Ermittlung der Intrastat/Extrastat-Meldungen fortgeschrieben.

Die Standardauslieferung des SAP-Systems enthält bereits vordefinierte Kalkulationsschemata. Es empfiehlt sich jedoch, im Verlauf des

Eigene Kalkulationsschemata erstellen

Einführungsprozesses eigene Kalkulationsschemata im Customizing einzurichten, um die individuellen Anforderungen abzudecken. Unter Umständen werden für die unterschiedlichen Prozesse sogar mehrere Schemata benötigt. Niemals sollte man die Standard-Kalkulationsschemata des SAP-Systems verändern.

Abbildung 2.2 zeigt das Customizing eines Kalkulationsschemas. Das abgebildete Schema wurde eigens für die Zwecke des Buchs angelegt, um wesentliche Zusammenhänge zu veranschaulichen. Ein Kalkulationsschema wird in der Praxis sehr viel komplexer aussehen, d.h., es wird mehr Konditionsarten und Zwischensummen beinhalten. Unser Beispielschema wurde aus einem Standardschema kopiert.

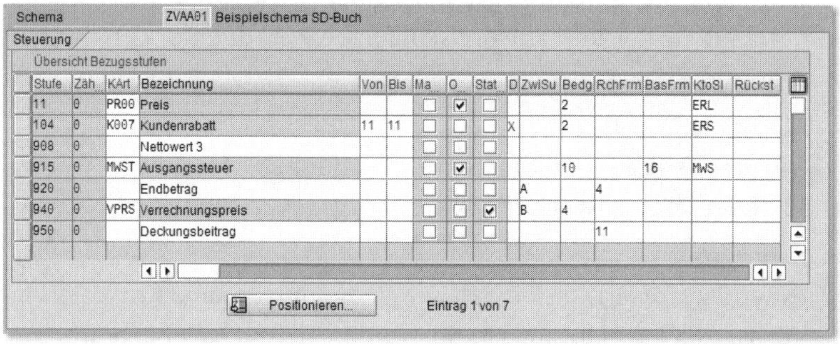

Stufe	Zäh	KArt	Bezeichnung	Von	Bis	Ma	O	Stat	D	ZwiSu	Bedg	RchFrm	BasFrm	KtoSl	Rückst
11	0	PR00	Preis			☐	☑	☐			2			ERL	
104	0	K007	Kundenrabatt	11	11	☐	☐	☐	X		2			ERS	
908	0		Nettowert 3			☐	☐	☐							
915	0	MWST	Ausgangssteuer			☐	☑	☐			10		16	MWS	
920	0		Endbetrag			☐	☐	☐		A		4			
940	0	VPRS	Verrechnungspreis			☐	☐	☑		B	4				
950	0		Deckungsbeitrag			☐	☐	☐				11			

Abbildung 2.2 Kalkulationsschema im SD-Customizing (Transaktion SPRO • Kalkulationsschema pflegen)

Wie ist dieses Schema zu lesen? Wir sehen, dass den einzelnen Stufen jeweils Konditionsarten (KART) zugeordnet sind. Die erste Konditionsart PR00 wird normalerweise für den Preis verwendet. Wir sehen die Kennzeichen für manuelle Konditionen (MA), obligatorische Konditionen (OBL) und statistische Konditionen (STAT). Die Einträge in den Spalten VON und BIS sind nur bei solchen Zeilen relevant, in denen ein Wert berechnet wird. Damit werden die Bezugswerte definiert. In der Spalte KTOSL (Kontoschlüssel) ist der Wert ERL zugeordnet. Darüber wird gesteuert, dass dieser Wert in einer Rechnung auf einem Erlöskonto verbucht wird (siehe Abschnitt 3.3.5, »Fakturierung«). Von diesem Preis wird der Kundenrabatt (Konditionsart: K007) subtrahiert. In den Spalten VON und BIS erkennen wir, dass sich der Rabatt auf den Preis bezieht. Der Konditionsart K007 wird der Kontoschlüssel ERS zugeordnet. Damit wird festgelegt, dass dieser Wert auf einem Erlösschmälerungskonto verbucht wird. Nach Abzug des Rabatts verbleibt die Zwischensumme NETTOWERT 3. In der

Stufe 915 wird der Mehrwertsteuerbetrag ermittelt, der zum Nettowert addiert wird. Von besonderer Bedeutung ist die Konditionsart VPRS (Verrechnungspreis) in Stufe 940. Es handelt sich dabei um eine statistische Kondition. Diese Konditionsart wird im weiteren Verlauf noch genauer betrachtet.

Der erste Schritt für die Preisfindung im Vertriebsbeleg ist die Ermittlung des richtigen Kalkulationsschemas. Die *Schemaermittlung* ist ein Teil des Customizings der Preisfindung. Dabei wird jeder Auftragsart ein sogenanntes *Belegschema* zugeordnet. Jedem Kunden wird im Kundenstamm ein *Kundenschema* zugeordnet. Außerdem hängt die Ermittlung des Kalkulationsschemas auch vom Vertriebsbereich ab. Abbildung 2.3 zeigt das Customizing der Schemaermittlung.

Schemaermittlung

VkOrg	VW	SP	Be	Ku	Kal.Sm	Kalkulationsschema	KArt	Konditionsart
1000	10	00	A	1	RVAA01	Standard	PR00	Preis
1000	10	00	A	2	RVAB01	Steuer im Preis enthal	PR01	Preis incl. MWST
1000	10	00	A	A	ZVAA01	Beispielschema SD-Buch	PR00	Preis
1000	10	00	A	Y	ZPKT00	Punkteschema	PR00	Preis
1000	10	00	C	1	RVCA01	Standard kostenlos mit		
1000	10	00	C	2	RVCA02	Standard kostenlos ohn		
1000	10	00	P	1	RVPS01	PS: Auftrag, Faktura		
1000	10	00	P	2	RVPS01	PS: Auftrag, Faktura		
1000	10	00	V	1	PSER01	Periodische Fakturieru	PPSV	Preis Pos. Service
1000	10	00	V	2	PSER01	Periodische Fakturieru	PPSV	Preis Pos. Service
1000	10	00	W	1	PSER02	Aufwandsgerechte Faktu		
1000	10	00	W	2	PSER02	Aufwandsgerechte Faktu		
1000	10	00	X	1	WMP001	Produktkatalog		
1000	10	00	X	2	WMP001	Produktkatalog		
1000	10	00	Y	1	WK0001	Wertkontraktschema	WK00	Zielwert Wertkontr.
1000	10	00	Y	2	WK0001	Wertkontraktschema	WK00	Zielwert Wertkontr.

Abbildung 2.3 Customizing der Schemaermittlung (Transaktion OVKK)

An dieser Stelle wird deutlich, wie sehr das Customizing der Organisationsstrukturen die Einstellungsmöglichkeiten bei den übrigen Funktionen beeinflusst. Je differenzierter die Organisationsstruktur, desto größer sind die Möglichkeiten bei der Bestimmung des Kalkulationsschemas. Das Kalkulationsschema wird im Vertriebsbeleg also abhängig von dem Vertriebsbereich, dem Kundenschema im Debitorenstammsatz (Ku) und dem Belegschema der Auftragsart (Be) ermittelt. Die Auftragsart und der Vertriebsbereich werden bei der Auftragserfassung vom Anwender vorgegeben. Doch dazu kommen wir in Kapitel 3, »Vertriebskomponente SD – Prozessüberblick«.

Konditionsarten Wie soeben beschrieben, werden die einzelnen Preisbestandteile im Kalkulationsschema durch *Konditionsarten* abgebildet. Konditionsarten steuern den Ablauf der Preisfindung. Die folgenden Customizing-Einstellungen zur Konditionsart sind besonders wichtig:

- Über die *Konditionsklasse* und den *Konditionstyp* wird festgelegt, ob es sich um einen Preis, einen Zu- oder Abschlag, einen Verrechnungspreis, eine Steuer oder eine nachträgliche Vergütung (Bonus) handelt.
- Über die *Rechenregel* wird ermittelt, ob der Wert der Konditionsart als prozentualer Wert abhängig von einer anderen Kondition oder einem Zwischenwert zu bestimmen ist oder ob es sich um einen festen Betrag (wie z. B. einen Preis) handelt.
- Über die *Rundungsregel* wird festgelegt, ob auf- oder abgerundet werden soll.
- Über ein *Änderungskennzeichen* wird definiert, ob die Konditionsart vom Anwender im Beleg geändert werden darf.
- Über *Kennzeichen* wird festgelegt, ob für die Konditionsart auf- oder absteigende Preisstaffeln definiert werden können. Unter einer Preisstaffel versteht man einen mengen- oder wertabhängigen Stückpreis (z. B. bis 100 Stück: 900,00 €, bis 200 Stück 850,00 €).

Die wichtigsten Konditionsarten werden im SAP-Standard ausgeliefert (Transaktion SPRO • KONDITIONSARTEN PFLEGEN). Eine zentrale Aufgabe in jedem Einführungsprojekt besteht jedoch darin, die kundenindividuellen Konditionsarten im System einzustellen. Dabei sollte stets eine der vorhandenen Standard-Konditionsarten kopiert, mit einer entsprechenden Bezeichnung versehen und anschließend im Kalkulationsschema eingebaut werden. Niemals sollten Sie Standard-Konditionsarten verändern!

Zugriffsfolge Abbildung 2.1 zur Konditionstechnik zeigt, dass über die Konditionsart auch eine *Zugriffsfolge* ermittelt wird. Die Zuordnung der Zugriffsfolge erfolgt im Customizing der Konditionsart. Über die Zugriffsfolge wird die automatische Ermittlung der Konditionssätze im Vertriebsbeleg gesteuert. Jede Zugriffsfolge kann aus mehreren *Zugriffen* bestehen. Jeder Zugriff besteht aus einer sogenannten *Konditionstabelle*, die ihrerseits wiederum *Zugriffsfelder* enthält.

Ein Beispiel für eine Zugriffsfolge:

1. **Zugriff »Verkaufsorganisation/Vertriebsweg/Sparte/Kunde/Material«**
Hinter diesem Zugriff steht eine Konditionstabelle mit den Feldern VERKAUFSORGANISATION, VERTRIEBSWEG, SPARTE, KUNDENNUMMER und MATERIALNUMMER.

2. **Zugriff »Verkaufsorganisation/Vertriebsweg/Sparte/Material«**
Hinter diesem Zugriff steht eine Konditionstabelle mit den Feldern VERKAUFSORGANISATION, VERTRIEBSWEG, SPARTE und MATERIALNUMMER.

Konditionssätze enthalten letztlich die Konditionen (z. B. Preise, prozentuale Abschläge, prozentuale Zuschläge), die der Anwender erfasst. Konditionssätze werden mit den Schlüsseln angelegt, die zuvor in der Zugriffsfolge definiert wurden. Bleiben wir bei unserem Beispiel mit der Zugriffsfolge: Zunächst prüft das System, ob ein sogenannter *Konditionssatz* mit dem Schlüssel *Verkaufsorganisation/Vertriebsweg/Sparte/Kundennummer/Materialnummer* vom Anwender angelegt worden ist. Wenn ja, wird der entsprechende Wert in den Kundenauftrag übernommen. Die Ermittlung des Werts für diese Konditionsart ist abgeschlossen. Ansonsten prüft das System, ob ein Konditionssatz mit dem Schlüssel *Verkaufsorganisation/Vertriebsweg/Sparte/Materialnummer* vorhanden ist.

Konditionssätze

Das Beispiel zeigt, dass im Customizing der Preisfindung die grundsätzlichen Möglichkeiten eingestellt werden. Dem Anwender bleibt später überlassen, welche Möglichkeiten er verwendet. Er entscheidet, auf welcher der gerade beschriebenen Ebenen ein Konditionssatz angelegt wird. Er kann also z. B. für bestimmte Kunden individuelle Preise definieren. Bei Kunden ohne individuelle Preisvereinbarung wird der allgemeine Materialpreis gezogen.

Eine weitere Möglichkeit, den Ablauf der Anwendung zu steuern, erhält der Sachbearbeiter durch die Nutzung von *Gültigkeitszeiträumen*. Damit kann der Anwender die Wirksamkeit von Konditionen auf einen bestimmten Zeitraum einschränken. Außerdem hat er bei Preisänderungen die Möglichkeit, diese frühzeitig (mit einem in der Zukunft beginnenden Zeitraum) zu erfassen. Von großer Bedeutung ist auch die Vergabe von Preisstaffeln (z. B. Preis bis 100 Stück: 10,00 €, bis 200 Stück: 9,00 €).

In der Regel wird der Schlüssel einer Konditionstabelle immer auch Felder aus der Organisationsstruktur enthalten. Auch das soeben zitierte Beispiel ist entsprechend aufgebaut. Dies zeigt erneut, dass die Gestaltung der Systemorganisation erhebliche Auswirkungen auf das weitere Customizing hat.

Steuern im Inland

Besondere Bedeutung kommt der Ermittlung der richtigen Mehrwertsteuerbeträge zu. Dies gilt umso mehr, als bei Auslandsgeschäften unter bestimmten Voraussetzungen keine Mehrwertsteuer anfällt. Doch zunächst zum klassischen Inlandsfall.

Grundsätzlich wird der Steuerbetrag über einen Konditionssatz ermittelt. Der Konditionssatz enthält ein Steuerkennzeichen. Diese werden im Customizing (Transaktion FTXP) von SAP ERP Financials gepflegt. Dort wird auch der Wert des Steuerkennzeichens (zurzeit in Deutschland 19 % bei voller Mehrwertsteuer) definiert. Bei nicht steuerrelevanten Vorgängen wird ein Steuerkennzeichen mit dem Wert 0 gefunden. Die Steuerkennzeichen können nicht geändert werden. Ändert der Gesetzgeber den Steuersatz, ist im Customizing ein neues Steuerkennzeichen anzulegen.

Nach welchen Kriterien wird aber das entsprechende Steuerkennzeichen (z. B. 19 %, 7 %, 0 %) ermittelt? Auch die Steuerermittlung erfolgt in Abhängigkeit von Informationen, die im Debitoren- und im Materialstamm zugeordnet sind. Jedem Stammsatz wird eine Steuerklasse zugeordnet. Die möglichen Steuerklassen können im Customizing definiert werden. So kann z. B. einem Debitor, der eine gemeinnützige Einrichtung ist, eine Steuerklasse 0 (keine Mehrwertsteuer) zugeordnet werden. In diesem Fall wird immer ein Konditionssatz ermittelt, der ein Steuerkennzeichen mit dem Wert 0 enthält. In Deutschland gilt bei bestimmten Produkten ein reduzierter Steuersatz. Im Materialstamm wird in diesem Fall eine Steuerklasse 2 (reduzierter Satz) zugeordnet.

Abbildung 2.4 zeigt uns die relevanten Fälle für die Ermittlung des Steuerkennzeichens im Inlandsfall. Wir sehen, dass die Steuerermittlung landesabhängig ist. Das Feld STKLA-KD bedeutet »Steuerklasse Kundenstamm«. Das Feld STKLA-MAT steht für »Steuerklasse Materialstamm«.

Abbildung 2.4 Konditionssätze zur Ermittlung des Steuerkennzeichens im Inlandsfall (Transaktion VK12)

Für den Kundenstamm erkennen wir folgende Steuerklassen:

- Steuerklasse 0: keine Steuer
- Steuerklasse 1: volle Steuer

Für den Materialstamm erkennen wir folgende Steuerklassen:

- Steuerklasse 0: keine Steuer
- Steuerklasse 1: volle Steuer
- Steuerklasse 2: reduzierter Satz (in Deutschland zurzeit 7 %)

Immer wenn für einen der beiden Stammsätze Steuerklasse 0 zugeordnet wurde, wird für die jeweilige Position das Steuerkennzeichen A0 (0 %) ermittelt. Nur wenn beide Steuerklasse 1 haben, zieht der volle Steuersatz. Wenn im Material Steuerklasse 2 hinterlegt ist, wird das Steuerkennzeichen mit 7 % gezogen.

Bei Verkäufen an Kunden innerhalb der EU bleibt der Vorgang unter bestimmten Voraussetzungen mehrwertsteuerfrei – nämlich dann, wenn der Kunde über eine entsprechende Umsatzsteuer-Identnummer verfügt. Wie wird das Steuerkennzeichen im Exportfall ermittelt? Grundsätzlich über die gleiche Logik wie im Inlandsfall. Allerdings werden zusätzlich das Abgangs- und das Empfangsland der Ware ermittelt. Die Konditionssätze und damit das Steuerkennzeichen werden also über folgende Kriterien ermittelt:

Steuern im Ausland

- Abgangsland
- Empfangsland

- Steuerklasse Debitor
- Steuerklasse Material

Betrachten wir die Steuerermittlung im Exportfall ebenfalls an einem Beispiel (siehe Abbildung 2.5). Es wird deutlich, dass die Ermittlung des richtigen Steuerkennzeichens zusätzlich vom Abgangs- (DE) und Empfangsland (GB) abhängt. Die Abbildung zeigt, dass in unserem Beispiel das Steuerkennzeichen A0 ermittelt wird (keine Ausgangssteuer). In der Praxis wird man jedoch in der Regel ein eigenes Steuerkennzeichen für EU-Auslandsgeschäfte anlegen und dieses entsprechend zuordnen.

Abbildung 2.5 Konditionssätze zur Ermittlung des Steuerkennzeichens im Exportfall (Transaktion VK12)

Manuelle Konditionen

Konditionsarten, deren Werte im Kundenauftrag, wie gerade beschrieben, automatisch ermittelt werden, sind von manuellen Konditionsarten zu unterscheiden. Diese werden vom Anwender während der Belegbearbeitung erfasst. Im Customizing wird im Kalkulationsschema definiert, welche Preisbestandteile im Auftrag grundsätzlich manuell erfasst werden können. Der Anwender entscheidet dann, welche Konditionsarten er nutzen will.

Ab Release SAP ERP 6.0 EhP4 steht das BAdI PRICING_AUTHORITY_CHECK_UI zur Verfügung, das eine Berechtigungsprüfung auf Ebene von Konditionsarten oder Zwischensummenzeilen ermöglicht. Man kann also z. B. festlegen, dass Anwender A nur den Rabatt A, nicht aber den Rabatt B einräumen darf. In diesem Zusammenhang sei auf den Service Marketplace von SAP (*http://service.sap.com/*) hingewiesen. Hier finden Sie wichtige Hinweise zu diesem Thema (der Zugang steht allerdings nur SAP-Kunden mit einem registrierten »User« offen). Der SAP-Hinweis 1165078 (Berechtigungsprüfung für Konditionen oder Zwischensummen) beschreibt die Implementierung einer modifikationsfreien Lösung.

Eine Sonderform der manuellen Konditionen sind sogenannte *Kopf-* | Kopfkonditionen
konditionen. Bislang sind wir immer davon ausgegangen, dass die Preisfindung in allen Belegen auf Positionsebene erfolgt. Es gibt jedoch auch Konditionen, die für den gesamten Auftrag und damit für alle Positionen gültig sind. Der Anwender kann sich deshalb auch auf Kopfebene die Preisfindung anzeigen lassen, wo er dann die einzelnen Positionswerte kumuliert vorfindet. Er kann zusätzlich Konditionsarten erfassen, die im Customizing als »Kopfkonditionen« gekennzeichnet wurden.

Kopfkonditionen werden immer auf die Positionen verteilt. Dies geschieht unter anderem deshalb, weil die Auswertungen in der Ergebnis- und Marktsegmentrechnung (CO-PA, siehe Abschnitt 2.12, »Integration der Ergebnis- und Marktsegmentrechnung«) auf Positionsebene laufen. Auch das Verbuchen von Kundenrechnungen in SAP ERP Financials erfolgt auf Positionsebene. Abhängig von Customizing-Einstellungen kann die Verteilung über die Positionsmenge oder den Positionswert erfolgen.

Als Beispiel für solche Konditionen sind Frachtkonditionen zu nennen. Ein häufiges Problem der Praxis besteht jedoch darin, dass die tatsächlichen Frachtkonditionen erst im Versand ermittelt werden, wenn z. B. das Gewicht inklusive Verpackung bekannt ist. Damit fehlt bei der Auftragserfassung diese Information. Außerdem kommt es häufig vor, dass die einzelnen Auftragspositionen zu unterschiedlichen Zeitpunkten geliefert werden und damit nicht über gemeinsame Frachtkonditionen abgerechnet werden können. Als Lösung bietet sich hier an, die Ermittlung der Frachtkonditionen erst in der Faktura vorzunehmen. Ein anderer Weg besteht darin, mit den Kunden Pauschalbeträge für die Fracht zu vereinbaren.

Neben den automatischen Konditionsarten, deren Wert über | Verrechnungspreise
Zugriffsfolgen und Konditionssätze ermittelt wird, gibt es weitere Konditionsarten, deren Wert vom SAP-System berechnet wird. Dazu zählt insbesondere der Verrechnungspreis, der im SAP-Standard als Konditionsart VPRS (Verrechnungspreis) enthalten ist. Der Verrechnungspreis zeigt die Herstellkosten des Materials, das der Anwender in der Position vorgegeben hat. Der Wert wird weder über Konditionssätze ermittelt noch manuell vorgegeben. Vielmehr ermittelt das System den Preis aus dem Bewertungssegment des Materialstamms. Bei eigengefertigten Materialien entsteht der Bewertungspreis häufig

über die Kalkulation der Herstellkosten in der Controllingkomponente CO. Bei fremdbeschafften Materialien (z. B. Handelswaren) entsteht der Preis in der Regel durch die laufende Fortschreibung der Einkaufspreise als gleitender Durchschnittspreis. Der Verrechnungspreis hat eine doppelte Funktion: Zum einen gibt er dem Sachbearbeiter einen Hinweis auf die Marge (Umsatz–Kosten). Hier kann wieder die bereits angesprochene Berechtigungsprüfung relevant werden, weil unter Umständen nicht jeder Anwender diese Marge sehen soll. Zum anderen kann der Verrechnungspreis der Komponente CO-PA (*Ergebnis- und Marktsegmentrechnung*) als Kosten des Umsatzes fortgeschrieben werden und beeinflusst so das Betriebsergebnis (siehe Abschnitt 2.12).

2.1.3 Beispiel

Im folgenden Beispiel zeigen wir die Ermittlung der Konditionsart PR00 in einem Kundenauftrag. Dazu erfassen wir einen Kundenauftrag für unseren Kunden mit der Debitorennummer 1025 (Karl Müller GmbH). Der Kunde bestellt das Material PR4712, eine Waschlotion. In unserem Beispiel durchlaufen wir die folgenden Schritte:

1. Anzeigen des Konditionssatzes für das Material PR4712
2. Erfassen des Kundenauftrags über 250 Stück für das Material PR4712
3. Analyse der Preisfindung im Kundenauftrag
4. Erfassen einer manuellen Kondition im Kundenauftrag
5. Anzeigen der Mehrwertsteuer und der Verrechnungspreise

Schritt 1: Anzeigen des Konditionssatzes

Zunächst lassen wir uns den Konditionssatz zu der Konditionsart PR00 und unserem Beispielmaterial PR4712 anzeigen. Abbildung 2.6 zeigt, dass der Konditionssatz abhängig von den Schlüsseln *Verkaufsorganisation* (1000), *Vertriebsweg* (10) und *Materialnummer* (PR4712) angelegt wurde. Es handelt sich also nicht um einen kundenindividuellen Preis, sondern um einen allgemeingültigen Preis für dieses Produkt. Der Preis ist auf 15,00 € festgesetzt, die Gültigkeit der Kondition beginnt am 29.11.2006, und sie endet am 31.12.9999.

Abbildung 2.7 zeigt uns, dass es sich um einen Staffelpreis handelt. Über die Preisstaffeln wird festgelegt, dass der Preis ab einer Verkaufsmenge von 100 Stück auf 14,00 € und ab einer Verkaufsmenge von 200 Stück auf 12,50 € sinkt. Wir haben es also mit einer absteigenden Staffel zu tun.

Abbildung 2.6 Konditionssätze zur Ermittlung des Steuerkennzeichens im Exportfall (Transaktion VK12)

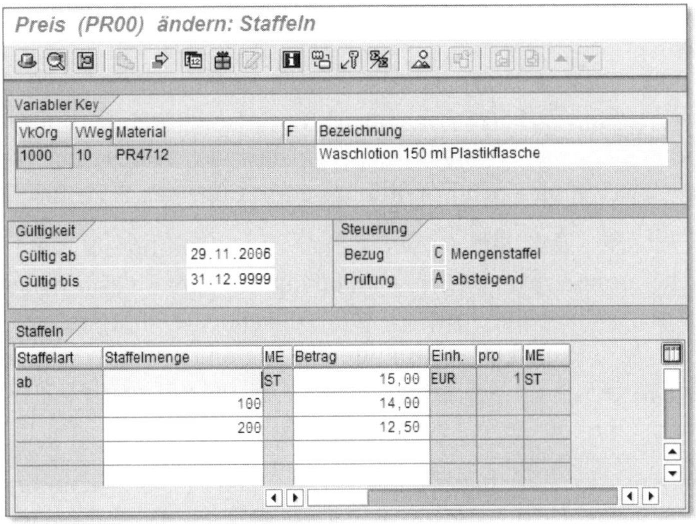

Abbildung 2.7 Preisstaffel für den Konditionssatz zum Material PR4712

Bislang haben wir die Stammdaten zu der Konditionsart PR00 für unser Material PR4712 anzeigen lassen. Sehen wir jetzt, welche Auswirkungen die Datenpflege der Anwender beim Erfassen eines Kundenauftrags hat. Für unseren Kunden, die Karl Müller GmbH, erfassen wir dazu einen Kundenauftrag in Höhe von 250 Stück. Das System ermittelt den Preis über die Konditionsart PR00 automatisch. In Abbildung 2.8 sehen wir das Ergebnis der Preisfindung.

Schritt 2: Kundenauftrag erfassen

Wir sehen das Detailbild zur Preisfindung in der Kundenauftragsposition. Das System hat automatisch einen Preis von 12,50 € ermittelt.

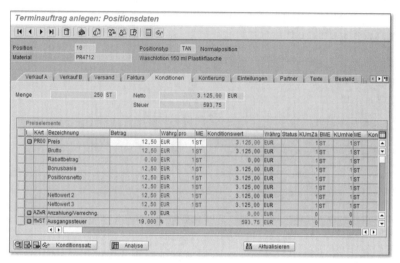

Abbildung 2.8 Ergebnis der automatischen Preisfindung im Kundenauftrag (Transaktion VA01)

Bei einer Menge von 250 Stück entspricht dies aufgrund der hinterlegten Staffeln unseren Erwartungen. Über die Auftragsmenge errechnet das System einen Konditionswert in Höhe von 3.125,00 €.

Mit dem Release SAP ERP 6.0 wurde auf dem Konditionsbild eine zusätzliche »Ampelspalte« (siehe Abbildung 2.8 ganz links vor der Konditionsart) eingeführt, die es dem Anwender erleichtert, zwischen aktiven und inaktiven Konditionen zu unterscheiden. Aktive Konditionen werden durch grüne, inaktive durch gelbe und fehlerhafte durch eine rote Ampel gekennzeichnet.

Schritt 3: Analyse der Preisfindung

Eine sehr wichtige Hilfe bietet die Funktion *Analyse*. Damit kann der Anwender nachvollziehen, über welche Zugriffsfolge das System den Preis ermittelt hat. Er erkennt, welche Zugriffsfolgen im Customizing eingestellt sind und welche Stammdaten gepflegt wurden. Damit wird das Ergebnis der automatischen Preisfindung für den Anwender nachvollziehbar. In unserem Beispiel führt die Funktion *Analyse* zu dem in Abbildung 2.9 gezeigten Ergebnis.

Der Anwender erkennt, dass die Preisfindung in diesem Auftrag über das Konditionsschema RVAA01 erfolgt. Der Konditionsart PR00 wurde im Customizing die Zugriffsfolge PR02 (wird in Klammern angezeigt) zugeordnet. Der erste Zugriff (Stufe 10) erfolgt über einen kundenindividuellen Preis.

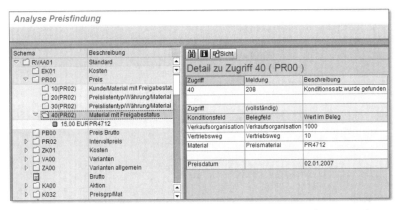

Abbildung 2.9 Analyse der Preisfindung im Kundenauftrag (Transaktion VA01)

Da für diesen Zugriff kein Konditionssatz vom Anwender hinterlegt wurde, wird auf dieser Stufe kein Preis ermittelt. Gleiches gilt für die Stufen 20 und 30. Erst auf der Stufe 40 findet das System einen Preis. Das Fenster rechts zeigt die Zugriffskriterien:

- Verkaufsorganisation
- Vertriebsweg
- Material

Direkt unter dem Zugriff mit der Nummer 40 zeigt das System auch den Preis an, der ermittelt wurde. An dieser Stelle berücksichtigt das System keine Mengen, deshalb wird auch die Staffel nicht ermittelt. Der korrekte Preis der Position wird erst im Detailbild zur Preisfindung (siehe Abbildung 2.8) angezeigt.

Zusätzlich zur automatisch ermittelten Konditionsart PR00 wollen wir noch eine manuelle Kondition festlegen. In unserem Auftrag wollen wir dem Kunden einen Rabatt in Höhe von 5 % einräumen. Dazu erfassen wir auf dem Konditionsbild eine Zeile mit der Konditionsart K007. Natürlich steht dem Anwender eine Auswahlhilfe zur Verfügung, die ihm die Konditionsarten des Kalkulationsschemas anbietet.

Schritt 4: Erfassen einer manuellen Kondition

In Abbildung 2.10 sehen wir, dass nun zusätzlich die Konditionsart K007 enthalten ist. In der Zeile NETTOWERT 3 wird ein Zwischenbetrag in Höhe von 2.968,75 € (Preis abzüglich Rabatt) angezeigt.

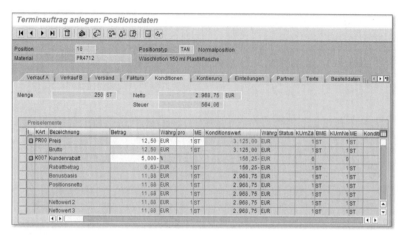

Abbildung 2.10 Vergabe einer manuellen Kondition K007, Kundenrabatt (Transaktion VA01)

Abschließend wollen wir uns noch die Steuerermittlung und die Berechnung der Konditionsart VPRS ansehen. Über die Konditionsart VPRS werden aus dem Bewertungspreis des Materialstamms die Herstellkosten des Materials ermittelt. Abbildung 2.11 zeigt uns das Bewertungsbild im Materialstamm für unser Material PR4712. Wir erkennen den Bewertungspreis in Höhe von 5,50 € im Feld GLEITENDER PREIS.

Schritt 5: Anzeige MwSt., Verrechnungspreise

Da es sich um einen Inlandskunden mit Steuerklasse 1 handelt und auch das Material über die Steuerklasse 1 verfügt, wird vom System ein Steuersatz in Höhe von 19 % ermittelt. In Abbildung 2.12 sehen wir, wie ausgehend von dem Zwischenwert NETTOWERT 3 die Steuer in Höhe von 19 % ermittelt wird. Ebenfalls ausgehend vom Zwischenwert NETTOWERT 3 wird über die Konditionsart VPRS der Deckungsbeitrag und damit die Marge berechnet.

In unserem Beispiel haben wir einige Möglichkeiten der Preisfindung kennengelernt. So haben wir gesehen, wie über die Konditionsart der Preis automatisch ermittelt wurde. Wir haben die automatische Preisfindung analysiert und manuelle Konditionsarten ergänzt. Abschließend haben wir uns die Konditionsarten für die Mehrwertsteuer und den Verrechnungspreis anzeigen lassen.

2.2 Nachrichtenfindung

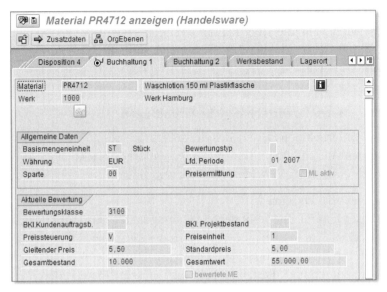

Abbildung 2.11 Bewertungspreis für das Material PR4712 (Transaktion MM03)

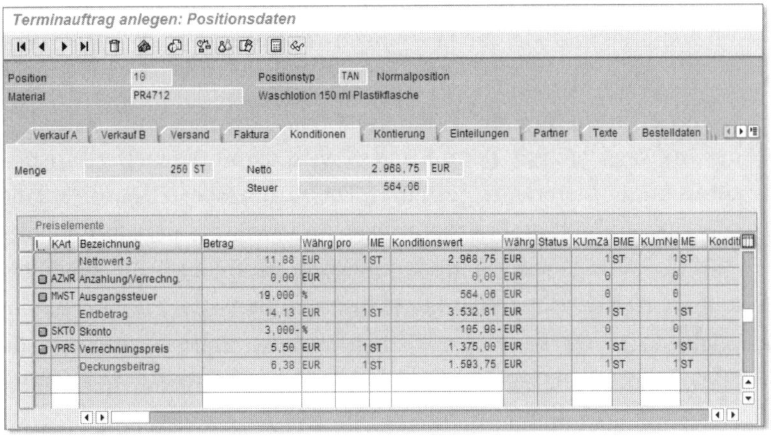

Abbildung 2.12 Anzeige der Konditionsarten für die Mehrwertsteuer und den Verrechnungspreis in der Preisfindung des Kundenauftrags (Transaktion VA01)

2.2 Nachrichtenfindung

Mithilfe der Nachrichtenfindung in der Vertriebskomponente SD wird der Informationsaustausch mit den Kunden organisiert. Der Informationsfluss zwischen Unternehmen ist vielfältig und umfasst z. B. das Versenden von Auftragsbestätigungen und Kundenrechnungen. Darüber hinaus gibt es Informationen, die interne Abläufe steuern. Dazu gehört insbesondere die Erstellung von Kommissioniernachrichten. Für die Übertragung kommen sowohl konventionelle Verfahren wie Druck oder Fax als auch elektronische Medien wie das Internet infrage.

2.2.1 Betriebswirtschaftliche Grundlagen

Nachrichten im Vertriebsprozess

Jedes Unternehmen steuert die Geschäftsprozesse mit den Kunden über den Austausch von Informationen. Folgende Nachrichten werden im Verlauf des Vertriebsprozesses versendet:

- **Angebotsformulare**
  Diesen kommt eine besondere Bedeutung zu. Klar strukturierte und zweckmäßige Informationen steigern die Auftragswahrscheinlichkeit. Darüber hinaus ist es notwendig, strukturierte Informationen (Kundennummer, Bestellnummer als Referenz, Materialnummer, Preise, Zuschläge, Rabatte, Lieferungs- und Zahlungsbedingungen) durch zusätzliche ergänzende Texte abzurunden. Auch dienen Angebote als Marketinginstrument, um das Interesse des Kunden auf weitere Produkte und Leistungen des Unternehmens zu lenken.

- **Auftragsbestätigungen**
  Nach der Bestellung des Kunden ist eine umgehende Bestätigung des Auftrags wichtig. Beim Kunden wird damit die weitere Disposition in der Lieferkette gesteuert. Die Auftragsbestätigung enthält auch die endgültige Preisvereinbarung sowie das geplante Lieferdatum. Auftragsbestätigungen umfassen häufig auch die allgemeinen Geschäftsbedingungen des Unternehmens.

- **Lieferavise**
  Lieferavise sind Nachrichten, die dem Kunden eine bevorstehende Lieferung nochmals ankündigen. Sie werden beim Warenausgang an den Kunden versendet.

- **Kommissionierlisten**
  Diese Listen richten sich an die eigene Lagerverwaltung. Auf Basis von Kommissionierlisten erfolgen die Entnahme der Ware aus dem Lager und die anschließende Versandvorbereitung.

- **Lieferscheine**
  Lieferscheine begleiten die Ware auf ihrem Weg zum Kunden. Sie enthalten vor allem die Adresse des Warenempfängers und die Lie-

fermenge. Die Wareneingangsprüfung beim Kunden basiert auf diesen Dokumenten.

▶ **Rechnungen**
Mithilfe von Rechnungsformularen erfolgt die Berechnung von Waren und Leistungen. Sie enthalten die erbrachten Leistungen und gelieferten Produkte sowie deren Preise und Zahlungsbedingungen. Vor allem muss auch die entsprechende Mehrwertsteuer den gesetzlichen Vorschriften entsprechend ausgewiesen werden.

▶ **Rechnungslisten**
Neben Einzelrechnungen können Kunden für bestimmte Perioden auch Rechnungslisten zur Verfügung gestellt werden. Diese enthalten eine Auflistung aller Rechnungen einer Periode. Der Kunde kann dann in einem Zahlungsvorgang sämtliche Rechnungen begleichen.

Grundsätzlich ist bei der Übermittlung der Informationen zwischen der *konventionellen Übertragung* (Druck und anschließender Versand über den Postweg) und der *elektronischen Übertragung* (z. B. via EDI-Nachricht, XML-Nachricht – siehe dazu auch Abschnitt 6.2, »Unternehmensübergreifende Auftragsabwicklung«) zu unterscheiden. Bei der elektronischen Übertragung steht die Frage nach dem Inhalt der Nachricht im Mittelpunkt. Folgende Fragen sind zu beantworten:

Elektronische Übertragung

▶ Welche Informationen benötigt der Kunde, um die Nachricht in seiner Organisation und seinen EDV-Systemen verarbeiten zu können (z. B. als Referenz seine Bestellnummer, seine Kundennummer beim Lieferanten, die Auftragsmenge, Preise, Zahlungs- und Lieferungsbedingungen)?

▶ Welche Informationen sind aus rechtlicher Sicht notwendig (bei Rechnungen z. B. Ausweis der Mehrwertsteuer, bei Exportrechnungen der Exportwert des Auftrags)?

Dagegen geht es bei manuellen Nachrichten nicht allein um den Inhalt, sondern auch um Form und Gestaltung. Formulare müssen den Corporate-Design-Richtlinien des Unternehmens entsprechen. Außerdem müssen die Informationen übersichtlich angeordnet werden, damit sie schnell und fehlerfrei weiterverarbeitet werden können.

Konventionelle Übertragung

2.2.2 Elemente der Nachrichtenfindung

Ähnlich wie bei der Preisfindung geht es bei der Nachrichtenfindung darum, in den einzelnen Vertriebsbelegen (z. B. Auftrag, Lieferung, Faktura) die für den Kunden relevanten Nachrichten zu ermitteln. Das System sollte automatisch den richtigen Übertragungsweg (elektronisch, manuell) ermitteln. Auch bei der Nachrichtenfindung kommt (wie bei der Preisfindung) die *Konditionstechnik* zum Einsatz.

Im Folgenden soll deutlich werden, welche grundsätzlichen Gestaltungsmöglichkeiten im Customizing zur Verfügung stehen und an welchen Stellen der Anwender über den Ablauf der Nachrichtenfindung entscheiden kann.

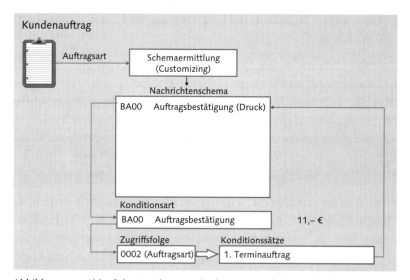

Abbildung 2.13 Ablauf der Konditionstechnik am Beispiel der Nachrichtenfindung

Überblick Abbildung 2.13 zeigt den Ablauf der Konditionstechnik bei der Nachrichtenfindung im Überblick. Über die *Auftragsart* des Vertriebsbelegs wird analog zum *Kalkulationsschema* in der Preisfindung ein *Nachrichtenschema* ermittelt. Das Nachrichtenschema enthält – analog zu den Konditionsarten der Preisfindung – die Nachrichtenarten, die in dem Vertriebsbeleg verarbeitet werden sollen. Jeder Nachrichtenart ist eine Zugriffsfolge zugeordnet. Dort werden die Schlüsselbegriffe definiert, mit denen die Anwender Konditionssätze anlegen können. Im Beispiel der Abbildung 2.13 wird für die Nachrichtenart BA00 (Auftragsbestätigung) eine Zugriffsfolge mit dem Schlüssel *Auftragsart* ermittelt. Der Anwender hat einen Konditionssatz für die

Auftragsart *Terminauftrag* angelegt. Auf Basis dieses Konditionssatzes wird die Nachricht im Kundenauftrag ermittelt.

Im Customizing wird jeder Vertriebsbelegart ein Nachrichtenschema zugeordnet. Über diese Zuordnung wird beim Erfassen des Vertriebsbelegs (z. B. Auftrag, Lieferschein oder Faktura) das entsprechende Nachrichtenschema ermittelt. Abbildung 2.14 zeigt die Schemaermittlung im Customizing.

Nachrichtenschema

VArt	Bezeichnung	Nach.	Bezeichnung	Nachr.art	Bezeichnung
01	Kundenprimärbedarf				
AA	Aktionsauftrag	V10000	Auftragsnachrichten	BA00	Auftragsbestätigung
AE	AG aus Serviceauftr.	V06000	Angebotsnachrichten	AN00	Angebot
AEB0	Terminauftrag	V10000	Auftragsnachrichten	BA00	Auftragsbestätigung
AEB0	Angebot	V06000	Angebotsnachrichten	AN00	Angebot
AF	Anfrage	V05000	Anfragenachrichten	AF00	Anfrage
AG	Angebot	V06000	Angebotsnachrichten	AN00	Angebot

Abbildung 2.14 Ermittlung des Nachrichtenschemas im Customizing (Transaktion V/43)

Das Nachrichtenschema enthält analog zu den Konditionsarten bei der Preisfindung die unterschiedlichen Nachrichtenarten. Damit stellt das Nachrichtenschema den Rahmen für die Nachrichtenfindung in den Vertriebsbelegen dar. Die wichtigsten Nachrichtenschemata werden im SAP-Standard ausgeliefert. Abbildung 2.15 zeigt das Customizing des Standardschemas V10000.

Die Einstellungsmöglichkeiten sind jedoch weit weniger komplex als bei der Preisfindung. In erster Linie enthält das Nachrichtenschema die Nachrichtenarten, die in einem Beleg grundsätzlich verarbeitet werden können (z. B. BA00 Auftragsbestätigung). Über das Kennzeichen NICHT AUTOMATISCH wird festgelegt, ob die Nachrichtenart automatisch über vom Anwender gepflegte Konditionssätze ermittelt wird oder vom Anwender manuell während der Belegbearbeitung vorzugeben ist. Über Bedingungen kann die Relevanz einer Nachricht von bestimmten Ereignissen abhängig gemacht werden.

Über das Customizing der Nachrichtenart (Transaktion V/30) wird zunächst ein Vorschlagswert für das Sendemedium eingestellt. Dieser kann später vom Anwender sowohl im Konditionssatz als auch im Vertriebsbeleg verändert werden.

Nachrichtenarten

Abbildung 2.15 Customizing des Nachrichtenschemas (Transaktion SPRO • Nachrichtenschema pflegen)

Die wichtigsten Sendemedien in der Komponente SD sind:

▶ **Druckausgabe**
Aus dem Vertriebsbeleg heraus wird ein Formular gedruckt und anschließend versendet.

▶ **Telefax**
Das Formular wird nicht gedruckt, sondern über einen Faxserver an den Kunden per Faxnachricht übermittelt.

▶ **EDI**
Aus dem Vertriebsbeleg heraus wird zunächst eine Datei im IDoc-Format erzeugt. IDoc steht für *Intermediate Document*. Die IDoc-Dateien werden über die Nachrichtensteuerung an einen EDI-Konverter oder eine Integrationsplattform (z. B. SAP Exchange Infrastructure) versendet. Dort findet die Umsetzung in standardisierte EDI- oder XML-Formate und die Versendung der Nachricht statt (siehe auch Abschnitt 6.2, »Unternehmensübergreifende Auftragsabwicklung«).

Verarbeitungszeitpunkt einstellen

Ebenfalls auf Ebene der Nachrichtenart wird im Customizing (Transaktion V/30) ein Vorschlagswert für den Verarbeitungszeitpunkt eingestellt. Dieser kann später vom Anwender sowohl im Konditionssatz als auch im Vertriebsbeleg verändert werden. Folgende Verarbeitungszeitpunkte sind möglich:

▶ **Verarbeitungszeitpunkt 1: Batch-Programm**
Die Nachricht wird im Vertriebsbeleg ermittelt und später durch ein Batch-Programm verarbeitet. Das Programm wird von der Basis-

administration als sogenannter *Job* eingeplant (z. B. einmal täglich). Im Standard wird hierzu das Programm RSNAST ausgeliefert.

- **Verarbeitungszeitpunkt 2: Batch-Programm + Zeitangabe**
  Diese Option entspricht im Wesentlichen der Option 1. Allerdings kann der Anwender zusätzlich einen Zeitpunkt definieren, zu dem die Verarbeitung frühestens erfolgen soll.

- **Verarbeitungszeitpunkt 3: Ausgabetransaktion**
  In diesem Fall muss der Anwender durch eine eigene Transaktion die Verarbeitung der Nachricht explizit anstoßen. Für Lieferungen und Fakturen gibt es Transaktionen, die eine Massenverarbeitung des Druckvorrats auch online ermöglichen. Die Transaktionen für die Lieferungen sind VL70 (Kommissionierung) und VL71 (Liefernachrichten). Für den Druck von Fakturen wird die Transaktion VF31 eingesetzt.

- **Verarbeitungszeitpunkt 4: Automatisch**
  Die Nachricht wird automatisch beim Sichern des Belegs verarbeitet. Ein weiterer Anstoß für die Verarbeitung der Nachrichten über eine Transaktion ist nicht notwendig.

Jeder Nachrichtenart werden im Customizing ein sogenanntes *Druckprogramm* und ein entsprechendes Formular zugeordnet. Das Druckprogramm steuert die Ermittlung der Daten, die im Formular angezeigt werden sollen. Im Formular werden die Anordnung der Informationen und das grafische Design festgelegt. In nahezu jedem Einführungsprojekt werden Druckprogramme und Formulare angepasst. Dies ist vor allem deshalb erwähnenswert, weil die Anpassungen nicht über das Customizing erfolgen.

Das Druckprogramm ist in der SAP-Programmiersprache ABAP/4 entwickelt. Es handelt sich deshalb bei der Anpassung des Programms um eine Erweiterung des SAP-Standards. Abhängig von den vorgenommenen Erweiterungen wird eine Anpassung beim Releasewechsel erforderlich. In der Regel kopiert man das vorhandene Standard-Druckprogramm und ergänzt die Informationen, die zusätzlich im Formular benötigt werden. Anschließend wird das neue Druckprogramm der entsprechenden Nachrichtenart zugeordnet. Als Beispiel für eine Erweiterung des Druckprogramms sei hier die Anforderung eines Kunden der PIKON Deutschland AG genannt: In der Auftragsbestätigung sollten neben den Auftragsdaten auch die Daten

Druckprogramm

aller rückständigen Aufträge (Aufträge mit überschrittenem Liefertermin) gedruckt werden.

Formulargestaltung mit SAPscript

Formulare werden in der Programmiersprache der SAP-eigenen Textverarbeitung *SAPscript* erstellt. Im SAP-Standard werden die wichtigsten Formulare ausgeliefert. In der Regel werden diese Formulare kopiert und gemäß den unternehmensspezifischen Anforderungen geändert. Zu den wichtigsten Anpassungen gehört beispielsweise der Druck des Firmenlogos auf dem Formular, aber auch die übersichtliche Anordnung von Informationen ist sehr wichtig. Häufig müssen die Formulare auch so gestaltet werden, dass sie auf vorgedrucktem Geschäftspapier ausgegeben werden können. Formulare sind sprachabhängig. Für jede Sprache, in der die Nachricht ausgegeben werden soll, ist ein entsprechendes Formular zu gestalten.

In der Vergangenheit wurden verschiedene Technologien zur Ablösung von SAPscript entwickelt. Damit soll der Anpassungsaufwand von Formularen gesenkt und vor allem die Flexibilität erhöht werden. Vielversprechend erscheint nach aktuellem Stand die Einbindung von Adobe Forms. Als Gestaltungswerkzeug wird dabei Adobe Acrobat eingesetzt. Unter anderem steht die Verwendung von Offline-Formularen zur Verfügung. Dabei wird zunächst ein Formular aus der SAP-Nachrichtenfindung erzeugt, das der Anwender um weitere Informationen anreichern und versenden kann.

Zugriffsfolge

Wie bei den Konditionsarten der Preisfindung wird auch den Nachrichtenarten jeweils eine *Zugriffsfolge* zugeordnet. Ausgenommen sind die manuellen Nachrichtenarten, die vom Anwender erfasst werden müssen. Über die Zugriffsfolge wird die automatische Ermittlung der Nachricht im Vertriebsbeleg gesteuert. Jede Zugriffsfolge kann aus mehreren *Zugriffen* bestehen. Jeder Zugriff besteht aus einer sogenannten *Konditionstabelle*, die wiederum *Zugriffsfelder* enthält.

Ein Beispiel für eine Zugriffsfolge in der Nachrichtenfindung:

- Zugriff *Belegart/Kunde*
- Zugriff *Belegart*

Konditionssätze

Bei der Nachrichtenfindung im Vertriebsbeleg prüft das System zunächst, ob ein sogenannter *Konditionssatz* mit dem Schlüssel *Belegart/Kundennummer* vom Anwender angelegt worden ist. Mit diesem Zugriff kann die Nachrichtenfindung kundenindividuell gesteuert werden. In der Praxis wird dies dann erforderlich, wenn man mit einigen wenigen Kunden einen Nachrichtenaustausch über EDI- oder XML-Nachrichten eingestellt hat (siehe Abschnitt 6.2, »Unternehmensübergreifende Auftragsabwicklung«). Mit den übrigen Kunden kommuniziert man über Drucknachrichten. Wird also für den ersten Zugriff eine Nachricht gefunden, wird diese in den Vertriebsbeleg übernommen. Die Nachrichtenfindung ist abgeschlossen. Ansonsten prüft das System, ob ein Konditionssatz mit dem Schlüssel *Belegart* vorhanden ist.

Das Beispiel zeigt, dass im Customizing der Nachrichtenfindung der Rahmen definiert wird. Durch die Pflege der Konditionssätze entscheidet der Anwender letztlich über den Ablauf der Anwendung.

2.2.3 Beispiel

Im folgenden Beispiel wird die Ermittlung der Auftragsbestätigung im Kundenauftrag gezeigt. Wir werden dabei folgende Schritte unternehmen:

1. Anzeigen des Konditionssatzes für die Nachrichtenart BA00 (Auftragsbestätigung)
2. Anlegen eines Kundenauftrags mit der Auftragsart TA (Terminauftrag)
3. Anzeigen der Nachrichtenfindung im Kundenauftrag
4. Ausdruck der Nachricht

Für die Auftragsbestätigung existiert die Nachrichtenart BA00. Abbildung 2.16 zeigt den Konditionssatz, den der Anwender in der Komponente SD erfasst hat.

Schritt 1: Konditionssatz anzeigen

In dem Konditionssatz wird festgelegt, dass für die Vertriebsbelegart TA (Terminauftrag) die Nachrichtenart BA00 (Auftragsbestätigung) ermittelt wird. Diese Nachricht ist der Partnerrolle AG (Auftraggeber) zugeordnet. Damit wird die Nachricht an den Auftraggeber versendet, der im Kundenauftrag erfasst wurde. Als Vorschlagswert für das MEDIUM ermittelt das System die Option 1 (Druck). Als Vorschlag für den Verarbeitungszeitpunkt ist die Option 3 hinterlegt. Damit muss der Anwender den Druck der Nachricht nach dem Sichern des Belegs durch eine Online-Transaktion selbst anstoßen.

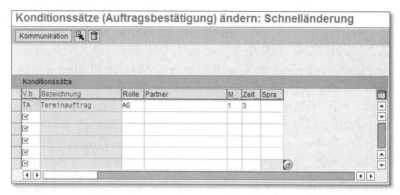

Abbildung 2.16 Konditionssatz in der Nachrichtenfindung (Transaktion VV12)

Die Vorschlagswerte werden aus dem Customizing der Nachrichtenfindung (siehe Marginalie »Verarbeitungszeitpunkt einstellen«) ermittelt und können im Konditionssatz geändert werden. Die Werte aus dem Konditionssatz werden in den Vertriebsbeleg übernommen und können dort vom Benutzer überschrieben werden.

Abbildung 2.17 zeigt das Detailbild des Konditionssatzes, in dem zusätzliche Druckoptionen gepflegt werden können.

Neben dem Drucker, auf dem die Nachricht ausgegeben wird (in Abbildung 2.17 ist dies der Drucker LP01), kann der Anwender festlegen, wie viele Kopien (Anzahl Nachrichten) erzeugt werden sollen, ob ein Deckblatt gewünscht ist und welchen Namen der Eintrag im Spooling-System haben soll. Über die Option SOFORT AUSGEBEN wird gesteuert, ob nach dem Start der Nachrichtenverarbeitung eine zusätzliche Freigabe im Spooling-System notwendig ist. Dies ist jedoch nur bei der Batch-Verarbeitung der Nachrichten sinnvoll. Über das Spooling-System (Transaktion SP01) werden die Druckausgaben verwaltet. Dort können sich Administratoren die Druckaufträge und deren Status anzeigen lassen.

| Schritt 2: Kundenauftrag anlegen | Im zweiten Schritt erfassen wir einen Kundenauftrag mit der Auftragsart TA (wird vom Anwender bei der Erfassung vorgegeben) für unseren Kunden mit der Debitorennummer 95100 (Lebensmittelhandel Klein & Fein OHG). In der Auftragsposition erfassen wir das Material PR4712. Abbildung 2.18 zeigt uns die Auftragserfassung. |

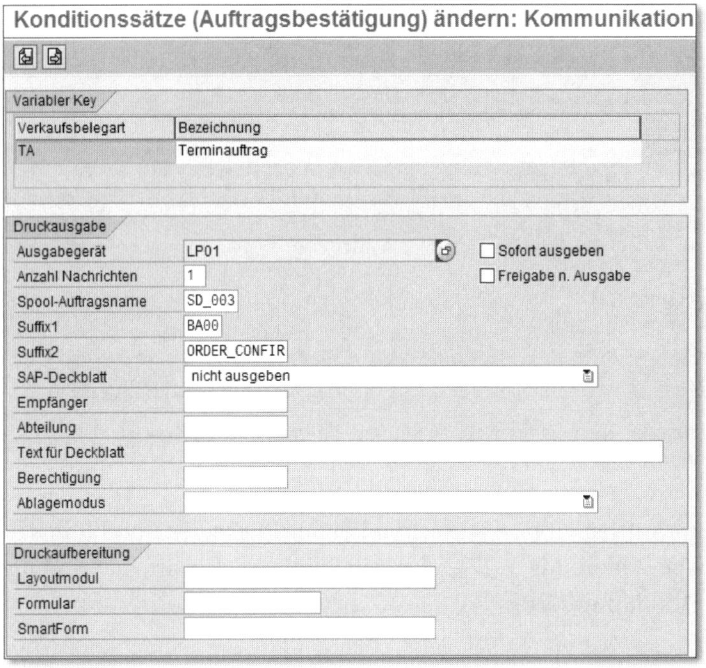

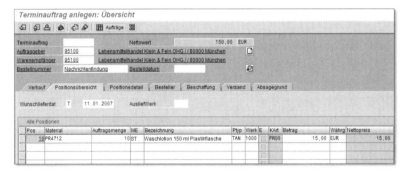

Abbildung 2.17 Druckoptionen im Konditionssatz der Nachrichtenfindung zu Auftragsart TA (Terminauftrag)

Abbildung 2.18 Auftragserfassung mit der Auftragsart TA (Transaktion VA01)

Das Ergebnis der Nachrichtenfindung sehen wir in einem eigenen Bildschirm (siehe Abbildung 2.19).

Als Ergebnis der Nachrichtenfindung hat das System in unserem Auftrag die Nachrichtenart BA00 ermittelt. Als Nachrichtenpartner (und damit Empfänger der Nachricht) wurde der Debitor 95100 (Auftraggeber) festgelegt.

Schritt 3: Anzeige der Nachrichtenfindung

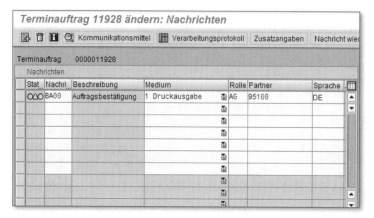

Abbildung 2.19 Ergebnis der Nachrichtenfindung im Kundenauftrag (Transaktion VA02)

Auch im Auftrag gibt es, wie schon bei der Pflege des Konditionssatzes (siehe Abbildung 2.17), ein Detailbild zur Nachrichtenfindung (siehe Abbildung 2.20).

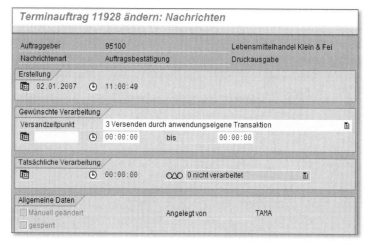

Abbildung 2.20 Ergebnis der Nachrichtenfindung im Kundenauftrag (Detailbild) (Transaktion VA02)

Schritt 4: Ausdrucken der Nachricht

Wir sehen in Abbildung 2.20, dass der Versandzeitpunkt aus dem Konditionssatz in den Beleg übernommen wurde. Der Anwender muss den Belegdruck selbst initiieren. In Abbildung 2.21 sehen wir eine gedruckte Auftragsbestätigung.

Abbildung 2.21 Gedruckte Auftragsbestätigung

2.3 Verfügbarkeitsprüfung

Neben Preisen und Konditionen, den Lieferbedingungen und der Produktqualität entscheidet der Liefertermin oft über den erfolgreichen Verkaufsabschluss. Dabei ist die Aussage über die Verfügbarkeit nicht einfach zu treffen. Eine enge Abstimmung zwischen Vertrieb, Materialwirtschaft und Produktion ist erforderlich, um dem Kunden die Ware zum gewünschten Termin zusagen zu können. Wenn es eine Funktion gibt, an der sich die Notwendigkeit von bereichs- und komponentenübergreifendem Denken veranschaulichen lässt, ist dies ganz sicher die Verfügbarkeitsprüfung. An ihr wird die Sinnhaftigkeit der prozessorientierten Gestaltung und Einführung von SAP ERP-Systemen deutlich.

2.3.1 Betriebswirtschaftliche Grundlagen

ATP-Prüfung
Die Verfügbarkeit eines Produkts wird über eine dynamische Verfügbarkeitsprüfung ermittelt. Dabei werden neben dem vorhandenen Lagerbestand die geplanten Zugänge aus der Fertigung (oder bei Handelswaren aus Bestellungen beim Lieferanten) und die geplanten Abgänge (aus Kundenaufträgen) berücksichtigt. Innerhalb des SAP-Systems bezeichnet man diese Vorgehensweise auch als ATP (Available-to-Promise)-Prüfung. Abbildung 2.22 zeigt diesen Zusammenhang.

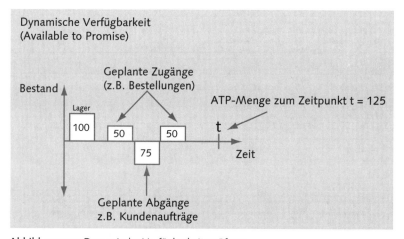

Abbildung 2.22 Dynamische Verfügbarkeitsprüfung

Schon an dieser Stelle wird der enge Zusammenhang mit der Produktionsplanung und -steuerung des Unternehmens deutlich. Die geplanten Zugänge (z. B. in Form von Planaufträgen, Fertigungsaufträgen oder Bestellungen) ergeben sich nämlich aus dem Produktionsplan des Unternehmens. Die Bedarfe aus den Vertriebsbelegen werden in diesen Plan eingelastet und verändern damit permanent die Situation in Vertrieb und Produktion. Die vorhandenen Bestände sind ebenfalls Bestandteil der Verfügbarkeitsprüfung. Sie werden über die Materialwirtschaft verwaltet und verändern sich mit jeder Warenbewegung.

Neben der dynamischen Verfügbarkeitsprüfung im ATP-Verfahren kennt man auch die sogenannte *Verrechnung gegen die Vorplanung*. Dabei erfolgt in der Produktionsplanung eine auftragsunabhängige Vorplanung. Jeder eintreffende Kundenauftrag verrechnet sich gegen diese Vorplanung (d.h., die Aufträge bauen die Vorplanung schrittweise ab). Ein Produkt gilt in diesem Verfahren dann als verfügbar, wenn noch eine Vorplanungsmenge in der Produktionsplanung vorhanden ist (und zwar unabhängig von tatsächlich vorhandenen Beständen). Diese Bestände werden bei der Verrechnungssystematik nicht berücksichtigt.

Verrechnung gegen Vorplanung

SAP ERP bietet außerdem die Möglichkeit, eine *Verfügbarkeitsprüfung gegen Kontingente* durchzuführen. Kontingente können für Regionen oder einzelne Kunden definiert werden. Mit Kontingenten soll sichergestellt werden, dass die vorhandenen Produkte nicht durch einzelne Kunden oder Aufträge aufgebraucht werden.

Verfügbarkeitsprüfung gegen Kontingente

Aus den genannten Verfahren zur Ermittlung der Verfügbarkeit eines Produkts (ATP, Verrechnung gegen die Vorplanung) ergeben sich unterschiedliche betriebswirtschaftliche Szenarien für die Produktionsplanung. Diese Szenarien kommen den unterschiedlichen Produktionsszenarien (Kundeneinzelfertigung, Serienfertigung, Lagerfertigung) gleich. Dem Ansatz des Buchs folgend, werden wir einige dieser Szenarien in Kapitel 4, »Gestaltung von Wertschöpfungsketten in SAP ERP«, mit entsprechenden komponentenübergreifenden Systembeispielen vorstellen. An dieser Stelle erläutern wir allgemein und beispielhaft den Ablauf und die Gestaltungsmöglichkeiten der Verfügbarkeitsprüfung (bzw. der Verrechnung gegen die Vorplanung).

2.3.2 Verfügbarkeitsprüfung in SAP ERP

Die Prüfung der Verfügbarkeit erfolgt in SAP ERP stets auf den Ebenen *Werk* und *Lagerort*. Damit die Prüfung auf den Lagerort durchgeführt werden kann, muss auch im Kundenauftrag der Lagerort vorhanden sein. Im Customizing kann die Prüfung auf Lagerortebene ausgeschaltet werden.

Die Produktionsplanung und die Materialbedarfsplanung (Disposition) werden ebenfalls auf Werksebene durchgeführt. In den Vertriebsbelegen wird das Auslieferwerk automatisch ermittelt. Sowohl im Kundenstamm als auch im Materialstamm ist ein Auslieferwerk definiert, wobei das Auslieferwerk des Kundenstamms Priorität hat. Nur wenn kein Auslieferwerk im Kundenstamm definiert ist, wird der Eintrag aus dem Materialstamm gezogen. Der Anwender kann das Auslieferwerk im Kundenauftrag manuell ändern.

Bedarfsart Ausgangspunkt der Verfügbarkeitsprüfung in den Vertriebsbelegen ist stets die Bedarfsart. Sie steuert den Ablauf der Verfügbarkeitsprüfung in den Vertriebsbelegen. Sie wird über eine der folgenden Quellen automatisch ermittelt:

- **Strategiegruppe im Materialstamm (Dispositionsdatenbild)**
  Auf dem Dispositionsdatenbild im Materialstamm kann eine Strategiegruppe zugeordnet werden. Im Customizing der Produktionsplanung (PP) wird der Strategiegruppe eine Bedarfsart für die Vertriebsabwicklung zugeordnet, die dann an den Kundenauftrag übergeben wird.

- **Dispositionsgruppe im Materialstamm (Dispositionsdatenbild)**
  Die zweite Möglichkeit besteht darin, im Materialstamm eine Dispositionsgruppe zuzuordnen. Zur Dispositionsgruppe werden im PP-Customizing die relevanten Parameter für die Durchführung der Materialbedarfsplanung hinterlegt. Dazu gehört unter anderem auch die Strategiegruppe. Innerhalb der Strategiegruppe wird dann im Customizing (siehe vorheriger Absatz) die Bedarfsart zugeordnet.

- **Kombination aus Positionstyp und Dispositionsmerkmal im Customizing der Vertriebskomponente SD**
  Die dritte Möglichkeit besteht darin, die Bedarfsart unabhängig von Einstellungen in der Produktionsplanung zu ermitteln. Im Customizing der Vertriebskomponente wird aus der Kombination Positionstyp und Dispositionsmerkmal die Bedarfsart festgelegt. Das Dispositionsmerkmal wird im Materialstamm zugeordnet und regelt das Dispositionsverfahren für das Material (verbrauchsgesteuerte deterministische Disposition). Der Positionstyp steuert im Vertriebsbeleg den Ablauf der Positionsbearbeitung (siehe Abschnitt 3.1, »Belegstruktur«). Im SD-Customizing kann festgelegt werden, dass diese Ermittlung der Bedarfsart Priorität hat.

Dann wird die Bedarfsart in jedem Fall (unabhängig von der Strategiegruppe) über den Positionstyp ermittelt.

Über die *Bedarfsart* wird im SD-Customizing (Transaktion OVZG) eine *Bedarfsklasse* ermittelt. In der Bedarfsklasse werden die Customizing-Einstellungen für die Verfügbarkeitsprüfung und die Bedarfsübergabe vorgenommen. Abbildung 2.23 zeigt einen Teil der Steuerungsmöglichkeiten, die für eine Bedarfsklasse im Customizing eingestellt werden.

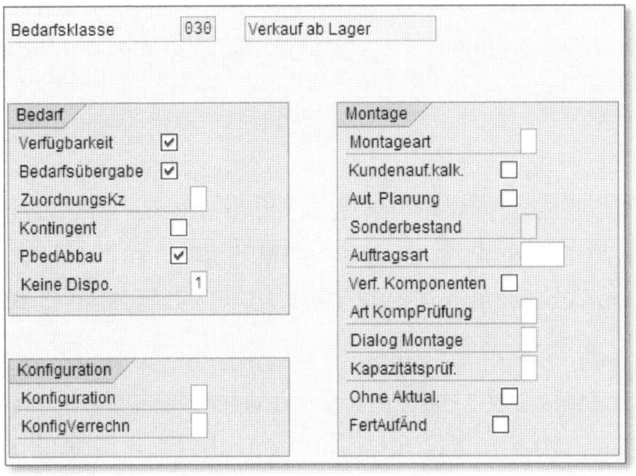

Abbildung 2.23 Customizing der Bedarfsklasse in SAP ERP (Transaktion OVZG)

Dabei wird deutlich, dass die Bedarfsklasse das zentrale Objekt zur Einstellung der Verfügbarkeitsprüfung ist. Im Folgenden werden wir noch Einstellungen zur Bedarfsklasse zeigen, die die Produktionsplanungs- und Controllingkomponenten betreffen. Doch zunächst zu den relevanten Einstellungen für die Verfügbarkeitsprüfung und die Bedarfsübergabe. Grundsätzlich wird für die Bedarfsklasse eingestellt, ob überhaupt eine Bedarfsübergabe oder eine Verfügbarkeitsprüfung erfolgt (siehe Abbildung 2.23 im Bereich BEDARF).

Bedarfsklasse

Unter *Bedarfsübergabe* ist die Übergabe des Kundenauftragsbedarfs an die Disposition zu verstehen. Ist die Bedarfsübergabe aktiviert, wird der Bedarf anschließend in der *aktuellen Bedarfs- und Bestandsliste* angezeigt. Diese Liste zeigt die aktuellen Bestände sowie alle dispositionsrelevanten Zu- und Abgänge. Sie ist eines der Hauptwerkzeuge der Disponenten im Unternehmen. Über das Kennzeichen KEINE DISPO. wird eingestellt, welche Auswirkung der Kundenbedarf in der Disposition haben soll. Folgende Optionen sind möglich:

Bedarfsübergabe

- Der Bedarf wird disponiert (d.h., er beeinflusst die Produktionsplanung, indem bei Unterdeckung eine Beschaffung ausgelöst wird).
- Der Bedarf wird angezeigt, aber nicht disponiert (d.h., der Bedarf erscheint in der aktuellen Bedarfs- und Bestandsliste, hat aber keine Auswirkung auf die Produktion, sondern dient nur zur Information des Disponenten).
- Der Bedarf wird weder angezeigt noch disponiert.

Über das Zuordnungskennzeichen (siehe Abbildung 2.23) wird festgelegt, ob eine Verrechnung gegen die Vorplanung erfolgt. Folgende Einstellungen sind möglich:

- keine Verrechnung
- Verrechnung gegen Vorplanung mit Endmontage
- Verrechnung gegen Vorplanung ohne Endmontage
- Verrechnung gegen Vorplanungsmaterial

Vorplanung mit Endmontage

Bei der Option *Vorplanung mit Endmontage* wird eine Vorplanung (z. B. aus einem Absatzplan) für das Fertigprodukt angelegt. Die Planung löst unabhängig von vorliegenden Kundenaufträgen Produktionsbedarfe aus und initiiert damit die Fertigung. Die eingehenden Kundenaufträge verrechnen sich gegen die Vorplanung. Bei der Verrechnung werden Vorplanungsbedarfe abgebaut. Gleichzeitig wird ein Kundenauftragsbedarf an die Disposition übergeben. Ist der Auftragsbedarf größer als der Vorplanungsbedarf, wird die geplante Produktionsmenge erhöht. Ist der Kundenauftragsbedarf kleiner oder gleich der vorgeplanten Menge, ändert sich die Produktionsplanung nicht. Man nutzt diese Strategie dann, wenn man zwar den Absatz relativ gut planen kann, aber eine Anpassung des Produktionsprogramms an eingehende Kundenaufträge vornehmen will.

Bei diesem Szenario wird die Verfügbarkeitsprüfung auf der *ATP-Logik* durchgeführt. Hier wird deutlich, dass Verrechnungslogik und ATP-Logik kombiniert werden können: In diesem Fall wird der Vorplanungsbedarf über die Verrechnung abgebaut, die Verfügbarkeit jedoch über die ATP-Logik bestimmt.

Vorplanung ohne Endmontage

Bei der Option *Vorplanung ohne Endmontage* erfolgt lediglich die Planung der Komponenten auftragsunabhängig. Die Endmontage erfolgt dagegen erst, wenn konkrete Kundenaufträge vorliegen. Da die Endprodukte zum Zeitpunkt des Auftragseingangs noch nicht am Lager sind, empfiehlt sich hier eine reine Verrechnungslogik ohne ATP-Verfügbarkeitsprüfung. Bei dieser Strategie kann sehr schnell auf Kundenanforderungen reagiert werden. Auch lassen sich Variantenprodukte (mit kundenindividueller Endmontage) darüber abbilden.

Bei der Option *Vorplanung mit Vorplanungsmaterial* erfolgt die Planung auf Basis eines Vorplanungsmaterials. Dabei handelt es sich um »virtuelles Material«, das nicht gefertigt wird, sondern lediglich zur Planung dient. Materialien, die über eine gemeinsame Fertigungsstraße produziert werden, können über ein gemeinsames Vorplanungsmaterial eingeplant werden. Dabei geht man davon aus, dass die Materialien gleiche Komponenten benötigen. Die Endmontage erfolgt dann wieder kundenindividuell. Eine ATP-Prüfung ist hier grundsätzlich nicht sinnvoll. Die Verfügbarkeit kann nur über die Verrechnung gegen die Vorplanung ermittelt werden.

Vorplanung mit Vorplanungsmaterial

Das Kennzeichen PBEDABBAU (Planprimärbedarf Abbau) (siehe Abbildung 2.23) steuert den Abbau von Planprimärbedarfen. Dies ist vor allem bei der anonymen Lagerfertigung sinnvoll. Kundenauftragsbedarfe verrechnen sich bei diesem Szenario nicht gegen die Vorplanung, der Planprimärbedarf der Produktionsplanung wird erst beim Buchen des Warenausgangs durch die Lieferung abgebaut.

Abbau Planprimärbedarf

Über die Bedarfsklasse erfolgen auch Einstellungen zur Steuerung der Abläufe in den Komponenten CO (Controlling) und PP (Produktionsplanung und -steuerung). Abbildung 2.24 zeigt diese Optionen.

Abbildung 2.24 Customizing der Bedarfsklasse (Transaktion OMPO in der Komponente PP, Transaktion SPRO • Bedarfsklassen überprüfen in der Komponente CO)

Über die Option KALKULIEREN wird festgelegt, ob eine Kundenauftragskalkulation zur Ermittlung der Herstell- oder der Selbstkosten (Selbstkosten = Herstellkosten + Gemeinkostenzuschläge) erfolgt. Mit dem Kontierungstyp wird eingestellt, ob es sich um eine Kundeneinzelfertigung handelt. Bei der Kundeneinzelfertigung wird mit der Bedarfsübergabe ein sogenanntes *Einzelbestandssegment* angelegt. Damit wird ein Bestand auf der Ebene der Kundenauftragsposition verwaltet und disponiert. An dieser Stelle wollen wir auf den Zusammenhang mit den Szenarien im Controlling hinweisen. Wir kommen hier auf die Thematik der Einzelbestände in Abschnitt 2.12, »Integration der Ergebnis- und Marktsegmentrechnung«, zurück. In Abschnitt 4.3 werden wir ein Szenario zur Kundeneinzelfertigung mit einem Kundeneinzelbestand (mit durchgängigem Systembeispiel) kennenlernen.

Umfang der ATP-Prüfung

Außerhalb der Bedarfsklasse gibt es weitere wichtige Customizing-Einstellungen, die den Ablauf der Verfügbarkeitsprüfung steuern. Dabei werden folgende Punkte festgelegt:

- Werden aus dem Auftrag Einzel- oder Sammelbedarfe an die Disposition übergeben?
- Welche Bestandsarten (freie Bestände, Sperrbestände, Sicherheitsbestände) werden bei der ATP-Prüfung berücksichtigt?
- Welche geplanten Zugänge (Planaufträge, Fertigungsaufträge, Bestellanforderungen, Bestellungen) werden berücksichtigt?
- Welche geplanten Abgänge (Kundenaufträge, Lieferungen, Reservierungen) werden berücksichtigt?
- Wird die Wiederbeschaffungszeit eingerechnet?

Die Unterscheidung in Einzel- und Sammelbedarfe entscheidet darüber, ob in der aktuellen Bedarfs- und Bestandsliste für jeden einzelnen Auftrag ein Eintrag erzeugt wird oder ob Aufträge zu Sammelbedarfen pro Periode zusammengefasst werden. Dies erfolgt abhängig von einem Eintrag im Materialstamm. Bei Einzelbedarfen kann der Disponent direkt aus der aktuellen Bedarfs- und Bestandsliste in den Auftrag springen.

Die übrigen Parameter der Verfügbarkeitsprüfung werden im Customizing abhängig von dem Einzel-/Sammelbedarfskennzeichen des Vertriebsbelegs und der Prüfregel ermittelt. Die Prüfregel ist einem Vertriebsbelegtyp fest zugeordnet. Damit lässt sich die Zuordnung der Prüfregel zur Auftragsart nicht im Customizing einstellen. Benötigt man in einem Einführungsprojekt eine eigene ATP-Steuerung, kann man jedoch ein neues Bedarfskennzeichen einstellen.

Abbildung 2.25 zeigt die Steuerung der Verfügbarkeitsprüfung im Customizing.

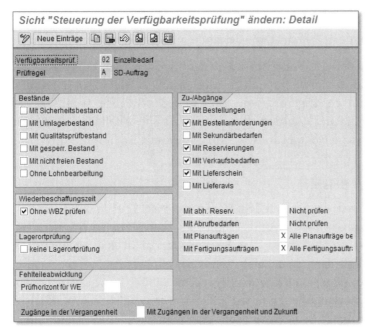

Abbildung 2.25 Steuerung der ATP-Prüfung (Transaktion OVZ9)

Besondere Erwähnung verdient an dieser Stelle die Option OHNE WBZ PRÜFEN. Unter *WBZ* versteht man die Wiederbeschaffungszeit, die im Materialstamm hinterlegt ist. Ist dieses Kennzeichen nicht gesetzt, ist das Material außerhalb der Wiederbeschaffungszeit grenzenlos verfügbar. Dahinter verbirgt sich die Annahme, dass ein Material innerhalb der Wiederbeschaffungszeit in jeder Menge beschafft werden kann. Ergebnis einer solchen ATP-Prüfung ist also immer mindestens *ein* möglicher Liefertermin – der am Ende der Wiederbeschaffungszeit.

Eingangs haben wir erwähnt, dass die Verfügbarkeit stets auf Werksebene geprüft wird. Für den Fall, dass ein Produkt in einem Werk nicht in der erforderlichen Stückzahl vorhanden ist, hat der Anwender jedoch die Möglichkeit, sich die Verfügbarkeitssituation in anderen Werken anzeigen zu lassen. Er kann dann die Auslieferung aus diesem Werk vornehmen. Voraussetzung ist lediglich, dass im Customizing der Organisationsstrukturen eingestellt wurde, dass der Verkauf aus diesem Werk zulässig ist (und die werksabhängigen Ver-

Werksübergreifende Verfügbarkeitsprüfung

triebsdaten des Materialstamms gepflegt sind). Dazu muss das Werk, aus dem verkauft werden soll, der Kombination aus Verkaufsorganisation und Vertriebsweg aus dem Auftrag zugeordnet werden. Diese Funktion kann einen wichtigen Beitrag zur Senkung von Beständen leisten, da es ausreicht, die Bestände in einem Werk vorzuhalten.

Lagerortprüfung Sofern der Anwender im Kundenauftrag den Lagerort erfasst, aus dem der Bestand entnommen werden soll, erfolgt die ATP-Prüfung auch auf der Lagerortebene. Dies ist nicht möglich, wenn bei der Steuerung der Verfügbarkeitsprüfung (siehe Abbildung 2.25) das Kennzeichen KEINE LAGERORTPRÜFUNG gesetzt ist.

2.3.3 Beispiel

Ablauf In unserem Beispiel mit dem Material VFP0815 gehen wir davon aus, dass zunächst weder eine Vorplanung stattgefunden hat noch ein Bestand vorhanden ist. Das Beispielmaterial ist eine Handelsware. Diese soll dann beim Lieferanten bestellt werden, wenn entsprechende Kundenaufträge vorliegen. In Kapitel 4, »Gestaltung von Wertschöpfungsketten in SAP ERP«, werden die Themen Verfügbarkeitsprüfung, Bedarfsübergabe, Planungsstrategie und Controllingkonzept komponentenübergreifend behandelt. Dabei kommen wir auch auf die Aspekte dieses Kapitels zurück.

Das Beispiel in diesem Abschnitt umfasst die folgenden Schritte:

1. Anzeigen der aktuellen Bedarfs- und Bestandsliste (Bestand = 0)
2. Erfassen eines Kundenauftrags über 100 Stück
3. Durchführung der Materialbedarfsplanung (Disposition)
4. Erneute Verfügbarkeitsprüfung im Kundenauftrag
5. Erstellung des Lieferbelegs

Schritt 1: Aktuelle Bedarfs- und Bestandsliste Abbildung 2.26 zeigt die *aktuelle Bedarfs- und Bestandsliste* für das Beispielmaterial VFP0815 im Werk 1000 (Werk Hamburg).

Die Übersicht in Abbildung 2.26 zeigt, dass bei diesem Material kein Bestand (Zeile W-BEST) vorhanden ist. Außerdem existieren auch keinerlei geplante Zu- oder Abgänge.

Schritt 2: Kundenauftrag erfassen Die Situation ändert sich mit der Erfassung des Kundenauftrags über 100 Stück zu diesem Material. In Abbildung 2.27 sehen wir die Positionsübersicht im Kundenauftrag.

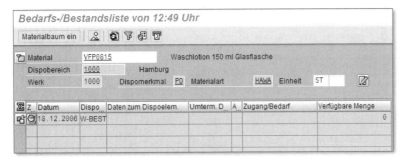

Abbildung 2.26 Aktuelle Bedarfs- und Bestandsliste für das Material VFP0815 im Werk 1000 (Transaktion MD04)

Abbildung 2.27 Erfassung des Kundenauftrags (Transaktion VA01)

Als Bedarfsart wurde für diese Position 041 ermittelt. Im Customizing der Vertriebskomponente SD ist dieser Bedarfsart die gleichnamige Bedarfsklasse 041 zugeordnet. Da in der Bedarfsklasse zentrale Einstellungen für die Funktion *Verfügbarkeitsprüfung* vorgenommen werden, zeigen wir diese in Abbildung 2.28.

Wir sehen, dass für die Bedarfsklasse VERFÜGBARKEITSPRÜFUNG und BEDARFSÜBERGABE aktiviert sind. Da die Option KEINE DISPO. mit dem Wert »Blank« (= leeres Feld) belegt ist, werden diese Kundenbedarfe in der Disposition berücksichtigt. Abbildung 2.29 zeigt uns das Ergebnis der Verfügbarkeitsprüfung in unserem Auftrag.

In Abbildung 2.29 zeigt sich, dass zum Wunschlieferdatum des Kunden (27.12.2006) eine Lieferung nicht möglich ist. In diesem Fall versucht das System zunächst, einen Liefervorschlag zum nächstmöglichen Termin zu unterbreiten. Da aber weder Bestand noch geplante Zu- oder Abgänge vorhanden sind, meldet das System »Liefervorschlag: nicht möglich«. Wir erkennen auch, dass im Feld BESTÄTIGTE MENGE der Wert 0 steht.

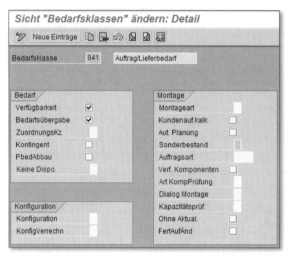

Abbildung 2.28 Customizing der Bedarfsklasse 041 (Transaktion OVZG)

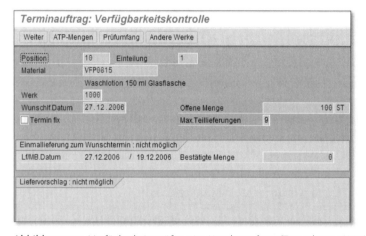

Abbildung 2.29 Verfügbarkeitsprüfung im Kundenauftrag (Transaktion VA01)

Der Auftrag ist damit noch nicht bestätigt. Die Erstellung eines Lieferbelegs ist für einen solchen Auftrag nicht möglich.

Lassen wir uns einmal über den Button PRÜFUMFANG anzeigen (siehe Abbildung 2.30), welche Größen in die ATP-Prüfung eingehen.

Wir erkennen in Abbildung 2.30, dass die Option OHNE WBZ PRÜFEN aktiviert ist. Damit berücksichtigt das System die Wiederbeschaffungszeit nicht. Wäre diese Option im Customizing nicht aktiviert, würde das System einen Liefervorschlag zum Ende der Wiederbeschaffungszeit unterbreiten.

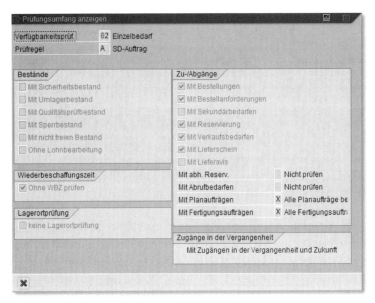

Abbildung 2.30 Anzeige des Prüfumfangs in der ATP-Prüfung des Terminauftrags (Transaktion VA01)

Werfen wir als Nächstes einen Blick auf die aktuelle Bedarfs- und Bestandsliste nach Erfassung des Kundenauftrags (siehe Abbildung 2.31). In unserem Beispielmaterial wurde das Kennzeichen EINZELBEDARFE gesetzt. Damit wird für jeden Kundenauftrag eine eigene Zeile in der aktuellen Bedarfs- und Bestandsliste erfasst. Das Einzelbedarfskennzeichen ist auf keinen Fall mit Kundeneinzelbeständen zu verwechseln (siehe Abschnitt 4.3).

Schritt 3: Disposition

Wir erkennen nun (siehe Abbildung 2.31), dass die aktuelle Bedarfs- und Bestandsliste einen geplanten Abgang in Form eines Kundenauftrags enthält. Die verfügbare Menge wird negativ (–100 Stück).

Im nächsten Schritt wird die Materialbedarfsplanung durchgeführt. Diese erzeugt nun abhängig von den Einstellungen im Materialstamm und im Customizing Vorschläge zur Bedarfsdeckung. Unser Material VFP0815 wurde so gepflegt, dass eine *plangesteuerte Disposition* durchgeführt wird. Im Unterschied zur verbrauchsgesteuerten Disposition (z. B. über Bestellzeitpunkte) wird dabei eine exakte Bedarfsunterdeckung (Bestand + Zugänge – Abgänge) ermittelt. Für diese Bedarfsunterdeckung wird mithilfe eines Losgrößenverfahrens (Einstellung ebenfalls im Materialstamm) ein Beschaffungsvorschlag unterbreitet.

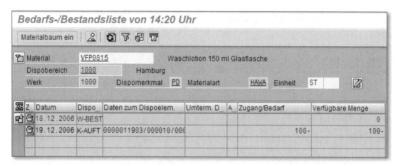

Abbildung 2.31 Aktuelle Bedarfs- und Bestandsliste nach Auftragseingang (Transaktion MD04)

Für unser Material wurde das Verfahren *exakte Losgröße* eingestellt. Damit wird exakt die Menge bestellt, die zur Deckung des Auftrags benötigt wird. Da es sich bei unserem Material um eine Handelsware handelt, erzeugt die Disposition einen Beschaffungsvorschlag in Form einer Bestellanforderung. Abbildung 2.32 zeigt die aktuelle Bedarfs- und Bestandsliste nach dem Dispositionslauf.

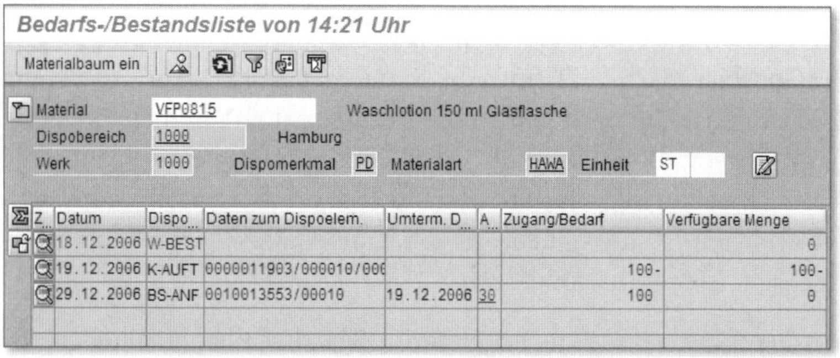

Abbildung 2.32 Aktuelle Bedarfs- und Bestandsliste nach der Disposition (Transaktion MD04)

Schritt 4: Erneute ATP-Prüfung im Auftrag

Der geplante Abgang in Form eines Kundenauftrags (K-AUFT) wird nun durch einen geplanten Zugang in Form einer Bestellanforderung (BS-ANF) gedeckt. Allerdings erfolgt der geplante Zugang erst zum 29.12.2006 und damit nach dem Wunschlieferdatum des Kunden. Wie wirkt sich diese Situation im Kundenauftrag aus? Grundsätzlich wissen wir, dass Bestellanforderungen als geplante Zugänge auch bei der ATP-Prüfung unseres Auftrags berücksichtigt werden (siehe Abbildung 2.30). Allerdings muss die Verfügbarkeitsprüfung im Kundenauftrag neu durchgeführt werden. Abbildung 2.33 zeigt das Ergebnis der erneuten Verfügbarkeitsprüfung im Kundenauftrag.

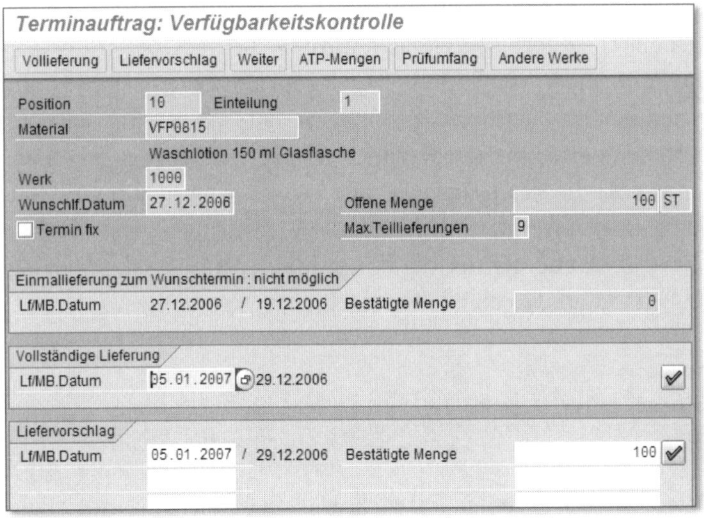

2.3 | Verfügbarkeitsprüfung

Abbildung 2.33 Verfügbarkeitsprüfung im Kundenauftrag nach der Disposition (Transaktion VA02)

Im Gegensatz zur ersten Prüfung unterbreitet das System jetzt einen Liefervorschlag zum 05.01.2007. Zu diesem Termin hat der Auftrag jetzt eine bestätigte Menge (d.h., die Menge wird zum 29.12.06 bestätigt; das System rechnet vier Tage Versandterminierung ein; das Thema Versandterminierung beschäftigt uns noch eingehend in Abschnitt 2.4). Der Anwender kann den Liefervorschlag des Systems akzeptieren. Dann erhält der Auftrag eine bestätigte Menge zu diesem Termin. Setzt er zusätzlich das Kennzeichen TERMIN FIX, wird der Bedarfstermin in der Disposition auf diesen Termin hin angepasst. Das führt dazu, dass in der *aktuellen Bedarfs- und Bestandsliste* der Wunschliefertermin des Kunden nicht mehr angezeigt wird. Der Disponent wird nicht mehr versuchen, den Wunschliefertermin zu halten, da er davon ausgeht, dass der bestätigte Termin mit dem Kunden abgesprochen und damit fixiert wurde.

Die erneute Verfügbarkeitsprüfung im Kundenauftrag kann auch automatisiert werden. Ein Batch-Programm kann regelmäßig laufen und die Verfügbarkeit neu prüfen. Über Listen wird der Sachbearbeiter über die Veränderungen in den Kundenaufträgen informiert. In der Praxis wird dieses Programm meist automatisch nach der Durchführung der Materialbedarfsplanung gestartet.

Automatische Neuterminierung

**Schritt 5:
Lieferbeleg
erstellen**

Zu unserem Kundenauftrag kann zum bestätigten Termin auch ein entsprechender Lieferbeleg erzeugt werden. Beim Anlegen des Lieferbelegs sollte die Verfügbarkeit erneut geprüft werden. Dabei sollte der Prüfumfang im Customizing so eingestellt werden, dass nur noch Lagerbestände berücksichtigt werden. In unserem Beispiel gehen wir davon aus, dass die Bestellanforderung zwischenzeitlich in eine Einkaufsbestellung umgesetzt wurde und die Wareneingangsbuchung zu dieser Bestellung ebenfalls erfolgte. In Abbildung 2.34 sehen wir die aktuelle Bedarfs- und Bestandsliste nach dem Wareneingang.

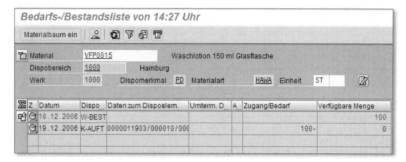

Abbildung 2.34 Aktuelle Bedarfs- und Bestandsliste nach der Wareneingangsbuchung (Transaktion MD04)

Abbildung 2.34 zeigt uns, dass mit der Wareneingangsbuchung jetzt ein Bestand von 100 Stück vorhanden ist (Zeile W-BEST). Wir können jetzt zu unserem Auftrag einen Lieferbeleg erzeugen. Nach der Erstellung des Lieferbelegs zeigt unsere aktuelle Bedarfs- und Bestandsliste das in Abbildung 2.35 gezeigte Bild.

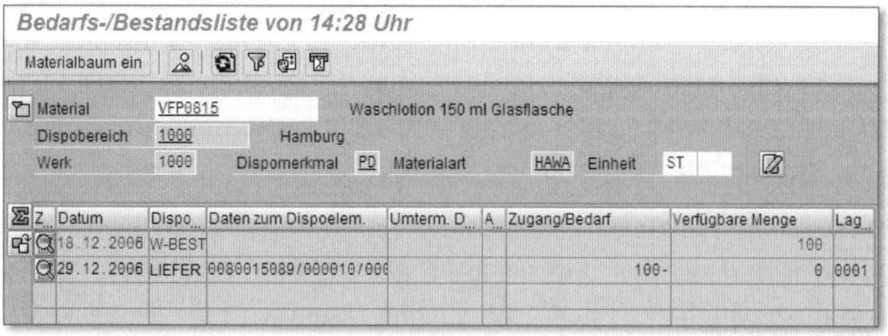

Abbildung 2.35 Aktuelle Bedarfs- und Bestandsliste nach der Erstellung des Lieferbelegs (Transaktion MD04)

Der Auftragsbedarf ist jetzt in einen Lieferbedarf (LIEFER) umgesetzt worden. Der Disponent erkennt, dass die Auslieferung bevorsteht.

Aus dem Lieferbeleg erfolgt die Warenausgangsbuchung. Nach diesem Schritt sieht unsere aktuelle Bedarfs- und Bestandsliste wie in Abbildung 2.36 gezeigt aus.

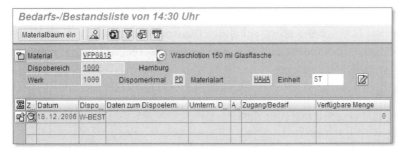

Abbildung 2.36 Aktuelle Bedarfs- und Bestandsliste nach der Warenausgangsbuchung (Transaktion MD04)

Nach der Warenausgangsbuchung im Lieferbeleg hat unsere aktuelle Bedarfs- und Bestandsliste das gleiche Bild wie zu Beginn unseres Beispiels.

2.4 Versandterminierung

Bereits in Abschnitt 2.3, »Verfügbarkeitsprüfung«, haben wir die Bedeutung des möglichen Liefertermins für den Verkaufsabschluss angesprochen. Der Kunde interessiert sich jedoch nicht dafür, wann die Ware im Lager des Lieferanten bereitgestellt werden kann – diese Aussage liefert die Verfügbarkeitsprüfung. Der Kunde will vielmehr wissen, wann die Ware bei ihm angeliefert wird. Diese Aussage wird über die Versandterminierung ermittelt. Sie umfasst die Planung der Aktivitäten im Versandlager – von der Bereitstellung und Kommissionierung der Ware bis zum Verladen und dem Versand zum Kunden.

2.4.1 Überblick

Bei der Versandterminierung geht es also um die zeitliche Planung der Versandaktivitäten. Ziel ist einerseits die Bestimmung des endgültigen Liefertermins für den Kunden. Andererseits wird sichergestellt, dass die notwendigen Schritte rechtzeitig erfolgen und der zugesagte Liefertermin gehalten werden kann.

Aktivitäten bei der Versandterminierung

Dabei sind folgende Aktivitäten zu berücksichtigen:

- die Kommissionierung (Entnahme der Ware aus dem Lager und Bereitstellung in der Versandzone)
- der Verpackungsvorgang
- die Einplanung entsprechender Transportmittel (Lkw, Schiff, Flugzeug) und die Beauftragung entsprechender Dienstleister (Spediteure, Lagerhalter)
- die Verladung
- die Versendung zum Kunden

2.4.2 Versandterminierung in SAP ERP

Die Terminierung der Versandaktivitäten erfolgt in SAP ERP über die Berücksichtigung folgender Zeitabschnitte:

- **Transportdispositionszeit**
  Unter der *Transportdispositionszeit* versteht man die Zeit, die benötigt wird, um die entsprechenden Transportmittel einzuplanen und zu reservieren.

- **Richtzeit**
  Unter der *Richtzeit* versteht man die Zeit, die notwendig ist, um die Ware zu kommissionieren und »versandfertig« zu machen.

- **Ladezeit**
  Unter der *Ladezeit* versteht man die Zeit, die vergeht, bis die Ware auf dem Transportmittel verladen ist.

- **Transitzeit**
  Die *Transitzeit* ist die Zeit, die für den Transport zum Kunden benötigt wird.

Rückwärtsterminierung

Bei der Erfassung eines Kundenauftrags wird innerhalb der Versandterminierung zunächst eine *Rückwärtsterminierung* durchgeführt. Dabei errechnet das System ausgehend vom Wunschlieferdatum des Kunden den Termin, zu dem die Versandaktivitäten beginnen müssen. Abbildung 2.37 zeigt diesen Zusammenhang.

Der Ablauf der Rückwärtsterminierung gestaltet sich folgendermaßen:

1. Vom *Wunschlieferdatum* wird über die *Transitzeit* das geplante *Warenausgangsdatum* errechnet.

2. Vom *Warenausgangsdatum* wird über die *Ladezeit* das *Ladedatum* errechnet.
3. Vom *Ladedatum* wird über die *Transportdispositionszeit* das *Transportdispositionsdatum* errechnet. Ebenfalls vom *Ladedatum* wird über die *Richtzeit* das *Materialbereitstellungsdatum* errechnet.

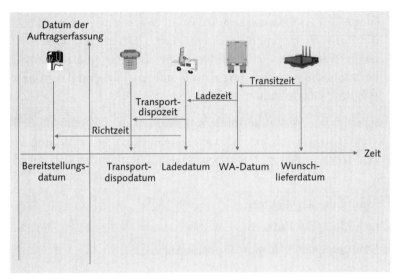

Abbildung 2.37 Rückwärtsterminierung

Die Versandaktivitäten beginnen immer mit dem früheren Datum, also entweder der Materialbereitstellung oder der Transportdisposition. Alle weiteren Versandaktivitäten (Kommissionieren, Laden, Transportieren) basieren auf dem SD-Lieferbeleg (siehe Abschnitt 3.3, »Terminauftragsabwicklung«). Deshalb muss zu diesem Datum (Materialbereitstellungsdatum oder Transportdispositionsdatum) der SD-Lieferbeleg erstellt werden.

Die Ermittlung des Termins (Bereitstellungsdatum oder Transportdispositionsdatum) über die Rückwärtsterminierung kann im Zusammenspiel mit der Verfügbarkeitsprüfung zu folgenden Ergebnissen führen:

Vorwärtsterminierung

▶ **Fall 1**
Der Termin liegt in der Zukunft, und die Ware ist verfügbar. In diesem Fall wird das Wunschlieferdatum des Kunden bestätigt.

▶ **Fall 2**
Der Termin liegt in der Zukunft, die Ware ist aber nicht verfügbar. In diesem Fall ermittelt das System über die Verfügbarkeitsprü-

fung den frühestmöglichen Bereitstellungstermin. Ausgehend von diesem Bereitstellungstermin wird dann über eine *Vorwärtsterminierung* ein mögliches Lieferdatum errechnet.

▶ **Fall 3**
Der Termin liegt in der Vergangenheit. In diesem Fall (siehe Abbildung 2.38) wird ausgehend vom aktuellen Datum (Auftragserfassung) die Verfügbarkeit geprüft. Ist die Ware verfügbar, wird über die Vorwärtsterminierung ein mögliches Lieferdatum errechnet. Ist die Ware nicht verfügbar, wird (wie in Fall 2) zunächst das frühestmögliche Bereitstellungsdatum und anschließend das frühestmögliche Lieferdatum berechnet.

Customizing Die Zeiten der Versandterminierung werden im Customizing definiert. Wir stellen nun dar, von welchen Objekten die Ermittlung der Versandzeiten abhängt. Dabei gehen wir nach folgender Reihenfolge vor:

1. Ermittlung der Richtzeit
2. Ermittlung der Ladezeit
3. Ermittlung der Transportdispositionszeit
4. Ermittlung der Transitzeit

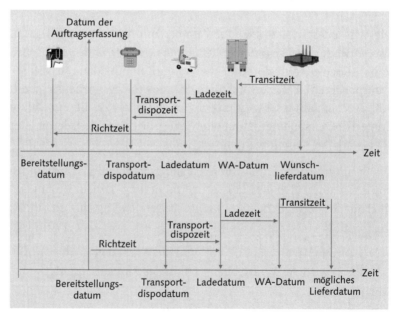

Abbildung 2.38 Vorwärtsterminierung

Die *Richtzeit* kann im Customizing über unterschiedliche Regeln ermittelt werden. Das einfachste Verfahren besteht darin, die Richtzeit für eine Versandstelle fest zu hinterlegen. Die Versandstelle gehört zu den Organisationsstrukturen in SAP ERP. Da an unterschiedlichen Versandstellen unterschiedliche personelle und technische Gegebenheiten (Rampen, Kräne, Stapler etc.) herrschen können, ist es sinnvoll, die Richtzeit abhängig von der Versandstelle zu hinterlegen. Die Richtzeit kann aber auch abhängig von der Kombination folgender Merkmale festgelegt werden:

Richtzeit

- **Route**
  Über die Route wird der Versandweg vom Lieferanten zum Kunden festgelegt.
- **Gewicht**
  Im Materialstamm wird das Gewicht des Produkts hinterlegt. Im Customizing kann dann abhängig von Gewichtsgruppen (z. B. bis 50 KG, 50–500 KG, über 500 KG) die Richtzeit ermittelt werden.

Wie die Richtzeit kann auch die *Ladezeit* über die Versandstelle ermittelt werden. Außerdem ist es möglich, die Ladezeit über eine Kombination folgender Merkmale zu ermitteln:

Ladezeit

- **Route**
  Über eine Route wird festgelegt, auf welchem Weg, über welche Transportmittel und welche Zwischenstationen (sogenannte *Verkehrsknoten*) der Warenversand erfolgt.
- **Ladegruppe**
  Jedem Materialstamm wird eine Ladegruppe zugeordnet. Damit kann abhängig von der Zuordnung des Materials zu einer bestimmten Ladegruppe eine unterschiedliche Richtzeit definiert werden. Viele Unternehmen nutzen die Ladegruppe, um die Produkte hinsichtlich der Komplexität des Verpackungs- und Verladevorgangs zu klassifizieren.

Das Verfahren, nach dem die Zeiten ermittelt werden, lässt sich im Customizing je Versandstelle einstellen. Damit wird im Einführungsprojekt festgelegt, wie differenziert die Ermittlung der Zeiten im Vertriebsprozess gesteuert wird.

Sowohl die Transitzeit als auch die Transportdispositionszeit werden über die Route ermittelt. Da auch die Lade- und Richtzeiten abhängig von der Route hinterlegt werden können, wollen wir das Thema *Rou-*

Routenfindung

tenfindung im Überblick darstellen. Im Customizing werden unter anderem *Verkehrsknoten* und *Routen* definiert. Ein Verkehrsknoten kann als Umschlagspunkt, Flughafen, Bahnhof, Grenzübergang, See- oder Binnenhafen definiert werden. Außerdem kann jedem Knoten eine zuständige Zollstelle zugeordnet werden. Innerhalb der Routen werden die einzelnen Verkehrsknoten über Abschnitte miteinander verbunden. Jeder Abschnitt besteht aus einem Abgangs- und einem Zielknoten. Zusätzlich können pro Abschnitt die Entfernung und der Dienstleister (z. B. Spediteur) festgelegt werden. Routen werden auch in der Transportkomponente genutzt, die der Abwicklung von eingehenden und ausgehenden Transporten dient. Dabei können mehrere SD-Lieferungen in einem Transport zusammengefasst und gemeinsam abgewickelt werden. Auf diese Komponenten werden wir in diesem Buch jedoch nicht näher eingehen.

In Vertriebsbelegen können Routen automatisch ermittelt werden. Die entsprechenden Einstellungen werden im Customizing vorgenommen. Routen lassen sich in Abhängigkeit von der Versandzone (Abgangszone, Empfangszone) und der Gewichtsgruppe ermitteln. Die Abgangszone wird im Customizing der Versandstelle festgelegt. Die Empfangszone gelangt über den Debitorenstamm (jedem Debitor wird im Debitorenstamm eine Transportzone zugeordnet; die möglichen Transportzonen werden im Customizing eingerichtet) in den Beleg. Die Gewichtsgruppe wird über das Gewicht aus dem Materialstamm bestimmt.

2.4.3 Beispiel

Die Versandterminierung wollen wir uns am Beispiel des Materialstamms VST4712 ansehen. In diesem Beispiel werden wir folgende Schritte durchlaufen:

1. Anzeigen der aktuellen Bedarfs- und Bestandsliste
2. Kundenauftrag erfassen
3. Customizing anzeigen
4. Versandterminierung im Kundenauftrag durchführen

Schritt 1: Aktuelle Bedarfs- und Bestandsliste

Zunächst werfen wir einen Blick auf die uns bereits aus Abschnitt 2.3, »Verfügbarkeitsprüfung«, bekannte *aktuelle Bedarfs- und Bestandsliste*. Diese zeigt uns, dass derzeit ein Bestand von 10 Stück im Werk

1000 (Hamburg) vorrätig ist. Da keine anderen Aufträge vorhanden sind, ist dieser Bestand auch frei verfügbar.

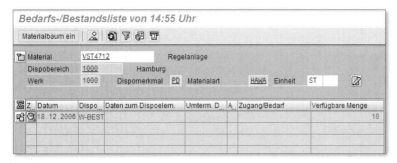

Abbildung 2.39 Aktuelle Bedarfs- und Bestandsliste für das Material VST4712 im Werk 1000 (Transaktion MD04)

Erfassen wir also heute (Montag, den 18.12.2006) einen Kundenauftrag zu diesem Material. Der Kunde hat als Wunschlieferdatum Mittwoch, den 20.12.2006, angegeben. Im Customizing wurden folgende Zeiten eingestellt:

Schritt 2: Kundenauftrag

- Ladezeit: 2 Tage (zur Versandstelle 1000)
- Richtzeit: 1 Tag (zur Versandstelle 1000)
- Transportdispositionszeit: 1 Tag (zur Route R00001)
- Transitzeit: 1 Tag (zur Route R00001)

Abbildung 2.40 zeigt die Customizing-Einstellung für die Ladezeit und die Richtzeit auf Ebene der Versandstelle. Für beide Werte ist die Option C aktiviert. Damit wird festgelegt, dass Lade- und Richtzeit jeweils über die Versandstelle ermittelt werden.

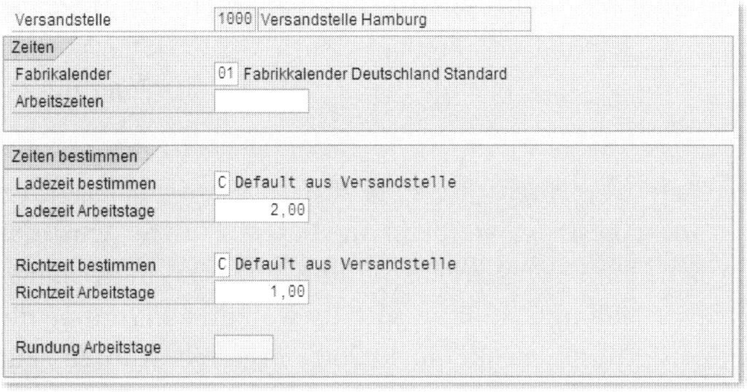

Schritt 3: Customizing anzeigen

Abbildung 2.40 Customizing der Richtzeit/Ladezeit einer Versandstelle (Transaktion OVLZ)

Abbildung 2.41 zeigt die Customizing-Einstellungen für die Transitzeit und die Transportdispositionszeit für die Route R00001.

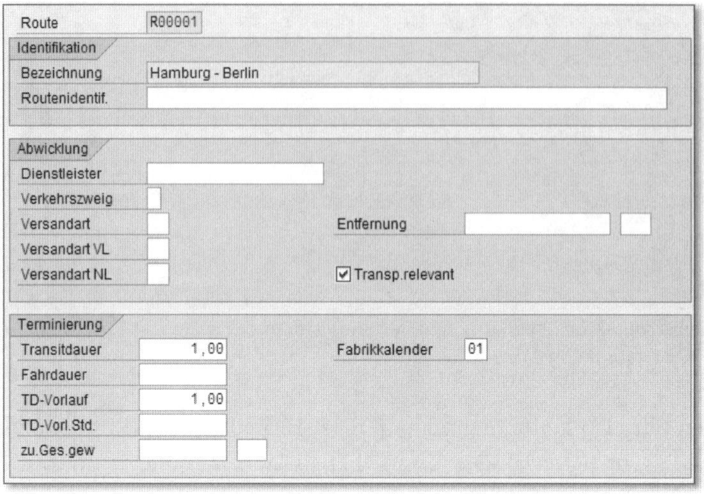

```
Route              R00001
Identifikation
  Bezeichnung      Hamburg - Berlin
  Routenidentif.

Abwicklung
  Dienstleister
  Verkehrszweig
  Versandart                          Entfernung
  Versandart VL
  Versandart NL                       ☑ Transp.relevant

Terminierung
  Transitdauer     1,00               Fabrikkalender   01
  Fahrdauer
  TD-Vorlauf       1,00
  TD-Vorl.Std.
  zu.Ges.gew
```

Abbildung 2.41 Customizing der Transitzeit/Transportdispositionszeit für eine Route (Transaktion 0VTC)

Schritt 4: Versandterminierung im Kundenauftrag

Über die Rückwärtsterminierung ermittelt das System zunächst das Bereitstellungsdatum (Donnerstag, den 14.12.2006). Das System geht vom Wunschlieferdatum (20.12.2006) aus und zieht die Transitzeit (1 Tag) ab – daraus ergibt sich das Warenausgangsdatum (19.12.2006). Über die Ladezeit (2 Tage) errechnet sich das Ladedatum (15.12.2006). Über die Richtzeit (1 Tag) und die Transportdispositionszeit (1 Tag) werden Bereitstellungsdatum (14.12.2006) und Transportdispositionsdatum (14.12.2006) ermittelt. Da dieses in der Vergangenheit liegt, wird über die Vorwärtsterminierung das Lieferdatum ermittelt. Dabei wird ausgehend vom Bereitstellungsdatum (18.12.2006) das frühestmögliche Lieferdatum (Freitag, den 22.12.2006) ermittelt. Abbildung 2.42 zeigt das Ergebnis dieser Vorwärtsterminierung im Kundenauftrag.

Obwohl das Material verfügbar ist, kann also der Wunschliefertermin des Kunden nicht bestätigt werden. An diesem Beispiel wird das Zusammenspiel von Verfügbarkeitsprüfung und Versandterminierung deutlich. Abbildung 2.42 zeigt auch, dass in diesem Auftrag die Versandstelle 1000 und die Route R00001 ermittelt wurden. Für diese Objekte wurden im Customizing die Zeiten eingestellt.

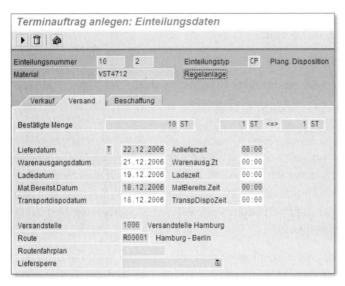

Abbildung 2.42 Ergebnis der Versandterminierung im Kundenauftrag (Transaktion VA01)

2.5 Chargenfindung

Unter einer *Charge* versteht man einen Teilbestand an Produkten, die in einem Produktionsgang gefertigt worden sind und damit identische Merkmale hinsichtlich Fertigungszeitpunkt und Produktqualität aufweisen. Die Verwaltung von Chargen ist vor allem in der chemischen und der pharmazeutischen Industrie von großer Bedeutung. Im Vertrieb dient die *Chargenfindung* dazu, dem Kunden nur Chargen zu liefern, deren Merkmale seinen Anforderungen entsprechen. Für Unternehmen, die chargenpflichtige Produkte herstellen oder vertreiben, ist die Chargenfindung ein unverzichtbares Instrument bei der Gestaltung der Vertriebsprozesse.

2.5.1 Betriebswirtschaftliche Grundlagen

Grundsätzlich dient die Chargenverwaltung dazu, Teilbestände und Produktmerkmale unterhalb der Ebene der Materialnummer zu definieren. Alle Produkte, die in einem Produktionsgang gefertigt wurden, werden zu einem Chargenbestand zusammengefasst. Außerdem werden auf Chargenebene Produktmerkmale definiert, die unterhalb der Ebene der Artikelnummer vergeben werden müssen. Ein klassi-

Produktmerkmale auf Chargenebene

sches Beispiel sind Materialien mit einer begrenzten Haltbarkeit. Dazu zählen insbesondere:

- Lebensmittel
- pharmazeutische Produkte (Medikamente)
- Produkte der Medizintechnik
- Chemieprodukte

Die Haltbarkeit wird auf der Ebene der Charge vergeben. Alle Produkte einer Charge verfügen demnach z. B. über die gleiche Restlaufzeit. Weitere Merkmale, die auf Chargenebene definiert werden können, sind vor allem Qualitätsmerkmale (z. B. Stoffgehalt, Viskosität, Dichte, Farbreinheit).

Kundenanforderungen

Im Vertriebsprozess geht es darum, die Chargen zu finden, die den Kriterien des Kunden entsprechen. Oft akzeptieren Kunden nur Produkte mit einer bestimmten Mindestrestlaufzeit. Darüber hinaus müssen bestimmte Qualitätskriterien erfüllt sein (z. B. Reinheitsgehalt > 95 %). Eine weitere Anforderung kann sein, dass Kunden keinen Chargensplit erlauben. In diesem Fall ist der gesamte Auftrag aus einer Charge zu beliefern. Selbst wenn Kunden mit einem Chargensplit einverstanden sind, werden sie die Anzahl der gelieferten Chargen pro Auftrag begrenzen wollen. Aus Sicht des verkaufenden Unternehmens ist es wichtig, die Lagerbestände nach dem Prinzip *First In First Out* abzubauen. Damit wird verhindert, dass Produkte vor dem Verkauf ihre Haltbarkeit verlieren und demzufolge vernichtet werden müssen.

2.5.2 Chargenverwaltung in SAP ERP

Chargenpflicht auf Mandantenebene

Die Chargenpflicht für ein Material wird im SAP-Materialstamm auf Mandantenebene definiert, d.h., wenn ein Material als chargenpflichtig gekennzeichnet ist, gilt dies im ganzen Mandanten. Ein Material kann nicht in einem Werk chargenpflichtig und in einem anderen Werk nicht chargenpflichtig sein. Jeder Charge wird eine eindeutige Chargennummer zugeordnet. Die jeweilige Chargennummer ist bei jeder Warenbewegung des Materials (Wareneingang, Umbuchung, Warenausgang) zu erfassen. Über die Chargenebene wird im Customizing (Transaktion OMCE) festgelegt, ob die Chargennummer auf Mandanten-, Material- oder Werksebene eindeutig ist. Wird der Mandant als Chargenebene gewählt, wird jede Chargennummer nur einmal im Mandanten verwendet. Bei der Chargenebene *Material* ist die Chargennummer eindeutig in Verbindung mit dem Material. Verwendet man das Werk als Chargenebene, ist die Chargennummer eindeutig im Zusammenhang mit dem Material und dem Werk. Ein Wechsel der gewählten Chargenebene ist mit Einschränkungen über einen Umsetzungsreport möglich. Von der Mandanten- oder Materialebene kann nicht zur Werksebene gewechselt werden. Abbildung 2.43 zeigt eine Bestandsübersicht für das chargengeführte Material mit der Materialnummer CHF4711.

Der Gesamtbestand wird auf Werksebene geführt (im Werk 1000 sind 175 Stück eingelagert). Darunter existieren die unterschiedlichen Chargen mit ihren Beständen. Für jede Charge wird ein Chargenstammsatz angelegt, der beim Wareneingang automatisch erzeugt werden kann. In diesem werden die Merkmale der Charge beschrieben.

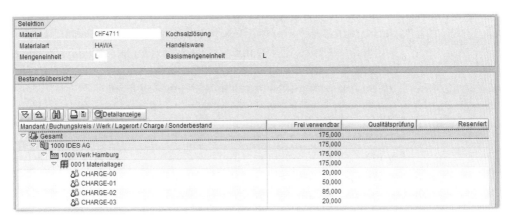

Abbildung 2.43 Bestandsübersicht für das chargengeführte Material mit der Materialnummer CHF4711 (Transaktion MMBE)

Dazu gehören insbesondere:

- Herstelldatum
- Verfalldatum
- Chargenzustand (frei/gesperrt)
- Lieferant
- Chargennummer des Lieferanten
- Ursprungsland
- letzter Wareneingang

Klassifizierung von Chargen

Mithilfe der anwendungsübergreifenden SAP-Komponente *Klassifizierung* können Chargen zusätzlich klassifiziert werden. Dabei wird ein Material einer Chargenklasse zugeordnet. Anschließend kann jede Charge dieses Materialstamms über die Merkmale dieser Klasse bewertet werden. So kann jedes Unternehmen seine individuellen Merkmale zur Beschreibung von Chargen definieren. Typische Beispiele für Merkmale einer Chargenklasse sind:

- Reinheitsgrad
- Viskosität
- Säuregehalt
- Farbreinheit

2.5.3 Komponenten der Chargenfindung

Konditionstechnik in der Chargenfindung

Auch bei der Chargenfindung kommt – ähnlich wie bei der Preis- und der Nachrichtenfindung – die Konditionstechnik zum Einsatz. An dieser Stelle sei auch darauf hingewiesen, dass es sich bei der Chargenfindung um eine Funktion handelt, die in mehreren SAP-Komponenten eingesetzt wird. Neben dem Vertrieb sind dies:

- die Produktionsplanung und -steuerung (PP): für Fertigungsaufträge
- die Produktionsplanung und -steuerung für die Prozessindustrie (PP-PI): für Prozessaufträge
- die Materialwirtschaft (MM): Umbuchungen/Umlagerungen
- die Lagerverwaltung (Komponente WM, Warehouse Management): für Transportaufträge

Abbildung 2.44 zeigt den Ablauf der Konditionstechnik am Beispiel der Chargenfindung.

Entlang dieses Ablaufs werden wir im Folgenden den Zusammenhang zwischen Einstellungen im Customizing und dem Ablauf der Chargenfindung im Vertriebsbeleg erläutern. Dabei werden nacheinander folgende Punkte erklärt:

1. Ermittlung des Chargensuchschemas
2. Ermittlung der Strategieart über das Chargensuchschema
3. Beschreibung der Customizing-Einstellungen zur Strategieart

4. Ermittlung einer Zugriffsfolge über die Strategieart
5. Bedeutung der Strategiesätze einer Zugriffsfolge

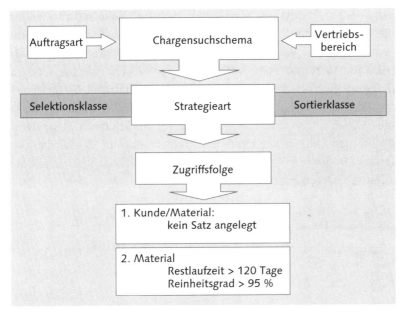

Abbildung 2.44 Ablauf der Chargenfindung

Anschließend zeigen wir in einem Beispiel die Funktionsweise im SAP-System.

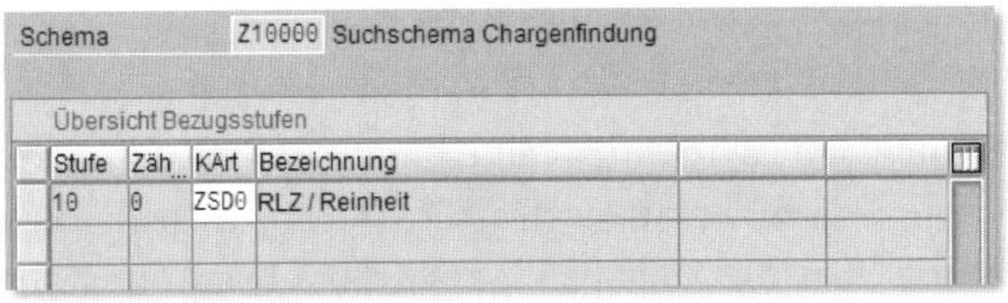

Chargensuchschema, Strategieart

Über Einstellungen im Customizing wird abhängig von Auftragsart und Vertriebsbereich ein *Chargensuchschema* ermittelt. Dieses Schema enthält eine oder mehrere *Chargenfindungsstrategien*. Abbildung 2.45 zeigt ein solches Chargensuchschema.

Schema Z10000 Suchschema Chargenfindung

Übersicht Bezugsstufen

Stufe	Zäh...	KArt	Bezeichnung
10	0	ZSD0	RLZ / Reinheit

Abbildung 2.45 Suchschema einer Chargenfindung (Transaktion SPRO • Suchschema Vertrieb definieren)

Über das Suchschema wird somit die Strategieart (KArt) ZSD0 ermittelt. Abbildung 2.46 zeigt das Customizing der Strategieart ZSD0.

Jeder Strategieart ist eine Selektionsklasse zugeordnet. Die Selektionsklassen werden im Klassensystem angelegt. Im Beispiel wurde die Klasse CHARGENSELECT als Selektionsklasse festgelegt. Die Merkmale der Selektionsklasse sind gleichzeitig die Selektionskriterien für die Chargenfindung. In der Praxis werden hier vor allem die Restlaufzeit, aber auch qualitative Kriterien wie z. B. der Reinheitsgrad als Selektionsmerkmale definiert. Neben der Selektionsklasse wird in der Strategieart auch eine Sortierklasse zugeordnet. Bei der Strategieart ZSD0 ist dies die Sortierklasse CHARGENSORT. Über die Merkmale dieser Klasse wird die Sortierung der selektierten Chargen vorgenommen. Als Sortierkriterien kommt wiederum die Restlaufzeit infrage. Damit werden dann innerhalb der erlaubten Restlaufzeit die ältesten Chargen zuerst ausgeliefert.

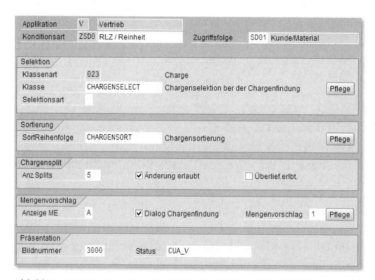

Abbildung 2.46 Customizing der Strategieart (Transaktion SPRO • Strategieart Vertrieb definieren)

Zugriffsfolge

Innerhalb der Strategieart wird auch eine Zugriffsfolge definiert. Abbildung 2.46 zeigt, dass der Strategieart ZSD0 die Zugriffsfolge SD01 zugeordnet ist. Über die Zugriffsfolge wird die Ermittlung der Chargensuchstrategie in Vertriebsbelegen gesteuert. Jede Zugriffsfolge kann aus mehreren Zugriffen bestehen. Jeder Zugriff besteht aus einer Konditionstabelle. Hier ein Beispiel für eine Zugriffsfolge in der Chargenfindung:

1. **Zugriff »Kunde/Material«**
   Hinter diesem Zugriff steht eine Konditionstabelle mit den Feldern KUNDENNUMMER und MATERIALNUMMER.

2. **Zugriff »Material«**
   Hinter diesem Zugriff steht eine Konditionstabelle mit dem Feld MATERIALNUMMER.

Das System prüft zunächst, ob ein Strategiesatz mit den Feldern KUNDENNUMMER/MATERIALNUMMER angelegt wurde. Wenn dies der Fall ist, wird die Chargenermittlung anhand dieses Satzes vorgenommen. In dem Strategiesatz legt der Anwender die Selektionsbedingungen fest. Er definiert also selbst, welche Merkmalsausprägung der Charge noch akzeptiert wird. Ist kein Satz mit dem Schlüssel vorhanden, prüft das System, ob ein Satz mit dem Schlüssel *Material* definiert wurde. Somit werden im Customizing die Merkmale für die automatische Chargenfindung festgelegt. Durch die Pflege der Strategiesätze definiert aber letztlich der Anwender, welche Merkmalswerte erfüllt sein müssen.

Strategiesätze

2.5.4 Beispiel

Die Funktion der Chargenfindung erläutern wir am Beispiel des Materialstamms CHF4711 – einer Kochsalzlösung. Es handelt sich dabei um ein chargengeführtes Material, zu dem mehrere Chargen existieren. Im Materialstamm wurde festgelegt, dass die Chargen des Materials zusätzlich klassifiziert werden müssen. Dies soll über die folgenden Merkmale geschehen:

- Reinheitsgrad
- Verfalldatum

Über das *Verfalldatum* errechnet das System bei der Chargenfindung die Restlaufzeit. Der *Reinheitsgrad* stellt ein Qualitätskriterium dar. Wir durchlaufen in unserem Beispiel die folgenden Schritte:

1. Anzeigen der Chargenbestände des Materials CHF4711
2. Anzeigen der Merkmalswerte der verschiedenen Chargen des Materials CHF4711
3. Anzeigen des Konditionssatzes zur Chargenfindung
4. Erfassen eines Kundenauftrags
5. Erfassen einer Lieferung mit automatischer Chargenfindung

Schritt 1:
Chargenbestände anzeigen

Abbildung 2.47 zeigt eine Auswertung zum Material CHF4711 mit dem Batch Information Cockpit. Das *Batch Information Cockpit* ist eine zentrale Transaktion für die Verwaltung und die Analyse von Chargeninformationen. Es können Analysen ausgeführt und Folgefunktionen gestartet werden. Im Folgenden verwenden wir diese Transaktion zur Analyse der Chargenbestände. Aufgeführt sind sämtliche Chargen des Materials, die jeweilige Restlaufzeit, das Verfallsdatum (VERFALLSDAT/MHD) und die Bestandsmenge je Charge (FREI VERWENDBAR).

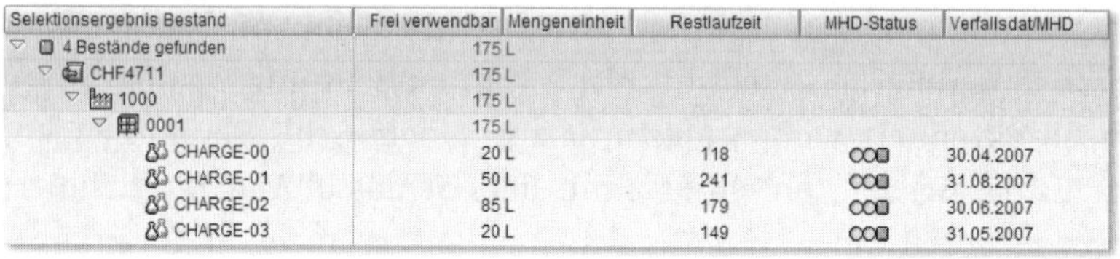

Abbildung 2.47 Liste der Chargenbestände zum Material CHF4711 (Transaktion BMBC)

Schritt 2:
Chargenmerkmale anzeigen

Die Abbildungen 2.48 bis 2.51 zeigen die Klassifizierungsdaten der Chargenstammsätze. Bestandteil der Klassifizierungsdaten sind jeweils der Reinheitsgrad und das Verfalldatum.

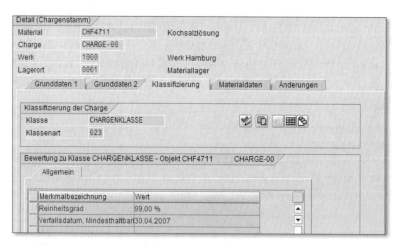

Abbildung 2.48 Klassifizierungsdaten der Beispielcharge CHARGE-00 (Transaktion BMBC)

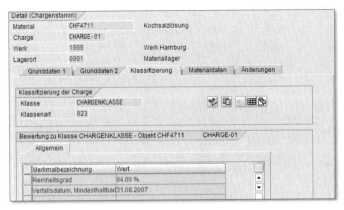

Abbildung 2.49 Klassifizierungsdaten der Beispielcharge CHARGE-01 (Transaktion BMBC)

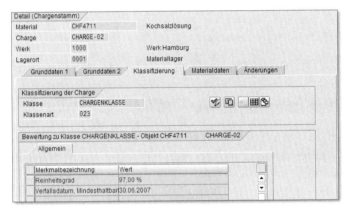

Abbildung 2.50 Klassifizierungsdaten der Beispielcharge CHARGE-02 (Transaktion BMBC)

Abbildung 2.51 Klassifizierungsdaten der Beispielcharge CHARGE-03 (Transaktion BMBC)

Schritt 3: Konditionssatz anzeigen

Zur Steuerung der Chargenfindung hat der Anwender folgende Selektionskriterien im Konditionssatz (Strategiesatz) für das Material CHF4711 angelegt (siehe Abbildung 2.52).

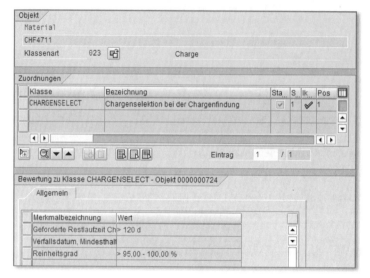

Abbildung 2.52 Strategiesatz für das Material CHF4711 (Transaktion VCH2)

In diesem Strategiesatz wird damit festgelegt, dass im Zuge der automatischen Chargenfindung nur Chargen mit folgenden Merkmalen ermittelt werden:

- Restlaufzeit von mehr als 120 Tagen
- Reinheitsgrad von 95 bis 100 %

Die Zahl der zulässigen Chargensplits ist auf fünf begrenzt. Die Sortierung der Chargen erfolgt auch über die Restlaufzeit. Diese Einstellungen werden ebenfalls im Strategiesatz vorgenommen, sie sind jedoch in Abbildung 2.52 nicht zu sehen.

Schritt 4: Kundenauftrag erfassen

Im Beispiel wird zunächst ein Kundenauftrag über 75 Stück des Materials CHF4711 erfasst. Im Kundenauftrag wird noch nicht festgelegt, welche Chargen der Kunde erhält. Abbildung 2.53 zeigt den Kundenauftrag.

Schritt 5: Lieferbeleg mit automatischer Chargenfindung

Der nächste Schritt besteht darin, dass zu diesem Kundenauftrag ein Lieferbeleg erzeugt wird. Beim Erzeugen des Lieferbelegs wird automatisch die Funktion *Chargenfindung* gestartet. Der Anwender erhält damit im Lieferbeleg automatisch einen Vorschlag für die Chargen, die geliefert werden sollen. Das Ergebnis der Chargenfindung zeigt Abbildung 2.54.

Abbildung 2.53 Kundenauftrag über 75 Stück des Materials CHF4711 (Transaktion VA01)

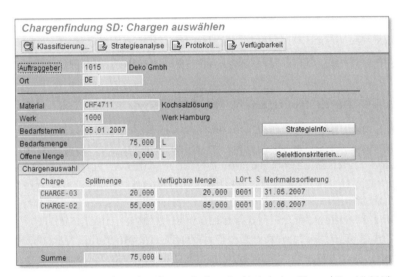

Abbildung 2.54 Ergebnis der Chargenfindung im Lieferbeleg (Transaktion VL01N)

Die Charge CHARGE-00 entspricht nicht den Selektionsbedingungen. Das Verfalldatum dieser Charge ist der 30.04.2007. Da der Lieferbeleg am 05.01.2007 erzeugt wurde, ergibt sich eine Restlaufzeit, die kleiner ist als die geforderten 120 Tage.

Die Charge CHARGE-01 entspricht ebenfalls nicht den Selektionsbedingungen. Zwar ist die Restlaufzeit ausreichend, aber der Reinheitsgrad entspricht nicht dem im Strategiesatz hinterlegten Mindestwert von 95 %.

Die Charge CHARGE-02 wird selektiert, da beide Kriterien erfüllt sind. Insgesamt sind 85 Stück verfügbar, allerdings werden nur 55 Stück benötigt.

Der Rest (20 Stück) wird aus der Charge CHARGE-03 entnommen. Diese liegt in der Sortierung *vor* der Charge CHARGE-02, da ihre Restlaufzeit geringer ist. Über die Sortierung der Chargen nach dem Verfalldatum wird sichergestellt, dass zunächst die Charge mit geringerer Haltbarkeit ausgeliefert wird.

2.6 Serialnummern

Serialnummern dienen der Individualisierung von Materialien. Damit wird eine Unterscheidung von Produkten mit der gleichen Materialnummer möglich. Serialnummern werden vor allem im Maschinen- und Anlagenbau sowie im Gerätebau eingesetzt. Dort geht es darum, jedes Einzelstück eindeutig identifizieren zu können.

2.6.1 Betriebswirtschaftliche Grundlagen

Individualisierung In Kapitel 1, »Einführung«, haben wir die Bedeutung des Materialstammsatzes erläutert. Gleiche Produkte werden über eine gemeinsame Materialnummer zusammengefasst. Mithilfe von Serialnummern lässt sich nun zusätzlich jedes einzelne Stück innerhalb eines Materialstamms identifizieren. Man spricht in diesem Zusammenhang auch von der Individualisierung eines Materials. In der Praxis wird über die Serialnummer z. B. die Gerätenummer einer Maschine abgebildet. Dabei ist die Serialnummer immer nur in Verbindung mit der Materialnummer eindeutig. Wurde im Materialstamm die Serialnummernpflicht für das Material festgelegt, muss innerhalb der Prozesse darauf Bezug genommen werden. Bei einem Wareneingang zu einem Produkt ist die jeweilige Serialnummer zu erfassen. Gleiches gilt in Kundenaufträgen und bei Auslieferungen. Dadurch entsteht eine Historie, die den »Lebenslauf« des individuellen Einzelstücks nachvollziehbar macht.

Beispiel Verdeutlichen wir uns den Zusammenhang an einem Beispiel: Als Hersteller medizintechnischer Geräte verkaufen wir Infusionsgeräte an unsere Kunden – Krankenhäuser, Pflegedienste und Arztpraxen. Außerdem erbringen wir Kundendienstleistungen, die entweder in der Garantie enthalten sind oder gesondert in Rechnung gestellt werden. Wir möchten wissen, an welchen Kunden welche Geräte geliefert wurden, welche Garantiebedingungen je Gerät vereinbart sind und welche Kundendiensteinsätze je Infusionsapparat stattgefunden haben. Falls der Kunde Geräte zurückschickt, wollen wir auch wissen, was weiterhin in unserem Unternehmen damit geschieht. Es ist also notwendig, stets ein Gerät eindeutig identifizieren zu können und alle relevanten Daten zusammenhängend analysieren zu können. Jedes Gerät wird deshalb über eine Gerätenummer – die Serialnummer – identifiziert.

Serialnummern identifizieren Objekte also eindeutig. Voraussetzung ist allerdings, dass sie in allen relevanten logistischen Vorgängen (z. B. in Aufträgen, bei der Lieferung oder der Retoure) auch eingegeben werden. Ähnliche Eigenschaften in der Logistik haben die Chargen (siehe Abschnitt 2.5, »Chargenfindung«). Es gibt allerdings einige entscheidende Unterschiede:

Abgrenzung von Charge und Serialnummer

- Im Gegensatz zur Serialnummer, die genau ein eindeutiges Element einer Menge darstellt, grenzt die Charge eine über Merkmale definierte Menge eines Artikels ab. Zwischen den einzelnen Elementen innerhalb einer Charge wird nicht unterschieden.
- Serialnummern können bei Bedarf zu vollständigen Equipmentstammsätzen in den Komponenten *Instandhaltung* und *Customer Service* erweitert werden.

  Unter einem Equipmentstammsatz versteht man ein eindeutiges Objekt, für das eine Wartung vorzunehmen ist. Dabei kann es sich um eigene technische Anlagen (z. B. Produktionsanlagen, EDV-Anlagen) oder um sogenannte *Kundenequipments* handeln. Kundenequipments sind Anlagen, die bei einem Kunden installiert wurden.
- In einem Serialnummernstammsatz werden automatisch Bestands- und Kundeninformationen festgehalten. Damit kann exakt festgestellt werden, wo sich die Serialnummer (bzw. das entsprechende Produkt) zurzeit befindet. Chargenbestände können dagegen auf mehrere Läger (eigene und Kundenläger) verteilt werden.
- Zu einer Serialnummer können zusätzliche Informationen wie Dokumente (z. B. Gebrauchsanweisungen, technische Dokumentationen) oder Garantieinformationen hinterlegt werden.

- Chargen können im Rahmen der getrennten Bewertung (siehe Abschnitt 3.7.2, »Leihgutabwicklung in SAP ERP«) einen vom Materialstammsatz abweichenden Bewertungspreis haben. Serialnummern haben keine eigene Bewertung, können aber wiederum bewerteten Chargen zugeordnet werden.

Chargennummer und Serialnummern können auch gemeinsam eingesetzt werden. Dann dient die Charge z. B. der Abgrenzung einer Herstellungsserie oder zur getrennten Bewertung, während die Serialnummer das Einzelobjekt identifiziert.

2.6.2 Serialnummern in SAP ERP

In diesem Abschnitt beschäftigt uns das Konzept der Serialnummernverwaltung innerhalb von SAP ERP. Von besonderer Bedeutung sind dabei stets die Schnittstellen zur Instandhaltungskomponente in SAP PLM (Product Lifecycle Management). Wir werden uns zunächst ansehen, wie im Materialstammsatz die Serialnummernpflicht festgelegt wird. Im zweiten Schritt lernen wir die wesentlichen Customizing-Einstellungen zur Vergabe von Serialnummern kennen. Auf Basis dieser Erkenntnisse werden wir uns die Zusammenhänge von Materialstammsätzen, Serialnummern und Equipments in der Instandhaltungskomponente erarbeiten. Im letzten Schritt sehen wir uns die Daten an, die zu einem Serialnummernstammsatz gepflegt werden können.

Materialstamm — Damit Materialien mit gleicher Materialnummer über die Serialnummer unterschieden (und damit individualisiert) werden können, muss im Materialstamm ein Serialnummernprofil zugeordnet werden. Abbildung 2.55 zeigt uns das Material SE1200, dem das Serialnummernprofil 0001 zugeordnet wurde.

Das Serialnummernprofil wird auf Werksebene definiert. Es ist also auch möglich, dass ein Material in einem Werk serialnummernpflichtig ist und in einem anderen Werk keine Serialnummernpflicht besteht.

Customizing — Für ein Serialnummernprofil werden im Customizing die Eigenschaften der Serialnummernverwaltung gesteuert. Die wichtigsten Einstellungen wollen wir hier kurz vorstellen (siehe Abbildung 2.56):

2.6 Serialnummern

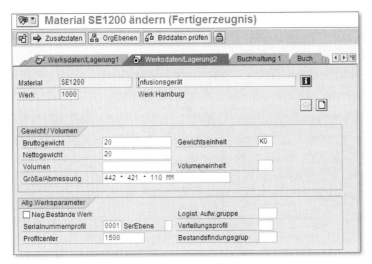

Abbildung 2.55 Werksabhängige Vertriebsdaten im Materialstamm mit Serialnummernprofil (Transaktion MM02)

Abbildung 2.56 Customizing der Serialnummernprofile (Transaktion OIS2)

- **Existenzpflicht für Serialnummern (ExistPfl.)**
  Hier wird festgelegt, ob die Serialnummer vor der Verwendung in einem betriebswirtschaftlichen Vorgang (z. B. einem Kundenauftrag, einer Lieferung oder einer Retoure) bereits vorhanden sein muss. Ist dies nicht der Fall, kann die Serialnummer während der verschiedenen Vorgänge (z. B. während der Auftragserfassung) angelegt werden. Unser Profil 0001 ist so eingestellt, dass die Serialnummer nicht vorhanden sein muss (siehe Abbildung 2.56).

- **Bestandsverprobung (BstVp)**
  Über diese Prüfung wird festgelegt, ob der Bestand bei der Durchführung einer Warenbewegung geprüft wird. Befindet sich ein

bestimmtes Gerät z. B. beim Kunden, kann dafür kein Warenausgang aus dem Lager gebucht werden. Die möglichen Reaktionen bei der Bestandsverprobung sind:

- keine Reaktion (keine Bestandsverprobung)
- Warnmeldung
- Fehlermeldung

Eine Warnmeldung kann vom Anwender übergangen werden. Eine Fehlermeldung führt dazu, dass dieser Vorgang nicht durchgeführt werden kann. Im Profil 0001 wurde der Wert 1 (Warnmeldung) eingestellt.

Außerdem werden im Customizing für jedes Serialnummernprofil die erlaubten Vorgänge definiert. Abbildung 2.57 zeigt uns die Vorgänge zu unserem Profil 0001.

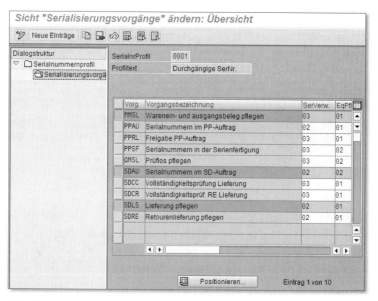

Abbildung 2.57 Customizing der Vorgänge zum Serialnummernprofil 0001 (Transaktion OIS2)

Grundsätzlich wird für jeden zugeordneten Vorgang Folgendes eingestellt:

- **Serialnummernverwaltung (SerVerw.)**
  In dieser Option wird festgelegt, ob innerhalb dieses Vorgangs eine Serialnummernvergabe stattfindet. Folgende Auswahlmöglichkeiten stehen zur Verfügung:

▸ keine Serialnummernvergabe (Option 01)

▸ Serialnummernvergabe kann erfolgen (Option 02)

▸ Serialnummernvergabe muss erfolgen (Option 03)

▸ Serialnummernvergabe wird durch das System automatisch durchgeführt (Option 04)

In Abbildung 2.57 haben wir die Vorgänge MMSL (Warenbewegung), SDAU (Auftragserfassung) und SDLS (Lieferung) markiert. Mit diesen wollen wir uns beschäftigen, um das Prinzip dieser Einstellungen zu verstehen. Bei der Auftragserfassung kann der Anwender die Serialnummern vorgeben. Bei der Erstellung der Lieferung zum Auftrag besteht ebenfalls die Möglichkeit (»kann«), die Serialnummernvergabe vorzunehmen. Spätestens vor der Warenausgangsbuchung der Lieferung muss die Serialnummernvergabe erfolgen (zum Prozessablauf siehe Abschnitt 3.3, »Terminauftragsabwicklung«). Wir sehen auch, dass im Vorgang PPRL (Freigabe im Fertigungsauftrag) die Vergabe *obligatorisch* ist. Ein Fertigungsauftrag kann nur freigegeben werden, wenn vorher die Serialnummern der Produkte, die gefertigt werden, festgelegt wurden. Besonders dieser Aspekt wird uns im Beispiel in Abschnitt 4.2, »Vorplanung ohne Endmontage«, wieder begegnen.

▸ **Equipmentpflicht (EqPfl.)**
Hier wird eingestellt, ob mit der Vergabe der Serialnummer automatisch der Serialnummernstammsatz zu einem Equipmentstammsatz in der Instandhaltungskomponente erweitert werden soll.

Mit dieser letzten Option, dem Zusammenhang zwischen Serialnummer und Equipment, wollen wir uns jetzt näher beschäftigen. Die Serialnummer identifiziert ein Objekt nur zusammen mit einer Materialnummer eindeutig. Die Serialnummer allein reicht also nicht aus. Mit dem Anlegen einer Serialnummer über einen Vorgang wird ein Serialnummernstammsatz im System erzeugt. Dieser Stammsatz kann anschließend durch einen Anwender manuell zu einem Equipmentstammsatz erweitert werden. Für ein solches Equipment können dann in der Instandhaltungskomponente eine Wartungsplanung und eine Durchführung der Wartung über Instandhaltungsaufträge erfolgen. Abhängig von unserer Customizing-Einstellung zur Equipmentpflicht im Serialnummernprofil kann der Equipmentstammsatz auch automatisch im System angelegt werden. Abbildung 2.58 zeigt

Serialnummer und Equipmentstammsatz

den Zusammenhang zwischen den Objekten *Materialstamm*, *Serialnummer* und *Equipment*.

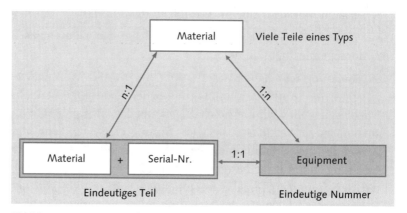

Abbildung 2.58 Zusammenhang zwischen Materialnummer, Serialnummer und Equipment

Abbildung 2.58 zeigt, dass zu jeder Kombination aus Materialnummer und Serialnummer ein Equipmentstammsatz mit einer eindeutigen Nummer angelegt werden kann. Ein Equipmentstammsatz repräsentiert genau *ein* Objekt und damit *ein* physisches Einzelstück. Auf der anderen Seite kann ein Equipmentstammsatz auch ohne Serialnummerndaten angelegt und verwendet werden. Lediglich die Integration in die Materialwirtschaft und in den Vertrieb ist dann nicht gegeben. Die Serialnummer wird also verwendet, um den Objektstammsatz in die Logistik zu integrieren.

Serialnummernstammsatz

Kommen wir jetzt zu den Informationen, die in einem Serialnummernstammsatz enthalten sind. Der Serialnummernstammsatz enthält folgende Teilbereiche:

- Logistikinformationen
- Partnerinformationen
- Garantieinformationen
- Statusinformationen

Logistikinformationen

Innerhalb der Logistikinformationen werden vor allem Informationen über den aktuellen Ort und Zustand des Einzelstücks mit dieser Serialnummer festgehalten. Falls das Objekt sich noch im Lager befindet, erkennt man hier, in welchem Werk und Lagerort das Gerät eingelagert ist. Falls es schon einem Kundenauftrag zugeordnet wurde, ist dies hier auch erkennbar. Über den Button HISTORIE können alle logistischen Belege zu dieser Serialnummer aufgerufen werden. Abbildung 2.59 zeigt uns die Logistikdaten (SER.DATEN) zum Serialnummernstammsatz des Materials SE1200 mit der Serialnummer 1.

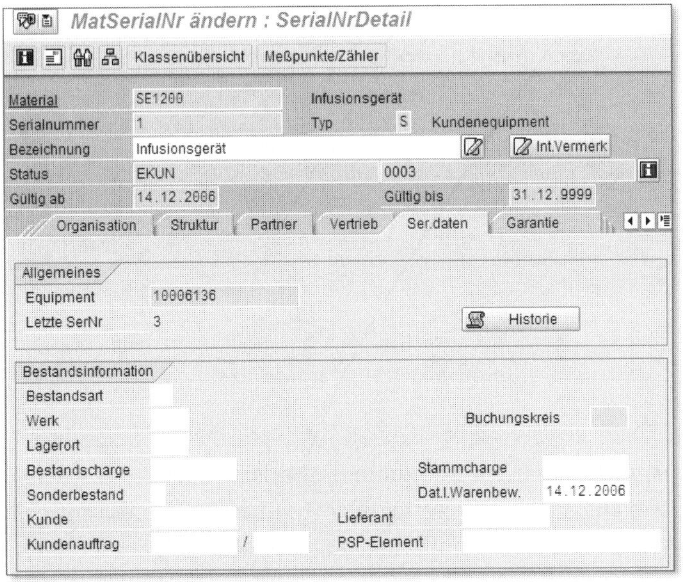

Abbildung 2.59 Serialnummernstammsatz zum Material SE1200 mit der Serialnummer 1 (Transaktion IQ02)

Im Serialnummernstammsatz können verschiedene Partnerinformationen hinterlegt werden. Dies sind beispielsweise der aktuelle Kunde, der Lieferant und der Auftraggeber. Die Felder werden zum Teil automatisch bei Materialbuchungen gefüllt. Zum Beispiel wird bei der Warenausgangsbuchung in der SD-Lieferung (siehe Abschnitt 3.3, »Terminauftragsabwicklung«) der aktuelle Warenempfänger den Serialnummernstammsatz automatisch in das Feld KUNDE übertragen. Auf dem Partnerbild können zusätzlich noch beliebige weitere Partner eingetragen werden (z. B. der Verkäufer oder der Key Accounter). Abbildung 2.60 zeigt uns die Partnerinformationen zu unserem Material SE1200 mit der Serialnummer 1.

Partnerinformationen

In Abbildung 2.60 sehen wir, dass sich das Material derzeit beim Kunden befindet. Wenn es sich noch in unserem Lager befindet, ist noch kein Partner eingetragen. In Abschnitt 4.2 werden wir sehen, wie die Informationen im Partnerbild durch logistische Prozesse verändert werden.

2 | Vertriebskomponente SD – Funktionsüberblick

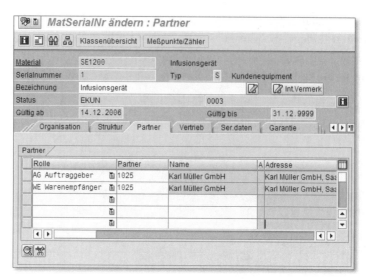

Abbildung 2.60 Serialnummernstammsatz mit Partnerinformationen (Transaktion IQ02)

Garantieinformationen

In den Garantieinformationen kann hinterlegt werden, innerhalb welches Zeitraums eine Garantie gewährt wird. Um die Garantiebedingungen exakter zu beschreiben, kann eine Mustergarantie hinterlegt werden, die weitere Details enthält. Außerdem wird über den Prüfungsstatus angezeigt, ob zum aktuellen Zeitpunkt noch Garantie besteht.

Serialnummern in Hierarchien einbinden

Serialnummern können auch in Hierarchien eingebunden werden. So können z. B. mehrere Einzelstücke mit jeweils einer Serialnummer in einer Installation eingesetzt werden. Die Garantie der eingebauten Serialnummern bestimmt sich aus den Garantiedaten der Installation. Dann kann über den Button GARANTIE ERBEN die Garantieinformation aus der übergeordneten Installation übernommen werden und braucht nicht für jede einzelne Serialnummer separat gepflegt zu werden. Abbildung 2.61 zeigt uns die Garantieinformationen zu unserem Material SE1200 mit der Serialnummer 1.

Statusinformationen

Über den Status wird zum einen der aktuelle Zustand der Serialnummer dokumentiert, zum anderen wird damit die Verwendbarkeit gesteuert. Eine Serialnummer, die sich zurzeit beim Kunden befindet, besitzt den Status EKUN. Damit kann sie z. B. nicht erneut in eine Auslieferung eingebunden werden. Abbildung 2.62 zeigt uns die Statusinformationen zu unserem Material SE1200 mit der Serialnummer 1.

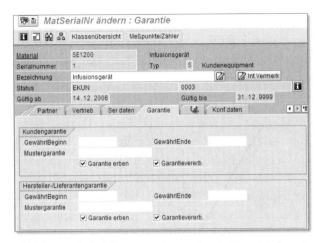

Abbildung 2.61 Serialnummernstammsatz mit Garantieinformationen (Transaktion IQ02)

In Abbildung Abbildung 2.62 sehen wir den Systemstatus für den Serialnummernstammsatz. Unser Material SE1200 mit der Serialnummer 1 hat derzeit den Status EKUN (BEIM KUNDEN). Der Systemstatus wird vom System automatisch fortgeschrieben. Des Weiteren besteht die Möglichkeit, einen Anwenderstatus zu vergeben. Dieser kann im Customizing frei definiert werden und sowohl manuell als auch automatisch durch Vorgänge gesetzt werden. Es kann auch mehr als ein Status gleichzeitig gültig sein. Für einen Status wiederum ist hinterlegt, welche Vorgänge durch ihn erlaubt oder verboten sind.

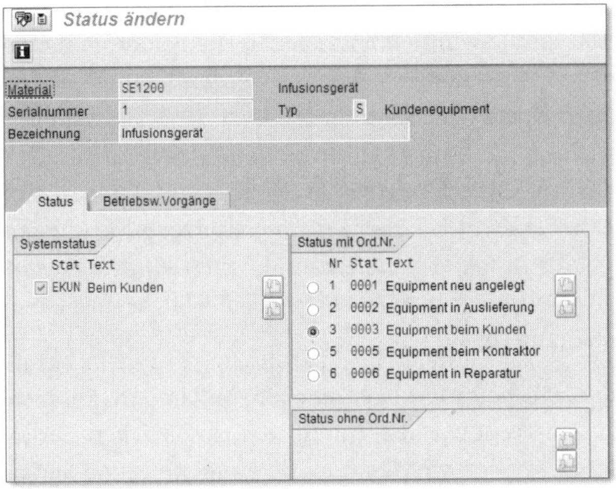

Abbildung 2.62 Serialnummernstammsatz mit Statusinformationen (Transaktion IQ02)

2.6.3 Tipp zur Verwaltung mehrerer Serialnummern

Kundenanforderung »mehrere Serialnummern«

In SAP-Einführungsprojekten trifft man als Berater immer wieder auf die verschiedensten Anforderungen der Kunden an die Verwaltung der Serialnummern, die im SAP-Standard nicht vorgesehen sind.

Im Standard kann einem Stück eines Materials genau eine Serialnummer zugeordnet werden. Der Kunde verwaltet aber in einer eigenprogrammierten Datenbank nicht nur eine Serialnummer zu seinem Material, sondern mehrere. Er hat von seinen eigenen Kunden die Vorgabe, dass das Material zusätzlich mit einer oder sogar mehreren kundeneigenen Serialnummern, die von seinen Kunden vorgegeben werden, versehen wird. Dabei macht jeder seiner Kunden eigene Vorgaben für die Anzahl und den Aufbau der kundeneigenen Serialnummern. Im Reklamationsfall gibt sein Kunde nicht die Nummer, unter der das Material im SAP-System geführt wird, sondern die kundeneigene Serialnummer an. Das Problem besteht darin, diese kundeneigenen Serialnummern so im System zu hinterlegen, dass sie der SAP-Serialnummer eindeutig zugeordnet sind und der Anwender danach suchen kann.

Pflege mehrerer Serialnummern

Um diese Anforderung abbilden zu können, wurde auf dem IDES-System der PIKON Deutschland AG ein Prototyp zur Verwaltung mehrerer Serialnummern zu einem Stück eines Materials entwickelt. Die Implementierung ist objektorientiert, wodurch eine gute Wartbarkeit gewährleistet ist und Zusatzanforderungen schnell realisierbar werden.

Erweiterung Equipmentstammsatz

Der Equipmentstammsatz wurde um kundeneigene Felder, in denen die kundeneigenen Serialnummern abgelegt werden können, erweitert. Um die kundeneigenen Serialnummern über die Standardtransaktionen zur Serialnummernpflege anzeigen und pflegen zu können, wurde ein zusätzlicher Customerscreen in diesen Transaktionen eingefügt. Customerscreens werden über Screenexits erzeugt, so können kundeneigene Felder in SAP-Standardtransaktionen eingefügt werden. Dieser Customerscreen ermöglicht auch die Suche nach den kundeneigenen Nummern.

Customizing-Tabelle »zusätzliche Serialnummern«

Die unterschiedlichen Anforderungen an den Aufbau der kundeneigenen Serialnummern sowie die Anzahl der zusätzlichen Serialnummern für einen Kunden werden, um die kundeneigenen Serialnummern automatisch vom System erzeugen zu lassen, in einer

Customizing-Tabelle hinterlegt. Während des Programmablaufs wird dann auf die Tabelle mittels eines eigenentwickelten Funktionsbausteins zugegriffen. In Abbildung 2.63 sehen Sie die Customizing-Tabelle des Prototyps. Abhängig von der Kundennummer, der Produkthierarchie und dem Serialnummernprofil des Materials wird der Aufbau der beiden kundeneigenen Serialnummern hinterlegt.

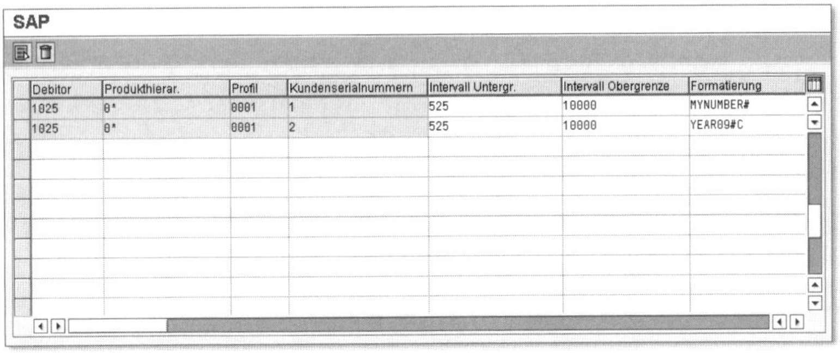

Abbildung 2.63 Z-Customizingtabelle »automatische Serialnummernanlage«

Über einen Customer Exit wurde das Dynpro zur Pflege der Serialnummern um einen Button zur Pflege der kundeneigenen Serialnummern erweitert.

Pflege der zusätzlichen Serialnummern

Customer Exits sind neben dem Customizing eine weitere Möglichkeit, den SAP-Standard ohne Modifikation über eigenen Programmcode zu erweitern. Nachdem die SAP-Serialnummer bei der Auftragserfassung manuell gepflegt bzw. vom System automatisch erzeugt wurde, kann der Anwender die kundeneigenen Serialnummern über den zusätzlichen Button pflegen (siehe Abbildung 2.64).

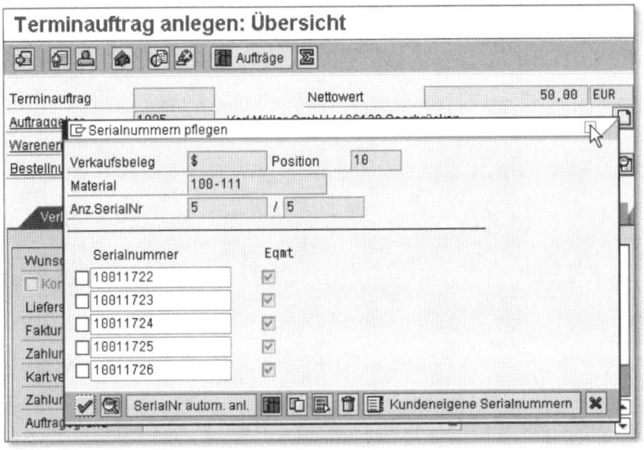

Abbildung 2.64 Erweitertes Dynpro zur Serialnummernpflege

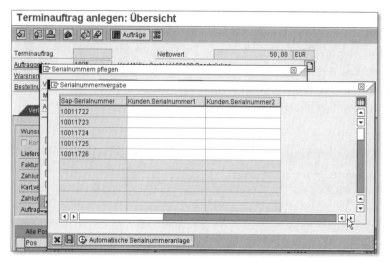

Abbildung 2.65 Dynpro zur Pflege kundeneigener Serialnummern

Der Anwender kann zwischen manueller Pflege der kundeneigenen Serialnummern und der automatischen Anlage der kundeneigenen Serialnummern gemäß den Einträgen in der Customizing-Tabelle wählen (siehe Abbildung 2.65).

Wählt er die automatische Anlage, öffnet sich im Prototyp ein weiteres Pop-up-Fenster, auf dem er entscheiden kann, ob nur eine der kundeneigenen Serialnummern oder beide kundeneigenen Serialnummern automatisch erzeugt werden sollen (siehe Abbildung 2.66).

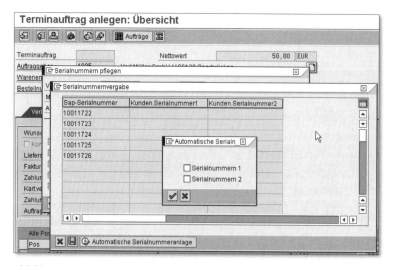

Abbildung 2.66 Auswahl der zu erzeugenden Serialnummer

In Abbildung 2.67 sehen Sie die automatisch gemäß Customizing-Tabelle erzeugten kundeneigenen Serialnummern. Mit dem Speichern des Kundenauftrags werden die kundeneigenen Serialnummern im Equipmentstammsatz in den entsprechenden Z-Feldern gespeichert und können über die Standardtransaktionen für Serialnummern angezeigt und geändert werden.

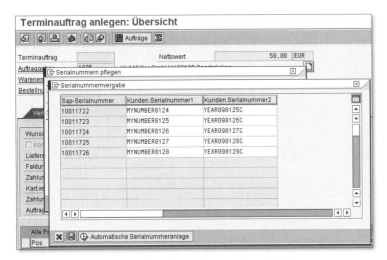

Abbildung 2.67 Automatisch angelegte kundeneigene Serialnummern

In Abbildung 2.68 sehen Sie die kundeneigenen Serialnummern, die in unserem vorherigen Beispiel angelegt wurden.

Mithilfe des eigenentwickelten Prototyps ist es möglich, zusätzlich zur SAP-Serialnummer beliebig viele kundeneigene Serialnummern abhängig von Kundenvorgaben im System zu hinterlegen und nach ihnen zu suchen.

Benefit

Vor einer Übertragung der Lösung auf ein Kundensystem muss zunächst geprüft werden, ob der Kunde bereits Eigenimplementierungen im Bereich der Serialnummernverwaltung im Einsatz hat. Gibt es bereits Eigenentwicklungen des Kunden, ist zu untersuchen, ob zunächst ein Redesign der bestehenden Logik notwendig ist, bevor der Prototyp ohne Risiken auf das Kundensystem übertragen werden kann. In jedem Fall müssen vor einer Implementierung die genauen Anforderungen des Kunden geklärt werden, um eine Aussage über die Abbildbarkeit seiner Anforderungen treffen zu können und eine Aufwandsschätzung für die Implementierung machen zu können.

Abbildung 2.68 Kundeneigene Serialnummern

2.6.4 Beispiel

Wir wollen an dieser Stelle auf ein eigenes Systembeispiel verzichten. Stattdessen wird die Serialnummernvergabe wesentlicher Bestandteil des Szenarios in Abschnitt 4.2, »Vorplanung ohne Endmontage«, sein, bitte schlagen Sie für weiterführende Informationen auch dort nach.

2.7 Materialfindung

Mithilfe der *Materialfindung* können die während der Auftragserfassung eingegebenen Materialien durch Substitutionsmaterialien ersetzt werden. Diese Substitution kann vollkommen automatisch erfolgen, dem Anwender kann während der Auftragserfassung aber auch ein Substitutionsvorschlag unterbreitet werden. Die Materialfindung wird z.B. im Fall von Auslaufmaterialien oder Sonderaktionen eingesetzt.

2.7.1 Betriebswirtschaftliche Grundlagen

Die Materialfindung ermöglicht die Substitution eines Materials während der Auftragserfassung. Eingesetzt wird die Materialfindung besonders häufig zur Substitution von Auslaufmaterialien durch aktuelle Artikel. Die Materialfindung ermöglicht es dem Anwender, einen Auftrag mit der alten Materialnummer zu erfassen. Gründe dafür können sein, dass dem Anwender die aktuelle Materialnummer noch nicht geläufig ist oder der Kunde noch unter der alten Materialnummer bestellt.

Anwendungen der Materialfindung

Eine weitere Anwendung der Materialfindung ist das saisonale Ersetzen eines Artikels z. B. während der Weihnachts- oder Urlaubszeit durch einen gleichartigen Artikel mit besonders werbewirksamer Verpackung.

Manche Kunden bestellen Ware bei ihrem Lieferanten mit einer kundeneigenen Materialnummer. Diese kann allerdings für den internen Ablauf nicht verwendet werden, da sie z. B. im Lager nicht bekannt ist oder auch für die Preisfindung nicht verwendet werden kann. In solchen Fällen kann mit sogenannten *Kunden-Material-Infosätzen* oder mit der Materialfindung gearbeitet werden. Bei Verwendung der Kunden-Material-Infosätze wird sowohl die kundenspezifische Materialnummer und -bezeichnung als auch die eigene Nummer im Kundenauftrag angezeigt. Mithilfe der Materialfindung kann die kundenspezifische Artikelnummer durch die eigene Materialnummer ersetzt werden. Ähnlich ist es mit der Substitution von Positionen, in denen eine europäische Artikelnummer (EAN-Nummer) erfasst wurde. Die EAN-Nummer wird automatisch durch die eigene Artikelnummer ersetzt.

Kunden-Material-Infosatz

Durch die Materialfindung wird die Auftragserfassung für den Anwender vereinfacht. Er muss die Materialnummer des Substitutionsmaterials nicht kennen, sondern kann den Auftrag unter der Artikelnummer des Kunden erfassen.

2.7.2 Materialfindung in SAP ERP

Die Materialfindung im Verkaufsbeleg kann manuell oder automatisch erfolgen. Bei der manuellen Materialfindung wird dem Anwender ein Fenster mit einem oder mehreren Substitutionsmaterialien angezeigt. Der Anwender kann daraufhin ein Substitutionsmaterial

Manuelle Materialfindung

auswählen. Wird bei der manuellen Materialfindung die Substitution unter Berücksichtigung der Verfügbarkeitsprüfung nach ATP-Logik (siehe Abschnitt 2.3) durchgeführt, wird für jedes Alternativmaterial zusätzlich die zum Wunschliefertermin verfügbare Menge angegeben.

Automatische Materialfindung

Bei der automatischen Materialfindung läuft die Substitution für den Anwender unsichtbar im Hintergrund. Besteht ein gültiger Konditionssatz, in dem einem Material Alternativmaterialien zugeordnet sind, dann wird die Substitution automatisch ausgeführt. Bei der automatischen Materialfindung wird für die Alternativmaterialien immer eine Verfügbarkeitsprüfung nach ATP-Logik durchgeführt. Das Originalmaterial wird im Verkaufsbeleg automatisch unter Berücksichtigung der im Konditionssatz festgelegten Priorität der Alternativmaterialien und deren Verfügbarkeit ersetzt.

Automatische Produktselektion

Eine Variante der automatischen Materialfindung ist die automatische Produktselektion. Dabei wird das eingegebene Material nicht ersetzt. Vielmehr legt das System Unterpositionen zu der erfassten Position an. Dies eröffnet weitere Gestaltungsspielräume gegenüber der automatischen Materialfindung. So kann im Customizing festgelegt werden, ob z. B. Preise auf Ebene der übergeordneten Position oder auf Ebene der Unterposition vergeben werden sollen. Die automatische Produktselektion kann auch im Lieferbeleg erneut durchgeführt werden. Hat sich die Verfügbarkeit der Substitutionsmaterialien verändert, wird diesem Umstand damit Rechnung getragen. Die Verwendung der Alternativmaterialien erfolgt nach der im Konditionssatz festgelegten Reihenfolge und der Verfügbarkeit der Substitutionsmaterialien zum Wunschliefertermin.

Damit ein Material ersetzt werden kann, muss ein Konditionssatz vorhanden sein. In diesem Konditionssatz werden einem Material ein oder mehrere Alternativmaterialien und ein Substitutionsgrund zugeordnet. Letzterer steuert unter anderem, ob die Substitution manuell oder automatisch erfolgt. Werden einem Material mehrere Substitutionsmaterialien zugeordnet, gibt die Reihenfolge die Priorität der Materialien vor. Wird die Substitution mit ATP-Prüfung durchgeführt, ist es unter Umständen auch sinnvoll, das Originalmaterial als erstes Alternativmaterial zu erfassen. Das Material wird dann nur substituiert, wenn der verfügbare Bestand nicht ausreicht, um den Bedarf zu decken. Dies ist häufig bei Auslaufmaterialien der Fall, wenn zunächst der Bestand des alten Materials abverkauft werden soll.

Für die automatische Produktselektion kann eines der Substitutionsmaterialien mit dem Dispositionskennzeichen versehen werden. Im Fall einer Bedarfsunterdeckung wird für dieses Material eine Unterposition erzeugt und der Bedarf an die Disposition übergeleitet.

Für jeden Konditionssatz muss ein Gültigkeitszeitraum angegeben werden. Dadurch kann der Zeitraum der Substitution begrenzt werden.

2.7.3 Elemente der Materialfindung

Im vorherigen Abschnitt haben wir erfahren, dass die Materialfindung über Konditionssätze abgebildet wird. Konditionssätze sind ein Element der Konditionstechnik, die wir unter anderem bei der Preis- und der Nachrichtenfindung (siehe Abschnitt 2.1 und Abschnitt 2.2) kennengelernt haben. Die Materialfindung in SAP ERP erfolgt also ebenfalls mithilfe der *Konditionstechnik*. — Konditionstechnik

Die Materialfindung wird je Verkaufsbelegart aktiviert, indem den relevanten Verkaufsbelegarten im Customizing ein Schema für die Materialfindung zugeordnet wird. Abbildung 2.69 zeigt die Zuordnung der Materialfindungsschemata zu den Verkaufsbelegarten. — Schemazuordnung

Abbildung 2.69 Schemaermittlung im Customizing der Materialfindung (Transaktion OVI4)

Das Schema enthält eine oder mehrere Konditionsarten. Die Anwendung der Konditionsarten kann über Bedingungen eingeschränkt werden. Abbildung 2.70 zeigt ein Materialfindungsschema mit der Konditionsart A001. — Schema

Jeder Konditionsart ist eine Zugriffsfolge mit einer oder mehreren Konditionstabellen zugeordnet. Die Zugriffsfolgen enthalten die Zugriffsfelder. — Konditionsart

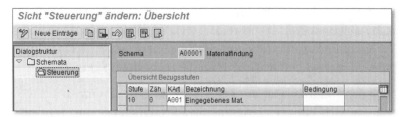

Abbildung 2.70 Customizing eines Materialfindungsschemas (Transaktion SPRO • Voraussetzungen für die Materialfindung pflegen)

Jeder Konditionssatz muss mit einem Gültigkeitsintervall versehen sein. Beim Customizing der Konditionsart (siehe Abbildung 2.71) kann festgelegt werden, welche Vorschlagswerte beim Erfassen des Konditionssatzes angeboten werden. Folgende Optionen für den Vorschlagswert für den GÜLTIG AB-Wert stehen zur Auswahl:

- kein Vorschlag
- erster Tag der Woche
- erster Tag des Monats
- erster Tag des Jahres

Für den GÜLTIG BIS-Wert stehen z. B. folgende Optionen zur Verfügung:

- kein Vorschlag
- Tagesdatum
- Ende des laufenden Monats
- Ende des laufenden Jahres
- Vorbelegung mit dem Datum 31.12.9999

Darüber hinaus verfügt die Konditionsart über keine weiteren Steuerungsparameter. Abbildung 2.71 zeigt das Customizing der Konditionsart.

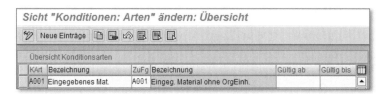

Abbildung 2.71 Customizing einer Konditionsart für Materialfindung (Transaktion SPRO • Voraussetzungen für die Materialfindung pflegen)

Der Eintrag »Blank« (leeres Feld) im Feld GÜLTIG AB bewirkt, dass der Gültigkeitszeitraum beim Erfassen eines Konditionssatzes mit dem Tagesdatum vorbelegt wird. Der Eintrag »Blank« im Feld GÜLTIG BIS bewirkt, dass der Gültigkeitszeitraum mit dem Datum 31.12.9999 vorbelegt wird.

Der Konditionsart wird eine Zugriffsfolge zugeordnet. Abbildung 2.71 zeigt, dass der Konditionsart A001 die Zugriffsfolge A001 zugeordnet ist. Über die Zugriffsfolge wird die Ermittlung eines Konditionssatzes gesteuert. Jede Zugriffsfolge kann aus mehreren Zugriffen bestehen. Jeder Zugriff besteht aus einer Konditionstabelle.
Zugriffsfolge

Ein Beispiel für eine Zugriffsfolge in der Materialfindung könnte wie folgt aussehen:

1. **Zugriff »Verkaufsorganisation, Vertriebsweg, Eingegebenes Material«**
   Hinter diesem Zugriff steht eine Konditionstabelle mit den Feldern VERKAUFSORGANISATION, VERTRIEBSWEG und EINGEGEBENE MATERIALNUMMER. Über Konditionssätze, die zu dieser Schlüsselkombination angelegt werden, definiert man eine Materialfindung, die nur für die Kombination aus Verkaufsorganisation und Vertriebsweg gültig ist.

2. **Zugriff »Eingegebenes Material«**
   Hinter diesem Zugriff steht eine Konditionstabelle mit dem Feld EINGEGEBENE MATERIALNUMMER. Über Konditionssätze mit diesem Schlüssel definiert man eine Materialfindung unabhängig von der Verkaufsorganisation, in der der Auftrag erfasst wird. Vielmehr ist diese Materialfindung ausschließlich vom erfassten Material abhängig.

Das System prüft zunächst, ob ein Konditionssatz mit den Feldern VERKAUFSORGANISATION, VERTRIEBSWEG und EINGEGEBENES MATERIAL angelegt wurde. Wenn dies der Fall ist, wird das zugeordnete Substitutionsmaterial in den Vertriebsbeleg eingestellt oder bei einer manuellen Materialfindung als Substitutionsmaterial vorgeschlagen. Wird beim ersten Zugriff kein gültiger Konditionssatz ermittelt, prüft das System, ob ein Satz mit dem Schlüssel *Eingegebenes Material* definiert wurde.
Konditionssätze

Über den Substitutionsgrund (siehe Abbildung 2.72) wird gesteuert, wie das System die Materialfindung durchführt. So wird über einen
Substitutionsgrund

Eintrag im Feld EINGABE z. B. festgelegt, dass auf Formularen wie Auftragsbestätigungen und Lieferscheinen Materialnummer und -text des eingegebenen Materials angedruckt werden und nicht die Daten des Substitutionsmaterials verwendet werden.

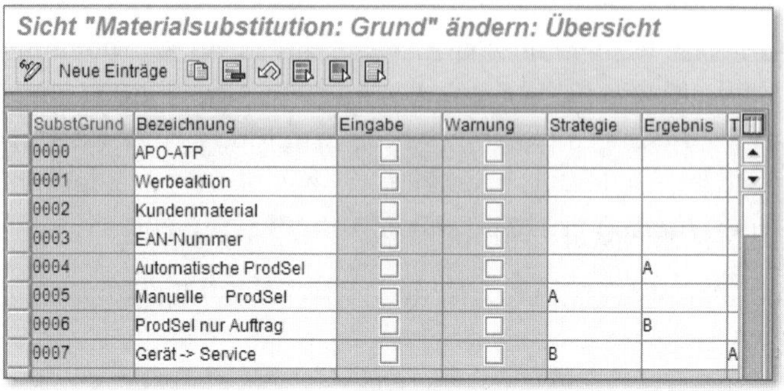

SubstGrund	Bezeichnung	Eingabe	Warnung	Strategie	Ergebnis	T
0000	APO-ATP	☐	☐			
0001	Werbeaktion	☐	☐			
0002	Kundenmaterial	☐	☐			
0003	EAN-Nummer	☐	☐			
0004	Automatische ProdSel	☐	☐		A	
0005	Manuelle ProdSel	☐	☐	A		
0006	ProdSel nur Auftrag	☐	☐		B	
0007	Gerät -> Service	☐	☐	B		A

Abbildung 2.72 Customizing der Substitutionsgründe (Transaktion OVRQ)

Soll dem Anwender während der Verkaufsbelegbearbeitung in der Statusleiste eine Warnung angezeigt werden, die ihn auf die Substitution hinweist, wird das ebenfalls im Substitutionsgrund hinterlegt (Option WARNUNG in Abbildung 2.72). Im Fall der automatischen Produktselektion darf allerdings keine Warnung ausgegeben werden, da sie sonst nicht durchgeführt werden kann!

Substitutionsstrategie

Über die STRATEGIE (siehe Abbildung 2.72) wird festgelegt, ob die Materialfindung manuell oder automatisch erfolgen soll. Für die manuelle Materialfindung besteht die Option, sie auf Grundlage einer Verfügbarkeitsprüfung nach ATP-Logik durchzuführen. Die automatische Materialfindung wird im Hintergrund durchgeführt. Dabei wird für die Substitutionsmaterialien immer eine Verfügbarkeitsprüfung nach ATP-Logik durchgeführt, d. h., ein Originalmaterial wird im Verkaufsbeleg durch die im Konditionssatz zugeordneten Alternativmaterialien automatisch nach deren Priorität und Verfügbarkeit zum Wunschliefertermin ersetzt.

Substitutionsergebnis

Folgende Substitutionsergebnisse (siehe Abbildung 2.72) können eingestellt werden:

- Die Position wird ausgetauscht (Option Blank). Dies geschieht bei der automatischen und bei der manuellen Materialfindung.

- Es werden Unterpositionen angelegt (Option A), die Materialfindung wird im Lieferbeleg erneut durchgeführt. Dies geschieht bei der automatischen Produktselektion.
- Es werden Unterpositionen angelegt (Option B), die Materialfindung wird jedoch nur im Auftrag durchgeführt. Die Positionen werden in die Lieferung kopiert. Dies geschieht bei der automatischen Produktselektion, die nur im Auftrag ausgeführt werden soll.

2.7.4 Beispiel zur Materialfindung

Im folgenden Beispiel wird die manuelle Materialfindung in einem Kundenauftrag gezeigt. Als Beispielfirma dient uns dabei die Abteilung Ersatzteilservice eines Computerherstellers. Aufgabe unseres Sachbearbeiters ist die Erfassung von Ersatzteilaufträgen. Bei Netzteilen für die Stromversorgung von Laptopgeräten gibt es die Möglichkeit, dem Kunden das standardmäßig vorgesehene Netzteil zu liefern oder auf andere, inzwischen verbesserte Geräte mit höherem Preis zurückzugreifen. Unser Sachbearbeiter verwendet dabei folgende Materialstämme:

Manuelle Materialfindung

- Materialnummer NT100:Netzteil NT100 (Standard)
- Materialnummer NT200:Netzteil NT200 (verbessertes Gerät mit höherem Preis)
- Materialnummer NT300:Netzteil NT300 (das neueste Gerät aus unserem Programm)

Ziel unseres Sachbearbeiters ist es, bei der Auftragserfassung zunächst die Nummer des Standardgeräts zu erfassen. Das System soll ihm dann die Geräte vorschlagen, die als Alternative infrage kommen. Dazu geht er wie folgt vor:

1. Erfassung eines Konditionssatzes für die Materialfindung
2. Erfassung eines Kundenauftrags mit dem Material NT100
3. Auswahl aus den Substitutionsvorschlägen
4. Sichern des Auftrags

Gehen wir die einzelnen Schritte mit unserem Sachbearbeiter durch. Zunächst ist ein Konditionssatz für die Materialfindung unseres Standardmaterials NT100 anzulegen. Dabei werden die Materialien NT200 und NT300 als Substitutionsmaterialien festgelegt. Da unter

Schritt 1: Konditionssatz für Materialfindung anlegen

Umständen auch das Standardgerät geliefert werden soll, wird dieses als erstes Substitutionsmaterial erfasst. In Abbildung 2.73 sehen wir den Konditionssatz für die manuelle Materialfindung für unser Material NT100.

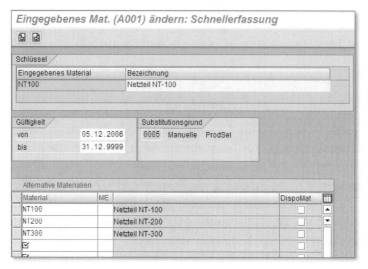

Abbildung 2.73 Konditionssatz für die Materialfindung (Transaktion VB12)

In Abbildung 2.73 zum Konditionssatz wird auch deutlich, dass als Substitutionsgrund die Option 0005 (Manuelle Produktselektion) ausgewählt wurde. Darüber wird gesteuert, dass die Auswahl der Produkte nicht automatisch, sondern durch den Anwender bei der Auftragserfassung erfolgt. Für den Gültigkeitszeitraum sind gemäß den Einstellungen im Customizing entsprechende Daten vorbelegt worden (siehe Erläuterung zu Abbildung 2.71). Diese können vom Anwender geändert werden.

| Schritt 2: Kundenauftrag erfassen | Im zweiten Schritt erfasst unser Sachbearbeiter jetzt einen Kundenauftrag mit dem Standardmaterial NT100. Abbildung 2.74 zeigt uns den Einstieg in die Auftragserfassung. |

| Schritt 3: Substitutionsmaterialien auswählen | Nach der Erfassung der Position mit dem Material »Standard-Netzteil NT100« schlägt das System die Substitutionsmaterialien vor. Dabei sieht der Sachbearbeiter neben der Materialnummer auch die verfügbare Menge zu den jeweiligen Materialien. Er trifft in unserem Beispiel die Entscheidung für das Material NT300. In Abbildung 2.75 erkennen wir dies daran, dass die Zeile mit diesem Material markiert wurde. |

Materialfindung | **2.7**

Abbildung 2.74 Erfassung des Kundenauftrags für das Material NT100 (Transaktion VA01)

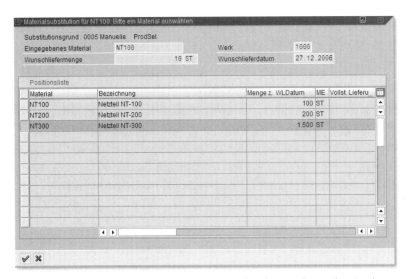

Abbildung 2.75 Auswahl der Substitutionsmaterialien beim Erfassen des Kundenauftrags (Transaktion VA01)

Nach der Auswahl des entsprechenden Substitutionsmaterials wird diese Position in den Auftrag übernommen und der Auftrag 11891 im System angelegt. In Abbildung 2.70 wird deutlich, dass in der Auftragsposition 10 nur das Material NT300 enthalten ist. Das ursprünglich erfasste Material wurde ersetzt. Allerdings erhalten wir auch eine Information über die Materialnummer, die ursprünglich im Auftrag erfasst wurde. Dies ist die Materialnummer NT100 (siehe Abbildung 2.76).

Schritt 4:
Auftrag sichern

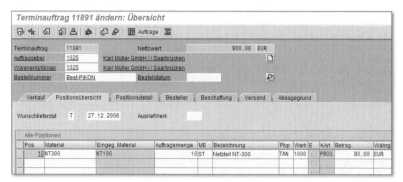

Abbildung 2.76 Kundenauftrag mit der Auftragsnummer 11891 anzeigen (Transaktion VA03)

Der Prozess wird durch die Erstellung eines Lieferbelegs und durch eine Kundenfaktura abgeschlossen. Der komplette Ablauf einer Auftragsbearbeitung wird in Kapitel 3, »Vertriebskomponente SD – Prozessüberblick«, beschrieben.

2.7.5 Beispiel zur Produktselektion

In Abschnitt 2.7.2 haben wir unterschiedliche Verfahren der Materialfindung (manuelle Materialfindung, automatische Materialfindung, automatische Produktselektion) kennengelernt. Da sich die Strategie *Produktselektion* erheblich von den übrigen Optionen unterscheidet, wollen wir an dieser Stelle eine zweite Fallstudie betrachten.

Wir demonstrieren die *automatische Produktselektion* am Beispiel eines Getränkeherstellers. Dieser will sein Sortiment schrittweise von Glas- auf Kunststoffflaschen (sogenannte *PET-Flaschen*) umstellen. Dabei sollen die vorhandenen Glasflaschen zuerst abverkauft werden, um das Lager zu räumen. Anschließend wird er seine Produkte nur noch in PET-Flaschen anbieten. Er beginnt die Umstellung bei dem Produkt Orangensaft. Dieser wird bislang über das Material FS2000 mit der Bezeichnung »Orangensaft 1-Liter-Glasflasche« verkauft. Dieser Materialstamm wird in Zukunft durch den neuen Materialstamm FS3000P abgelöst. Dieses Material trägt die Bezeichnung »Orangensaft 1-Liter-PET-Flasche«. Der Vertriebsinnendienst – zuständig für die Erfassung der Kundenaufträge der Händler – soll weitgehend entlastet werden. Die Vertriebsmitarbeiter verwenden deshalb weiterhin die Materialnummer FS2000. Das System soll dann so lange Glasflaschen liefern, bis der Restbestand aufgebraucht ist.

Begleiten wir unseren Getränkehersteller bei der Umstellung. Sie läuft in folgenden Schritten ab:

1. Anzeige der vorhandenen Bestände an Glas- und PET-Flaschen
2. Anlegen eines Konditionssatzes für die Materialfindung
3. Erfassung eines Auftrags für die Materialnummer FS2000
4. Erfassung eines Lieferbelegs zu diesem Kundenauftrag

Im ersten Schritt werfen wir also einen Blick auf die Bestände. Wir wollen das Beispiel einfach halten. Deshalb gehen wir davon aus, dass derzeit keine weiteren geplanten Zu- und Abgänge im System vorhanden sind. Somit ist die gesamte Lagermenge auch verfügbar. In der aktuellen Bedarfs- und Bestandsliste in Abbildung 2.77 sehen wir, dass derzeit noch 1.000 Glasflaschen (Material FS2000) unseres Orangensafts im Werk 1000 vorhanden sind.

Schritt 1: Bestandsanzeige

Abbildung 2.77 Aktuelle Bedarfs- und Bestandsliste für das Material FS2000 (Transaktion MD04)

Die aktuelle Bedarfs- und Bestandsliste für das Material FS3000P zeigt uns, dass der Bestand an neuen PET-Flaschen im Werk 1000 (Hamburg) 10.000 Stück beträgt.

Abbildung 2.78 Aktuelle Bedarfs- und Bestandsliste für das Material FS3000P (Transaktion MD04)

Schritt 2: Konditionssatz anlegen

Ähnlich wie im Systembeispiel in Abschnitt 2.7.4 legen wir jetzt einen Konditionssatz für die Materialfindung bei dem Material FS2000 (Orangensaft in 1-Liter-Flasche) an. Als erstes Substitutionsmaterial erfassen wir genau dieses Material (Materialnummer FS2000). Dies ist notwendig, da zunächst der vorhandene Bestand an alten Flaschen geräumt werden soll. Als zweite Position erfassen wir das Material FS3000P – unsere PET-Flaschen. Für die neuen PET-Flaschen aktivieren wir das Kennzeichen »Disposition« (DISPOMAT). Dieses Kennzeichen bewirkt Folgendes: Kann der Auftragsbedarf nicht gedeckt werden, wird für die PET-Flaschen ein Bedarf an die Disposition übergeben. Dort wird dann die Beschaffung weiterer Flaschen ausgelöst. Abbildung 2.79 zeigt uns den Konditionssatz der Materialfindung.

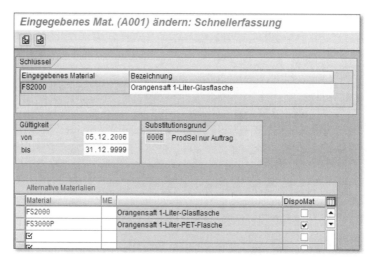

Abbildung 2.79 Konditionssatz zur Materialfindung für das Material FS2000 (Transaktion VB12)

Als Substitutionsgrund wählen wir jedoch im Unterschied zum Beispiel aus Abschnitt 2.7.4 jetzt die Option 0006 (Produktselektion nur im Auftrag). Damit ist die automatische Produktselektion gemeint. Diese führt dazu, dass im Kundenauftrag Unterpositionen mit den Substitutionsmaterialien angelegt werden. Im Customizing für diesen Substitutionsgrund wurde festgelegt, dass die Produktselektion nur im Auftrag stattfindet (siehe Abbildung 2.72). Die Positionen werden dann in die Lieferung übergeben. Im Lieferbeleg findet aber keine neue Produktselektion statt.

Schritt 3: Auftragserfassung

Kommen wir zur Auftragserfassung. Ähnlich wie im vorherigen Beispiel (siehe Abschnitt 2.7.4) erfasst der Vertriebsmitarbeiter eine Position mit dem Material FS2000 (Orangensaft in 1-Liter-Flaschen). Als Auftragsmenge gibt er 15.000 Stück an. Aus unserer Bestandsübersicht wissen wir, dass derzeit insgesamt 11.000 Glas- *und* PET-Flaschen verfügbar sind. In Abbildung 2.80 sehen wir das Ergebnis der Verfügbarkeitsprüfung bei der Auftragserfassung.

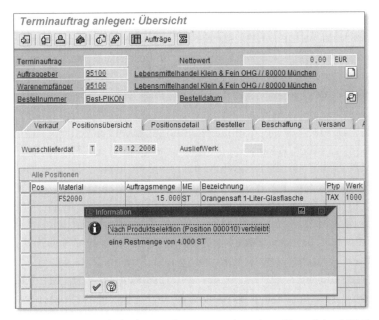

Abbildung 2.80 Verfügbarkeitsprüfung im Kundenauftrag (Transaktion VA01)

Das System (siehe Abbildung 2.80) gibt uns einen Hinweis, dass nicht die gesamte Auftragsmenge verfügbar ist. Nachdem der Anwender diese Meldung bestätigt hat, führt das System die Produktselektion automatisch durch. Dabei werden sogenannte *Unterpositionen* angelegt. Abbildung 2.81 zeigt uns die Positionsübersicht des Auftrags.

Die Materialien der Unterpositionen 11 und 12 (siehe Abbildung 2.81) werden gemäß der Reihenfolge im Konditionssatz (siehe Abbildung 2.79) erzeugt. Zuerst wird eine Position mit dem auslaufenden Material FS2000 angelegt. Das System versucht die gesamte Auftragsmenge mit diesem Material abzudecken. In unserem Fall reichen die noch vorhandenen 1.000 Glasflaschen mit der Materialnummer FS2000 jedoch nicht aus.

2 | Vertriebskomponente SD – Funktionsüberblick

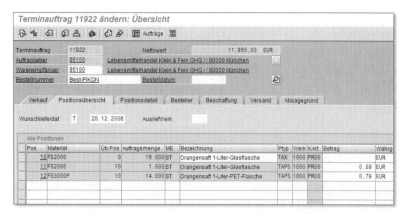

Abbildung 2.81 Positionsübersicht im Kundenauftrag nach Durchführung der automatischen Produktselektion (Transaktion VA02)

Deshalb wurde über die Produktselektion eine weitere Unterposition (Positionsnummer 12) mit dem Material FS3000P angelegt. Jedoch auch der Bestand an PET-Flaschen reicht nicht aus, um die Auftragsmenge zu decken. Aus diesem Grund wird ein Bedarf von 4.000 Stück für das Material FS3000P an die Disposition übergeben. Wir sehen, dass diese Systematik automatisch dazu führt, dass zunächst die alten Flaschen aus dem Lager entnommen werden, bevor die neuen PET-Flaschen geliefert werden. In Abbildung 2.81 sehen wir auch, dass die Preise auf Ebene der Unterposition vergeben wurden. Nur diese Unterpositionen werden in die Lieferung und anschließend in die Faktura übergeben. Die Preisfindung könnte jedoch auch auf Ebene der Hauptposition erfolgen. Gesteuert wird das im Customizing der jeweiligen Positionstypen (siehe Abschnitt 3.1, »Belegstruktur«). Bevor wir zur Lieferung kommen, prüfen wir nochmals unsere aktuelle Bedarfs- und Bestandsliste (siehe Abbildung 2.82).

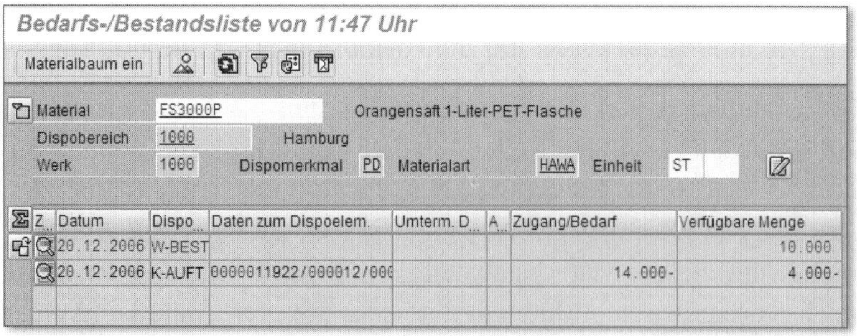

Abbildung 2.82 Aktuelle Bedarfs- und Bestandsliste für das Material FS3000P nach der Auftragserfassung (Transaktion MD04)

Wir sehen, dass die gesamte verfügbare Menge an PET-Flaschen für unsere Auftragsposition reserviert wurde. Darüber hinaus enthält die aktuelle Bedarfs- und Bestandsliste für das Material FS3000P jetzt eine Unterdeckung in Höhe von 4.000 Stück. Diese Unterdeckung führt in der Materialbedarfsplanung zu einem entsprechenden Beschaffungsvorschlag.

Im letzten Schritt unseres Beispiels erzeugen wir einen Lieferbeleg zu unserem Kundenauftrag. Über den Substitutionsgrund wurde gesteuert, dass bei der Erfassung der Lieferung keine neue Produktselektion durchgeführt werden soll. Deshalb werden nur die Positionen 11 und 12 in die Lieferung übernommen. Abbildung 2.83 zeigt uns den Lieferbeleg zum Kundenauftrag 11922.

Schritt 4: Lieferbeleg erstellen

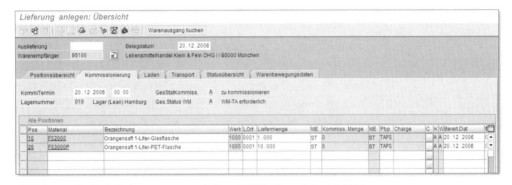

Abbildung 2.83 Lieferbeleg zu unserem Auftrag 11922 (Transaktion VL01N)

In den Lieferbeleg (siehe Abbildung 2.83) werden nur die bestätigten Auftragsmengen übernommen. Nach der Warenausgangsbuchung im Lieferbeleg haben sich unsere aktuellen Bedarfs- und Bestandslisten wiederum verändert. Abbildung 2.84 zeigt das Material FS2000 (Orangensaft in 1-Liter-Glasflaschen).

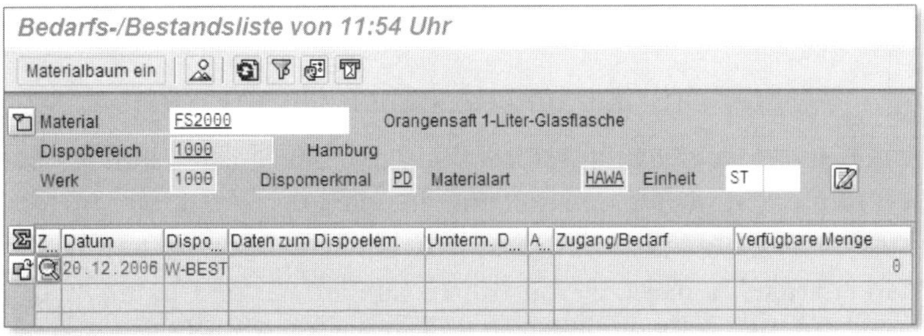

Abbildung 2.84 Aktuelle Bedarfs- und Bestandsliste für das Material FS2000 nach der Warenausgangsbuchung (Transaktion MD04)

Wir sehen, dass der Bestand an Glasflaschen komplett geräumt wurde. In Abbildung 2.85 wird deutlich, dass zwar auch die PET-Flaschen aufgebraucht wurden. Zur Deckung des ausstehenden Auftragsbedarfs wird jedoch in der Materialbedarfsplanung ein Beschaffungsvorschlag erzeugt.

Abbildung 2.85 Aktuelle Bedarfs- und Bestandsliste für das Material FS3000P nach der Warenausgangsbuchung (Transaktion MD04)

Über diesen Beschaffungsvorschlag wird letztlich wieder Bestand an PET-Flaschen aufgebaut. Im nächsten Kundenauftrag wird der Vertriebsmitarbeiter wieder das Material FS2000 erfassen. Das System wird dann über die Produktselektion erkennen, dass kein Bestand an Glasflaschen mehr vorhanden ist und somit die gesamte Auftragsmenge aus PET-Flaschen decken.

2.8 Materiallistung und -ausschluss

Mithilfe der Funktion *Materiallistung* kann der Bezug eines Kunden auf bestimmte Materialien aus dem Gesamtsortiment eines Lieferanten eingeschränkt werden. Der *Materialausschluss* legt hingegen fest, welche Materialien ein Kunde nicht beziehen darf.

2.8.1 Materiallistung und -ausschluss in SAP ERP

Anwendungsgebiete

In der Praxis ist es häufig erforderlich, den Bezug eines Kunden auf bestimmte Materialien einzuschränken oder auch bestimmte Materialien vom Bezug ausdrücklich auszuschließen. Insbesondere in der Markenartikelindustrie werden durch Kunden nur bestimmte Artikel gelistet. In diesem Fall dürfen diese Kunden auch nur die gelisteten Materialien beziehen.

Im umgekehrten Fall muss sichergestellt werden, dass bestimmte Kunden oder Kundengruppen bestimmte Materialien nicht beziehen. In der Pharmaindustrie dürfen z. B. apothekenpflichtige Materialien nur an Apotheken ausgeliefert werden und nicht an Endverbraucher. Zu den Endverbrauchern zählen dabei auch Krankenhäuser. Diese werden ihrerseits durch Apotheken beliefert.

In SAP ERP werden diese Anforderungen über die Funktionen *Materiallistung* und *Materialausschluss* abgebildet. Während die Materiallistung jene Materialien enthält, die ein Kunde beziehen darf, stellt der Materialausschluss eine Negativliste dar. Diese enthält die Artikel, die der Kunde nicht beziehen darf. Im System werden hierzu Konditionssätze hinterlegt, die während der Auftragserfassung geprüft werden. Ist für den Kunden das eingegebene Material nicht gelistet, erhält der Anwender bei der Erfassung einer Position mit diesem Material eine Fehlermeldung. Gleiches gilt, wenn das Material vom Bezug ausgeschlossen wurde.

Bei der Überprüfung von Materiallistung und -ausschluss während der Verkaufsbelegbearbeitung berücksichtigt das System zwei Partnerrollen. Zunächst wird ermittelt, ob für den Auftraggeber eine Materiallistung oder ein Materialausschluss besteht. Können für den Auftraggeber keine entsprechenden Stammdaten ermittelt werden, überprüft das System die Stammsätze für den Regulierer, sofern dieser vom Auftraggeber abweicht. Ist weder für den Auftraggeber noch für den Regulierer eine Materiallistung oder ein Materialausschluss hinterlegt, kann der Kunde jedes beliebige Material beziehen.

Partnerrollen

Die Funktion *Materiallistung* und *-ausschluss* basiert wie z. B. die Preis- oder die Nachrichtenfindung auf der Konditionstechnik (siehe Abschnitt 2.1, »Preisfindung«). Materiallistung und -ausschluss werden je Verkaufsbelegart aktiviert. Dazu wird den relevanten Verkaufsbelegarten maximal je ein Schema für Materiallistung oder -ausschluss zugeordnet. Ist einer Verkaufsbelegart sowohl ein Schema für Materiallistung als auch eines für Materialausschluss zugeordnet, wird während der Verkaufsbelegbearbeitung zuerst der Materialausschluss für ein eingegebenes Material geprüft. Ist ein Material vom Bezug ausgeschlossen, wird die Materiallistung nicht mehr durchlaufen.

Konditionstechnik

Einem Schema für Materiallistung und Materialausschluss werden Konditionsarten zugeordnet. Diese Konditionsarten steuern den weiteren Ablauf von Listung bzw. Ausschluss. Jeder Konditionsart ist eine Zugriffsfolge zugeordnet. Jede Zugriffsfolge stellt dabei eine Suchstrategie dar, nach der das System nach gültigen Konditionssätzen durchsucht wird. Jeder Zugriff innerhalb einer Zugriffsfolge enthält dazu eine Konditionstabelle. Konditionstabellen legen die Felder fest, die beim Anlegen eines Konditionssatzes als Schlüsselfelder gefüllt werden müssen. Über diese Schlüssel wird der Konditionssatz im Beleg ermittelt. Bei der Suche nach gültigen Konditionssätzen wird jeder Zugriff berücksichtigt, deshalb kann es vorkommen, dass mehrere gültige Listungen ermittelt werden. Dies kann z. B. der Fall sein, wenn eine Listung für den Auftraggeber und eine weitere für die übergeordnete Kundengruppe besteht. Für diesen Fall kann bei der Zuordnung des Listungsschemas zur Verkaufsbelegart ein Verfahren festgelegt werden, wie sich das System verhalten soll, wenn es während der Belegbearbeitung mehrere gültige Listungen ermittelt. Das gewählte Verfahren beeinflusst zum Teil erheblich den Umfang der zulässigen Materialien. In der Standardeinstellung berücksichtigt das System jene Listung, die in der Zugriffsfolge als Erste ermittelt wird. Optional kann jedoch auch jene Listung berücksichtigt werden, die mit dem letzten Zugriff ermittelt wurde. Die umfangreichste Materiallistung wird erzielt, indem jene Option gewählt wird, die prüft, ob das eingegebene Material lediglich in einer der Listungen enthalten ist. Das strengste Verfahren erfordert hingegen, dass der Bezug eines Materials gemäß allen Listungen zulässig sein muss.

2.8.2 Beispiel

Ausgangslage Im folgenden Beispiel zeigen wir die Materiallistung und den Materialausschluss im Kundenauftrag. Für die Materiallistung wird die Standardkonditionsart A001 verwendet, für den Ausschluss Konditionsart B001. Abbildung 2.86 zeigt die Konditionssätze für die Materialfindung, die der Anwender in der Vertriebskomponente SD erfasst hat.

Für den Kunden 1016 sind die Materialien MW1000, MW3000, MW5000 und MW7000 gelistet. Damit wird festgelegt, dass der Kunde mit der Debitorennummer 1016 nur diese Materialien beziehen darf. Für denselben Kunden existiert außerdem ein Materialausschluss für die Materialien MW2000 und MW8000. Diesen sehen wir in Abbildung 2.87.

Materiallistung und -ausschluss | 2.8

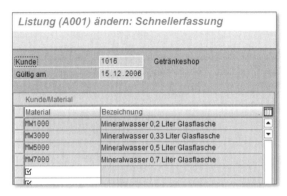

Abbildung 2.86 Konditionssatz für die Materiallistung (Transaktion VB02)

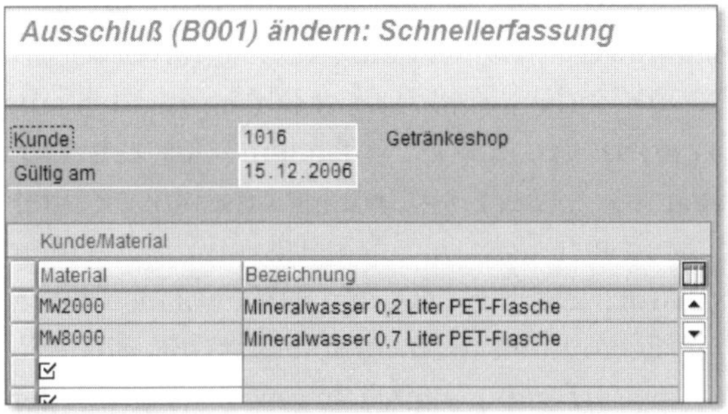

Abbildung 2.87 Konditionssatz für den Materialausschluss (Transaktion VB02)

Für den Kunden 1016 soll nun ein Kundenauftrag (Verkaufsbelegart TA) mit den Materialien MW1000, MW4000 und MW8000 erfasst werden. Während der Belegbearbeitung nutzen wir die Funktion *Analyse für Materiallistung und -ausschluss*.

Für die Materiallistung und den Materialausschluss im Verkaufsbeleg kann über den Menüpfad UMFELD • ANALYSE • LISTUNG/AUSSCHLUSS • EIN eine Findungsanalyse aktiviert werden. Mithilfe dieser Analyse kann überprüft werden, mit welchen Schlüsseln das System versucht, auf die Konditionssätze für Materiallistung und -ausschluss zuzugreifen, und ob die Materiallistung bzw. der Materialausschluss erfolgreich war.

Analyse

Im Auftrag wird eine Position für Material MW1000 erfasst. Die Konditionsanalyse zeigt das Bild aus Abbildung 2.88.

Der Verkaufsbelegart TA ist sowohl ein Schema für Materiallistung als auch ein Schema für Materialausschluss zugeordnet.

139

Abbildung 2.88 Konditionsanalyse für den Materialausschluss beim Erfassen eines Kundenauftrags (Transaktion VA01)

Zuerst wird der Materialausschluss geprüft. Das System ermittelt über die Verkaufsbelegart (TA) das Schema B00001 für den Ausschluss. In Schema B00001 ist die Konditionsart B001 enthalten. Die Konditionsart B001 verweist auf die Zugriffsfolge B001 mit zwei Zugriffen. Zunächst sucht das System nach einem Konditionssatz mit den Schlüsselfeldern KUNDE/MATERIAL, anschließend nach einem Satz mit den Feldern REGULIERER/MATERIAL. In beiden Fällen findet das System keinen gültigen Konditionssatz, sodass das Material MW1000 von der Auftragserfassung nicht ausgeschlossen werden kann.

Abbildung 2.89 und Abbildung 2.90 zeigen die Konditionsanalyse für die beiden der Zugriffsfolge B001 zugeordneten Konditionstabellen. Zunächst sucht das System nach einem Konditionssatz für den Auftraggeber 1016 (siehe Abbildung 2.89).

Abbildung 2.89 Konditionsanalyse für den Ausschluss von Zugriff 10 beim Erfassen eines Kundenauftrags (Transaktion VA01)

Ist die Suche erfolglos, versucht das System einen Konditionssatz für den Regulierer 1015 zu ermitteln (siehe Abbildung 2.90).

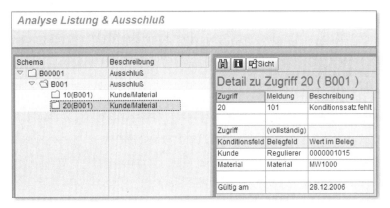

Abbildung 2.90 Konditionsanalyse für den Ausschluss von Zugriff 20 beim Erfassen eines Kundenauftrags (Transaktion VA01)

In beiden Fällen kommt das System zu dem Ergebnis »Konditionssatz fehlt«. Das entspricht unseren Erwartungen. Schließlich hatten wir für dieses Material keinen Ausschluss angelegt (siehe Abbildung 2.87).

Nachdem das eingegebene Material die Prüfung auf einen Materialausschluss durchlaufen hat und kein gültiger Konditionssatz ermittelt werden konnte, wird die Listung geprüft. Die Konditionsanalyse der Materiallistung zeigt, dass für Zugriff 10 ein Konditionssatz besteht.

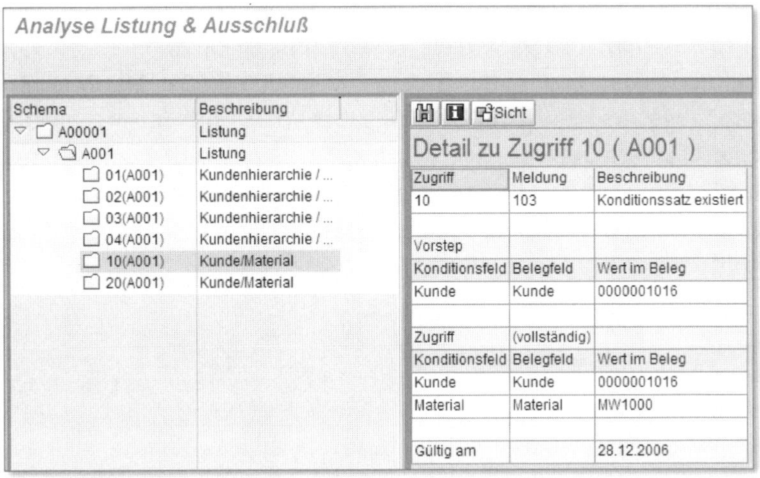

Abbildung 2.91 Konditionsanalyse für die Materiallistung beim Erfassen eines Kundenauftrags (Transaktion VA01)

Wie die Analyse zeigt (siehe Abbildung 2.91), ist für den Kunden 1016 das Material MW1000 gelistet, es kann somit im Auftrag erfasst werden. Anders verhält es sich mit Material MW4000. Gibt man diese Materialnummer im Kundenauftrag ein, wird die Eingabe abgewiesen. Das System gibt eine Fehlermeldung aus, da für den Kunden 1016 dieses Material nicht gelistet ist (siehe Abbildung 2.92).

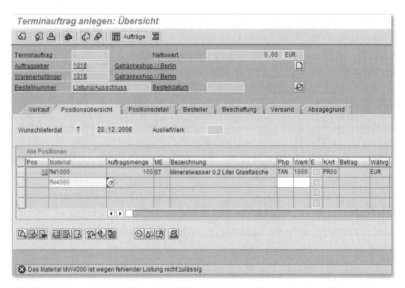

Abbildung 2.92 Fehlermeldung bei fehlender Materiallistung während der Auftragserfassung (Transaktion VA01)

Entsprechend verhält sich das System, wenn ein Material aufgrund eines Ausschlusses abgewiesen werden muss (siehe Abbildung 2.93). Im Kundenauftrag wird das Material MW8000 erfasst. Das Material wird abgewiesen, da für Auftraggeber 1016 ein entsprechender Materialausschluss angelegt wurde. Der Beleg wird zur weiteren Bearbeitung erst wieder freigegeben, wenn die Position mit der Materialnummer des abgewiesenen Materials im Auftrag gelöscht wurde.

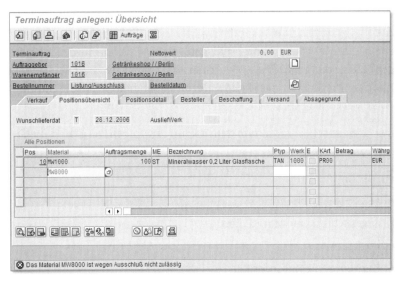

Abbildung 2.93 Fehlermeldung bei Materialausschluss während der Auftragserfassung (Transaktion VA01)

2.9 Dynamischer Produktvorschlag

Maßnahmen zur Verkaufsförderung sind generell ein wichtiger Bestandteil des Marketing-Mix. In zunehmendem Maße werden auch Software-Tools dabei eingesetzt. Dazu zählt auch die Standardsoftware zur Gestaltung der Vertriebsprozesse. Dieser Abschnitt und Abschnitt 2.10, »Cross-Selling«, zeigen uns einige Möglichkeiten der SAP-Software auf diesem Gebiet.

2.9.1 Dynamischer Produktvorschlag in SAP ERP

Innerhalb der Funktion *Dynamischer Produktvorschlag* werden dem Sachbearbeiter bei der Auftragserfassung bestimmte Materialien automatisch vorgeschlagen. Die Liste der Materialien, die vorgeschlagen werden, ist abhängig vom Kunden. Im Gegensatz zum *Cross-Selling* (siehe Abschnitt 2.10), bei dem der Produktvorschlag in Abhängigkeit von den im Auftrag eingegebenen Materialien erfolgt, ist der dynamische Produktvorschlag *nur* vom Kunden abhängig und wird direkt nach Eingabe und Bestätigung der Kundennummer angezeigt. Vor allem in Vertriebskanälen wie z. B. dem Telefonverkauf oder dem Callcentervertrieb dient der dynamische Produktvorschlag als Erfassungshilfe und zur Verkaufsförderung, da während der Auftragserfassung diejenigen Materialien angezeigt werden, die für den entsprechenden Kunden von besonderem Interesse sind. Häufig werden vor allem die Materialien vorgeschlagen, die der Kunde in der Vergangenheit gekauft hat. Diese Funktion wird umso wichtiger, als viele Kunden diesen Service heute als selbstverständlichen Bestandteil eines Verkaufsgesprächs erwarten.

Datenquellen
Der dynamische Produktvorschlag kann aus folgenden Datenquellen generiert werden:

- Auftragshistorie
- gelistete Materialien
- ausgeschlossene Materialien
- Positionsvorschlag
- Kunden-Material-Infosätze
- kundeneigene Datenquellen

Die verschiedenen Datenquellen können für den dynamischen Produktvorschlag kombiniert werden. Sollen z. B. die Auftragshistorie und eine Materiallistung als Datenquelle herangezogen werden, dann umfasst der Produktvorschlag nur jene Materialien der Auftragshistorie, die für diesen Kunden zum Wunschliefertermin gelistet sind.

Pro Material aus dem Produktvorschlag wird im Positionsdatenbild eine Zeile eingestellt. Zu den Positionen des Produktvorschlags werden historische Wunschliefermengen des Kunden angezeigt. Ob diese Daten je Verkaufsbeleg, Tag, Woche oder Monat angezeigt werden, kann im Customizing definiert werden. Erst wenn die Bestellmenge für ein Material eingegeben wird, laufen Prüfungen wie z. B. die Verfügbarkeitsprüfung und die Preisfindung ab, und eine Positionsnummer wird vergeben. Der dynamische Produktvorschlag ist nur beim Anlegen eines Kundenauftrags aktiv. Im Ändern- oder Anzeigemodus kann die Funktionalität nicht genutzt werden.

Schema
Die Steuerung der Datenselektion und der Datenaufbereitung im Verkaufsbeleg wird im Produktvorschlagsschema festgelegt. Für jedes Produktvorschlagsschema wird definiert, wie die historischen Wunschliefermengen für die Materialien aus dem Produktvorschlag in der Positionsübersicht dargestellt werden. Dazu ist die Anzahl der Perioden bzw. Verkaufsbelege und der Grad der Verdichtung der Daten zu wählen. Je Periode wird in der Positionsübersicht eine Spalte mit his-

torischen Daten erzeugt. Die Spaltenüberschrift wird im Produktvorschlagsschema festgelegt. Maximal zwölf Perioden bzw. historische Verkaufsbelege können für den dynamischen Produktvorschlag ausgewertet werden. Diese Daten können je Verkaufsbeleg ausgegeben werden oder pro Tag, Woche oder Monat aufsummiert werden.

Abbildung 2.94 zeigt das Customizing des Produktvorschlagsschemas.

Abbildung 2.94 Produktvorschlagsschema (Transaktion SPRO • Produktvorschlagsschema definieren und Zugriffsfolgen zuordnen)

Die Datenselektion für den dynamischen Produktvorschlag kann online, d.h. während der Verkaufsbelegbearbeitung oder im Hintergrund mithilfe eines Jobs erfolgen. Auch eine Kombination beider Methoden ist möglich. Die Hintergrundverarbeitung empfiehlt sich, wenn für den dynamischen Produktvorschlag umfangreiche Datenquellen überprüft werden sollen. Durch die Hintergrundverarbeitung kann die Systembelastung im Online-Betrieb minimiert werden. Soll die Datenselektion im Hintergrund erfolgen, ist dafür ein eigenes Produktvorschlagsschema zu definieren. Die Datenselektion erfolgt über einen regelmäßigen Job, innerhalb dessen das Programm SDP-VGEN (ein sogenanntes *Report-Programm*) einzuplanen ist. Die selektierten Daten werden auf die Datenbank geschrieben. Während der Verkaufsbelegbearbeitung werden diese Daten über ein Online-Produktvorschlagsschema in den dynamischen Produktvorschlag mit einbezogen.

Jedem Produktvorschlagsschema ist eine Zugriffsfolge mit einem oder mehreren Zugriffen zugeordnet (siehe Abbildung 2.95). Jeder Zugriff steht dabei für eine Datenquelle, aus der die Materialien für den Produktvorschlag selektiert werden. Folgende Datenquellen stehen für den dynamischen Produktvorschlag zur Verfügung:

Zugriffsfolge

- **Auftragshistorie**
  Das System wertet die Auftragshistorie des Kunden aus und stellt die dort enthaltenen Materialien mit ihren Wunschliefermengen

in den Produktvorschlag ein. Im Produktvorschlag können die Daten in unterschiedlichen Datumsformaten (z. B. Tag, Woche, Monat) aggregiert werden.

- **Materiallistung**
  Das System ermittelt, ob für den Kunden eine gültige Materiallistung (siehe Abschnitt 2.8) besteht. Die Materialien aus der Listung werden in den Positionsvorschlag übernommen.

- **Materialausschluss**
  Ausgeschlossene Materialien, d.h. Materialien, die nicht an den Kunden geliefert werden dürfen (siehe Abschnitt 2.8), können aus einem Produktvorschlag eliminiert werden. Das System prüft hierzu, ob für einen Kunden ein gültiger Materialausschluss existiert.

- **Kunden-Material-Info**
  Das System wertet alle zum Kunden bestehenden Kunden-Material-Infosätze aus und übernimmt die Materialien in den Produktvorschlag. Weitere Informationen und Beispiele zu Kunden-Material-Infosätzen finden Sie in Abschnitt 6.2, »Unternehmensübergreifende Auftragsabwicklung«.

- **Positionsvorschlag**
  Der Positionsvorschlag wird einem Kunden im Kundenstamm zugeordnet. Ein Positionsvorschlag ist eine Liste von Materialien, die der Kunde normalerweise bestellt. Bei der Auftragserfassung für diesen Kunden werden die im Positionsvorschlag enthaltenen Materialien automatisch vorgeschlagen. Wird der Positionsvorschlag als Datenquelle für den Produktvorschlag herangezogen, übernimmt das System alle Materialien des Positionsvorschlags in den Produktvorschlag.

- **Kundeneigene Datenquellen**
  Zur Generierung des dynamischen Produktvorschlags können auch weitere, nicht im Standard vorgesehene Datenquellen herangezogen werden. Um die Datenquelle auszuwerten, muss allerdings ein eigenes Programm (Funktionsbaustein) entwickelt werden.

Funktionsbausteine Damit das System die entsprechenden Materialien aus den Datenquellen selektieren kann, muss für jeden Zugriff ein der Datenquelle entsprechender Funktionsbaustein hinterlegt werden (siehe Abbildung 2.95). Im Standard existiert zu jeder Datenquelle ein Funktionsbaustein, es können jedoch auch eigene Funktionsbausteine entwickelt werden. Im Standard gibt es zu den einzelnen Datenquellen folgende Funktionsbausteine:

- Auftragshistorie: SD_DPP_HISTORY
- Materiallistung: SD_DPP_LISTING
- Materialausschluss: SD_DPP_EXCLUSION
- Kunden-Material-Info: SD_DPP_CUSTOMER_MATERIAL_INFO
- Positionsvorschlag: SD_DPP_PRODUCT_PROPOSAL

Ein weiterer Funktionsbaustein (SD_DPP_READ) besteht, um den über die Hintergrundverarbeitung in der Datenbank hinterlegten Produktvorschlag zu lesen. Werden die Online- und die Hintergrundverarbeitung in einer Zugriffsfolge kombiniert, muss der Funktionsbaustein SD_DPP_READ immer an erster Stelle der Zugriffsfolge stehen.

Abbildung 2.95 zeigt das Customizing einer Zugriffsfolge für den dynamischen Produktvorschlag.

Abbildung 2.95 Customizing einer Zugriffsfolge für einen Produktvorschlag (Transaktion SPRO • Produktvorschlagsschema definieren und Zugriffsfolge zuordnen)

Zu jedem Funktionsbaustein kann ein Funktionsbausteinattribut angegeben werden (siehe Abbildung 2.95). Dabei handelt es sich um einen Festwert, der an den Funktionsbaustein übergeben wird. Soll ein Positionsvorschlag z. B. nicht vom einzelnen Kunden abhängen, kann in der Zugriffsfolge die Nummer eines Positionsvorschlags hinterlegt werden. Der Parameter wird an den entsprechenden Funktionsbaustein übergeben, und die in diesem Positionsvorschlag enthaltenen Materialien werden in den Produktvorschlag übernommen.

Funktionsbausteinattribute

Die Anordnung der Zugriffe bestimmt, in welcher Reihenfolge die Datenquellen durchsucht werden. Für jeden Zugriff wird zudem festgelegt, wie das System mit den selektierten Daten verfährt. Das Aktionskennzeichen legt dabei fest, ob die mit einem Zugriff selektierten Daten in den Produktvorschlag aufgenommen werden (Kennzeichen A), wie z. B. im Fall der Auftragshistorie, oder ob die entsprechenden Materialien aus dem Produktvorschlag entfernt werden, wie bei einem Ausschluss (Kennzeichen B). Enthält die Zugriffsfolge eine Listung, wird das Ergebnis diese Zugriffs mit den bis dahin selektierten Daten abgeglichen, und nicht gelistete Materialien werden entfernt (Kennzeichen C).

Zu jedem Zugriff wird die Datenquelle (Feld HKNFT in Abbildung 2.95) hinterlegt. Die Datenquelle wird im Verkaufsbeleg zu jedem Material des Produktvorschlags angegeben. Wird ein Material über mehrere Zugriffe ermittelt, wird die Datenquelle des ersten erfolgreichen Zugriffs angezeigt.

Der Eintrag im Feld SORTIERUNG (siehe Abbildung 2.95) wirkt sich nur auf die Anordnung der Materialien im Produktvorschlag aus und nicht auf die Reihenfolge, in der die Funktionsbausteine durchlaufen werden. Materialien, die über einen Zugriff mit niedrigem Wert selektiert werden, werden im Verkaufsbeleg an vorderer Stelle angezeigt.

Schemaermittlung Die Schemaermittlung ist ebenfalls ein Teil des Customizings des dynamischen Produktvorschlags. Dabei wird jeder Auftragsart ein sogenanntes *Belegschema* zugeordnet. Jedem Kunden, bei dem der dynamische Produktvorschlag angewendet werden soll, wird im Kundenstamm ein Kundenschema für den Produktvorschlag zugeordnet.

Bei der Ermittlung des Produktvorschlagsschemas für die Online-Verarbeitung wird neben dem Vertriebsbereich des Verkaufsbelegs das Kundenschema aus dem Kundenstammsatz und das Belegschema der Verkaufsbelegart berücksichtigt. Abbildung 2.96 zeigt die Ermittlung des Schemas für die Online-Verarbeitung.

Abbildung 2.96 Schemaermittlung für die Online-Verarbeitung (Transaktion SPRO • Schemaermittlung (Online) für Produktvorschlag pflegen)

Bei der Ermittlung des Produktvorschlagsschemas für die Hintergrundverarbeitung werden der Vertriebsbereich aus dem Kundenstamm und das im Kundenstamm hinterlegte Kundenschema berücksichtigt. Das Belegschema kann bei der Hintergrundverarbeitung nicht berücksichtigt werden, da die verwendete Verkaufsbelegart und damit das zugeordnete Belegschema nicht bekannt ist. Abbildung 2.97 zeigt die Ermittlung des Schemas für die Hintergrundverarbeitung.

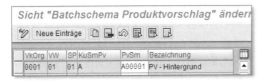

Abbildung 2.97 Schemaermittlung für die Hintergrundverarbeitung (Transaktion SPRO • Schemaermittlung (Hintergrund) für Produktvorschlag pflegen)

2.9.2 Beispiel

Im folgenden Beispiel zeigen wir den dynamischen Produktvorschlag im Kundenauftrag. Für den Mitarbeiter im Kundenservice soll die Auftragserfassung erleichtert und beschleunigt werden. Nach Eingabe der Kundennummer sollen im Verkaufsbeleg die von diesem Kunden in den letzten vier Aufträgen bestellten Materialien mit den jeweiligen Wunschliefermengen eingeblendet werden.

Im Vertriebsbereich 1000/10/00 (Verkaufsorganisation, Vertriebsweg, Sparte) wird ein Kundenauftrag der Verkaufsbelegart TA für den Kunden mit der Kundennummer 1017 erfasst. Abbildung 2.98 zeigt den Produktvorschlag im Kundenauftrag. Nach Eingabe der Kundennummer werden die letzten vier Aufträge des Kunden ausgewertet und die bestellten Materialien mit den jeweiligen Wunschliefermengen in der Positionsübersicht eingeblendet. Der Kunde 1017 hat in den letzten vier Aufträgen die Materialien MW1000, MW2000, MW3000, MW5000 und MW7000 bestellt. Aktuell bestellt der Kunde 100 Stück des Materials MW3000. Sobald die Bestellmenge für dieses Material eingetragen wird, werden die üblichen Prüfungen, wie z. B. die Preisfindung und die Verfügbarkeitsprüfung, durchgeführt, und die Zeile wird mit einer Positionsnummer versehen.

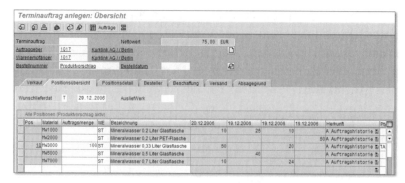

Abbildung 2.98 Produktvorschlag im Kundenauftrag (Transaktion VA01)

Im Folgenden wollen wir uns die notwendigen Einstellungen im Customizing ansehen. Diese haben dazu geführt, dass unserem Vertriebssachbearbeiter der Produktvorschlag in Abbildung 2.98 unterbreitet wird. Der Reihe nach werden wir uns folgende Einstellungen ansehen:

1. Ermittlung des Produktvorschlagsschemas
2. Customizing des Produktvorschlagsschemas
3. Customizing der Zugriffsfolge

Schritt 1: Produktvorschlagsschema ermitteln

Der dynamische Produktvorschlag wird je Kunde und Verkaufsbelegart aktiviert. Hierzu muss dem Kunden ein Kundenschema und der Verkaufsbelegart ein Belegschema zugeordnet sein. Der Verkaufsbelegart TA ist das Belegschema A zugeordnet. Dem Kunden 1017 wurde das Kundenschema A zugewiesen. Abbildung 2.99 zeigt die Zuordnung des Produktvorschlagsschemas im Kundenstamm.

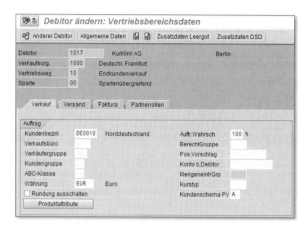

Abbildung 2.99 Zuordnung des Produktvorschlagsschemas (Kundenschema PV) im Kundenstamm (Transaktion VD02)

Nach Eingabe der Kundennummer im Kundenauftrag ermittelt das System je nach Vertriebsbereich, Kunde und Verkaufsbelegart das Produktvorschlagsschema. In unserem Beispiel ermittelt das System für den Vertriebsbereich 1000/10/00, das Kundenschema A und das Belegschema A das Produktvorschlagsschema Z00001.

Abbildung 2.100 zeigt die Ermittlung des Produktvorschlagsschemas Z00001.

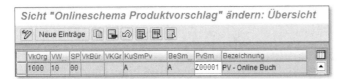

Abbildung 2.100 Ermittlung des Produktvorschlagsschemas Z00001 (Transaktion SPRO • Schemaermittlung (Online) für Produktvorschlag pflegen)

Während der Auftragserfassung sollen historische Abverkaufsdaten zum eingegebenen Kunden angezeigt werden. Die Materialien der letzten vier Kundenaufträge werden mit ihren Wunschliefermengen berücksichtigt. Zur Darstellung der Wunschliefermengen wird in der Positionsübersicht je Kundenauftrag eine Spalte hinzugefügt.

Schritt 2: Customizing des Produktvorschlagsschemas

Abbildung 2.101 zeigt das Customizing des Produktvorschlagsschemas Z00001.

Abbildung 2.101 Produktvorschlagsschema Z00001 (Transaktion SPRO • Produktvorschlagsschema definieren und Zugriffsfolgen zuordnen)

Während der Auftragserfassung sollen nur historische Daten berücksichtigt werden. Wir benötigen in diesem Fall also nur eine Datenquelle. Deshalb wurde Schema Z00001 nur ein Zugriff mit Funktionsbaustein SD_DPP_HISTORY zugeordnet. Abbildung 2.102 zeigt die Zugriffsfolge des Produktvorschlagsschemas Z00001.

Schritt 3: Customizing der Zugriffsfolge

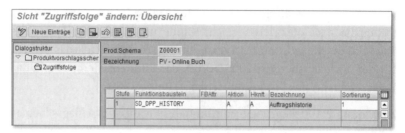

Abbildung 2.102 Zugriffsfolge des Produktvorschlagsschemas Z00001 (Transaktion SPRO • Produktvorschlagsschema definieren und Zugriffsfolgen zuordnen)

2.10 Cross-Selling

Cross-Selling ist ein Mittel zur Verkaufsförderung und wird hauptsächlich im Telefonverkauf eingesetzt. In Abhängigkeit von einem im Kundenauftrag eingegebenen Material werden zusätzliche Materialien vorgeschlagen, die der Mitarbeiter während der Auftragsannahme dann dem Kunden anbieten kann.

Im Gegensatz zum dynamischen Produktvorschlag, bei dem Materialien in Abhängigkeit vom eingegebenen Kunden automatisch vorgeschlagen werden, ermittelt das System die Zusatzmaterialien beim Cross-Selling abhängig vom eingegebenen Material. Somit wird es dem Mitarbeiter in der Kundenauftragsbearbeitung ermöglicht, zusätzlich zum Kundenwunsch noch ergänzende Materialien anzubieten. Bestellt ein Kunde einen Tintenstrahldrucker, können z. B. das passende Druckerpapier und die Tintenpatrone als Cross-Selling-Materialien definiert werden. Erfasst der Anwender einen Kundenauftrag für den Drucker, werden das Papier und die Tintenpatrone automatisch als Zusatzartikel vorgeschlagen.

2.10.1 Cross-Selling in SAP ERP

Im System werden für das Cross-Selling Konditionssätze hinterlegt, die während der Auftragserfassung geprüft werden. Zu jedem Material können in einem Konditionssatz ein oder mehrere Materialien als Zusatzmaterialien definiert werden. Existiert zu einem im Kundenauftrag eingegebenen Material ein Cross-Selling-Konditionssatz, werden die Zusatzmaterialien in einem Pop-up-Fenster zur Auswahl angeboten. Der Anwender kann diese Auswahl akzeptieren oder ablehnen. Im Konditionssatz wird zudem für jedes Zusatzmaterial festgelegt, ob dessen Auslieferung unabhängig vom Hauptmaterial erfolgen kann oder ob sich zumindest eine Teilmenge des Hauptmaterials in derselben Lieferung befinden muss.

Die Funktion des Cross-Sellings basiert wie z. B. die Preis- oder die Nachrichtenfindung auf der Konditionstechnik (siehe Abschnitt 2.1). Während der Verkaufsbelegbearbeitung wird in Abhängigkeit vom Vertriebsbereich, dem Produktvorschlagsschema im Kundenstamm und dem Belegschema der verwendeten Verkaufsbelegart ein Cross-Selling-Profil ermittelt. Dieses steuert den Ablauf während der Verkaufsbelegbearbeitung.

Konditionstechnik

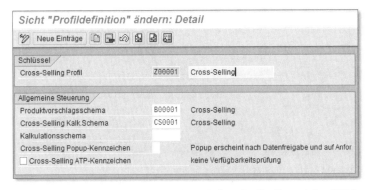

Abbildung 2.103 Customizing eines Cross-Selling-Profils (Transaktion SPRO • Cross-Selling-Profil definieren und zuordnen)

Abbildung 2.103 zeigt das Customizing des Cross-Selling-Profils: Bei diesem Vorgang wird das anzuwendende Produktvorschlagsschema festgelegt. Über das Produktvorschlagsschema wird das zu verwendende Programm (Funktionsbaustein) für die Ermittlung der Cross-Selling-Materialien ermittelt. Das Produktvorschlagsschema wird im Customizing der Funktion *Produktvorschlag* (siehe Abschnitt 2.9) definiert. Des Weiteren wird dem Cross-Selling-Profil ein Kalkulationsschema zugeordnet. Dieses enthält Konditionsarten, die den weiteren Ablauf steuern. Jeder Konditionsart ist eine Zugriffsfolge zugeordnet. Jede Zugriffsfolge stellt dabei eine Suchstrategie dar, nach der das System nach gültigen Konditionssätzen durchsucht wird. Jeder Zugriff innerhalb einer Zugriffsfolge enthält dazu eine Konditionstabelle. Konditionstabellen legen die Felder fest, die beim Anlegen eines Konditionssatzes als Schlüsselfelder gefüllt werden müssen. Über diese Schlüssel wird der Konditionssatz im Beleg ermittelt.

2.10.2 Beispiel

Im folgenden Beispiel wird das Cross-Selling im Kundenauftrag gezeigt. Wir verwenden dabei die Standardkonditionsart CS01. Abbildung 2.104 zeigt einen Konditionssatz für das Cross-Selling, den der Anwender in der Vertriebskomponente SD erfasst hat.

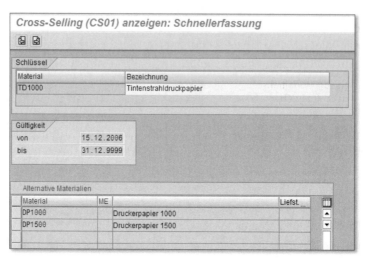

Abbildung 2.104 Konditionssatz für Cross-Selling (Transaktion VB42)

Für das Material TD1000 sind die Materialien DP1000 und DP1500 als Cross-Selling-Materialien definiert. Damit wird festgelegt, dass die Materialien DP1000 und DP1500 automatisch als Zusatzmaterialien vorgeschlagen werden, sobald ein Kundenauftrag für Material TD1000 eingegeben wird.

Für den Kunden mit der Debitorennummer 1017 soll nun ein Kundenauftrag mit der Verkaufsbelegart TA und dem Material TD1000 erfasst werden. Während der Belegbearbeitung nutzen wir die Funktion *Analyse für Cross-Selling*.

Analyse Mithilfe dieser Analyse kann überprüft werden, mit welchen Schlüsseln das System versucht, auf die Konditionssätze für Cross-Selling zuzugreifen und ob das Cross-Selling erfolgreich war. Im Auftrag wird eine Position für Material TD1000 erfasst. Die Konditionsanalyse zeigt das in Abbildung 2.105 dargestellte Bild.

Das System ermittelt für den Auftrag das Cross-Selling-Profil Z00001. In diesem Profil ist das Cross-Selling-Kalkulationsschema CS0001 enthalten.

Cross-Selling | **2.10**

Analyse Materialfindung

Schema	Beschreibung
▽ ☐ CS0001	Cross-Selling
▽ ☐ CS01	Cross-Selling
▽ ☐ 10(C001)	Material
☐ 00000001	

Detail zu Zugriff 10 (CS01)

Zugriff	Meldung	Beschreibung
10	103	Konditionssatz existiert

Zugriff	(vollständig)	
Konditionsfeld	Belegfeld	Wert im Beleg
Material	Material	TD1000

Gültig am	15.12.2006

Abbildung 2.105 Konditionsanalyse für Cross-Selling während der Erfassung eines Kundenauftrags (Transaktion VA01)

Das Cross-Selling-Kalkulationsschema CS0001 verweist auf die Konditionsart CS01 mit der Zugriffsfolge C001, die nur über einen Zugriff verfügt. Das System sucht über diesen Zugriff nach einem Konditionssatz mit dem Schlüsselfeld MATERIAL. Das System findet den gültigen Konditionssatz (aus Abbildung 2.104) und schlägt die ermittelten Materialien im Verkaufsbeleg als Zusatzmaterialien vor.

Abbildung 2.106 zeigt den Vorschlag für die Zusatzmaterialien im Kundenauftrag.

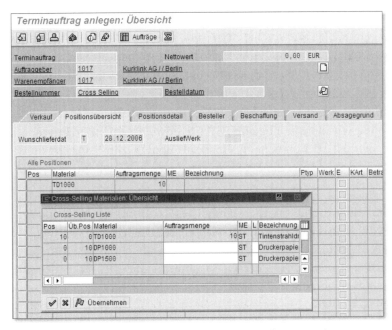

Abbildung 2.106 Cross-Selling im Kundenauftrag (Transaktion VA01)

Der Anwender entscheidet, welche der vorgeschlagenen Materialien in den Verkaufsbeleg übernommen werden, indem er die gewünschte Menge eingibt und die Position übernimmt.

2.11 Kreditmanagement

Forderungsausfälle gehören zu den wesentlichen Risiken, denen Unternehmen ausgesetzt sind. Deshalb ist es von großer Bedeutung, vor der Annahme und der Ausführung eines Auftrags zunächst die Kreditwürdigkeit des Kunden zu prüfen. Dies erfordert eine enge Abstimmung zwischen Vertrieb und Finanzbuchhaltung. Das Kreditmanagement in SAP ERP zeigt, dass SAP ERP Financials und die Vertriebskomponente SD nicht nur bei der Fakturierung zusammenspielen.

FI-AR-CR oder SAP Credit Management

Für die Funktion des Kreditmanagements stehen heute innerhalb der SAP-Software zwei unterschiedliche Verfahren zur Verfügung. In den folgenden Abschnitten wollen wir zunächst die betriebswirtschaftlichen Grundlagen zum Kreditmanagement erläutern. Diese gelten unabhängig von den unterschiedlichen Verfahren. Anschließend erläutern wir dann die beiden (technischen) Verfahren zur Realisierung des Kreditmanagements.

Bei den beiden technischen Verfahren handelt es sich zum einen um die herkömmliche Funktionalität (FI-AR-CR), wie sie bereits in den ersten beiden Auflagen dieses Buchs beschrieben wurde. Da sie weiter genutzt werden kann, bleibt dieser Abschnitt, von kleinen Änderungen abgesehen, ein wichtiger Bestandteil des Buchs. Zum anderen wollen wir die Komponente SAP Credit Management erläutern, die Bestandteil der Komponente Financial Supply Chain Management ist. Für beide Varianten finden Sie in den jeweiligen Kapiteln ein Systembeispiel.

Die beiden Verfahren (herkömmliches Kreditmanagement und SAP Credit Management) können nicht parallel eingesetzt werden. Sie müssen sich also für eine Option entscheiden. Wir werden später erläutern, an welcher Stelle im Customizing die entsprechenden Einstellungen vorzunehmen sind.

2.11.1 Betriebswirtschaftliche Grundlagen

Das Kreditmanagement hat die Aufgabe, die Bonität des Kunden vor Auftragsannahme zu prüfen, um so den Ausfall der späteren Forderung zu verhindern. In der Praxis stellt sich diese Prüfung jedoch häufig als Gratwanderung heraus. Einerseits sollen Forderungsausfälle vermieden werden. Andererseits kann eine übertriebene Kreditlimitprüfung dazu führen, dass Aufträge verloren gehen. Deshalb ist es für die Gestaltung der Prozesse im Unternehmen von größter Bedeutung, eine differenzierte Prüfung des Kreditlimits vornehmen zu können. Die Qualität einer Unternehmenssoftware zur Unterstützung dieser Funktion hängt von folgenden Faktoren ab:

1. Kann die Aufbauorganisation eines Unternehmens bei der Gestaltung der Prüfung berücksichtigt werden?
2. Wie kann die Prüfung in die Ablauforganisation integriert werden?
3. Wie differenziert lässt sich die Prüfung abhängig von unterschiedlichen Kunden einstellen?
4. Wie flexibel kann das Ergebnis der Prüfung eingestellt werden?
5. Wie flexibel kann der Zeitpunkt der Prüfung definiert werden?
6. Wie differenziert lässt sich der Umfang der Prüfung festlegen?

Diese Fragen werden wir bei der Erläuterung der Gestaltungsmöglichkeiten des herkömmlichen Kreditmanagements und von SAP Credit Management beantworten.

2.11.2 Herkömmliches Kreditmanagement

Der bisherigen Vorgehensweise folgend, werden wir zunächst die Funktionen beschreiben. Anschließend folgt ein Systembeispiel.

Funktionen

Zur Beantwortung der ersten Frage sei nochmals an die Bedeutung der Organisationsstrukturen für die Gestaltung der Geschäftsprozesse erinnert. Für das Kreditmanagement steht als zusätzliche Organisationseinheit der *Kreditkontrollbereich* zur Verfügung. Auf dieser Ebene werden die Kreditstammdaten und damit auch das Kreditlimit des Kunden verwaltet.

Aufbauorganisation

Ermittlung des Kreditkontrollbereichs

Für die Ermittlung des Kreditkontrollbereichs im Kundenauftrag stehen mehrere Möglichkeiten zur Verfügung. Zunächst wird jeder Buchungskreis im Customizing (Transaktion SPRO • UNTERNEHMENSSTRUKTUR • ZUORDNUNG • FINANZWESEN • BUCHUNGSKREIS • KREDITKONTROLLBEREICH ZUORDNEN) genau einem Kreditkontrollbereich zugeordnet. Dabei können einem Kreditkontrollbereich mehrere Buchungskreise zugeordnet werden. Es handelt sich um eine 1:n-Beziehung zwischen Kreditkontrollbereich und Buchungskreis. Werden einem Kreditkontrollbereich mehrere Buchungskreise zugeordnet, handelt es sich um ein zentrales Kreditmanagement. Das zentrale Kreditlimit wird dann durch Kundenaufträge in unterschiedlichen Buchungskreisen abgebaut.

Es ist aber auch möglich, den Kreditkontrollbereich über den Vertriebsbereich zu ermitteln. Dafür steht im Customizing die Transaktion SPRO • UNTERNEHMENSSTRUKTUR • ZUORDNUNG VERTRIEB • VERTRIEBSBEREICH KREDITKONTROLLBEREICH ZUORDNEN zur Verfügung. Es ist zu beachten, dass der Kreditkontrollbereich trotzdem einem Buchungskreis zugeordnet sein muss. Dieser wird aber in diesem Fall lediglich als Default-Einstellung benötigt, wenn in einem Beleg kein Kreditkontrollbereich ermittelt werden kann.

Eine weitere Möglichkeit besteht darin, den Kreditkontrollbereich über die Vertriebsbereichsdaten des Regulierers (und damit über den Kundenstamm) zu ermitteln.

Schließlich steht ein User Exit für die Ermittlung des Kreditkontrollbereichs zur Verfügung. Darüber lässt sich eine kundenindividuelle Logik für die Ermittlung des Kreditkontrollbereichs abbilden.

Die Ermittlung des Kreditkontrollbereichs im Kundenauftrag erfolgt über folgende Reihenfolge:

1. User Exit
2. Vertriebsbereich
3. Kundenstamm (Regulierer)
4. Buchungskreis der Verkaufsorganisation

In der Praxis wird der Kreditkontrollbereich zumeist über eine direkte Zuordnung zum Buchungskreis ermittelt. Es stellt sich lediglich die Frage, ob man mit mehreren Kreditkontrollbereichen arbeitet (dezentrales Kreditmanagement) oder ob man mehrere Buchungskreise zu einem Kreditkontrollbereich zuordnet (zentrales Kreditmanagement).

Das Kreditlimit wird pro Debitorenstamm in den Kreditstammdaten in SAP ERP Financials festgelegt. Dabei wird unterschieden zwischen:

Festlegung des Kreditlimits

- zentralen Kreditstammdaten auf Mandantenebene
- Kreditkontrollbereichsdaten

In den *zentralen Daten* wird das maximale Kreditlimit für alle Kreditkontrollbereiche vergeben. Außerdem kann festgelegt werden, wie hoch das Einzelkreditlimit in einem Kreditkontrollbereich maximal sein darf. In den *Kreditkontrollbereichsdaten* wird unter anderem festgelegt, wie hoch das Limit in diesem speziellen Kreditkontrollbereich sein darf. Abbildung 2.107 zeigt den Zusammenhang zwischen Zentraldaten und Kreditkontrollbereichsdaten.

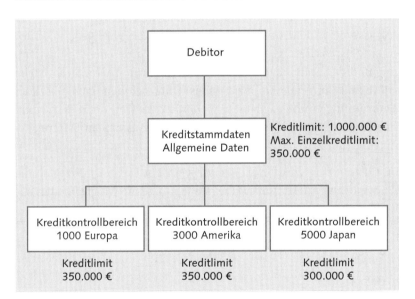

Abbildung 2.107 Organisationsstrukturen im Kreditmanagement

Wie lässt sich nun das Kreditmanagement in die Ablauforganisation des Unternehmens integrieren? Ist die Prüfung im Customizing aktiviert worden, läuft diese automatisch bei der Erfassung eines Vertriebsbelegs ab. Ist das Kreditlimit überschritten, wird der Beleg gesperrt. Er kann dann durch einen Mitarbeiter der Finanzbuchhaltung freigegeben werden. Somit wird an dieser Stelle das *Vieraugenprinzip* gewährleistet. Der zuständige Kreditsachbearbeiter wird auto-

Ablauforganisation

matisch im Kundenauftrag ermittelt. Über die Nachrichtenfindung erhält er eine elektronische Nachricht, beispielsweise eine E-Mail. Aus dieser Mail heraus kann die Freigabe oder die Absage des Auftrags erfolgen. Im Fall der Absage gilt der Auftrag als abgelehnt, und der Kunde kann nicht beliefert werden.

Die elektronische Nachricht lässt sich innerhalb von SAP ERP bearbeiten oder aber als E-Mail z. B. an Microsoft Outlook oder Lotus Notes weiterleiten.

Kundenabhängige Prüfung

Die dritte Frage zielt auf eine kundenabhängige Steuerung der Prüfung. In der Praxis werden nicht bei allen Kunden die gleichen Maßstäbe angelegt. So werden häufig Neukunden anders behandelt als Bestandskunden, zu denen eine gewachsene, langjährige Kundenbeziehung besteht. Innerhalb der SAP ERP-Software werden die Debitorenstämme in sogenannte *Risikoklassen* eingeteilt. Umfang und Ergebnis der Prüfung werden im Customizing abhängig von der Risikoklasse eingestellt. In den Kreditstammdaten wird jeder Debitor einer Risikoklasse zugeordnet. Abhängig von den Daten im Customizing und den Stammdaten erfolgt dann die Prüfung. An dieser Stelle sei darauf hingewiesen, dass jedes Unternehmen gemäß seinen Anforderungen unterschiedlich viele Risikoklassen definieren kann. Über die Anzahl der Risikoklassen wird das Ausmaß an Differenzierung bestimmt.

Ergebnis der Prüfung

Im Customizing wird festgelegt, zu welchem Ergebnis (Frage 4) die Kreditprüfung führen soll. Dabei stehen folgende Möglichkeiten zur Verfügung:

- Warnmeldung
- Fehlermeldung
- Belegsperre

Im Fall der Warnmeldung wird der Sachbearbeiter bei der Erfassung des Vertriebsbelegs über die Überschreitung des Kreditlimits informiert. Er entscheidet jedoch selbst, ob der Beleg angelegt werden soll oder nicht. Im Fehlerfall wird die Bearbeitung des Vertriebsbelegs abgebrochen. Der Vertriebsbeleg kann nicht angelegt werden. Außerdem wird im Customizing festgelegt, ob der Beleg gesperrt wird. Gesperrte Belege erhalten den Kreditstatus »Kreditprüfung durchgeführt, Vorgang nicht OK«. In der Praxis kombiniert man meistens die Einstellung WARNMELDUNG mit der Belegsperre. Damit erhält der Benutzer eine Warnung (Kreditlimit überschritten) und zusätzlich wird der Beleg gesperrt. Über diesen Status (Belegsperre) können Folgefunktionen verhindert werden. Zu diesen Folgefunktionen gehören:

- Erstellung einer Auftragsbestätigung
- Bedarfsübergabe an die Produktionsplanung und -steuerung (siehe Abschnitt 2.3, »Verfügbarkeitsprüfung«)
- Erstellung einer Bestellanforderung zu einem Kundenauftrag (z. B. im Streckengeschäft, siehe Abschnitt 3.4, »Streckenauftragsabwicklung«)
- Erstellung von Lieferungen zu einem Kundenauftrag
- Erstellung von Fertigungsaufträgen
- Erstellung eines Lieferscheins
- Buchung des Warenausgangs bei einer Lieferung

An diesem Beispiel soll in einem Exkurs die Bedeutung von sogenannten *Bedingungen* zur Steuerung der Prozesse erläutert werden.

Bisher haben wir gesehen, dass die Vertriebsprozesse über Customizing-Einstellungen gesteuert werden. Eine wichtige Ergänzung zum Customizing stellen *Bedingungen* dar. Dabei handelt es sich gewissermaßen um User Exits – also um kundenindividuelle Programmbestandteile, die von Standardprogrammen aufgerufen werden. Der Quellcode dieser Bedingungen kann geändert und erweitert werden, ohne gleich Standardprogramme zu modifizieren. Damit bleiben diese Änderungen bei einem Releasewechsel bestehen. Die Erfahrung zeigt zwar, dass beim Releasewechsel gerade an diesen Stellen besondere Vorsicht geboten ist. Dennoch sind diese Änderungen weit weniger problematisch als »echte« Modifikationen. Um den Quellcode der Bedingungen verändern zu können, benötigt man einen Entwicklerschlüssel und einen Objektschlüssel. Beides kann im SAP Service Marketplace *http://service.sap.com* beantragt werden.

Exkurs: Bedingungspflege in SAP ERP

Bedingungen werden zum Teil bestimmten Customizing-Objekten zugeordnet. So kann z. B. einer Konditionsart in der Preisfindung eine Bedingung zugeordnet werden. In der Bedingung wird dann geprüft, ob die Konditionsart berücksichtigt werden soll oder nicht. Einige Bedingungen werden bereits im Standard ausgeliefert. So gibt es in der Preisfindung eine Bedingung, die die Preisrelevanz der Position prüft. Handelt es sich z. B. um eine *kostenlose Position*, wird die Konditionsart nicht berücksichtigt. Diese Bedingung ist nahezu jeder Konditionsart zugeordnet. Zusätzlich kann es jetzt aber sinnvoll sein, weitere Abfragen in die Bedingung einzubauen. So kann eine Konditionsart abhängig von der Auftragsart oder dem Vertriebsbereich oder einem bestimmten Status ermittelt werden. Wichtig ist, beim Ändern einer Bedingung darauf zu achten, welche Tabellen (und damit welche Daten) an dieser Stelle des Rahmenprogramms zur Verfügung stehen. Nur auf diese Daten können sich entsprechende Abfragen richten. Es sei noch darauf hingewiesen, dass Sie die vorhandenen Standardbedingungen niemals wirklich ändern sollten. Vielmehr kopieren Sie diese Bedingungen und nehmen anschließend in der »neuen« Bedingung die entsprechenden Änderungen vor.

Doch zurück zum Beispiel des Kreditmanagements. Ein gesperrter Beleg erhält also den Kreditstatus »VORGANG NICHT OK«. Systemtechnisch ausgedrückt bedeutet dies, das Feld CMGST (Gesamtstatus der Kreditprüfungen) in der Tabelle VBUK (Vertriebsbeleg-Kopfstatus) nimmt den Wert B (Kreditprüfung durchgeführt, Vorgang nicht OK) an. Die Bedarfsübergabe aus dem Kundenauftrag in die Produktionsplanung und -steuerung (PP) wird über die Bedingung 101 gesteuert. Abbildung 2.108 zeigt das Listing dieser Bedingung.

```
*----------------------------------------------------------------*
*       FORM BEDINGUNG_PRUEFEN_101                                *
*       User checks for subsequent functions from a sales document *
*                                                                 *
*       Confirmation of ATP quantities                            *
*----------------------------------------------------------------*
FORM BEDINGUNG_PRUEFEN_101.
* if there is not in simulation mode
  IF SIMUL_MODE EQ SPACE.
* Remove the reservation of goods when the sales order is locked
* by credit
    IF VBUK-CMGST CA 'B'.
* Read the subsequent function information for the message
      PERFORM FOFUN_TEXT_READ USING    GL_FOFUN
                              CHANGING FOFUN_TEXT.
      MESSAGE ID 'V1' TYPE 'E' NUMBER '849'
              WITH FOFUN_TEXT
              RAISING ERROR.
    ENDIF.
  ENDIF.
ENDFORM.
*eject
```

Abbildung 2.108 Listing der Bedingung für die Bedarfsübergabe

Die If-Abfrage auf das Feld VBUK-CMGST führt zu einer Fehlermeldung. In diesem Fall (Kreditsperre gesetzt) wird kein Bedarf an die Disposition übergeben. Abschließend ist zu erwähnen, dass die

Pflege der Bedingungen über den Transaktionscode VOFM erfolgt. Dort findet man Menüs für die Pflege von Bedingungen in der Preisfindung, der Nachrichtenfindung, der Belegsteuerung etc.

Zur Beantwortung von Frage 5 (Wie flexibel kann der Zeitpunkt der Prüfung definiert werden?) werden die Zeitpunkte aufgezählt, zu denen die Prüfung des Kreditlimits stattfinden kann:

Zeitpunkt der Prüfung

- Angebotserfassung
- Erfassung von Rahmenverträgen
- Auftragserfassung
- Lieferungserstellung
- Warenausgangsbuchung im Lieferbeleg

Im Customizing (Transaktion SPRO • VERTRIEB • GRUNDFUNKTIONEN KREDITMANAGEMENT/RISIKOMANAGEMENT • KREDITMANAGEMENT • ZUORDNUNG VERKAUFSBELEGE UND LIEFERBELEGE) wird pro Vertriebsbelegart (Angebot, Auftrag) und pro Lieferungsart festgelegt, ob die Kreditlimitprüfung ausgeführt werden soll. Bei der Lieferungsart kann noch differenziert werden, ob die Prüfung beim Anlegen des Belegs oder bei der Warenausgangsbuchung durchgeführt werden soll.

Der Umfang der Prüfung wird im Customizing abhängig von den Kriterien Kreditkontrollbereich, Risikoklasse des Kunden und Kreditgruppe der Umfang der Kreditprüfung eingestellt. Die Bedeutung des Kreditkontrollbereichs und der Risikogruppe wurde bereits erläutert. Die Kreditgruppe wird pro Auftragsart zugeordnet. Damit kann sich der Prüfungsumfang (und auch die Systemreaktion) bei der Angebotserfassung vom Prüfungsumfang in der Auftragserfassung unterscheiden.

Umfang der Prüfung

Für die in Frage 6 (Wie differenziert lässt sich der Umfang der Prüfung festlegen?) angesprochene Prüfung stehen folgende Methoden zur Verfügung:

- statische Prüfung
- dynamische Prüfung
- maximaler Belegwert
- kritische Felder
- nächstes Prüfdatum

- Verhältnis fällige offene Posten zu den gesamten offenen Posten
- ältester offener Posten
- maximale Mahnstufe

Diese unterschiedlichen Prüfungen werden wir im Folgenden erklären.

Statische Prüfung

Bei der *statischen Prüfung* werden zum Auftragswert folgende Werte addiert:

- offene Aufträge (alle nicht belieferten Aufträge)
- offene Lieferungen (alle nicht fakturierten Lieferungen)
- offene Fakturen (Fakturen, die noch nicht an die Finanzbuchhaltung weitergeleitet und dort verbucht worden sind)
- offene Posten (alle gebuchten Fakturen, die noch nicht bezahlt wurden)

Übersteigt die Summe das Kreditlimit, erhält der Sachbearbeiter, abhängig von den Customizing-Einstellungen, eine Warnung oder eine Fehlermeldung, bzw. der Beleg wird zur Weiterbearbeitung gesperrt.

Dynamische Prüfung

Die *dynamische Prüfung* entspricht im Wesentlichen der *statischen Prüfung*. Allerdings werden hier nur offene Aufträge in einem bestimmten Zeithorizont berücksichtigt. Der Zeithorizont wird im Customizing eingestellt. Damit kann verhindert werden, dass Aufträge, deren Lieferzeitpunkte weit in der Zukunft liegen, das Kreditlimit ausschöpfen. Beide Prüfungen (statisch, dynamisch) können nicht parallel eingesetzt werden. Im Customizing wird festgelegt, welche Prüfung durchgeführt wird.

Weitere Prüfungen

Die folgenden Prüfungen können zusätzlich zur statischen bzw. dynamischen Prüfung des Kreditlimits aktiviert werden:

- Bei der Prüfung *maximaler Belegwert* kann im Customizing ein maximaler Belegwert eingestellt werden. Wird dieser überschritten, erfolgt unabhängig von der bisherigen Inanspruchnahme des Limits eine Warnung oder eine Fehlermeldung.
- Ist die Option *kritische Felder* eingestellt, wird beim Ändern sogenannter *kritischer Felder* im Auftrag (gegenüber den automatisch ermittelten Werten aus dem Kundenstamm) eine Warnung oder

eine Fehlermeldung erzeugt. Folgende Felder sind für diese Prüfung relevant:

- Zahlungsbedingungen
- Valutadatum
- zusätzliche Valutatage

- *Nächstes Prüfungsdatum*: In den Kreditstammdaten des Debitors wird festgelegt, an welchem Tag die nächste Bonitätsprüfung des Kunden durchgeführt wird. Ist dieses Datum überschritten (im Customizing kann eine Karenzzeit erfasst werden), erhält der Anwender eine Warnung oder eine Fehlermeldung.

- Bei der Prüfung *fällige offene Posten zu den gesamten offenen Posten* wird das Verhältnis zwischen den fälligen offenen Posten der Finanzbuchhaltung zu den gesamten offenen Posten bestimmt. Ist der im Customizing festgelegte Prozentsatz überschritten, erhält der Sachbearbeiter eine Warnung oder eine Fehlermeldung.

- *Ältester offener Posten*: Bei dieser Prüfung wird errechnet, wie lange der älteste offene Posten bereits überfällig ist. Wird der im Customizing definierte Wert überschritten, erfolgt eine Warn- oder Fehlermeldung.

- Bei der *Mahnstufe* wird die maximal zulässige Mahnstufe des Kunden überprüft. Mahnungen werden in der Komponente FI über einen automatischen Mahnlauf ausgeführt. Dabei wird bei jeder Mahnung, die ein Kunde erhält, seine Mahnstufe im Kundenstamm um den Wert 1 erhöht. Gleichzeitig wird die Mahnstufe der offenen Belege erhöht. Ausschlaggebend für die Prüfung im Kreditmanagement ist die höchste Mahnstufe eines offenen Belegs (siehe SAP-Hinweis 374213, »Prüfung auf maximale Mahnstufe«, unter *http://service.sap.com*). Ist die im Customizing des Kreditmanagements definierte zulässige Mahnstufe überschritten, erfolgt eine Warnung oder eine Fehlermeldung.

Abschließend wollen wir noch auf die Möglichkeiten der *einfachen Kreditlimitprüfung* in SAP ERP hinweisen. Diese existiert parallel zum herkömmlichen Kreditmanagement und stammt noch aus Release 2.2. Hier wird pro Belegart eine Systemreaktion (Warnung, Fehler, Liefersperre) eingestellt. Dabei wird zum Auftragswert der Wert der offenen Posten addiert. Übersteigt dieser Wert das Kreditlimit, erhält der Anwender eine Warnung, eine Fehlermeldung oder die Liefersperre.

Einfache Prüfung

Beispiel

An dieser Stelle wollen wir das im vorhergehenden Abschnitt Dargestellte an einem Systembeispiel verdeutlichen. Wir gehen dabei wie folgt vor:

1. Anzeige der Kreditstammdaten
2. Anzeige des Customizings
3. Erfassen eines Kundenauftrags
4. Anzeige des gesperrten Auftrags
5. Information des Sachbearbeiters in der Finanzbuchhaltung über eine elektronische Nachricht
6. Freigabe des Kundenauftrags durch den Sachbearbeiter
7. Anzeige des freigegebenen Kundenauftrags
8. Anzeige der Kreditstammdaten

Schritt 1: Kreditstammdaten anzeigen

In unserem Beispiel werden wir für den Kunden Karl Müller GmbH (Debitoren-Nummer 1025) einen Auftrag anlegen. Zunächst werfen wir jedoch in Abbildung 2.109 einen Blick auf die Kreditstammdaten zu diesem Debitor.

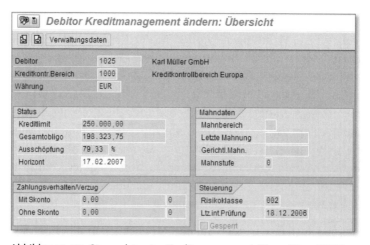

Abbildung 2.109 Stammdaten im Kreditmanagement (Transaktion FD32)

Abbildung 2.109 zeigt uns, dass für die Karl Müller GmbH im Kreditkontrollbereich 1000 ein Kreditlimit von 250.000,00 € eingerichtet wurde. Über offene Aufträge, offene Lieferungen, offene Fakturen und offene Posten sind bereits 198.323,75 € ausgeschöpft. Das entspricht 79,33 % des gesamten Werts. In den Steuerungsdaten erkennen wir, dass der Debitor 1025 der Risikoklasse 002 (hohes Risiko) zugeordnet wurde.

Nach den Stammdaten wollen wir uns jetzt die Customizing-Einstellungen ansehen. In Abbildung 2.110 wird deutlich, dass die Kreditprüfung abhängig vom Kreditkontrollbereich, der Kreditgruppe (wird in der Customizing-Transaktion OVAK der Auftragsart zugeordnet) und der Risikoklasse (aus den Kreditstammdaten des Kunden) definiert wird.

Schritt 2: Customizing anzeigen

Die Optionen DYNAMISCH, BELEGWERT, NÄPRÜFDATUM und ÄLT. O. POSTEN sind aktiviert. In unserem Beispiel wird die dynamische Prüfung zu einer Überschreitung des Kreditlimits führen. Dabei wird das System eine Warnmeldung (Reaktion C) ausgeben und den Beleg sperren (die Option STATUS/SPERRE wurde aktiviert).

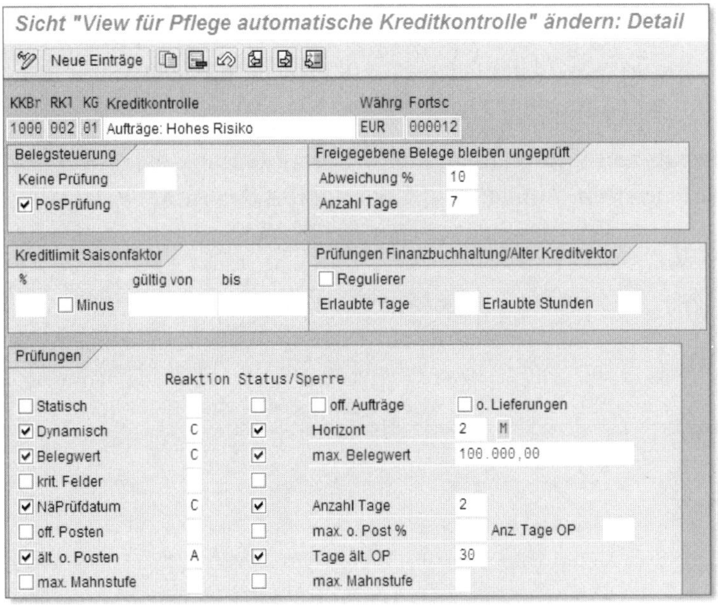

Abbildung 2.110 Customizing der Kreditprüfung (Transaktion OVA8)

Doch erfassen wir zunächst einen Kundenauftrag mit der Auftragsart TA (Terminauftrag) im Vertriebsbereich 1000/10/00. Über die Verkaufsorganisation ermittelt das System den Buchungskreis. Und über den Buchungskreis ist der Kreditkontrollbereich bekannt. Abbildung 2.111 zeigt uns das Ergebnis der dynamischen Kreditprüfung.

Schritt 3: Auftrag erfassen

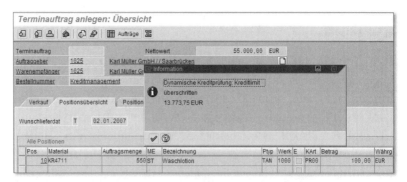

Abbildung 2.111 Ergebnis der Kreditprüfung bei der Auftragserfassung (Transaktion VA01)

Der Auftrag mit einem Nettowert von 55.000,00 € führt gemäß den Einstellungen im Customizing (siehe Abbildung 2.110) zu einer Warnmeldung. Die Meldung zeigt uns, dass das Kreditlimit um 13.773,75 € überschritten ist. Da im Customizing die Option SPERRE aktiviert wurde, wird der Beleg nach dem Sichern gesperrt. Wir legen den Auftrag mit der Auftragsnummer 11916 an.

Schritt 4:
Auftrag anzeigen

Lassen wir uns den Auftrag 11916 über die Transaktion AUFTRAG ÄNDERN anzeigen. Abbildung 2.112 zeigt uns den Auftragsstatus.

Abbildung 2.112 Auftrag mit Kreditstatus »Vorgang ist nicht OK« (Transaktion VA02)

Schritt 5:
Kreditsach-
bearbeiter
benachrichtigen

Wir sehen den Kreditstatus »Vorgang ist nicht OK«. Damit kann weder ein Bedarf übergeben noch ein Lieferbeleg erzeugt werden. Der Auftrag ist also für die Weiterbearbeitung gesperrt. Mit dem Sichern des Auftrags wurde der zuständige Mitarbeiter in der Finanzbuchhaltung informiert. Über die Nachrichtenfindung des SAP-Systems wurde eine elektronische Nachricht gesendet. Schauen wir uns den Nachrichtensatz im Beleg einmal in Abbildung 2.113 an.

Abbildung 2.113 Benachrichtigung des Kreditsachbearbeiters aus dem Kundenauftrag (Transaktion VA02)

Die Nachricht sagt uns, dass der Kreditsachbearbeiter, in diesem Fall Herr Heiner Kunze, über eine elektronische Nachricht informiert wurde. Wir erkennen dies an der Statusampel (STAT..., ganz links). Diese steht auf Grün, damit wurde die Nachricht versendet.

Jetzt melden wir uns mit der Benutzerkennung von Herrn Kunze im System an. Wir lassen uns den Eingangskorb der SAP ERP-Komponente *Business Workplace* anzeigen. Dort findet Herr Kunze folgende Nachricht (siehe Abbildung 2.114).

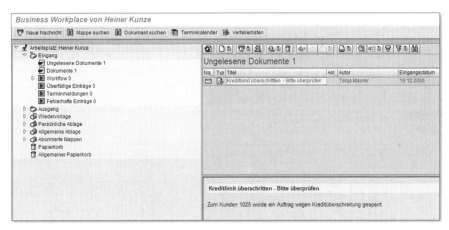

Abbildung 2.114 Eingangskorb des Kreditsachbearbeiters H. Kunze (Transaktion SBWP)

Herr Kunze erhält die Nachricht »Zum Kunden 1025 wurde ein Auftrag wegen Kreditüberschreitung gesperrt.« und kann jetzt direkt aus dieser Mail in die Freigabefunktion für die Vertriebsbelege springen. Abbildung 2.115 zeigt uns diese Funktion für unseren Auftrag 11916. Herr Kunze gibt den Auftrag frei.

Schritt 6: Auftrag freigeben

Nachdem der Vertriebsbeleg nun freigegeben worden ist, wollen wir den Status des Belegs kontrollieren. Abbildung 2.116 zeigt uns das Statusbild.

Schritt 7: Auftrag anzeigen

Abbildung 2.115 Freigabe des Vertriebsbelegs (Transaktion VKM1)

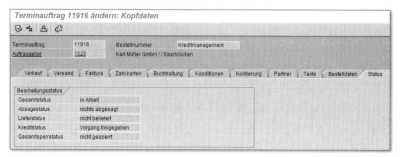

Abbildung 2.116 Auftrag nach erfolgter Kreditprüfung freigegeben (Transaktion VA02)

Der Kreditstatus wurde nach der Freigabe durch den Kreditsachbearbeiter auf »Vorgang freigegeben« gesetzt. Jetzt kann der Auftrag weiterbearbeitet werden.

Schritt 8: Kreditstammdaten anzeigen

Abschließend zeigt uns Abbildung 2.117 die Kreditstammdaten unseres Debitors 1025.

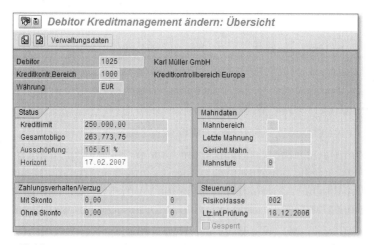

Abbildung 2.117 Stammdaten im Kreditmanagement (Transaktion FD32)

Wir sehen, dass nach der Freigabe des Auftrags 11916 das Kreditlimit überschritten ist. Der Ausschöpfungsgrad liegt nun bei 105,51 %.

2.11.3 SAP Credit Management

Obwohl ein ERP-System wie SAP ERP alle betrieblichen Teilbereiche abdeckt und auch deren nahtlose Integration ermöglicht, ist es in der Praxis sehr häufig so, dass Unternehmen für die Abbildung ihrer Prozesse unterschiedliche Systeme einsetzen. Die Gründe dafür sind vielfältig: Unternehmensübernahmen und historisch gewachsene IT-Landschaften sind als exemplarische Beispiele zu nennen. Die Softwarebranche trägt dem mit immer flexibleren Lösungen Rechnung. Ziel ist es, das Zusammenspiel unterschiedlicher Systeme zu vereinfachen. In einem Unternehmensprozess sollen Funktionen aus unterschiedlichen Systemen eingesetzt werden können. Auf die technischen Aspekte, die sich daraus ergeben, gehen wir in Kapitel 6, »Unternehmensübergreifende Geschäftsprozesse«, näher ein. Die neue Funktion *SAP Credit Management* kann sehr gut in einer IT-Landschaft mit verteilten Systemen genutzt werden.

Einsatz in einer IT-Landschaft mit verteilten Systemen

Schon das herkömmliche Kreditmanagement unterstützt derartige Szenarien mit verteilten Systemen. Diese bestehen z. B. aus einem zentralen System für die Finanzbuchhaltung und mehreren dezentralen Systemen, in denen Vertriebsprozesse abgewickelt werden. Dabei werden die dezentralen Finanzdaten über den sogenannten *Kreditvektor*, der Informationen zu den offenen Posten, dem ältesten offenen Posten und der maximalen Mahnstufe des Kunden enthält, per ALE (*Application Link Enabling*) von einem zentralen SAP-System für die Finanzbuchhaltung an die angeschlossenen dezentralen SAP-Systeme für den Vertrieb verteilt. Die Kreditprüfung findet dezentral im jeweiligen SAP-Vertriebssystem und der dortigen Auftragserfassung statt. Dieses Verfahren funktioniert nur unter bestimmten Voraussetzungen, so darf es z. B. zwischen den Kreditkontrollbereichen und den Kunden in den jeweiligen Vertriebssystemen keine Überschneidungen geben.

Einsatz des herkömmlichen Kreditmanagements

Das SAP Credit Management unterstützt das Kreditmanagement in verteilten Systemen ohne diese Einschränkungen, da die Kreditprüfung für alle angeschlossenen Systeme zentral in SAP Credit Management erfolgt. Der gesamte Nachrichtenaustausch zwischen den beteiligten Systemen erfolgt dabei über die SAP-Integrationskomponente

Einsatz von SAP Credit Management

SAP NetWeaver Process Integration (PI), die wir in Kapitel 6, Unternehmensübergreifende Geschäftsprozesse«, vorstellen.

Funktionen von SAP Credit Management

Zunächst werden wir die Systemlandschaft des SAP Credit Managements und die zugehörigen Begriffe erläutern. Danach werden wir die Customizing-Einstellungen vorstellen und die Pflege der Kreditstammdaten des Kunden erläutern.

Systemlandschaft

Die Funktionen von SAP Credit Management sind in einer eigenen Softwarekomponente zusammengefasst. Es gibt zwei Möglichkeiten, wie diese Komponente installiert werden kann: Sie kann auf demselben SAP-System wie die Finanzbuchhaltung und der Vertrieb installiert werden oder auf einem separaten SAP-System. Unabhängig von der Installation erfolgt in beiden Fällen die Kommunikation zwischen den klassischen ERP-Prozessen in Vertrieb und Finanzbuchhaltung und der Komponente SAP Credit Management aber über SAP NetWeaver PI.

Es können externe Informationssysteme und Nicht-SAP-ERP-Systeme an das SAP Credit Management angebunden werden. Damit kann ein zentrales Kreditmanagement in SAP auch für solche Vertriebsprozesse genutzt werden, die selbst in Nicht-SAP-Systemen abgebildet werden.

Abbildung 2.118 zeigt schematisch den Aufbau von SAP Credit Management. Wie bereits erwähnt, handelt es sich um eine eigenständige Softwarekomponente, die auf einem angebundenen SAP ERP-System installiert werden kann, die aber immer über SAP NetWeaver PI angesprochen wird. Aus den Vertriebsprozessen in den unterschiedlichen Systemen (z. B. SAP ERP, SAP R/3, SAP CRM, Nicht-SAP-Systeme) wird die Kreditlimitprüfung in der Komponente SAP Credit Management gestartet. Das Ergebnis wird durch entsprechende elektronische Nachrichten an die Vertriebssysteme übermittelt. Zur automatischen Berechnung von Bonitätskennziffern und des Kreditlimits werden Daten aus der FI-Komponente und von externen Kreditauskünften benötigt. Dazu kommen wir aber später noch im Detail.

Kreditmanagement | 2.11

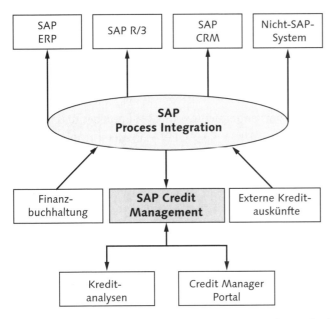

Abbildung 2.118 SAP Credit Management – eine systemübergreifende Funktion

Auf Basis der Daten in SAP Credit Management können zusätzliche Auswertungen (Kreditanalysen) ausgeführt werden. Das Credit Manager Portal ermöglicht es dem Kreditsachbearbeiter, aus einem Portal heraus Informationen zum Kunden zu verwalten.

Credit Manager Portal

Das SAP Credit Management baut auf dem Konzept des »SAP-Geschäftspartners« auf. Der Stammsatz für einen Geschäftspartner soll eine übergreifende Sicht ermöglichen. Für einen Geschäftspartner werden unterschiedliche Rollen (z. B. Kunde, Lieferant) angelegt, wobei jedem Geschäftspartner mehrere Rollen zugeordnet werden können. Dies verhindert, dass seine Daten mehrfach angelegt werden müssen, wenn er im Laufe der Geschäftspartnerbeziehung weitere Partnerrollen einnimmt. Existiert bereits ein herkömmlicher Debitorenstammsatz, wie Sie ihn aus SAP ERP kennen, muss eine Zuordnung zwischen dem Geschäftspartnerstamm und dem Debitorenstamm vorgenommen werden.

Geschäftspartner

Jeder Kunde, für den eine Überwachung der Geschäftsprozesse über das SAP Credit Management vorgesehen ist, muss sowohl als Debitor in dem System, auf dem die Debitorenbuchhaltung läuft, als auch als Geschäftspartner in dem System, auf dem das SAP Credit Management installiert ist, angelegt werden. Die benötigte Stammdatenre-

Datenreplikation

173

plikation kann über das Customizing eingestellt werden (Transaktion SPRO • Anwendungsübergreifende Komponenten • Stammdatensynchronisation • Customer-Vendor-Integration).

Aktivierung des SAP Credit Managements

Damit das SAP Credit Management funktioniert, müssen Customizing-Einstellungen in der Komponente selbst, aber auch in den Komponenten FI und SD vorgenommen werden. Außerdem muss das von SAP bereitgestellte BAdI UKM_R3_ACTIVATE zuerst implementiert und dann aktiviert werden.

Exkurs »BAdI«

> **Zusatzhinweis für Spezialisten**
>
> An dieser Stelle wollen wir kurz erläutern, was ein BAdI ist und wie es von einem User Exit abzugrenzen ist. Grundsätzlich ermöglichen BAdIs genau so wie User Exits oder Customer Exits die modifikationsfreie Erweiterung der SAP-Anwendungen. Dabei stellt auch SAP selbst in zunehmendem Maße neue Funktionen über BAdIs zur Verfügung. So auch in unserem Beispiel. BAdIs (Business Add-Ins) sind die objektorientierten Nachfolger der User Exits. Die Aktivierung des BAdIs für das SAP Credit Management erfolgt im Customizing über den Menüpfad SPRO • Financial Supply Chain Management • Credit Management • Integration mit der Debitorenbuchhaltung und dem Vertrieb • Integration mit dem Vertrieb • BAdI: Aktivierung des SAP Credit Managements. Mit der Aktivierung des BAdIs wird auch die Entscheidung getroffen, die Funktion SAP Credit Management zu nutzen. Das herkömmliche Kreditmanagement (wie in Abschnitt 2.11.2 beschrieben) kann dann nicht mehr genutzt werden.

Neue organisatorische Einheit »Kreditsegment«

Die neue organisatorische Einheit im SAP Credit Management ist das *Kreditsegment*. Das Kreditlimit für einen Kunden wird im SAP Credit Management nicht je Kreditkontrollbereich, sondern je Kreditsegment gepflegt. Es können mehrere Kreditsegmente angelegt werden. Eines der Kreditsegmente ist als Hauptkreditsegment zu kennzeichnen. Für die anderen Kreditsegmente wird hinterlegt, ob ihr Obligo zum Obligo des Hauptkreditsegments beitragen soll. Das Hauptkreditsegment dient dazu, die Gesamtlimitausschöpfung eines Geschäftspartners über mehrere Kreditsegmente zu überwachen. Wenn diese Funktion der Gesamtlimitüberwachung genutzt werden soll, muss in den Kreditsegmenten das Häkchen Additiver Beitrag zum Hauptsegment gesetzt werden.

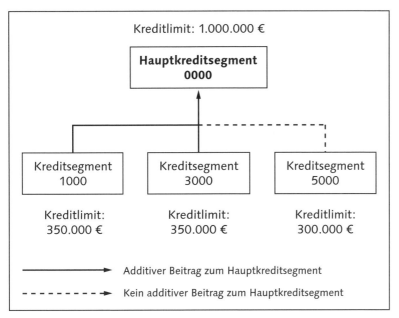

Abbildung 2.119 Kreditsegmente im SAP Credit Management

Die Obligos des Kunden in den Kreditsegmenten 1000 und 3000 (siehe Abbildung 2.119) werden während der Kreditprüfung zum Obligo des Hauptkreditsegments 0000 addiert, d.h., die Prüfung findet im Hauptkreditsegment 0000 gegen diese Gesamtsumme aus diesen drei Obligos (Hauptkreditsegment 0000 + Kreditsegment 1000 + Kreditsegment 3000) statt. Für das Hauptkreditsegment können also auch eigene Obligos gebildet werden, die sich dann mit den Obligos aus den zugeordneten Kreditsegmenten addieren. Die Obligos im Kreditsegment 5000 in Abbildung 2.119 werden bei der Kreditlimitprüfung im Hauptsegment 0000 dagegen nicht berücksichtigt.

Von besonderer Bedeutung für das Thema dieses Kapitels ist das Verständnis des Zusammenspiels der »alten« Funktionalität und von SAP Credit Management. Grundsätzlich findet die Prüfung in der neuen Komponente *SAP Credit Management* statt. Ein Teil der »alten« Customizing-Einstellungen werden aber trotzdem benötigt. So wird im herkömmlichen Customizing (Transaktion SPRO • VERTRIEB • GRUNDFUNKTIONEN • KREDITMANAGEMENT/RISIKOMANAGEMENT • KREDITMANAGEMENT • ZUORDNUNG VERKAUFSBELEGE UND LIEFERBELEGE) definiert, zu welchen Auftrags- und Lieferungsarten eine Kreditlimitprüfung überhaupt durchgeführt wird. Auch wird innerhalb der Auf-

Zusammenspiel von »altem« Kreditmanagment und SAP Credit Management

tragsbearbeitung der Kreditkontrollbereich über die herkömmlichen Zuordnungen (siehe Abschnitt 2.11.2) ermittelt. Der Kreditkontrollbereich dient dann dazu, das Kreditsegment zu ermitteln. Abbildung 2.120 zeigt die Zuordnung des Kreditkontrollbereichs zum Kreditsegment im Customizing.

Abbildung 2.120 Zuordnung des Kreditkontrollbereichs zum Kreditsegment (Transaktion SPRO • Financial Supply Chain Management/Kreditkontrollbereich und Kreditsegment zuordnen)

Die Customizing-Transaktion OVA8 zeigt nach der Aktivierung des SAP Credit Managements das in Abbildung 2.121 gezeigte Bild.

Abbildung 2.121 Customizing des Kreditmanagements in SD nach der Aktivierung der neuen Funktion SAP Credit Management (Transaktion OVA8)

Über diese Einstellungen erkennt das System jetzt beim Aufrufen der Prüfung während des Vertriebsprozesses, dass die Kreditprüfung über die Komponente *SAP Credit Management* erfolgt.

Weitere Einstellungen, die im Vertrieb und in der Debitorenbuchhaltung zur Nutzung des SAP Credit Managements notwendig sind, erläutern wir im Anschluss an die Darstellung des Customizings von SAP Credit Management.

Im Folgenden geben wir zunächst einen Überblick über die Customizing-Einstellungen zum SAP Credit Management.Verfahren zur Bonitäts- und KreditlimitermittlungEin Vorteil von SAP Credit Management im Vergleich zum herkömmlichen Kreditmanagement ist die automatische Berechnung von Kreditlimits und Bonitätskennziffern. Beim herkömmlichen Kreditmanagement müssen die Kreditlimits manuell erfasst und aktualisiert werden. Bei einer entsprechenden Anzahl von Kunden ist dies mit großem Aufwand verbunden. Deshalb haben sich auch in der Vergangenheit Anbieter von Spezialsoftware etabliert, über deren Lösungen Kreditlimits automatisch berechnet werden. Abbildung 2.122 zeigt schematisch den Aufbau des Customizings für die Berechnungen.

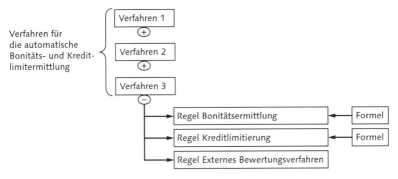

Abbildung 2.122 Schematische Darstellung des Customizings für die automatische Ermittlung der Bonitätskennziffer und des Kreditlimits

Es können mehrere Verfahren für die Berechnung der Bonitätskennziffer und des Kreditlimits im Customizing angelegt werden. Im Geschäftspartnerstammsatz wird dann das für den Kunden relevante Verfahren zugeordnet. Zu jedem Verfahren wird dann je eine Regel für die Berechnung der Bonität, die Berechnung des Kreditlimits und eine Bewertung der Bonität durch einen externen Anbieter hinterlegt. Die Berechnungen der Bonität und des Kreditlimits erfolgen über Formeln, die in dem sogenannten *Formeleditor* definiert werden. Für externe Bewertungen werden entsprechende Scoringtabellen definiert, die dann durch eine Datenübertragung des externen Anbieters befüllt werden. Im Folgenden zeigen wir je ein Beispiel für die Bestimmung der Bonität und des Kreditlimits sowie eine Scoringtabelle.

Verfahren zur Bonitäts- und Kreditlimitermittlung

2 | Vertriebskomponente SD – Funktionsüberblick

Interne Bonitätskennziffer

Die interne Bonitätskennziffer dient dazu, Kunden nach ihrer Kreditwürdigkeit zu klassifizieren. Sie kann über die automatische Berechnungsformel aus den Bewertungsschemata externer Anbieter abgeleitet werden. Damit können die unterschiedlichen Schemata externer Anbieter vergleichbar gemacht werden. Die folgende Aufzählung zeigt die interne Bontitätskennziffer, über die wir unsere Kunden bewerten wollen:

- 0–19: sehr schlecht (sehr hohes Ausfallrisiko)
- 20–39: schlecht (hohes Ausfallrisiko)
- 40–59: mittel (mittleres Ausfallrisiko)
- 60–79: gut (geringes Ausfallrisiko)
- 80–100: sehr gut (sehr geringes/kein Ausfallrisiko)

Unsere Kunden werden über einen externen Anbieter bewertet. Im Customizing wird eine entsprechende Bewertungstabelle hinterlegt. Abbildung 2.123 zeigt uns das Bewertungsschema des externen Anbieters.

Abbildung 2.123 Bewertungsverfahren einer externen Rating-Agentur (Transaktion SPRO • FSCM • Credit Management • Kreditrisikoüberwachung • Stammdaten • Bewertungsverfahren hinterlegen)

Jedem Bewertungsschlüssel wird in Abbildung 2.123 ein Rang zugeteilt. Der Rang entspricht der Einordnung in unsere interne Bewertung aus soeben aufgeführter Aufzählung. Das Bewertungsverfahren ZEXT wurde zuvor im Customizing dem »Verfahren zur Bonitäts- und Kreditlimitermittlung« zugeordnet. Dieses Verfahren wird im Geschäftspartnerstammsatz der Komponente FSCM (Financial Supply Chain Management) zugeordnet. Im Geschäftspartnerstammsatz wird der Kunde anhand der externen Kategorien bewertet. Sie sehen in Abbildung 2.124 den Stammsatz unseres Geschäftspartners A1100 (unter der gleichen Nummer existiert der herkömmliche Debitorenstamm in SAP ERP), der Hans Müller GmbH, dessen Bonität über das externe Bewertungsverfahren mit »2B« bewertet wurde.

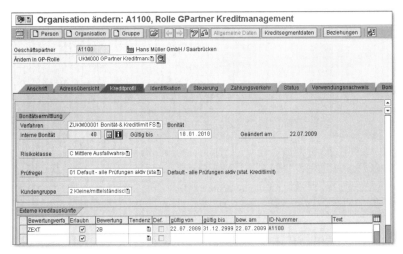

Abbildung 2.124 Kreditprofil des Geschäftspartners A1100 (Transaktion UKM_BP)

Wir erkennen in Abbildung 2.124, dass für den Geschäftspartner A1100 auch eine interne Bonitätskennziffer ermittelt wurde. Diese Kennziffer wurde über die Formel in Abbildung 2.125 automatisch aus der externen Bewertung ermittelt. Die Formel ermittelt den Rang, der der externen Bewertung zugeordnet ist. In Abbildung 2.123 erkennen wir, dass der externen Bewertung »2B« der Rang 40 zugeordnet worden ist. Dieser Wert wird dann als interne Bonitätskennziffer übernommen.

Jetzt fehlt noch die Formel, die das System für die automatische Ermittlung des Kreditlimits vorsieht. Auch diese wird entsprechend der schematischen Darstellung in Abbildung 2.122 über das Bewertungsverfahren ermittelt, das im Customizing definiert und im Geschäftspartnerstammsatz zugeordnet wird. Abbildung 2.125 zeigt ein Beispiel für eine Berechnung des Kreditlimits über eine Formel:

Berechnung des Kreditlimits

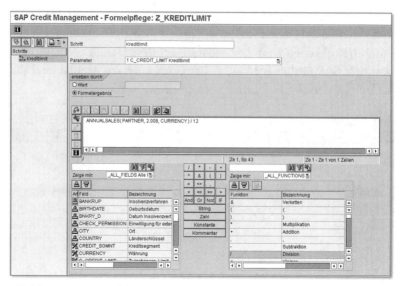

Abbildung 2.125 Formel für die Berechnung des Kreditlimits (Transaktion SPRO • FSCM • Stammdaten • Formel hinterlegen)

Das Kreditlimit für unseren Geschäftspartner A1100 wird über die Formel *Jahresumsatz / 12* vom System ermittelt. Das Ergebnis der automatischen Berechnung über die Formel sehen wir in Abbildung 2.126.

Abbildung 2.126 Kreditlimit für den Geschäftspartner (Transaktion UKM_BP)

Das Kreditlimit unseres Geschäftspartners wurde automatisch berechnet und beträgt 100.000,00 €.

Kreditmanagement | 2.11

Die Risikoklasse eines Geschäftspartners kann im SAP Credit Management aus seiner berechneten internen Bonität bestimmt werden. Jeder Risikoklasse wird dazu im Customizing von SAP Credit Management ein Bonitätsbereich zugeordnet (siehe Abbildung 2.127).

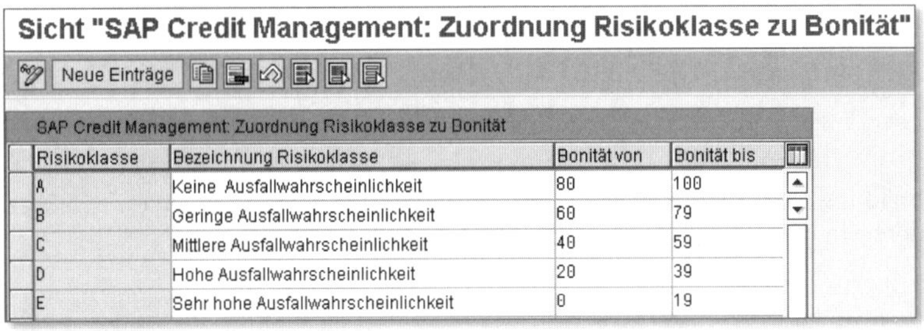

Einstellung »Risikoklasse FSCM«

Risikoklasse	Bezeichnung Risikoklasse	Bonität von	Bonität bis
A	Keine Ausfallwahrscheinlichkeit	80	100
B	Geringe Ausfallwahrscheinlichkeit	60	79
C	Mittlere Ausfallwahrscheinlichkeit	40	59
D	Hohe Ausfallwahrscheinlichkeit	20	39
E	Sehr hohe Ausfallwahrscheinlichkeit	0	19

Abbildung 2.127 Zuordnung der Risikoklasse zur Bonität (Transaktion SPRO • Risikoklasse anlegen)

In den Kreditstammdaten des Geschäftspartners kann die sich aus der Bonitätsberechnung ergebende Risikoklasse vom Sachbearbeiter manuell geändert werden (siehe Abbildung 2.124).

Der Schlüssel der Risikoklasse muss zusätzlich im Customizing der Komponente FI (Transaktion SPRO • FINANZWESEN • DEBITOREN & KREDITORENBUCHHALTUNG • KREDITMANAGEMENT • KREDITKONTROLLKONTO • RISIKOKLASSEN DEFINIEREN) angelegt werden. Bei der Kreditlimitprüfung im Kundenauftrag und in der Lieferung prüft das System zunächst entsprechend der Customizing-Einstellungen im Vertrieb. Anhand der Einstellungen in der Transaktion OVA8 (siehe Abbildung 2.121) erkennt das System, dass die eigentliche Prüfung in der Komponente *SAP Credit Management* erfolgt.

Die für einen Geschäftspartner vorgesehenen Kreditprüfungen werden im SAP Credit Management über die Prüfregel festgelegt. In der Prüfregel werden die einzelnen Prüfungen als Prüfschritte hinterlegt. Die Prüfverfahren unterscheiden sich nicht vom herkömmlichen Kreditmanagement. Einige dieser Schritte sind abhängig von einem zu hinterlegenden Betrag und müssen zusätzlich auf Kreditsegmentebene gepflegt werden.

Prüfungen FSCM

In Abbildung 2.128 sehen Sie die Prüfregel 01, die aus fünf Prüfschritten besteht. Für den Einzelschritt 020 muss zusätzlich auf Kreditsegmentebene ein Wert hinterlegt werden (siehe Abbildung 2.129).

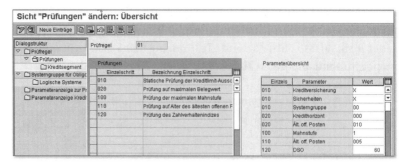

Abbildung 2.128 Einstellungen der Prüfregeln in FSCM (Transaktion SPRO • FSCM • Prüfregeln definieren)

Abbildung 2.129 Kreditsegmentabhängige Einstellung des Einzelschritts 020 der Prüfregel 01

Die einzelnen Prüfschritte werden hier nicht mehr näher erläutert, da sie im Großen und Ganzen den Prüfungen im herkömmlichen Kreditmanagement entsprechen.

Notwendige Einstellungen in SD und FI — Einige im SAP Credit Management gepflegte Einstellungen müssen zusätzlich analog im Customizing der Finanzbuchhaltung und des Vertriebs hinterlegt werden. Dabei handelt es sich um die im SAP Credit Management definierten Schlüssel der Kreditsegmente und der Risikoklassen.

Abbildung 2.130 Kreditsegment SD (Transaktion SPRO • FSCM • Kreditsegment festlegen)

Zu jedem im SAP Credit Management angelegten Kreditsegment muss ein entsprechender Schlüssel in SD bzw. FI angelegt werden, um die Verknüpfung zum Kreditkontrollbereich herzustellen (siehe Abbildung 2.130).

Abbildung 2.131 Risikoklassen in SD (Transaktion SPRO • Finanzwesen • Risikoklassen definieren)

Zu jeder im SAP Credit Management angelegten Risikoklasse muss eine schlüsselgleiche Risikoklasse in der Komponente FI angelegt werden. Abbildung 2.131 zeigt nochmals die Pflege der Risikoklassen im Customizing des herkömmlichen Kreditmanagements in FI.

Für die Obligofortschreibung müssen Sie die im SAP Credit Management definierten Obligotypen in den BAdIs UKM_FILL (Debitorenbuchhaltung) und BADI_SD_CM (Vertrieb) implementieren. Damit wird sichergestellt, dass die Obligos aus FI im Financial Supply Chain Management aktualisiert werden.

Für die Kreditprüfung während der Auftragserfassung benötigt man drei Systeme:

▶ das Vertriebssystem (SAP ERP oder Nicht-SAP-System) für die Auftragserfassung bzw. den Vertriebsprozess
▶ SAP NetWeaver PI (Process Integration) als Integrationsplattform
▶ SAP Credit Management für die eigentliche Prüfung

Prozessablauf der Kreditprüfung bei der Auftragserfassung

Während der Anlage des Kundenauftrags im Vertriebssystem findet eine Kreditprüfung statt. Dazu werden synchrone Nachrichten zwischen dem Vertriebssystem und dem SAP Credit Management über SAP NetWeaver PI ausgetauscht. Abhängig vom Ergebnis der Prüfung im SAP Credit Management bekommt der Kundenauftrag den Kreditstatus VORGANG IST OK oder VORGANG IST NICHT OK. Ist das Ergebnis der Kreditprüfung negativ, erhält der Kreditsachbearbeiter eine Nachricht, dass ein Kundenauftrag kreditgesperrt wurde. Über die Transaktion VKM1 kann er sich den Auftrag anzeigen lassen und ihn freigeben.

Beispiel für den Ablauf mit SAP Credit Management

Nun wollen wir den Ablauf im SAP Credit Management bei der Kundenauftragsanlage an einem Beispiel zeigen. Unser Beispiel besteht aus folgenden Schritten:

1. Pflege der Kreditdaten unseres Geschäftspartners (SAP Credit Management)
2. Erfassen eines Kundenauftrags (SAP ERP-Komponente SD)
3. Anzeige des gesperrten Auftrags (SAP ERP-Komponente SD)
4. Freigabe des Kundenauftrags durch den Sachbearbeiter (SAP ERP-Komponente FI)
5. Anzeige des freigegebenen Kundenauftrags (SAP ERP-Komponente SD)

Schritt 1: Debitor als Geschäftspartner anlegen

Wir werden einen Kundenauftrag für unseren Kunden Franz Müller GmbH anlegen und eine automatische Kreditprüfung für den Auftrag über das SAP Credit Management durchführen lassen. Um die Kreditstammdaten für unseren Kunden anzulegen, muss die Kundennummer zunächst zusätzlich über die Transaktion UKM_BP als Geschäftspartner mit der Geschäftspartnerrolle UKM000 angelegt werden. In Abbildung 2.132 sehen Sie die Pflege des Kreditprofils unseres Kunden. Dem Kunden sind ein Verfahren zur Bonitäts- und Kreditlimitberechnung sowie eine Prüfregel zugeordnet.

Abbildung 2.132 Pflege des Kreditprofils des Kunden (Transaktion UKM_BP)

Die Daten für das Kreditsegment werden in derselben Transaktion gepflegt (siehe Abbildung 2.133). Das Limit für das Segment kann manuell eingegeben werden oder wie die interne Bonität vom System über das hinterlegte Verfahren zur Bonitäts- und Kreditlimitermittlung berechnet werden. In unserem Beispiel wurde das Kreditlimit vom System berechnet. In Abbildung 2.133 hat das Limit den Status ANGEFORDERT und muss vor der Verwendung bestätigt werden. Die Änderung von Kreditstammdaten des Geschäftspartners kann in einen Workflowablauf integriert werden. Damit können die Änderungen dieser sensiblen Daten an entsprechende Genehmigungen gebunden werden.

Abbildung 2.133 Kreditsegmentdaten (Transaktion UKM_BP)

In unserem Beispiel wollen wir auf die Einbindung in den Workflow verzichten. Durch Setzen des Häkchens neben dem angeforderten Limit wird der Wert akzeptiert und in das Feld LIMIT eingetragen. Wir sehen das Ergebnis in Abbildung 2.134.

Abbildung 2.134 Kreditsegmentdaten nach der Bestätigung des Kreditlimits (Transaktion UKM_BP)

Schritt 2: Kundenauftrag anlegen

Nachdem das Kreditlimit des Kunden bestätigt wurde, kann der Kundenauftrag erfasst werden. Abhängig von der Risikoklasse des Kunden findet während der Anlage eine Kreditprüfung im Hintergrund statt. Nach der Eingabe jeder Position wird eine Nachricht vom Vertriebssystem über SAP NetWeaver PI an das SAP Credit Management verschickt. Die positionsabhängige Prüfung wird im Customizing, wie auch beim herkömmlichen Kreditmanagement, über die Transaktion OVA8 (siehe Abbildung 2.121) eingestellt (das Häkchen POSITIONSPRÜFUNG muss gesetzt sein). Abbildung 2.135 zeigt den Kundenauftrag unseres Systembeispiels. Der Beleg mit der Auftragsnummer 13808 hat einen Nettowert von 599,00 € (inklusive Mehrwertsteuer ergibt sich der Bruttobetrag von 712,81 €, der für die Kreditlimitprüfung relevant ist).

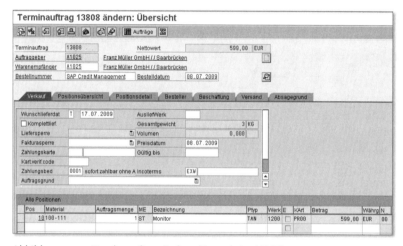

Abbildung 2.135 Kundenauftrag ändern (Transaktion VA02)

Das SAP Credit Management sendet das Ergebnis der Kreditprüfung wiederum an das Vertriebssystem zurück. In Abbildung 2.136 sehen Sie die in SAP NetWeaver PI verarbeiteten Nachrichten für unseren Kundenauftrag.

Für unseren Kundenauftrag fällt die Kreditprüfung negativ aus, der Kunde überschreitet sein Limit in unserem Kreditsegment. Das SAP-System informiert den Anwender über das negative Ergebnis in einem separaten Fenster (siehe Abbildung 2.137).

Kreditmanagement | 2.11

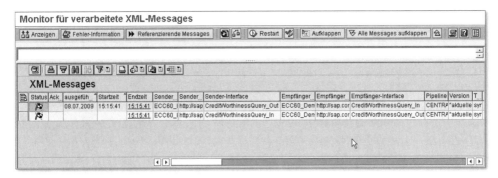

Abbildung 2.136 Nachrichten in SAP NetWeaver PI (Transaktion SXMB_MONI)

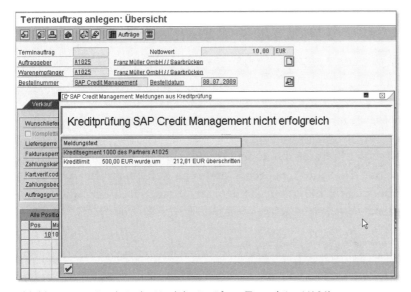

Abbildung 2.137 Ergebnis der Kreditlimitprüfung (Transaktion VA01)

Der Auftrag für die Franz Müller GmbH erhält aufgrund der negativ ausgefallenen Kreditprüfung den Kreditstatus VORGANG NICHT OK (siehe Abbildung 2.138). Bevor der Auftrag bearbeitet werden kann, muss er wie im herkömmlichen Kreditmanagement freigegeben werden. Der Kreditsachbearbeiter kann über die Nachrichtenart KRML, wie im herkömmlichen Kreditmanagement, über die Sperre informiert werden.

Schritt 3: Anzeige gesperrter Kundenauftrag

Der Kreditsachbearbeiter kann sich die gesperrten Kundenaufträge über die Transaktion VKM1 anzeigen lassen und von dort aus die Aufträge freigeben. In Abbildung 2.139 sehen Sie unseren gesperrten Kundenauftrag.

Schritt 4: Freigabe Kundenauftrag

2 | Vertriebskomponente SD – Funktionsüberblick

Abbildung 2.138 Kundenauftrag mit Kreditsperre (Transaktion VA02)

Abbildung 2.139 Liste der kreditgesperrten Vertriebsbelege (Transaktion VKM1)

Schritt 5:
Anzeige freigegebener Kundenauftrag

Nach der Freigabe durch den Kreditsachbearbeiter hat der Kundenauftrag den Status freigegeben und kann weiterbearbeitet werden. In Abbildung 2.140 sehen Sie den Kreditstatus nach der Auftragsfreigabe.

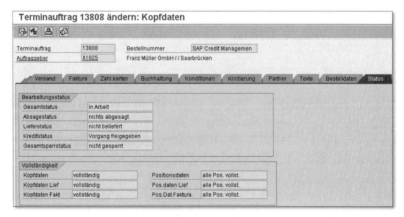

Abbildung 2.140 Status des Auftrags nach der Freigabe (Transaktion VA02)

2.12 Integration der Ergebnis- und Marktsegmentrechnung

Die Ergebnis- und Marktsegmentrechnung (CO-PA) dient der periodischen Erfolgsrechnung nach dem Umsatzkostenverfahren und liefert entscheidungsrelevante Informationen für das Management. Die Vertriebskomponente ist ein wichtiger Datenlieferant für CO-PA.

2.12.1 Betriebswirtschaftliche Grundlagen

Die Ergebnis- und Marktsegmentrechnung realisiert eine Kostenträgerzeitrechnung, die im Hinblick auf Vertriebsprozesse z. B. folgende Fragen beantwortet:

- Welches sind die stärksten Produktgruppen bezüglich Auftragseingang und Umsatz in einem bestimmten Zeitabschnitt?
- Mit welchen Kunden werden die höchsten Deckungsbeiträge erzielt?
- In welchen Ländern treten die größten Plan-Ist-Abweichungen bezüglich der Verkaufsmenge auf?

Der Ergebnisbereich als Organisationseinheit von CO-PA kann mehrere Kostenrechnungskreise umfassen und somit buchungskreisübergreifend aufgebaut werden. Damit kann die Ergebnisrechnung über mehrere rechtlich selbstständige Gesellschaften eines Konzerns hinweg abgebildet werden. Dies ist in vielen Unternehmen von großer Bedeutung, da die Organisation der operativen Einheiten zunehmend unabhängig von der rechtlichen Struktur gesehen wird. Typische Beispiele für diese Organisationsform ist die Spartenorganisation oder die Gliederung des Unternehmens in *Business Units* mit eigener Ergebnisverantwortung. Der internationale Rechnungslegungsstandard IFRS schreibt sogar eine Segmentberichterstattung zwingend vor.

Organisationsstrukturen

Man unterscheidet die kalkulatorische Ergebnisrechnung, die das Zahlenwerk nach einem Deckungsbeitragsschema gliedert, während die buchhalterische Ergebnisrechnung eine Sachkontendarstellung bietet. Letztere Methode erleichtert die Abstimmung mit der Finanzbuchhaltung, hat aber gegenüber der häufiger eingesetzten kalkulatorischen Ergebnisrechnung funktionale Einschränkungen. Beide Verfahren können parallel eingesetzt werden.

Formen der Ergebnisrechnung

Parallele Bewertung

Beim Einsatz paralleler Bewertungsszenarien im Controlling werden Preise und Verrechnungspreise nicht nur aus legaler Sicht, sondern zusätzlich aus Profit-Center-Sicht gespeichert. Diese Betrachtungsweise ist bei der Abbildung von Geschäften zwischen Unternehmen eines Konzerns von großer Bedeutung. Hierdurch kann ein von handels- und steuerrechtlichen Erwägungen unabhängiges Profit-Center-Berichtswesen auf der Basis interner Transferpreise aufgebaut werden. CO-PA kann nun einen Verkaufsvorgang sowohl aus legaler als auch aus Profit-Center-Sicht abbilden. Ein Beispiel: Zwei Unternehmen eines Konzerns, die als Profit-Center geführt werden, verkaufen einander Waren. Aus steuerlichen Gründen wird ein niedriger Verkaufspreis gewählt. Dieser ist in der legalen Sicht wiederzufinden. Aus Profit-Center-Sicht kann nun parallel ein gänzlich anderer, z. B. verhandelter Preis geführt und in CO-PA gebucht werden. Somit können im CO-PA-Berichtswesen beide Sichtweisen dargestellt und analysiert werden.

Abgrenzung zum Vertriebsinformationssystem

Im Unterschied zum Vertriebsinformationssystem VIS (siehe Abschnitt 2.13) bietet CO-PA erweiterte Möglichkeiten der Deckungsbeitragsermittlung, z. B. durch das Heranziehen von Produktkalkulationen sowie Planungsfunktionalitäten. Eine klare Aufgabentrennung zwischen VIS und CO-PA sowie eine einheitliche Logik bei der Datenfortschreibung in beiden Applikationen sind wichtig zur späteren Vermeidung von Datenredundanz und Abstimmaufwand.

2.12.2 Funktionalität

Struktur

Vertriebszahlen werden in CO-PA unter sogenannten *Merkmalen* abgespeichert und können nach beliebigen Merkmalskombinationen analysiert werden. Die richtige Auswahl der Merkmale in der Einführungsphase ist von hoher Bedeutung für den Projekterfolg, da einerseits die Systemperformance entscheidend von der Anzahl der Merkmalskombinationen beeinflusst wird und andererseits nachträgliche (gegebenenfalls sogar rückwirkende) Änderungen der Merkmale mit erheblichem Aufwand verbunden sind.

Aus vertrieblicher Sicht kann man im Wesentlichen produktbezogene Merkmale (z. B. Artikelnummer, Warengruppe, Produkthierarchie), kundenbezogene Merkmale (z. B. Auftraggeber, Warenempfänger, Land, Kundengruppe, Kundenhierarchie) und organisationsbezogene Merkmale (z. B. Buchungskreis, Verkaufsorganisation, Vertriebsweg,

Sparte, Verkäufergruppe, Werk, Profit-Center) unterscheiden. Diese Merkmale können aus den Stammdatentabellen (Kunde, Material) und aus den Vertriebsbelegen selbst übernommen werden. Zusätzlich können im SAP-System nicht vorhandene Merkmale aus anderen Merkmalen per Customizing oder Customer Exit abgeleitet werden, so z. B. Verkaufsregion »Europa« aus dem Land »Deutschland«. Dieses Beispiel könnte alternativ über eine Merkmalshierarchie zum Merkmal »Land« abgebildet werden, die dann erst zur Laufzeit der CO-PA-Berichte gelesen wird. In diesem Fall werden Hierarchieänderungen auch rückwirkend im Berichtswesen wirksam, allerdings geht dies auf Kosten der Systemperformance.

Bei der kalkulatorischen Ergebnisrechnung werden die aus SD übernommenen Daten in sogenannten *Wertfeldern* gespeichert. Dies können sowohl Beträge (Konditionen wie Preise, Rabatte, Verrechnungspreise etc.) als auch Mengen und Gewichte (fakturierte Menge in unterschiedlichen Mengeneinheiten, Brutto- und Nettogewicht, Volumen) sein. Die Beträge werden (außer bei Kundeneinzelfertigung) über Konditionsarten der Preisfindung in den SD-Belegen ermittelt. In Abschnitt 2.1 haben wir diese Konditionsarten kennengelernt. Über die Konditionsart wird jedoch nicht nur der Betrag an sich geliefert, sondern auch ein Erlöskontenschlüssel. Dieser Schlüssel dient der Ermittlung des richtigen Erlöskontos in der Finanzbuchhaltung.

Kalkulatorische Ergebnisrechnung

Bei buchhalterischer Ergebnisrechnung werden die Konten der Finanzbuchhaltung (Erlöskonten, Bestandsveränderungs- oder Kosten-des-Umsatzes-Konten) eins zu eins in der Ergebnisrechnung fortgeschrieben.

Buchhalterische Ergebnisrechnung

Die Umsatzkosten können bei der kalkulatorischen Ergebnisrechnung (außer bei Kundeneinzelfertigung) durch die Übernahme des Verrechnungspreises aus der SD-Preisfindung (siehe Abschnitt 2.1) ermittelt werden. Über die Konditionsart VPRS wird dabei der Bewertungspreis aus dem Buchhaltungsbild des Materialstamms herangezogen. Optional ist eine kalkulatorische Bewertung der Daten möglich. Beispielsweise kann bei der Fakturierung eines Artikels eine Erzeugniskalkulation aus der Produktionsplanung und -steuerung zur Ermittlung der Standard-Herstellkosten (oder Standard-Selbstkosten) herangezogen werden. Im Gegensatz zur Übernahme des Verrechnungspreises über die Konditionsart VPRS ist bei der kalkulatori-

Ermittlung der Umsatzkosten

schen Bewertung eine Aufsplittung in Kostenelemente wie etwa Material- und Fertigungskosten möglich.

In die Ergebnisrechnung müssen solche Konditionsarten übernommen werden, die in SAP ERP Financials unter einem Sachkonto verbucht werden, das im Controlling (CO) als Erlöskostenart (Kostenartentyp 11 oder 12) angelegt worden ist, z. B. die Konditionsart PR00 für den Verkaufspreis. Optional können statistische Konditionsarten, z. B. der Verrechnungspreis VPRS (siehe Abschnitt 2.1), übernommen werden. Dabei können die Beträge sowohl in Buchungskreis- als auch in Ergebnisbereichswährung fortgeschrieben werden, dies führt dann aber zu einer Verdopplung des Datenvolumens in CO-PA. Die Währung des Vertriebsbelegs sowie der verwendete Umrechnungskurs werden nur im CO-PA-Einzelposten vermerkt, nicht jedoch in den für die meisten CO-PA-Berichte verwendeten Summensätzen.

Darüber hinaus kann ähnlich wie bei der SD-Preisfindung ein Kalkulationsschema zur Berechnung von Konditionen verwendet werden, wobei die ermittelten Konditionen wiederum in Wertfelder übergeleitet werden. Beispiele hierfür sind kalkulatorische Jahresumsatzprämien (in Prozent vom Umsatz) und kalkulatorische Frachten (etwa als Staffelpreis abhängig vom Bruttogewicht). Beim Szenario *Verkauf ab Lager* können bereits übernommene Wertfelder abhängig von der Fakturaart wieder gelöscht werden. Dies geschieht typischerweise bei Wertgut- oder Lastschriften, bei denen im Standard auch Mengen und Kosten des Umsatzes fortgeschrieben würden, was aber betriebswirtschaftlich meist nicht sinnvoll ist. Auch bei der kalkulatorischen Bewertung steht ein Customer Exit zur Abbildung individueller Anforderungen zur Verfügung.

2.12.3 Szenarien

Schon in Abschnitt 2.3, »Verfügbarkeitsprüfung«, hat uns die Frage der Produktionsplanungs- und Fertigungsszenarien beschäftigt. Abhängig von der Frage, ob das jeweilige Unternehmen Produkte für einen anonymen Massenmarkt produziert oder kundenindividuelle Einzelprodukte (z. B. im Anlagenbau) herstellt, sind auch die Schwerpunkte im Controlling zu setzen. In Kapitel 4, »Gestaltung von Wertschöpfungsketten in SAP ERP«, werden wir einige dieser Szenarien komponentenübergreifend erläutern. Dabei werden jeweils die Auswirkungen im Controlling erklärt. Der nicht an Controllingdetails interessierte Leser kann dieses Kapitel überspringen und stattdessen die Wertschöpfungsketten in Kapitel 4 aus logistischer Sicht betrachten.

Hier werden wir zunächst das Prinzip der Massenfertigung erläutern. Anschließend werden wir die unterschiedlichen Szenarien der Einzelfertigung vorstellen. Im Vertriebsbeleg wird beides, die Produktionsstrategie und die Controllingstrategie, über die Bedarfsklasse aus dem Customizing in der Vertriebskomponente ermittelt. Zunächst wollen wir die möglichen Strategien zum Aufbau der Ergebnisrechnung ansehen.

Betrachten wir zunächst eine *(Kunden-)Anonyme Massen- oder Serienfertigung*. Auf diesem Szenario basieren unsere komponentenübergreifenden Wertschöpfungsketten in Abschnitt 4.1, »Lagerverkauf mit Chargenfertigung«, und Abschnitt 4.2, »Vorplanung ohne Endmontage«. Dort finden Sie konkrete Systembeispiele, in denen der Ablauf Schritt für Schritt erklärt wird. Aus Sicht des Controllings ist meist das Produkt und/oder der Kunde Gegenstand des Ergebniscontrollings, nicht jedoch der einzelne Vertriebsbeleg. Daher wird man die Kundenauftragsnummer nicht als Summensatzmerkmal in CO-PA verwenden, bei sehr hohem Belegvolumen eventuell auch nicht den einzelnen Kunden und/oder Artikel, sondern entsprechende Hierarchiestufen (Produktgruppe, Kundengruppe).

Anonyme Massenfertigung

Bereits bei der Erfassung einer Kundenauftragsposition kann ein Auftragseingang in CO-PA fortgeschrieben werden. Die SD-Umsätze werden erst bei der Fakturierung übergeleitet, wobei die Konditionsarten aus der Fakturaposition den Wertfeldern zuzuordnen sind. Die Kosten des Umsatzes erhält man entweder durch die Übernahme des Verrechnungspreises (Konditionsart VPRS, siehe Abschnitt 2.1) oder – besser, weil detaillierter – durch kalkulatorische Bewertung mit einer Erzeugniskalkulation (siehe Abschnitt 2.12.2, »Funktionalität«). Somit erhält man auf der Ebene Kunde/Artikel einen kalkulatorischen oder Standard-Deckungsbeitrag. Abweichungen aus der Produktion werden nicht den Kundenaufträgen zugerechnet, sondern den Produkten.

Da in der Finanzbuchhaltung die Kosten des Umsatzes bereits beim Warenausgang verbucht wurden, liegt hier eine potenzielle Quelle für wert- und periodenmäßige Abweichungen zwischen FI und CO-PA. Diesen kann man dadurch begegnen, dass man einerseits bei Einsatz von PP die Standardpreise für verkaufsfähige Artikel und damit den Bewertungspreis im Materialstamm durch eine Erzeugniskalkulation setzt, die auch in CO-PA zur Ermittlung der Umsatzkosten herangezogen werden, und andererseits eine zeitnahe Fakturierung aller Lieferungen mit Warenausgang sicherstellt. Dadurch werden die Kosten des Umsatzes in FI und CO-PA in derselben Periode verbucht. Außerdem besteht die Möglichkeit, beim Warenausgang in FI ein Rückstellungskonto zu bebuchen und dieses bei der Fakturierung aufzulösen, sodass die Kosten des Umsatzes faktisch bei der Fakturierung gebucht werden.

Kundeneinzelfertigung

Das Gegenteil der anonymen Massenfertigung ist die *Kundeneinzelfertigung*. Dabei werden Produkte für einen bestimmten Kundenauftrag entwickelt und produziert. In der Bestandsführung wird ein sogenannter *Einzelbestand*, bezogen auf die Kundenauftragsposition, aufgebaut. Dieser Bestand ist explizit der Auftragsposition zugeordnet. Er ist für andere Aufträge, auch Aufträge des gleichen Kunden, nicht verfügbar. Innerhalb der Kundeneinzelfertigung sind die folgenden Szenarien zu unterscheiden:

- Kundeneinzelfertigung mit bewertetem Kundeneinzelbestand – Bewertung mit Kundenauftragskalkulation
- Kundeneinzelfertigung mit bewertetem Kundeneinzelbestand – anonyme Bewertung
- Kundeneinzelfertigung mit unbewertetem Kundeneinzelbestand
- Projektfertigung
- kundenauftragsbezogene Massenfertigung (als Sonderfall)

Diese Szenarien werden wir im Folgenden vorstellen.

Kundeneinzelfertigung mit bewertetem Einzelbestand

Das Szenario *Kundeneinzelfertigung mit bewertetem Kundeneinzelbestand (Bewertung mit Kundenauftragskalkulation)* kommt z. B. in Unternehmen zum Einsatz, die Serienprodukte kundenindividuell konfigurieren. Gewissermaßen werden hier die Szenarien *Serienfertigung* und *Kundeneinzelfertigung* kombiniert – eine besondere Herausforderung für Vertrieb, Produktion und Controlling! Aus Sicht der Logistik kann diese Funktionalität in SAP über die Variantenkonfiguration (siehe Abschnitt 4.4.6) abgebildet werden. Dabei werden im Kundenauftrag Produkte auftragsspezifisch konfiguriert. Über die Bewertung von Merkmalen wird aus einer Maximalstückliste, die alle möglichen Ausprägungen eines Produkts enthält, die gewünschte Auftragsstückliste abgeleitet. Aus Sicht des Controllings unterscheidet sich diese Strategie von dem Szenario *Anonyme Massenfertigung* im Wesentlichen durch die Überleitung von SD nach CO-PA. Hier wird nämlich bei der Fakturierung noch kein CO-PA-Beleg erzeugt, sondern die bebuchten Sachkonten in SAP ERP Financials (Erlöse, Erlösschmälerungen, Rabatte) werden auf die Kundenauftragsposition kontiert.

Die Kundenauftragsposition besitzt ein sogenanntes *CO-Objekt*. Dieses CO-Objekt *Kundenauftragsposition* übernimmt damit die Funktion eines Kosten- und Erlössammlers. Außerdem wird, wie bei der Einzelfertigung üblich, ein Einzelbestand auf der Ebene der Auftragsposition erzeugt. Dabei handelt es sich bei diesem Szenario im Gegensatz zur reinen Kundeneinzelfertigung (siehe im Folgenden) um einen bewerteten Bestand.

Erst im Rahmen des Monatsabschlusses wird die Kundenauftragsposition nach CO-PA abgerechnet, wobei die Wertfeldzuordnung nicht über die SD-Konditionsarten, sondern über ein sogenanntes *Ergebnisschema* erfolgt. In diesem werden die auf der Kundenauftragsposition verbuchten Kostenarten Wertfeldern zugeordnet. Somit können statistische Konditionsarten wie z. B. Skonti nicht übernommen werden, da sie nicht verbucht werden (einen Ausweg bietet die kalkulatorische Bewertung in CO-PA). Die Kosten des Umsatzes werden zum Zeitpunkt des Warenausgangs auf der Kundenauftragsposition verbucht und ebenfalls an CO-PA abgerechnet. Die Bewertung des Kundenauftragsbestands wird durch eine Kundenauftragskalkulation ermittelt. Das System sollte in diesem Fall so eingestellt werden, dass die Kalkulation der Kundenauftragsposition automatisch beim Sichern des Kundenauftrags erfolgt. Insofern wird auch in diesem Szenario ein Standard-Deckungsbeitrag des Vertriebsbelegs ermittelt, und zwar auf der Basis der Planherstellkosten. Damit bietet dieses Szenario im Unterschied zum Szenario *Anonyme Massenfertigung* Folgendes:

- Verwaltung von Kundeneinzelbeständen (Bestandsführung auf der Ebene der Kundenauftragsposition)
- Ermittlung des Ergebnisses auf der Ebene Auftragsposition; dies ist interessant, wenn kundenspezifische Änderungen an den vordefinierten Varianten vorgenommen oder spezifische Dienstleistungen (z. B. Montage vor Ort) erbracht werden.

Trotzdem bietet die Kundeneinzelfertigung – wie auch das Szenario *Massenfertigung* – die Möglichkeit, das Ergebnis auf der Basis kalkulierter Standardkosten zu errechnen und nicht auf Basis von Ist-Kosten wie bei der »reinen« Kundeneinzelfertigung. Genau darin besteht der Vorteil bewerteter Kundeneinzelbestände im Vergleich zu den unbewerteten Einzelbeständen bei der »reinen« Kundeneinzelfertigung (siehe im Folgenden).

Das Szenario *Kundeneinzelfertigung mit bewertetem Einzelbestand (anonyme Bewertung)* ist dann interessant, wenn aus logistischer Sicht eine Kundeneinzelfertigung gewünscht oder zwingend erforderlich ist, aus Controllingsicht aber kein Interesse daran besteht, Erlöse und Kosten auf den Kundenauftragspositionen zu verwalten. In diesem Fall hat man auch einen bewerteten Kundeneinzelbestand, aber der Wert entspricht dem Wert des anonymen Lagerbestands, also im Allgemeinen dem Standardpreis des Materials. Dies ergibt dann Sinn, wenn ein- und dasselbe Produkt manchmal anonym und manchmal kundenauftragsbezogen produziert wird oder wenn die Produktkonfiguration keinen oder nur geringen Einfluss auf die Produktkosten hat. Die Kundenauftragsposition besitzt dann kein CO-Objekt, sodass die Werteflüsse im Controlling identisch sind mit dem Szenario *Anonyme Massenfertigung*. Beispielsweise wird bereits bei Erstellung der Faktura ein Beleg in CO-PA erzeugt. Dieses Szenario ist aus CO-Sicht daher unkompliziert und spart im Gegensatz zu Szenarien mit Kundenauftragspositionen mit CO-Objekt Verarbeitungsschritte im CO-Monatsabschluss (Ergebnisermittlung und Abrechnung der Kundenaufträge).

Reine Kundeneinzelfertigung

Bei Verwendung der *Kundeneinzelfertigung mit unbewerteten Kundeneinzelbeständen* dagegen, auf deren Szenario unsere Wertschöpfungskette aus Abschnitt 4.3 basiert, spricht man von einem *Kundenauftragscontrolling*. In diesem Fall wird nämlich ein Ist-Ergebnis ermittelt, sodass beim Einsatz von kundenauftragskontierten Fertigungsaufträgen diese ihre Ist-Kosten auf die Vertriebsbelegposition abrechnen. Abweichungen aus der Fertigung werden somit den einzelnen Kundenaufträgen zugerechnet. Erlöse und Kosten werden wiederum auf der Kundenauftragsposition gesammelt und monatlich an CO-PA abgerechnet. Bei langlebigen Kundenauftragspositionen wird häufig vorab eine Ergebnisermittlung (Abgrenzung) der Erlöse und Kosten vorgenommen, sodass in diesem Fall abgegrenzte Werte nach CO-PA abgerechnet werden. Mit der Abgrenzung werden die

Erlöse und Kosten periodengerecht verbucht. Dabei müssen im Ergebnisschema die Abgrenzungskostenarten (Kostenartentyp 31) den Wertfeldern zugeordnet werden. Obwohl unbewertete Kundenauftragsbestände nicht das von SAP empfohlene Szenario sind, werden sie nach wie vor häufig bei Einzelfertigern eingesetzt, die die detaillierten Ist-Kosten einer Kundenauftragsposition überwachen wollen und keine Abweichungsanalyse auf Produktebene benötigen. Im Gegensatz zu den Serien- und Massenfertigungsszenarien wird man in der Regel die Kundenauftragsnummer und die Position als Merkmal in CO-PA führen.

Bei einer *Projektfertigung*, z. B. großtechnischen Anlagen, aber auch bei komplexen Dienstleistungen kommen Projektstrukturpläne aus der Komponente PS (*Projektsystem*) zum Einsatz. Diese strukturieren eine Kundenauftragsposition aus organisatorischer oder technischer Sicht (z. B. Zerlegung in Projektphasen oder in eine Baugruppensicht) zum Zweck einer detaillierten Planung und Überwachung. In diesem Fall besitzt die Kundenauftragsposition kein eigenes CO-Objekt, sondern ist auf ein sogenanntes *Projektstrukturplanelement* (PSP-Element) kontiert. Bei der Fakturierung werden somit die Erlöse auf dem PSP-Element verbucht, dort laufen auch die Kosten auf. Auch hier unterscheidet man bewertete und unbewertete Projekteinzelbestände, die Vor- und Nachteile sind analog zu den Kundenauftragsbeständen. Die PSP-Elemente werden im Rahmen des Periodenabschlusses an CO-PA abgerechnet, häufig erst nach einer Ergebnisermittlung (Abgrenzung).

Projektfertigung

Um einen Spezialfall handelt es sich bei der *kundenauftragsbezogenen Massenfertigung* (z. B. in der Elektronik- oder Automobilindustrie). Ein klassisches Beispiel ist das Auto. Ein bestimmter Typ (z. B. BMW der 5er-Reihe) kann in unterschiedlichen Varianten (Motor, Reifen, Ausstattung, Autoradio, Farbe etc.) geliefert werden. Jeder Kunde erhält quasi ein »anderes« – eben sein individuelles Auto. In diesem Szenario beginnt die Fertigung erst, wenn Kundenaufträge vorliegen. Es werden bewertete Kundeneinzelbestände verwaltet, aber die Kundenaufträge fungieren nicht als Kosten- und Erlössammler. Insofern werden die Erlöse und die Standardkosten des Umsatzes wie bei der Massenfertigung übergeleitet, die Herstellkosten werden auf sogenannten *Produktkostensammlern* gesammelt, die Abweichungen pro konfigurierbares Produkt ermittelt und an CO-PA abgerechnet. Es handelt sich somit um ein produktgetriebenes Controlling.

Kundenauftragsbezogene Massenfertigung

Tabelle 2.1 vergleicht die wichtigsten der hier besprochenen Szenarien.

	Anonyme Massenfertigung	Bewertete Kundeneinzelbestände (Bewertung mit Kundenauftragskalkulation)	Bewertete Kundeneinzelbestände (anonyme Bewertung)	Unbewertete Kundeneinzelbestände
Kundenauftragsposition mit CO-Objekt?	Nein	Ja	Nein	Ja
Herkunft der Planherstellkosten	Standardpreis des Materials oder Plankalkulation	Kundenauftragskalkulation (zwingend)	Standardpreis des Materials oder Plankalkulation	Kundenauftragskalkulation (optional)
Wann entsteht der CO-PA-Beleg?	Bei Fakturierung	Bei Abrechnung der Kundenauftragsposition (Monatsabschluss)	Bei Fakturierung	Bei Abrechnung der Kundenauftragsposition (Monatsabschluss)
Wo werden eventuelle Fertigungsabweichungen ausgewiesen?	Fertigungsauftrag/Produkt	Fertigungsauftrag/Produkt	Fertigungsauftrag/Produkt	Gar nicht, alle Ist-Kosten werden auf der Kundenauftragsposition gezeigt

Tabelle 2.1 Übersicht über die Controllingszenarien

2.12.4 Beispiel

Das Beispiel zeigt das Customizing der SD/CO-PA-Schnittstelle für das Szenario *Anonyme Massenfertigung*. Es wird nur die kalkulatorische Ergebnisrechnung betrachtet.

Merkmalsableitung

Zunächst sehen wir uns an, wie die Merkmale von CO-PA mit Daten aus SD und anderen Quellen befüllt werden. Abbildung 2.141 zeigt die Ableitung von CO-PA-Merkmalen aus SD.

Die gezeigte Ableitungstabelle wird beim Anlegen eines Ergebnisbereichs mit Vorschlagswerten befüllt und kann im Rahmen des Customizings verändert werden. Das Merkmal »Empfangsland« (WWCST) wird aus der Kundenstammsatztabelle KNA1 abgeleitet.

Integration der Ergebnis- und Marktsegmentrechnung | **2.12**

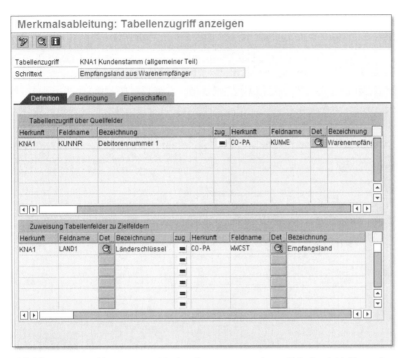

Abbildung 2.141 Ableitung von Merkmalswerten aus einem Tabellenfeld (Transaktion KEDR)

Da der Primärschlüssel dieser Tabelle die Debitorennummer (KUNNR) ist, muss diese von CO-PA versorgt werden, um einen eindeutigen Zugriff gewährleisten zu können. Im gezeigten Beispiel wird die Debitorennummer aus dem CO-PA-Merkmal »Warenempfänger« (KUNWE) ermittelt. Dies entspricht der Partnerrolle »Warenempfänger« aus der Kundenauftragsposition. Somit kann man im CO-PA-Berichtswesen die Zahlen nach dem Land des Warenempfängers analysieren. Alternativ könnte man auch das Land des Auftraggebers verwenden. In diesem Fall müsste statt des Merkmals KUNWE das Merkmal KNDNR (Kunde) eingetragen werden.

Diese Customizing-Einstellung besitzt eine sehr hohe Flexibilität. So kann man auch regelrechte Zugriffshierarchien definieren: Das Merkmal »Kundengruppe« könnte zunächst aus den kaufmännischen Daten der Kundenauftragsposition (Tabelle VBKD) ermittelt werden. Ist dieser Zugriff nicht erfolgreich, weil das entsprechende Feld dort nicht gepflegt ist, kann ein weiterer Zugriff auf die Vertriebsdaten des Kundenstammsatzes erfolgen (Tabelle KNVV). Ist auch dieser Zugriff nicht erfolgreich, kann optional eine Fehlermeldung ausgegeben

Definition von Zugriffshierarchien

werden. In diesem Fall kann die Faktura nicht an CO-PA und aus Konsistenzgründen auch nicht an die Finanzbuchhaltung übergeleitet werden, bis der Fehler behoben ist. Außerdem ist es möglich, nur Teile eines Feldes als Merkmal zu übernehmen. So könnte z. B. ein »Ausschnitt« der Produkthierarchie des Artikels in ein Merkmal übernommen werden.

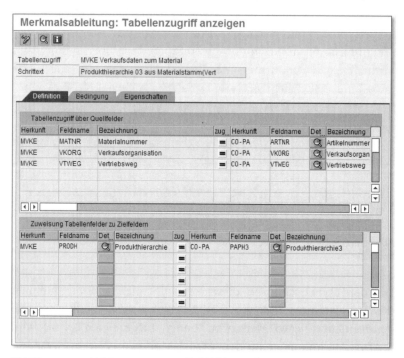

Abbildung 2.142 Ableitung aus einem Teilfeld (Transaktion KEDR)

Abbildung 2.142 zeigt, dass das Merkmal »Produkthierarchie 03« (PAPH3) aus den Vertriebsdaten des Materialstamms (Tabelle MVKE) ermittelt wird. Auf diese Tabelle wird eindeutig mit den Merkmalen »Artikelnummer« (ARTNR), »Verkaufsorganisation« (VKORG) und »Vertriebsweg« (VTWEG) zugegriffen. Die vorgenannten Merkmale wurden zuvor aus dem Kundenauftrag abgeleitet, woraus klar wird, dass die richtige Reihenfolge eine große Rolle in der Ableitung spielt. Man kann in der Ableitung nicht nur auf Daten aus SAP-Tabellen zurückgreifen, sondern auch Merkmale aus bereits vorhandenen Merkmalen ableiten. So könnte z. B. aus dem Merkmal »Empfangsland« ein freies Merkmal »Ländergruppe« (z. B. Region Nordeuropa) abgeleitet werden. Für komplexe Ableitungslogiken steht ein Customer Exit bereit, der anhand aller Informationen aus dem CO-PA-Einzelposten Merkmalswerte manipulieren kann.

Wie werden nun die CO-PA-Wertfelder befüllt? In Abbildung 2.143 werden die Konditionsarten von SD den CO-PA-Wertfeldern zugeordnet. Es müssen alle in FI gebuchten Konditionsarten zugeordnet werden. Statistische Konditionsarten sind optional. Mehrere Konditionsarten können in das gleiche Wertfeld eingehen, wobei dann die Vorzeichenlogik zu beachten ist. Im Unterschied zu FI werden *alle* Konditionsarten aus SD mit positivem Vorzeichen übernommen, mit Ausnahme von Gutschriften oder Stornos. Würde man demnach eine Erlös- und eine Rabattkonditionsart dem gleichen Wertfeld zuordnen, würden sich die Konditionswerte addieren statt saldieren. Um dies zu vermeiden, muss in diesen Fällen der Schalter VORZ. ÜBER ... (Vorzeichengerechte Übernahme) gesetzt werden (zur Problematik der Vorzeichenlogik in CO-PA siehe SAP-Service-Hinweis 33178 im SAP Service Marketplace *http://www.sap-ag.de/services/* – vormals OSS, Online Service System).

Wertfeldzuordnung

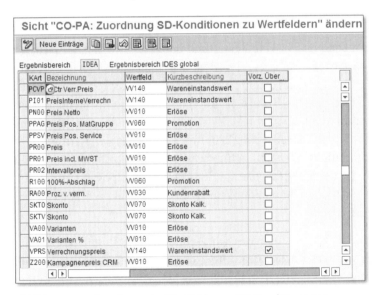

Abbildung 2.143 Zuordnung der Wertfelder aus SD-Konditionsarten (Transaktion KE4I)

Neben der reinen Übernahme von Konditionsarten ist auch eine komplexere Bewertung von CO-PA-Einzelposten möglich. In Abbildung 2.144 wird zusätzlich zur Übernahme der Wertfelder noch eine kalkulatorische Bewertung der SD-Daten vorgenommen.

Bewertungsstrategie

Im Beispiel der hier gezeigten IST-Online-Bewertung, die bei jeder Überleitung einer Faktura an CO-PA erfolgt, wird dazu zunächst eine Erzeugniskalkulation herangezogen. Damit diese auf die fakturierte Menge umgerechnet werden kann, muss das entsprechende CO-PA-Mengenfeld (hier: VVIQT, die fakturierte Menge) eingetragen werden. Ist z. B. die Erzeugniskalkulation für eine Losgröße von 100 Stück berechnet worden, es wurden aber 50 Stück verkauft, müssen die Planherstellkosten entsprechend heruntergerechnet werden.

Abbildung 2.144 Kalkulatorische Bewertung (Transaktion KE4U)

Anschließend erfolgt eine Bewertung mit einem Kalkulationsschema (hier das Schema ACT001), mit dem z. B. materialabhängig Provisionen, kalkulatorisches Skonto und gewichtsabhängig kalkulatorische Frachtkosten ermittelt werden. Abschließend wird noch eine Bewertung mithilfe eines Customer Exits (U01) vorgenommen. Hier können durch den Einsatz von ABAP-Programmierung weitere Wertfelder manipuliert oder neu gefüllt werden. Dem Customer Exit steht hierzu die gesamte Information des CO-PA-Einzelpostens zur Verfügung, sodass den Anwendungsmöglichkeiten praktisch keine Grenzen gesetzt sind.

Zurücksetzen von Wertfeldern

Manchmal kann es unerwünscht sein, dass bestimmte Wertfelder befüllt werden. Da die Zuordnung der Konditionsarten zu Wertfeldern nicht von Bedingungen abhängig gemacht werden kann (außer durch den Einsatz des Customer Exits der Bewertung), muss man sich mit dem Zurücksetzen (Löschen) von Wertfeldern behelfen.

In der in Abbildung 2.145 gezeigten Tabelle können abhängig von der Fakturaart bereits gefüllte Wertfelder wieder auf null gesetzt werden.

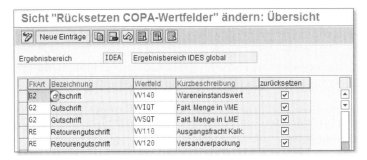

Abbildung 2.145 Zurücksetzen von Wertfeldern (Transaktion KE4W)

Im Beispiel werden für die Fakturaart G2 (Gutschrift) die Wertfelder VVIQT (fakturierte Menge) und VV140 (Wareneinstandswert) zurückgesetzt. Somit werden durch die Gutschrift letztlich nur die Erlöse in CO-PA reduziert, nicht jedoch die verkaufte Menge und der Wareneinstandswert. Hierdurch wird die Marge des betroffenen Produkts reduziert. Diese Einstellung ist sinnvoll für eine Wertgutschrift, wenn also z. B. Ware schlechter Qualität geliefert wurde und dem Kunden deshalb ein nachträglicher Preisnachlass gewährt wird.

Werden in der Vertriebskomponente sowohl Retouren als auch Mengen- und Wertgutschriften eingesetzt, ist es aus Controllingsicht unerlässlich, hierfür separate Fakturaarten einzusetzen (siehe auch Abschnitt 3.8, »Retourenabwicklung«).

2.13 Vertriebsinformationssystem (VIS)

Das Vertriebsinformationssystem ermöglicht die Analyse des Vertriebs auf Basis von Kennzahlen. Diese beruhen auf betriebswirtschaftlichen Vorgängen, die täglich mit SAP ERP abgewickelt werden. Die Auswertungen greifen auf verdichtete Daten zu und vermitteln so einen raschen Überblick.

2.13.1 Betriebswirtschaftliche Grundlagen

SAP ERP ist in erster Linie ein OLTP(Online-Transaction-Processing)-System zur Abwicklung von Geschäftsprozessen. Es werden Transaktionsdaten, wie z. B. Kundenaufträge, Lieferbelege, Fakturen und Buchhaltungsbelege, sowie Stammdaten, wie z. B. Kundenstämme und Materialstämme, erfasst. Auf Basis dieser Informationen können

Bedeutung von Statistiken

Auswertungen, Statistiken und Analysen durchgeführt werden. Man spricht in diesem Zusammenhang auch von einem OLAP(Online-Analytical-Processing)-System. Oft sind nicht nur die einzelnen Belege von Interesse, sondern vor allem aggregierte Informationen, wie z. B. ein auf Kunden- oder Artikelgruppen verdichteter Umsatz.

Auswertungstypen Es wird zwischen zwei Typen von Auswertungen unterschieden:

- **Ad-hoc-Analysen**
  Sie werden oft sehr kurzfristig benötigt. Häufig soll ein Sachverhalt aus verschiedenen Perspektiven betrachtet werden können. Die benötigten Informationen variieren von Auswertung zu Auswertung.

- **Regelmäßige Auswertungen**
  Diese Analysen werden regelmäßig zu einem Stichtag erstellt (z. B. zum Monatsende). Es werden immer die gleichen Informationen benötigt. Die Listerstellung ist planbar, damit verliert die Laufzeit der Analyseprogramme an Bedeutung.

Datenquellen Als Grundlage der Auswertungen sind in SAP ERP mehrere Datenquellen möglich:

- **Bewegungs- und Stammdaten**
  Hier erfolgt die Auswahl auf Einzelbelegebene. Sie bieten damit die größtmögliche Genauigkeit und Datenvielfalt. Allerdings können die Auswertungen bei großem Belegvolumen erhebliche Laufzeiten beanspruchen.

- **Statistiktabellen des Vertriebsinformationssystems**
  Sie enthalten aggregierte Datensätze, die bei der Belegerfassung fortgeschrieben wurden. Sie können sehr schnell und flexibel nach vorgegebenen Merkmalen ausgewertet werden.

- **Externe Daten**
  Zusätzlich zu den im SAP-System erfassten Informationen sind auch externe Zusatzdaten für Auswertungen von Interesse. Beispiel: Branchenumsatzzahlen als Vergleichsgröße zum eigenen Umsatz.

2.13.2 Konzeption des Vertriebsinformationssystems

Informationsstruktur von VIS In VIS werden Informationen in Gruppen zusammengefasst, die für eine Verdichtung und anschließende Auswertung benötigt werden.

Eine Gruppe wird als Informationsstruktur bezeichnet. SAP liefert einige Strukturen im Standard aus. Es besteht jedoch auch die Möglichkeit, eigene Informationsstrukturen im Customizing anzulegen.

Eine Informationsstruktur von VIS besteht immer aus drei Teilen:

- **Merkmale**
  Merkmale sind Kriterien, nach denen Daten verdichtet und analysiert werden sollen. Eine Informationsstruktur kann maximal neun Merkmale enthalten. Beispiele: Kundennummer, Materialnummer, Verkaufsorganisation.

- **Zeitbezug**
  Die Verdichtung der Kennzahlen erfolgt immer mit einem Zeitbezug. Beispiel: Die Umsatzwerte werden auf Wochenebene verdichtet. Mögliche Zeitbezüge sind Monat, Woche, Tag, Buchungsperiode.

- **Kennzahlen**
  Das sind die Werte, die analysiert werden sollen. Eine Informationsstruktur kann beliebig viele Kennzahlen enthalten. Beispiele: Absatzmengen, Umsatzwert.

In Abbildung 2.146 sehen wir den grundsätzlichen Aufbau einer Informationsstruktur.

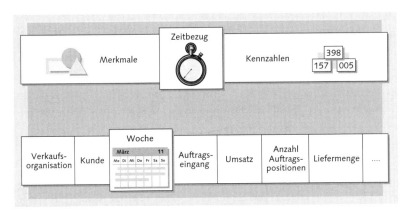

Abbildung 2.146 Aufbau einer Informationsstruktur (Quelle: SAP AG)

Bei der Verbuchung von Belegen wird anhand von Regeln ermittelt, welche Informationsstrukturen aktualisiert werden müssen. Damit werden die Informationsstrukturen ständig aktualisiert.

2 | Vertriebskomponente SD – Funktionsüberblick

Standard-Informationsstrukturen

Von SAP werden z. B. die folgenden Informationsstrukturen im Standard ausgeliefert:

- S001 Kunde
- S002 Verkaufsbüro
- S003 Verkaufsorganisation
- S004 Material
- S005 Versandstelle
- S006 Vertriebsbeauftragter
- S009/14 Vertriebsunterstützung
- S060 Bonusabwicklung
- S066/67 Kreditmanagement

Unterschiede in der Auswertung von Belegdaten und Statistiken

Folgende Gründe sprechen dafür, Auswertungen auf der Basis von Informationsstrukturen anstatt der Originalbelege zu erstellen:

- **Unabhängigkeit von Belegen**
  Belegdaten werden in der Regel nach einer gewissen Verweildauer im System archiviert und sind dann für Auswertungen nur noch schwer erreichbar. Auf echten Belegen basierende Auswertungen können also nur einen engen Zeitraum umfassen. Informationsstrukturen dagegen können die Daten über mehrere Jahre aufbewahren.

- **Performance**
  Wenn in Auswertungen nur aggregierte Kennzahlen benötigt werden, können diese wesentlich schneller aus einer Informationsstruktur ermittelt werden. Dort sind die Kennzahlen bereits auf der richtigen Ebene zusammengefasst. Selbst wenn noch weitere Berechnungen notwendig sind, laufen diese aufgrund des geringeren Datenvolumens wesentlich schneller.

- **Funktionen der Standardanalysen**
  Mit der Standardanalyse stellt SAP eine mächtige Werkzeugsammlung zur Auswertung von Informationsstrukturen zur Verfügung. Damit können Auswertungen interaktiv und nach individuellen Anforderungen durchgeführt werden. Die Standardanalyse steht ausschließlich für Informationsstrukturen (auch selbst erstellte) zur Verfügung.

- **Einfache Programmierung von Auswertereports**
  Da alle relevanten Informationen in einer Tabelle (= Informationsstruktur) gesammelt sind, ist es sehr einfach, eigene Reports auf

dieser Basis zu programmieren. Wenn die Auswertung auf Belegdaten basieren soll, müssen oft mehrere Tabellen miteinander verknüpft werden.

Auf der anderen Seite sollte eine Auswertung auf Belegdaten beruhen, wenn sehr detaillierte Informationen gezeigt werden müssen, wie dies z. B. bei einem Fakturajournal oder der Liste der offenen Aufträge der Fall ist. Es ist zwar prinzipiell auch möglich, Informationsstrukturen mit dieser Detailtiefe anzulegen; allerdings geht dann der eigentliche Vorteil der kompakten Speicherung der Kennzahlen verloren. Zudem ist zu bedenken, dass auch die Online-Fortschreibung der Informationsstrukturen Performance beansprucht und die Fortschreibungsregel eingerichtet werden muss.

Es ist also im Einzelfall abzuwägen, ob eine Auswertung auf einer Informationsstruktur oder auf den Belegdaten beruhen sollte.

Standardanalyse

Für jede Informationsstruktur kann eine Standardanalyse durchgeführt werden. Bei selbst definierten Strukturen werden die notwendigen Programme und Strukturen automatisch generiert.

Grundliste

Nach Eingabe von Selektionskriterien wird vom System zunächst die *Grundliste* erzeugt. Hier werden einige der möglichen Kennzahlen zu einem Merkmal gezeigt (siehe Abbildung 2.147).

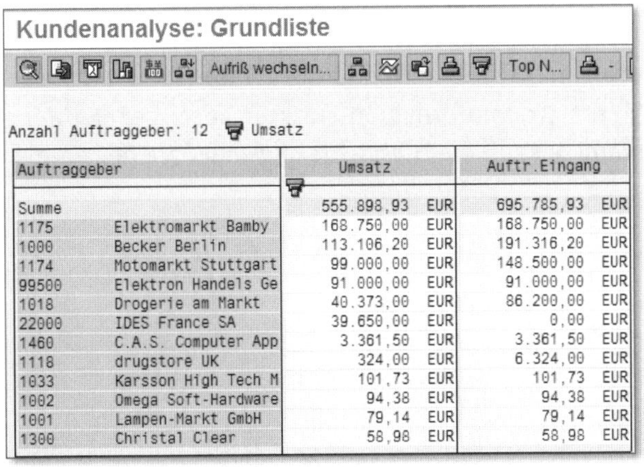
Kundenanalyse: Grundliste

Aufriß wechseln... Top N...

Anzahl Auftraggeber: 12 Umsatz

Auftraggeber		Umsatz		Auftr.Eingang	
Summe		555.898,93	EUR	695.785,93	EUR
1175	Elektromarkt Bamby	168.750,00	EUR	168.750,00	EUR
1000	Becker Berlin	113.106,20	EUR	191.316,20	EUR
1174	Motomarkt Stuttgart	99.000,00	EUR	148.500,00	EUR
99500	Elektron Handels Ge	91.000,00	EUR	91.000,00	EUR
1018	Drogerie am Markt	40.373,00	EUR	86.200,00	EUR
22000	IDES France SA	39.650,00	EUR	0,00	EUR
1460	C.A.S. Computer App	3.361,50	EUR	3.361,50	EUR
1118	drugstore UK	324,00	EUR	6.324,00	EUR
1033	Karsson High Tech M	101,73	EUR	101,73	EUR
1002	Omega Soft-Hardware	94,38	EUR	94,38	EUR
1001	Lampen-Markt GmbH	79,14	EUR	79,14	EUR
1300	Christal Clear	58,98	EUR	58,98	EUR

Abbildung 2.147 Grundliste der Informationsstruktur S001 »Kundenanalyse« (Transaktion MCTA)

Aufrissliste

Aus der Grundliste können nun viele Funktionen aufgerufen werden. Zum einen kann die Darstellung mit einer *Aufrissliste* detailliert werden. In einer Aufrissliste werden die Werte einer Zeile zum gewählten Merkmal feiner analysiert. Wenn wir zum Kunden 1000 wissen möchten, mit welchen Materialien wir unseren Umsatz erzielt haben, können wir dazu eine Aufrissliste erzeugen. In Abbildung 2.148 sehen wir die Aufrissliste zur vorherigen Auswertung. Zwischen den Aufrissmerkmalen kann beliebig umgeschaltet werden.

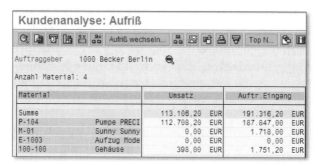

Abbildung 2.148 Aufriss der Informationsstruktur S001 nach dem Merkmal »Material« (Transaktion MCTA)

Hierarchien Es ist auch möglich, nach externen *Hierarchien* zu analysieren. Diese sind nicht direkt in der Informationsstruktur als Merkmale enthalten. Wir möchten z. B. wissen, auf welche Produkthierarchie sich die Umsätze der Verkaufsorganisation 1000 verteilen. Dafür wählen wir als Grundliste die Umsatzliste zum Merkmal »Verkaufsorganisation« (Informationsstruktur S003) und erzeugen dann einen Hierarchieaufriss nach der Produkthierarchie (siehe Abbildung 2.149). Die Produkthierarchie ist kein Merkmal der Informationsstruktur, aber über das Merkmal »Materialnummer« kann die Hierarchie abgeleitet werden.

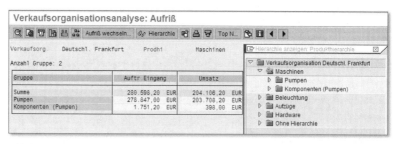

Abbildung 2.149 Hierarchieaufriss nach der Produkthierarchie in der Informationsstruktur S003 »Verkaufsorganisation« (Transaktion MCTE)

Weitere Analysewerkzeuge Neben den Aufrissmöglichkeiten steht eine Reihe weiterer Analysewerkzeuge zur Verfügung:

Vertriebsinformationssystem (VIS) | 2.13

- Summenkurve
- Korrelation
- ABC-Analyse
- Segmentierung
- Klassifikation
- Rangliste
- Liste sortieren
- Plan-Ist-Vergleich
- Vorjahresvergleich
- Vergleich zweier Kennzahlen
- Währungsumrechnung
- Sichern von Daten in eine PC-Datei

Im Folgenden betrachten wir als Beispiel eine *ABC-Analyse* des Auftragseingangs des Kunden 1000. In einer ABC-Analyse können zwei Kennzahlen zueinander ins Verhältnis gesetzt werden, z. B. der Auftragseingangswert zu der Anzahl der Materialien. Ausgangspunkt ist die Liste aus Abbildung 2.147. Danach ist die Strategie zu wählen. In unserem Beispiel (siehe Abbildung 2.150) erfolgt die Analyse nach *Summe Umsatz*. Im nächsten Fenster wird festgelegt, aus welchen Grenzwerten ein Segment besteht. Das System erstellt dann eine Grafik, in der das Ergebnis der Analyse präsentiert wird. Wir können hier erkennen, dass wir mit 33 % der Kunden über 80 % unseres Umsatzes erzielen. Mit den Buttons am rechten Rand der Grafik kann zu Detaillisten der Segmente verzweigt werden.

ABC-Analyse

Neben den Standardanalysen steht für jede Informationsstruktur auch die *flexible Analyse* zur Verfügung. Die notwendigen technischen Strukturen werden ebenfalls für jede Informationsstruktur, also auch selbst definierte, automatisch vom System generiert. In der flexiblen Analyse können Daten individuell zusammengestellt, verdichtet und als Bericht ausgegeben werden. Dabei ist sie sowohl als Online-Analyse-Tool als auch als Listendruck-Tool einsetzbar. Basis der Analysen sind Auswertestrukturen, in denen interessante Informationen aus verschiedenen Quellen zusammengefasst werden können.

Flexible Analyse

2 | Vertriebskomponente SD – Funktionsüberblick

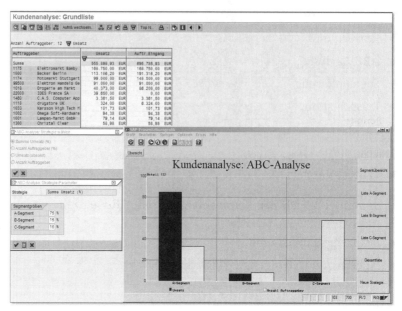

Abbildung 2.150 ABC-Analyse zur Informationsstruktur S001 (Transaktion MCTA)

Es gibt mehrere Anzeigetypen, die die Layoutgestaltung der flexiblen Analyse bestimmen:

- **Normale Darstellung**
  Die Merkmale werden in der linken Spalte dargestellt, die gewählten Kennzahlen rechts daneben. Auf jeder Merkmalstufe kann verdichtet werden. Ein Beispiel sehen wir in Abbildung 2.151.

Merkmal/Kennzahl	Auftragseingangswert	Auftragseingangsmenge
Kunde		
Material		
Periode		

Abbildung 2.151 Flexible Analyse: normale Darstellung

- **Spaltenvergleich einzelner Merkmalswerte, getrennt für jede Kennzahl**
  Für jede Kennzahl wird ein Vergleich je gewähltes Merkmal durchgeführt. Es kann nur genau ein Merkmal verwendet werden. Ein Beispiel sehen wir in Abbildung 2.152.

Kennzahl	Auftragseingangswert		Auftragseingangsmenge	
Merkmal	Kunde 1	Kunde 2	Kunde 1	Kunde 2
Material				
Periode				

Abbildung 2.152 Flexible Analyse: Spaltenvergleich einzelner Merkmalswerte, getrennt für jede Kennzahl

- **Spaltenvergleich der Kennzahlen, getrennt für einzelne Merkmalswerte**
  Für das gewählte Merkmal wird ein Spaltenvergleich der Kennzahlen durchgeführt. Ein Beispiel sehen wir in Abbildung 2.153.

Merkmal	Kunde 1		Kunde 2	
Kennzahl	Auftragseingangswert	Auftragseingangsmenge	Auftragseingangswert	Auftragseingangsmenge
Material				
Periode				

Abbildung 2.153 Flexible Analyse: Spaltenvergleich der Kennzahlen, getrennt für einzelne Merkmalswerte

- **Merkmal nur zur Selektion**
  Dieses Merkmal wird nur für die Selektion verwendet, in der Analyse wird es nicht gezeigt.

Es können auch Kennzahlen zur Laufzeit der Analyse mithilfe von Formeln berechnet werden. Innerhalb des Berichts kann der Benutzer navigieren, z. B. um die Verdichtungsebene zu bestimmen oder um Zeilen auszublenden.

Das Frühwarnsystem ermöglicht die Suche nach Ausnahmesituationen und hilft, drohende Fehlentwicklungen frühzeitig zu erkennen. Die Basis bilden die Kennzahlen des Vertriebsinfosystems. Es können Ausnahmebedingungen, sogenannte *Exceptions*, definiert werden, bei deren Erreichen automatisch per Workflow eine zuständige Stelle informiert werden kann. Darüber hinaus können die Bedingungen so gestaltet werden, dass beim Eintreten einer Exception diese beim Ausführen einer Standardanalyse farblich hervorgehoben wird.

Frühwarnsystem

Somit wird es den verantwortlichen Stellen erleichtert, Ausnahmesituationen zu erkennen.

Folgende Exception-Typen können verwendet werden:

- **Schwellenwert**
(z. B. Materialien/Kunden, deren Umsatz größer als 5.000,00 € ist)
- **Trend**
(z. B. Materialien/Kunden mit einem negativen Trend bei Umsatz oder Durchlaufzeiten)
- **Plan-Ist-Vergleich**
(z. B. Bei welchen Kunden liegt die Planerfüllung beim Auftragseingang bei weniger als 80 %?)

2.14 SAP NetWeaver Business Warehouse (BW) inklusive SAP BusinessObjects

Data-Warehouse-Lösungen

IT-Landschaften in Unternehmen sind heterogen und komplex, weil unterschiedliche Systeme für die Abbildung von Prozessen und Funktionen eingesetzt werden. Daten, die für Analysen und Entscheidungen benötigt werden, sind über verschiedene Datenquellen verteilt. Data-Warehouse-Lösungen wie SAP NetWeaver Business Warehouse (BW) sind eigene Systeme, die Daten aus verschiedenen Systemen extrahieren und in eigenen Informationsstrukturen redundant abspeichern können. Auf Basis dieser Informationsstrukturen werden zielgruppenspezifische Berichte und Auswertungen ermöglicht. Mit der Übernahme des Unternehmens BusinessObjects, einem Anbieter von Business-Intelligence-Software, hat SAP ihr Produktportfolio in diesem Bereich erheblich erweitert. Anwender können in Zukunft die Vorteile beider Systeme zur Optimierung des Berichtswesens nutzen.

Ein grundsätzlicher Vorteil gegenüber den Analysewerkzeugen in SAP ERP (z. B. VIS) besteht darin, dass in SAP NetWeaver BW inklusive SAP BusinessObjects, Daten system- und komponentenübergreifend in *einer* Auswertung miteinander in Beziehung gesetzt und verglichen werden können. Dies ist in VIS nicht möglich, da dort ausschließlich Vertriebsdaten zur Verfügung stehen. Ein weiterer Vorteil besteht in den erweiterten Möglichkeiten zum Aufbau von Auswertungen. Dies gilt sowohl für die Aufbereitung der Daten durch zusätzliche Berechnungen als auch für die grafische Darstellung in Diagrammen. Die angesprochenen Vorteile führen dazu, dass immer mehr Unternehmen ihr gesamtes Berichtswesen nicht mehr in SAP ERP abbilden, sondern in SAP NetWeaver BW. Für viele dieser Unternehmen stellt sich dabei die Frage, ob und gegebenenfalls welche BusinessObjects-Produkte dabei eingesetzt werden sollen.

2.14.1 Überblick

Abbildung 2.154 zeigt den grundsätzlichen Aufbau von SAP NetWeaver Business Warehouse (BW), der Data-Warehouse-Lösung von SAP, in Verbindung mit SAP BusinessObjects und dem Portal. Sie wird im Folgenden erläutert.

Architektur von SAP NetWeaver BW und SAP BusinessObjects

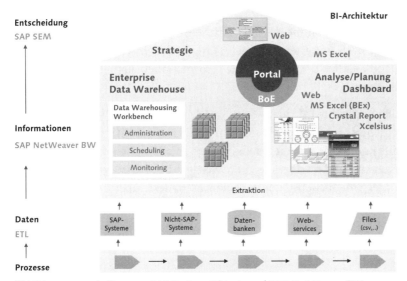

Abbildung 2.154 Aufbau von SAP BusinessObjects und SAP NetWeaver BW

Abbildung 2.154 ist in die Ebenen *Prozesse*, *Daten*, *Informationen* und *Entscheidungen* gegliedert. Im Rahmen der Prozessabwicklung werden Daten in unterschiedlichen Systemen erfasst. Mit der Data-Warehouse-Lösung und den Reporting-Tools von SAP werden daraus Informationen gewonnen, die Entscheidungsvorgänge unterstützen.

Benutzer erfassen durch die Ausführung von Transaktionen Tag für Tag eine große Menge unterschiedlicher Daten. Es werden Stammdaten angelegt, Aufträge erfasst, Buchungen vorgenommen und vieles

Ebene: Prozesse

mehr. Dieses Buch zeigt in mehreren Beispielen, wie im Zuge der Prozessabwicklung vielfältige Daten erfasst werden.

Ebene: Daten Diese Daten werden in unterschiedlichen Systemen (z. B. SAP ERP, SAP CRM, Nicht-SAP-Systemen, Datenbanken) gespeichert. Auch innerhalb der Software SAP ERP werden Daten in unterschiedlichen Komponenten (SD, MM, PP etc.) verwaltet. Komponentenübergreifende Auswertungen sind nur schwer möglich. In der Regel sind dafür aufwendige Eigenentwicklungen notwendig, da systemübergreifende Auswertungen im Standard nicht vorgesehen sind. In vielen Unternehmen löst man dieses Problem dadurch, dass die Daten aus unterschiedlichen Systemen über einen Download nach Microsoft Excel geladen werden. Dort finden dann ein Datenabgleich (Mapping) und die weitere Aufbereitung der Daten statt. Dazu sind viele manuelle Schritte notwendig, die erheblichen Aufwand erzeugen. Hinzu kommt das Problem, dass die Aufbereitung der Daten nicht nach unternehmensweit gültigen Regeln erfolgt. Häufig liegen dann letztlich unterschiedliche Informationen zum gleichen Sachverhalt vor.

Ebene: Informationen Diese Lücke wird durch SAP NetWeaver Business Warehouse (BW) geschlossen. Es handelt sich um eine eigene Software, in der Daten aus unterschiedlichen Quellsystemen in einem *Enterprise Data Warehouse* redundant abgespeichert werden. Die Daten wurden zuvor aus unterschiedlichen Quellsystemen extrahiert, über Transformationsregeln umgesetzt und anschließend in das Data Warehouse hochgeladen. Diesen Prozess fasst man auch unter der Abkürzung ETL (*Extract, Transform, Load*) zusammen. Für die Datenextraktion aus den Quellsystemen werden für SAP-Systeme (ERP, CRM, APO etc.) bereits vordefinierte Programme ausgeliefert. Für Nicht-SAP-Systeme stehen unterschiedliche Konnektoren zur Verfügung. Es ist aber auch möglich, Daten zu laden, die in einfachen Dateien (Flat Files) zur Verfügung stehen. Damit bietet SAP NetWeaver BW eine hohe Flexibilität bei der Datenbeschaffung. Für die Übernahme können spezifische Transformationsregeln definiert werden. Damit erfolgt der automatische Abgleich von Daten aus unterschiedlichen Systemen nach fest vorgegebenen Regeln, z. B. Mapping von Datenobjekten, die in unterschiedlichen Systemen mit andersartigen Schlüsselbegriffen verwaltet werden. Somit existiert eine einheitliche Quelle, die valide Informationen zur Vorbereitung von Entscheidungen liefert. In der Data Warehousing Workbench von SAP NetWeaver BW können Sie zudem regelmäßige Ladeprozesse einrichten. Damit werden die Daten aus den Quellsystemen (bzw. aus Quelldateien) in einem definierten Rhythmus aktualisiert. Dies bedeutet natürlich, dass eine Auswertung immer nur so aktuell ist wie die Daten, die zuletzt geladen wurden. Dies bewirkt aber auch eine stabile Datenbasis während der Analysen. In Ausnahmefällen kann auch ein direkter Zugriff auf die Daten im Quellsystem eingerichtet werden. Der Gestaltung der Informationsstrukturen (InfoObjects, InfoProvider) kommt eine große Bedeutung zu. Wir werden diese Strukturen in Abschnitt 2.14.2, »Informationsstrukturen in SAP NetWeaver BW«, detailliert erläutern.

Der erste wesentliche Vorteil von SAP NetWeaver BW besteht demnach darin, dass Daten aus unterschiedlichen Quellsystemen (und SAP-Komponenten) in zentralen Datenstrukturen zusammengeführt werden. Damit werden system- und komponentenübergreifende Auswertungen ermöglicht. Ein weiterer Vorteil besteht in den Auswertewerkzeugen, die bereitgestellt werden:

- SAP Business Explorer Analyzer (BEx)
- SAP BusinessObjects Crystal Reports
- SAP BusinessObjects Xcelsius (Dashboard)
- Web Reporting (SAP Web Application Designer, SAP Business Objects Web Intelligence etc.)

Bei dem Werkzeug *Business Explorer Analyzer* handelt es sich um eine Lösung, die auf Microsoft Excel beruht. Die Reports (Queries) werden in Excel ausgeführt. Der Benutzer kann die Daten lokal speichern und alle Auswertungs- und Gestaltungsmöglichkeiten aus Excel nutzen. Da viele Anwender Excel bei der täglichen Arbeit nutzen, fällt ihnen die Nutzung dieses Reports relativ leicht.

Business Explorer Analyzer (BEx)

Crystal Reports ist ein Auswertungswerkzeug aus dem BusinessObjects-Portfolio von SAP. Es ist ein dokumentenorientiertes Tool, mit dem vor allem gedruckte Berichte optimal gestaltet werden können.

Crystal Reports

Neben der zum Druck optimierten Ansicht kann der Benutzer je nach Definition auch innerhalb des Berichts hierarchische Aufrisse vornehmen oder weitere eingebettete Unterberichte aufrufen. Hierbei werden die verschiedenen Reportausprägungen in neuen Registerkarten geöffnet und ermöglichen so schnelle Vergleiche. Weiterhin besteht die Möglichkeit, die Berichte zu drucken bzw. über die Exportfunktion als PDF-Datei bereitzustellen. Abhängig von der Reportdefinition ermöglicht Crystal Reports auch die Eingabe von Filterwerten zu den im Bericht enthaltenen Objekten, wie die Selektion auf ein bestimmtes Jahr. Hierbei bestehen technisch die gleichen Möglichkeiten, wie in einem Selektionsbild einer typischen BEx-Query.

Xcelsius (Dashboard) Das Tool *SAP BusinessObjects Xcelsius* ist für die Berichterstellung hochaggregierter Daten ausgelegt. Neben der dynamischen Darstellung von Daten bietet es dem Benutzer die Möglichkeit, sogenannte *Was-wäre-wenn-Analysen* durchzuführen. Vorstellbar wäre hier beispielsweise eine Analyse, in der die Auswirkung auf den Umsatz durch eine Preiserhöhung dargestellt wird. Dies wird durch ein Flash-Objekt ermöglicht, das in Microsoft Office-Programmen (Word, Excel, PowerPoint) oder PDF-Dokumenten eingebettet werden kann. Durch das Zusatz-Tool *LiveOffice* besteht weiterhin die Möglichkeit, eine Verbindung zum Quellsystem herzustellen, sodass jederzeit innerhalb einer Office-Anwendung oder des PDFs die aktuellen Daten eingelesen werden können. Damit lassen sich Microsoft-Anwendungen als Präsentationsschicht für die Daten verwenden, ohne dass die Aktualität der Information verloren geht.

Web Reporting Das *Web Reporting* ermöglicht die Anzeige der Berichte im Portal, d.h. in einem Internetbrowser (z. B. Microsoft Internet Explorer). Damit benötigt der Benutzer keinen Zugang zu einem SAP-System mehr. Ein weltweiter Zugriff auf die Daten wird hierdurch vereinfacht. Der Zugriff auf sensible Informationen kann über eine https-Verbindung verschlüsselt und damit gesichert werden.

Web Reporting – Web Application Designer Mit dem *Web Application Designer* ist das Erzeugen von Internetseiten mithilfe eines Web Templates möglich. Die Inhalte sind dynamisch und zeigen jeweils das Ergebnis einer oder mehrerer Auswertungen an. Der Entwickler muss hierfür nicht nur über fachliches, sondern auch über technisches Wissen der Datenquellen und -strukturen verfügen. Neben einfachen Auswertungen können mit diesem Tool auch komplexe Webanwendungen entwickelt werden.

Web Reporting – Web Intelligence Ein SAP BusinessObjects-*Web-Intelligence-Dokument* deckt die Bedürfnisse an das Ad-hoc-Reporting ab und kann von der Fachseite erstellt werden. Die benötigen Informationen können in kurzer Zeit zielgerecht selektiert und dargestellt werden. Hierbei wird die IT entlastet, da sie die Berichte nicht mehr selbst erstellen, sondern nur noch die Datenbasis hierzu bereitstellen muss. Der Anwender kann die Anordnung des Berichtinhalts nach seinen Wünschen und Anforderungen frei gestalten. Durch enthaltene Vorlagen, die er optional verwenden kann, hat er verschiedene Möglichkeiten, die Daten darzustellen. Web Intelligence ermöglicht den Export von Berichten in die Formate Excel und PDF. Durch diesen Vorteil können die Berichte beispielsweise an Entscheidungsträger versendet werden, die diese lokal mit Standardsoftware (z. B. Adobe Reader und Microsoft Excel) öffnen können.

In SAP NetWeaver BW ist neben dem Reporting auch eine Planungskomponente (*Integrated Planning*) enthalten. Diese kann je nach Bedarf eine vollständige integrierte Unternehmensplanung oder eine reine Vertriebsplanung umfassen. Dabei wird zunächst definiert, auf welchen Ebenen die Plandaten benötigt werden (z. B. auf der Ebene »Kunde/Produktgruppe« oder »Kunde/Material«). Basierend darauf können dann manuelle Eingaben in speziellen Business-Intelligence-Reports sowie maschinelle Berechnungen (Umwertungen, Top-down-Verteilungen u.v.m.) erfolgen.

Integrated Planning

Alternativ zu den Planungsmöglichkeiten, die das Tool *Integrated Planning* bietet, kann auch das Tool *SAP BusinessObjects Planning and Consolidation* (BPC) eingesetzt werden. Die große Stärke von BPC liegt darin, dass Microsoft Excel als Oberfläche zur Verfügung steht. In Excel werden sowohl die Konfiguration des Systems, als auch die Dateneingabe und -analyse durchgeführt. Zudem gibt es die Möglichkeit, auf einfache Weise eigene Prozessabläufe (sogenannte *Business Process Flows*) zu definieren, um den Benutzer durch jeden Schritt eines Planungs- oder Konsolidierungsprozesses zu leiten. Die Top-down- und Bottom-up-Planung im finanziellen und operativen Bereich wie auch die Unterstützung der Konsolidierungsprozesse gewährleisten eine zielsichere und schnelle Entscheidungsfindung. Dies alles führt, auch stark bedingt durch die bekannten Excel-Funktionalitäten, zu einer raschen Akzeptanz bei den Anwendern. BPC ist sowohl als reine Microsoft-Version verfügbar, als auch als Version mit Integration in SAP NetWeaver BW.

SAP BPC

Bislang haben wir gesehen, wie Daten aus unterschiedlichen Quellsystemen extrahiert, in eigenen Informationsstrukturen gespeichert und in Auswertungen den unterschiedlichen Zielgruppen zu Analysezwecken verfügbar gemacht werden können. Darauf aufbauend ermöglicht die Komponente *Strategic Enterprise Management* (SEM)

Ebene: Entscheidungen

die gezielte Unterstützung strategischer Unternehmensfunktionen. Dazu gehören die Abbildung von Balanced Scorecards sowie die Vorbereitung und Durchführung von Konsolidierungsprozessen (legale und Managementkonsolidierung). Auch in diesem Bereich bietet SAP BusinessObjects weitere Tools, die die Produktpalette abrunden. Es würde allerdings im Rahmen dieses Buchs zu weit führen, die Produkte hier ebenfalls vorzustellen.

Mit der Einführung von SAP NetWeaver BW und SAP BusinessObjects ist die Zielsetzung verbunden, allen Benutzern die benötigten Informationen in Form von Auswertungen zur Verfügung zu stellen und diese gezielt für Entscheidungsprozesse aufzubereiten.

Im Folgenden erläutern wir Ihnen zunächst den Aufbau der Informationsstrukturen in SAP NetWeaver BW und SAP BusinessObjects. Anschließend zeigen wir die Möglichkeiten, die der Business Explorer Analyzer (SAP NetWeaver BW) und SAP BusinessObjects Crystal Reports bei der Gestaltung von Berichten bieten.

2.14.2 Informationsstrukturen in SAP NetWeaver BW

InfoObjects

In SAP NetWeaver BW werden die relevanten Informationen für Reportingzwecke optimiert abgelegt. Die zentralen Objekte hierzu sind sogenannte *InfoObjects*. Dabei wird zwischen Merkmalen und Kennzahlen unterschieden:

- **Merkmale**
  sind Kriterien, nach denen die Daten analysiert werden können, z. B. Monat, Jahr, Sparte, Land, Kundengruppe, Kunde, Material. Sie können Attribute und Texte (wie Produktgruppe, Basismengeneinheit und Bezeichnung zum Material) sowie Hierarchien (z. B. Produkthierarchie) besitzen, die dann ebenfalls im Reporting zur Verfügung stehen.

- **Kennzahlen**
  sind Datenfelder, die Werte, Mengen oder Zähler repräsentieren, z. B. Umsatz, fakturierte Menge, Bestand, Anzahl Aufträge.

InfoObjects sind also vom Aufbau her vergleichbar mit den Objekten des Vertriebsinformationssystems (siehe Abschnitt 2.13).

In SAP NetWeaver BW stehen unterschiedliche Objekte als Datenbasis für die Auswertungen zur Verfügung. Diese werden als *InfoProvider* bezeichnet. Der wichtigste InfoProvider ist dabei der *InfoCube*. Seine Struktur wird mithilfe von InfoObjects durch eine Kombination konkreter Merkmale und Kennzahlen definiert (siehe Abbildung 2.155). Ein InfoCube des BI-Systems könnte somit die SD-Auftragsdaten, ein weiterer die SD-Fakturen oder die Debitorenforderungen aus der Finanzbuchhaltung beinhalten.

InfoProvider

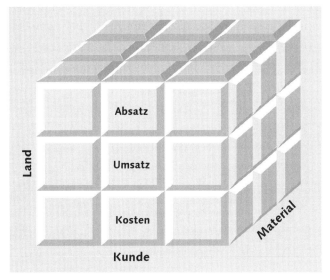

Abbildung 2.155 Aufbau eines InfoCubes

Technisch besteht jeder InfoCube aus mehreren Datenbanktabellen, die nach dem sogenannten *Sternschema* verknüpft sind. Ein Sternschema beinhaltet eine Faktentabelle, die die Kennzahlen des InfoCubes enthält sowie mehrere sie umgebende Dimensionstabellen, in denen die Merkmale des InfoCubes abgelegt sind.

Ziel dabei ist ein effizienter, d.h. schneller und gezielter Lesezugriff auf die für einen Bericht relevanten Daten. Auf diese Art und Weise wird auch bei hohem Belegvolumen ein flexibles und schnelles Reporting gewährleistet.

Auf jedem einzelnen InfoProvider können anschließend Auswertungen erstellt und Analysen getätigt werden. Zusätzlich gibt es die Möglichkeit, MultiProvider anzulegen, um die Daten aus mehreren InfoProvidern zu verknüpfen. Hierdurch kann z. B. eine Analyse der SD-

Fakturen um die Information der offenen Posten oder des Zahlungsverhaltens der Kunden ergänzt werden (siehe Abbildung 2.156). Ein MultiProvider beinhaltet keine Daten. Er greift während des Reportings direkt auf die einzelnen InfoProvider zu. Beim Aufbau eines BI-Systems können somit auch nach und nach weitere InfoProvider ergänzt und mittels MultiProvidern verknüpft werden.

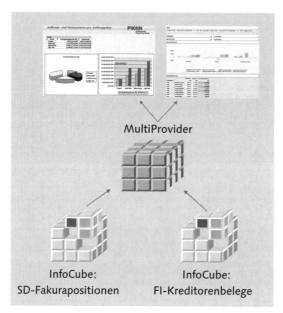

Abbildung 2.156 Aufbau eines MultiProviders

Business Content

Um nicht alle InfoObjects und InfoProvider im System manuell anlegen zu müssen, liefert SAP einen sogenannten *Business Content* aus. Dieser beinhaltet ein umfangreiches Sortiment an Objekten bis hin zu Auswertungen in Excel oder Web. Je nach Bedarf kann man die für die eigenen Reportinganforderungen relevanten Teile dieses Business Contents aktivieren und nutzen oder als Kopiervorlage verwenden.

Der Business Content für die Vertriebskomponente von SAP ERP besteht aus unterschiedlichen Extraktoren, um Stamm- und Bewegungsdaten wie Aufträge, Lieferungen und Fakturen in das BI-System zu laden. Wahlweise können hierbei die Belegtabellen oder VIS-Strukturen (S001, S260, S261 etc.) als Datenquelle dienen (zum Thema VIS siehe Abschnitt 2.13). Falls kundeneigene VIS-Strukturen genutzt werden, können die darin enthaltenen Daten ebenfalls leicht an SAP NetWeaver BW übergeben werden.

In SAP NetWeaver BW ist zudem eine Vielzahl an vordefinierten InfoObjects verfügbar, um Stammdaten, Texte und Hierarchien sowie die Kennzahlen des Vertriebs abzubilden. Des Weiteren umfasst der Business Content einige InfoProvider und Queries, unter anderem zur Analyse des Angebotserfolgs, des Lieferverzugs oder der Top-Kunden bezüglich Umsatz und Absatzmengen. Selbstverständlich aber können die relevanten Vertriebskennzahlen in jedem Unternehmen individuell definiert sein. Das vorhandene Repertoire an vordefinierten Objekten des Business Contents ermöglicht aber in jedem Fall einen schnelleren Start bei der Einrichtung des BI-Systems.

Neben dem Business Content zur Vertriebskomponte SD steht zusätzlich ein umfangreicher Content zum Thema SAP CRM zur Verfügung, auf den wir hier aber nicht weiter eingehen.

2.14.3 Informationsstrukturen in SAP BusinessObjects

Das Reporting mit SAP BusinessObjects basiert auf dem Konzept der Metadatenebene, dem sogenannten *Universum*. Ein Universum ist somit eine logische Ebene für den Datenzugriff, die durch die darin enthaltenen Objekte und Klassen definiert ist, aber selbst keine Daten speichert. Diese Daten stammen aus Quellsystemen wie dem Data Warehouse von SAP NetWeaver BW oder anderen Nicht-SAP-Systemen.

- **Objekte**
  sind Elemente, die Felder einer Datenbank darstellen. Die Objekte können von einem der drei folgenden Typen sein:

  Objekte und Klassen

  - *Dimension* – Parameter für die Analyse z. B. Kunde, Material
  - *Information* – dienen zur Beschreibung einer Dimension, sind jedoch nicht Ziel der Analyse z. B. Telefonnummer des Kunden, Farbe des Materials
  - *Kennzahl* – repräsentieren numerische Daten, die die Quantifizierung eines Dimensionsobjekts ermöglichen (z. B. Umsatz, Kosten).

▶ **Klassen**
sind logische Gruppierungen von Objekten. Eine Klasse kann hierarchisch in Unterklassen gegliedert sein. Als Beispiel kann die Klasse *Kunde* aus den Objekten Name, Straße, Postleitzahl und Ort bestehen sowie aus der Unterklasse *Kundendetails*, die Kundengruppe und Rabatt-Typ beinhaltet.

Universum Das Universum repräsentiert die Schnittstelle zur Beschaffung der geschäftsrelevanten Unternehmensdaten (siehe Abbildung 2.157). Es kann dabei je nach Zielgruppe und Aufgabenbereich unterschiedliche Daten aus verschiedenen Datenquellen repräsentieren. Zur Ermittlung übergreifender Daten (z. B. Auftrags- und Rechnungsdaten) können ein oder mehrere Universen an ein anderes angebunden werden.

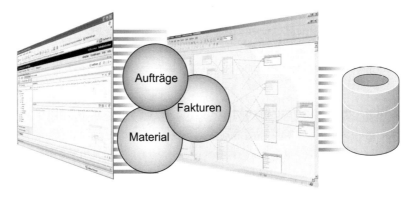

Berichtsdefinition   Berichtsdaten   Universum   Datenquelle

Abbildung 2.157 Überblick über die Datenbeschaffung (Universum)

Die einzelnen Universen werden zentral von der IT-Abteilung erstellt und den Anwendern zur Verfügung gestellt. Hierdurch wird dem Endanwender die Möglichkeit geboten, unterschiedliche Datenbestände aus verschiedenen Applikationen selbstständig zu analysieren. Aufgrund der Trennung zwischen IT-bezogenen Aufgaben und dem Reporting sind fundierte IT- und Programmierkenntnisse des Anwenders nicht erforderlich.

2.14.4 Beispiel »Business Explorer Analyzer«

Im Folgenden zeigen wir Ihnen am Beispiel einer einfachen Auswertung einige der Funktionen und Möglichkeiten des Business Explorer

Analyzers. Die gezeigten Navigationsmöglichkeiten stehen für das Web Reporting (Web Application Designer) analog zur Verfügung.

Eine Auswertung in SAP NetWeaver BW beinhaltet in der Regel folgende Elemente:

Elemente einer Auswertung

- Selektionsbild
- Ergebnistabelle/Grafik
- Filter- und Navigationsmöglichkeiten
- allgemeine Berichtsinformationen

Ein Selektionsbild (siehe Abbildung 2.158) gibt dem Anwender die Möglichkeit, die in der Auswertung angezeigten Daten vorab einzuschränken. Dabei kann es verpflichtende und optionale Eingabefelder geben.

Bei der Query-Erstellung wird festgelegt, ob ein Selektionsbild für diese Auswertung sinnvoll ist und welche Objekte (Variablen) darin enthalten sein sollen.

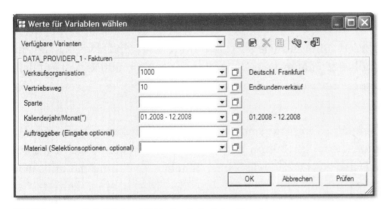

Abbildung 2.158 Selektionsbild beim Aufruf der Queries

Im Anschluss an das Selektionsbild erscheint die gewählte Auswertung in Excel (siehe Abbildung 2.159). In dieser Abbildung sehen Sie eine Query mit Fakturadaten zu einem Kunden. Das im Folgenden gezeigte Format entspricht dem von SAP bereitgestellten Template. Dieses kann natürlich an die Layoutvorgaben (Farben, Schriftarten, Grafiken, Buttons etc.) Ihres Unternehmens angepasst werden.

2 | Vertriebskomponente SD – Funktionsüberblick

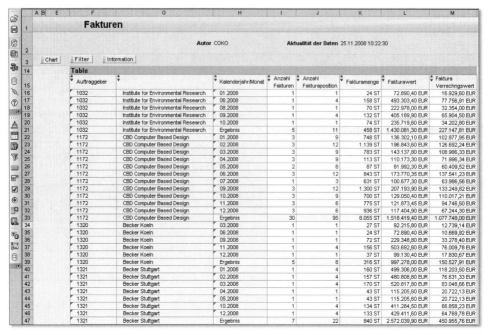

Abbildung 2.159 Beispielauswertung

Am linken Bildrand (siehe Abbildung 2.159) sind zwei zusätzliche Symbolleisten dargestellt. Diese dienen der Kommunikation mit dem Business Warehouse sowie der Formatierung der Excel-Arbeitsmappe.

Im Standard-Template sind drei Buttons enthalten: CHART, FILTER, INFORMATION. Der Button INFORMATION beinhaltet zunächst technische Daten zur Query (wie Name, Ersteller, Änderungsdatum) sowie die Aktualität der Daten im InfoProvider. Dort können dem Anwender auch wichtige Filterkriterien angezeigt werden.

Der Button FILTER (siehe Abbildung 2.159) zeigt die Navigationsmöglichkeiten dieses Berichts.

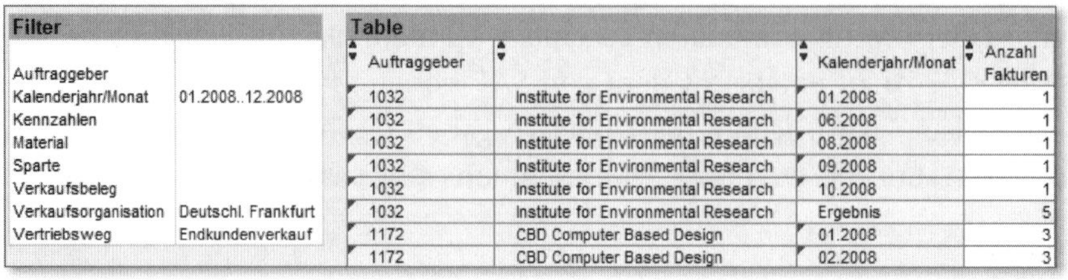

Abbildung 2.160 BEx – Filter

Es erscheint eine Liste von Merkmalen (siehe Abbildung 2.160), die zur Navigation vorgesehen sind. Navigationen in BEx sind grundsätzlich immer über das Kontextmenü der rechten Maustaste oder per Drag & Drop möglich. Einige Navigationsoptionen werden im Folgenden demonstriert.

Merkmale

Zunächst zeigt der Bericht (siehe Abbildung 2.160) alle Fakturakennzahlen pro Auftraggeber und Monat. Diese Information lässt sich leicht auf die Summen pro Kunde im Selektionszeitraum verdichten, indem wir den Aufriss nach KALENDERJAHR/MONAT entfernen (siehe Abbildung 2.161).

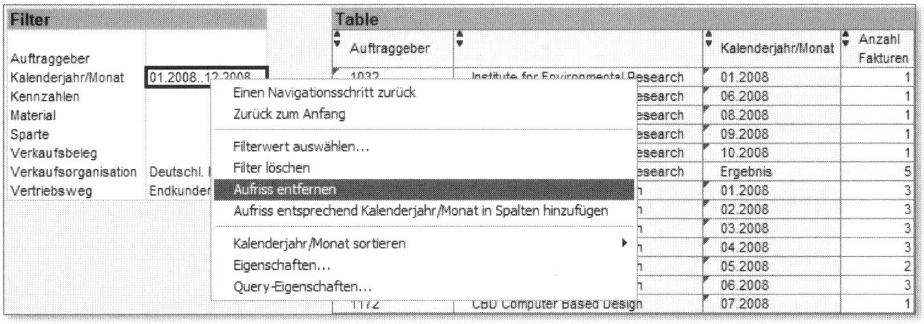

Kennzahlen

Abbildung 2.161 BEx – Aufriss entfernen

Ist vor allem der Umsatz relevant, können wir die Anzeige weiter einschränken (siehe Abbildung 2.162).

Abbildung 2.162 Filterwert auswählen

Das Ergebnis (siehe Abbildung 2.163) ist eine kompakte Übersicht über die Kunden im Selektionszeitraum, die per Klick auf die entsprechenden Sortiersymbole absteigend nach dem Fakturawert dargestellt werden.

Filter	
Auftraggeber	
Kalenderjahr/Monat	01.2008..12.2008
Kennzahlen	,Fakturawert
Material	
Sparte	
Verkaufsbeleg	
Verkaufsorganisation	Deutschl. Frankfurt
Vertriebsweg	Endkundenverkauf

Table		
Auftraggeber		Fakturawert
1321	Becker Stuttgart	2.572.039,90 EUR
2000	Carbor GmbH	1.598.031,40 EUR
1172	CBD Computer Based Design	1.518.419,40 EUR
1460	C.A.S. Computer Application Systems	1.473.475,60 EUR
2130	COMPU Tech. Plc	1.451.844,55 EUR
1032	Institute for Environmental Research	1.430.081,30 EUR
2007	Software Systems Llc	1.227.244,95 EUR
1360	Amadeus	1.210.054,80 EUR
1320	Becker Koeln	997.278,00 EUR
Gesamtergebnis		13.478.469,90 EUR

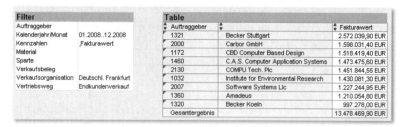

Abbildung 2.163 BEx – Sortierung nach dem Fakturawert

Neben Navigationsoptionen stehen diverse Möglichkeiten der Datenaufbereitung zur Verfügung. So können wir den Kunden z. B. auch ohne Nummer, aber mit Angabe des Ortes darstellen und die Summen unterdrücken (siehe Abbildung 2.164).

Filter	
Auftraggeber	
Kalenderjahr/Monat	01.2008..12.2008
Kennzahlen	,Fakturawert
Material	
Sparte	
Verkaufsbeleg	
Verkaufsorganisation	Deutschl. Frankfurt
Vertriebsweg	Endkundenverkauf

Table		
Auftraggeber	Ort	Fakturawert
Becker Stuttgart	Stuttgart	2.572.039,90 EUR
Carbor GmbH	Duesseldorf	1.598.031,40 EUR
CBD Computer Based Design	Hamburg	1.518.419,40 EUR
C.A.S. Computer Application Systems	Dresden	1.473.475,60 EUR
COMPU Tech. Plc	Koeln	1.451.844,55 EUR
Institute for Environmental Research	Muenchen	1.430.081,30 EUR
Software Systems Llc	Bonn	1.227.244,95 EUR
Amadeus	Muenchen	1.210.054,80 EUR
Becker Koeln	Koeln	997.278,00 EUR

Abbildung 2.164 BEx – Attribute anzeigen

Über den Button CHART (siehe z. B. Abbildung 2.159) ist zusätzlich eine grafische Aufbereitung dieser Information vorgesehen.

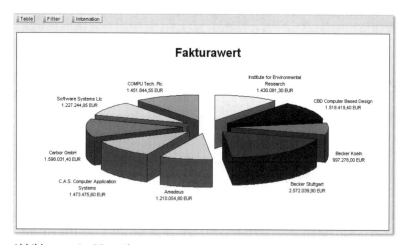

Abbildung 2.165 BEx – Chartanzeige

Hierbei handelt es sich um ein eingebundenes Excel-Diagramm (siehe Abbildung 2.165). Es stehen daher alle Diagrammoptionen von Excel zur Verfügung.

Ist das Diagramm an die Query gekoppelt, wirken sich Navigationsschritte sowohl auf die Tabelle als auch auf das Diagramm aus.

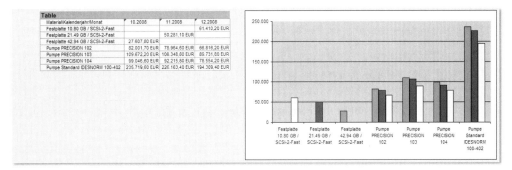

Abbildung 2.166 BEx – Navigation im Chart

In einer Arbeitsmappe in SAP NetWeaver BW können die Daten aus einer oder mehreren Queries dargestellt werden. Somit können die benötigten Tabellen und Diagramme für eine spezielle Auswertung optimal arrangiert werden (siehe Abbildung 2.166). Die Arbeitsmappe wird anschließend als Ganzes gespeichert. Bei erneutem Öffnen der Arbeitsmappe bleiben alle vorgenommenen Navigationsschritte erhalten. Es erfolgt lediglich ein Nachlesen der aktuellen Daten vom BI-Server.

Mithilfe der vorliegenden Auswertung können auch Fragestellungen beantwortet werden, die aus einer Kombination von Merkmalen hervorgehen. So können wir ausgehend von den Kunden die Artikel aufzeigen, die sie gekauft haben (siehe Abbildung 2.167).

Abbildung 2.167 BEx – Aufriss Kunde/Material

Umgekehrt lässt sich aber auch die Frage beantworten, welcher Artikel der Sparte »High Tech« von welchen Kunden gekauft wurde (siehe Abbildung 2.168).

Filter		Table					
Auftraggeber		Material		Auftraggeber	Ort	Fakturamenge	Fakturawert
Kalenderjahr/Monat	01.2008..12.2008	DPC1002	Festplatte 10.80 GB / SCSI-2-Fast	CBD Computer Based Design	Hamburg	966 ST	213.389,40 EUR
Kennzahlen	,Fakturamenge,Faktu			Ergebnis		966 ST	213.389,40 EUR
Material		DPC1003	Festplatte 21.49 GB / SCSI-2-Fast	CBD Computer Based Design	Hamburg	699 ST	196.349,10 EUR
Sparte	07 High Tech			Ergebnis		699 ST	196.349,10 EUR
Verkaufsbeleg		DPC1004	Festplatte 42.94 GB / SCSI-2-Fast	CBD Computer Based Design	Hamburg	89 ST	27.607,80 EUR
Verkaufsorganisation	Deutschl. Frankfurt			Ergebnis		89 ST	27.607,80 EUR
Vertriebsweg	Endkundenverkauf	DPC1005	Festplatte 21.13 GB / ATA-2	CBD Computer Based Design	Hamburg	294 ST	76.322,40 EUR
				Ergebnis		294 ST	76.322,40 EUR
		DPC1009	Tastatur Standard - Modell EURO	CBD Computer Based Design	Hamburg	1.168 ST	70.021,60 EUR
				Ergebnis		1.168 ST	70.021,60 EUR

Abbildung 2.168 BEx – Aufriss Material/Kunde pro Sparte

Eine ebenfalls häufig gestellte Frage ist die nach dem Durchschnitts-Verkaufspreis pro Material. Fehlt diese Berechnung in der Query, kann sie im ausgeführten Bericht ergänzt werden (siehe Abbildung 2.169). Hierzu steht neben den bekannten Formeln in Excel auch eine BI-Funktionalität zur Verfügung. Der Vorteil von BI-Formeln ist, dass sie beim Navigieren dynamisch neu berechnet werden.

Table					Lokale Formel
Material		Fakturamenge	Fakturawert	Durchschnittspreis	Beschreibung
DPC1002	Festplatte 10.80 GB / SCSI-2-Fast	3.419 ST	755.257,10 EUR	220,90 EUR/ST	Durchschnittspreis
DPC1003	Festplatte 21.49 GB / SCSI-2-Fast	1.893 ST	531.743,70 EUR	280,90 EUR/ST	
DPC1004	Festplatte 42.94 GB / SCSI-2-Fast	909 ST	281.971,80 EUR	310,20 EUR/ST	Formeln verwenden
DPC1005	Festplatte 21.13 GB / ATA-2	3.436 ST	891.985,60 EUR	259,60 EUR/ST	
DPC1009	Tastatur Standard - Modell EURO	4.165 ST	249.691,75 EUR	59,95 EUR/ST	'Fakturawert'/'Fakturamenge'
DPC1010	Tastatur Standard - Modell EURO-Special	4.065 ST	227.436,75 EUR	55,95 EUR/ST	
DPC1011	Tastatur Professional - Modell PROFITEC	3.028 ST	196.820,00 EUR	65,00 EUR/ST	

Abbildung 2.169 BEx – Formel

In jedem SAP NetWeaver BW-Bericht lassen sich zudem Bedingungen definieren, um z. B. die zehn meistverkauften Materialien oder die Top 50 der Kunden anzuzeigen (siehe Abbildung 2.170).

Table						
Material		Fakturamenge	Fakturawert	Durchschnittspreis		
DPC1002	Festplatte 10.80 GB / SCSI-2-Fast	3.419 ST	755.257,10 EUR	220,90 EUR/ST		
DPC1003	Festplatte 21.49 GB / SCSI-2-Fast	1.893 ST	531.7	Einen Navigationsschritt zurück		
DPC1004	Festplatte 42.94 GB / SCSI-2-Fast	909 ST	281.9	Zurück zum Anfang		
DPC1005	Festplatte 21.13 GB / ATA-2	3.436 ST	891.9	In Formel umwandeln		
DPC1009	Tastatur Standard - Modell EURO	4.165 ST	249.6			
DPC1010	Tastatur Standard - Modell EURO-Special	4.065 ST	227.4	Eigenschaften...		
DPC1011	Tastatur Professional - Modell PROFITEC	3.028 ST	196.8	Query-Eigenschaften...		
DPC1012	Tastatur Professional - Modell MAXITEC	3.296 ST	223.1	Kennzahldefinition		
DPC1013	Tastatur Professional - Modell NATURAL	2.652 ST				
DPC1014	SIM-Modul M8M x 32, 128MB DDR-RAM	1.305 ST	98.1	Bedingung anlegen	▶	Fakturawert <755257.1
DPC1015	SIM-Modul 256 MB 16M x 32, 70 ns	855 ST	116.4	Springen		Fakturawert <=755257.1
DPC1016	SIM-Modul 8M x 36, 70 ns	645 ST	61.726,50 EUR	95,70 EUR/ST		Fakturawert >755257.1
DPC1017	SIM-Modul 4M x 36, 70 ns	1.130 ST	60.455,00 EUR	53,50 EUR/ST		Fakturawert >=755257.1
DPC1019	Prozessor 700 MHz	737 ST	203.485,70 EUR	276,10 EUR/ST		Fakturawert Top 10
DPC1020	Prozessor 500 MHz	1.843 ST	294.142,80 EUR	159,60 EUR/ST		Fakturawert Top 10%
M-01	Sunny Sunny 01	61 ST	52.399,00 EUR	859,00 EUR/ST		Fakturawert Bottom 10
M-02	Sunny Xa1	68 ST	66.687,60 EUR	980,70 EUR/ST		Fakturawert Bottom 10%
M-03	Sunny Tetra3	48 ST	45.355,20 EUR	944,90 EUR/ST		Schwellenwert festlegen
M-04	Sunny Extrem	11 ST	11.181,50 EUR	1.016,50 EUR/ST		Durch Verwendung des Dialogfensters
M-05	Flatscreen LE 50 P	103 ST	46.339,70 EUR	449,90 EUR/ST		
M-06	Flatscreen MS 1460 P	82 ST	70.438,70 EUR	859,00 EUR/ST		

Abbildung 2.170 BEx – Bedingung aktivieren

Im Beispiel (siehe Abbildung 2.170) wird eine »Top 10«-Bedingung bezogen auf den Fakturawert aktiviert. Diese bezieht sich jeweils auf das Merkmal im Aufriss, in diesem Fall das Material.

Material		Fakturamenge	Fakturawert	Durchschnittspreis
P-402	Pumpe Standard IDESNORM 100-402	755 ST	2.404.977,00 EUR	3.185,40 EUR/ST
P-101	Pumpe PRECISION 101	457 ST	1.224.394,40 EUR	2.679,20 EUR/ST
P-103	Pumpe PRECISION 103	341 ST	1.133.279,40 EUR	3.323,40 EUR/ST
P-104	Pumpe PRECISION 104	290 ST	990.466,00 EUR	3.415,40 EUR/ST
DPC1005	Festplatte 21.13 GB / ATA-2	3.436 ST	891.985,60 EUR	259,60 EUR/ST
P-102	Pumpe PRECISION 102	278 ST	844.313,80 EUR	3.037,10 EUR/ST
DPC1002	Festplatte 10.80 GB / SCSI-2-Fast	3.419 ST	755.257,10 EUR	220,90 EUR/ST
DPC1003	Festplatte 21.49 GB / SCSI-2-Fast	1.893 ST	531.743,70 EUR	280,90 EUR/ST
DPC1020	Prozessor 500 MHz	1.843 ST	294.142,80 EUR	159,60 EUR/ST
DPC1004	Festplatte 42.94 GB / SCSI-2-Fast	909 ST	281.971,80 EUR	310,20 EUR/ST
Gesamtergebnis		13.621 ST	9.352.531,60 EUR	352,55 EUR/ST

Abbildung 2.171 BEx – Top-10-Materialien

In der Folge zeigt Abbildung 2.171 nur noch die Top-10-Materialien an.

In der Query-Definition kann zusätzlich eine farbige Darstellung bestimmter Werte, sogenannter *Exceptions*, definiert werden. Hierdurch wird der Anwender direkt auf kritische Werte aufmerksam gemacht.

Filter			Table				
Auftraggeber			Auftraggeber			Fakturamenge	Fakturawert
Kalenderjahr/Monat	01.2008..12.2008		1032	Institute for Environmental Research		458 ST	1.430.081,30 EUR
Kennzahlen	,Fakturamenge,Faktu		1172	CBD Computer Based Design		8.055 ST	1.518.419,40 EUR
Material			1320	Becker Koeln		316 ST	997.276,00 EUR
Sparte			1321	Becker Stuttgart		840 ST	2.572.039,90 EUR
Verkaufsbeleg			1360	Amadeus		7.374 ST	1.210.054,80 EUR
Verkaufsorganisation	Deutschl. Frankfurt		1460	C.A.S. Computer Application Systems		8.524 ST	1.473.475,60 EUR
Vertriebsweg	Endkundenverkauf		2000	Carbor GmbH		507 ST	1.598.031,40 EUR
			2007	Software Systems Llc		6.085 ST	1.227.244,95 EUR
			2130	COMPU Tech. Plc		6.072 ST	1.451.844,55 EUR
			Gesamtergebnis			38.231 ST	13.478.469,90 EUR

Abbildung 2.172 BEx – Exceptions

In Abbildung 2.172 wurden folgende Schwellenwerte als Exceptions für die Kennzahl »Fakturawert« definiert:

- von 0 bis 1.000.000 €
- von 1.000.000 bis 1.500.000 €
- ab 1.500.000 €

Abhängig von den Schwellenwerten können bis zu neun Farben zugeordnet werden. Das System kann bei Bedarf auch so konfiguriert werden, dass basierend auf einer Exception in regelmäßigen Zyklen mittels BEx Broadcaster E-Mails an die verantwortlichen Personen versendet werden.

Abschließend möchten wir noch einige Beispiele vorstellen, die so nicht im Business Content enthalten sind.

Die Fakturadaten können z. B. auch dazu dienen, das Kaufverhalten von Kunden in den letzten sechs Monaten zu analysieren (siehe Abbildung 2.173).

Auftraggeber		Umsatz 11.2007	Umsatz 12.2007	Umsatz 01.2008	Umsatz 02.2008	Umsatz 03.2008	Umsatz 04.2008	Umsatz Gesamtergebnis
1032	Institute for Environmental Research						140.525,00 EUR	140.525,00 EUR
1172	CBD Computer Based Design	217.801,30 EUR	106.259,38 EUR	232.974,30 EUR	190.778,80 EUR	102.345,20 EUR	138.670,08 EUR	988.829,06 EUR
1320	Becker Koeln	81.238,03 EUR	93.513,00 EUR					174.751,03 EUR
1321	Becker Stuttgart	99.747,20 EUR	766.397,80 EUR	12.468,40 EUR	507.913,56 EUR			1.386.526,96 EUR
1360	Amadeus	80.265,84 EUR	243.919,42 EUR	137.226,00 EUR	161.028,74 EUR	651.211,26 EUR	48.262,94 EUR	1.321.914,00 EUR
1460	C.A.S. Computer Application Systems	296.659,06 EUR	269.883,22 EUR	157.532,10 EUR	155.888,94 EUR	115.307,14 EUR	137.981,76 EUR	1.133.252,22 EUR
2000	Carbor GmbH	817.232,08 EUR			636.317,64 EUR	98.725,20 EUR		1.552.274,92 EUR
2006	Eteko Textilien					251.681,82 EUR		251.681,82 EUR
2007	Software Systems Llc	248.409,36 EUR	186.355,64 EUR	150.404,06 EUR	180.993,62 EUR	140.118,04 EUR	21.519,24 EUR	927.799,96 EUR
2130	COMPU Tech. Plc	218.839,44 EUR	268.117,66 EUR	205.409,76 EUR	201.871,54 EUR	103.239,86 EUR	80.368,04 EUR	1.077.846,30 EUR
2141	Jaspers Computers	395.375,00 EUR						395.375,00 EUR
Gesamtergebnis		2.455.567,31 EUR	1.934.446,12 EUR	1.532.332,26 EUR	1.398.475,00 EUR	1.462.628,52 EUR	567.327,06 EUR	9.350.776,27 EUR

Abbildung 2.173 BEx – Kundenentwicklung

Hieraus lassen sich folgende Themen ableiten, die Basis für konkrete Verkaufsinitiativen sein können:

- Liste aller Kunden, deren Umsatz im Vergleich zu einem anderen Zeitraum (wie Vorjahr oder vorheriges Quartal) zurückgegangen ist
- Liste aller Kunden, die in den letzten x Monaten nichts gekauft haben
- Liste aller Neukunden
- Vergleich der Anzahl der Kunden zwischen zwei Zeiträumen oder im Zeitverlauf

In Kombination mit den Materialien ergeben sich zusätzliche Punkte:

- Liste aller Kunden, die in den letzten x Monaten ein konkretes Material oder eine konkrete Produktgruppe nicht gekauft haben
- Liste aller Materialien, deren Anzahl der Kunden zurückgeht

Selbstverständlich können auch alle anderen Vertriebsbelege in SAP NetWeaver BW ausgewertet werden. So kann eine Gegenüberstellung der Mengen oder Werte aus Aufträgen, Lieferungen und Fakturen erfolgen, gegebenenfalls mit separatem Ausweis von besonderen Geschäftsvorfällen (siehe Abbildung 2.174).

SAP NetWeaver Business Warehouse (BW) inklusive SAP BusinessObjects | 2.14

Aufträge, Lieferungen und Fakturen

Autor COKO   Aktualität der Daten 25.11.2008 10:22:30

Auftraggeber		Auftrags-Menge	Liefermenge	Fakturierte Menge	Retourenmenge	Gutschriftsmenge
1000	Becker Berlin	1.882 ST	1.882 ST	1.882 ST		
1032	Institute for Environmental Research	1.080 ST	1.080 ST	1.050 ST		
1171	Hitech Ltd.	1.188 ST	1.188 ST	1.188 ST		
1172	CBD Computer Based Design	17.290 ST	15.790 ST	14.790 ST		30 ST
1200	Minerva Energieversorgung GmbH	194 ST	194 ST	194 ST		
1320	Becker Koeln	170 ST	170 ST	170 ST		
1321	Becker Stuttgart	1.338 ST	1.238 ST	1.138 ST		
1350	NSM Pumpentechnik AG	3 ST		2 ST		
1360	Amadeus	15.818 ST	15.818 ST	15.818 ST	250 ST	150 ST
1390	Technik und Systeme GmbH	15 ST	10 ST	10 ST		2 ST
1400	A.I.T. LLC.	372 ST	372 ST	372 ST		
1410	PILAR am Neckar	500 ST	440 ST	440 ST		
1460	C.A.S. Computer Application Systems	21.212 ST	21.212 ST	21.212 ST	30 ST	30 ST
2000	Carbor GmbH	2.312 ST	2.312 ST	2.312 ST		
2006	Etelko Textilien	258 ST	258 ST	258 ST		
2007	Software Systems Llc	16.708 ST	16.678 ST	16.678 ST	200 ST	200 ST
2130	COMPU Tech. Plc	16.108 ST	16.086 ST	16.086 ST		
2141	Jaspers Computers	746 ST	744 ST	744 ST		
4999	Hallmann Engineering & Construction Llc	12 ST	12 ST	12 ST		
Gesamtergebnis		97.206 ST	95.456 ST	94.356 ST	480 ST	412 ST

Abbildung 2.174 BEx – Vertriebsmengen

Basierend auf diesen Belegen werden häufig folgende Auswertungen erstellt:

- Analyse der abgesagten Auftragspositionen inklusive Absagegrund
- Darstellung der Lieferperformance bezüglich der Mengen, der Werte, der Anzahl Positionen oder der Anzahl Tagen
- Darstellung der Kennzahlen »Auftragseingang« oder »Auftragsbestand«

Zudem sind, insbesondere durch die Nutzung von MultiProvidern, komponentenübergreifende Auswertungen möglich. Hierbei können z. B. die Daten des Vertriebs mit den relevanten Informationen der Debitoren-Buchhaltung verknüpft werden. Abbildung 2.175 zeigt ein Beispiel, in dem neben dem Umsatz pro Kunde auch direkt die offenen Posten angezeigt werden. Abrunden könnte man diese Auswertung durch die Anzeige des Kreditlimits und der Versicherungssumme, falls dies in den Kundenstammdaten hinterlegt wurde.

Sehr häufig werden die Vertriebsdaten auch mit den Beständen oder Belegen der Materialwirtschaft verknüpft.

- Berechnung der Reichweite des Lagerbestands auf Basis der Kundenaufträge
- Analyse von Materialbeständen für Verkaufsaktionen (z. B. eine Bestandsübersicht von Materialien mit Mindesthaltbarkeitsdatum in naher Zukunft)
- Abverkaufslisten auslaufender Materialien

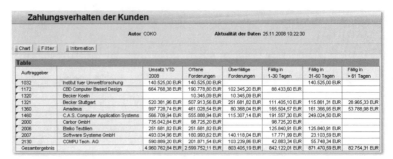

Abbildung 2.175 BEx – Zahlungsverhalten

2.14.5 Beispiel »Crystal Reports«

Im Folgenden zeigen wir Ihnen ein einfaches Beispiel mit dem Enterprise Reporting-Tool SAP BusinessObjects Crystal Reports, bei dem sich Parallelen zum BEx Analyzer wiederfinden und zusätzliche Funktionalitäten aufgezeigt werden. In unserem Beispiel geht es konkret um eine Fakturaauswertung, in der verschiedene Kennzahlen der Fakturen eines Jahres zu allen verfügbaren Auftraggebern in tabellarischer und grafischer Form ausgewertet werden.

Ähnlich wie bei dem bereits vorgestellten BEx Analyzer bietet der Crystal Reports-Bericht folgende Elemente:

- Selektionsbild
- Ergebnistabelle/Grafik
- Filter- und Navigationsmöglichkeiten
- allgemeine Berichtsinformationen

Abbildung 2.176 zeigt beispielhaft ein Selektionsbild zur Auswahl eines oder mehrerer Auftraggeber.

Nach der Eingabe der optionalen und verpflichtenden Felder im Selektionsbild wird der entsprechende Report druckoptimiert angezeigt. Diese Form der Anzeige bildet auch den Grundgedanken dieses Reporting-Tools. Im Folgenden wird auf die Möglichkeiten im Rahmen der Berichterstellung eingegangen. Ein mögliches Ergebnis zeigt im Anschluss Abbildung 2.178.

Bereits im ersten Schritt der Berichterstellung (über einen Wizard) hat der Berichtersteller die Möglichkeit, über die Datenquelle Gruppierungen zu definieren, Filterwerte vorzugeben und aus hinterlegten Dokumentvorlagen eine Auswahl zu treffen.

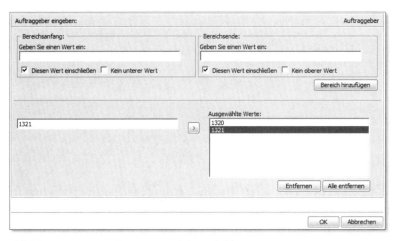

Abbildung 2.176 Crystal Reports – Selektionsbild

Somit erhält der Ersteller direkt ein Zwischenergebnis des Reports und kann anschließend im Designmodus des Entwicklungs-Tools weitere Modifikationen vornehmen, wie z. B.:

▶ Warnungen anlegen
▶ Parameter definieren
▶ Eigene Werte berechnen
▶ Grafikelemente hinzufügen
▶ Formatierungen vornehmen (auch bedingte Formatierungen)

Im folgenden Beispiel wurden Warnungen auf Basis der Kennzahl »Fakturawert« definiert (siehe Abbildung 2.177). Entspricht mindestens eine Kennzahl der Warnungsdefinition zum Ausführungszeitpunkt des Reports, wird der Anwender durch ein entsprechendes Dialogfenster benachrichtigt. Der Anwender hat dadurch die Möglichkeit, neben der Anzeige aller Daten nur die, die auf die Warnung zutreffen, in einer separaten Berichtsausprägung anzeigen zu lassen. In unserem Beispiel wurden die Schwellenwerte der Warnungen für den Fakturawert wie folgt definiert:

▶ kleiner 100.000,00 €
▶ größer 500.000,00 €

Wird der Bericht über den BusinessObjects Enterprise Server zeitlich im Hintergrund eingeplant, können die Warnungen dazu genutzt werden, um beispielsweise eine bestimmte Person per E-Mail über dieses Ereignis zu informieren.

Abbildung 2.177 Crystal Reports – Warnungen

In unserem Beispiel basiert die Auswertung auf Fakturadaten und ist in zwei Berichte unterteilt. Die Analyse startet mit einem Hauptbericht, über den ein Unterbericht angesteuert werden kann.

Der Hauptbericht (siehe Abbildung 2.178), zeigt im Kopfbereich das Firmenlogo, die Berichtsüberschrift und das Ausgabedatum. Diese Darstellung wird nur auf der ersten Seite des Berichts angezeigt.

Unter dem Kopfbereich, dem sogenannten *Detailbereich*, werden pro Auftraggeber die gewünschten Informationen zunächst in tabellarischer Form ausgewiesen. Diese umfassen im Beispiel verschiedene Kennzahlen wie Fakturamenge und Fakturawert innerhalb eines Jahres auf Monatsebene. Bezüglich des Designs sind die alternierende Hintergrundfarbe des Detailbereichs sowie die farbliche Hervorhebung bestimmter Werteausprägungen (bedingte Formatierung) zu erwähnen. Diese Formatierungen sind inhaltsabhängig und können über einen Formeleditor definiert werden. Unterhalb der Tabelle wird ein 3D-Diagramm gezeigt, das das Verhältnis des Fakturawerts und des Faktura-Verrechnungswerts darstellt. Im Fußbereich findet sich die Angabe der Seitenzahl wieder.

Außerdem kann der Anwender über einen Link den Unterbericht (siehe Abbildung 2.179) ansteuern, der die zehn Materialien mit den höchsten Fakturawerten in einem Pie Chart darstellt. Diese Daten basieren auf den Informationen des aktuellen Auftraggebers.

Neben dem eigentlichen Berichtsergebnis gibt es einen Navigationsbaum mit den im Bericht enthaltenen Gruppenausprägungen (siehe Abbildung 2.180). Der Anwender kann mit dieser Funktionalität direkt zu der Seite eines bestimmten Auftraggebers navigieren. Mithilfe der Filterfunktion kann der Anwender im Vorfeld entscheiden, welche Auftraggeber der aktuelle Bericht zur Ausführungszeit enthält.

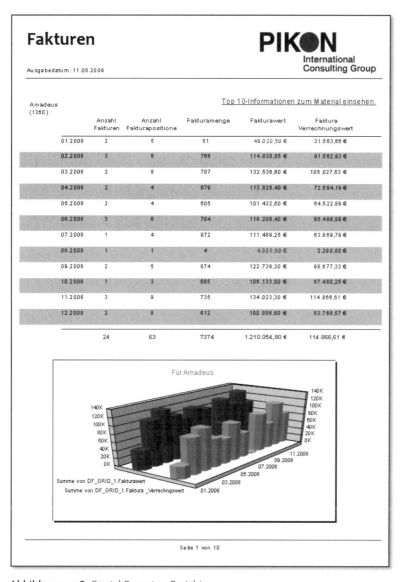

Abbildung 2.178 Crystal Reports – Bericht

Als Ergebnis wird der Bericht entsprechend der Selektion aufgebaut und bietet somit die Möglichkeit, verschiedenen Anwendergruppen die entsprechenden Auftraggeber mit den benötigten Kennzahlen in einer optimierten Auswertung zur Verfügung zu stellen.

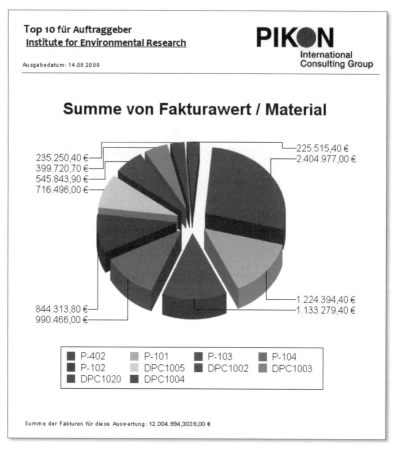

Abbildung 2.179 Crystal Reports – Unterbericht

Die im Bericht enthaltene Dokumentenstruktur wurde so definiert, dass für jeden Auftraggeber eine eigene Berichtsseite mit Tabelle, Diagramm und den restlichen Elementen, wie z. B. dem Firmenlogo, erstellt wird. Somit können einzelne Berichtsblätter spezifischer Auftraggeber separat ausgedruckt bzw. exportiert werden.

Auf der letzten Seite des Crystal Reports, dem Berichtsfuß (siehe Abbildung 2.181), wird eine umfassende Auswertung aller Auftraggeber dieses Berichts dargestellt. Diese beinhaltet die Gesamtsummen der im Bericht definierten Kennzahlen über alle Auftraggeber hinweg. Des Weiteren wird der Fakturawert der im Bericht enthaltenen Auftraggeber in einem separaten Diagramm abgebildet.

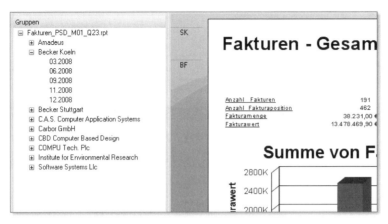

Abbildung 2.180 Crystal Reports – Navigationsbereich

Neben inhaltlichen Einstellungen gibt es eine ganze Reihe weiterer Einstellungsmöglichkeiten. Im Bereich der Berichtsstrukturierung können unter anderem Paging-Einstellungen vorgenommen werden, sodass beispielsweise nach jedem Abschluss einer Gruppierung ein Seitenumbruch zur besseren Darstellung der Daten eingefügt wird.

Im ausgeführten Bericht besteht die Möglichkeit, die entsprechende Gruppenausprägung anzuklicken und somit die selektierte Gruppe (in unserem Beispiel ein konkreter Auftraggeber) in einer neuen Registerkarte angezeigt zu bekommen (siehe Abbildung 2.182). Hierdurch wird somit ein Berichtsausschnitt auf einer speziellen Registerkarte separiert, sodass er z. B. beim Drucken auch separat angesprochen werden kann. Es können auch andere Objekte innerhalb des Berichts angesteuert werden wie URLs oder eingebettete Unterberichte (z. B. von Crystal Reports und Xcelsius).

Um der Corporate Identity eines Unternehmens zu entsprechen und ein konkretes Berichtsdesign zentral vorgeben zu können, besteht die Möglichkeit der Erstellung von Report-Templates, die, abgelegt auf dem BusinessObjects-Server, den entsprechenden Benutzergruppen zur Verfügung stehen.

Mit diesem Beispiel zeigten wir Ihnen nur einen kleinen Ausschnitt der Möglichkeiten, die Sie mit Crystal Reports haben, um ein anspruchsvolles Enterprise Reporting zu gewährleisten, das den hohen inhaltlichen und optischen Ansprüchen des Berichtswesens eines zielorientierten Unternehmens gewachsen ist.

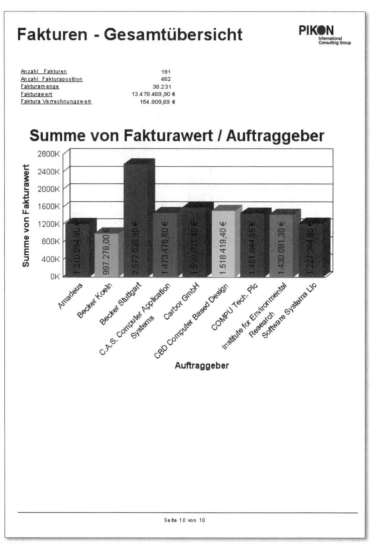

Abbildung 2.181 Crystal Reports – Berichtsfuß

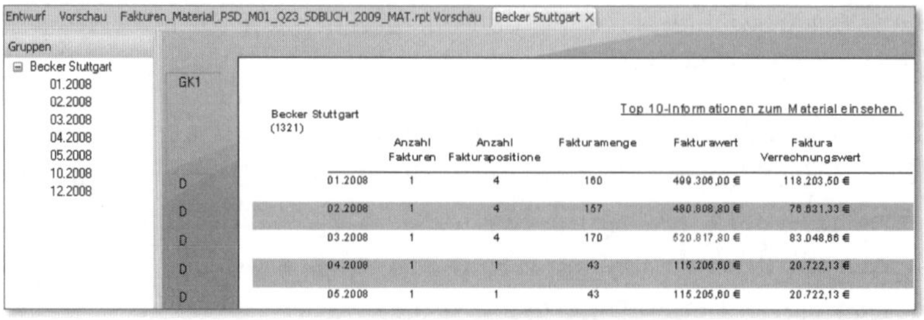

Abbildung 2.182 Crystal Reports – Selektion einer einzelnen Gruppenausprägung

2.14.6 Fazit

Zusammenfassend lässt sich feststellen, dass SAP NetWeaver BW und SAP BusinessObjects viele Möglichkeiten bieten, die weit über die Funktionalität des Vertriebsinformationssystems hinausgehen. Vor allem hinsichtlich der Verknüpfung von Informationen aus verschiedenen Komponenten und deren Darstellungsform der Daten liegen Welten zwischen diesen Werkzeugen. Des Weiteren ist hier der Vorteil der Datenanreicherung sowie Verfügbarkeit der Berichte via Web zu sehen. Aus diesen Gründen werden sich SAP NetWeaver BW und SAP BusinessObjects als Standard für die Bereitstellung von Auswertungen und Analysen weiter verbreiten. Wenn Unternehmen diese Möglichkeiten nutzen wollen, wird es vor allem darauf ankommen, das Wissen um die Möglichkeiten von SAP NetWeaver BW und SAP BusinessObjects mit dem Wissen über die Quellsysteme, die die Daten liefern, zu kombinieren.

2.15 Zusammenfassung

Mit diesem Kapitel haben Sie die wichtigsten Funktionen von SAP ERP im Bereich Vertrieb und damit die Bausteine für die Gestaltung von Prozessen kennengelernt. Wir haben dabei erläutert, wie das Customizing den Ablauf der Funktionen steuert, und damit die Gestaltungsspielräume aufgezeigt. Im folgenden Kapitel wollen wir den Blick auf die Prozesse selbst richten und bleiben dabei zunächst innerhalb der Komponente SD, bevor wir uns in Kapitel 4 mit der komponentenübergreifenden Abwicklung betrieblicher Wertschöpfungsketten befassen.

In diesem Kapitel wechseln wir die Perspektive und geben Ihnen einen Überblick über Ablauf und Abbildung der Vertriebsprozesse über mehrere Funktionen von SAP ERP hinweg. Auch hier lernen Sie jeweils die betriebswirtschaftlichen Grundlagen, den Ablauf im System und ein umfassendes Beispiel kennen.

3 Vertriebskomponente SD – Prozessüberblick

In diesem Kapitel beschreiben wir zunächst den grundlegenden Aufbau von Vertriebsbelegen. Anschließend wird der Belegfluss und damit der Ablauf vorgestellt. Die Standardabwicklung eines Verkaufsprozesses zeigen wir Ihnen dann anhand einer Terminauftragsabwicklung in Abschnitt 3.3. Die übrigen Abschnitte sind Variationen dieses Ablaufs zur Abbildung spezifischer Geschäftsprozesse. Von daher empfiehlt es sich, zunächst Abschnitt 3.1, »Belegstruktur«, Abschnitt 3.2, »Belegfluss«, und Abschnitt 3.3, »Terminauftragsabwicklung«, durchzuarbeiten. Anschließend können Sie sich – Ihren Interessen entsprechend – den restlichen Abschnitten widmen. Diese basieren jedoch immer auf den Inhalten der ersten drei Abschnitte.

3.1 Belegstruktur

Im Folgenden stellen wir Ihnen die grundlegende Struktur von Belegen im Vertrieb, im Versand und bei der Fakturierung vor. Damit wird hier eine wichtige Grundlage für die weiteren Abschnitte des Kapitels gelegt.

Grundsätzlich werden SAP-Vertriebsbelege in folgende Bereiche unterteilt:

- Auftragskopf
- Positionsebene
- Einteilungen

Auftragskopf Der *Auftragskopf* enthält Informationen, die für den gesamten Auftrag (also alle Positionen und Einteilungen) gelten. Dazu gehören z. B. die Auftragsnummer, die Kundennummer des Auftraggebers, die Bestellnummer des Kunden sowie die Zahlungsbedingungen.

Positionsebene Auf der *Positionsebene* werden die Produkte und Leistungen festgelegt, die der Kunde bestellt. Dort findet man unter anderem die Materialnummer, die Auftragsmenge, das Lieferdatum und den Preis sowie die Konditionen (Zu- und Abschläge, Steuern).

Einteilungen Zusätzlich kann sich eine Position in mehrere *Einteilungen* untergliedern. Bestellt ein Kunde z. B. 10 Stück eines Materials und wünscht die Lieferung zu unterschiedlichen Terminen, wird für jeden Liefertermin eine Einteilung angelegt. Abbildung 3.1 zeigt diese Struktur.

Abbildung 3.1 Struktur von Vertriebsbelegen

Einteilungen ergeben sich auch als Ergebnis der Verfügbarkeitsprüfung (siehe Abschnitt 2.3). Wünscht der Kunde nur einen einzigen Liefertermin und ist die Ware zu diesem Termin auch verfügbar, wird nur eine einzige Einteilung angelegt. Die bestätigte Menge der Einteilung entspricht dann der gesamten Positionsmenge. Ist die Ware zum Wunschliefertermin nicht verfügbar, werden zwei Einteilungen angelegt. Die erste Einteilung enthält dann das Wunschlieferdatum und die bestätigte Menge 0. Die zweite Einteilung wird zum nächstmöglichen Liefertermin erzeugt. Ergebnis der Verfügbarkeitsprüfung kann auch ein Split auf mehrere Einteilungen sein.

Am besten verdeutlichen wir diesen Zusammenhang an einem Beispiel. In einer Position wurden insgesamt 100 Stück bestellt. Das Wunschlieferdatum des Kunden ist der 15.01.2007. Zu diesem Termin ist keine Menge verfügbar. Zum 30.01.2007 können 50 Stück und zum 15.02.2007 weitere 50 Stück geliefert werden. Akzeptiert der Anwender diesen Liefervorschlag, entstehen die folgenden Einteilungen:

- **Einteilung 1**
  - Menge = 100 Stück
  - Termin: 15.01.2007
  - bestätigte Menge = 0
- **Einteilung 2**
  - Menge = 50 Stück
  - Termin: 30.01.2007
  - bestätigte Menge = 50
- **Einteilung 3**
  - Menge = 50 Stück
  - Termin: 15.02.2007
  - bestätigte Menge = 50

Die erste Einteilung wird bei der Erstellung einer Lieferung nicht berücksichtigt, da sie über keine bestätigte Menge verfügt. Sie ist für die Folgebelege des Auftrags nicht relevant.

Es gibt jedoch auch Auftragspositionen ohne Einteilungen. Dazu gehören z. B. Gut- und Lastschriftpositionen, die nicht zu einer Lieferung führen.

Auftragspositionen ohne Einteilungen

Die Untergliederung in Kopf, Position und Einteilung gilt allerdings nicht für sämtliche Vertriebsbelege, sondern nur für alle Verkaufsbelege (z. B. Anfragen, Angebote, Aufträge, Rahmenverträge). Versand- und Fakturabelege enthalten dagegen nur Kopf- und Positionsdaten. In Lieferbelegen gibt es aber zu der jeweiligen Lieferung auch Unterpositionen. Diese werden notwendig, wenn eine Lieferposition aus unterschiedlichen Chargen besteht. In diesem Fall (*Chargensplit*) wer-

Versand- und Fakturabelege

den mehrere Unterpositionen angelegt (siehe hierzu auch Abschnitt 2.5, »Chargenfindung«).

Untergeordnete Positionen

Auch im Kundenauftrag kann es untergeordnete Positionen geben. Diese sind z. B. bei der Setabwicklung von Bedeutung. Bei einer *Setabwicklung* besteht ein Produkt aus mehreren Komponenten. Klassisches Beispiel ist ein PC, der in der Regel aus dem Monitor, der Tastatur, dem Rechner, der Maus und gegebenenfalls einem Drucker oder weiteren Peripheriegeräten besteht. Auch im Anlagenbau ist diese Möglichkeit der Auftragsstrukturierung von großer Bedeutung. Anlagen bestehen häufig aus mehreren Komponenten, die durchaus getrennt geliefert, aber als *eine* Anlage berechnet werden. In diesen Fällen wird für das Gesamtsystem eine *Position* angelegt (z. B. der PC oder die gesamte Anlage). Für jede Komponente (z. B. Festplatte, Bildschirm, Maus, Drucker) wird jeweils eine *Unterposition* angelegt. Im Customizing kann festgelegt werden, ob z. B. die Preisfindung auf der Ebene der einzelnen Komponenten (also auf der Ebene der Unterposition) erfolgt oder ob ein Gesamtpreis für die übergeordnete Position ermittelt wird. Es ist möglich, über Customizing und einen speziellen Programmcode die Preise der einzelnen Komponenten zu einem Gesamtpreis für das System zu kumulieren. Dies geschieht über die Verwendung einer sogenannten *Kumulationskondition*, in dieser werden die Preise der Unterpositionen aufsummiert und dann als Gesamtpreis für das System in die Hauptposition übernommen. Die Werte der Unterpositionen sind in diesem Fall nur statistisch. Über die *Versandfälligkeit* wird definiert, ob eine Komponente als einzelne Einheit versendet wird oder ob die gesamte Anlage zusammen ausgeliefert wird. Ein Beispiel für die Bedeutung von Unterpositionen liefert uns auch die Funktion *Automatische Produktselektion* aus Abschnitt 2.7, »Materialfindung«.

Customizing

Schon in Kapitel 2, »Vertriebskomponente SD – Funktionsüberblick«, haben wir gezeigt, wie Customizing und Stammdatenpflege den Ablauf der Vertriebsfunktionen, z. B. Verfügbarkeitsprüfung und Preisfindung, steuern. Dies gilt natürlich auch für die Gestaltung der Prozesse. Folgende Customizing-Objekte sind für die Vertriebsbelege von Bedeutung:

- für den Auftragskopf: die Auftragsart
- für die Position: der Positionstyp
- für die Einteilung: der Einteilungstyp

Im Folgenden werden wir die Bedeutung dieser Objekte nacheinander vorstellen.

Die *Auftragsart* ist eines der zentralen Objekte des Customizings in der Vertriebskomponente (Transaktion VOV8). Der Anwender legt beim Anlegen eines Auftrags die Auftragsart fest und steuert somit den weiteren Ablauf. Unter anderem werden folgende Punkte abhängig von der Auftragsart festgelegt:

▶ Um welche Art Vertriebsbelegstyp (z. B. Anfrage, Angebot, Auftrag, Lieferplan, Kontrakt, Retoure, Gutschriftanforderung, Lastschriftanforderung) handelt es sich? Über diese Option werden Vertriebsbelege und damit verschiedene Prozesse unterschieden.

▶ Aus welchem Nummernkreis wird die Auftragsnummer vergeben, und handelt es sich um eine interne oder externe Nummernvergabe?

▶ Welche Positionstypen sollen innerhalb eines Auftrags ermittelt werden?

▶ In welche Folgebelege kann ein Auftrag kopiert werden? Hiermit wird z. B. festgelegt, ob ein Auftrag als Kopiervorlage für einen anderen Auftrag verwendet werden kann.

▶ Wird die Kreditlimitprüfung (siehe Abschnitt 2.11) durchgeführt – und wenn ja, in welcher Form?

▶ Werden die Funktionen *Materialfindung* (siehe Abschnitt 2.7) sowie *Materiallistung* und *Materialausschluss* (siehe Abschnitt 2.8) durchgeführt – und wenn ja, in welcher Form?

▶ Wie laufen die Transaktionen der Auftragsbearbeitung ab? So kann z. B. abhängig von der Auftragsart bei der Auftragserfassung ein Hinweis auf vorliegende Angebote oder Rahmenverträge des Kunden gegeben werden.

▶ Welche Belegarten werden für die Folgebelege (Lieferungen, Fakturen) vorgeschlagen?

Ein wesentlicher Bestandteil eines Einführungsprojekts ist die Festlegung von Geschäftsprozessen und deren Abbildung in SAP ERP. Daraus können dann die benötigten *Auftragsarten* abgeleitet werden. Im SAP-Standard wird bereits eine ganze Reihe wichtiger Auftragsarten ausgeliefert. In der Regel wird man Standard-Auftragsarten kopieren und diese gemäß den Anforderungen des jeweiligen Unternehmens ausprägen. Dies gilt selbstverständlich auch für Positions- und

Einteilungstypen. Die neuen Objekte (Auftragsart, Positionstypen, Einteilungstypen) sollten stets in einem eigens vorgesehenen Kundennamensraum (in der Regel mit Z oder Y beginnend) angelegt werden. Dadurch wird verhindert, dass die Einstellungen beim Releasewechsel überschrieben werden.

Positionstypen

Ein wichtiger Baustein der Gestaltung von Vertriebsprozessen ist die automatische Ermittlung des richtigen *Positionstyps*. Im Customizing werden für die unterschiedlichen Positionstypen Einstellungen vorgenommen (Transaktion SPRO • POSITIONSTYPEN DEFINIEREN). Diese Einstellungen steuern den Ablauf der Auftragsbearbeitung für diese Position. Unter anderem wird dabei Folgendes geregelt:

- Handelt es sich um eine Position mit Preisrelevanz? Nur in diesem Fall kann eine Preisfindung innerhalb dieser Position durchgeführt werden. Ansonsten handelt es sich um eine »kostenlose Position«.
- Sind Einteilungen innerhalb der Position erlaubt? Ist dies der Fall, existiert immer mindestens eine Einteilung pro Position.
- Kann eine Position kopiert werden? In welche Folgebelege kann sie kopiert werden?
- Handelt es sich um eine Retourenposition?
- Handelt es sich um eine fakturarelevante Position? In der Praxis ist meist jede preisrelevante Position auch eine fakturarelevante Position. Diese Positionen werden in den Fakturabeleg übernommen und fakturiert.
- Ermittlung der Einteilungstypen und damit die weitere Steuerung der Einteilungsbearbeitung

Ermittlung des Positionstyps

Von besonderer Bedeutung ist die automatische Ermittlung des Positionstyps in einem Auftrag. Diese erfolgt abhängig von folgenden Kriterien:

- **Auftragsart**
  Damit erfolgt die Positionstypenermittlung abhängig von der Auftragsart und damit abhängig von dem entsprechenden Prozess (z. B. Terminauftragsabwicklung Streckengeschäft, Konsignation).

- **Positionstypengruppe**
  Im Materialstamm wird das Material einer Positionstypengruppe zugeordnet (z. B. NORM für den »normalen« Terminauftrag). Im

Customizing können beliebig viele Positionstypengruppen definiert werden. Damit kann die Prozesssteuerung differenziert pro Material festgelegt werden.

▶ **Übergeordneter Positionstyp**
Wenn es sich um eine Unterposition handelt, hängt die Ermittlung des Positionstyps zusätzlich von dem Positionstyp der übergeordneten Position ab.

▶ **Verwendung**
Dieses Merkmal wird nicht durch Stammdaten oder Customizing-Einstellungen ermittelt. Vielmehr greift dies automatisch bei bestimmten Funktionen (z. B. Chargensplit, Produktselektion).

Abbildung 3.2 zeigt uns die Positionstypenermittlung für den Positionstyp TAN (Terminauftrag Normalposition). Wir sehen, dass mehrere Positionstypen eingestellt werden können. Dabei wird der erste Eintrag automatisch in die Auftragsposition übernommen. Die übrigen Einträge sind die möglichen Einträge für die manuelle Änderung durch den Anwender.

Beispiel für die Ermittlung des Positionstyps

Abbildung 3.2 Customizing für die automatische Positionstypenermittlung (Transaktion SPRO • Positionstypen zuordnen)

Abbildung 3.2 zeigt, dass im Fall der Auftragsart TA (Terminauftrag) zunächst der Positionstyp TAN (Normalposition) ermittelt wird. Voraussetzung dafür ist, dass es sich nicht um eine Unterposition handelt und im Materialstamm die Positionstypengruppe NORM (steht für »Normalposition«) zugeordnet wurde. Der Anwender kann diesen Eintrag während der Auftragserfassung z. B. auf den Positionstyp TANN (Kostenlose Position) ändern.

3 | Vertriebskomponente SD – Prozessüberblick

Einteilungstypen

Auf der Ebene des Einteilungstyps werden folgende Einstellungen im Customizing (Transaktion VOV6) vorgenommen:

- Die Lieferrelevanz einer Einteilung wird festgelegt. Nur lieferrelevante Einteilungen können in einen SD-Lieferbeleg kopiert werden.

- Die Bewegungsart, mit der die Warenausgangsbuchung in der Lieferung durchgeführt wird, ist ein Customizing-Objekt in der Materialwirtschaftskomponente MM. Darüber werden die Materialbewegungen gesteuert. Für den Einteilungstyp kann z. B. festgelegt werden, ob es sich um eine Auslieferung oder eine Retoure handelt.

- Es kann festgelegt werden, dass abhängig vom Einteilungstyp eine Liefersperre im Auftrag gesetzt wird. Diese ist vom Anwender manuell zu entfernen, bevor eine Lieferung angelegt werden kann.

Für den Einteilungstyp wird festgelegt, ob eine *Verfügbarkeitsprüfung* und eine *Bedarfsübergabe* im Vertriebsbeleg durchgeführt wird. In Abschnitt 2.3, »Verfügbarkeitsprüfung«, haben wir gesehen, dass diese Funktionen von der Bedarfsklasse abhängen. Die Bedarfsklasse wiederum wird über Daten im Materialstamm (Dispositionsgruppe) ermittelt. Warum also an dieser Stelle noch mal die gleiche Einstellungsmöglichkeit? Es handelt sich hierbei um eine zusätzliche Option. Verfügbarkeitsprüfung und Bedarfsübergabe können hier nur *ausgeschaltet* werden. Sind sie also auf Ebene der Bedarfsklasse nicht eingeschaltet, können sie hier nicht aktiviert werden. In der Praxis wird diese Möglichkeit relevant, wenn bei bestimmten Aufträgen die Verfügbarkeit nicht geprüft werden soll (z. B. bei Sonderaufträgen).

Ermittlung des Einteilungstyps

Ebenso wie der Positionstyp wird auch der Einteilungstyp über das Customizing (Transaktion SPRO • EINTEILUNGSTYPEN ZUORDNEN) automatisch ermittelt. Auch hier ist eine manuelle Änderung des Einteilungstyps durch den Anwender im Vertriebsbeleg möglich. Die automatische Ermittlung hängt von den folgenden beiden Kriterien ab:

- **Positionstyp**
  Vom Positionstyp der Position, zu der die Einteilung gehört

- **Dispomerkmal**
  Vom Materialstamm (siehe Abschnitt 2.3)

Lieferarten

Auftragsarten und Positionstypen haben auch im Versand ihre Bedeutung. Für die Lieferbelege im Versand werden eigene Lieferarten definiert (Transaktion 0VLK). Die wichtigsten Einstellungen zur Lieferart sind:

- **Vertriebsbelegtyp**
  Hier bestimmen Sie den Vertriebsbelegtyp, wie z. B. Auslieferung oder Retoure.

- **Nummernkreis**
  Aus dem Nummernkreis wird die Belegnummer des Lieferbelegs vergeben.

- **Kopiersteuerung**
  Dabei wird definiert, welche Vorgänger- und welche Nachfolgebelege eine Lieferart haben kann.

Im SAP-Standard werden bereits die wichtigsten Lieferarten ausgeliefert. Es ist möglich, zusätzliche Lieferarten gemäß den jeweiligen Anforderungen im Customizing anzulegen. Auch hier gilt, dass neue Lieferungsarten stets in den kundeneigenen Namensräumen (beginnend mit Y oder Z) anzulegen sind.

Positionstypen in der Lieferung

Die Positionstypen werden aus den Aufträgen in die Lieferung übernommen. Den Positionstyp TAN findet man demzufolge im Auftrag und auch im Lieferbeleg. Allerdings können im Customizing des Versands zusätzliche Einstellungen für den Positionstyp vorgenommen werden (Transaktion 0VLP). Hierüber kann z. B. gesteuert werden, ob der Lagerort zu einer Lieferposition automatisch ermittelt wird und ob eine Kommissionierung durchgeführt werden soll. Das klassische Beispiel einer Lieferposition ohne Kommissionierung ist die Retourenposition. Da der Kunde etwas zurückschickt, findet keine Kommissionierung beim empfangenden Unternehmen statt.

Fakturaarten

Für die Fakturabelege werden Fakturaarten definiert. Zu den wichtigsten Customizing-Einstellungen (Transaktion VOFA) der Fakturaart gehören:

- **Vertriebsbelegtyp**
  Damit wird festgelegt, ob es sich um eine Rechnung, einen Stornobeleg oder eine Gut-/Lastschrift handelt.

- **Kopiersteuerung**
  Es wird festgelegt, welche Vorgänger- und Nachfolgebelege möglich sind (z. B. kann festgelegt werden, ob eine Faktura als Vorlage für einen Kundenauftrag dienen kann).
- **Nummernkreis**
  Hiermit wird der Nummernkreis für die Fakturabelege festgelegt.
- **Stornobelegart**
  Hier wird die Belegart festgelegt, mit der ein Fakturabeleg storniert werden kann.

Positionstypen werden von den Vorgängerbelegen übernommen. Eigene Positionstypen für die Fakturabelege gibt es nicht. Es gibt auch keine zusätzlichen Einstellungen zu Positionstypen wie etwa im Versand.

3.2 Belegfluss

Im vorherigen Abschnitt haben wir den Aufbau der Vertriebsbelege gesehen, die in unterschiedlichen Phasen des Vertriebsprozesses entstehen. Nun werden wir uns dem grundsätzlichen Belegfluss (Angebot, Auftrag, Lieferung, Faktura) zuwenden. Die konkreten Ausprägungen des Belegflusses für die Abbildung unterschiedlicher Geschäftsprozesse folgen dann ab Abschnitt 3.3, »Terminauftragsabwicklung«.

Abbildung 3.3 zeigt die Vertriebsbelege in den unterschiedlichen Phasen des Vertriebsprozesses. Dabei werden die Daten in einem Beleg erfasst und in den Folgebeleg kopiert. Eine doppelte Erfassung der benötigten Informationen entfällt. Das spart Zeit und vermeidet Fehler. Diese Kopierfunktion ist ein wichtiger Bestandteil der Steuerung von Prozessen in SAP ERP. Der Belegfluss kann in jedem Beleg angezeigt werden. Damit besteht Transparenz über Vorgänger und Nachfolger. Der Anwender hat die Möglichkeit, direkt in diese Belege zu navigieren.

Vertriebsunterstützung

Die Phase *Vertriebsunterstützung* dient dazu, die Auftragsvergabe und die Auftragsbearbeitung vorzubereiten. In Kontaktbelegen werden vor allem Vertriebsaktivitäten (Telefonate, Kundenbesuche, Messekontakte) dokumentiert und verwaltet. Es besteht die Möglichkeit, Gesprächsnotizen zu hinterlegen und Folgeaktivitäten (erneuter

Anruf, Versenden von Werbematerial etc.) zu planen und durchzuführen. Diese Funktionen werden in der Regel durch ein CRM-System abgedeckt (siehe Abschnitt 6.3, »Customer Relationship Management«).

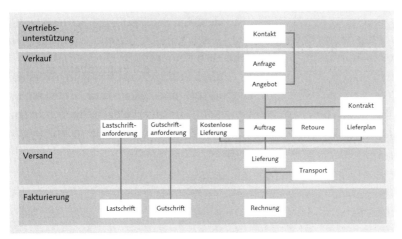

Abbildung 3.3 Übersicht über die Vertriebsbelege in den unterschiedlichen Phasen des Vertriebsprozesses

Konkreter wird es, wenn der Kunde in der *Verkaufsphase* Konditionen und Liefertermine zu Produkten des Unternehmens anfragt. In einem Anfragebeleg wird die Kundennummer erfasst, und die gewünschten Artikel (Materialstämme) werden in den Auftragspositionen hinzugefügt. Außerdem können in Freitexten Sonderwünsche des Kunden hinterlegt werden. Mit Bezug zu dieser Anfrage kann der Anwender dann ein Angebot erfassen. Die Konditionen (Preise, Rabatte, Steuer) sowie die Lieferdaten werden automatisch vom System ermittelt. Der Anwender hat die Möglichkeit, über die Nachrichtenfindung ein Angebot zu drucken und an den Kunden zu versenden.

Verkauf

Ebenfalls zur Verkaufsphase gehört die Erfassung von *Kontrakten*. Kontrakte sind Rahmenvereinbarungen, in denen mit dem Kunden die Abnahme von bestimmten Mengen oder Werten in einem bestimmten Zeitraum vereinbart werden können. In diesen Vereinbarungen können auch Konditionen hinterlegt werden, die dann in die einzelnen Abrufaufträge übernommen werden können. Ebenfalls zu den Rahmenverträgen zählen *Lieferpläne*. Im Gegensatz zu den Kontrakten werden in Lieferplänen konkrete Liefertermine vereinbart.

Kundenaufträge können entweder ohne Vorgängerbeleg oder mit Bezug zu Angeboten oder Kontrakten angelegt werden. Im Kundenauftrag ermittelt das System die Konditionen (entweder aus dem Vorgängerbeleg oder über die *Preisfindung*). Außerdem ermittelt die *Verfügbarkeitsprüfung*, zu welchem Zeitpunkt die gewünschten Produkte geliefert werden können. Aus dem Auftrag kann eine Auftragsbestätigung gedruckt werden, die an den Kunden versendet wird. Neben dem »normalen« Verkauf sind auch Retouren abzuwickeln. Dafür stehen eigene Auftragsarten (Retourenaufträge) zur Verfügung. Weitere Sonderformen des Auftrags sind Gut- und Lastschriftanforderungen. Diese werden zur Berechnung von Gut- und Lastschriften benötigt.

Versand Mit Bezug zum Kundenauftrag (oder dem Lieferplan) wird dann ein Lieferbeleg erstellt. Damit hat die *Versandphase* begonnen. Über den Lieferbeleg werden die Aktivitäten beim Warenausgang, bei der Kommissionierung und dem Versand gesteuert. Bei der Kommissionierung wird die aus dem Lager entnommene Menge in den Beleg eingetragen. Sobald dies geschehen ist, kann der Warenausgang gebucht werden. Diese Buchung aktualisiert den physischen Lagerbestand und führt in der Finanzbuchhaltung eine entsprechende Buchung durch. Außerdem können aus der Lieferung die Warenbegleitpapiere gedruckt werden. Retourenaufträge werden durch entsprechende Retourenanlieferungen unterstützt. Retourenanlieferungen führen zu Wareneingangsbuchungen.

Fakturierung Nach der Erfassung der Lieferung wird in der Phase *Fakturierung* die Kundenrechnung (Faktura) erzeugt. Dabei werden die ausgelieferten Mengen übernommen. Die Preise werden aus dem Kundenauftrag übergeben. Aus dem Fakturabeleg wird eine Rechnung gedruckt, die an den Kunden versendet wird. Außerdem werden die notwendigen Erlösbuchungen in der Finanzbuchhaltung und dem Controlling erzeugt.

Integration Schon der Überblick über die Belegsteuerung in SAP ERP zeigt den hohen Integrationsgrad der Software. Sobald im Vertrieb ein Warenausgang gebucht wird, werden auch die Materialwirtschaft und die Finanzbuchhaltung aktualisiert. Gleiches gilt beim Buchen der Kundenfaktura. Dort werden die Buchungen im Controlling (Betriebsergebnisrechnung) und in der Finanzbuchhaltung zeitgleich durchgeführt.

Der Belegfluss wird im Customizing durch die Kopiersteuerung festgelegt. Dabei werden folgende Fragen beantwortet:

Customizing

- **In welche Folgebelege darf eine bestimmte Belegart kopiert werden?**
  Damit wird festgelegt, welche Kopierreihenfolge zwischen Belegarten erlaubt ist.
- **Welche Daten dürfen in die Folgebelege übergeben werden?**
  Es können z. B. die Chargensplitpositionen einer Lieferung in die Faktura übergeben werden. In diesem Fall enthält die Faktura die gleiche Anzahl von Positionen wie die Lieferung. Es ist jedoch auch möglich, die Chargensplitpositionen der Lieferung zu einer einzigen Fakturaposition zu kumulieren.
- **Nach welchen Regeln wird ein Vorgängerbeleg als erledigt gekennzeichnet?**
  In der Praxis spielt dies vor allem bei Angeboten eine Rolle. Darüber kann die Frage beantwortet werden, ob Angebote nur einmalig zu einem Auftrag führen dürfen oder ob beliebig viele Referenzbelege erzeugt werden können.
- **Nach welchen Regeln werden Vorgängerbelege überführt?**
  Es können z. B. mehrere Aufträge zu einer Lieferung und mehrere Lieferungen zu einer Faktura zusammengefasst werden.
- **Wie werden die Funktionen in den Nachfolgebelegen gesteuert?**
  Es wird bei der Erstellung einer Faktura über die Kopiersteuerung festgelegt, ob die Preise aus dem Auftrag übernommen werden oder ob eine neue Preisfindung durchgeführt wird.

Die Kopiersteuerung nutzt insbesondere Kopierbedingungen und User Exits (siehe Abschnitt 2.11, »Kreditmanagement«, und dort den Bereich »Exkurs: Bedingungspflege in SAP ERP«).

3.3 Terminauftragsabwicklung

Im Folgenden beschreiben wir den Vertriebsprozess – von der Anfrage des Kunden über die Auftragsbearbeitung bis zur Fakturierung. Dabei wird Bezug genommen auf die in Kapitel 2, »Vertriebskomponente SD – Funktionsüberblick«, beschriebenen Funktionen. Die nachfolgenden Abschnitte (Abschnitt bis 3.12) stellen allesamt

Variationen dieses Ablaufs dar. Insofern betrachten wir in diesem Kapitel die Kernprozesse der Vertriebskomponente SD.

An dieser Stelle wollen wir bewusst auf die Behandlung der Vertriebsunterstützung (Kontaktbearbeitung) verzichten. Zwar ist es in SAP ERP möglich, Kundenkontakte zu erfassen und diese auch als Vorlage für die Angebots- bzw. Auftragserfassung zu verwenden, die Praxis zeigt jedoch, dass diese Funktionen mehr und mehr durch eigene CRM(Customer-Relationship-Management)-Systeme (siehe Kapitel 6, »Unternehmensübergreifende Geschäftsprozesse«) übernommen werden.

Abbildung 3.4 zeigt uns den Standard-Vertriebsprozess. Er besteht aus den folgenden Schritten:

1. Kundenanfrage
2. Kundenangebot
3. Terminauftrag
4. Lieferungsbearbeitung
5. Fakturierung

Diese Abläufe werden wir im Folgenden näher vorstellen.

Abbildung 3.4 Überblick über den Standard-Vertriebsprozess

3.3.1 Kundenanfrage

Beginn des Auftragsprozesses

Der Auftragsprozess beginnt mit der Erfassung einer Kundenanfrage. Der Anwender erfasst dazu einen Vertriebsbeleg mit der Auftragsart AN (Anfrage). Diese wird bereits mit dem SAP ERP-Standard ausgeliefert. Außerdem sind *Vertriebsbereich* und *Kundennummer* zu erfassen.

Positionsdaten

In den *Positionsdaten* werden die Materialien erfasst, die der Kunde anfragt. Weitere Informationen auf Positionsebene sind Menge und Liefertermin. Dabei unterscheidet sich die Erfassung einer Anfrage nicht wesentlich von der Erfassung eines Kundenauftrags oder eines Angebots. So können die entsprechenden Funktionen (unter anderem Preisfindung, Verfügbarkeitsprüfung, Bedarfsübergabe, Nachrichtenfindung, Kreditlimitprüfung) in all diesen Belegen genutzt werden. In freien Textfeldern können weitere Informationen zur Anfrage abgelegt werden. Zu unterscheiden sind dabei Kopf- und Positionstexte. Texte im Auftragskopf betreffen den gesamten Beleg, Positionstexte gelten nur für eine Position. Texte in der Anfrage dienen insbesondere dazu, zusätzliche Informationen über den Kunden (Zusatzwünsche, Kriterien für die Auftragsvergabe etc.) zu erfassen.

Über die *Nachrichtenfindung* kann ein Anfragebeleg ausgedruckt werden. Dies ist dann notwendig, wenn die interne Organisation auf Papierbelegen aufbaut. Außerdem könnte man dem Kunden auf diesem Weg eine Bestätigung für die Annahme der Anfrage zukommen lassen. Dann sollte auch eine Information über den nächsten Schritt (»Sie erhalten unser Angebot bis zum ...«) enthalten sein.

Nachrichtenfindung

Zu den Besonderheiten der Kundenanfrage gehört es, dass *Alternativpositionen* erfasst werden können. Der Kunde fragt in diesem Fall zwei Positionen an. Später wird er sich – abhängig von dem entsprechenden Angebot – für eine Position entscheiden.

Erfassen von Alternativpositionen

Am Beispiel der Kundenanfrage wollen wir auch die differenzierten Steuerungsmöglichkeiten der Bedarfsübergabe und der Verfügbarkeitsprüfung nochmals erörtern. Wie in Abschnitt 2.3 ausgeführt, wird die Bedarfsart über bestimmte Daten im Materialstamm (Strategiegruppe, Dispositionsgruppe) ermittelt. Über die Bedarfsart wird dann im Customizing festgelegt, ob ein Bedarf an die Disposition übergeben werden soll. In Abschnitt 3.1, »Belegstruktur«, haben wir jedoch gesehen, dass auf Ebene des Einteilungstyps Bedarfsübergabe und Verfügbarkeitsprüfung ausgeschaltet werden können. In der Anfrage ist genau dies der Fall. Häufig wollen Unternehmen nicht, dass Anfragen, deren Auftragswahrscheinlichkeit unsicher ist, die Materialbedarfsplanung zu einem so frühen Zeitpunkt beeinflussen, weshalb diese Funktionen hier noch nicht ausgeführt werden. Allerdings hat der Anwender bei entsprechender Einstellung des Customizings (siehe Abschnitt 3.1, »Belegstruktur«) die Möglichkeit, den Einteilungstyp manuell zu ändern und damit sofort die Verfügbarkeitsprüfung zu aktivieren. Dies wird er z. B. dann tun, wenn er sich des Auftrags relativ sicher sein kann und er sich entsprechende Mengen reservieren will.

Eine weitere Steuerungsmöglichkeit besteht an dieser Stelle über die *Auftragswahrscheinlichkeit*. Diese kann der Anwender im Anfragebeleg als Prozentsatz auf Positionsebene erfassen. Das System liefert

Auftragswahrscheinlichkeit

ihm abhängig von den Customizing-Einstellungen zum Positionstyp einen Vorschlag. Sind die Funktionen *Bedarfsübergabe* und *Verfügbarkeitsprüfung* aktiviert, wird die angefragte Menge gemäß der Auftragswahrscheinlichkeit als Bedarf übergeben. Wurde z. B. eine Auftragswahrscheinlichkeit von 50 % hinterlegt und die Position umfasst eine Menge von 100 Stück, werden 50 Stück als Bedarf an die Disposition übergeben.

3.3.2 Kundenangebot

Die Angebotserfassung unterscheidet sich nicht wesentlich von der Erfassung einer Anfrage. Hiermit soll vor allem ein neuer Status im Gesamtprozess abgebildet werden. Durch das Anlegen eines Angebots mit Bezug zur Anfrage erhält diese den Status ERLEDIGT. Auch im Angebot können die Vertriebsfunktionen entsprechend genutzt werden. Dazu gehört auch die differenzierte Steuerung der Bedarfsübergabe und der Verfügbarkeitsprüfung über die manuelle Änderung des Einteilungstyps und der Auftragswahrscheinlichkeit. Über die Nachrichtensteuerung kann ein Angebot ausgedruckt und an den Kunden versendet werden.

Die wichtigsten Optionen beim Anlegen eines Angebots sind:

- Erfassung mit Bezug zur Anfrage
- Erfassung mit Bezug zu einem anderen Angebot
- Erfassung mit Bezug zu einem Auftrag
- Erfassung ohne Bezug

Wird das Angebot mit Bezug zu einem Vorgängerbeleg erfasst, werden die Daten aus diesem Beleg kopiert (siehe Abschnitt 3.2, »Belegfluss«).

3.3.3 Terminauftrag

Auch im Terminauftrag werden die Daten aus den Vorgängerbelegen übernommen. Beim Anlegen mit Bezug zu einem Vorgängerbeleg kann der Anwender die Positionen auswählen, die er übernehmen möchte. Vor allem muss er bei Alternativpositionen in Anfrage und Angebot jetzt endgültig auswählen, welche Positionen in den Auftrag kopiert werden sollen. Alternativpositionen können nur in Anfragen und Angeboten, nicht aber in Kundenaufträgen erfasst werden.

Die wichtigsten Optionen beim Anlegen eines Auftrags sind:

- Erfassung mit Bezug zum Angebot
- Erfassung mit Bezug zur Anfrage
- Erfassung mit Bezug zu einem anderen Auftrag
- Erfassung mit Bezug zu einem Kontrakt
- Erfassung mit Bezug zu einer Faktura
- Erfassung ohne Bezug

An dieser Stelle wollen wir noch einmal die Bedeutung des Debitorenstammsatzes für die Auftragsbearbeitung beschreiben. Diese Zusammenhänge gelten zwar auch für Anfragen und Angebote, im Auftrag sind sie aber besonders wichtig, da hier eine endgültige Entscheidung zu treffen ist. In Kapitel 1, »Einführung«, haben wir die Struktur des Debitorenstammsatzes erläutert. Die unterschiedlichen Partnerrollen werden jetzt in den Auftrag übernommen. Zunächst wird über den Stammsatz des Auftraggebers ermittelt, welche

Debitoren

- Regulierer
- Rechnungsempfänger
- Warenempfänger

dem Auftraggeber zugeordnet sind. Dabei kann der Auftraggeber gleichzeitig auch selbst Warenempfänger, Regulierer und Rechnungsempfänger sein. In der Praxis gibt es jedoch viele Fälle, in denen dies nicht der Fall ist. Einige wollen wir beispielhaft anführen:

- Der Kunde gehört zu einem Konzernverbund. Er ist zwar Auftraggeber, die Rechnung wird aber durch ein anderes Unternehmen im Konzern des Kunden beglichen. In diesem Fall ist ein abweichender Regulierer zu ermitteln.
- Der Kunde ist zwar Auftraggeber und Regulierer, die Rechnung soll aber an eine andere Adresse als die des Auftraggebers geschickt werden. Beispielsweise könnte es sich um eine zentrale Erfassungsstelle für Eingangsrechnungen handeln.
- Der Kunde hat einen zentralen Einkauf, der für mehrere Unternehmenseinheiten an unterschiedlichen Standorten die Beschaffung übernimmt. In diesem Fall ist aus mehreren alternativen Warenempfängern im Kundenstamm beim Anlegen des Auftrags der gewünschte Warenempfänger auszuwählen.

Sind im Kundenstamm mehrere Regulierer, Rechnungsempfänger oder Warenempfänger hinterlegt, muss der Anwender bei der Auftragserfassung die jeweiligen Partner manuell auswählen. Dabei zeigt ihm das System eine Liste mit den möglichen Partnern.

Die Partner werden vom Auftragskopf in die Positionen übernommen, um Regulierer, Rechnungsempfänger und Warenempfänger auf Positionsebene separat festlegen zu können. Auf Positionsebene können damit auch abweichende Partner ausgewählt werden. Der Auftraggeber kann nur auf Kopfebene festgelegt werden. Die Auswahl der Partner ist entscheidend für den weiteren Ablauf. So können nur die Auftragspositionen in einen gemeinsamen Lieferbeleg überführt werden, bei denen der Warenempfänger derselbe ist. Gleichermaßen können nur solche Positionen gemeinsam fakturiert werden, bei denen Regulierer und Rechnungsempfänger identisch sind.

Auftragszusammenführung

Außerdem kann im Auftragskopf das Kennzeichen AUFTRAGSZUSAMMENFÜHRUNG geändert werden. Der Vorschlagswert wird aus dem Debitorenstamm des Auftraggebers ermittelt. Ist dieses Kennzeichen gesetzt, kann die Auslieferung mehrerer Aufträge über einen Lieferbeleg erfolgen. Über die Kopiersteuerung (siehe Abschnitt 3.2, »Belegfluss«) kann hingegen festgelegt werden, dass ein Auftrag immer zu genau einer Lieferung und zu genau einer Rechnung führen muss. Damit kann man flexibel auf die Anforderungen des Kunden reagieren.

Liefergruppen

Auftragspositionen können auch zu Liefergruppen zusammengefasst werden. Diese werden dann gemeinsam zu einem Termin und über einen Lieferbeleg geliefert. Damit ist der frühestmögliche Liefertermin der, zu dem auch die letzte Position einer Liefergruppe verfügbar ist.

3.3.4 Lieferungsbearbeitung

Die Versandabwicklung erfolgt über Lieferbelege. Dieser Teilprozess lässt sich grob in folgende Schritte gliedern:

1. Erstellung des Lieferbelegs
2. Kommissionierung
3. Erstellung der Lieferpapiere
4. Warenausgangsbuchung

In dieser Reihenfolge erklären wir im Folgenden die Bearbeitung von Lieferungen. Dabei beschäftigt uns zunächst die Frage, nach welchen Regeln die Positionen eines oder mehrerer Aufträge zu einem Lieferbeleg zusammengefasst werden können. Grundsätzlich gibt es folgende Möglichkeiten (siehe Abbildung 3.5):

Erstellung des Lieferbelegs

- **Komplettlieferung**
  Ein Auftrag wird durch genau eine Lieferung beliefert.
- **Teillieferung**
  Ein Auftrag wird durch mehrere Lieferungen beliefert.
- **Auftragszusammenführung**
  Mehrere Aufträge werden durch einen Lieferbeleg beliefert.

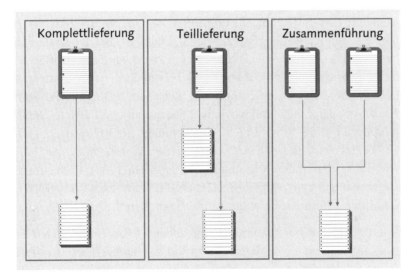

Abbildung 3.5 Erstellungsformen der Lieferung

Damit Positionen in einer Lieferung zusammengeführt werden können, müssen folgende Voraussetzungen gegeben sein:

- Es können nur Aufträge zusammen beliefert werden, wenn im Auftragskopf das Kennzeichen AUFTRAGSZUSAMMENFÜHRUNG gesetzt wurde.
- Die Auftragspositionen müssen den gleichen Warenempfänger enthalten. Der Warenempfänger wird aus der Auftragsposition in den Kopf der Lieferung übernommen.

- Die Versandstelle der Positionen muss dieselbe sein. Wie der Warenempfänger wird auch die Versandstelle im Belegkopf des Lieferbelegs gespeichert.
- Die Lieferungsbedingungen (ab Werk, frei Haus, frei Hafen etc.) müssen in den Positionen identisch sein.
- Die Positionen müssen zum Selektionsdatum der Lieferung (vom Anwender beim Anlegen der Lieferung zu erfassen) mindestens eine Einteilung mit einer bestätigten Menge haben.

Abbildung 3.6 macht diese Zusammenhänge am Beispiel deutlich: Wir sehen einen Auftrag mit drei Positionen. Position 10 hat zwei Einteilungen. Die erste Einteilung ist am 20.01., die zweite dagegen erst am 20.02. fällig. Fällig heißt: Sie verfügt über eine bestätigte Menge zu diesem Termin. Die Positionen 20 und 30 enthalten jeweils eine Einteilung, die ebenfalls zum 20.01. fällig ist. Bei der Erstellung einer Lieferung mit dem Selektionsdatum 20.01. wird zur Position 10 die erste Einteilung und zur Position 20 ebenfalls die erste Einteilung in diese Lieferung übernommen. Die zweite Einteilung der Position 10 ist erst später fällig und wird nicht übernommen. Die erste Einteilung der Position 30 wird nicht übernommen. Sie hat zwar das gleiche Fälligkeitsdatum und auch den gleichen Warenempfänger (W1) wie die beiden anderen Einteilungen, sie verfügt aber über andere Lieferbedingungen, nämlich »frei Haus« (FH) statt »ex Works« (EXW). Damit wird für diese Einteilung ein eigener Lieferbeleg erstellt.

Mit der Erstellung der Lieferung kann abhängig von Einstellungen im Customizing eine Verfügbarkeitsprüfung durchgeführt werden. Dabei wird nur die Menge in die Lieferposition übernommen, die auch verfügbar ist. In vielen Unternehmen wird die Verfügbarkeitsprüfung beim Erstellen der Lieferung so gesteuert, dass nur physische Bestände berücksichtigt werden. Damit soll die Versandabteilung davor bewahrt werden, zu viele nicht versandfähige Lieferbelege bearbeiten zu müssen. Ist für eine Auftragsposition kein Stück verfügbar, wird eine Position mit Liefermenge »null« angelegt. Im Customizing des Positionstyps für die Lieferung kann festgelegt werden, dass in diesem Fall keine Lieferposition erzeugt wird.

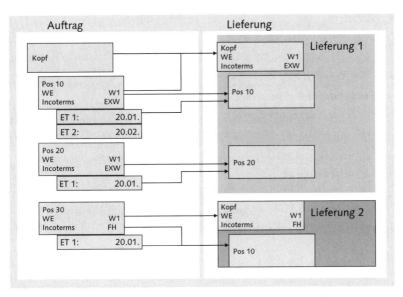

Abbildung 3.6 Zusammenführung von Auftragspositionen in der Lieferung

Der zweite Schritt in der Lieferungsbearbeitung ist die Kommissionierung. Diese beginnt mit der Ermittlung des Kommissionierlagerorts. Zur Erinnerung: Über Lagerorte werden die Bestände unterhalb der Organisationseinheit *Werk* verwaltet. Damit nach der Kommissionierung der Warenausgang gebucht werden kann, muss ein entsprechender Bestand in diesem Lagerort vorhanden sein. Auch für die Ermittlung des Kommissionierlagerorts gibt es unterschiedliche Möglichkeiten:

Kommissionierung

- Erfassung durch den Anwender im Kundenauftrag und automatisches Kopieren in den Lieferbeleg
- manuelle Erfassung im Lieferbeleg
- automatische Ermittlung im Lieferbeleg durch Einstellungen im Customizing

Für die automatische Ermittlung des Kommissionierlagerorts im Lieferbeleg können im Customizing unterschiedliche Regeln hinterlegt werden. Mithilfe von User Exits lassen sich auch eigene Regeln für die Versandsteuerung programmieren. Eine der in der Praxis häufig verwendeten Standardregeln umfasst die folgenden Kriterien:

- **Werk**
  Das Werk wird im Kundenauftrag als *Auslieferwerk* automatisch aus den Stammdaten (Material, Kundenstamm) ermittelt und in die Lieferung übergeben. Das Werk ist ein Mussfeld im Auftrag.

- **Versandstelle**
  Auch die Versandstelle muss bereits im Kundenauftrag vorhanden sein. Sie wird im Auftrag automatisch über Customizing-Tabellen ermittelt.

- **Raumbedingung**
  Die Raumbedingung wird im Materialstamm hinterlegt. Dementsprechend wird der Kommissionierlagerort auch abhängig von der Ware ermittelt, die geliefert wird. So führt z. B. die Raumbedingung »gekühlte Lagerung« dazu, dass die Ware aus einem Kühllager entnommen wird.

Abbildung 3.7 zeigt das Customizing für die automatische Ermittlung des Kommissionierlagerorts abhängig von den Kriterien Versandstelle (VStl), Werk, Raumbedingung (RB) und Lagerort (LOrt).

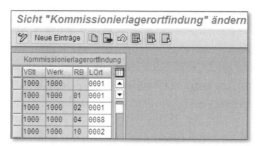

Abbildung 3.7 Ermittlung des Kommissionierlagerorts im Customizing (Transaktion SPRO • Kommissionierlagerortfindung)

Exkurs: Warehouse Management mit SAP

Die Kommissionierung führt uns zu einer weiteren SAP-Software. Über die Komponente WM (*Warehouse Management*) lassen sich komplexe Lagerstrukturen verwalten. Dazu stehen folgende Organisationseinheiten zur Verfügung:

- Lagernummer
- Lagertyp
- Lagerplatz

Unter einer *Lagernummer* versteht man einen Lagerkomplex (z. B. eine Lagerhalle), der sich in mehrere Lagertypen untergliedert. Mithilfe der Lagertypen lassen sich die unterschiedlichen Bereiche eines Lagers (Wareneingangszone, Lagerzone, Warenausgangszone) im System abbilden. Jedem *Lagertyp* können dann einzelne *Lagerplätze* zugeordnet werden, auf denen letztlich die Materialien gelagert werden. Die Integration mit den Komponenten SD (*Sales and Distribution*) und MM (*Materials Management*) erfolgt über den *Lagerort*. Abbildung 3.8 zeigt diesen Zusammenhang.

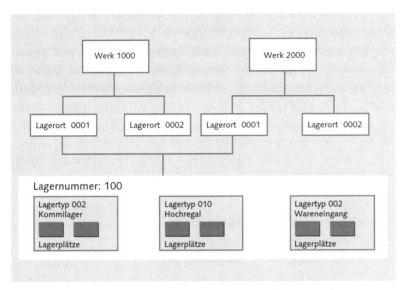

Abbildung 3.8 Organisationsstrukturen in der Lagerverwaltung (Warehouse Management System)

Wir erkennen, dass jeder *Lagernummer* mehrere *Lagerorte* zugeordnet werden können. Diese Lagerorte können durchaus zu unterschiedlichen Werken gehören. Damit können unterschiedliche Werke ein gemeinsames Zentrallager nutzen.

Wird die Komponente *Warehouse Management* in vollem Umfang genutzt, ist eine weiter gehende Bestandsführung notwendig. Nach dem Einbuchen eines Bestands (z. B. über die Komponente MM als Wareneingang zu einer Lieferantenbestellung oder über die Komponente PP als Wareneingang zu einem Fertigungsauftrag) werden die Bestände auf der Ebene *Werk* und *Lagerort* fortgeschrieben. Anschließend erfolgt die Einlagerung im *Warehouse Management*. Über WM-Transportaufträge werden die Bestände dort pro Lagernummer, Lagertyp und Lagerplatz eingebucht. Die Bestandsinformation wird dann

Weiter gehende Bestandsführung

entsprechend transparent. Für jeden Materialbestand wird deutlich, an welchen Stellen im Lager (Lagerplatz) dieser Bestand liegt.

Umgekehrt muss demzufolge vor der Kommissionierung des Lieferbelegs in der Komponente SD zunächst die Auslagerung in der Lagerverwaltung erfolgen. Auch hier ist eine lückenlose Integration der unterschiedlichen Module gewährleistet. Mit Bezug zum SD-Lieferbeleg kann im Warehouse Management ein Transportauftrag angelegt werden. Über diesen Beleg erfolgt die Kommissionierung. An dieser Stelle können Auslagerstrategien (z. B. *First In First Out*) ermittelt und angewendet werden. Das System schlägt dann automatisch den entsprechenden Lagerort für die Entnahme vor. Dort entnimmt der Lagerarbeiter die Ware. Ist ein automatischer Lagerrechner integriert, erhält dieser einen Auftrag, die Produkte an einem bestimmten Lagerort zu entnehmen. Der Transportauftrag in der Komponente WM wird durch eine Quittierung der Kommissionierung abgeschlossen. Danach wird die entnommene Menge als kommissionierte Menge an den SD-Lieferbeleg übergeben.

Im SD-Lieferbeleg ist stets zwischen der Liefermenge (aus dem Auftrag) und der Pickmenge (aus der Kommissionierung) zu unterscheiden. Die Warenausgangsbuchung im Lieferbeleg kann erst dann erfolgen, wenn der Beleg vollständig kommissioniert ist. Dazu müssen sich Liefer- und Pickmenge entsprechen. Ist die Kommissioniermenge im WM-Transportauftrag geringer als die Liefermenge, kann die Liefermenge automatisch angepasst werden. Da in diesem Fall nicht die gesamte Auftragsmenge geliefert wird, muss über die Restmenge eine weitere Lieferung mit Bezug zum Kundenauftrag erzeugt werden. Aus dem Transportbeleg können Kommissionierinformationen für das Lagerpersonal gedruckt werden. Dazu gehören neben Kommissionierlisten auch Etiketten und sonstige Warenbegleitpapiere.

Manuelle Kommissionierung Wir haben schon erwähnt, dass die Verwendung der Komponente *Warehouse Management* optional ist. Die Kommissionierung kann auch manuell erfolgen. Dabei trägt der zuständige Sachbearbeiter die Pickmenge manuell im Lieferbeleg ein. Auch die Quittierung der Kommissionierung kann manuell im Lieferbeleg erfolgen.

Kommissionierung mit Lean-WM Darüber hinaus besteht die Möglichkeit, die Kommissionierung mithilfe eines sogenannten *Lean-WM* vorzunehmen. Bei dieser Variante wird die SAP-Lagerverwaltung nur rudimentär genutzt. So wird z. B.

auf die Bestandsführung auf den Ebenen *Lagernummer*, *Lagertyp* und *Lagerplatz* verzichtet. Trotzdem erhält man die Möglichkeit, die Kommissionierung mithilfe eines Transportauftrags in der Komponente *Warehouse Management* vorzunehmen. Damit stehen dann erweiterte Steuerungsmöglichkeiten bei der Kommissionierung zur Verfügung. Über *Lean-WM* lässt sich die Abbildung des Lieferungs- und Kommissionierprozesses im System teilweise automatisieren. Nach der Erstellung der Lieferung wird über das Customizing der Nachrichtenfindung die Nachrichtenart WMTA (automatischer Transportauftrag) automatisch ermittelt. Diese Nachrichtenart hat jedoch nicht den Druck eines Belegs zur Folge, sondern initiiert das automatische Anlegen eines Transportauftrags in der SAP-Lagerverwaltung. Im Customizing kann eingestellt werden, dass aus dem Transportauftrag automatisch eine Kommissionierliste gedruckt wird. Außerdem kann im Customizing hinterlegt werden, dass keine Quittierung benötigt wird. In diesem Fall wird automatisch beim Anlegen der Lieferung ein Transportauftrag erzeugt, dieser Transportauftrag führt zum Ausdruck einer Kommissionierliste und zeitgleich zur Fortschreibung der Pickmenge in der Lieferung. Es fehlen dann nur noch der Druck der Lieferscheine und die Warenausgangsbuchung.

Mithilfe der Nachrichtenfindung und der Formularsteuerung können die Warenbegleitpapiere gestaltet und gedruckt werden. Abhängig vom jeweiligen Unternehmen können folgende Nachrichten benötigt werden:

▸ Lieferschein

▸ Lieferavise

▸ Qualitätszeugnisse

▸ Packscheine

▸ Sicherheitsdatenblatt

Lieferschein erstellen

Die Drucksteuerung kann im Customizing so eingestellt werden, dass der Druck der Dokumente erst nach der Warenausgangsbuchung erfolgen kann.

Die Lieferungsbearbeitung wird durch die Warenausgangsbuchung abgeschlossen. Abbildung 3.9 gibt Aufschluss über die Auswirkungen.

Warenausgangsbuchung

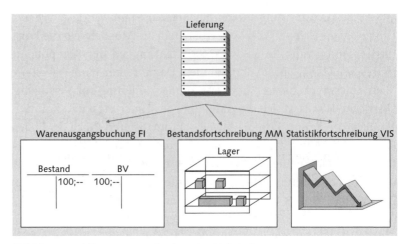

Abbildung 3.9 Warenausgangsbuchung im Lieferbeleg

Bestandsfortschreibung Materialwirtschaft

Zunächst werden die Bestandsmengen der Komponente *Materialwirtschaft* (MM) aktualisiert. Dies erfolgt auf der Ebene *Werk* und *Lagerort*. Zur Erinnerung: Die Bestände in der SAP-Lagerverwaltung (WM) werden bereits bei der Kommissionierung korrigiert. Sie befinden sich nach Abschluss der Kommissionierung im Versandbereich. Die MM-Bestandsbuchung wird im Materialbeleg abgebildet.

Bestandsfortschreibung Finanzbuchhaltung

Automatisch mit der Buchung des Warenausgangs werden jedoch auch die Bestände in SAP ERP Financials (Finanzbuchhaltung) korrigiert. Abbildung 3.9 zeigt, dass hier der Buchungssatz *Bestandsveränderungen an Bestand* gebucht wird. Die Ermittlung der richtigen Konten für die Warenausgangsbuchung erfolgt automatisch über das Customizing der Kontenfindung (Transaktion OBYC) in der Komponente Materialwirtschaft (MM). Dabei wird das Bestandskonto abhängig von der Bewertungsklasse aus der Buchhaltungssicht des Materialstammsatzes gefunden.

Das Bestandsveränderungskonto wird über folgende Customizing-Einstellungen ermittelt:

- Die Warenausgangsbuchung erfolgt über eine sogenannte *Bewegungsart*. Im Standard ist die Bewegungsart 601 für »normale« Warenausgänge vorgesehen. Diese Bewegungsart wird im SD-Customizing (Transaktion VOV6) über den Einteilungstyp ermittelt.

- Das Customizing der Bewegungsart erfolgt in der Komponente MM. Dort wird die zur Bewegungsart gehörende *Kontomodifikati-*

onskonstante (Transaktion OMJJ) ermittelt. Abhängig vom Kontenplan, dem Bewertungskreis (Werk oder Buchungskreis), der Kontomodifikationskonstante und der Bewertungsklasse des Materialstammsatzes wird dann in der MM-Kontenfindung (Transaktion OBYC) ein Bestandsveränderungskonto hinterlegt.

Somit müssen im Einführungsprojekt die Einstellungen der Kontenfindung in enger Abstimmung mit der Finanzbuchhaltung vorgenommen werden. Die eigentliche Buchung erfolgt dann automatisch aus den Vertriebsbelegen heraus. Dabei wird über das Werk der entsprechende Buchungskreis ermittelt, in dem der Beleg angelegt wird. Zur Erinnerung: Buchungen in der Finanzbuchhaltung erfolgen immer auf der Ebene eines Buchungskreises. Die Buchung wird in einem Buchhaltungsbeleg abgebildet.

Bislang sind wir bei der Behandlung der Warenausgangsbuchung stets vom »Normalfall« des bewerteten Materials ausgegangen. Dabei führt jede wertverändernde Buchung (Wareneingang, Warenausgang, Umbewertung, Verbrauch) zu einem Buchhaltungsbeleg mit entsprechender Buchung in SAP ERP Financials. Damit werden nicht nur die mengen-, sondern auch die wertmäßigen Bestände des Unternehmens in einer Transaktion aktualisiert. Es gibt jedoch auch die folgenden Sonderfälle:

Sonderfälle

- unbewertetes Material
- unbewerteter Bestand

Der klassische Fall eines unbewerteten Materials ist Werbe- und Informationsmaterial. Diese Materialien können mengenmäßig durchaus verwaltet werden, aber eine explizite Bewertung ist oft zu aufwendig. In diesem Fall wird bei der Warenausgangsbuchung kein Buchhaltungsbeleg, aber ein Materialbeleg erzeugt. Ob ein Material mengen- und/oder wertmäßig im Bestand geführt wird, hängt von der Materialart des Materialstammsatzes ab. In den allgemeinen Logistikeinstellungen im Customizing wird für die Materialart die Bestandsführung werksabhängig eingeschaltet.

Unbewertetes Material

Der klassische Fall des unbewerteten Bestands ist der *unbewertete Kundeneinzelbestand* im Szenario *Kundeneinzelfertigung* (siehe Abschnitt 2.12, »Integration der Ergebnis- und Marktsegmentrechnung«). Demzufolge findet bei der Warenausgangsbuchung aus dem Kundeneinzelbestand keine Buchung in der Finanzbuchhaltung statt.

Unbewerteter Bestand

Beispiel: Einstellung eines neuen Prozesses im Customizing

In der Praxis gibt es häufig die Anforderung, die Ermittlung des Bestandsveränderungskontos weiter zu differenzieren. Dies ist z. B. bei Musterlieferungen der Fall. Unternehmen stellen ihren Kunden kleine Mengen eines Materials als Muster oder Probe zur Verfügung. In diesem Fall ist ein entsprechender Terminauftrag mit anschließendem Lieferbeleg zu erfassen. Die Buchung beim Warenausgang soll in Abweichung zu oben (dort lautet die Buchung: *Bestandsveränderung an Bestand*) jedoch lauten: *Werbeaufwand an Bestand*.

Der Aufwand soll also nicht auf Bestandsveränderungen, sondern auf ein eigenes Aufwandskonto gebucht werden. In diesem Fall sind im Customizing folgende Schritte durchzuführen:

1. Im MM-Customizing wird eine neue Bewegungsart definiert (Transaktion OMJJ). Diese entsteht durch Kopie der Bewegungsart 601, *Warenausgang*. Dabei ist stets darauf zu achten, die neue Bewegungsart in einem dafür vorgesehenen Kundennamensraum anzulegen.

2. Der neuen Bewegungsart wird eine neue Kontomodifikation zugeordnet (Transaktion OMJJ).

3. In der MM-Kontenfindung (Transaktion OBYC) wird für diese Kontomodifikation statt des Bestandsveränderungskontos nun das gewünschte Aufwandskonto zugeordnet.

4. Im SD-Customizing ist ein neuer Einteilungstyp durch Kopie eines vorhandenen Einteilungstyps zu definieren (Transaktion VOV6).

5. Dem Einteilungstyp wird die neue Bewegungsart zugeordnet (Transaktion VOV6).

6. Der weitere Ablauf in der Komponente SD kann auf unterschiedliche Art gestaltet werden. Es wird entweder nur der Einteilungstyp definiert. Dieser wird in der Ermittlung des Einteilungstyps als Alternative zum Standard-Einteilungstyp hinterlegt. In diesem Fall entscheidet der Anwender im Kundenauftrag durch Änderung des Einteilungstyps, ob es sich um eine *Musterposition* oder eine *Normalposition* handelt. Es gibt aber auch die Möglichkeit, einen neuen Positionstyp oder gar zusätzlich eine neue Auftragsart anzulegen. Über die Auftragsart *Musteraufträge* wird dann automatisch der Positionstyp *Muster* gefunden und über diesen auch der richtige Einteilungstyp.

Dieses Beispiel zeigt, wie Customizing in den unterschiedlichen Komponenten zur Entwicklung der eigenen Geschäftsprozesse eingesetzt werden kann.

Schließlich wird durch die Warenausgangsbuchung auch die Statistik im *Vertriebsinformationssystem* (VIS) (siehe Abschnitt 2.13) fortgeschrieben. Dabei ist vor allem die Kennzahl »Offener Auftragswert« von Interesse. Dieser Wert wird durch die Warenausgangsbuchung reduziert. Im SAP-Standard erfolgt die Korrektur der Kennzahl »Offener Auftragswert« bereits beim Erstellen des Lieferbelegs. Durch Anpassungen im Customizing des Vertriebsinformationssystems lässt sich die Fortschreibung so ändern, dass die Korrektur der Kennzahl »Offener Auftragswert« erst durch die Warenausgangsbuchung erfolgt. (Die notwendigen Schritte sind in dem OSS-Hinweis 69487 beschrieben.) Dieser Zusammenhang ist deshalb von Bedeutung, da zwischen der Lieferungserstellung und dem Warenausgang ein mehr oder weniger großer Zeitraum liegen kann. Während dieser Zeit ist der »Offene Auftragswert« bereits reduziert, aber die Kennzahl »Umsatz« noch nicht fortgeschrieben; dies geschieht erst mit dem Anlegen der Faktura. Hier entsteht sozusagen eine »Lücke« im Controlling des Unternehmens. Um diesen Effekt zu minimieren, verschiebt man die Fortschreibung der Kennzahl »Offene Aufträge« auf den Zeitpunkt der Warenausgangsbuchung.

Statistikfortschreibung

3.3.5 Fakturierung

Aus Gründen der CO-PA-Integration (siehe Abschnitt 2.12, »Integration der Ergebnis- und Marktsegmentrechnung«) ist es wichtig, den Zeitraum zwischen Warenausgangsbuchung und Erstellung der Faktura zu minimieren, da sonst Differenzen zwischen den Komponenten der Finanzbuchhaltung und dem Controlling entstehen können. Viele Unternehmen nutzen deshalb die Möglichkeit, den Prozess der Fakturierung zu automatisieren. SAP ERP bietet hier Sammelläufe an, um sämtliche Lieferungen zu fakturieren, bei denen der Warenausgang bereits gebucht wurde.

Erstellung der Faktura

Wir wollen jetzt darauf eingehen, wie die Vorgängerbelege (Aufträge und Lieferungen) in der Faktura zusammengeführt oder gesplittet werden können. Folgende Szenarien können auftreten (siehe Abbildung 3.10):

▶ **Sammelrechnungen**
Mehrere Lieferungen werden in einem Fakturabeleg zusammengeführt. Dabei kann als einschränkendes Kriterium hinzukommen, dass nur Lieferungen mit gleichem Auftragsbezug zusammen fakturiert werden können.

▶ **Lieferbezogene Faktura**
Pro Lieferung wird ein Fakturabeleg erzeugt.

▶ **Fakturasplit**
Eine Lieferung wird über mehrere Fakturabelege abgerechnet.

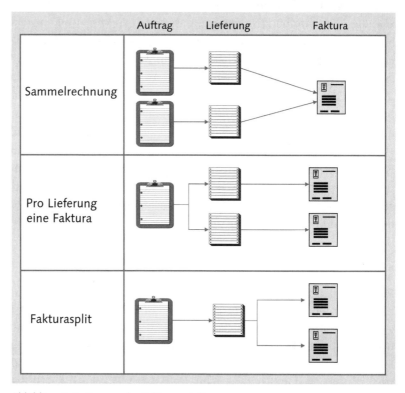

Abbildung 3.10 Formen der Fakturaerstellung

Damit Lieferpositionen in einem Fakturabeleg zusammengefasst werden können, müssen folgende Bedingungen erfüllt sein:

▶ Die Auftragspositionen müssen den gleichen Regulierer enthalten. Der Regulierer wird aus der Auftragsposition in den Kopf der Faktura übernommen.

- Die Auftragspositionen müssen den gleichen Rechnungsempfänger enthalten. Der Rechnungsempfänger wird aus der Auftragsposition in den Kopf der Faktura übernommen.
- Die Auftragspositionen müssen die gleichen Zahlungsbedingungen enthalten. Die Zahlungsbedingungen werden ebenfalls aus der Auftragsposition in den Kopf der Faktura übernommen.

Weitere Splitkriterien lassen sich über Bedingungen im Customizing der Kopiersteuerung (siehe Abschnitt 3.2, »Belegfluss«) einrichten. In der Kopiersteuerung wird auch festgelegt, welche Preisbestandteile in der Faktura neu zu ermitteln sind und welche aus dem Auftrag übernommen werden. Viele Unternehmen wählen hier eine Einstellung, bei der Preise aus dem Auftrag übernommen, Steuerbeträge aber neu ermittelt werden. Damit wird sichergestellt, dass stets der aktuell gültige Mehrwertsteuersatz berücksichtigt wird.

Über die Nachrichtenfindung kann eine Nachrichtenart ermittelt werden (siehe Abschnitt 2.2). Der Beleg kann gedruckt und an den Kunden als Rechnung versendet werden.

Für den weiteren Ablauf im eigenen Unternehmen ist die Integration der Faktura in das Rechnungswesen von großer Bedeutung. Dabei ist zwischen der Integration in die Finanzbuchhaltung und in das Controlling zu unterscheiden. Die Integration in das Controlling (CO-PA, *Ergebnis- und Marktsegmentrechnung*) ist sehr komplex. Sie steht in engem Zusammenhang mit den unterschiedlichen Fertigungsstrategien (Einzelfertigung, Serienfertigung) und wurde deshalb ausführlich in Abschnitt 2.12 dargestellt. Im Folgenden geht es um die Übergabe der Belegdaten an die Finanzbuchhaltung.

Integration mit der Finanzbuchhaltung

Analog zur Auftragsart bei Kundenaufträgen und der Lieferart bei Lieferungen erfolgt die Steuerung der Faktura über eine Fakturaart. So wird in der Auftragsart (z. B. Terminauftrag) bereits festgelegt, mit welcher Fakturaart der Auftrag oder die daraus resultierenden Lieferungen später fakturiert werden können. Auf Ebene der Fakturaart wird auch definiert, ob ein Fakturabeleg direkt an die Finanzbuchhaltung übergeben werden kann oder ob eine explizite Freigabe durch einen Anwender notwendig ist. Es stehen Auswertungen zur Verfügung, mit denen sich der Anwender die freizugebenden Belege anzeigen lassen kann, um anschließend die Freigabe vornehmen zu können. Die Integration in die Finanzbuchhaltung erfolgt über den

Buchhaltungsbeleg. Dieser Buchhaltungsbeleg enthält den Buchungssatz *Debitorenkonto an Umsatzerlös und Mehrwertsteuer*. Auch an dieser Stelle wollen wir kurz darauf eingehen, wie die entsprechenden Konten ermittelt werden:

Debitorenkonto Wie schon in Abschnitt 3.3, »Terminauftrag«, angesprochen, wird schon im Kundenauftrag der Stammsatz des Regulierers ermittelt. Die Buchhaltungsdaten des Regulierers stellen gleichzeitig das Debitorenkonto der Debitorenbuchhaltung dar. In den Buchhaltungsdaten des Regulierers wird ein Abstimmkonto hinterlegt. Das ist letztlich das Bilanzkonto *Forderungen* in der Finanzbuchhaltung. Man bezeichnet dieses Forderungskonto auch als *Mitbuchkonto*. Auf diesem Konto werden die Forderungen aller Debitoren kumuliert. Die offenen Posten hingegen werden auf der Ebene *Regulierer* verwaltet. Auch der Zahlungseingang wird dort überwacht. Das Zahlungsziel des offenen Postens errechnet sich aus den Zahlungsbedingungen im SD-Beleg. Erfolgt die Zahlung nicht rechtzeitig, wird der Kunde gemahnt. Sobald der Zahlungseingang des Kunden verbucht wird, gilt der offene Posten als »ausgeziffert« und damit als erledigt. Diese Information wird auch im Belegfluss des Fakturabelegs in der Vertriebskomponente angezeigt. Damit sieht der Sachbearbeiter bei der Anzeige der Faktura, ob der Beleg vollständig erledigt ist.

Erlöskonto Differenzierter als die Ermittlung des Debitorenkontos über den Stammsatz des Regulierers ist die Ermittlung der Erlöskonten. In Abschnitt 2.1, »Preisfindung«, haben wir gesehen, dass die Preisfindung über Konditionsarten erfolgt. Jeder dieser Konditionsarten wird im Customizing des Kalkulationsschemas ein sogenannter *Erlöskontenschlüssel* zugeordnet. Die Ermittlung des Erlöskontos kann ebenfalls über die Konditionstechnik sehr individuell gesteuert werden. Wir wollen uns an dieser Stelle auf wesentliche Zusammenhänge beschränken. In der Praxis erfolgt die Ermittlung des Erlöskontos meist über folgende Kriterien:

- Verkaufsorganisation, Vertriebsweg, Sparte aus der Fakturaposition
- Kontierungsgruppe im Debitorenstamm (häufig untergliedert nach »Debitoren – Inland«, »Debitoren – Ausland« und »Debitoren – Verbundene Unternehmen«)

- Kontierungsgruppe im Materialstamm; eine der wichtigsten Unterscheidungen in der Praxis ist die Gliederung in Warenlieferungen und Dienstleistungen.
- Erlöskontenschlüssel aus der Konditionsart; über diesen Schlüssel wird z. B. gesteuert, dass ein Rabatt auf ein Erlösschmälerungskonto gebucht wird.

An dieser Stelle wird wieder deutlich, wie in einem Einführungsprojekt die verschiedenen Abteilungen im Unternehmen zusammenarbeiten müssen. Die wichtigsten Fragen sind betriebswirtschaftlicher Natur. Folgendes Vorgehen wäre zur Gestaltung dieser Detailfunktion denkbar:

1. Die Finanzbuchhaltung legt fest, wie differenziert Erlöse in der Gewinn-und-Verlust-Rechnung auszuweisen sind. Aus dieser Vorgabe ergibt sich die Zahl der Erlöskonten.
2. Daraus werden die Kontierungsgruppen für Debitoren und Materialien abgeleitet und im Customizing eingestellt (Transaktion SPRO • ERLÖSKONTENFINDUNG).
3. Anschließend wird jeder Debitor und jedes Material einem Schlüssel zugeordnet. Häufig kann dies bei der Übernahme der Altdaten aus den Vorgängersystemen automatisiert erfolgen.
4. Auf Basis dieser Informationen stellt das Einführungsteam dann die automatische Erlöskontenfindung im Customizing (Transaktion VKOA) ein. Nur wenn diese Einstellungen komplett vorgenommen sind, werden in den Fakturabelegen die richtigen Konten ermittelt. Nur wenn alle Konten ermittelt werden, können die Belege an die Finanzbuchhaltung übergeben werden.

Bereits in Abschnitt 2.1, »Preisfindung«, haben wir gesehen, dass die Mehrwertsteuersätze über Mehrwertsteuerkennzeichen ermittelt werden. Diese werden im Customizing von SAP ERP Financials angelegt. Dort wird auch ein entsprechendes Mehrwertsteuerkonto hinterlegt.

Steuerkonto

3.3.6 Beispiel

Im Folgenden wollen wir uns ein Beispiel für die Terminauftragsabwicklung ansehen. Dabei werden im Einzelnen folgende Schritte durchlaufen:

3 | Vertriebskomponente SD – Prozessüberblick

1. Anzeige der Bestände
2. Anzeige der aktuellen Bedarfs- und Bestandsliste
3. Erfassung der Anfrage
4. Anlegen des Angebots mit Bezug zur Anfrage
5. Übergabe eines Bedarfs an die Produktion
6. Anlegen des Terminauftrags mit Bezug zum Angebot
7. Erstellung des Lieferbelegs
8. Kommissionierung des Lieferbelegs über die Komponente *Lean-WM*
9. Warenausgangsbuchung des Lieferbelegs
10. Erstellung der Faktura
11. Anzeige des offenen Postens in der Finanzbuchhaltung
12. Verbuchung des Zahlungseingangs in der Finanzbuchhaltung

Schritt 1: Bestandsanzeige In der Ausgangssituation ist für unser Beispielmaterial PR4712 ein Bestand von 9.888 Stück im Werk 1000 (Hamburg) vorhanden. Abbildung 3.11 zeigt uns die Bestandsübersicht.

Abbildung 3.11 Bestandsübersicht für das Material PR4712 im Werk 1000 und im Lagerort 0001 (Transaktion MMBE)

Schritt 2: Aktuelle Bedarfs- und Bestandsliste Abbildung 3.12 zeigt uns die aktuelle Bedarfs- und Bestandsliste für unser Material im Werk 1000 (Hamburg). Diese liefert uns die dispositive Sicht. Es sind keine weiteren Auftragsbedarfe (geplante Abgänge) eingelastet. Es existieren auch keine geplanten Zugänge.

3.3 Terminauftragsabwicklung

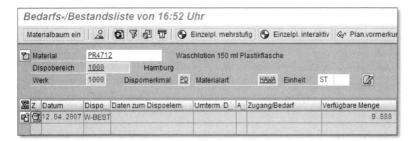

Abbildung 3.12 Aktuelle Bedarfs- und Bestandsliste für das Material PR4712 im Werk 1000 (Transaktion MD04)

Erfassen wir nun als ersten Vertriebsbeleg die Kundenanfrage. Unsere Anfrage kommt von dem Kunden mit der Debitorennummer 1018, der Drogerie am Markt in Saarbrücken. Die Anfrage enthält zwei Positionen, wobei Position 20 (Material PR4711) eine Alternativposition zur Position 10 (PR4712) ist. Dies erkennt man daran, dass in der Position 20 das Feld ALTPOS gefüllt ist. Dort ist die Position 10 als Alternative erfasst. Abbildung 3.13 zeigt uns die Positionsübersicht beim Erfassen der Anfrage.

Schritt 3: Anfrage erfassen

Abbildung 3.13 Erfassung einer Anfrage (Transaktion VA11)

Als Auftragsmenge haben wir jeweils 100 Stück erfasst. Die Anfrage wird unter der Belegnummer 10000010 abgespeichert. Lassen wir uns noch einmal die aktuelle Bedarfs- und Bestandsliste anzeigen (siehe Abbildung 3.14).

Abbildung 3.14 Aktuelle Bedarfs- und Bestandsliste nach Erfassung der Anfrage (Transaktion MD04)

Die aktuelle Bedarfs- und Bestandsliste ist nach Erfassung der Anfrage unverändert (siehe Abbildung 3.14). Die Ursache liegt darin, dass im Customizing auf der Ebene *Einteilungstyp* die Bedarfsübergabe ausgeschaltet wurde.

Schritt 4: Angebot erfassen — Erfassen wir nun also ein Angebot mit Bezug zur Anfrage. Dabei werden die Beleginformationen kopiert. Abbildung 3.15 zeigt die Erfassungsdaten. Der Anwender legt die Belegart (AG für Angebot), die Organisationsdaten und den Referenzbeleg fest.

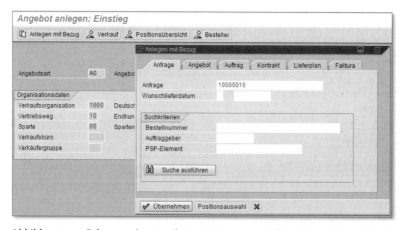

Abbildung 3.15 Erfassung des Angebots mit Bezug zur Anfrage (Transaktion VA21)

Die Daten (inklusive der Alternativposition) werden ins Angebot übernommen. Wie schon in der Anfrage, wird auch im Angebot ein Einteilungstyp ermittelt, der die Bedarfsübergabe verhindert. Somit erfolgen zunächst auch hier keine Verfügbarkeitsprüfung und keine Bedarfsübergabe. Der Vertriebssachbearbeiter geht aber bei diesem Kunden von einer hohen Auftragswahrscheinlichkeit aus und erfasst einen Wert für die Auftragswahrscheinlichkeit in Höhe von 70 % (das entsprechende Feld befindet sich auf Positionsebene im Detailbild VERKAUF A und wird in Abbildung 3.16 nicht angezeigt). Deshalb will er eine entsprechende Menge reservieren. Dazu ändert er in der Einteilung zur Position 10 den Einteilungstyp von BN (ohne Bedarfsübergabe und Verfügbarkeitsprüfung) auf BP (mit Bedarfsübergabe und Verfügbarkeitsprüfung). Abbildung 3.16 zeigt, dass zur Position 10 (Positionstyp AGN, Angebot Normalposition) zwei Einteilungen existieren: eine zum Wunschlieferdatum des Kunden (12.04.) und eine zum frühestmöglichen Lieferdatum (17.04.).

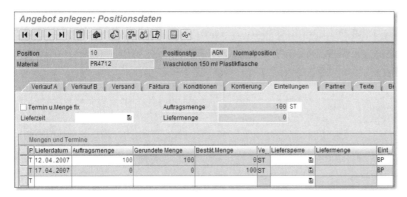

Abbildung 3.16 Einteilungen im Angebot (Transaktion VA21)

Der Einteilungstyp wurde vom Anwender bereits auf BP (Einteilungstyp mit plangesteuerter Disposition, also mit Bedarfsübergabe und Verfügbarkeitsprüfung) geändert. Zunächst war der Einteilungstyp BN (Einteilungstyp ohne Disposition, also ohne Bedarfsübergabe und Verfügbarkeitsprüfung) ermittelt worden. Der neue Einteilungstyp führt nun dazu, dass Bedarfe an die Disposition übergeben werden. Deshalb zeigen wir nochmals die aktuelle Bedarfs- und Bestandsliste, jetzt nach der Angebotserfassung (siehe Abbildung 3.17).

Schritt 5: Bedarfsübergabe

Es wurde nun ein Bedarf an die Materialbedarfsplanung übergeben. Am Dispositionselement erkennt der Disponent, dass es sich um ein Angebot (K-ANGE) handelt. Es wurde jedoch nicht die gesamte Angebotsmenge (100 Stück) als Bedarf übergeben. Da in der Angebotsposition eine Auftragswahrscheinlichkeit von 70 % hinterlegt wurde, werden nur 70 Stück als Bedarf übergeben. Über die Auftragswahrscheinlichkeit steht dem Anwender also ein weiteres Kriterium zur Feinsteuerung des Prozesses zur Verfügung.

Abbildung 3.17 Aktuelle Bedarfs- und Bestandsliste nach der Erfassung des Angebots (Transaktion MD04)

Schritt 6:
Terminauftrag erfassen

Im nächsten Schritt wird das Angebot in einen Kundenauftrag übernommen. Dabei muss sich der Anwender zwischen den Alternativpositionen im Angebot entscheiden. Abbildung 3.18 zeigt die Auswahlliste.

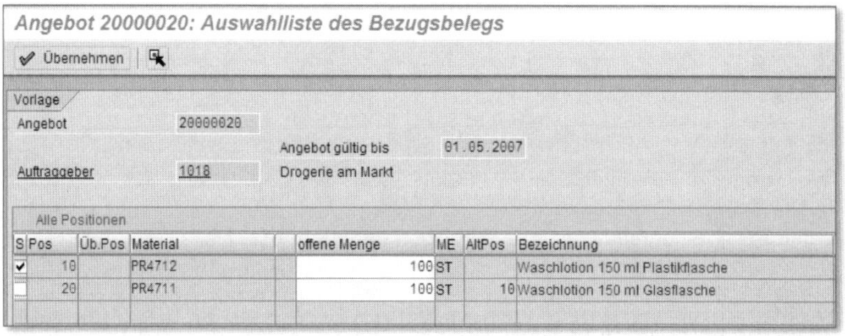

Abbildung 3.18 Positionsselektion beim Anlegen des Terminauftrags mit Bezug zum Angebot (Transaktion VA01)

Wir entscheiden uns für Position 10, die in den Kundenauftrag übernommen wird. Der Terminauftrag wird angelegt, die Konditionen und Texte werden aus dem Angebot übernommen. Der Auftrag hat die Auftragsnummer 12123 (siehe Abbildung 3.19).

Der Terminauftrag enthält nur noch eine Position – unser Beispielmaterial PR4712. Für die Position wurde automatisch der Positionstyp TAN (Terminauftrag Normalposition) ermittelt. Die Lieferung erfolgt aus Werk 1000. Der Nettopreis beträgt 14,00 € pro Stück, daraus errechnet sich ein Positionswert von 1.400,00 €.

Der Angebotsbedarf wurde jetzt in einen Auftragsbedarf über die volle Positionsmenge umgesetzt. Dies zeigt uns Abbildung 3.20 mit der aktuellen Bedarfs- und Bestandsliste.

Terminauftragsabwicklung | **3.3**

Abbildung 3.19 Positionsübersicht im Kundenauftrag (Transaktion VA01)

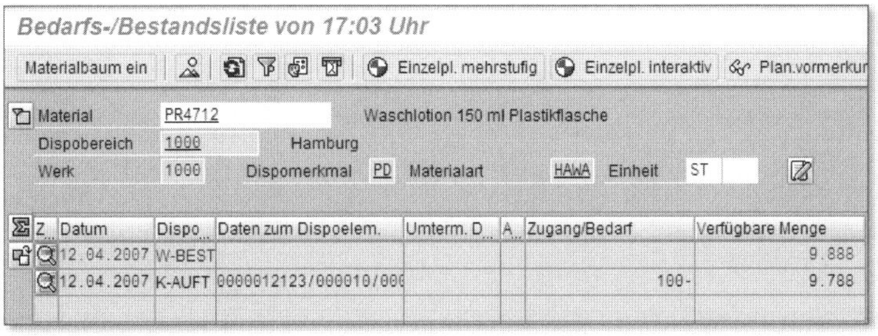

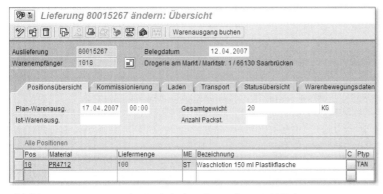

Abbildung 3.20 Aktuelle Bedarfs- und Bestandsliste nach Erfassung des Kundenauftrags (Transaktion MD04)

Mit Bezug zum Terminauftrag erstellen wir jetzt den Lieferbeleg. Im Customizing wurde eingestellt, dass die Kommissionierung über die Komponente *Lean-WM* erfolgt. Der Transportauftrag wird automatisch über die Nachrichtenart WMTA beim Erstellen des Lieferbelegs erzeugt. Abbildung 3.21 zeigt uns den Lieferbeleg mit der Belegnummer 80015267.

Schritt 7:
Lieferung erfassen

Abbildung 3.21 Anzeigen des Lieferbelegs (Transaktion VL02N)

279

Sehen wir uns jetzt den Belegfluss zu diesem Lieferbeleg an. Diese Funktion gibt einen Überblick über sämtliche Vorgänger- und Nachfolgebelege. Damit lässt sich der Status des Vertriebsprozesses komplett zurückverfolgen. Diese Funktion kann aus allen Vertriebsbelegen (Anfrage, Angebot, Kundenauftrag, Lieferung, Faktura) heraus aufgerufen werden. Abbildung 3.22 zeigt den Belegfluss zu unserem Lieferbeleg 80015267.

Abbildung 3.22 Belegfluss in der Lieferung (Transaktion VL01N)

Schritt 8: Kommissionierung

Im Belegfluss finden wir die Vorgängerbelege zu unserer Lieferung (Terminauftrag 12123, Angebot 20000020 und Anfrage 10000010). Der Anwender kann von diesem Bildschirm aus in die entsprechenden Belege navigieren. Für die Weiterbearbeitung ist der Transportauftrag 2612 von Bedeutung. Mit dessen Quittierung wird die tatsächliche Pickmenge in den Lieferbeleg fortgeschrieben. Abbildung 3.23 zeigt uns die Quittierung des Transportauftrags.

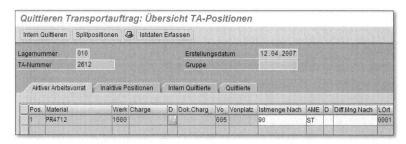

Abbildung 3.23 Quittierung des Transportbelegs (Transaktion LT12)

Der Anwender trägt im Feld ISTMENGE NACH die tatsächlich entnommene Menge ein. Im Beispiel gehen wir davon aus, dass nicht die gesamte Menge entnommen werden kann. Als Ist-Menge erfassen wir 90 Stück. Beim Quittieren im Transportbeleg geben wir ein Kennzeichen mit, dass die Liefermenge im Lieferbeleg entsprechend anzupassen ist. Nach der Quittierung des Transportauftrags ist die Kommissionierung abgeschlossen. Abbildung 3.24 zeigt uns den Lieferbeleg nach der Quittierung des Transportauftrags.

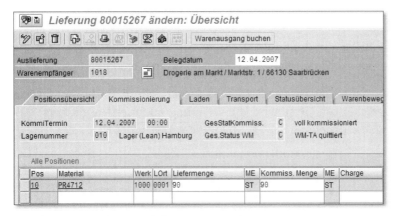

Abbildung 3.24 Lieferung nach der Quittierung der Kommissionierung (Transaktion VL02N)

Liefermenge und Pickmenge sind gleich. Der Warenausgang kann gebucht werden. Mit der Warenausgangsbuchung werden automatisch folgende Belege erzeugt:

Schritt 9: Warenausgangsbuchung

- Materialbeleg
- Buchhaltungsbeleg

Über den Materialbeleg erfolgt eine Korrektur der mengenmäßigen Bestandsführung. Abbildung 3.25 zeigt den Materialbeleg zu unserer Beispiellieferung.

Abbildung 3.25 Materialbeleg zur Lieferung (Transaktion MB03)

Aus dem Materialbeleg kann man in die Belege des Rechnungswesens navigieren. Wir schauen uns den zugehörigen Buchhaltungsbeleg an. Über diesen wird die wertmäßige Bestandsführung aktualisiert. Die Bewertung erfolgt anhand des Bewertungspreises im Buchhaltungsbild des Materialstamms. Das Beispielmaterial PR4712 hat einen Bewertungspreis von 5,50 € pro Stück.

Der Beleg in Abbildung 3.26 zeigt den Buchungssatz Bestandsveränderungen (Konto 894025) an Bestand (Konto 310000).

Schritt 10: Faktura erfassen Mit der Warenausgangsbuchung haben wir den Versandprozess abgeschlossen. Jetzt wird die Lieferung fakturiert. Abbildung 3.27 zeigt die Erstellung der Faktura mit der Fakturaart F2.

Abbildung 3.26 Buchhaltungsbeleg zur Lieferung (Transaktion MB03)

Abbildung 3.27 Erstellen des Fakturabelegs (Transaktion VF01)

Der Beleg zeigt, dass nur die tatsächlich ausgelieferte Menge berechnet wird. Der zugehörige Terminauftrag hat durch die Teillieferung den Status IN ARBEIT. Ein Blick auf den Belegfluss – jetzt aus Sicht der Faktura – zeigt uns diesen Zusammenhang (siehe Abbildung 3.28).

Abbildung 3.28 Belegfluss in der Faktura (Transaktion VF02)

Der zugehörige Buchhaltungsbeleg (Belegnummer 100000172) der Finanzbuchhaltung in Abbildung 3.29 enthält die Erlösbuchung. Der Beleg hat den Status NICHT AUSGEZIFFERT (siehe Abbildung 3.28), d.h., die Zahlung des Kunden ist noch nicht erfolgt.

Abbildung 3.29 Buchhaltungsbeleg der Faktura (Transaktion VF02)

Aus Abschnitt 2.12, »Integration der Ergebnis- und Marktsegmentrechnung«, wissen wir, dass die Faktura auch Erlöse und Umsatzkosten an die Ergebnis- und Marktsegmentrechnung übergibt. Die Erlöse entsprechen dem Umsatz der Finanzbuchhaltung (14,00 € mal 90 Stück entspricht 1.260,00 €). Die Umsatzkosten werden über die Konditionsart VPRS aus dem Bewertungspreis des Materialstamms (5,50 € pro Stück) ermittelt und übergeben. In Abbildung 3.30 sehen wir den Ergebnisbeleg zur Faktura.

Die Erlösbuchung aus Abbildung 3.29 lautet *Debitor (Regulierer 1018 Drogerie am Markt) an Umsatzerlöse (Konto 800000) und Mehrwert-*

Schritt 11: Offene Posten

steuer (Konto 175000). Mit dieser Buchung wurde die Faktura an die Finanzbuchhaltung als offener Posten übergeben. Über die Nachrichtenfindung kann ein Fakturabeleg gedruckt werden. Dieser wird an den Kunden versendet, der ihn wiederum als Eingangsrechnung verbucht. Der Vertriebsprozess wird durch die Zahlung des Kunden abgeschlossen. Abbildung 3.31 zeigt uns einen Auszug aus der Liste der offenen Posten für das Debitorenkonto 1018 in SAP ERP Financials.

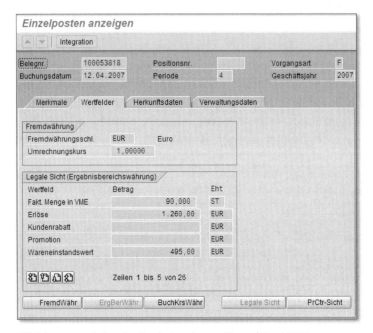

Abbildung 3.30 Beleg der Ergebnisrechnung (Transaktion VF02)

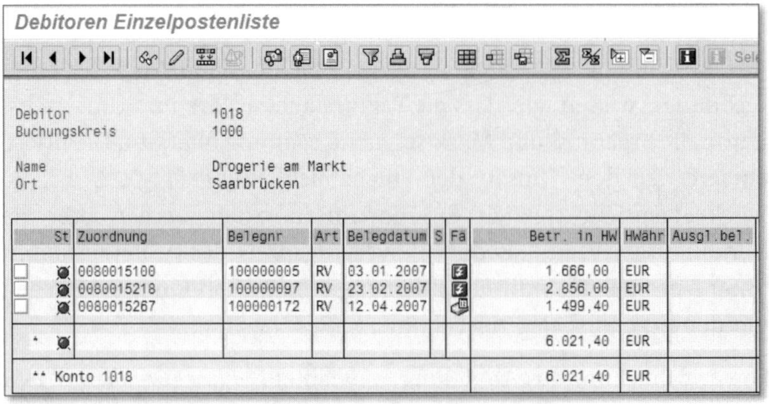

Abbildung 3.31 Liste der offenen Posten (Transaktion FBL5N)

Terminauftragsabwicklung | **3.3**

Die letzte Zeile in Abbildung 3.31 enthält den Beleg aus unserer SD-Faktura (Belegnummer 100000172). Nach dem Zahlungseingang des Kunden gleicht ein Sachbearbeiter in der Finanzbuchhaltung den offenen Posten aus. Abbildung 3.32 zeigt uns den Buchhaltungsbeleg mit dem Zahlungseingang.

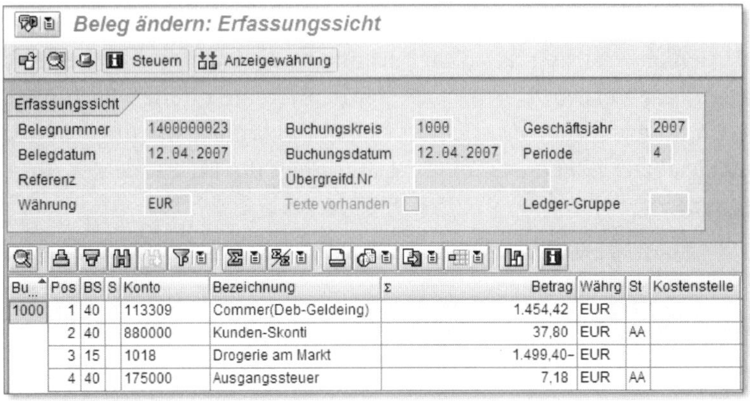

Schritt 12: Zahlungseingang des Kunden

Abbildung 3.32 Buchhaltungsbeleg zum Zahlungseingang des Kunden (Transaktion F-28)

Es erfolgt jetzt die Buchung Bankkonto und Skonti an Debitor und Ausgangssteuer. Wir sehen also, dass der Kunde gemäß den Zahlungsbedingungen in der Faktura bei seiner Zahlung 3 % Skonto abgezogen hat. Der Belegfluss in der Faktura der Vertriebskomponente wird durch die Verbuchung des Zahlungseingangs in SAP ERP Financials aktualisiert.

Abbildung 3.33 Belegfluss der SD-Faktura nach Verbuchung des Zahlungseingangs (Transaktion VF02)

285

Absagegrund erfassen

Abbildung 3.33 zeigt uns über den Belegfluss, dass der Buchhaltungsbeleg jetzt ausgeziffert und damit erledigt ist. Als einziger Beleg in unserem Vertriebsprozess behält der Terminauftrag den Status IN ARBEIT. Es wäre jetzt ein weiterer Lieferbeleg zu erstellen. Über diesen würde die fehlende Menge (10 Stück) aus dem Lager entnommen und ausgebucht. Mit Bezug zu dieser Lieferung wäre eine weitere Faktura anzulegen. In dem Fall, dass der Kunde auf die Lieferung der Restmenge verzichtet, kann im Terminauftrag auch ein Absagegrund eingepflegt werden. Der Auftrag hat dann keine offenen Positionen mehr und gilt fortan als erledigt. Genau das wollen wir tun, um den Auftrag abzuschließen. Abbildung 3.34 zeigt die Erfassung des Absagegrunds.

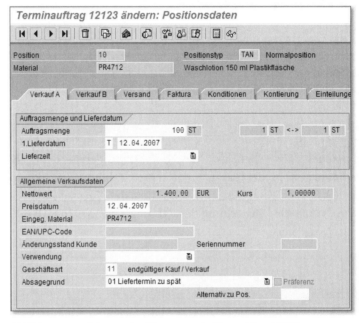

Abbildung 3.34 Erfassen des Absagegrunds (Transaktion VA02)

Wir erfassen den Absagegrund LIEFERTERMIN ZU SPÄT in der Position des Terminauftrags. Abbildung 3.35 zeigt den aktualisierten Belegfluss.

Durch das Einpflegen des Absagegrunds gilt nun auch der Auftrag als ERLEDIGT. Der gesamte Status unseres Beispiels lässt sich an dieser Darstellung ablesen.

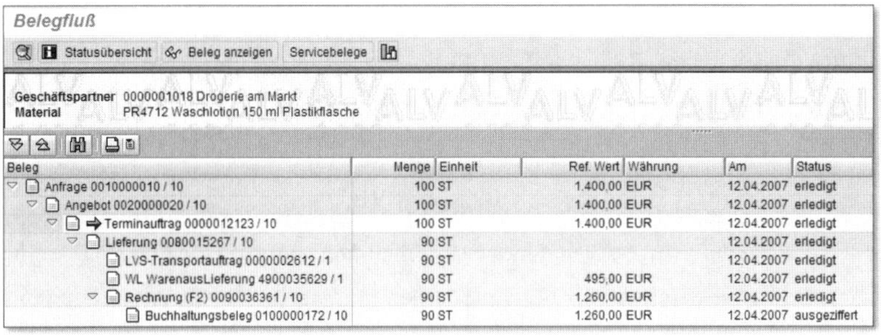
Belegfluß
Statusübersicht
Beleg anzeigen
Servicebelege
Geschäftspartner 0000001018 Drogerie am Markt
Material PR4712 Waschlotion 150 ml Plastikflasche
Beleg
Menge
Einheit
Ref. Wert
Währung
Am
Status
Anfrage 0010000010 / 10 100 ST 1.400,00 EUR 12.04.2007 erledigt
Angebot 0020000020 / 10 100 ST 1.400,00 EUR 12.04.2007 erledigt
Terminauftrag 0000012123 / 10 100 ST 1.400,00 EUR 12.04.2007 erledigt
Lieferung 0080015267 / 10 90 ST 12.04.2007 erledigt
LVS-Transportauftrag 0000002612 / 1 90 ST 12.04.2007 erledigt
WL WarenausLieferung 4900035629 / 1 90 ST 495,00 EUR 12.04.2007 erledigt
Rechnung (F2) 0090036361 / 10 90 ST 1.260,00 EUR 12.04.2007 erledigt
Buchhaltungsbeleg 0100000172 / 10 90 ST 1.260,00 EUR 12.04.2007 ausgeziffert

Abbildung 3.35 Belegfluss nach Erledigung des Gesamtprozesses (Transaktion VA02)

3.4 Streckenauftragsabwicklung

Streckengeschäfte gehören zum klassischen Repertoire betriebswirtschaftlicher Abläufe. Entscheidend ist dabei die optimale Abstimmung zwischen Vertrieb, Einkauf und dem Lieferanten – eine Aufgabe, die durch eine integrierte Standardsoftware besonders gut geleistet werden kann. Im Folgenden zeigen wir, wie Streckengeschäfte auf der Basis der in Abschnitt 3.3 vorgestellten Auftragsabwicklung unterstützt werden.

3.4.1 Betriebswirtschaftliche Grundlagen

Die Beteiligten an einem Streckengeschäft sind:

- der Endkunde
- das verkaufende Unternehmen
- das liefernde Unternehmen

Das verkaufende Unternehmen erhält einen Auftrag von seinem Endkunden und bestellt die angeforderten Produkte bei einem Lieferanten. Dieser liefert die Produkte direkt an den Endkunden, stellt aber die Rechnung an das verkaufende Unternehmen. Dieses wiederum berechnet die Lieferung an den Endkunden. Abbildung 3.36 zeigt die Lieferbeziehungen im Überblick.

Aus Sicht des verkaufenden Unternehmens sind folgende Fälle zu unterscheiden:

- Ein Produkt wird immer über eine Streckenabwicklung vertrieben.
- Ein Produkt wird von Fall zu Fall entweder aus dem eigenen Lager oder über ein Streckengeschäft vertrieben.

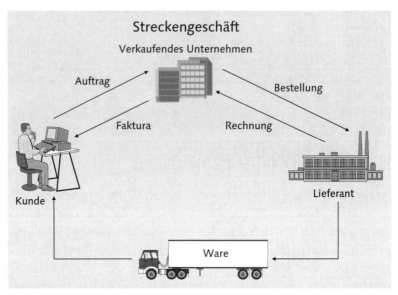

Abbildung 3.36 Übersicht über die Streckenauftragsabwicklung

Grundsätzliche Streckenabwicklung

Wird ein Produkt grundsätzlich über Streckengeschäfte vertrieben, verzichtet man auf eine eigene Lagerhaltung. Dies ist z. B. für Unternehmen im Anlagenbau sinnvoll, deren Anlagen Komponenten von Drittlieferanten enthalten. Muss eine solche Komponente im Zuge einer Reparatur ausgetauscht werden, wendet sich der Endkunde zunächst an »seinen« Lieferanten. Für diesen ist es unter Umständen nicht sinnvoll, die gesamte Palette von Fremdkomponenten vorzuhalten. Er bestellt das Produkt stattdessen beim Drittlieferanten, der dann wiederum die benötigte Komponente direkt an den Endkunden liefert. Dies spart Zeit – ein bei der Bereitstellung von Ersatzteilen wesentliches Kriterium. Die gesamte kaufmännische Abwicklung, z. B. die Klärung von Garantie- und Kulanzfällen, verbleibt beim Verkäufer der Anlage. Somit hat der Endkunde nur einen Ansprechpartner für den Kauf und die Wartung seiner Anlage.

Streckengeschäft von Fall zu Fall

Bei der zweiten Option (Streckengeschäft von Fall zu Fall) verfügt das verkaufende Unternehmen normalerweise über Lagervorräte. Nur wenn die Verfügbarkeit nicht gewährleistet werden kann, erfolgt eine Direktlieferung vom Lieferanten an den Endkunden. Dies kann z. B. bei außerordentlich großen Aufträgen der Fall sein.

Die Unterscheidung zwischen beiden Fällen ist für die Abbildung dieses Prozesses in SAP ERP relevant. Dies wird uns der folgende Abschnitt zeigen.

3.4.2 Streckenauftragsabwicklung in SAP ERP

Die Abschnitte 3.1 bis 3.3 haben gezeigt, dass die Gestaltung der Geschäftsprozesse in SAP ERP im Customizing im Wesentlichen auf folgenden Objekten beruht:

- Auftragsart
- Positionstyp
- Einteilungstyp
- Kopiersteuerung

Folgerichtig unterscheidet sich der Streckenauftrag in diesen Punkten vom »normalen« Terminauftrag.

Verschaffen wir uns zunächst einen Überblick über das Zusammenspiel der SAP-Belege in Vertrieb und Materialwirtschaft. Im Terminauftrag (Auftragsart TA) wird für das Material über die Positionstypengruppe im Materialstamm der Positionstyp TAS (Streckenposition) ermittelt. Über die Auftragsart und den Positionstyp wird der Einteilungstyp CS (Strecke) in den Beleg übernommen. Der Einteilungstyp CS bewirkt, dass zu der Streckenauftragsposition eine Bestellanforderung (BANF) in der SAP-Materialwirtschaftskomponente MM angelegt wird. Diese wird im Einkauf in eine Bestellung umgesetzt. Eine Wareneingangsbuchung zu dieser Bestellung ist nicht notwendig; die Ware gelangt direkt zum Kunden. Vielmehr wird mit Bezug zur Bestellung die Eingangsrechnung des Lieferanten verbucht. Sobald diese Eingangsrechnung (über die Funktion *Rechnungsprüfung* in der Komponente MM) verbucht ist, kann in der Vertriebskomponente mit Bezug zum Kundenauftrag eine Faktura erzeugt werden.

Überblick über den Belegfluss

Folgende Aspekte wollen wir nun etwas näher betrachten:

- das Zusammenspiel von Auftragsart und Positionstyp
- das Customizing des Einteilungstyps für das Streckengeschäft
- die Bestellanforderung in der Komponente MM

- die Bestellung in der Komponente MM
- die auftragsbezogene Faktura in der Komponente SD

Auftragsart und Positionstyp Streckengeschäft

Im SAP-Standard ist für das Streckengeschäft keine eigene Auftragsart vorgesehen. Innerhalb der Auftragsart *Terminauftrag* steht für die Erfassung von Streckenpositionen der Positionstyp TAS zur Verfügung. Damit kann ein Auftrag sowohl Normal- als auch Streckenpositionen enthalten. Für die Steuerung des Streckengeschäfts gibt es folgende Möglichkeiten:

- Man verwendet die Standardauftragsart TA (Terminauftrag). Der Positionstyp TAS (Streckenposition) wird automatisch über die Positionstypengruppe BANS (Streckenposition) im Materialstamm ermittelt. Damit hängt es allein vom Materialstamm ab, ob eine Position über ein Streckengeschäft abgewickelt wird.

- Man verwendet die Standard-Auftragsart TA (Terminauftrag). Die automatische Ermittlung des Positionstyps führt zum Positionstyp TAN (Normalposition). Für den Fall, dass diese Position ausnahmsweise über ein Streckengeschäft abgewickelt werden soll, ändert der Anwender den Positionstyp manuell. Damit entscheidet der Anwender auf Ebene der Auftragsposition, ob ein Material über ein Streckengeschäft verkauft wird.

- Man definiert eine eigene Auftragsart für das Streckengeschäft. Die neue Auftragsart (z. B. ZTAS, Streckenauftrag) entsteht durch eine Kopie der Auftragsart TA. In der Positionstypenfindung für diese Auftragsart lässt man nur den Positionstyp TAS (Streckenposition) zu. Damit entscheidet der Anwender auf Ebene der Auftragsart, wie der Prozess abläuft.

Diese Möglichkeiten zeigen uns wieder das Zusammenspiel von Customizing-Einstellungen, Stammdatenpflege und Anwenderentscheidung.

Customizing für den Einteilungstyp »Streckengeschäft«

Abhängig vom Positionstyp TAS wird der Einteilungstyp CS (Strecke) ermittelt. Abbildung 3.37 zeigt uns das Customizing für den Einteilungstyp CS (Strecke).

Die Optionen VERFÜGBARKEITSPRÜFUNG und BEDARFSÜBERGABE (siehe Abschnitt 2.3) werden hier explizit ausgeschaltet. Schließlich soll die Auftragsposition ja nicht aus dem eigenen Lager geliefert werden. Damit ist die Einlastung in die Disposition obsolet.

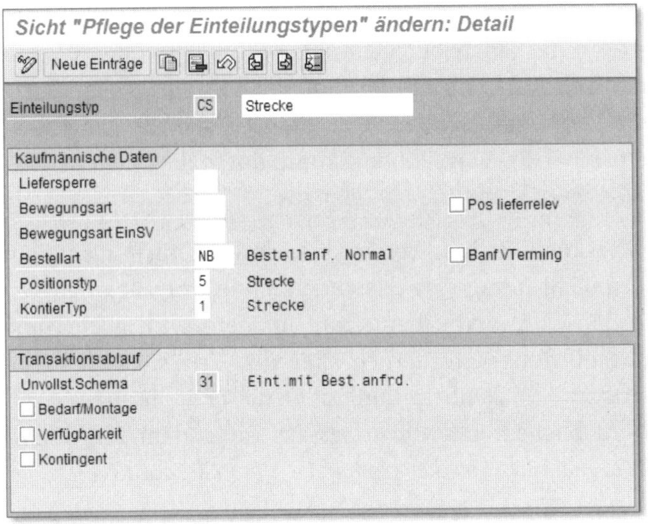

3.4 Streckenauftragsabwicklung

```
Sicht "Pflege der Einteilungstypen" ändern: Detail
   Neue Einträge

Einteilungstyp           CS    Strecke

Kaufmännische Daten
  Liefersperre
  Bewegungsart                       ☐ Pos lieferrelev
  Bewegungsart EinSV
  Bestellart             NB    Bestellanf. Normal    ☐ Banf VTermin
  Positionstyp           5     Strecke
  KontierTyp             1     Strecke

Transaktionsablauf
  Unvollst.Schema        31    Eint.mit Best.anfrd.
  ☐ Bedarf/Montage
  ☐ Verfügbarkeit
  ☐ Kontingent
```

Abbildung 3.37 Customizing für den Einteilungstyp CS, »Strecke« (Transaktion VOV6)

Stattdessen wird im Einteilungstyp festgelegt, dass zum Auftrag automatisch eine Bestellanforderung in der Komponente MM angelegt wird. Die Bestellanforderung hat die MM-Belegart NB (siehe Abbildung 3.37).

Es handelt sich dabei um eine Bedarfsmeldung, die nach der Lieferantenzuordnung in eine Bestellung umgesetzt werden kann. Für die Steuerung der Bestellanforderung werden im Einteilungstyp zwei wichtige Informationen mitgeliefert (siehe Abbildung 3.37):

Bestellanforderung in der Komponente MM

- Positionstyp
- Kontierungstyp

Der Positionstyp 5 (Strecke) in der Bestellanforderung steuert, dass es sich in der Bestellanforderung ebenfalls um eine Streckenposition handelt. Bei einer Streckenbestellung wird die Lieferadresse des Endkunden aus dem Kundenauftrag (Partnerrolle »Warenempfänger«) in die Bestellung kopiert. Diese erscheint dann auf dem Bestellformular, das dem Lieferanten zugesendet wird. Für den Lieferanten ist dies der Warenempfänger.

Der Kontierungstyp regelt die Verbuchung der Eingangsrechnung. Bestellungen von lagerhaltigen Materialien mit wertmäßiger Bestandsführung (siehe Abschnitt 3.3.6, »Beispiel«) führen zu einer

Wareneingangsbuchung mit entsprechender Fortschreibung der Bestandswerte in der Finanzbuchhaltung. Die Buchung des Wareneingangs lautet *Bestandskonto an WE/RE-Konto (Wareneingangs-/Rechnungseingangs-Verrechnungskonto)*. Der Eingang der Eingangsrechnung gleicht das WE/RE-Verrechnungskonto durch die Buchung *WE/RE-Konto + Vorsteuer an Kreditor* wieder aus.

Im Fall der Streckenbestellung kommt jedoch diese Buchung auf ein Bestandskonto nicht infrage, da das verkaufende Unternehmen keinen Bestand der Ware verbuchen kann. Insofern wird auch keine Wareneingangsbuchung erforderlich. Bei der Erfassung der Eingangsrechnung zur Streckenbestellung ist an dieser Stelle auf ein Aufwandskonto zu buchen. Der Buchungssatz lautet dann *Aufwandskonto (z. B. Wareneinsatz Streckengeschäft) + Vorsteuer an Kreditor*.

Das Aufwandskonto wird über das Customizing der Kontenfindung in der Komponente MM (Transaktion OBYC) automatisch ermittelt. Als Hauptkriterium dient dazu der Kontierungstyp, der bereits im SD-Customizing zum Einteilungstyp festgelegt wird. Der Kontierungstyp steuert normalerweise, auf welches Objekt im Controlling (Kostenstelle, Innenauftrag, Projekt) kontiert werden kann. Allerdings ist in einem Streckengeschäft eine kostenrechnungsrelevante Zusatzkontierung nicht erforderlich. Erinnern wir uns an die Zusammenhänge der CO-Integration, die in Abschnitt 2.12 dargestellt wurden. Dort haben wir gesehen, dass im Fall der Kundenfaktura sowohl Erlöse als auch Umsatzkosten an die Ergebnis- und Marktsegmentrechnung übergeben werden. Damit werden die Kosten bei der SD-Faktura in einem Schritt verbucht und müssen hier nicht noch einmal auf einem sogenannten *CO-Objekt* verbucht werden. Allerdings kann es statistische Gründe geben, diese Buchung trotzdem vorzunehmen – dann z. B., wenn man die Kosten für ein Streckengeschäft auf einer Kostenstelle oder einem CO-Auftrag sammeln will. In diesem Fall kann die Kontierung entweder vom Anwender in der Bestellanforderung vergeben oder automatisch über das Sachkonto (bzw. die zugehörige Kostenart) ermittelt werden.

Bestellung in MM

Der Bestellanforderung wird in der Komponente MM zunächst eine Bezugsquelle (Lieferant) zugeordnet. Dieser Vorgang kann durch entsprechende Stammdatenpflege (Orderbuch, Infosatz) automatisiert werden. Nach der Zuordnung kann die Bestellanforderung in eine Bestellung umgesetzt werden. Auch dieser Schritt kann durch ein

Programm automatisch erfolgen. Dazu ist ein sogenannter *Batchjob* einzurichten. Das Programm setzt innerhalb dieses Jobs regelmäßig alle zugeordneten Bestellanforderungen in Bestellungen um. In der Bestellung werden die Konditionen (Preise, Lieferungs- und Zahlungsbedingungen) ermittelt. Über die Nachrichtenfindung wird die Bestellung gedruckt und an den Lieferanten versendet. Damit wird deutlich, dass die Erfassung einer Streckenposition in der Vertriebskomponente SD automatisch zu einer Bestellung in der Materialwirtschaftskomponente MM beim Lieferanten führen kann. Allerdings ist die weitgehende Automatisierung optional und auch von bestimmten Voraussetzungen (Stammdatenpflege, Batchjob) abhängig.

Anschließend werden die Produkte geliefert, und der Lieferant stellt eine entsprechende Rechnung. Diese wird mit Bezug zur Bestellung in der Komponente MM erfasst und wie beschrieben verbucht. In der Praxis führen manche Unternehmen zusätzlich eine statistische Wareneingangsbuchung ohne mengen- und wertmäßige Bestandsfortschreibung durch. Dies ist zwar nicht erforderlich, sie kann aber zusätzliche Transparenz schaffen. So ist es denkbar, dass der Endkunde eine Rückmeldung über die tatsächlich gelieferte Menge an das verkaufende Unternehmen gibt. Über diese Menge wird dann eine Wareneingangsbuchung zur Bestellung erfasst. Bei der Verbuchung der Eingangsrechnung wird diese Wareneingangsmenge mit der Rechnungsmenge verglichen. Dies erleichtert die Rechnungsprüfung, da die tatsächlich gelieferte Menge im System gespeichert ist und dem Sachbearbeiter bei der Rechnungserfassung vorgeschlagen wird.

Die Verbuchung der Eingangsrechnung zur Bestellung in der Komponente MM ist eine Voraussetzung dafür, dass die Kundenauftragsposition fakturiert werden kann. Jedenfalls ist dies im SAP-Standard im Customizing so hinterlegt. Diese Einstellung kann in der Kopiersteuerung geändert werden. Da die Ware nicht aus dem eigenen Lager geliefert wird, entfällt die Erstellung eines Lieferbelegs. Im Unterschied zu dem in Abschnitt 3.3 beschriebenen Ablauf kann sich eine SD-Faktura auch auf eine Auftragsposition beziehen. Die entsprechenden Einstellungen werden im Customizing des Positionstyps vorgenommen. Der Positionstyp TAS enthält die Option AUFTRAGSBEZOGENE FAKTURA. Mit der Fakturierung des Auftrags wird der Prozess abgeschlossen.

Auftragsbezogene Faktura

3.4.3 Beispiel

In unserem Beispiel wollen wir ausgehend von einem Kundenauftrag mit einer Streckenposition den Prozess der Streckenabwicklung erläutern. Im Einzelnen werden wir dabei die folgenden Schritte durchlaufen:

1. Erfassen des Kundenauftrags
2. Anzeige der Bestellanforderung
3. Umsetzung der Bestellanforderung in eine Bestellung
4. Buchung der Eingangsrechnung
5. Erstellung der Faktura mit Bezug zum Kundenauftrag

Schritt 1: Kundenauftrag erfassen

Beginnen wir also, indem wir den Kundenauftrag mit der Auftragsart TA erfassen. Der Kunde hat das Material ST4711, eine Waschlotion, bestellt. Das Material ist aus unserer Sicht eine Handelsware, die grundsätzlich über ein Streckengeschäft geliefert wird. Deshalb ist im Materialstamm die Positionstypengruppe BANS hinterlegt (siehe Abbildung 3.38). (Hinweis: Die Positionstypengruppe im Feld ALLG.POS.TYPENGRUPPE [NORM] ist hier nicht relevant. Sie wird auf Mandantenebene festgelegt und damit nur gezogen, wenn im Feld POSITIONSTYPENGRUPPE kein Eintrag vorhanden ist.)

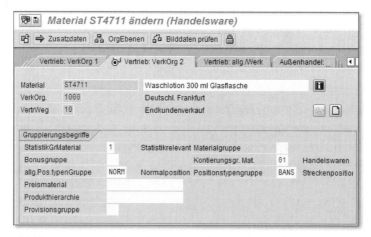

Abbildung 3.38 Zuordnung der Positionstypengruppe BANS im Materialstamm (Transaktion MM02)

Die Positionstypengruppe BANS bewirkt, dass im Kundenauftrag automatisch der Positionstyp TAS (Streckenauftrag) ermittelt wird. Abbildung 3.39 zeigt den Auftrag mit dem Positionstyp TAS.

3.4 Streckenauftragsabwicklung

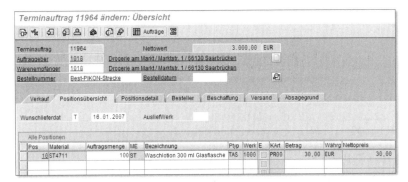

Abbildung 3.39 Erfassen eines Kundenauftrags mit Streckenposition (Transaktion VA01)

Der Verkaufspreis für unser Material beträgt 30,00 € pro Stück, der Kunde bestellt 100 Stück. Über den Positionstyp TAS wird automatisch der Einteilungstyp CS (Strecke) ermittelt. Abbildung 3.40 zeigt die Einteilungsdaten.

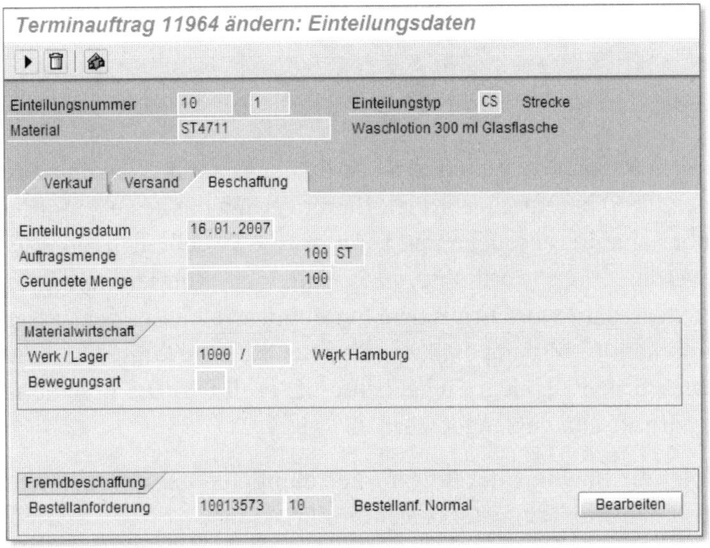

Abbildung 3.40 Einteilung zur Streckenposition (Transaktion VA01)

In Abbildung 3.40 wird deutlich, dass mit dem Anlegen des Kundenauftrags mit der Auftragsnummer 11964 automatisch eine Bestellanforderung (Belegnummer 10013573) in der SAP-Materialwirtschaftskomponente MM angelegt worden ist. Der Anwender kann direkt in

Schritt 2: Bestellanforderung anzeigen

die Bearbeitung der Bestellanforderung springen. Wir sehen die Bestellanforderung in Abbildung 3.41.

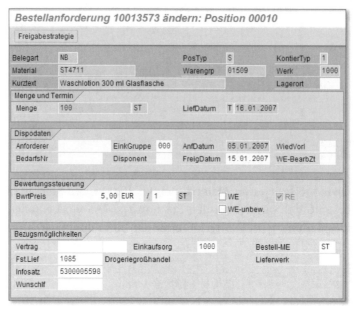

Abbildung 3.41 Bestellanforderung in der Komponente MM (Transaktion ME52N)

Schritt 3: Bestellanforderung in eine Bestellung umsetzen

Im Bereich BEZUGSMÖGLICHKEITEN wurde der Lieferant (Lieferantennummer 1085) bereits zugeordnet. Damit verfügt die Bestellanforderung über eine Bezugsquelle und kann in eine Bestellung umgewandelt werden. Der Positionstyp S und der Kontierungstyp 1 (Streckengeschäft) wurden aus dem Einteilungstyp im Kundenauftrag übernommen. Abbildung 3.42 zeigt bereits die Bestellung. Die Konditionen wurden aus dem Einkaufsinfosatz ermittelt. Die Bestellung kann gedruckt und versendet werden.

Schritt 4: Eingangsrechnung buchen

Jetzt folgt die Buchung der Eingangsrechnung, die uns der Lieferant geschickt hat. Abbildung 3.43 zeigt ihre Erfassung.

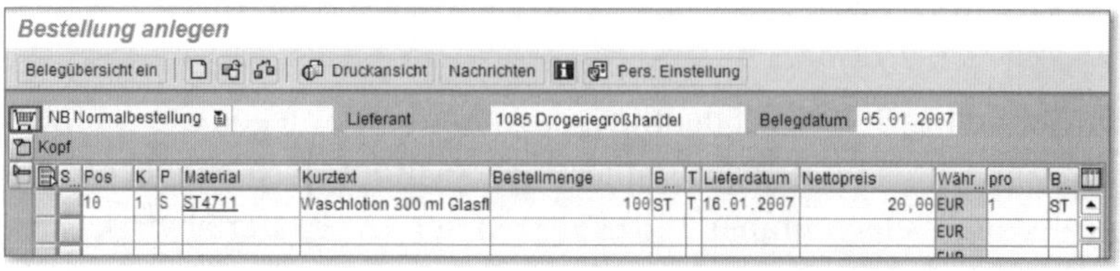

Abbildung 3.42 Bestellung zur Streckenposition (Transaktion ME21N)

Streckenauftragsabwicklung | **3.4**

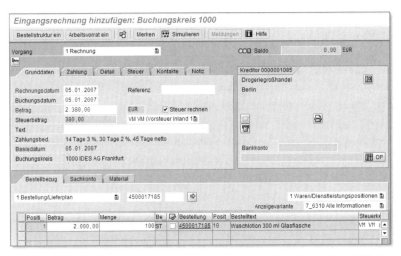

Abbildung 3.43 Buchen der Eingangsrechnung zur Bestellung (Transaktion MIRO)

Die Bestellmenge und der Nettobetrag werden aus der Bestellung übernommen und als Vorschlagswert angeboten. Die Buchung der Rechnung führt zu dem in Abbildung 3.44 gezeigten Beleg. Wir sehen den Buchungssatz *Herstellkosten Umsatz (Aufwandskonto) + Vorsteuer an Kreditor.*

Abbildung 3.44 Buchhaltungsbeleg zur Eingangsrechnung (Transaktion MIR4)

Die Verbuchung der Eingangsrechnung bewirkt, dass jetzt auch die Faktura an den Endkunden erstellt und versendet werden kann. Die Kundenfaktura wird mit Bezug zum Kundenauftrag erzeugt. Abbildung 3.45 zeigt die Erstellung der Faktura, die dann zu dem in Abbildung 3.46 gezeigten Buchhaltungsbeleg führt.

Schritt 5: Faktura an Endkunden erstellen

Abbildung 3.45 Anlegen der Faktura an den Endkunden (Transaktion VF01)

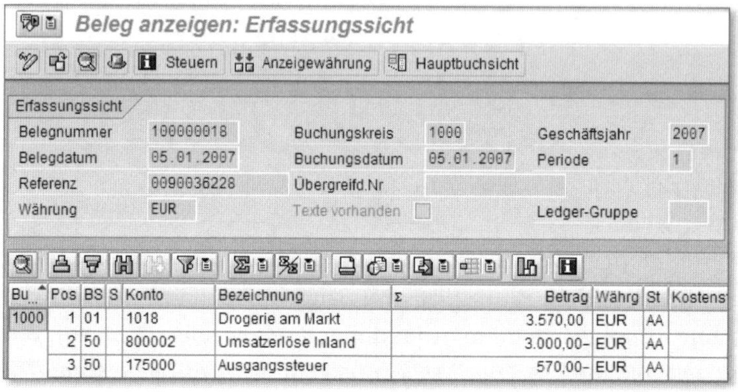

Abbildung 3.46 Buchhaltungsbeleg zur Faktura im Streckengeschäft (Transaktion VF02)

Der Buchhaltungsbeleg zeigt den Buchungssatz *Debitor an Umsatz und Mehrwertsteuer*. Mit der Faktura werden auch Erlöse und Umsatzkosten an die Ergebnis- und Marktsegmentrechnung (CO-PA) übergeben. Im Konditionsbild der Faktura (siehe Abbildung 3.47) sehen wir sowohl den Nettowert der Position als auch den Verrechnungswert. Der Nettowert wird über die Preisfindung gebildet und stellt die Erlöse dar. Der Verrechnungswert wird über die Konditionsart VPRS in der Preisfindung ermittelt. Diese Kondition greift auf den Bewertungspreis im Materialstamm zu und ermittelt so die Umsatzkosten. Abbildung 3.47 zeigt die Werte. Von den Erlösen werden die Umsatzkosten subtrahiert; so gelangt man zum Deckungsbeitrag.

3.4 Streckenauftragsabwicklung

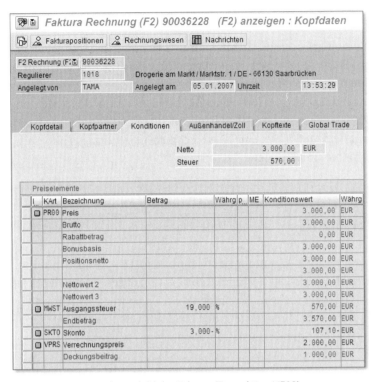

Abbildung 3.47 Konditionsbild der Faktura (Transaktion VF03)

Mit der Erstellung der Faktura ist der Prozess abgeschlossen. Werfen wir abschließend einen Blick auf den Belegfluss im Kundenauftrag in Abbildung 3.48.

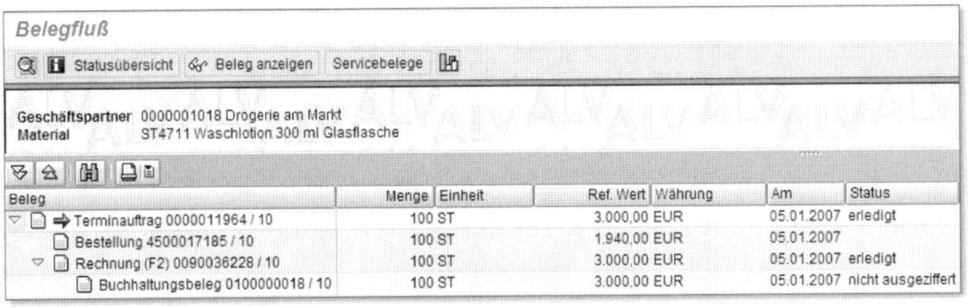

Abbildung 3.48 Belegfluss im Kundenauftrag (Transaktion VA02)

Der Belegfluss zeigt auch die Bestellung in der Materialwirtschaftskomponente MM. Dies macht ebenfalls deutlich, dass komponentenübergreifende Prozesse durchgängig abgebildet werden können.

3.5 Konsignationsabwicklung

Die Optimierung von Abläufen und Beständen bei gleichzeitiger Sicherung der Verfügbarkeit der Produkte gehört zu den wichtigsten Aufgaben der Unternehmenslogistik. Ähnlich wie die Abwicklung von Aufträgen über Streckengeschäfte wächst auch die Bedeutung von Konsignationslagern. Dies hängt nicht zuletzt damit zusammen, dass moderne EDV-Systeme diese Formen der Auftragsbearbeitung durchgängig unterstützen.

3.5.1 Betriebswirtschaftliche Grundlagen

Konsignationslager sind Lieferantenlager auf dem Gelände des Kunden. Der Lieferant ist für die Bevorratung verantwortlich, die Bestände bleiben Eigentum des Lieferanten. Der Kunde entnimmt Waren bedarfsgerecht aus dem Konsignationslager. Er meldet diese Bedarfe in regelmäßigen Abständen dem Lieferanten. Auf Basis dieser Entnahmemeldungen stellt der Lieferant seine Rechnung. Abbildung 3.49 zeigt die Konsignationsabwicklung im Überblick.

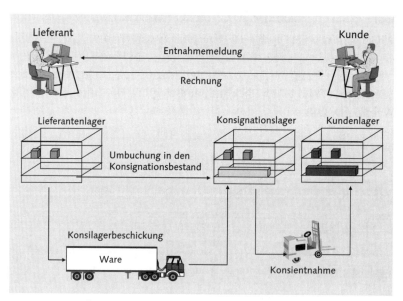

Abbildung 3.49 Übersicht über die Konsignationsabwicklung

Aus Sicht des Kunden ergeben sich folgende Vorteile:

Vorteile der Konsignationsabwicklung

- geringe Kapitalbindung, da die Waren erst dann wertmäßig als Wareneingang verbucht werden, wenn sie tatsächlich benötigt werden
- geringer Aufwand für die Beschaffung
- geringer Aufwand für die Disposition der Waren
- geringe Transportzeit

Aus Sicht des Lieferanten besteht der Vorteil in der tendenziell höheren Kundenbindung. Voraussetzung ist jedoch eine vertrauensvolle Kundenbeziehung, da man auf die Entnahmemeldungen des Kunden angewiesen ist. In der Praxis werden Inventuren in Konsignationslagern zwar in regelmäßigen Abständen durchgeführt, wegen des hohen Aufwands ist es jedoch meistens kaum möglich, die Bestände häufiger als einmal pro Quartal zu kontrollieren.

Konsignationslager werden in vielen Branchen eingesetzt. So sind viele Tanklager in der Chemie- und Pharmaindustrie mittlerweile als Konsignationslager eingerichtet. Man spricht in diesem Zusammenhang auch von einem *Vendor Managed Inventory* (VMI). Aber auch im Bereich von Krankenhäusern hat diese Abwicklung ihre Bedeutung. Viele medizinische Instrumente werden über Konsignationslager verwaltet. Dies hängt auch damit zusammen, dass man einen gewissen Vorrat an unterschiedlichen Instrumenten benötigt, ohne letztlich zu wissen, ob und wann ein Instrument eingesetzt wird. Da es sich häufig um steril verpackte Produkte handelt, ist die Rückgabe ohne Beschädigung möglich.

Verwendungsgebiete von Konsignationslagern

3.5.2 Konsignationsabwicklung mit SAP ERP

Auch bei der Konsignationsabwicklung erfolgt die Gestaltung der Prozesse anhand der Auftragsart, der Positionstypen und der Einteilungstypen. Für die Konsignationsabwicklung stehen im SAP-Standard folgende Auftragsarten zur Verfügung:

- Konsignationsbeschickung
- Konsignationsentnahme
- Konsignationsabholung
- Konsignationsretoure

3 | Vertriebskomponente SD – Prozessüberblick

Konsignations-beschickung

Mithilfe der Auftragsart *Konsignationsbeschickung* erfolgt im SAP-System des Lieferanten die Auslieferung der Produkte ins Konsignationslager. Das System ermittelt automatisch den entsprechenden Positionstyp KBN (Konsignation Beschickung). Folgende Customizing-Einstellungen (Transaktion SPRO • PFLEGE POSITIONSTYPEN) zu diesem Positionstyp sind dabei wichtig:

- nicht preisfindungsrelevant
- nicht fakturarelevant

Über diese Optionen wird gesteuert, dass im Kundenauftrag keine Preise ermittelt werden können. Außerdem kann auch keine Faktura mit Bezug zu dieser Auftragsposition erstellt werden. Die Steuerung der Verfügbarkeitsprüfung und der Bedarfsübergabe für den Positionstyp KBN unterscheidet sich nicht von derjenigen bei der Terminauftragsabwicklung mit dem Positionstyp TAN. Über die Auftragsart und den Positionstyp ermittelt das System den Einteilungstyp E1 (Konsignation mit Verfügbarkeitsprüfung).

Lieferung

Mit Bezug zu diesem Auftrag (Konsignationsbeschickung) wird ein Lieferbeleg erzeugt. Über die Bewegungsart des Einteilungstyps aus dem Auftrag wird festgelegt, dass bei der Warenausgangsbuchung im Lieferbeleg eine Umbuchung vom frei verwendbaren Bestand in den Konsignationsbestand des Kunden (des Warenempfängers aus dem Kundenauftrag) erfolgt.

Sonderbestandsführer

Allerdings gibt es auch die Möglichkeit, einen sogenannten *Sonderbestandsführer* zu definieren. Sonderbestandsführer sind z. B. externe Lagerhalter oder Speditionsfirmen, die Bestände für mehrere Kunden verwalten. Dazu ist im Debitorenstammsatz des Auftraggebers neben dem Warenempfänger, dem Regulierer und dem Rechnungsempfänger ein weiterer Partner zuzuordnen. Sobald man einen Sonderbestandsführer definiert hat, werden die Konsignationsbestände auf der Ebene des Sonderbestandsführers verwaltet.

Konsignationsbestände gehören unabhängig davon, wo sie gelagert werden (beim Sonderbestandsführer oder beim Kunden), wertmäßig zum Vermögen des Lieferanten. Sie werden deshalb als bewertete Kundensonderbestände geführt. Deshalb wird bei dieser Warenausgangsbuchung kein Buchhaltungsbeleg erzeugt. Allerdings gilt dieser Bestand in der Disposition als nicht verfügbar.

Über die Auftragsart *Konsignationsentnahme* (KE) wird die Verbrauchsmeldung des Kunden abgebildet. In dieser Auftragsart findet eine Preisfindung statt. Bei der Verfügbarkeitsprüfung wird nur der Konsignationsbestand des Kunden berücksichtigt. Mit Bezug zu diesem Auftrag wird ein SD-Lieferbeleg erzeugt. Die Warenausgangsbuchung im Lieferbeleg erfolgt aus dem Konsignationsbestand des Kunden. Jetzt geht der Bestand in das Eigentum des Kunden über. Damit wird an dieser Stelle auch ein Buchhaltungsbeleg erzeugt. Mit Bezug zu dieser Lieferung wird eine Faktura erfasst, über die die Entnahme des Kunden berechnet wird.

Konsignationsentnahme

Die Auftragsart *Konsignationsabholung* dient der Rücklieferung der Waren aus dem Konsignationslager. Zunächst wird ein Auftrag erfasst. Die Lieferung stellt eine sogenannte *Retourenanlieferung* dar. Über die Wareneingangsbuchung dieser Lieferung wird eine Umbuchung vom Konsignationsbestand in den Werksbestand vorgenommen. Analog zur Konsignationsbeschickung wird kein Buchhaltungsbeleg erzeugt.

Konsignationsabholung

Hat ein Kunde eine Entnahme durchgeführt und gibt die Ware anschließend an das Konsignationslager zurück, ist ein Kundenauftrag mit der Auftragsart *Konsignationsretoure* anzulegen. Mit Bezug zu diesem Auftrag wird eine Retourenanlieferung erzeugt. Dieser Beleg bewirkt eine Wareneingangsbuchung in den Konsignationsbestand. Wenn die Entnahme schon berechnet worden war, wird jetzt mit Bezug zur Konsignationsretoure eine auftragsbezogene Gutschrift angelegt.

Konsignationsretoure

3.5.3 Beispiel

In unserem Beispiel zur Konsignationsabwicklung werden wir folgende Schritte durchlaufen:

1. Anzeigen der Bestandsübersicht
2. Durchführung der Konsignationsbeschickung
3. Anzeigen der Bestandsübersicht
4. Durchführen der Konsignationsentnahme
5. Anzeigen der Bestandsübersicht

Schritt 1:
Bestandsanzeige

In der Ausgangssituation hat unser Beispielmaterial PR4711 einen Bestand von 9.995 Stück im Werk 1000 (Hamburg), Lagerort 0001 (Materiallager). Abbildung 3.50 zeigt die Bestandsübersicht.

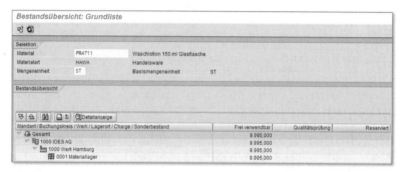

Abbildung 3.50 Bestandsübersicht über das Material PR4711 im Werk 1000 (Transaktion MMBE)

Schritt 2:
Konsignationsbeschickung

Aus diesem Bestand sollen 52 Stück in das Konsignationslager unseres Kunden geliefert werden. Dazu ist ein Kundenauftrag mit der Auftragsart *Konsignationsbeschickung* zu erfassen (siehe Abbildung 3.51).

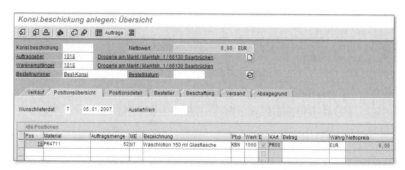

Abbildung 3.51 Erfassung des Kundenauftrags mit der Auftragsart »Konsignationsbeschickung« (Transaktion VA01)

Das System ermittelt über die Auftragsart den Positionstyp KBN (Konsignationsbeschickung). Es handelt sich um eine Position ohne Preisfindung, daher ist das Betragsfeld ohne Wert. Im Anschluss an den Kundenauftrag wurde ein Lieferbeleg erzeugt und der Warenausgang gebucht. Abbildung 3.52 zeigt den Belegfluss zum Kundenauftrag nach diesen Aktivitäten.

Schritt 3:
Bestandsanzeige

Die Kommissionierung im Lieferbeleg erfolgte – analog zum »normalen« Kundenauftrag – über die Komponente *Lean-WM*. Die Warenausgangsbuchung führt zum in Abbildung 3.53 dargestellten Ergebnis.

Abbildung 3.52 Belegfluss zur Konsignationsbeschickung (Transaktion VA02)

Abbildung 3.53 Bestandsübersicht über das Material PR4711 im Werk 1000 (Transaktion MMBE)

Ab sofort werden 52 Stück unseres Materials im Kundensonderbestand »Kundenkonsignation« geführt (siehe Abbildung 3.53). Der Kunde meldet uns dann die Entnahme von 27 Stück aus dem Konsignationslager, und wir erfassen daraufhin einen Kundenauftrag mit der Auftragsart *Konsignationsentnahme* (siehe Abbildung 3.54).

Schritt 4: Konsignationsentnahme

Abbildung 3.54 Erfassung des Kundenauftrags mit der Auftragsart »Konsignationsentnahme« (Transaktion VA01)

Nun ermittelt das System den Positionstyp KEN (Konsignationsentnahme) und über die Preisfindung den Verkaufspreis für unser Material. Nach der Erfassung des Lieferbelegs zum Kundenauftrag, der entsprechenden Warenausgangsbuchung und Fakturierung zeigt der Belegfluss das in Abbildung 3.55 dargestellte Bild.

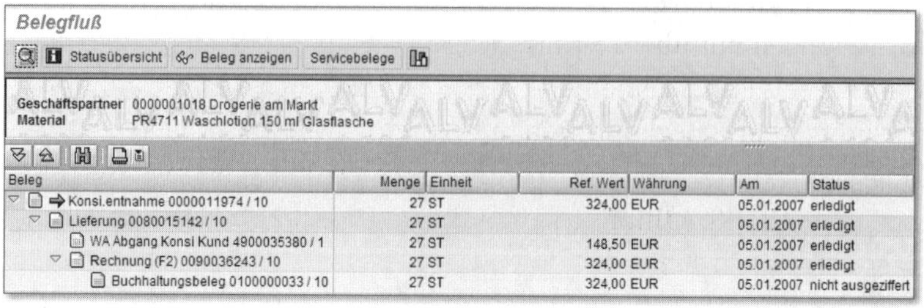

Abbildung 3.55 Belegfluss zur Konsignationsentnahme (Transaktion VA02)

Im Gegensatz zur Konsignationsbeschickung wird jetzt beim Warenausgang auch ein Buchhaltungsbeleg erzeugt. Die Buchung *Bestandsveränderung an Bestand* unterscheidet sich nicht von einer »normalen« Buchung beim Warenausgang in der Terminauftragsabwicklung. Gleiches gilt für den Fakturabeleg, der mit Bezug zur Lieferung erzeugt worden ist.

Schritt 5: Bestandsanzeige

Die Warenausgangsbuchung hat den Konsignationsbestand aktualisiert. Folglich wurde der Konsignationsbestand auf 25 Stück reduziert. Abbildung 3.56 zeigt die neue Bestandsübersicht.

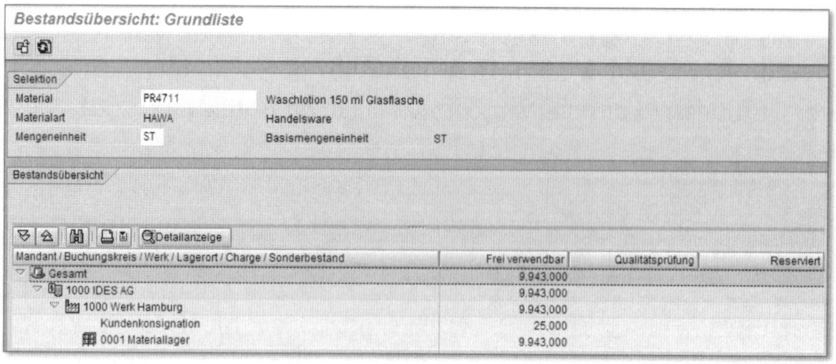

Abbildung 3.56 Bestandsübersicht nach der Konsignationsentnahme (Transaktion MMBE)

3.6 Fakturierungspläne und Anzahlungsabwicklung

Kundenaufträge mit Zahlungsvereinbarungen, die mehr als einen Zahlungstermin umfassen, können über sogenannte *Fakturierungspläne* abgebildet werden. Bis zu Enhancement Package 3 konnten Anzahlungen nur über Fakturierungspläne im SAP-System abgebildet werden; seit Enhancement Package 3 ist zusätzlich die Anzahlungsabwicklung über Belegkonditionen verfügbar. Mit dieser neuen Anzahlungsabwicklung kann der geforderte Anzahlungsbetrag nun über eine spezielle Konditionsart im Kalkulationsschema des Kundenauftrags erfasst werden.

Neu mit EhP3

Wir beginnen auch in diesem Abschnitt mit den betriebswirtschaftlichen Grundlagen. Es folgt darauf die Erläuterung der herkömmlichen Funktionalität, basierend auf Fakturierungsplänen. Anschließend stellen wir Ihnen die neue Anzahlungsabwicklung vor. Für beide Varianten finden Sie jeweils ein Systembeispiel.

3.6.1 Betriebswirtschaftliche Grundlagen

Aus betriebswirtschaftlicher Sicht sind in diesem Zusammenhang folgende Vorgänge zu unterscheiden:

- periodische Fakturierung
- Anzahlungsabwicklung
- Teilfakturierung

Bei der periodischen Fakturierung wird ein bestimmter Betrag in regelmäßigen Abständen (z. B. monatlich) in Rechnung gestellt. Beispiele für die periodische Fakturierung finden wir bei der Abrechnung von Mietverträgen oder der Abrechnung von Wartungs- und Servicepauschalen. Zu den einzelnen Terminen wird eine Rechnung mit dem Buchungssatz *Debitor an Umsatz und Mehrwertsteuer* erstellt.

Periodische Fakturierung

Anzahlungen und Teilfakturen, wie sie bei der Projektfertigung, z. B. im Anlagenbau, vorkommen, spielen vor allem bei der Abrechnung komplexer Kundenaufträge eine Rolle. Wenn Sie die Logik und den betriebswirtschaftlichen Hintergrund der Anzahlungsabwicklung verstehen wollen, kommen Sie nicht umhin, sich mit den entsprechenden Buchungsvorgängen zu beschäftigen. An dieser Stelle greifen wir auf klassische T-Konten zurück, um die entsprechenden Vor-

Hintergrund der Anzahlungsabwicklung

gänge zu erläutern. Wir orientieren uns dabei an der SAP-Buchungslogik, wie sie in den anschließenden Systembeispielen zu sehen ist. Grundsätzlich gliedert sich die Anzahlungsabwicklung dabei in die folgenden Schritte:

1. Erfassung einer Anzahlungsanforderung über 1.190,00 € (inklusive Mehrwertsteuer)
2. Verbuchung der Anzahlung des Kunden (Zahlungseingang) über 1.190,00 €
3. Verbuchung der Endrechnung über 11.900,00 € mit der Verrechnung der Anzahlung
4. Zahlungseingang für die Endrechnung über 10.710,00 €

Schritt 1: Erfassen der Anzahlungsanforderung

Der erste Schritt (siehe Abbildung 3.57), die Erfassung der Anzahlungsanforderung, ist aus buchhalterischen Gründen eigentlich nicht erforderlich. Es wird dabei lediglich ein Merkposten auf dem Debitorenkonto erzeugt. Aus diesem Grund gibt es zu dieser Buchung auch kein Gegenkonto auf der Habenseite. Gleichzeitig wird der Merkposten auf dem Mitbuchkonto »Anzahlungsanforderungen« gebucht. Der Posten ist dennoch wichtig, wenn die Anzahlungsanforderung auch im Mahnlauf der Komponente FI (Finanzwesen) berücksichtigt werden soll.

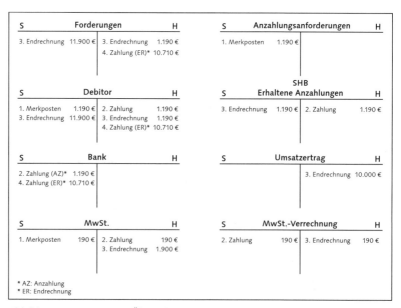

Abbildung 3.57 T-Konten-Übersicht zur Anzahlungsabwicklung

Die zweite Buchung (siehe Abbildung 3.57) zeigt den Zahlungseingang für die Anzahlung durch den Kunden. Die Zahlung vermehrt das Bankkonto im Soll, die Gegenbuchung erfolgt auf das Debitorenkonto. Gleichzeitig wird der Posten auf dem Mitbuchkonto »Sonderhauptbuch für erhaltene Anzahlungen« (Buchungssatz *Bank an Debitor/Sonderhauptbuchkonto erhaltene Anzahlungen*) gebucht. Da für diese Anzahlung noch keine Leistung erbracht wurde, wird dem Debitor die Leistung geschuldet. Folgerichtig erfolgt ein Ausweis der erhaltenen Anzahlungen auf der Passivseite der Bilanz. Erhaltene Anzahlungen stellen also eine Verbindlichkeit an den Kunden dar. Auf dem Sonderhauptbuchkonto wird der Bruttobetrag inklusive Mehrwertsteuer ausgewiesen. Gleichzeitig wird die Mehrwertsteuer in Höhe von 190,00 € auf dem Mehrwertsteuerkonto verbucht, da die Mehrwertsteuer bei Zahlungseingang des Kunden fällig wird. Als Gegenkonto für die Buchung der Mehrwertsteuer wird das Mehrwertsteuer-Verrechnungskonto bebucht. Darüber erfolgt im nächsten Schritt die Mehrwertsteuerverrechnung.

Schritt 2: Erfassen des Zahlungseingangs zur Anzahlungsanforderung

Der dritte Schritt zeigt die Verbuchung der Endrechnung über den Gesamtbetrag in Höhe von 11.900,00 €. Die erhaltene Anzahlung wird dabei mit der Endrechnung verrechnet. Sie erkennen, dass erst jetzt die Umsatzbuchung im Haben über den Gesamtbetrag in Höhe von 10.000,00 € gebucht wird. Die Buchung lautet *Debitor (11.900,00 €) an Umsatz (10.000,00 €) und Mehrwertsteuer (1.900,00 €)* – mithin also zunächst die gewöhnliche Umsatzbuchung, die sich aus der Faktura ergibt. Die debitorische Buchung wird auch auf dem Mitbuchkonto »Forderungen« verbucht. Zusätzlich erfolgt mit dem dritten Buchungssatz unseres Beispiels aber auch die Verrechnung der Anzahlung. Dazu wird gebucht *Debitor mit Sonderhauptbuch erhaltene Anzahlungen an Debitor*. Dadurch wird das Sonderhauptbuchkonto ausgeglichen, die Anzahlungsposition wird aufgelöst. Ebenso die Mehrwertsteuer mit der Buchung *Mehrwertsteuerkonto an Mehrwertsteuer-Verrechnungskonto*.

Schritt 3: Erstellung der Endrechnung mit Verrechnung der erhaltenen Anzahlung

Im vierten Schritt leistet der Kunde die Zahlung des Restbetrags in Höhe von 10.710,00 €. Der Buchungssatz lautet, wie beim normalen Zahlungseingang, *Bank an Debitor*. Die Konten *Debitor*, *Sonderhauptbuch erhaltene Anzahlungen* und *Mehrwertsteuer-Verrechnungskonto* weisen den Saldo »null« auf und sind somit ausgeglichen. Auf den übrigen Konten stehen die jeweils korrekten Beträge.

Schritt 4: Erfassen des Zahlungseingangs zur Endrechnung

| Anzahlungen vs Teilfakturen | Im Gegensatz zu Anzahlungen, bei denen die Umsatzbuchung, wie soeben erläutert, erst mit der Endrechnung verbucht wird, handelt es sich bei Teilfakturen um »vollwertige« Rechnungen, bei denen jeweils ein gewöhnlicher Buchungssatz *Debitor an Umsatz und Mehrwertsteuer* gebildet wird. Bei der Festlegung der Prozesse in Ihrem Unternehmen ist demnach immer zuerst mit der Buchhaltung zu klären, ob die rechtlichen (vor allem die steuerrechtlichen) Voraussetzungen gegeben sind, um eine Teilfaktura im eben beschriebenen Sinne zu erstellen. Darauf wollen wir an dieser Stelle aber nicht weiter eingehen. |

3.6.2 Fakturierungspläne

Es existieren zwei Arten von Fakturierungsplänen, *periodische Fakturierungspläne* und *Teilfakturierungspläne*. Fakturierungspläne kann man als Kopffakturierungspläne oder als Positionsfakturierungspläne pflegen. Ob eine Position über einen Fakturierungsplan abgerechnet wird, hängt vom Customizing des Positionstyps ab. In der Customizing-Transaktion SPRO • POSITIONSTYPEN DEFINIEREN ist im Feld FAKTURARELEVANZ die Option I (Aufwandsbezogene Faktura – Fakturaplan) auszuwählen.

| Periodische Fakturierungspläne | Periodische Fakturierungspläne ermöglichen es, einen Betrag wiederkehrend über einen vorgegebenen Zeitraum zu fakturieren. Sie werden vor allem im Zusammenhang mit Mieten und Wartungsverträgen verwendet. Je Periode wird dem Kunden ein fester Betrag in Rechnung gestellt. |

| Teilfakturierungsplan | Teilfakturierungspläne werden verwendet, wenn der vom Kunden zu zahlende Betrag nicht zu einem Termin, sondern verteilt auf mehrere Termine zu entrichten ist. Der Betrag, der zu den einzelnen Terminen anfällt, ist meistens unterschiedlich. Daher hinterlegt man einen Fakturierungsplan mit mehreren Rechnungsterminen und den entsprechenden Beträgen. Dabei kann man abhängig vom Termin hinterlegen, ob es sich um eine Anzahlung, eine Teilrechnung oder die Schlussrechnung handelt. |

| Anzahlungsanforderung | Man spricht im SAP-System von einer *Anzahlungsanforderung*, wenn man dem Kunden eine Anzahlung in Rechnung stellt. |

| Kopf- und Positionsfakturierungspläne | Man unterscheidet zwischen Kopf- und Positionsfakturierungsplänen. Im Fall von Kopffakturierungsplänen gilt der Fakturierungsplan für |

alle Positionen des Kundenauftrags. Der Kopffakturierungsplan wird über das Customizing der Verkaufsbelegart ermittelt (Customizing-Transaktion VOV8). Ein Positionsfakturierungsplan ist einem Kopffakturierungsplan allerdings nur dann zugeordnet, wenn dem Positionstyp dieselbe Fakturierungsplanart wie der Verkaufsbelegart des Auftrags zugeordnet ist! Der Kopffakturierungsplan wird auf die einzelnen Auftragspositionen kopiert. Auf Positionsebene wird dann vom System automatisch das Häkchen KOPFFAKTURIERUNGSPLAN gesetzt, falls der Positionsfakturierungsplan dem Kopffakturierungsplan zugeordnet ist. Dadurch kann der Positionsfakturierungsplan zunächst nicht geändert werden. Falls für die Position aber ein vom Kopffakturierungsplan abweichender Fakturierungsplan gelten soll, hat der Anwender die Möglichkeit, im Kundenauftrag das Häkchen KOPFFAKTURIERUNGSPLAN zu entfernen und Änderungen im Positionsfakturierungsplan vorzunehmen.

In den folgenden Abschnitten werden wir die Customizing-Einstellungen zu den Fakturierungsplänen erläutern. Dabei gehen wir schwerpunktmäßig auf die Fakturierungspläne für Teilfakturierung ein, da wir in unseren Beispielen die Unterschiede zwischen Anzahlungen mit Teilfakturierungsplänen und der neuen Anzahlungsabwicklung erklären wollen.

Customizing von Fakturierungsplänen

Wie bereits erläutert, gibt es Fakturierungsplanarten für die periodische Fakturierung (wie Mieten) und für Teilfakturierungen.

Fakturierungsplanart

Bei Fakturierungsplanarten für periodische Fakturierung hinterlegt man den Zeitraum, in dem die Fakturierung erfolgen soll und zu welchen Zeitpunkten innerhalb des definierten Zeitraums fakturiert wird. In Abbildung 3.58 sehen Sie ein Beispiel für eine periodische Fakturierungsplanart (Y2), die im Kundenauftrag über den Zeitraum von einem Jahr zu jedem Monatsersten einen Fakturatermin mit einem festen Betrag erzeugt.

Fakturierungsplanart für periodische Fakturierung

Das Customizing von Teilfakturierungsplanarten unterscheidet sich von dem für periodische Fakturierungsplanarten. In Abbildung 3.59 sehen Sie die Fakturierungsplanart Y1 (es handelt sich dabei um einen Teilfakturierungsplan), die wir in unserem Systembeispiel benutzen werden.

Fakturierungsplanart für Teilfakturierung

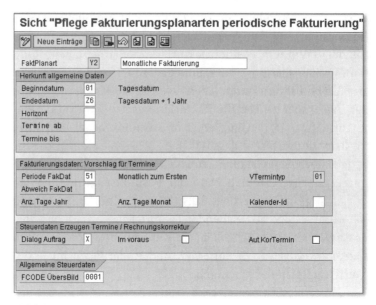

Abbildung 3.58 Customizing der periodischen Fakturierungsplanart (Transaktion SPRO • Fakturierungsplanart definieren)

Hier pflegen Sie zunächst das Beginndatum. Die weiteren notwendigen Einstellungen, wie beispielsweise eine Vorlage für den Aufbau des Fakturierungsplans oder welche Arten von Fakturaterminen angelegt werden können, nehmen Sie an anderen Stellen im Customizing vor. Darauf kommen wir später noch genauer zurück (siehe Abbildung 3.61 und Abbildung 3.62).

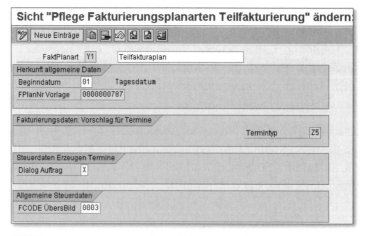

Abbildung 3.59 Customizing der Teilfakturierungsplanart (Transaktion SPRO • Fakturierungsplanart definieren)

Die Terminbezeichnung wird dazu benutzt, die einzelnen Termine im Fakturierungsplan voneinander unterscheidbar zu machen. Sie hat keine Steuerungsfunktion. Für unser späteres Beispiel haben wir die Terminbezeichnungen in Abbildung 3.60 angelegt. Wir werden mit einem Fakturierungsplan, der die Termine Vertragsabschluss, Lieferung und Inbetriebnahme hat, arbeiten.

Terminbezeichnung

Abbildung 3.60 Customizing der Terminbezeichnung (Transaktion SPRO • definieren)

Termintypen werden abhängig von der Fakturierungsplanart angelegt. Über die Kombination aus Fakturierungsplanart und Termintyp werden Einstellungen in den Fakturaterminen des Fakturierungsplans gesteuert. Es wird dabei festgelegt:

Termintyp

- welche Terminbezeichnung der Termin im Fakturierungsplan hat
- welche Fakturierungsregel verwendet wird
- welche Fakturaart bei der Fakturierung des Termins verwendet wird
- ob ein Termin im Fakturierungsplan automatisch eine Fakturasperre bekommt

Es stehen dafür fünf Fakturierungsregeln zur Verfügung:

1. Prozentuale Teilfakturierung
2. Wertmäßige Teilfakturierung
3. Schlussrechnung bei Teilfakturierung
4. Anzahlung bei prozentualer Teilfakturierung
5. Anzahlung bei wertmäßiger Teilfakturierung

In Abbildung 3.61 sehen Sie die Customizing-Einstellung für die Kombination aus der Fakturierungsplanart Y1 und dem Termintyp Z1, den wir in unserem Beispiel verwenden. Die Fakturaart FAZ wird zur Fakturierung von Anzahlungsterminen verwendet. Für Anzahlungstermintypen muss die Fakturaart explizit angegeben werden, da das

System ansonsten versuchen würde, die Anzahlungsanforderung mit der eingestellten Standard-Fakturaart (im Allgemeinen F2) zu erstellen.

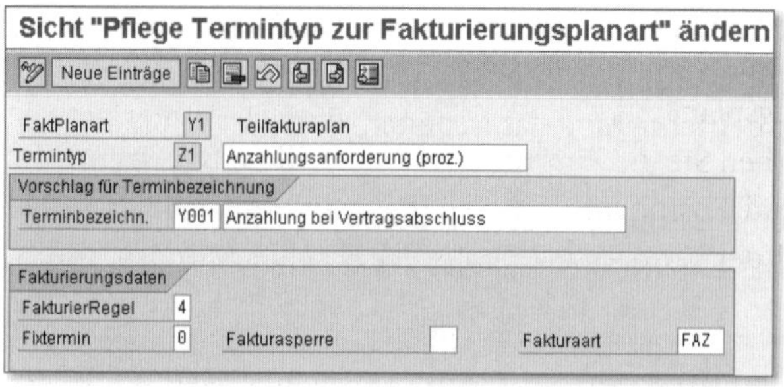

Abbildung 3.61 Customizing des Termintyps (Transaktion SPRO • Termintyp definieren und zuordnen)

Wenn Sie die automatische Generierung von Terminen für den Fakturierungsplan im Kundenauftrag nicht nutzen, sondern den Fakturierungsplan im Kundenauftrag manuell pflegen, so geben Sie im Kundenauftrag die einzelnen Fakturadaten zusammen mit dem Termintyp ein. Das System bestimmt dann die anderen Parameter für das gepflegte Fakturadatum anhand des für die Kombination aus Fakturierungsplanart und Termintyp hinterlegten Customizings.

Terminvorschlag Sie können Terminvorschläge zu Teilfakturierungsplänen hinterlegen. In Abbildung 3.62 sehen Sie die für unsere Fakturierungsplanart hinterlegte Vorlage. Wir verlangen grundsätzlich von unseren Kunden bei Vertragsabschluss eine Anzahlung in Höhe von 25 % des Gesamtwerts, eine Teilrechnung von 70 % bei Lieferung und den Rest des Betrags bei Inbetriebnahme. Ob die erhaltene Anzahlung auf der Teil- oder der Schlussfaktura verrechnet wird, wird bei Anlage der einzelnen Rechnungen vom Anwender entschieden.

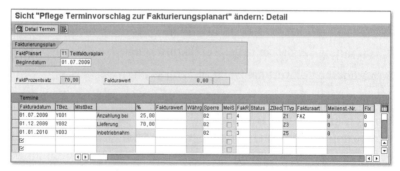

Abbildung 3.62 Customizing des Terminvorschlags (Transaktion OVBM)

Um eine Fakturierungsplanart verwenden zu können, muss sie im Customizing der Verkaufsbelegart und/oder dem Positionstyp zugeordnet werden.

Zuordnung der Fakturierungsplanart

Die Zuordnung zur Verkaufsbelegart ist notwendig, wenn Sie einen Kopffakturierungsplan pflegen wollen, für einen Positionsfakturierungsplan brauchen Sie die Zuordnung zum Positionstyp. Wenn Verkaufsbelegart und Positionstyp dieselbe Fakturierungsplanart zugeordnet ist, wird der Kopffakturierungsplan auf die Auftragsposition kopiert.

Ist nur dem Positionstyp eine Fakturierungsplanart zugeordnet, kann kein Kopffakturierungsplan gepflegt werden.

Für unser späteres Beispiel haben wir eine Verkaufsbelegart ZFP (Kopie der Verkaufsbelegart TA) angelegt. Dieser Verkaufsbelegart wurde im Customizing eine Fakturierungsplanart zugeordnet. Damit ist es, im Gegensatz zur Verkaufsbelegart TA, möglich, bei der Auftragserfassung einen Fakturierungsplan auf Kopfebene zu hinterlegen. In Abbildung 3.63 sehen Sie die Zuordnung der Fakturierungsplanart Y1 zur Verkaufsbelegart ZFP.

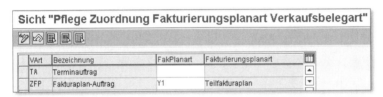

Abbildung 3.63 Zuordnung zur Verkaufsbelegart (Transaktion SPRO • Zuordnung Fakturierungsplanart zu Verkaufsbelegart)

Außerdem haben wir einen Positionstyp ZPFK über Kopie des Standardpositionstyps TAK angelegt. Der Positionstyp TAK wird lieferbezogen fakturiert. Die Fakturierung für unseren neuen Positionstyp ZFPK soll aber über den Fakturierungsplan erfolgen. Daher müssen wir für ihn die Fakturarelevanz I (Fakturierungsplan) hinterlegen und zusätzlich die Fakturierungsplanart Y1 zuordnen. In Abbildung 3.64 sehen Sie einen Ausschnitt aus der entsprechenden Customizing-Tabelle.

Abbildung 3.64 Zuordnung zum Positionstyp (Transaktion SPRO • Zuordnung Fakturierungsplanart zu Positionstyp)

Kalkulationsschema

Um den Anzahlungsbetrag in unseren Anzahlungsanforderungen, Teil- und Schlussrechnungen verarbeiten zu können, benötigen wir im Kalkulationsschema die Konditionsart AZWR. Der Wert von erhaltenen, aber noch nicht verrechneten Anzahlungen wird in dieser Kondition bei der Erstellung der Rechnung bestimmt und bei der Anlage der Schlussrechnung in der Finanzbuchhaltung mit der entstandenen Forderung verrechnet. Eine im Kalkulationsschema hinterlegte Formel verhindert, dass der zu verrechnende Anzahlungsbetrag höher als der Rechnungsbetrag sein kann.

Anzahlungen in der Finanzbuchhaltung

Anzahlungen werden dem Kunden über die Fakturaart Anzahlungsanforderung in Rechnung gestellt. Für Anzahlungsanforderungen wird ein Merkposten im Sonderhauptbuchkonto »Anzahlungsanforderungen« erzeugt (siehe Abschnitt 3.6.1, »Betriebswirtschaftliche Grundlagen«). Anzahlungen sind steuerpflichtig, d.h., beim Erhalt der Anzahlung wird Umsatzsteuer fällig.

Beim Buchen des Zahlungseingangs des Kunden für die Anzahlungsanforderung wird der Merkposten ausgeziffert.

Die einzelnen Buchungssätze können Sie in den nun folgenden Beispielen anhand der Buchhaltungsbelege verfolgen.

3.6.3 Beispiel 1: Fakturierungsplan mit Anzahlungen

In diesem Beispiel erklären wir die Fakturierung über einen Teilfakturierungsplan anhand des Verkaufs einer Wasserpumpe. Wir haben mit dem Kunden drei Zahlungstermine vereinbart, die im Fakturierungsplan hinterlegt werden. Das Beispiel gliedert sich in folgende Schritte:

1. Erfassen des Kundenauftrags mit Fakturierungsplan
2. Entfernen Fakturasperre Anzahlung
3. Erstellen Anzahlungsanforderung

4. Buchen Zahlungseingang Anzahlung
5. Erstellen Lieferung
6. Entfernen Fakturasperre Lieferung
7. Erstellen Teilfaktura (und Verrechnung der Anzahlung)
8. Buchen Zahlungseingang Teilfaktura
9. Entfernen Fakturasperre Inbetriebnahme
10. Erstellen Schlussrechnung
11. Buchen Zahlungseingang für die Schlussrechnung
12. Belegfluss

Unser Kunde bestellt eine Wasserpumpe, die nach seinen speziellen Anforderungen von uns produziert wird. Wir vereinbaren mit dem Kunden, dass er bei Beauftragung eine Anzahlung von 25 % des Gesamtpreises leistet. Wenn wir die Pumpe ausliefern, soll er 70 % des Gesamtpreises als Teilrechnung zahlen, dabei wird die erhaltene Anzahlung verrechnet. Den Restbetrag zahlt er, wenn er die Pumpe in Betrieb nimmt.

Schritt 1: Kundenauftrag mit Fakturierungsplan erfassen

Wir erfassen einen Kundenauftrag mit Verkaufsbelegart ZFP für die Pumpe und hinterlegen einen Fakturierungsplan auf Positionsebene (siehe Abbildung 3.65).

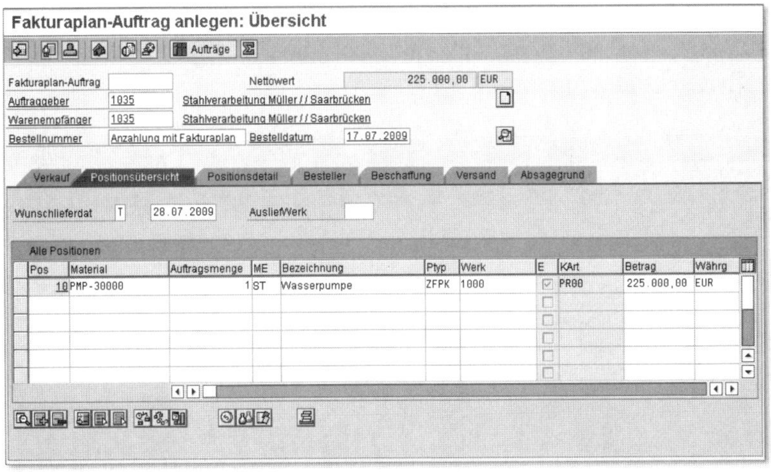

Abbildung 3.65 Anlage des Kundenauftrags (Transaktion VA01)

Im Customizing unserer Fakturierungsplanart Y1 (siehe Abbildung 3.59) haben wir einen Fakturierungsplan als Vorlage hinterlegt. Dieser wird vom System in den Kundenauftrag übernommen. Im Kundenauftrag können die vorgeschlagenen Daten angepasst werden.

Sowohl in unserer Auftragsart ZFP wie auch in unserem Positionstyp ZFPK ist die Fakturierungsplanart Y1 zugeordnet. Dadurch ist das Häkchen KOPFFAKTURIERUNGSPLAN auf dem Positionsfakturierungsplanbild gesetzt (siehe Abbildung 3.66).

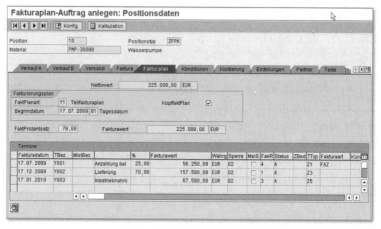

Abbildung 3.66 Nicht pflegbarer Positionsfakturierungsplan (Transaktion VA01)

Da wir den Fakturierungsplan auf Positionsebene und nicht auf Kopfebene pflegen möchten, entfernen wir das Häkchen KOPFFAKTURIERUNGSPLAN. Danach ist der Fakturierungsplan auf Positionsebene änderbar (siehe Abbildung 3.67).

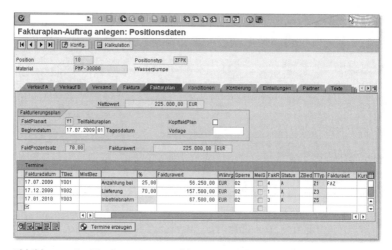

Abbildung 3.67 Pflegbarer Positionsfakturierungsplan (Transaktion VA01)

Die einzelnen Zahlungstermine enthalten eine Fakturasperre. Diese wird vom Anwender entfernt, wenn die Rechnung zu den einzelnen Fakturaterminen erstellt werden soll.

Wenn Sie Fakturierungspläne in Verbindung mit Meilensteinen in SAP-Projektsystem einsetzen, können Sie den manuellen Schritt der Entfernung der Fakturasperre einsparen. Das Customizing kann so eingestellt werden, dass mit der Rückmeldung des Meilensteins, der mit dem Fakturatermin verlinkt ist, die Fakturasperre des Termins automatisch vom System entfernt wird. Dann ist eine automatische Fakturierung über den Fakturavorrat möglich.

Nachdem alle Daten gepflegt sind, sichern wir den Auftrag unter der Nummer 13843.

Um die Anzahlungsanforderung erstellen zu können, muss zunächst die Fakturasperre entfernt werden. Die Sperre wird über die Transaktion VA02 entfernt. Der Anwender ruft das Bild des Positionsfakturierungsplans auf und entfernt die Sperre für die Anzahlung. Danach muss er den Auftrag sichern. In Abbildung 3.68 sehen Sie den Kundenauftrag nach Entfernen der Fakturasperre für die Anzahlung.

Schritt 2: Fakturasperre für die Anzahlung entfernen

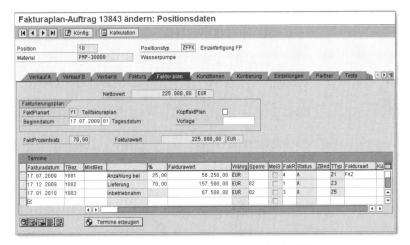

Abbildung 3.68 Entfernen der Fakturasperre (Transaktion VA02)

Nachdem die Sperre entfernt wurde, kann die Anzahlungsanforderung über die Transaktion VF01 angelegt werden (siehe Abbildung 3.69). Im Fakturierungsplan ist für die Anzahlung die Fakturaart FAZ hinterlegt. Diese Information benötigt das System, um die richtige

Schritt 3: Anzahlungsanforderung erstellen

Fakturaart zu bestimmen. Wäre im Fakturierungsplan für die Anzahlung keine Fakturaart eingetragen, würde das System die Anzahlung mit der Fakturaart F2 erstellen und eine Fehlermeldung erzeugen.

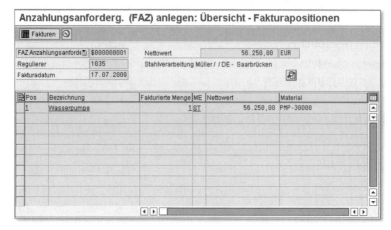

Abbildung 3.69 Erstellen der Anzahlungsanforderung (Transaktion VF01)

Wenn Sie sich in der Anzahlungsanforderung die Konditionen zur Position ansehen, erkennen Sie, dass die Kondition AZWR aktiv und die Kondition PR00 inaktiv ist (siehe Abbildung 3.70). Für die Anzahlungsanforderung wird ein Merkposten in Höhe der Kondition AZWR in der Finanzbuchhaltung angelegt.

I	KArt	Bezeichnung	Betrag	Währg	pro	ME	Konditionswert	Währg	Status	KUmZä	BME	KUmNe	ME
△	PR00	Preis	225.000,00	EUR	1	ST	56.250,00	EUR		1	ST	1	ST
		Positionsnetto	225.000,00	EUR	1	ST	56.250,00	EUR		1	ST	1	ST
■	AZWR	Anzahlung/Verrechng.	0,00	EUR			56.250,00	EUR		0		0	
■	MWST	Ausgangssteuer	19,000	%			10.687,50	EUR		0		0	
		Neue Anzahlungsabwic	0,00	EUR	1	ST	0,00	EUR		1	ST	1	ST
■	AZDI	Kond Anzahlung/Diff	0,00	EUR			0,00	EUR		0		0	
		Endbetrag	66.937,50	EUR	1	ST	66.937,50	EUR		1	ST	1	ST
		Zu zahlender Betrag	0,00	EUR	1	ST	0,00	EUR		1	ST	1	ST
		Deckungsbeitrag	225.000,00	EUR	1	ST	56.250,00	EUR		1	ST	1	ST

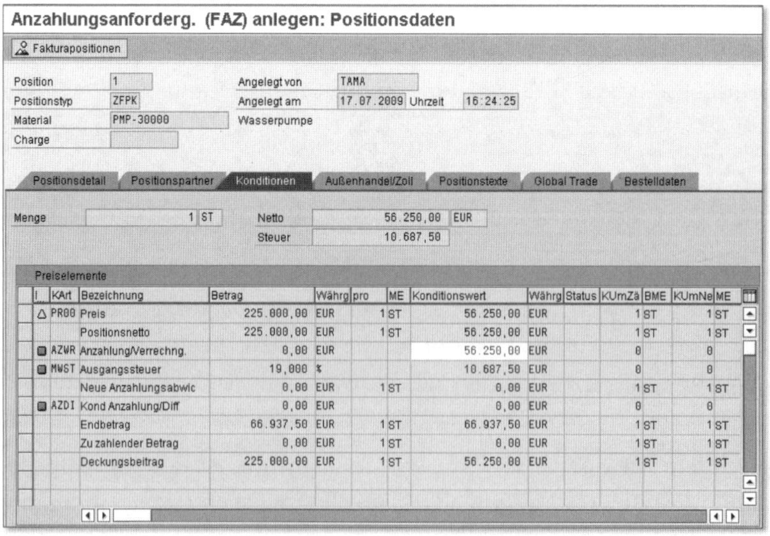

Abbildung 3.70 Positionskonditionen der Anzahlungsanforderung (Transaktion VF01)

Die Anzahlungsanforderung mit der Fakturaart FAZ hat die Belegnummer 90037654, wie in Abbildung 3.71 unter dem Eintrag REFERENZ zu sehen ist. Das Rechnungsformular enthält die Bezeichnung *Anzahlungsanforderung* statt *Rechnung*. Die Buchung der Anzahlungsanforderung erzeugt einen Merkposten im Debitorenkonto und im Sonderhauptbuchkonto »Anzahlungsanforderungen«. Den Buchhaltungsbeleg sehen Sie in Abbildung 3.71, das Konto 196000 ist unser Sonderhauptbuchkonto für die Anzahlungsanforderungen.

Abbildung 3.71 Buchhaltungsbeleg zur Anzahlungsanforderung (Transaktion FB03)

Der Zahlungseingang zur Anzahlungsanforderung wird über die Transaktion F-29 in der Komponente FI gebucht. In Abbildung 3.72 sehen Sie das Einstiegsbild zur Transaktion. Sie müssen das Sonderhauptbuchkennzeichen »A« für Anzahlung angeben. Des Weiteren ist unter anderem die Debitorennummer (1035), das Bankkonto für den Zahlungseingang (113309) und der Bruttobetrag inklusive Mehrwertsteuer zu erfassen.

Schritt 4: Zahlungseingang der Anzahlung buchen

In Abbildung 3.73 sehen Sie den Buchhaltungsbeleg für den Zahlungseingang zur Anzahlungsanforderung und damit das Ergebnis aus der Buchung des Zahlungseingangs.

Im Belegfluss (siehe Abbildung 3.74) zu unserem Kundenauftrag sehen wir die Anzahlungsanforderung und den zugehörigen Buchhaltungsbeleg für den Merkposten. Dieser Buchhaltungsbeleg ist bereits ausgeziffert. Daran erkennen Sie, dass der Kunde die Anzahlung geleistet hat.

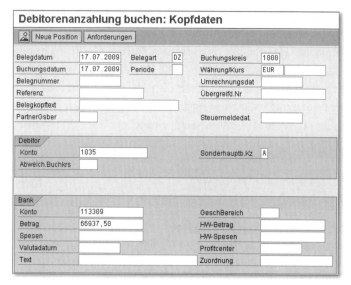

Abbildung 3.72 Buchung des Zahlungseingangs zur Anzahlungsanforderung (Transaktion F-29)

Abbildung 3.73 Anzeigen des Buchhaltungsbelegs zum Zahlungseingang der Anzahlungsanforderung (Transaktion FB03)

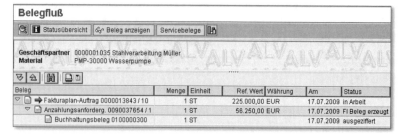

Abbildung 3.74 Belegfluss nach dem Zahlungseingang (Transaktion VA02)

Fakturierungspläne und Anzahlungsabwicklung | **3.6**

Auf die Produktion wollen wir in diesem Beispiel nicht näher eingehen. Nachdem die Pumpe gefertigt wurde, erstellen wir die Lieferung an den Kunden. Das Anlegen der Lieferung sehen Sie in Abbildung 3.75.

Schritt 5:
Lieferung erstellen

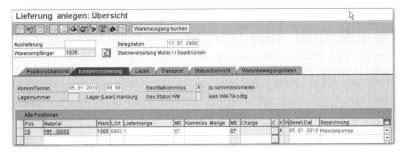

Abbildung 3.75 Anlegen der Lieferung (Transaktion VL01N)

Nach der Lieferungsanlage und dem Kommissionieren der Ware wird der Warenausgang gebucht.

Mit der Lieferung der Pumpe an den Kunden können wir die Teilrechnung erstellen. Bevor wir die Rechnung anlegen können, müssen wir zunächst die Fakturasperre entfernen. In Abbildung 3.76 sehen Sie den Fakturierungsplan nach dem Entfernen der Sperre. Die Zeile mit der Anzahlung ist ausgegraut, da die Anzahlungsanforderung bereits erstellt wurde und deshalb keine Änderung mehr möglich ist.

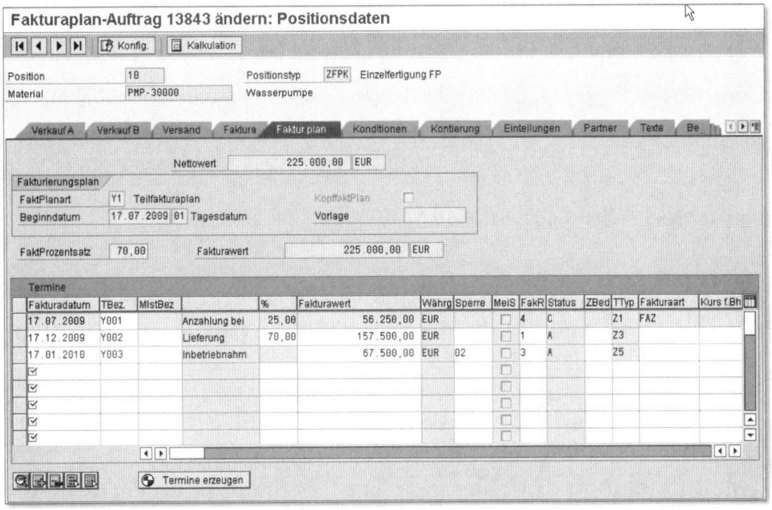

Schritt 6:
Fakturasperre für die Lieferung entfernen

Abbildung 3.76 Entfernen der Fakturasperre zum Meilenstein »Lieferung« (Transaktion VA02)

Schritt 7:
Teilfaktura
erstellen

Auf der Teilrechnung werden die erhaltenen Anzahlungen verrechnet. Abbildung 3.77 zeigt das Anlegen der Teilrechnung nach der Lieferung. Die Rechnung enthält zwei Positionen, zum einen die Position für die Wasserpumpe, zum anderen eine zweite Position zur Verrechnung der erhaltenen Anzahlung, die vom System erzeugt wird. Sie sehen, dass diese Position den Wert der erhaltenen Anzahlung hat. Die Anzahlungsposition wird nach der Position, auf die sie sich bezieht, im Fakturabeleg angezeigt.

Wenn Sie einen geringeren Teil der erhaltenen Anzahlung verrechnen wollen, können Sie in die Konditionen der Anzahlungsposition gehen und dort den Wert, der verrechnet werden soll, in der Kondition AZWR anpassen (siehe Abbildung 3.78). Falls die erhaltene Anzahlung höher als der Wert der Teilrechnung wäre, würde das System nur einen Wert kleiner oder gleich diesem Wert als Kondition AZWR akzeptieren. Wenn Sie versuchen, einen höheren Wert einzutragen, bekommen Sie eine Fehlermeldung aufgrund der im Kalkulationsschema hinterlegten Bedingung für den Anzahlungswert.

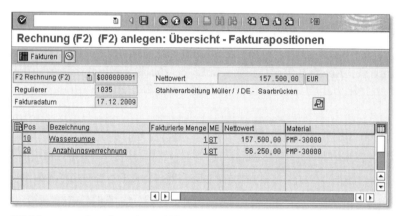

Abbildung 3.77 Erstellung der Teilfaktura (Transaktion VF01)

Auf dem Rechnungsformular werden die Anzahlungen, die vom Kunden mit dem Rechnungswert verrechnet werden können, angedruckt.

Falls der Zahlungseingang zur Anzahlungsanforderung zum Zeitpunkt der Erstellung der Teilrechnung noch nicht gebucht ist, wird keine Anzahlungsposition erzeugt, d.h., es findet keine Verrechnung statt.

I...	KArt	Bezeichnung	Betrag	Währg	pro	ME	Konditionswert	Währg	Status	KUmZä	BME	KUmNe	ME	Kond
△	PR00	Preis	225.000,00	EUR	1	ST	56.250,00	EUR		1	ST	1	ST	
		Positionsnetto	225.000,00	EUR	1	ST	56.250,00	EUR		1	ST	1	ST	
△	AZWR	Anzahlung/Verrechng.	0,00	EUR			56.250,00	EUR		0		0		
△	MWST	Ausgangssteuer	19,000	%			10.687,50	EUR		0		0		
		Neue Anzahlungsabwic	0,00	EUR	1	ST	0,00	EUR		1	ST	1	ST	
△	AZDI	Kond Anzahlung/Diff	0,00	EUR			0,00	EUR		0		0		
		Endbetrag	66.937,50	EUR	1	ST	66.937,50	EUR		1	ST	1	ST	

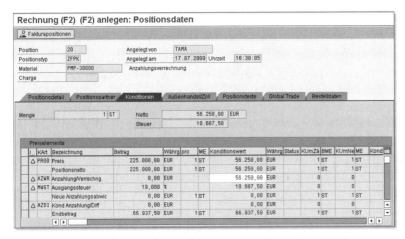

Abbildung 3.78 Konditionen der Anzahlungsposition (Transaktion VF01)

Bu...	Pos	BS	S	Konto	Bezeichnung	Betrag	Währg	St
1000	1	01		1035	Stahlverarbeitung Müller	187.425,00	EUR	AA
	2	50		800000	Umsatzerlöse Inland	157.500,00-	EUR	AA
	3	50		175000	Ausgangssteuer	29.925,00-	EUR	AA
	4	09	A	1035	Stahlverarbeitung Müller	66.937,50	EUR	AA
	5	16		1035	Stahlverarbeitung Müller	66.937,50-	EUR	AA
	6	40		175000	Ausgangssteuer	10.687,50	EUR	AA
	7	50		170010	Steuer-Verr(KundenAn	10.687,50-	EUR	AA

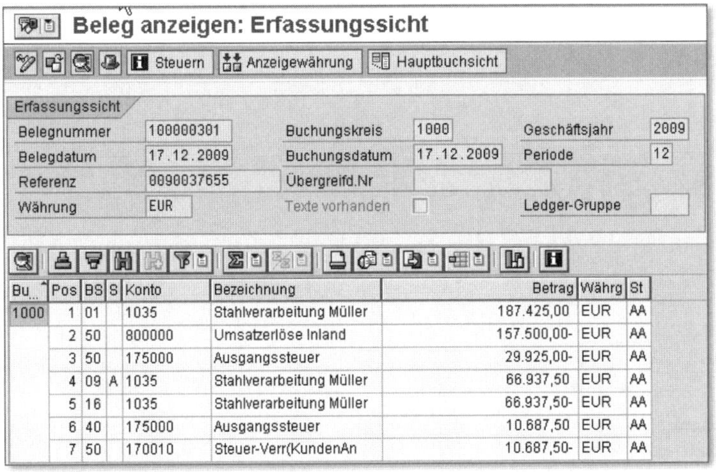

Abbildung 3.79 Buchhaltungsbeleg der Teilrechnung (Transaktion FBL5N)

In Abbildung 3.79 sehen Sie den Buchhaltungsbeleg zur Teilrechnung. Wie in den Ausführungen zu den betriebswirtschaftlichen Grundlagen beschrieben, wird in der Komponente FI der Wert der zu verrechnenden Anzahlungen gegen die durch die Teilrechnung entstandene Forderung verrechnet. Dabei wird auch die Mehrwertsteuer verrechnet. In dem Buchhaltungsbeleg (siehe Abbildung 3.79) erkennen Sie folgende Buchungen:

1. Die Umsatzbuchung *Debitor (1035) an Umsatzerlöse (800000) und Mehrwertsteuer (175000)*

2. Die Verrechnung der Anzahlung über die Buchung *Debitor (1035) mit Sonderhauptbuchkonto* (zu erkennen an dem Sonderhauptbuchkennzeichen »A«) an Debitor (1035)

3. Die Verrechnung der Mehrwertsteuer *Mehrwertsteuer (175000) an Mehrwertsteuer-Verrechnungskonto (170010)*

Schritt 8: Zahlungseingang der Teilfaktura buchen

Wir buchen den Zahlungseingang des Kunden. In Abbildung 3.80 sehen Sie, dass sich die verbleibende Zahlschuld aus zwei Posten errechnet: aus dem Posten für die Gesamtschuld und aus dem Posten für die Anzahlung. Daraus ergibt sich die Restschuld des Kunden.

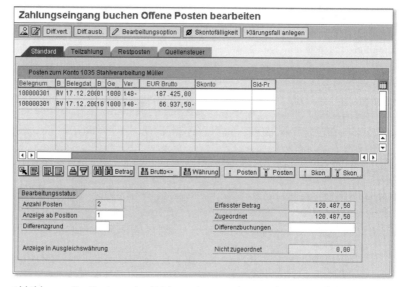

Abbildung 3.80 Buchung des Zahlungseingangs des Kunden zur Teilfaktura (Transaktion F-28)

Den Buchhaltungsbeleg zur Zahlung des Kunden finden Sie in Abbildung 3.81. Der Buchungssatz in diesem Beleg lautet wie bei der »normalen« Buchung einer Zahlung *Bank an Debitor*.

Für die Teilrechnung sehen wir in Abbildung 3.82 zwei Positionen, und zwar die Teilrechnung und die zu verrechnende Anzahlung. Sie sind durch die Buchung des Zahlungseingangs ausgeziffert worden.

Schritt 9: Fakturasperre für die Inbetriebnahme entfernen

Die Wasserpumpe wurde beim Kunden eingebaut und in Betrieb genommen. Wir können nun die Schlussrechnung erstellen. Dazu müssen wir zunächst die Fakturasperre des letzten Termins entfernen.

Abbildung 3.81 Buchhaltungsbeleg zum Zahlungseingang (Transaktion FB03)

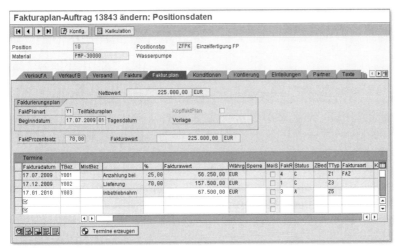

Abbildung 3.82 Belegfluss nach Zahlungseingang (Transaktion VA02)

In Abbildung 3.83 sehen Sie den Fakturierungsplan, nachdem die Sperre entfernt wurde.

Abbildung 3.83 Entfernen der Fakturasperre für den Meilenstein »Inbetriebnahme« (Transaktion VA02)

Schritt 10:
Schlussrechnung erstellen

Die erhaltene Anzahlung haben wir schon auf der Teilfaktura verrechnet. Daher wird in der Schlussrechnung keine Anzahlungsposition erzeugt (siehe Abbildung 3.84).

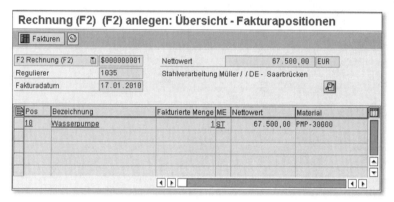

Abbildung 3.84 Erstellen der Schlussrechnung (Transaktion VF01)

Die Abbildung 3.85 zeigt den Buchhaltungsbeleg zur Schlussrechnung. Sie erkennen den gewöhnlichen Buchungssatz *Debitor (1035) an Umsatz (800000) und Mehrwertsteuer (175000)*.

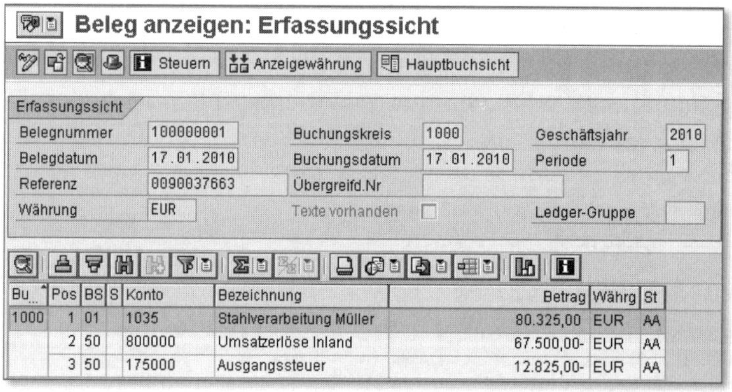

Abbildung 3.85 Anzeige des Buchhaltungsbelegs der Schlussrechnung (Transaktion FB03)

Schritt 11:
Zahlungseingang buchen

In Abbildung 3.86 sehen Sie den Buchhaltungsbeleg zum Zahlungseingang für die Endrechnung. Er enthält den gewöhnlichen Buchungssatz *Bank (113309) an Debitor (1035)*.

Schritt 12:
Belegfluss

Im Belegfluss in Abbildung 3.87 zum Kundenauftrag sehen Sie alle Folgebelege. Der Belegfluss zeigt Ihnen die einzelnen zum Fakturierungsplan erzeugten Rechnungen.

3.6 | Fakturierungspläne und Anzahlungsabwicklung

Abbildung 3.86 Anzeige des Buchhaltungsbelegs der Schlussrechnung (Transaktion FB03)

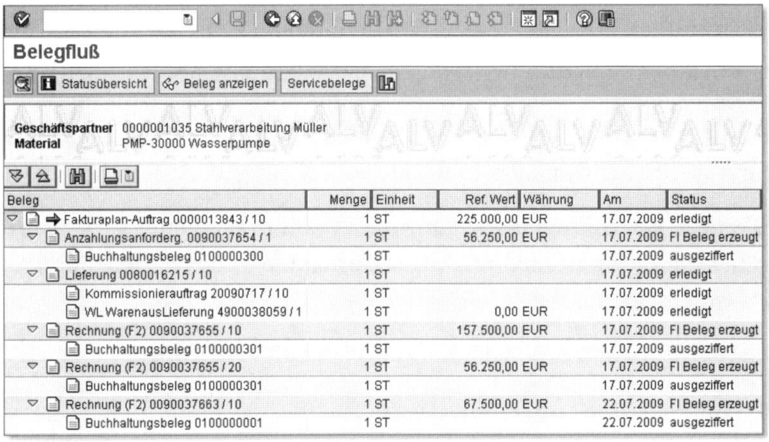

Abbildung 3.87 Belegfluss (Transaktion VA02)

3.6.4 Anzahlungsabwicklung mit Belegkonditionen

Die neue Anzahlungsabwicklung mit Belegkonditionen ermöglicht es Ihnen, den Anzahlungsbetrag ohne die Eingabe eines Fakturierungsplans im Kundenauftrag zu hinterlegen. Der Betrag wird als zusätzliche Preiskondition im Kundenauftrag eingegeben.

Diese Art der Zahlungsabwicklung kommt z. B. in der Möbelbranche vor. Der Kunde muss beim Abschluss eines Kaufvertrags, der als Kundenauftrag im System des Möbelhauses angelegt wird, eine Anzahlung leisten. Der Wert der Anzahlung wird im Kundenauftrag über eine spezielle Anzahlungskondition eingegeben. Der Kunde leistet danach die Anzahlung. Wenn er die Ware erhält, wird die erhaltene Anzahlung auf der Faktura verrechnet.

Prozessablauf

Im ersten Schritt legt man einen Kundenauftrag an. In diesem hinterlegt man den Wert der Anzahlung, die der Kunde leisten soll, entweder auf Positions- oder Kopfebene. Es wird im Vergleich zur Abwicklung über Fakturierungspläne keine Anzahlungsanforderung im System erstellt. Der Kunde erhält keine Rechnung von uns, sondern zahlt den gewünschten Anzahlungsbetrag. Dieser Betrag wird in der Finanzbuchhaltung (Komponente FI) als Einzahlung gebucht (Transaktion F-29). Bei dieser Buchung muss die Kundenauftragsnummer mitgegeben werden, damit der angezahlte Betrag später vom System auf der Rechnung als erhaltene Anzahlung ausgewiesen wird. Nachdem der Kunde die Ware erhalten hat, wird die Faktura angelegt. Dies kann abhängig von der Einstellung des Positionstyps auftrags- oder lieferbezogen erfolgen. Diese Faktura enthält nicht, wie bei der Verwendung von Fakturierungsplänen, eine eigene Position für die Anzahlungsverrechnung. Die zu verrechnende Anzahlung wird nur in den Konditionen ausgewiesen. Wenn notwendig, kann ihr Wert manuell geändert werden. Auf die Buchungen in der Finanzbuchhaltung werden wir im Systembeispiel näher eingehen.

Customizing der Konditionen

Die neue Anzahlungsabwicklung basiert auf drei neuen von SAP ausgelieferten Konditionen und ihrer Aufnahme in das bestehende Kalkulationsschema.

Insgesamt stehen drei neue Konditionen zur Verfügung:

- eine Kondition AZWA für die geforderte Anzahlung
- eine Kondition AZWB für die Verrechnung der erhaltenen Anzahlung mit der Endrechnung
- eine Kondition AZDI für den Ausgleich von Rundungsdifferenzen, die bei Teilfakturierungen aufgrund von Teillieferungen auftreten können

Die Kondition AZWA kann als Positions- und Kopfkondition gepflegt werden, d.h., man kann die Anzahlung für den kompletten Beleg oder einzeln für jede Position pflegen. Abhängig von den Anforderungen, kann die Kondition AZWA zur Erfassung des Anzahlungsbetrags als wertmäßige oder prozentuale Kondition angelegt werden. Im SAP-Standard steht die Konditionsart AZWA mit der Rechenregel *wertmäßiger Betrag zur Verfügung*. Diese kann, falls sie als prozentuale Kondition benötigt wird, als neue Konditionsart in den Kundennamensraum kopiert und entsprechend angepasst werden.

Fakturierungspläne und Anzahlungsabwicklung | **3.6**

Damit mit den drei neuen Konditionen gearbeitet werden kann, müssen sie entsprechend den Vorgaben in der SAP-Customizing-Dokumentation in das Kalkulationsschema aufgenommen werden. In dieser Dokumentation wird beschrieben, an welcher Stelle im Kalkulationsschema die drei Konditionen eingefügt werden müssen und welche Bedingungen, Konditionsbasisformeln und Konditionswertformeln zuzuordnen sind.

Customizing Kalkulationsschema

In Abbildung 3.88 sehen Sie ein Kalkulationsschema mit den Konditionen für die neue Anzahlungsabwicklung. Unser Beispielkalkulationsschema ZVAANZ enthält zusätzlich die Kondition AZWR, die für Fakturierungspläne mit Anzahlungen benötigt wird.

Für die Anzahlungskonditionen müssen im Kalkulationsschema Formeln zugeordnet werden. Die Rechenformel 49 berechnet die Werte der neuen Anzahlungskonditionen, die Konditionsbasisformel 48 markiert die Kondition als Sollanzahlung.

Stufe	Zäh	KArt	Bezeichnung	Von	Bis	Ma	O	Stat	D	ZwiSu	Bedg	RchFrm	BasFrm	KtoSl	Rückst
11	0	PR00	Preis				☑		X		2			ERL	
104	0	K007	Kundenrabatt	11	11				X		2			ERS	
908	0		Positionsnetto						X						
911	0	AZWR	Anzahlung/Verrechng.								2	48		ERL	
915	0	MWST	Ausgangssteuer				☑		S		10		16	MWS	
920	0		Neue Anzahlungsabwicklung	919	919										
921	0	AZDI	Kond Anzahlung/Diff								2	49			
922	0	AZWA	Kond Anzahlung/Soll				☑				2	49	48		
925	0	AZWB	Kond Anzahl/Verrechn				☑		S		2	49			
930	0		Endbetrag						A		4				
935	0		Zu zahlender Betrag	925					S		2	49			
940	0	VPRS	Verrechnungspreis				☑		B		4				
950	0		Deckungsbeitrag								11				

Abbildung 3.88 Kalkulationsschema der neuen Anzahlungsabwicklung (Transaktion SPRO • Kalkulationsschema definieren und zuordnen)

Wenn Sie Anzahlungen auf der Grundlage von Fakturierungsplänen und auf der Grundlage von Konditionen nutzen wollen, aber keine Aufträge, die beide Funktionen gleichzeitig enthalten, angelegt werden sollen, kann dies über die Nutzung von zwei verschiedenen Verkaufsbelegarten erreicht werden. Jede der beiden Verkaufsbelegarten findet für dasselbe Material im Kundenauftrag unterschiedliche Positionstypen. Über die gefundenen Positionstypen wird die weitere Funktion gesteuert.

Vermeiden von gemischten Kundenaufträgen

Für die Anzahlungsabwicklung mit Fakturierungsplänen wird ein Positionstyp mit Fakturarelevanz »Fakturierungsplan« benötigt, für die neue Anzahlungsabwicklung ein Positionstyp mit Fakturarelevanz »lieferbezogen« oder »auftragsbezogen«.

3.6.5 Beispiel 2: Neue Anzahlungsabwicklung

Unsere Firma ist ein Möbelhaus, das bei Vertragsabschluss Anzahlungen vom Kunden verlangt. Unsere Kundin Frau Meier bestellt eine Wohnwand zum Preis von 2.599,00 € exklusive Mehrwertsteuer und leistet eine Anzahlung in Höhe von 1.000,00 €. Die Wohnwand ist zurzeit nicht im Lager und muss vom Möbelhaus bestellt werden. Auf den Bestellprozess werden wir nicht näher eingehen.

Unser Beispiel setzt sich aus den folgenden Schritten zusammen:

1. Erfassen Kundenauftrag mit Anzahlung
2. Buchen Zahlungseingang Anzahlung
3. Erstellen Lieferung
4. Erstellen Schlussrechnung
5. Zahlungseingang Endrechnung
6. Belegfluss

Schritt 1: Erfassen eines Kundenauftrags mit Anzahlung

Das Möbelhaus legt einen Kundenauftrag zur Lieferung der Wohnwand an (siehe Abbildung 3.89). Das System berechnet das Lieferdatum anhand der im Materialstamm hinterlegten Planlieferzeit.

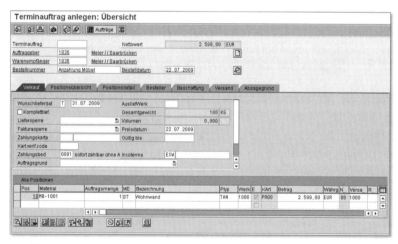

Abbildung 3.89 Kundenauftrag anlegen (Transaktion VA01)

In den Konditionen zur Wohnwand erfassen wir, dass Frau Meier eine Anzahlung in Höhe von 1.000,00 € leisten wird. Über den Anzahlungsbetrag wird keine Anzahlungsanforderungsrechnung erstellt. Frau Meier zahlt den Betrag an der Kasse oder überweist ihn (siehe Abbildung 3.90).

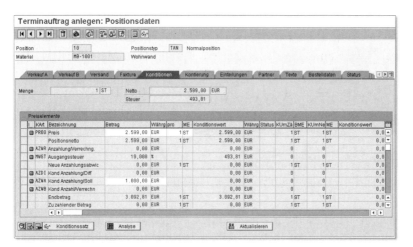

Abbildung 3.90 Eingabe des Anzahlungsbetrags in der Konditionsübersicht (Transaktion VA01)

Die Kundin erhält im Gegensatz zum Prozess mit Fakturierungsplänen keine Anzahlungsanforderung. Sie überweist uns den Betrag in Höhe von 1.000,00 €. Der Zahlungseingang des Anzahlungsbetrags von 1.000,00 € wird direkt in der Finanzbuchhaltung gebucht. Bei der Buchung muss die Nummer des Kundenauftrags erfasst werden, damit in der Schlussrechnung die Verrechnung der erhaltenen Anzahlung durch das System stattfinden kann. In unserem Beispiel buchen wir die Anzahlung positionsgenau ein, d.h., wir geben die Auftragsnummer und die Position bei der Buchung an (siehe Abbildung 3.91).

Schritt 2: Zahlungseingang der Anzahlung buchen

In Abbildung 3.92 sehen Sie den Buchhaltungsbeleg, der durch die Buchung des Zahlungseingangs der Anzahlung erzeugt wurde. Der Buchungssatz lautet *Bank (113309) an Debitor (1036) mit Sonderhauptbuch erhaltene Anzahlungen (196000)*, wobei die Kontonummer dieses Kontos in der Abbildung nicht zu sehen ist. Die Buchung erfolgt auch hier im Bruttoverfahren.

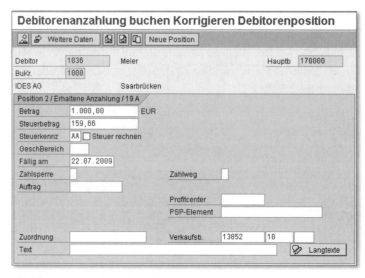

Abbildung 3.91 Buchen des Zahlungseingangs der Anzahlung (Transaktion F-29)

Wie erwähnt, fällt für Anzahlungen aufgrund der gesetzlichen Vorschriften bei der Buchung Steuer an. Die Buchung Mehrwertsteuer an Mehrwertsteuer-Verrechnungskonto entspricht der bereits beschriebenen Buchungslogik.

Abbildung 3.92 Buchhaltungsbeleg zum Zahlungseingang der Anzahlung (Transaktion FB03)

Schritt 3: Lieferung erstellen

Nachdem die Wohnwand von unserem Lieferanten an unser Lager geliefert wurde, können wir die Lieferung an Frau Meier anlegen. In Abbildung 3.93 sehen Sie die Lieferungsanlage. Nachdem die Kommissionierung stattgefunden hat, wird der Warenausgang gebucht.

3.6 Fakturierungspläne und Anzahlungsabwicklung

Abbildung 3.93 Anlegen der Lieferung (Transaktion VL01N)

Mit der Lieferung der Wohnwand an Frau Meier können wir die Rechnung erstellen. Die Rechnung wird mit der Standard-Fakturaart F2 angelegt (siehe Abbildung 3.94).

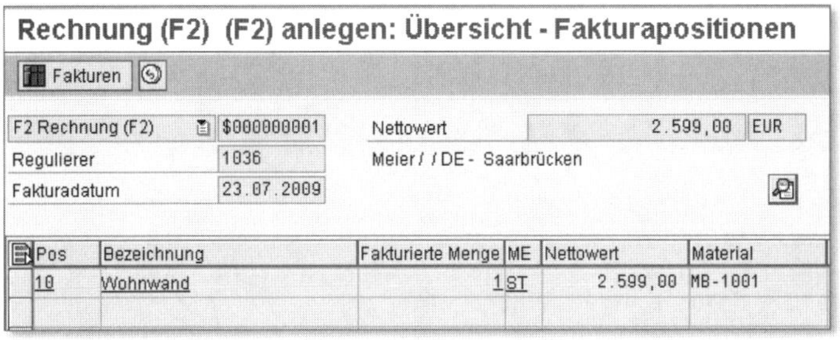

Schritt 4: Schlussrechnung erstellen

Abbildung 3.94 Erstellung der Faktura (Transaktion VF01)

Da wir die Anzahlung mit Bezug zur Kundenauftragsnummer eingebucht haben, sehen wir in Abbildung 3.95 auf dem Konditionsbild zur Position die erhaltene Anzahlung als Kondition AZWB. Sie sehen, dass Frau Meier noch einen Betrag in der Höhe von 2.092,81 € zu zahlen hat.

Mit dem Sichern der Rechnung wird der Buchhaltungsbeleg angelegt. Die Buchung besteht aus

1. Der Umsatzbuchung *Debitor (1036) an Umsatz (800000) und Mehrwertsteuer (175000)*

2. Der Verrechnung der Anzahlung *Debitor (1036) mit Sonderhauptbuchkonto erhaltene Anzahlungen (170000) an Debitor (1036)*

3. Der Verrechnung der Mehrwertsteuer *Mehrwertsteuer (175000)* an *Mehrwertsteuer-Verrechnungskonto (170010)*

Den erzeugten Buchhaltungsbeleg sehen Sie in Abbildung 3.96.

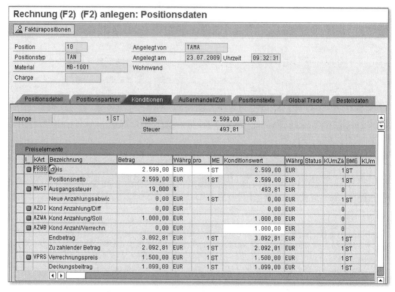

Abbildung 3.95 Anzahlungsverrechnung in den Konditionen (Transaktion VF01)

Abbildung 3.96 Buchhaltungsbeleg (Transaktion FB03)

Schritt 5: Zahlungseingang Endrechnung Wenn wir die Zahlung für die Endrechnung unserer Kundin erhalten, buchen wir den Zahlungseingang. In Abbildung 3.97 sehen Sie, dass sich die verbleibende Zahlschuld aus zwei Posten errechnet: aus dem Posten für die Gesamtschuld und aus dem Posten für die Anzahlung. Daraus errechnet sich die verbleibende Zahlschuld.

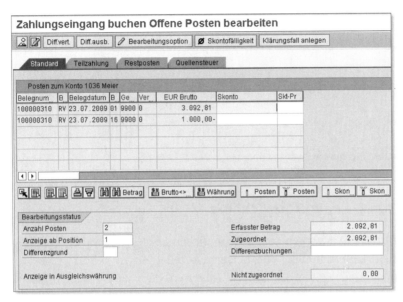

Abbildung 3.97 Buchung des Zahlungseingangs der Endrechnung (Transaktion F-28)

In der Abbildung 3.98 sehen Sie den in der Buchhaltung erzeugten Beleg. Der Buchungssatz lautet *Bank (113309) an Debitor (1036)*.

Abbildung 3.98 Anzeige des Buchhaltungsbelegs zum Zahlungseingang der Endrechnung (Transaktion FB03)

Der Belegfluss zum Kundenauftrag mit der Anzahlungsabwicklung über Konditionen unterscheidet sich von dem mit Fakturierungsplan

Schritt 6: Belegfluss

dadurch, dass Sie nur die Schlussrechnung im Belegfluss sehen. Die erhaltene Anzahlung ist im Belegfluss nicht sichtbar.

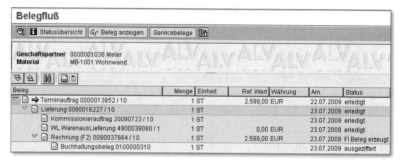

Abbildung 3.99 Belegfluss (Transaktion VA02)

3.7 Leihgutabwicklung

Durch Ergänzungen zum gewöhnlichen Leistungsspektrum schaffen sich Unternehmen Wettbewerbsvorteile. Dazu gehört auch die Bereitstellung von Leihgütern. Integrierte Softwaresysteme ermöglichen Transparenz über Leihgutbestände und schaffen so die Voraussetzungen für eine effiziente Abwicklung.

3.7.1 Betriebswirtschaftliche Grundlagen

Leihgüter werden dem Kunden ohne Berechnung für eine begrenzte Zeit bereitgestellt. Dafür kann es unterschiedliche Gründe geben:

- leihweise Bereitstellung einer wiederverwendbaren Verpackung
- leihweise Bereitstellung eines Produkts als Warenprobe
- leihweise Bereitstellung zusätzlicher Maschinen (z. B. ein Hersteller von Reinigungsmitteln stellt eine Reinigungsmaschine für die Anwendung der eigenen Produkte bereit)
- leihweise Bereitstellung von Promotionmaterial (z. B. eines Werbedisplays)

Nach Ablauf der vereinbarten Zeit für die Leihe gibt es für den Kunden unterschiedliche Möglichkeiten:

- Rückgabe des Leihguts an den Lieferanten
- Kauf des Leihguts durch den Kunden

Die Leihgutabwicklung ist auch im Zusammenhang mit Vermietungen von Interesse. Aus Sicht des Lieferanten besteht die Vermietung aus zwei getrennten Vorgängen. Zum einen muss das vermietete Material in einem Kundensonderbestand geführt werden. Wie bei der Konsignationsabwicklung (siehe Abschnitt 3.5) bleibt der Lieferant Eigentümer und führt das Material wertmäßig in seinem Vermögen. Es ist jedoch aus Sicht der Disposition im Unternehmen des Lieferanten »nicht verfügbar«. Zum anderen sind die Mietbeträge zu fakturieren und die Zahlungseingänge zu überwachen. Wir werden in einem Fallbeispiel in Abschnitt 3.7.3, »Beispiel: Customizing von Leihgutabwicklung und Mietgeschäft«, zeigen, wie dies in SAP ERP bewerkstelligt werden kann.

Leihe und Miete

3.7.2 Leihgutabwicklung in SAP ERP

Die Leihgutabwicklung in SAP ERP ähnelt sehr stark der Konsignationsabwicklung (siehe Abschnitt 3.5). Folgende Vorgänge sind zu betrachten:

- Leihgutbeschickung (ähnlich der Konsignationsbeschickung)
- Leihgutnachbelastung (ähnlich der Konsignationsentnahme)
- Leihgutabholung (ähnlich der Konsignationsabholung)

Im Unterschied zur Konsignationsabwicklung steht im SAP-Standard für die Leihgutbeschickung keine eigene Auftragsart zur Verfügung. Diese müsste bei Bedarf im Customizing angelegt werden. Ansonsten kann man auch die Auftragsart TA (Terminauftrag) verwenden. Hingegen steht mit dem Positionstyp TAL ein eigener Positionstyp zur Verfügung. Ähnlich wie der Positionstyp KBN in der Konsignationsabwicklung ist dieser weder für die Preisfindung noch für die Fakturierung relevant.

Leihgutbeschickung

Über den Positionstyp TAL wird ein entsprechender Einteilungstyp (E3, Leihgut) im Terminauftrag ermittelt. Dieser bewirkt, dass im SD-Lieferbeleg die Bewegungsart 621 ermittelt wird. Über diese Bewegungsart erfolgt bei der Warenausgangsbuchung eine Umbuchung aus dem frei verfügbaren Werksbestand in den bewerteten Kundensonderbestand »Leihgut«.

Verbraucht der Kunde das Leihgut, meldet er dies dem Lieferanten. Dieser erfasst einen Auftrag mit der Auftragsart *Leihgutnachbelastung*. Mit Bezug zu diesem Auftrag wird ein Lieferbeleg erzeugt. Dessen

Leihgutnachbelastung

Warenausgangsbuchung vermindert die entsprechende Menge im Leihgutbestand. Analog zur Konsignationsabwicklung geht jetzt das Material in das Eigentum des Kunden über. Mit der Warenausgangsbuchung wird ein Buchhaltungsbeleg *Bestandsveränderung an Bestand* erzeugt. Mit Bezug zum Kundenauftrag (Leihgutnachbelastung) wird eine Faktura zur Abrechnung des Verbrauchs angelegt.

Leihgutabholung Über die Auftragsart *Leihgutabholung* und einen entsprechenden Lieferbeleg erfolgt die Rückbuchung vom Leihgutbestand des Kunden in den Werksbestand des Lieferanten.

Mietverträge Damit wäre eigentlich alles zum Thema Leihgutabwicklung gesagt. Interessant ist jedoch noch der Zusammenhang mit Mietgeschäften. Für die Abbildung von Mietverträgen gibt es im SAP-Standard eine eigene Auftragsart (MV, Mietvertrag). Diese verwendet den Positionstyp MVN (Mietvertragsposition). Im Customizing zu diesem Positionstyp ist eine Zuordnung zu Fakturaplänen hinterlegt. Über Fakturapläne werden Teilfakturierungen (z. B. Anzahlungen) und die periodische Fakturierung (z. B. Miete) abgebildet. In der entsprechenden Auftragsposition werden die Zahlungstermine erfasst. Zu jedem Zahlungstermin wird dann eine Rechnung erzeugt. Die Abwicklung von Fakturaplänen erfolgt über die auftragsbezogene Fakturierung. Dabei ist nicht der Lieferbeleg Grundlage für die Faktura, sondern der Auftrag.

Allerdings gibt es im SAP-Standard keine Möglichkeit, Leihgutabwicklung und Mietverträge in einer Auftragsposition zu erfassen. Im folgenden Abschnitt wollen wir daher anhand einer Fallstudie zeigen, wie diese Möglichkeit im Customizing einzustellen ist.

3.7.3 Beispiel: Customizing von Leihgutabwicklung und Mietgeschäft

Ausgangslage Ein Chemieunternehmen beliefert seine Kunden mit verschiedenen Reinigungsflüssigkeiten. Zusätzlich können die Kunden hochwertige Spezialreinigungsmaschinen für einen bestimmten Zeitraum mieten. Die gesamte Abwicklung der Maschinenmiete (Berechnung der Miete, Bestandsführung) soll in einer Auftragsposition erfolgen.

Um diesen Geschäftsfall abbilden zu können, werden wir zunächst im Customizing einen neuen Positionstyp anlegen. Anschließend werden wir den Prozess anhand eines Beispiels erläutern.

In Abschnitt 3.7, »Leihgutabwicklung in SAP ERP«, wurde deutlich, dass im SAP-Standard Positionstypen sowohl für die Miete (MVN) als auch für die Leihe (TAL) vorhanden sind. Eine solche Abwicklung würde aber mindestens zu zwei Auftragspositionen führen und damit die Kontrolle der Abwicklung erschweren. Das Problem lösen wir durch einen neuen Positionstyp, den wir im Customizing anlegen. Wir kopieren dazu den Positionstyp TAL (Leihe) und nennen den neuen Positionstyp ZLM (Leihe und Miete). Abbildung 3.100 zeigt uns den für die weitere Vorgehensweise relevanten Teil des Customizings für den Positionstyp ZLM.

Customizing

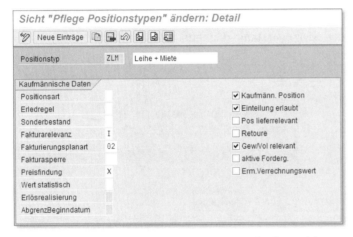

Abbildung 3.100 Anlegen eines neuen Positionstyps im Customizing (Transaktion SPRO • Positionstypen definieren)

Im Unterschied zu dem Positionstyp TAL ist bei unserem Positionstyp die Preisfindungsrelevanz aktiviert (Kennzeichen »X« im Feld PREIS-FINDUNG). Außerdem ist der Positionstyp relevant für die Fakturierung (Wert I im Feld FAKTURARELEVANZ). Der Wert I führt dazu, dass mit Bezug zur Auftragsposition eine Faktura (auftragsbezogene Faktura) angelegt werden kann. Ebenfalls von Bedeutung ist die Option FAK-TURIERUNGSPLANART. Der Eintrag 02 führt zu einer periodischen Fakturierung, wie sie dem Mietgeschäft entspricht. Die Option ERM. VER-RECHNUNGSWERT wurde nicht markiert. Hierüber wird festgelegt, dass bei diesen Positionen die Konditionsart VPRS (Verrechnungspreis aus dem Materialstamm) nicht berücksichtigt wird.

Im Unterschied zu dem Positionstyp MVN (Miete) ist bei unserem Positionstyp das Kennzeichen EINTEILUNG ERLAUBT gesetzt. Nur wenn dies gegeben ist, kann eine Auftragsposition Einteilungen enthalten.

So gesehen haben wir einen Positionstyp geschaffen, der eine Kombination aus den Standard-Positionstypen TAL und MVN darstellt. Da er als Kopie aus dem Positionstyp TAL entstanden ist, »erbt« das neue Objekt die Zuordnung der Einteilungstypen. Wie bei TAL wird der Einteilungstyp E3 (Leihgut) im Auftrag ermittelt.

Abbildung 3.101 zeigt die Abwicklung »Leihe und Miete« im Überblick. Wir sehen, dass mit Bezug zur Auftragsposition sowohl die periodische Fakturierung der Miete als auch die Lieferung zur Umbuchung in den Sonderbestand »Leihgut« erfolgt.

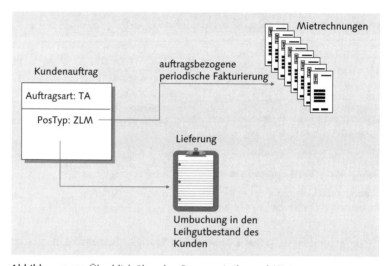

Abbildung 3.101 Überblick über den Prozess »Leihe und Miete«

Systembeispiel Jetzt wollen wir den Einsatz unseres Positionstyps in einem Systembeispiel testen. Unser Kunde, die Chemieanlagen GmbH (Debitorennummer 1029), bestellt für die Zeit vom 01.03.2007 bis zum 31.12.2007 eine Reinigungsmaschine. Der monatliche Mietpreis beträgt 200,00 €.

Dazu durchlaufen wir folgende Schritte:

1. Bestandsübersicht über die Reinigungsgeräte
2. Erfassung des Kundenauftrags mit Fakturaplan

3. Auslieferung der Maschine in den Leihgutbestand des Kunden
4. Erstellen der Mietfakturen über den Fakturavorrat

Bevor wir uns die Bestandsübersicht anzeigen lassen, wollen wir noch darauf hinweisen, dass unsere Mietmaschine als Materialstamm mit einem Serialnummernprofil angelegt worden ist (siehe Abschnitt 2.6). Als Kontierungsgruppe wurde im Materialstamm die Option 40 (Mieterträge) zugeordnet. Diese ist nicht im SAP-Standard enthalten, sondern wurde ebenfalls neu angelegt. Die Kontierungsgruppe 40 bewirkt, dass die Erlösbuchungen in den Fakturen auf den entsprechenden Mietertragskonten erfolgen.

Abbildung 3.102 zeigt die Ausgangssituation bei unserem Material LG1100, einem Spezialreinigungsgerät. Im frei verfügbaren Bestand im Werk 1000 (Werk Hamburg) befinden sich 2 Stück. Drei Maschinen sind bereits an die Kunden 1018 (Drogerie am Markt, 2 Stück) und 1025 (Karl Müller GmbH, 1 Stück) ausgeliehen.

Schritt 1: Bestandsübersicht

Abbildung 3.102 Bestandsübersicht im Werk 1000 (Transaktion MMBE)

Da für das Material LG1100 Serialnummernpflicht besteht, kann für jedes einzelne Gerät der aktuelle Standort ermittelt werden. In Abbildung 3.103 sehen wir die Liste der Serialnummern als Ergänzung zur Bestandsübersicht. Die Geräte haben im Kundenbestand den Systemstatus EKUN (Kunde) angenommen.

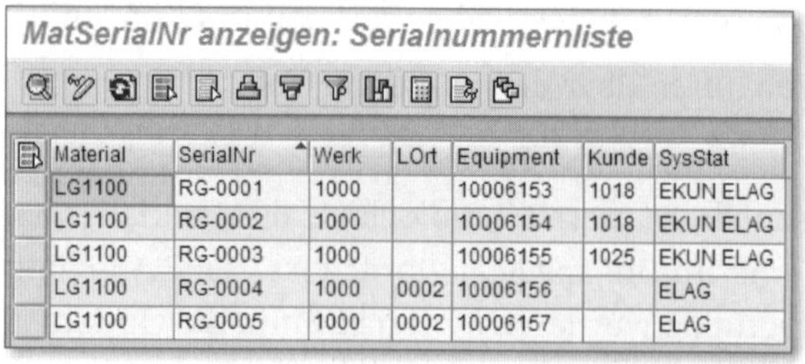

3 | Vertriebskomponente SD – Prozessüberblick

Abbildung 3.103 Serialnummernliste (Transaktion IQ09)

Schritt 2: Kundenauftrag mit Fakturaplan erfassen

Im nächsten Schritt erfassen wir den Kundenauftrag mit der Auftragsart TA (Terminauftrag). Das System ermittelt zunächst den Positionstyp TAL (Leihgutbeschickung). Da wir Miete und Leihe in einer Position abbilden wollen, ändern wir den Positionstyp manuell. Dazu erfassen wir den Positionstyp ZLM (Leihe + Miete), den wir im Customizing angelegt haben. Abbildung 3.104 zeigt die Erfassung des Auftrags. Da der Positionstyp ZLM preisfindungsrelevant ist, kann der monatliche Mietpreis in Höhe von 200,00 € erfasst werden.

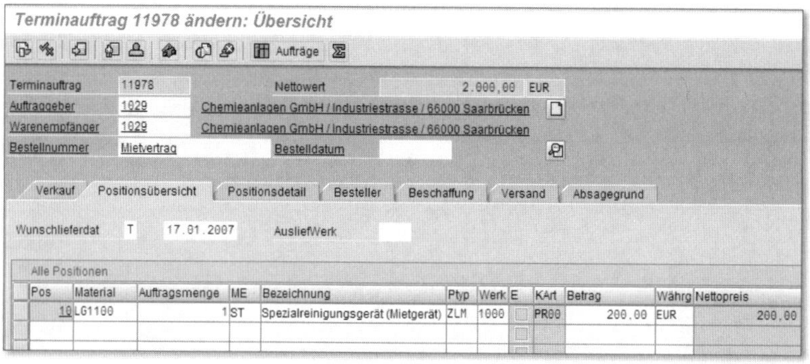

Abbildung 3.104 Erfassung des Kundenauftrags (Transaktion VA02)

Im Detailbild zur Position 10 können wir jetzt den Fakturaplan für die periodische Fakturierung der Miete erfassen (siehe Abbildung 3.105). Der Mietvertrag beginnt am 01.03.2007 und endet am 31.12.2007. Nach der Erfassung dieser Daten ermittelt das System automatisch die Fakturatermine zum jeweiligen Monatsende. Jeder Fakturatermin gilt für einen bestimmten Abrechnungszeitraum (jeweils ein Monat). Als Fakturabetrag wird der Mietpreis von 200,00 € aus der Position übernommen. Insgesamt ergibt sich ein Nettowert von 2.000,00 € für die gesamte Position.

Nach der Erfassung des Kundenauftrags schließt sich die Erstellung des Lieferbelegs an. Im Lieferbeleg wird unter anderem die Serialnummer erfasst, mit der festgelegt wird, welches Gerät ausgeliefert wird.

Schritt 3: Auslieferung

In Abbildung 3.106 sehen wir, dass das Feld KOMMISS. MENGE eingabebereit ist. In diesem Fall wird also nicht die Komponente *Lean-WM* (siehe Abschnitt 3.3, »Terminauftragsabwicklung«) eingesetzt, sondern es wird manuell kommissioniert. Nach der Warenausgangsbuchung dieser Lieferung ergibt sich eine Bestandssituation, wie sie in Abbildung 3.107 dargestellt ist.

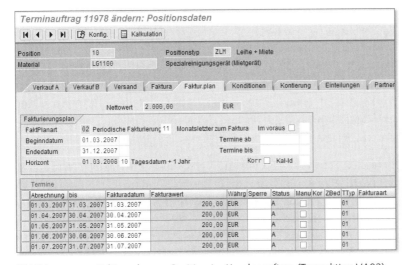

Abbildung 3.105 Fakturaplan zur Position im Kundenauftrag (Transaktion VA02)

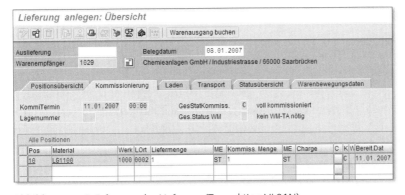

Abbildung 3.106 Erfassung der Lieferung (Transaktion VL01N)

Abbildung 3.107 Bestandsübersicht (Transaktion MMBE)

Nach der Auslieferung einer weiteren Maschine (siehe Abbildung 3.106) befindet sich nur noch eine Maschine im frei verwendbaren Werksbestand (siehe Abbildung 3.107). Die gelieferte Maschine befindet sich im Leihgutbestand des Kunden mit der Debitorennummer 1029 (Chemieanlagen GmbH).

Schritt 4:
Mietfakturen
erstellen

Im letzten Schritt zeigen wir die Verrechnung der Miete. Wir erzeugen dazu den Fakturavorrat zu unserem Kundenauftrag mit der Auftragsnummer 11978. Als Selektionsdatum geben wir den 30.04.2007 an.

Abbildung 3.108 Fakturavorrat für die Erstellung der Mietfakturen aus dem Fakturaplan (Transaktion VF04)

Der in Abbildung 3.108 gezeigte Fakturavorrat enthält gemäß den vorgegebenen Selektionskriterien die Rechnungen für die ersten beiden Vertragsmonate März und April. Aus dem Fakturavorrat heraus werden nun die entsprechenden Rechnungen erzeugt und gebucht. In der Praxis wird dieser Schritt meistens automatisch ablaufen: Über ein Programm wird der Fakturavorrat ermittelt, und die entsprechenden Rechnungen werden erzeugt. Somit braucht man sich um die Fakturierung des Auftrags nicht mehr zu kümmern.

Leihgutabwicklung | 3.7

Belegfluß					
Geschäftspartner	0000001029 Chemieanlagen GmbH				
Material	LG1100 Spezialreinigungsgerät (Mietgerät)				

Beleg	Menge	Einheit	Ref. Wert	Währung	Am	Status
⇒ Terminauftrag 0000011978 / 10	1	ST	2.000,00	EUR	08.01.2007	in Arbeit
Lieferung 0080015145 / 10	1	ST			08.01.2007	erledigt
Kommissionierauftrag 20070108 / 10	1	ST			08.01.2007	erledigt
WA Leergut Ausleihe 4900035384 / 1	1	ST	0,00	EUR	08.01.2007	erledigt
Rechnung (F2) 0090036249 / 10	1	ST	200,00	EUR	08.01.2007	erledigt
Buchhaltungsbeleg 0100000039 / 10	1	ST	200,00	EUR	08.01.2007	nicht ausgeziffert
Rechnung (F2) 0090036250 / 10	1	ST	200,00	EUR	08.01.2007	erledigt
Buchhaltungsbeleg 0100000040 / 10	1	ST	200,00	EUR	08.01.2007	nicht ausgeziffert

Abbildung 3.109 Belegfluss im Kundenauftrag (Transaktion VA02)

Der Belegfluss im Auftrag hat nach dem Fakturalauf das in Abbildung 3.109 gezeigte Bild. Wir sehen den Terminauftrag, die entsprechende Lieferung und die beiden Rechnungen. Abbildung 3.110 zeigt uns den Buchhaltungsbeleg zur Rechnung.

Beleg anzeigen: Erfassungssicht

Erfassungssicht						
Belegnummer	100000039	Buchungskreis	1000	Geschäftsjahr	2007	
Belegdatum	31.03.2007	Buchungsdatum	31.03.2007	Periode	3	
Referenz	0090036249	Übergreifd.Nr				
Währung	EUR	Texte vorhanden		Ledger-Gruppe		

Bu.	Pos	BS	S	Konto	Bezeichnung	Σ	Betrag	Währg	St	Kosten
1000	1	01		1029	Chemieanlagen GmbH		238,00	EUR	AA	
	2	50		841000	Ertr. Miete Fremdnu.		200,00-	EUR	AA	
	3	50		175000	Ausgangssteuer		38,00-	EUR	AA	

Abbildung 3.110 Buchhaltungsbeleg zur Mietrechnung (Transaktion VF02)

Gemäß der Kontierungsgruppe im Materialstamm wurden die Erlöse als Mieterträge auf dem Konto 841000 verbucht. An dieser Stelle sei noch darauf hingewiesen, dass Maschinen mit ihrem Buchwert im Anlagevermögen auszuweisen sind. Die Zuordnung einer Maschine zu einem Anlagenstammsatz erfolgt über die Serialnummer bzw. den Equipmentstammsatz zur Serialnummer. In diesem Fall wird der Wert der Maschine in der Anlagenbuchhaltung verwaltet. Deshalb ist der Materialstamm hier als »unbewertetes Material« zu führen. Wenn der Kunde die Maschine im Zuge einer Leihgutnachbelastung übernehmen will, wird bei der Warenausgangsbuchung kein Buchhaltungsbeleg erzeugt. Hier müsste der wertmäßige Abgang der Anlage in der Anlagenbuchhaltung manuell gebucht werden.

Zu der Faktura wurde auch ein Beleg in der Ergebnisrechnung erzeugt. In diesem Beleg sind nur die Erlöse an die Ergebnis- und Marktsegmentrechnung (CO-PA) übergeben worden. Da die Konditionsart VPRS bei unserem Positionstyp ZLM nicht ermittelt wird, werden keine Umsatzkosten übergeben: Die Fortschreibung der Umsatzkosten wäre hier nicht zielführend, da dann pro Mietfaktura jeweils die gesamten Herstellkosten weitergeleitet würden. Die Kosten der Vermietung entstehen jedoch in erster Linie über den Wertverlust der Maschine, also über die Abschreibungen. Diese werden aber unabhängig von der Leihgutabwicklung auf einer Kostenstelle gesammelt und von dort in die Ergebnis- und Marktsegmentrechnung übergeben.

3.8 Retourenabwicklung

Zum Vertrieb gehört auch eine rasche Bearbeitung von Kundenretouren. Wurde Falsches geliefert oder ist die Ware beschädigt, geht es um schnelle Schadensbegrenzung. Vor allem die Handhabung von Garantie- und Kulanzfällen gehört zu den wichtigen Wettbewerbsvorteilen eines Unternehmens. Für eine schnelle Prüfung und Bearbeitung von Garantie- und Kulanzfällen ist jedoch eine effiziente Bearbeitung von Retouren unabdingbar.

3.8.1 Betriebswirtschaftliche Grundlagen

Rücksendungen von Kunden gehören zu den eher unangenehmen Ereignissen im Vertriebsalltag. Gründe für Retouren können sein:

- Es wurde die falsche Ware geliefert.
- Die gelieferte Ware war schadhaft.
- Der Kunde hat die falsche Ware bestellt.

Nach dem Eingang der Retoure stellen sich folgende Probleme:

- Identifikation des Materials
- Bewertung des Materials
- Verwendungsentscheidung
- Gutschrift oder Ersatzlieferung für den Kunden

3.8 | Retourenabwicklung

Identifikation

Zunächst geht es darum, die richtige Materialnummer zu ermitteln. Über sie lässt sich sodann feststellen, ob und wann die Ware geliefert worden ist. Vor allem bei der Rücksendung älterer Produkte, meist ohne zusätzliche Dokumentation, ist dies problematisch.

Bewertung

Der nächste Schritt besteht in der Bewertung des Materials. Lediglich wenn ein Produkt vom Kunden unmittelbar nach der Auslieferung zurückgeschickt wird und offenkundig kein Wertverlust eingetreten ist, kann es ohne Einschränkung in den bewerteten Lagerbestand übernommen werden. Dieser Bestand wird dann zum Zeitpunkt der Wareneingangsbuchung mengen- und wertmäßig erhöht. Die Bewertung erfolgt anhand des Bewertungspreises im Materialstamm.

Wie ist aber zu verfahren, wenn der Warenwert gemindert ist? Wenn gewissermaßen eine B-Ware entstanden ist? In diesem Fall gibt es zwei Möglichkeiten. Zum einen können die Retourenprodukte unter einem eigenen Materialstamm verwaltet werden. Dies führt aber schnell zu einer Vielzahl zusätzlicher Materialstämme. Zum anderen kann man die Bestände eines Materials differenziert bewerten. SAP ERP bietet mit der Funktion *Getrennte Bewertung* die Möglichkeit, Bestände unterhalb der Ebene *Werk/Material* über eigene Bewertungssegmente unterschiedlich zu bewerten. Allerdings ist dann bei jeder Materialbewegung zu diesem Materialstamm das Bewertungssegment mitzugeben.

In der Praxis scheuen viele Unternehmen den Aufwand, den die Einführung und vor allem die Handhabung dieser Lösung verursachen. Letztlich ist von Fall zu Fall zu prüfen, welche Lösung mit vertretbarem Aufwand die gewünschten Ergebnisse bringt. Unternehmen, die chargenpflichtige Produkte herstellen, können die Differenzierung der Bestandsbewertung auch über Chargen vornehmen. Zu jeder Charge kann ein eigenes Bewertungssegment mit einem Bewertungspreis angelegt werden. Somit bucht man Retouren unter einer eigenen Charge ein und vergibt für diese Charge einen eigenen Bewertungspreis.

Verwendungsentscheidung

Nach der Identifizierung und Bewertung des Materials ist eine Verwendungsentscheidung zu treffen. Folgende Möglichkeiten bieten sich an:

- Verschrottung
- Einbuchen in den freien Bestand
- Reparatur

Im Fall der Verschrottung ist es sinnvoll, die Ware gar nicht erst in den bewerteten Bestand einzubuchen. Vielmehr sollte man sie direkt der geeigneten Entsorgung zuführen. Ist die Ware ohne größere Überarbeitung wieder verkaufsfähig, wird sie in den Bestand übernommen. Schließlich kann das Produkt repariert werden. Die Abwicklung von Reparaturen kann mithilfe der Komponente CS (*Customer Service*) vorgenommen werden. Diese verwendet Funktionen aus der Instandhaltungskomponente (Teil der Anwendung SAP Product Lifecycle Management) und der Vertriebskomponente SD.

Gutschrift oder Ersatzlieferung

Am Ende ist zu entscheiden, ob der Kunde eine Gutschrift für die Retoure erhält. Eine andere Möglichkeit besteht in der Ersatzlieferung. Wichtig ist, dass der gesamte Retourenvorgang transparent und damit nachvollziehbar ist.

3.8.2 Retourenabwicklung in SAP ERP

Retourenauftrag

Für die Abwicklung von Retouren steht im SAP-Standard die Auftragsart RE (Retourenauftrag) zur Verfügung. Retourenpositionen haben den Positionstyp REN (Retourenposition). Über die Zuordnung der Einteilungstypen im Customizing wird der Einteilungstyp DN (Retoure) ermittelt.

Retourenanlieferung

Analog zur normalen Auftragsabwicklung (siehe Abschnitt 3.3) wird mit Bezug zum Retourenauftrag ein SD-Lieferbeleg mit der Lieferart LR (Retourenanlieferung) angelegt. Der Positionstyp in der Lieferung wird aus dem Auftrag übernommen. Im Customizing ist der Positionstyp REN als »nicht relevant« für die Kommissionierung eingestellt. Damit entfällt der Kommissioniervorgang (die Rückmeldung der Pickmenge), der beim Kunden stattfindet. Mit der Retourenanlieferung wird die Wareneingangsbuchung durchgeführt.

Retourensperrbestand

Der Einteilungstyp DN (Retoure) im Retourenauftrag führt in der Retourenanlieferung über die Bewegungsart 651 zu einer Buchung in den Retourensperrbestand. Dabei handelt es sich um einen unbewerteten Bestand. Aus diesem Grund wird für diesen Materialbeleg kein Buchhaltungsbeleg erzeugt. Im Customizing der Materialwirtschaft gibt es zusätzliche Bewegungsarten, die für die Steuerung von Retouren eingesetzt werden können. Dazu gehört unter anderem die Bewegungsart 653. Diese führt dazu, dass die Wareneingangsbuchung direkt in den frei verwendbaren Bestand erfolgt. In diesem Fall wird natürlich ein Buchhaltungsbeleg erzeugt (Bestand an Bestandsveränderungen). Um diese Bewegungsart zu nutzen, muss im SD-Customizing (Transaktion VOV6) ein neuer Einteilungstyp angelegt werden. Am besten geschieht dies durch Kopie des Einteilungstyps DN. Dem neuen Einteilungstyp ordnet man die Bewegungsart 653 zu. Erlaubt man den neuen Einteilungstyp als Alternative, kann der Anwender im Retourenauftrag durch Auswahl eines Einteilungstyps entscheiden, ob in den Retourensperrbestand oder in den frei verwendbaren Bestand gebucht werden soll.

Die Umbuchung vom Retourensperrbestand in den frei verwendbaren Bestand erfolgt über die Bewegungsart 453 in der Materialwirtschaftskomponente MM (Transaktion MIGO_TR).

Umbuchung in den frei verwendbaren Bestand

Dem Kunden kann eine Gutschrift für die Retoure eingeräumt werden. Dazu gibt es im Standard die Fakturaart RE (Retourengutschrift), bei der es sich um eine auftragsbezogene Faktura handelt. In der Praxis wird man deshalb bei der Erfassung des Retourenauftrags immer eine Fakturasperre setzen. Diese kann abhängig vom Customizing der Auftragsart automatisch vom System vorgeschlagen werden. Erst wenn geklärt ist, dass eine Gutschrift erfolgen soll, wird die Sperre manuell entfernt. Danach kann die Gutschrift automatisch über den Fakturalauf erzeugt werden. Abbildung 3.111 gibt einen Überblick über die Retourenabwicklung.

Retourengutschrift

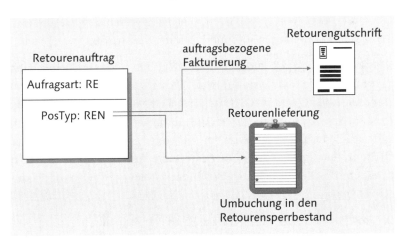

Abbildung 3.111 Überblick über die Retourenabwicklung

Integration mit dem Rechnungswesen

Über die Gutschrift wird ein Buchhaltungsbeleg erzeugt. Dieser enthält die »umgekehrte« Erlösbuchung: *Umsatzerlöse und Mehrwertsteuer an Debitor*. Wie bei einer Faktura können auch bei einer Gutschrift Werte an die Ergebnis- und Marktsegmentrechnung (CO-PA) übergeben werden. In CO-PA werden Erlöse (Nettowert der Position), Umsatzkosten (über die Konditionsart VPRS) und die Absatzmenge korrigiert. Allerdings ist es bei Gutschriften nicht immer sinnvoll, alle Werte zu korrigieren.

Dabei sind im Wesentlichen zwei Fälle zu unterscheiden:

- **Fall 1**
  Der Kunde schickt ein neuwertiges Produkt zurück, z. B. wegen Überlieferung. In diesem Fall ist es sinnvoll, die Erlöse, Umsatzkosten und auch die Absatzmenge zu korrigieren.

- **Fall 2**
  Der Kunde schickt ein altes Gerät zurück, z. B. im Zuge einer Verkaufsaktion, bei der Altgeräte in Zahlung genommen werden. Dann ist es sinnvoll, den Gutschriftsbetrag als negativen Erlös in CO-PA zu buchen. Die Absatzmenge hingegen ist nicht zu korrigieren, und ebenso wenig ist es sinnvoll, die Umsatzkosten der laufenden Periode anzupassen.

Im Customizing gibt es entsprechende Möglichkeiten, die betroffenen Wertfelder in Abhängigkeit von der Fakturaart von der Überleitung auszuschließen. Dies wird im nächsten Abschnitt (in Abschnitt 3.9) zusammen mit der Gut- und Lastschriftsabwicklung vorgestellt.

Kostenlose Lieferung

Des Weiteren ist es möglich, dem Kunden eine Ersatzlieferung zukommen zu lassen. Dazu sollte mit Bezug zum Retourenauftrag ein weiterer Auftrag mit der Auftragsart *Kostenlose Lieferung* angelegt werden. Somit erscheint dieser Auftrag im Belegfluss des Retourenauftrags. Jeder Sachbearbeiter im Vertrieb kann erkennen, wie auf die Retoure reagiert wurde. Die Auftragsart *Kostenlose Lieferung* führt zu einem Positionstyp ohne Preisfindungsrelevanz und ohne Fakturarelevanz.

Garantielieferung

Die kostenlose Lieferung könnte z. B. im Garantiefall eingesetzt werden. Viele Unternehmen wollen jedoch den Aufwand für Garantielieferungen sowohl in der Finanzbuchhaltung als auch im Controlling gesondert ausweisen. Um den Aufwand in der Finanzbuchhaltung auf ein Konto »Garantieaufwand« zu buchen, wendet man die gleiche

Vorgehensweise an, wie sie für Musterlieferungen im Abschnitt »Lieferungsbearbeitung« erläutert wurde. Für einen Ausweis der Garantieaufwendungen in der Ergebnis- und Marktsegmentrechnung (CO-PA) der Controllingkomponente (CO) müssen wir die Ausführungen zur CO-PA-Schnittstelle aus Abschnitt 2.12 beherzigen. Dort haben wir gesehen, dass im »normalen« Auftragsprozess sowohl Erlöse als auch Kosten aus der SD-Faktura in die Ergebnis- und Marktsegmentrechnung übergeben werden. Bei einer kostenlosen Lieferung ist eine SD-Faktura nicht zwingend erforderlich, da es nichts zu belasten gibt. Andererseits kommen ohne SD-Faktura auch keine Kosten in die Ergebnis- und Marktsegmentrechnung. Des Rätsels Lösung besteht darin, zunächst einen normalen Auftrag (z. B. einen Terminauftrag) mit einer preisrelevanten Position zu erfassen. Man ergänzt die automatische Preisfindung um einen 100 %-Rabatt. Dieser Rabatt sollte in der Erlöskontenfindung auf das identische Konto gesteuert werden, das auch für die Verkaufspreiskondition genutzt wird (z. B. Umsatzerlöse). Anschließend erfasst man Lieferung und Faktura. Durch die Faktura entsteht in der Finanzbuchhaltung die Buchung aus Abbildung 3.112.

Soll		Haben	
Umsatz	100,00 €	Umsatz	100,00 €

Abbildung 3.112 Buchungssatz in der Garantiefaktura

Der Erlös und der 100 %-Rabatt verrechnen sich zu null. In CO-PA werden der Erlös und der Rabatt an das gleiche Wertfeld übergeben. Sie gleichen sich aus und sind damit ergebnisneutral. Zusätzlich werden die Kosten für das Material (ermittelt aus der Konditionsart VPRS) an die Ergebnis- und Marktsegmentrechnung übergeben. Somit verschlechtert sich das Betriebsergebnis in der Ergebnis- und Marktsegmentrechnung (CO-PA) um die Kosten des gelieferten Materials. Der gewünschte Effekt ist eingetreten. Sollen die Kosten in CO-PA als

Garantie- oder Kulanzkosten erkennbar sein, sollte in der Kundenauftragsposition ein spezieller Positionstyp verwendet werden, der dann zur Merkmalsableitung in CO-PA verwendet werden kann.

Getrennte Bewertung

In Abschnitt 3.8.1, »Betriebswirtschaftliche Grundlagen«, haben wir darauf hingewiesen, dass die Funktion *Getrennte Bewertung* dazu genutzt werden kann, unterhalb des Materials zusätzliche Bewertungssegmente einzuführen. Dazu ist im Materialstamm auf dem Buchhaltungsbild das Feld BEWERTUNGSTYP zu pflegen. Der Bewertungstyp legt fest, nach welchen Kriterien die Bestände unterschieden werden sollen. Zu jedem Bewertungstyp gibt es unterschiedliche Bewertungsarten. Beispiele für Bewertungstypen und Bewertungsarten sind:

- **Eigen-/Fremdfertigung**
  Anwendbar auf Materialien, die sowohl in Eigenherstellung als auch in Fremdbezug beschafft werden. Der Materialbestand wird in zwei Bewertungsarten (Eigen, Fremd) unterschieden.

- **Herkunft**
  Anwendbar bei Rohstoffen, die aus unterschiedlichen Ländern mit unterschiedlichen Preisen beschafft werden. Hier stellen die jeweiligen Länder die Bewertungsarten dar.

- **Charge**
  Anwendbar bei chargenpflichtigen Materialien. Hier stellt jede Charge eine Bewertungsart dar.

Zusätzliche Bewertungstypen und Bewertungsarten können im Customizing definiert werden. Bei getrennt bewerteten Materialstammsätzen existiert unterhalb des Buchhaltungsbilds pro Bewertungsart ein weiteres Buchhaltungsbild mit einem eigenen Bewertungspreis. Der Bewertungspreis auf dem übergeordneten Werksbild errechnet sich aus dem Durchschnitt der Preise der einzelnen Bewertungsarten. Das Material CH1000, das wir auch für unser Systembeispiel in Abschnitt 3.8.3 verwenden, ist chargenpflichtig. Auf dem Buchhaltungsbild des Materialstammsatzes (siehe Abbildung 3.113) wurde die getrennte Bewertung nach Chargen eingestellt.

Für das Material CH1000 wurde im Feld BEWERTUNGSTYP der Eintrag X ausgewählt. Damit wurde die getrennte Bewertung nach Chargen aktiviert. Der gleitende Preis (9,75 €) errechnet sich aus den untergeordneten Chargen. Für das Material gibt es zwei Chargen. Der

Bestand teilt sich zu je 1.000 Stück auf die Charge CH-01 und die Charge CH-02 auf. Abbildung 3.114 zeigt das Bewertungssegment für die Charge CH-01. Der Bewertungspreis bei dieser Charge beträgt 7,50 €.

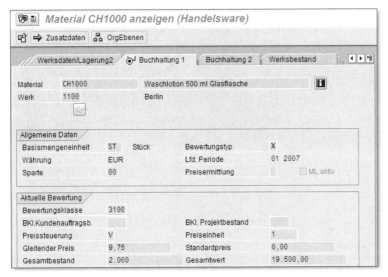

Abbildung 3.113 Buchhaltungsbild auf Werksebene (Transaktion MM03)

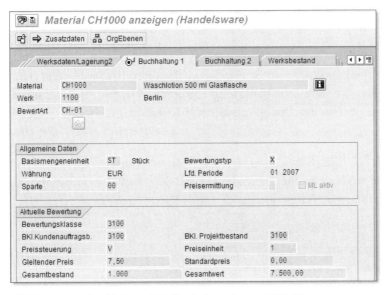

Abbildung 3.114 Buchhaltungsbild für die Bewertungsart CH-01 (Transaktion MM03)

Das Bewertungsbild für die Charge CH-02 zeigt einen Bewertungspreis von 12,00 € (siehe Abbildung 3.115). Aus den Bestandswerten für die Chargen CH-01 (7.500,00 €) und CH-02 (12.000,00 €) errechnet sich der Gesamtwert von 19.500,00 € für den Gesamtbestand. Bei 2.000 Stück ergibt dies einen durchschnittlichen Bewertungspreis auf der Werksebene von 9,75 € (siehe Abbildung 3.113).

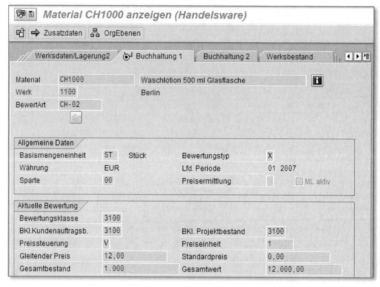

Abbildung 3.115 Buchhaltungsbild für die Bewertungsart CH-02 (Transaktion MM03)

Die Funktion *Getrennte Bewertung* wird man in aller Regel nicht allein wegen der Retourenabwicklung einführen. Vielmehr geht es insgesamt um einen richtigen Ausweis der Bestandswerte.

3.8.3 Beispiel

Nun wollen wir für das Material CH1000 eine Retourenabwicklung durchführen. Dabei durchlaufen wir folgende Schritte:

1. Bestandsübersicht
2. Erfassung des Retourenauftrags
3. Erfassung einer neuen Bewertungsart
4. Erfassung der Retourenanlieferung
5. Bestandsübersicht

6. Umbuchung in den frei verwendbaren Bestand
7. Erfassung der Retourengutschrift

Bevor wir einen Retourenauftrag erfassen, werfen wir wieder einen Blick auf die Bestandsübersicht (siehe Abbildung 3.116). Im Werk 1100 Berlin befinden sich 2.000 Stück unseres Materials CH1000 im frei verwendbaren Bestand. Dieser verteilt sich auf die beiden Chargen CH-01 und CH-02 (jeweils 1.000 Stück). Diese Information ist identisch mit der Bestandsinformation aus den Bewertungsbildern (siehe Abbildung 3.113 bis Abbildung 3.115).

Schritt 1: Bestandsübersicht

Abbildung 3.116 Bestandsübersicht im Werk 1100 Berlin (Transaktion MMBE)

Erfassen wir nun also den Retourenauftrag mit der Auftragsart RE. In Abbildung 3.117 erkennen wir, dass eine Fakturasperre gesetzt ist. Diese verhindert zunächst das Anlegen einer Gutschrift. Im Customizing zur Auftragsart kann hinterlegt werden, dass die Fakturasperre automatisch beim Anlegen gesetzt wird. Ebenso wird dort festgelegt, dass ein Auftragsgrund (in unserem Fall »Retoure«) zu erfassen ist. Die Auftragsmenge beträgt 100 Stück. Die Position enthält den Positionstyp REN (Retourenposition). Über die Preisfindung werden die Konditionen im Auftrag ermittelt. Der Nettowert des Retourenauftrags wird dem Kunden im Fall einer Gutschrift gutgeschrieben. Es ist denkbar, bei einem Retourenauftrag spezielle Preise oder Konditionen (z. B. eine Bearbeitungsgebühr) zu verwenden. Diese Preise können in der Preisfindung (siehe Abschnitt 2.1) auch von der Auftragsart oder dem Positionstyp abhängig gemacht werden. In unserem Beispiel hat das System einen Gutschriftsbetrag von 15,00 € pro Stück ermittelt.

Schritt 2: Retourenauftrag erfassen

3 | Vertriebskomponente SD – Prozessüberblick

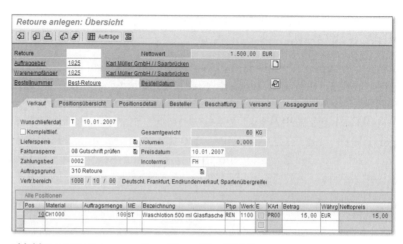

Abbildung 3.117 Retourenauftrag (Transaktion VA01)

Schritt 3: Bewertungsart anlegen

Bevor wir die Retourenanlieferung zum Auftrag erfassen, erinnern wir uns daran, dass unser Material chargenpflichtig ist. Außerdem wurde die *Getrennte Bewertung* für dieses Material aktiviert. Gehen wir für unser Beispiel davon aus, dass es sich bei den Waren um Chargen mit relativ geringer Restlaufzeit handelt, die umgehend über Sonderangebote verkauft werden müssen. Ansonsten sind die Produkte aber in Ordnung. Im nächsten Schritt legen wir einen Chargenstammsatz (CH-RE-01) und eine eigene Bewertungsart für diese Charge an. In der Bewertungsart gehen wir davon aus, dass die Produkte mit einem Wert von 2,00 € bewertet werden können. Abbildung 3.118 zeigt die neue Bewertungsart.

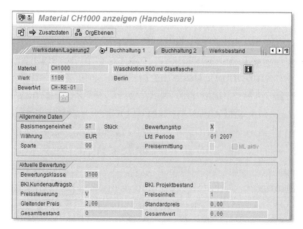

Abbildung 3.118 Buchhaltungsbild der Bewertungsart CH-RE-01 (Transaktion MM03)

Der nächste Schritt besteht in der Erfassung der Retourenanlieferung (siehe Abbildung 3.119). In der Lieferung wird die Charge erfasst. Aus dem Chargenstammsatz wird die Bewertungsart ermittelt.

Schritt 4: Retourenanlieferung

Die Wareneingangsbuchung zur Retourenanlieferung bucht das Material in den Retourensperrbestand ein. Die Bestandsübersicht hat das Aussehen wie in Abbildung 3.120.

Schritt 5: Bestandsübersicht

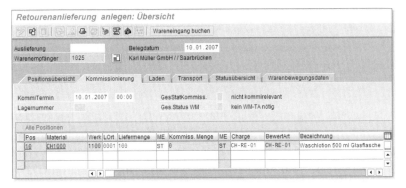

Abbildung 3.119 Retourenanlieferung (Transaktion VL01N)

Abbildung 3.120 Bestandsübersicht im Werk 1100 nach der Wareneingangsbuchung (Transaktion MMBE)

Der Retourenbestand wurde für die Charge CH-RE-01 um 100 Stück erhöht. Im nächsten Schritt erfolgt die Umbuchung in den frei verwendbaren Bestand. Diese Buchung erfolgt über eine Umbuchung in der Materialwirtschaftskomponente MM. Dazu steht die Bewegungsart 453 zur Verfügung. Abbildung 3.121 zeigt den Materialbeleg der Umbuchung.

Schritt 6: Umbuchung

Abbildung 3.121 Anzeige des Materialbelegs der Umbuchung in den frei verwendbaren Bestand (Transaktion MB03)

Mit diesem Vorgang erfolgt die Umbuchung in einen bewerteten Bestand. Damit wird zu diesem Materialbeleg ein Buchhaltungsbeleg *Bestand an Bestandsveränderungen* erzeugt. Dieser erhöht den Bestand und schreibt die Bewertungsart im Materialstamm fort. Die Bewegung wird mit dem Bewertungspreis aus der Bewertungsart CH-RE-01 (2,00 €) bewertet. Es sei an dieser Stelle darauf hingewiesen, dass die geschilderte Vorgehensweise zu Abstimmdifferenzen zwischen Finanzbuchhaltung und Ergebnis- und Marktsegmentrechnung (CO-PA) führen kann. Dies ist dann der Fall, wenn die Einbuchung in den unbewerteten Retourenbestand und die Umbuchung in den bewerteten Bestand in verschiedenen Buchungsperioden erfolgt.

Abbildung 3.122 zeigt erneut die Bewertungsart CH-RE-01 im Materialstamm. Wir sehen, dass jetzt die Bestandsmenge und der Bestandswert erhöht worden sind. Auch die Bestandsübersicht (siehe Abbildung 3.123) wurde durch die Umbuchung aktualisiert. Der Bestand für unsere Charge CH-RE-01 liegt nun im frei verwendbaren Bestand.

Schritt 7: Gutschrift Da der Kunde eine Gutschrift erhalten soll, ist im letzten Schritt die Fakturasperre aus dem Retourenauftrag zu entfernen und die Retourengutschrift zu erstellen. Für unseren gesamten Ablauf ergibt sich damit ein Belegfluss, wie er in Abbildung 3.124 gezeigt wird.

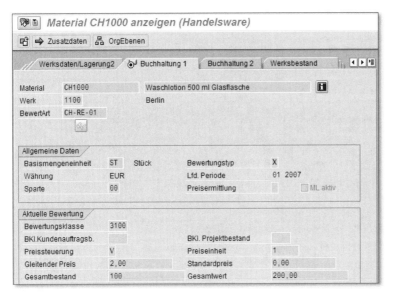

Abbildung 3.122 Buchhaltungsbild der Bewertungsart CH-RE-01 (Transaktion MM03)

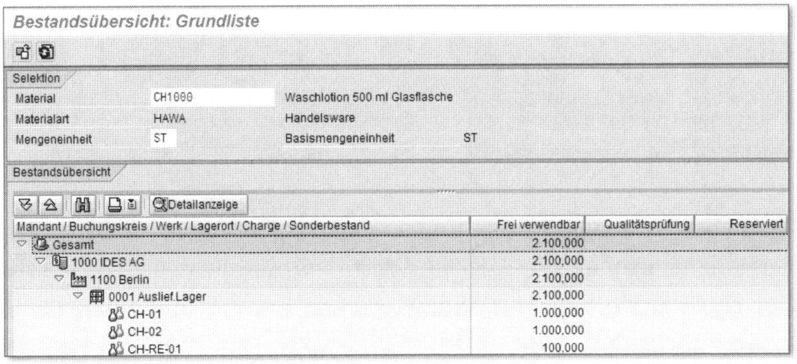

Abbildung 3.123 Bestandsübersicht im Werk 1100 nach der Umbuchung in den frei verwendbaren Bestand (Transaktion MMBE)

Die Umbuchung aus dem Retourensperrbestand in den frei verwendbaren Bestand erfolgte ohne Bezug zum Retourenauftrag, sie ist damit nicht im Belegfluss enthalten. Abbildung 3.125 zeigt den Buchhaltungsbeleg zur Retourengutschrift.

Abbildung 3.124 Belegfluss der Retourenabwicklung (Transaktion VA02)

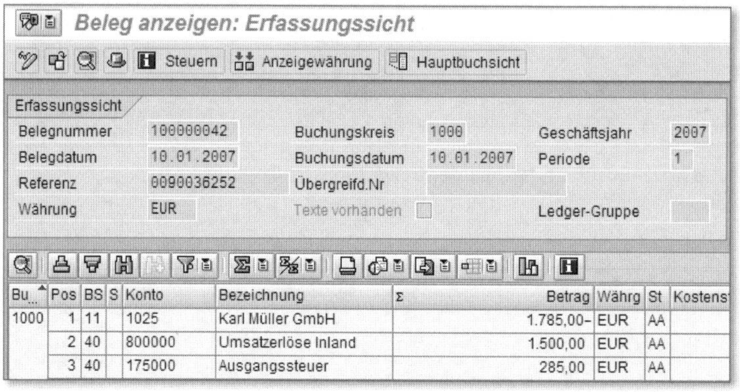

Abbildung 3.125 Buchhaltungsbeleg zur Retourengutschrift (Transaktion VF02)

Wir sehen jetzt die Buchung *Umsatz und Ausgangssteuer an Debitor* in der Finanzbuchhaltung. Welche Werte wurden jedoch über unsere Gutschrift an die Ergebnis- und Marktsegmentrechnung übergeben? Diese Information finden wir im Beleg der Ergebnis- und Marktsegmentrechnung (Belegnummer 100053514), der mit der Gutschrift erzeugt wurde. In Abbildung 3.126 sehen wir die Korrektur der fakturierten Menge, der Erlöse und der Umsatzkosten.

Bei der Korrektur der Umsatzkosten können wir einen weiteren Effekt unserer Abwicklung über die getrennte Bewertung beobachten. Offensichtlich wurde in der Gutschrift der Bewertungspreis des Materialstamms (9,75 €, siehe Abbildung 3.113) und nicht der untergeordneten Bewertungsart CH-RE-01 ermittelt. Wie ist das zu erklären? Die Ursache liegt darin, dass es sich bei unserer Gutschrift um eine auftragsbezogene Gutschrift handelt. Dabei wird die Faktura rein auf Basis des Auftrags erstellt.

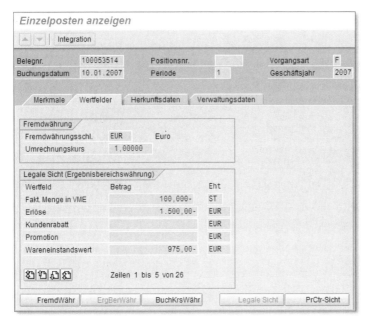

Abbildung 3.126 Ergebnisbeleg in CO-PA, Korrektur der fakturierten Menge, der Erlöse und der Umsatzkosten (Transaktion VF02)

Im Auftrag war jedoch die Charge noch nicht festgelegt. Aus diesem Grund zieht das System hier den Bewertungspreis des Materials (9,75 €, siehe Abbildung 3.113). Hätte man bereits im Auftrag die Charge festgelegt, wäre der Bewertungspreis aus dem Bewertungssegment der Charge ermittelt worden. Um diesen Zusammenhang zu verdeutlichen, haben wir einen zweiten Retourenauftrag (Auftragsnummer 60000086) im System erfasst und die Charge im Auftrag mitgegeben. Wir sehen das Detailbild zur Position 10 in diesem Auftrag in Abbildung 3.127. Dort wurde die Charge CH-RE-01 hinterlegt.

Anschließend wurden eine Retourenanlieferung und eine Gutschrift zu diesem Retourenauftrag angelegt. Abbildung 3.128 zeigt den Belegfluss zu diesem Auftrag.

Der Verrechnungswert in der Retourengutschrift 90036253 beträgt 20,00 €. Dieser wurde auf Basis des Bewertungspreises der Charge CH-RE-01 (2,00 €, siehe Abbildung 3.118) ermittelt. Damit wird im Beleg der Ergebnisrechnung zu dieser Gutschrift die Korrektur der Umsatzkosten auf Basis dieses Werts vorgenommen (siehe Abbildung 3.129).

3 | Vertriebskomponente SD – Prozessüberblick

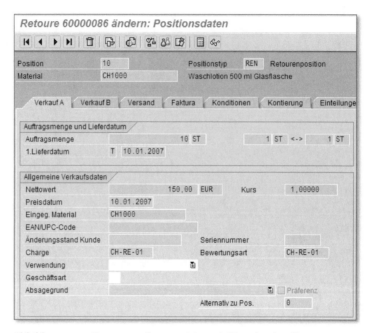

Abbildung 3.127 Retourenauftragsposition mit Vorgabe der Charge (Transaktion VA02)

Abbildung 3.128 Belegfluss zum Retourenauftrag 60000086 (Transaktion VA02)

Lieferbezogene Gutschrift Eine andere Möglichkeit für die richtige Korrektur der Umsatzkosten in der Ergebnis- und Marktsegmentrechnung (CO-PA) besteht darin, statt der auftragsbezogenen Gutschrift eine lieferbezogene Gutschrift im Customizing anzulegen. Auch dann wird in der Faktura der Bewertungspreis aus dem Bewertungssegment der Charge gezogen, da diese spätestens im Lieferbeleg definiert werden *muss* und damit automatisch in die Faktura übergeben wird.

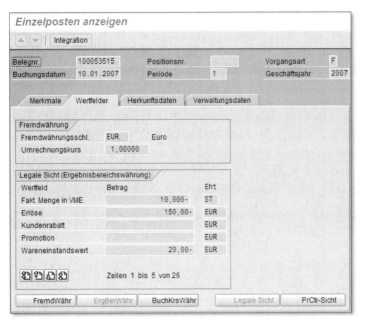

Abbildung 3.129 Ergebnisbeleg zur Gutschrift (Transaktion VF02)

Dieses Beispiel haben wir insbesondere aufgenommen, um die Gestaltungsspielräume zu zeigen, die bei der Nutzung von SAP ERP gegeben sind. Im Zusammenhang mit der getrennten Bewertung sind bei der Einführung bzw. bei der Weiterentwicklung und Optimierung der Prozesse und des Customizings folgende Fragen zu beantworten:

Wichtige Entscheidungsfaktoren

1. Ist eine differenzierte Bewertung von retournierten Materialien notwendig?
2. Zu welchem Zeitpunkt wird die Bewertungsart vergeben (Retourenauftrag oder Retourenanlieferung)?
3. Welche Werte in der Ergebnis- und Marktsegmentrechnung (Erlöse, Umsatzkosten, Absatzmengen) sind zu korrigieren?
4. Mit welchem Wertansatz sind diese Werte zu korrigieren (z. B. mit dem Wert der retournierten Charge, dem Durchschnittswert des Materialstamms oder der ursprünglich gelieferten Charge)?

3.8.4 Erweiterte Retourenabwicklung für Kundenretouren

Mit dem Enhancement Package 4 steht eine neue Funktion zur Abwicklung von Retouren zur Verfügung. Die erweiterte Retouren-

Neu mit EhP4

abwicklung unterstützt die Abwicklung des gesamten Retourenprozess, sowohl für Kunden- als auch Lieferantenretouren. Wir möchten schwerpunktmäßig aber nur auf die Möglichkeiten bei der Abwicklung für Kundenretouren und deren weitere Verarbeitung eingehen.

Business Function OPS_ADVRETURNS_1

Um die neuen Funktionen der erweiterten Retourenabwicklung nutzen zu können, muss die Business Function OPS_ADVRETURNS_1 im Customizing (Transaktion SPRO/SFW5) aktiviert werden. Diese Vorgehensweise ermöglicht die schrittweise Einführung von Funktionen, die über Enhancement Packages zur Verfügung gestellt werden.

Funktionen

Die erweiterte Retourenabwicklung bietet folgende Funktionen:

- Kundenretourenaufträge erstellen
- Materialinspektionen erfassen
- logistische Folgeaktionen erfassen
- Rückerstattung anlegen
- kompletten Retourenprozess überwachen

Customizing

Das notwendige Customizing für die erweiterte Retourenabwicklung befindet sich nicht im Menüpfad VERTRIEB, sondern unter dem Punkt LOGISTIK ALLGEMEIN. Um die Standardauftragsart RE2 Erw. Retoure für die Abwicklung nutzen zu können, muss diese im Customizing aktiviert werden (siehe Abbildung 3.130).

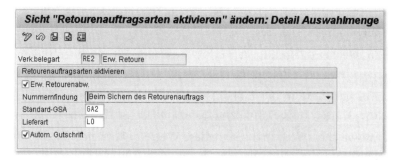

Abbildung 3.130 Aktivierung der Kundenretourenauftragsart (Transaktion SPRO)

Für die Erstellung der Gutschrift muss zusätzlich im Customizing auch eine Auftragsart für die Gutschriftsanforderung aktiviert werden. Im Standard ist dies für die erweiterte Retourenabwicklung die Auftragsart CR2.

Ebenfalls im Customizing können Sie Retourengründe (siehe Abbildung 3.131) und Rückerstattungsschlüssel (siehe Abbildung 3.132) definieren. Diese können anschließend in der Preisfindung für die Rückerstattung genutzt werden.

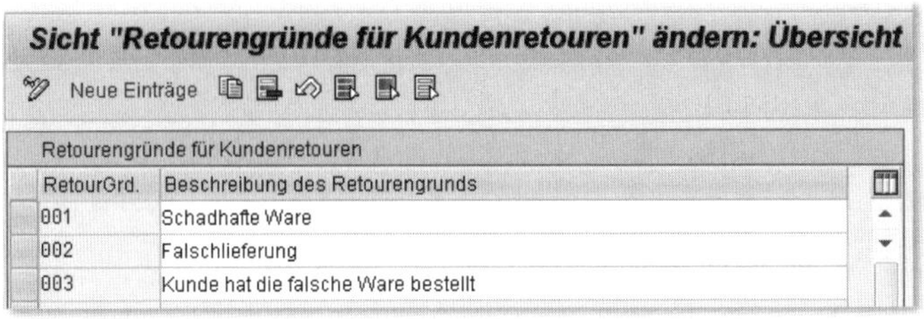

Abbildung 3.131 Definition der Retourengründe (Transaktion SPRO)

Mit dem Rückerstattungsschlüssel (siehe Abbildung 3.132) können Sie anschließend in der Preisfindung der Gutschriftsanforderung (bzw. in der Gutschrift) Abschläge vom normalen Verkaufsnettopreis für die Rückerstattung definieren.

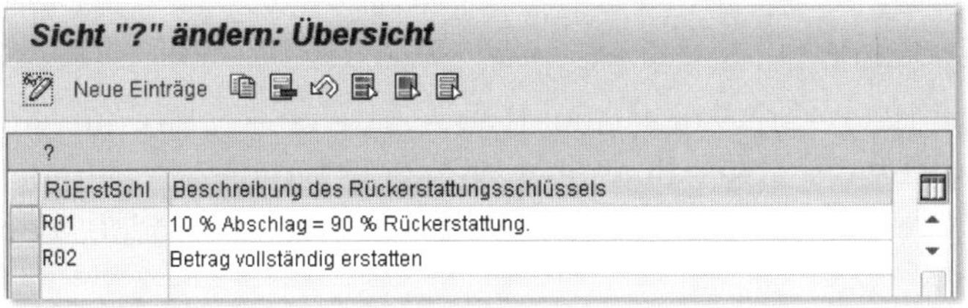

Abbildung 3.132 Definition des Rückerstattungsschlüssels (Transaktion SPRO)

Für die Untersuchung der zurückgesendeten Ware oder der Inspektion des Materials beim Kunden vor Ort definieren Sie im Customizing Inspektionsschlüssel. Die Inspektionsergebnisse dienen dazu, die Folgeaktionen und die Rückerstattung zu steuern.

Für logistische Folgeaktionen werden im Standard verschiedene Schlüssel ausgeliefert, die im Customizing aktiviert werden können (siehe Abbildung 3.133). Diese Folgeaktionsschlüssel lösen die automatische Erstellung der erforderlichen Folgebelege aus.

Einen Einblick in die neuen Funktionalitäten der erweiterten Retourenabwicklung geben wir im nachfolgenden Beispiel. Die Bedeutung der jeweiligen Folgeaktivität finden Sie in der Dokumentation zur der erweiterten Retourenabwicklung.

Sicht "Folgeaktionen aktivieren und umbenennen" ändern: Übersicht			
Akt.	Beschreibung Aktion	Aktiv	Beschreibung Aktion
0001	Eingang in Werk	✓	
0002	Sofort in frei verfügbaren Bestand übernehmen	✓	
0003	Sofort in Ausschuss übernehmen	✓	
0004	An anderes Werk ausliefern	✓	
0005	An Lieferanten ausliefern	✓	
0006	Über anderes Werk an Lieferanten ausliefern	✓	
0007	Direktlieferung an Lieferanten	✓	
0008	Inspektion beim Kunden	✓	
0009	Lieferung an Werk - Material noch nicht bekannt	✓	
0011	In frei verfügbaren Bestand übernehmen	✓	
0012	In Ausschuss übernehmen	✓	
0013	Material verbleibt beim Kunden	✓	
0014	Sofort in angegebenen Bestand übernehmen	✓	
0015	In angegebenen Bestand übernehmen	✓	
0021	An Kunden zurücksenden	✓	
0022	An letztes Werk zurücksenden	✓	
0031	Keine weiteren Aktivitäten	✓	

Abbildung 3.133 Logistische Folgeaktionen aktivieren und umbenennen (Transaktion SPRO)

3.8.5 Beispiel

Der Kunde 1025 Karl Müller GmbH avisiert eine Retoure für ein Bücherregal mit der Materialnummer W0004711. Die Ware befindet sich beim Kunden. Im Zuge des Beispiels durchlaufen wir folgende Schritte:

1. Erfassung des Kundenretourenauftrags
2. Erfassung der Retourenanlieferung
3. Materialinspektion im Lager
4. Rückerstattung für Kundenretoure
5. Kundenretourenübersicht

Schritt 1: Kundenretourenauftrag erfassen

Wir erfassen einen Retourenauftrag mit der Auftragsart RE2. Dabei kann der Retourenauftrag mit Bezug oder ohne Bezug zu einem Kundenauftrag erfasst werden. Für eine bessere Übersicht legen wir einen Retourenauftrag ohne Bezug an.

Aufgrund der neuen Funktionalität hat der Kundenauftrag eine zusätzliche Registerkarte RETOUREN (siehe Abbildung 3.134). Darin erfassen wir die Materialnummer, die zurückgesendete Menge und den Retourengrund.

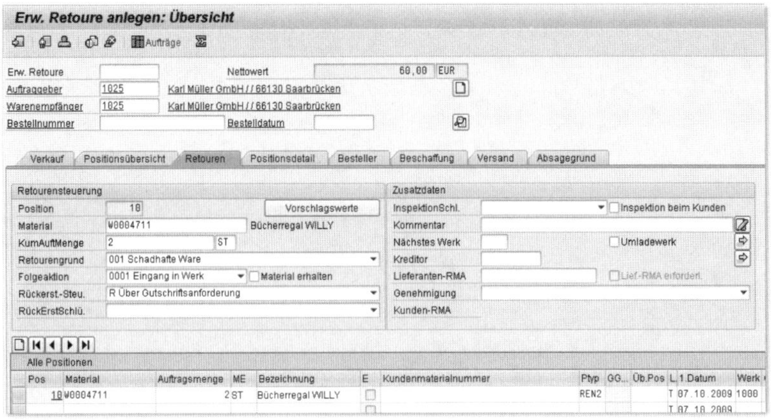

Abbildung 3.134 Kundenretourenauftrag anlegen (Transaktion VA01)

Handelt es sich um eine ungeplante Retoure, das heisst der Kunde sendet die Ware unangekündigt zurück, können Sie das Kennzeichen MATERIAL ERHALTEN setzen. In diesem Fall wird automatisch ein Wareneingang in den Retourensperrbestand über eine Retourenanlieferung gebucht. Dieser Beleg muss aber nicht mehr bearbeitet werden. In unserem Beispiel setzen wir dieses Kennzeichen nicht. Wir erfassen aber eine FOLGEAKTION (EINGANG IN WERK) und legen den Schlüssel für die RÜCKERSTATTUNGSSTEUERUNG fest.

Durch die Auswahl der Folgaktion 0001 EINGANG IN WERK wird im Hintergrund automatisch der Beleg für die Retourenanlieferung erzeugt. Im Feld RÜCKERSTATTUNGSSTEUERUNG wählen wir die Option ÜBER GUTSCHRIFTSANFORDERUNG. Damit wird festgelegt, dass die Fakturierung über eine Gutschriftsanforderung erfolgt (alternativ dazu wäre es auch möglich, eine Faktura direkt mit Bezug zum Retourenauftrag zu erzeugen).

Im nächsten Schritt erfassen wir den Wareneingang für zurück gelieferte Waren in unserem Werk (siehe Abbildung 3.135).

Schritt 2: Retourenanlieferung erfassen

Die Wareneingangsbuchung des Materials erfolgt in den Retourensperrbestand für die anschließende Materialinspektion im Lager.

Die Ergebnisse der Inspektion der im Lager eingegangen Ware werden in der Transaktion MSR_INSPWH erfasst. Im Einstiegsbildschirm können wir den gewünschten Vorgang für die weitere Verarbeitung selektieren.

Schritt 3: Materialinspektion erfassen

Abbildung 3.135 Bearbeitung der Retourenanlieferung (Transaktion VL02N)

In dieser Funktion (siehe Abbildung 3.136) erfassen wir das Inspektionsergebnis. Es werden ein Inspektionsschlüssel, ein Kommentar zur Inspektion, ein Inspektionsdatum und den Name des Prüfers dokumentiert.

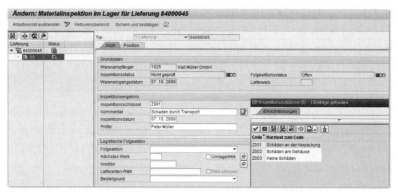

Abbildung 3.136 Erfassung der Materialinspektion im Lager (Transaktion MSR_INSPWH)

Auf Basis des Inspektionsergebnisses können Sie die entsprechenden logistischen Folgeaktionen sowie die Rückerstattung für die Kundenretoure bestimmen (siehe Abbildung 3.137).

Wir wählen die Folgeaktion »0005 An Lieferanten ausliefern« aus. Über diese Folgeaktion wird die Integration mit der Komponente MM (Materialwirtschaft) gesteuert. Dort wird mit Hilfe der gleichen Funktion (erweiterte Retourenabwicklung) die Rücksendung der Ware an unseren Lieferanten gesteuert. Darauf wollen wir an dieser Stelle aber nicht im Detail eingehen.

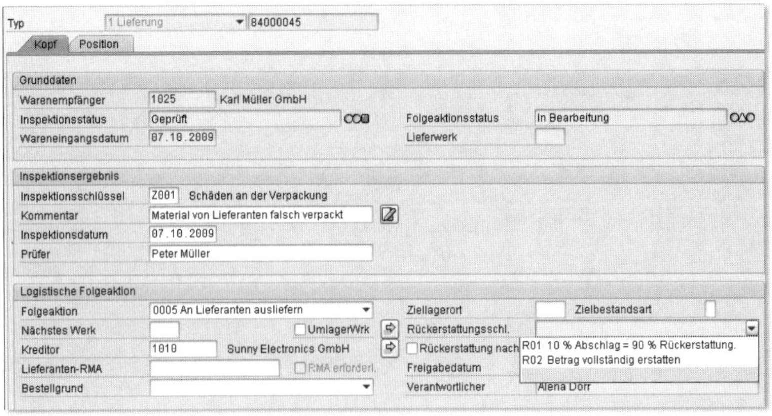

Retourenabwicklung | 3.8

Abbildung 3.137 Erfassung logistischer Folgeaktionen und des Rückerstattungsschlüssels (Transaktion MSR_INSPWH)

Im nächsten Schritt legen wir über die Transaktion MSR_CRD die Rückerstattung für den Kunden fest und erfassen die Gutschriftsanforderung. Dieser Schritt kann auch vor der Materialinspektion durchgeführt werden, da aber häufig der Rückerstattungsbetrag abhängig vom Inspektionsergebnis ist, führen wir diesen Schritt anschließend durch.

Schritt 4: Erstellung der Rückerstattung

Abbildung 3.138 Rückerstattung für Kundenretouren anlegen (Transaktion MSR_CRD)

Im Einstiegsbildschirm der Transaktion MSR_CRD selektieren wir den Retourenauftrag (Belegnummer: 60000108). Durch die Wahl der Rückerstattungssteuerung im Retourenbeleg (siehe Abbildung 3.134) wird die Erstellung einer Gutschriftsanforderung festgelegt. Es erscheint dazu der Schalter GUTSCHRIFTSANFORDERUNG ANLEGEN, über den wir den Beleg erzeugen (siehe Abbildung 3.139).

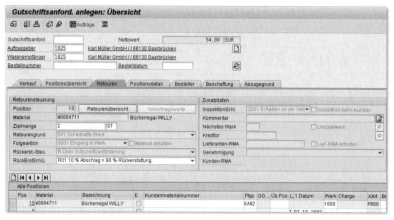

Abbildung 3.139 Gutschriftsanforderung anlegen

In den Konditionen der Positionen hat die neue Preisfindung die Konditionsart ZR01 gefunden. Abhängig vom Retourengrund und dem Rückerstattungsschlüssel erfolgt in unserem Beispiel ein Abschlag für den Kunden von 10 % (siehe Abbildung 3.140).

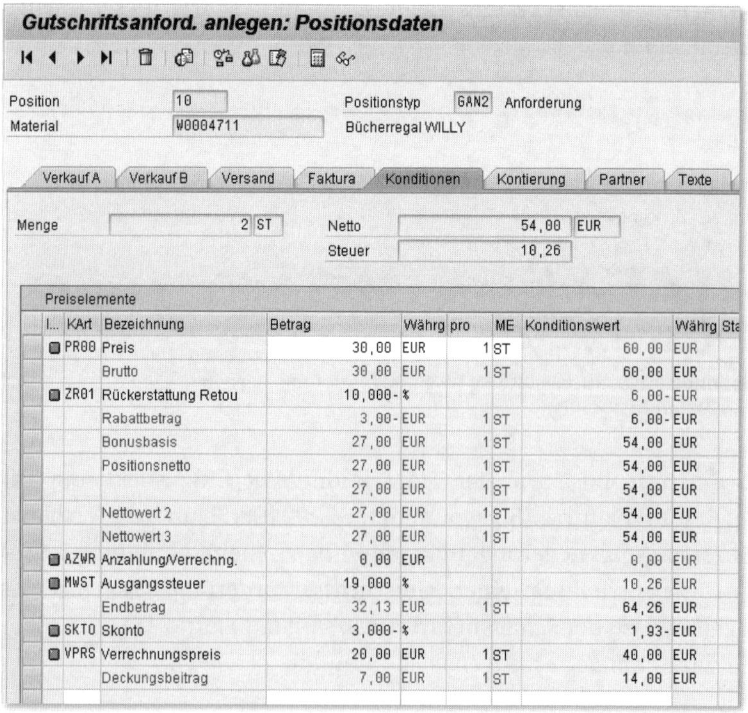

I...	KArt	Bezeichnung	Betrag	Währg	pro	ME	Konditionswert	Währg
	PR00	Preis	30,00	EUR	1	ST	60,00	EUR
		Brutto	30,00	EUR	1	ST	60,00	EUR
	ZR01	Rückerstattung Retou	10,000-	%			6,00-	EUR
		Rabattbetrag	3,00-	EUR	1	ST	6,00-	EUR
		Bonusbasis	27,00	EUR	1	ST	54,00	EUR
		Positionsnetto	27,00	EUR	1	ST	54,00	EUR
			27,00	EUR	1	ST	54,00	EUR
		Nettowert 2	27,00	EUR	1	ST	54,00	EUR
		Nettowert 3	27,00	EUR	1	ST	54,00	EUR
	AZWR	Anzahlung/Verrechng.	0,00	EUR			0,00	EUR
	MWST	Ausgangssteuer	19,000	%			10,26	EUR
		Endbetrag	32,13	EUR	1	ST	64,26	EUR
	SKTO	Skonto	3,000-	%			1,93-	EUR
	VPRS	Verrechnungspreis	20,00	EUR	1	ST	40,00	EUR
		Deckungsbeitrag	7,00	EUR	1	ST	14,00	EUR

Abbildung 3.140 Preiselemente der Gutschriftsanforderungsposition (Transaktion VA01)

Einen Überblick über den Retourenprozess, die Belege und deren Status bekommen Sie in der Transaktion MSR_TRC_C.

Schritt 5: Überwachung des Retourenprozesses

Nach Selektion des relevanten Retourenauftrages sind im Detailbaum alle erzeugten Belege sowie der jeweilige Status der logistischen Folgeaktionen und der Rückerstattung angezeigt. In unserem Beispiel wurde die Gutschriftsanforderung erstellt, die Gutschrift noch nicht (siehe Abbildung 3.141).

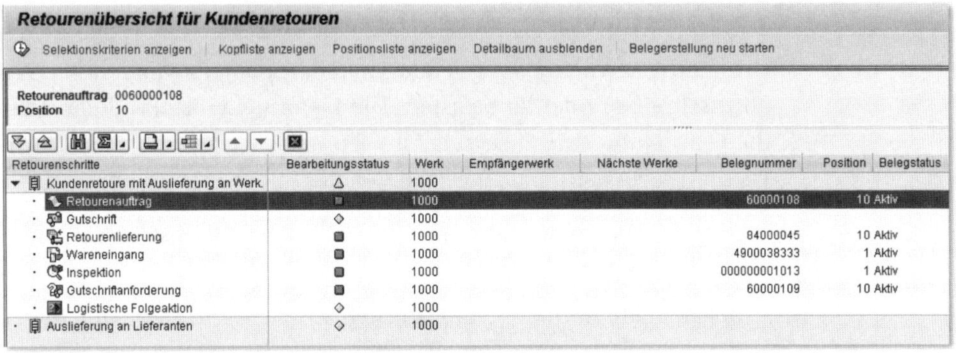

Abbildung 3.141 Detailbaum der Retourenübersicht für Kundenretouren vor Erstellung der Gutschrift (Transaktion MSR_TRC_C)

Nach der Erstellung der Gutschrift (Belegnummer: 90038101), die wir hier nicht mehr explizit aufführen, erscheint dieser Beleg ebenfalls in der Übersicht (siehe Abbildung 3.142). Über den Schalter BELEGERSTELLUNG NEU kann die Erstellung von Belegen angestoßen werden, die automatisch nicht erzeugt werden konnten, weil Fehler (z.B. fehlende Stammdaten) beim Versuch der automatischen Erstellung aufgetreten sind.

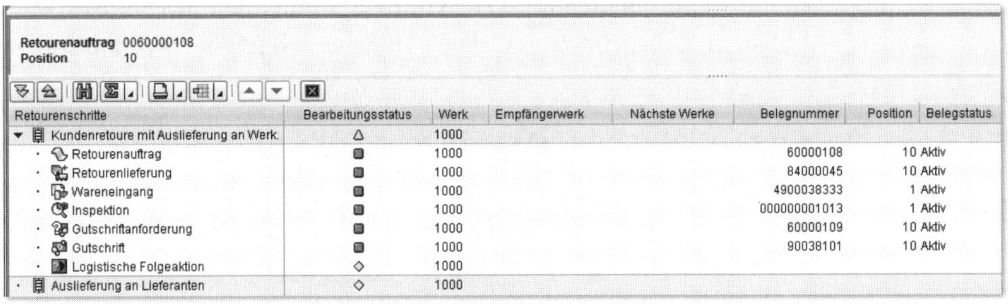

Abbildung 3.142 Detailbaum der Retourenübersicht für Kundenretouren nach Erstellung der Gutschrift (Transaktion MSR_TRC_C)

3.9 Gut- und Lastschriften

Gut- und Lastschriften zählen auf den ersten Blick eher nicht zu den »Highlights« einer Standardsoftware. Im Alltag hingegen ist es jedoch von großer Bedeutung, auch diese Fälle optimal zu unterstützen. Sie runden den Vertriebsprozess ab und geben dem Sachbearbeiter Flexibilität bei der Abbildung von Geschäften mit seinen Kunden.

3.9.1 Betriebswirtschaftliche Grundlagen

Gut- und Lastschriften verwendet man dazu, einem Kunden Beträge gutzuschreiben oder zu belasten. Die Lieferung eines Produkts oder die Erbringung einer Leistung ist dazu nicht zwingend erforderlich. Diesen Prozess optimal zu gestalten heißt in der Praxis vor allem:

- dem Sachbearbeiter ein einfaches und flexibles Instrumentarium an die Hand zu geben
- die korrekte Abbildung des Werteflusses im Controlling und in der Finanzbuchhaltung sicherzustellen

Gutschrift — Häufig stehen Gut- und Lastschriften in Zusammenhang mit einer vorherigen Lieferung, die bereits berechnet worden ist. Der Kunde hat unter Umständen die Ware schon bezahlt und entdeckt später einen versteckten Mangel. Er will die Ware behalten, macht aber eine Minderung des Kaufpreises geltend. Er fordert daher bei seinem Lieferanten eine Gutschrift an. Eine Gutschrift kann auch als nachträgliche Vergütung (Rabatt, Bonus) auf abgeschlossene Geschäfte gewährt werden.

Lastschrift — Eine Lastschrift kommt z. B. dann zum Einsatz, wenn dem Kunden versehentlich in der Rechnung ein zu niedriger Preis berechnet worden ist. Eine Lastschrift kommt auch infrage, wenn z. B. die Versandkosten höher sind als geplant und dem Kunden nachbelastet werden sollen.

3.9.2 Gut- und Lastschriften in SAP ERP

In Abschnitt 3.8, »Retourenabwicklung«, haben wir bereits eine Form der Gutschrift, die Retourengutschrift, kennengelernt. Der Kunde liefert hierbei die Ware zurück und erhält dafür eine Gutschrift über den Kaufpreis. Dabei handelt es sich um eine auftragsbezogene Fakturierung. Allerdings ist immer noch eine Lieferung, nämlich die Retourenanlieferung, im Spiel.

Der Ablauf bei Gut- und Lastschriften ohne Retoure ist einfacher. Im SAP-Standard stehen vor allem folgende Auftragsarten zur Verfügung:

Auftragsarten

- Gutschriftsanforderung (Auftragsart G2)
- Lastschriftsanforderung (Auftragsart L2)

Es handelt sich hierbei um Auftragsarten, die über die Fakturaarten G2 und L2 fakturiert werden. Abbildung 3.143 zeigt den Überblick.

Allerdings können Gut- und Lastschriften auch mit Bezug zu bereits abgeschlossenen Prozessen erfasst werden. Man bezeichnet sie dann als *Nachbelastungen* und *nachträgliche Gutschriften*. Dabei werden die gleichen Auftrags- und Fakturaarten verwendet, wie sie in Abbildung 3.143 beschrieben werden. Allerdings wird die Gut- bzw. die Lastschriftsanforderung mit Bezug zu einem Kundenauftrag oder einer Faktura angelegt. Wir sehen diesen Ablauf in Abbildung 3.144.

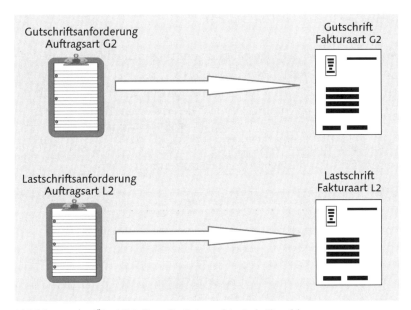

Abbildung 3.143 Überblick über die Gut- und Lastschriftverfahren

Im SAP-Standard stehen folgende Positionstypen zur Bearbeitung von Gut- und Lastschriften zur Verfügung:

Positionstypen

- L2N (Lastschriftsposition)
- G2N (Gutschriftsposition)

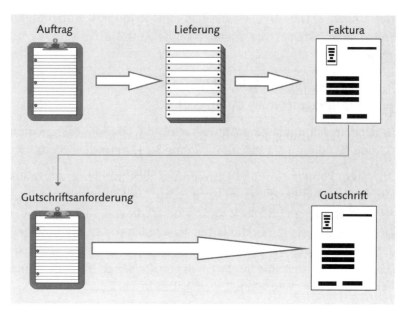

Abbildung 3.144 Nachträgliche Gutschrift

Abbildung 3.145 zeigt uns die Customizing-Einstellungen zum Positionstyp L2N. Für diesen Positionstyp sind keine Einteilungen erlaubt; dies gilt analog für den Positionstyp G2N. Ebenso sind die Positionstypen L2N und G2N nicht lieferrelevant. Demzufolge ist es nicht möglich, Lieferungen zu einer solchen Position zu erfassen. Die Option FAKTURARELEVANZ enthält den Wert C. Damit ist der Positionstyp für die auftragsbezogene Fakturierung relevant.

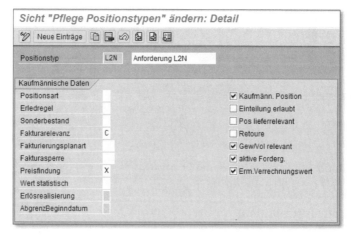

Abbildung 3.145 Customizing für den Positionstyp L2N
(Transaktion SPRO • Positionstypen definieren)

Bei der Auftragserfassung für die Belegarten G2 und L2 werden automatisch Fakturasperren gesetzt. Dies wird im Customizing für die Auftragsart hinterlegt. Damit soll vor der Erstellung der Gut- oder Lastschrift zunächst eine abschließende Prüfung erfolgen. Auch ist die Auswahl eines Auftragsgrunds bei dieser Auftragsart obligatorisch.

Automatische Fakturasperren

Nach der Entfernung der Auftragssperre kann der Auftrag fakturiert werden. Es wird dann eine Gut- bzw. eine Lastschrift mit der Fakturaart G2 bzw. L2 erzeugt. In der Buchhaltung führt diese Faktura zu einer Erlösbuchung. Dabei werden folgende Buchungen vorgenommen:

- Gutschrift *Erlöse und Umsatzsteuer an Debitor*
- Lastschrift *Debitor an Erlöse und Umsatzsteuer*

Wie eine »normale« Faktura (Fakturart F2) übergeben auch Gut- und Lastschriften ihre Werte an die Ergebnis- und Marktsegmentrechnung (CO-PA). Dies erfolgt grundsätzlich nach dem gleichen Muster wie in Abschnitt 3.3 für die Terminauftragsabwicklung erläutert (siehe Abbildung 3.30). Damit werden Erlöse und geplante Kosten, basierend auf den Konditionsarten (z. B. PR00 und VPRS), an die Ergebnisrechnung weitergeleitet. Auch wird in der Ergebnisrechnung die Absatzmenge fortgeschrieben. Sowohl die Fortschreibung der Menge als auch die Fortschreibung der geplanten Kosten ist jedoch bei Gut- und Lastschriften nicht immer folgerichtig.

Wert-, Mengengut- und Lastschriften

Betrachten wir dies an einem kleinen Beispiel: Der Kunde erhält aufgrund einer Mängelrüge eine nachträgliche Gutschrift. Wir erfassen eine Gutschriftsanforderung und fakturieren diese mit einer Gutschrift. In CO-PA soll jetzt richtigerweise der Erlös korrigiert werden, da dieser niedriger ist als vorher. Die Absatzmenge hingegen darf nicht korrigiert werden, denn schließlich bleibt die gelieferte Menge gleich – verändert hat sich lediglich der Wert der Lieferung. Ebenso wenig dürfen die Kosten des Umsatzes korrigiert werden. Im Customizing der Komponente CO-PA hat man deshalb die Möglichkeit, diese Wertfelder (Absatzmenge, Umsatzkosten) bei der Übergabe zurückzusetzen. Dies erfolgt abhängig von der Fakturaart – somit werden diese Felder durch die Gutschrift nicht verändert. Abbildung 3.146 zeigt die entsprechende Customizing-Einstellung für die Fakturaart G2.

Beispiel

3 | Vertriebskomponente SD – Prozessüberblick

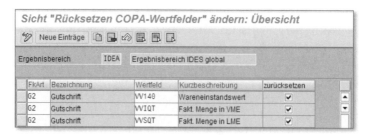

Abbildung 3.146 Zurücksetzen der Wertfelder im CO-PA-Customizing (Transaktion KE4W)

3.9.3 Beispiel

Ausgangslage

Auch die Gutschriftsabwicklung wollen wir an einem Systembeispiel betrachten. Wir haben dem Kunden die Ware bereits geliefert. Die Lieferung wurde bezahlt, und nun stellt der Kunde einen Mangel fest. Er teilt uns mit, dass die ihm gelieferte Ware fehlerhaft ist. Die Ware wurde über die Lieferscheinnummer 80015114 ausgeliefert. Der Kunde kann den Mangel selbst beheben und fordert von uns eine Gutschrift in Höhe von 10 % des Auftragswerts. Bei der Abbildung in SAP ERP gehen wir in folgenden Schritten vor:

1. Anzeige des Belegflusses zum Lieferbeleg 80015114 im System und Ermittlung der Faktura
2. Erfassen einer Gutschriftsanforderung mit Bezug zur Faktura und Festlegung des Gutschriftwerts
3. Entfernen der Fakturasperre in der Gutschriftsanforderung
4. Fakturierung der Gutschriftsanforderung
5. Anzeige des Belegflusses zum ursprünglichen Auftrag

Schritt 1: Belegfluss zum Lieferbeleg anzeigen

Da der Kunde uns die Lieferscheinnummer genannt hat, können wir uns die Lieferung im System anzeigen lassen. Wir nutzen die Option BELEGFLUSS, um die entsprechende Faktura zu ermitteln.

Abbildung 3.147 zeigt uns, dass die Lieferung 80015114 über die Faktura mit der Belegnummer 90036219 berechnet wurde.

Schritt 2: Gutschriftsanforderung anlegen

Jetzt erfassen wir mit Bezug zur Faktura mit der Belegnummer 90036219 eine Gutschriftsanforderung (siehe Abbildung 3.148).

Gut- und Lastschriften | 3.9

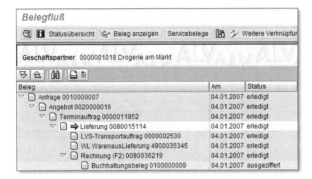

Abbildung 3.147 Belegfluss zur Lieferung 80015114 (Transaktion VL02N)

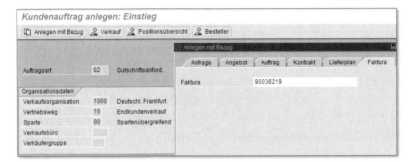

Abbildung 3.148 Erfassen der Gutschriftsanforderung mit Bezug zur Faktura (Transaktion VA01)

Die Positionen aus der Faktura werden in die Gutschriftsanforderung übernommen. Der Wert der Fakturaposition beläuft sich auf 1.260,00 € (siehe Abbildung 3.149).

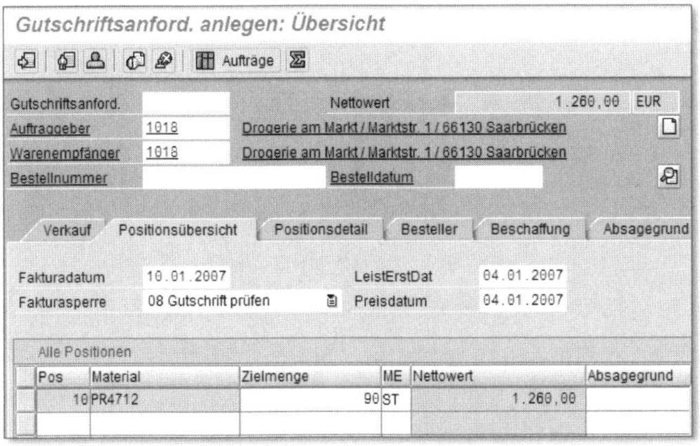

Abbildung 3.149 Positionsübersicht in der Gutschriftsanforderung (Transaktion VA01)

379

Da wir dem Kunden aber nicht den gesamten Wert, sondern nur 10 % davon gutschreiben wollen, nehmen wir eine entsprechende Veränderung auf dem Konditionsbild vor. In der Konditionsart PR00 erfassen wir den Gutschriftswert in Höhe von 1,40 € pro Stück (siehe Abbildung 3.150). Daraus errechnet sich ein Nettowert in Höhe von 126,00 €.

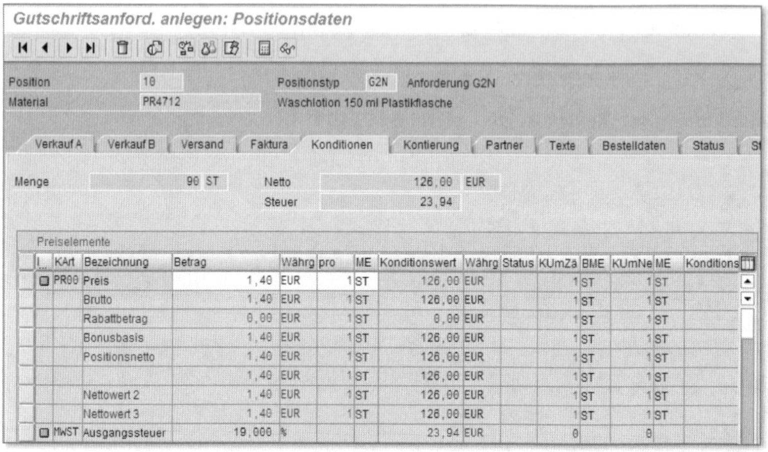

Abbildung 3.150 Erfassung des Gutschriftswerts (Transaktion VA01)

Schritt 3: Fakturasperre entfernen

Anschließend sichern wir die Gutschriftsanforderung unter der Nummer 60000087. Im Änderungsmodus (siehe Abbildung 3.151) sehen wir, dass die Fakturasperre (Gutschrift prüfen) in diesem Beleg gesetzt ist. Wir entfernen diese Sperre, damit der Beleg fakturiert werden kann.

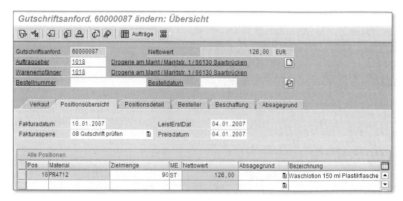

Abbildung 3.151 Entfernen der Fakturasperre (Transaktion VA02)

Die Fakturierung erfolgt über die Belegart G2. Abbildung 3.152 zeigt uns den Positionsüberblick beim Erfassen des Fakturabelegs.

Schritt 4: Gutschrift anlegen

Werfen wir jetzt einen Blick auf den Buchhaltungsbeleg, der mit dieser Gutschrift erzeugt worden ist. In Abbildung 3.153 erkennen wir die Buchung *Erlöse und Umsatzsteuer an Debitor*.

Abbildung 3.152 Positionsübersicht beim Erfassen der Gutschrift (Transaktion VF01)

Abbildung 3.153 Buchhaltungsbeleg zur Gutschrift (Transaktion VF02)

In Abschnitt 3.9.2, »Gut- und Lastschriften in SAP ERP«, haben wir gezeigt, dass im Customizing der Komponente CO-PA das Zurücksetzen der Wertfelder für die Umsatzkosten und die Absatzmenge aktiviert worden ist. In Abbildung 3.154 sehen wir, dass die Umsatzkosten (Wertfeld WARENEINSTANDSWERT) und die Absatzmenge (Wertfeld FAKT. MENGE IN VME) nicht belegt sind und damit keine Korrektur dieser Werte vorgenommen wird. Dagegen wird der Erlöswert entsprechend unserer Gutschrift reduziert.

Lassen wir uns zum Abschluss den Belegfluss des Lieferbelegs 80015114 nochmals anzeigen (siehe Abbildung 3.155): Wir sehen, dass mit Bezug zur Faktura eine Gutschriftsanforderung (Belegnummer 60000087) erfasst wurde. Diese wurde über die Gutschrift mit

Schritt 5: Belegfluss im Kundenauftrag

der Belegnummer 90036254 fakturiert. Damit wird transparent, dass der Kunde mit Bezug zu dieser Auslieferung eine Gutschrift erhalten hat. Die Auszahlung an den Kunden ist noch nicht erfolgt.

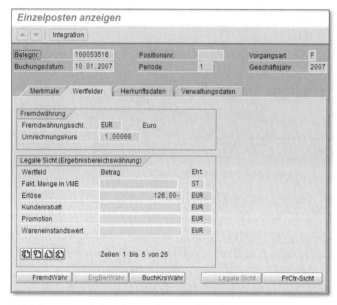

Abbildung 3.154 Beleg der Ergebnis- und Marktsegmentrechnung (CO-PA, Wertfeld »Wareneinstandswert«) (Transaktion VF02)

Dies erkennen wir am Status des Buchhaltungsbelegs zur Gutschrift NICHT AUSGEZIFFERT. In der Debitorenbuchhaltung in SAP ERP Financials könnte die Zahlung mit offenen Posten dieses Kunden verrechnet werden.

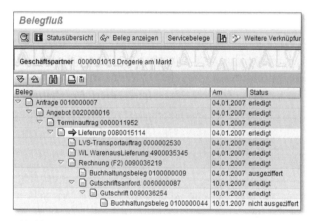

Abbildung 3.155 Belegfluss der Lieferung 80015114 (Transaktion VL02N)

3.10 Rahmenverträge

Kunden begreifen heute die systematische Ermittlung und Auswahl von Beschaffungsmöglichkeiten als strategische Aufgabe. Lieferanten werden zu Partnern, mit denen man über einen längeren Zeitraum zusammenarbeitet. Rahmenverträge sind ein wichtiges Instrument, um das Regelwerk einer solchen Partnerschaft abzubilden.

3.10.1 Betriebswirtschaftliche Grundlagen

Rahmenverträge legen die Bedingungen einer langfristigen Zusammenarbeit fest. Diese gelten in der Regel dann für einzelne Abrufaufträge, die sich auf den Rahmenvertrag beziehen. Je nach Branche, Produktspektrum und Markt können sehr unterschiedliche Aspekte geregelt werden. Zu den wichtigsten Elementen der Gestaltung von Rahmenverträgen gehören:

- **Preise**
  Innerhalb eines Rahmenvertrags werden häufig die Preise für Produkte oder Leistungen für einen bestimmten Zeitraum festgelegt.

- **Konditionen**
  Zusätzlich zu den Preisen werden häufig weitere Abschläge gewährt. Allerdings können durchaus auch Zuschläge, wie z. B. Pauschalen für bestimmte Leistungen wie Fracht oder Reisekostenpauschalen bei Dienstleistungen, festgelegt werden.

- **Lieferungs- und Zahlungsbedingungen**
  Rahmenverträge werden häufig genutzt, um Lieferungs- und Zahlungsbedingungen zu vereinheitlichen.

- **Abnahmemengen**
  Der Kunde sagt die Abnahme bestimmter Liefermengen zu. Der Lieferant garantiert die Bereitstellung der entsprechenden Menge im definierten Zeitraum.

- **Liefertermine**
  Je nach Branche können in Rahmenverträgen auch Liefertermine oder Lieferzyklen festgelegt werden.

- **Abnahmewerte**
  Der Kunde verpflichtet sich zur Abnahme eines bestimmten Werts. Häufig erhält er als Gegenleistung zusätzliche Vergünstigungen.

- **Gültigkeitszeitraum der Rahmenvereinbarung**
  In jedem Rahmenvertrag sind Vertragsbeginn, Vertragsende und die Modalitäten der Kündigung zu hinterlegen.
- **Festlegung der Abrufpartner**
  Eine wichtige Frage ist die des Gültigkeitsbereichs. Damit wird geklärt, wer sich auf die Konditionen eines Rahmenvertrags beziehen darf. Die zentralen Einkaufsorganisationen großer Konzerne sind bestrebt, ihre Marktmacht zu bündeln und möglichst vielen Konzerngesellschaften Zugang zu Rahmenverträgen zu ermöglichen.
- **Produkte oder Produktgruppen**
  Auch hinsichtlich der betroffenen Produkte ist eine Aussage erforderlich. Grundsätzlich können sich Rahmenverträge auf einzelne Produkte beziehen. Es ist aber auch möglich, Rahmenverträge für Produktgruppen zu definieren.

Im Folgenden wollen wir uns einen Überblick darüber verschaffen, welche Instrumente die Standardsoftware SAP ERP zur Gestaltung von Rahmenverträgen bereitstellt.

3.10.2 Rahmenverträge in SAP ERP

Für die Abbildung von Rahmenverträgen stehen unterschiedliche Auftragsarten und entsprechende Positionstypen zur Verfügung. Über die Steuerung dieser Objekte im Customizing wird Folgendes festgelegt:

- Welche Aspekte können im Rahmenvertrag geregelt werden?
- Wie sieht die Folgebelegsteuerung aus?

Dabei wird grundsätzlich zwischen Kontrakten und Lieferplänen unterschieden. Zunächst werden wir uns mit den Lieferplänen und anschließend mit Kontrakten beschäftigen.

Lieferpläne | In einem *Lieferplan* werden in einer Position Material und Lieferplanmenge festgelegt. Außerdem werden im Lieferplan auch die Liefertermine fixiert. Es existieren also Einteilungen zur Position. Als Folgebeleg wird ein SD-Lieferbeleg erfasst. Abbildung 3.156 zeigt uns die Abwicklung von Lieferplänen im Überblick.

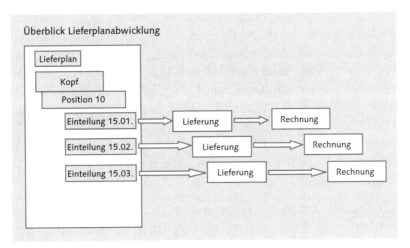

Abbildung 3.156 Überblick über die Lieferplanabwicklung

Im SAP-Standard steht für die Erfassung von Lieferplänen die Auftragsart LP (Lieferplan) zur Verfügung. Innerhalb dieser Auftragsart wird über die Positionstypengruppe NORM im Materialstamm der Positionstyp LPN (Lieferplanposition) ermittelt. Dieser Positionstyp ist im Customizing als relevant für die Preisfindung eingestellt. Damit werden in einem Lieferplan auch die Preise hinterlegt. Innerhalb dieses Positionstyps wird der Einteilungstyp CP über das Customizing ermittelt. Damit ähnelt die Abwicklung von Lieferplänen sehr stark der »normalen« Terminauftragsabwicklung.

Der Unterschied besteht jedoch in der Steuerung der Auftragserfassung. Bei der Erfassung eines Terminauftrags gibt der Anwender Material und Positionsmenge ein. Das System führt automatisch die Verfügbarkeitsprüfung durch und unterbreitet dem Anwender einen Liefervorschlag. Ist die gesamte Positionsmenge zum Wunschlieferdatum des Kunden verfügbar, wird vom System genau *eine* Einteilung angelegt. Das System versucht bei der Terminauftragsabwicklung, die gesamte Positionsmenge auf möglichst wenige Einteilungen und damit auf möglichst wenige Liefertermine zu verteilen.

Auch bei der Erfassung eines Lieferplans mit der Auftragsart LP gibt der Anwender zunächst die Positionsmenge vor. Allerdings führt das System keine automatische Verfügbarkeitsprüfung durch. Es werden auch keine Einteilungen angelegt. Vielmehr erfasst der Anwender die Einteilungen und damit die Liefertermine manuell. Für jede Einteilung wird dann ein Bedarf an die Disposition übergeben und eine

Besonderheiten der Lieferplanabwicklung

Verfügbarkeitsprüfung durchgeführt. Die weitere Logik entspricht der Vorgehensweise bei der Erfassung eines Terminauftrags: Pro Einteilung wird die bestätigte Menge ermittelt. Nur für Einteilungen mit bestätigter Menge kann ein SD-Lieferbeleg erzeugt werden. Die Lieferbelege werden mit Bezug zum Lieferplan angelegt, außerdem ist für den Positionstyp LPN die lieferbezogene Fakturierung eingestellt. Die Lieferbelege dienen als Grundlage für die Erstellung der Rechnung. Abhängig vom Rechnungstermin können mehrere Lieferungen in einer Faktura zusammengefasst werden (siehe Abschnitt 3.3.5, »Fakturierung«).

Lieferpläne für Zulieferer Für die Zulieferindustrie stehen weitere Funktionen zum Lieferplan zur Verfügung. Diese sind vor allem in der Automobilindustrie von Bedeutung. Dazu sind zusätzliche Lieferplanarten und Positionstypen vorgesehen. Grundsätzlich haben die Lieferpläne für Zulieferer die gleiche Struktur wie der Lieferplan LP (Auftragskopf, Position, Einteilung). Zusätzlich können hier allerdings Abrufe des Kunden verwaltet werden. Durch einen Kundenabruf wird eine Einteilung im Lieferplan erzeugt. Diese Lieferabrufe des Kunden werden in der Regel elektronisch übermittelt. Dazu gibt es z. B. in der Automobilindustrie standardisierte EDI-Nachrichten. Die Eingangsnachricht vom Kunden wird über die ALE-Schnittstelle (siehe dazu auch den entsprechenden Exkurs in Abschnitt 3.11.2, »Cross-Company-Konzept in SAP ERP«) im SAP-System verarbeitet. Über diese Eingangsverarbeitung wird ein Abruf und über den Abruf eine Einteilung im Lieferplan erzeugt. Die Kundenabrufe können auch manuell im System erfasst werden.

Über die Historie zu den Abrufen wird das Abrufverhalten des Kunden dokumentiert. Gemäß den Richtlinien des VDA (Verband der Automobilindustrie) werden dabei verschiedene Abrufarten unterschieden:

- **Lieferabruf**
  Über Lieferabrufe erfolgt in der Regel die mittel- und langfristige Planung. Sie dienen als Grundlage für die Produktionsplanung.
- **Feinabruf**
  Über Feinabrufe wird das kurzfristige Abrufverhalten des Kunden gesteuert. Dies ist vor allem bei der Just-in-Time-Produktion von Bedeutung. Der Kunde steuert das Abrufverhalten über die Vorgabe exakter Uhrzeiten für die Anlieferung.

- **Planabruf**
  Bei Planabrufen handelt es sich um interne Abrufe zur Steuerung der Bedarfsplanung.

Über diese Abrufe werden auch *Fortschrittszahlen* ermittelt und angezeigt. Dabei handelt es sich um kumulierte Mengen (z. B. Abrufmengen, Liefermengen), die ein Kunde erhalten hat. So dokumentiert die *Eingangsfortschrittszahl*, welche Liefermengen der Kunde innerhalb einer Periode erhalten hat. Die *Lieferfortschrittszahl* dokumentiert die kumulierte Liefermenge des Lieferanten. Die *Warenausgangsfortschrittszahl* dokumentiert die kumulierte Liefermenge, für die beim Lieferanten der Warenausgang gebucht wurde, und zwar unabhängig davon, ob diese Lieferungen beim Kunden angekommen sind. Mit Bezug zu den Lieferplanpositionen werden SD-Lieferbelege erzeugt, über die der Versand organisiert wird.

Im Gegensatz zu Lieferplänen wird in *Kontrakten* der Liefertermin noch nicht festgelegt. Der konkrete Liefertermin und die Liefermenge werden in *Abrufaufträgen* erfasst, die als Terminaufträge (Auftragsart TA) mit Bezug zum Kontrakt erfasst werden. Dabei kann der Anwender aus den Kontraktpositionen diejenigen auswählen, die in den Auftrag übernommen werden sollen. Damit unterscheidet sich der Kontrakt schon in der Art des Folgebelegs vom Lieferplan: Kontrakte enthalten Kopf- und Positionsdaten, aber keine Einteilungen. Auf den Lieferplan folgt der SD-Lieferbeleg. Auf den Kontrakt hingegen folgt der Abrufauftrag; mit Bezug zum Abrufauftrag wird anschließend ein SD-Lieferbeleg erzeugt. Abbildung 3.157 zeigt einen Überblick über die Kontraktabwicklung.

Kontrakte

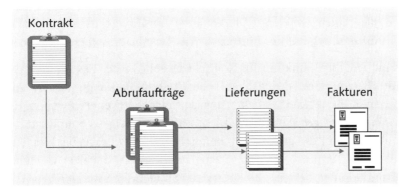

Abbildung 3.157 Überblick über die Kontraktabwicklung

3 | Vertriebskomponente SD – Prozessüberblick

Kontraktarten Grundsätzlich lassen sich folgende Kontraktarten unterscheiden:

- **Gruppenkontrakt (Auftragsart GK)**
  In Gruppenkontrakten werden nur Kopfdaten gepflegt (Zahlungsbedingungen, Gültigkeitszeiträume). Die Daten aus dem Gruppenkontrakt werden in die untergeordneten Kontrakte kopiert. Im Customizing wird festgelegt, welche Daten in einen Kontrakt kopiert werden. Gruppenkontrakte dienen zur Vereinheitlichung von Rahmenverträgen.

- **Wertkontrakt allgemein (Auftragsart WK1)**
  Im Unterschied zu materialbezogenen Wertkontrakten (Auftragsart WK2) wird hier das Material nicht festgelegt. Stattdessen werden im Kontrakt Produkthierarchien oder Sortimente hinterlegt, auf die sich die Abrufe beziehen. Erst bei der Erfassung des Abrufauftrags wird das konkrete Material festgelegt. Zulässig sind dann alle Materialien, die zu der im Kontrakt festgelegten Produkthierarchie bzw. zu dem festgelegten Sortiment gehören.

- **Wertkontrakt für ein Material (Auftragsart WK2)**
  Bei Wertkontrakten wird mit dem Kunden die Abnahme eines bestimmten Werts vereinbart. Eine Abnahmemenge wird hingegen nicht festgelegt. Im Kontrakt werden die Auftragswerte der Abrufaufträge fortgeschrieben, außerdem können Preise und Konditionen für das Material festgelegt und in die Abrufaufträge übernommen werden. Über die Funktion *Belegfluss* lässt sich die Entwicklung des Abrufverhaltens des Kunden nachvollziehen.

- **Mengenkontrakte (Auftragsart KM)**
  In einem Mengenkontrakt wird mit dem Kunden die Abnahme einer Zielmenge vereinbart. Im Kontrakt werden außerdem die Materialien hinterlegt. Die konkrete Abrufmenge wird in einem Abrufauftrag mit der Auftragsart TA (Terminauftrag) erfasst.

Eine wichtige Funktion im Kontrakt besteht in der Festlegung der Geschäftspartner, die sich auf den Kontrakt beziehen dürfen. In einem Kontrakt können neben dem Auftraggeber weitere sogenannte *Abruf-Auftraggeber* erfasst werden. Dafür steht eigens eine Partnerrolle (AA, Abruf-Auftraggeber) bereit. Für diese Auftraggeber können ebenfalls Terminaufträge mit Bezug zum Kontrakt angelegt werden. Damit können bestehende Kontrakte von mehreren Kunden genutzt werden. Auch zusätzliche Warenempfänger können für die Abrufaufträge erlaubt werden.

3.10.3 Beispiel

An dieser Stelle wollen wir die Abbildung von Rahmenverträgen in SAP ERP am Beispiel eines allgemeinen Wertkontrakts demonstrieren. Unsere Beispielfirma fertigt Schokolade und verkauft diese an Handelsunternehmen. Mit einem Kunden, der Süßwaren Handelsgesellschaft mbH, hat unser Schokoladenhersteller für das Jahr 2007 einen Wertkontrakt über 250.000,00 € für ein bestimmtes Schokoladensortiment vereinbart. Gegenstand der Vereinbarung ist, dass Schokolade in diesem Wert abgenommen wird. Der Kontrakt bezieht sich auf ein bestimmtes Sortiment. Darin sind folgende Sorten enthalten:

Ausgangslage

- Vollmilchschokolade: Materialnummer SC11000
- Zartbitterschokolade: Materialnummer SC11001
- Joghurtschokolade: Materialnummer SC11002
- Haselnussschokolade: Materialnummer SC11003

Die Süßwaren Handelsgesellschaft mbH erteilt pro Monat einen Abrufauftrag, bei dem die jeweiligen Sorten festgelegt werden. Außerdem hat unser Kunde eine Mehrheitsbeteiligung an dem Unternehmen »Lebensmittelhandel Klein & Fein OHG« erworben. Auch dieses Unternehmen, das bislang schon Kunde unserer Beispielfirma war, soll diesen Kontrakt beim Einkauf nutzen. Das Unternehmen Lebensmittel Klein & Fein OHG tritt dabei als selbstständiger Auftraggeber auf.

Wir werden in unserem Beispiel folgende Schritte durchlaufen:

1. Anlegen eines Sortiments für den Wertkontrakt
2. Anlegen des Wertkontrakts für das Sortiment
3. Erfassen eines Abrufauftrags
4. Anzeigen der aktuellen Bedarfs- und Bestandsliste
5. Belieferung des Abrufauftrags
6. Fakturierung des Abrufauftrags
7. Kontrolle des Wertkontrakts

Über *Sortimente* können Materialien zusammengefasst werden. Im Vertrieb werden Sortimente zur Steuerung des Produktprogramms eingesetzt. Dazu gehört auch die Möglichkeit, im Wertkontrakt ein Sortiment festzulegen und im Abruf dann aus dem Sortiment das

Schritt 1: Sortiment anlegen

jeweilige Material auszuwählen. Abbildung 3.158 zeigt unser Schokoladensortiment (Sortimentsnummer SC001) mit den unterschiedlichen Schokoladensorten.

Abbildung 3.158 Sortiment (Transaktion WSV2)

Schritt 2:
Wertkontrakt
anlegen

Auf dieses Sortiment bezieht sich der Wertkontrakt, den wir in Schritt 2 für unseren Kunden, die Süßwaren Handelsgesellschaft mbH (Debitorennummer 95000), anlegen. Abbildung 3.159 zeigt uns den Kontrakt mit der Belegnummer 40000201 und der Auftragsart WK1 (Wertkontrakt allgemein). Als Zielwert wurde der Betrag von 250.000,00 € erfasst. Unser Schokoladensortiment (SC001) wird in der Position erfasst. In der Position 10 erkennen wir außerdem das Material mit der Materialnummer WKM1.

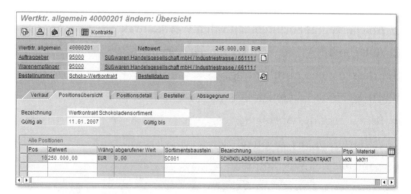

Abbildung 3.159 Positionsübersicht über den Wertkontrakt (Transaktion VA42)

Es handelt sich dabei lediglich um einen »Pseudo-Materialstamm«, über den die Belegsteuerung, z. B. die Steuerermittlung, erfolgt. Somit wird dieses Material aus rein technischen Gründen benötigt. Es wird im Customizing dem Positionstyp WKN zugeordnet und automatisch in den Kontrakt übernommen. Im Kontrakt erkennen wir auch, dass der bisher abgerufene Wert null ist.

Da der Kontrakt auch von der Firma Lebensmittelhandel Klein & Fein OHG (Debitorennummer 95100) genutzt werden soll, ist dieser Debitor als zusätzlicher Abruf-Auftraggeber zu definieren. Wir sehen dies auf dem Partnerbild im Kopf unseres Wertkontrakts (siehe Abbildung 3.160).

Abbildung 3.160 Partner im Wertkontrakt (Transaktion VA42)

Außerdem wurde mit dem Kunden, der Süßwaren Handelsgesellschaft mbH, vereinbart, dass auf jeden Abrufauftrag, der sich auf den Kontrakt bezieht, ein zusätzlicher Rabatt von 2 % gewährt wird. Dieser Rabatt wird über die Konditionsart K007 in der Preisfindung des Wertkontrakts festgehalten (siehe Abbildung 3.161).

Erfassen wir nun den ersten Abrufauftrag. Es handelt sich dabei um einen »normalen« Terminauftrag (Auftragsart TA), der mit Bezug zu unserem Kontrakt angelegt wird. Wir erfassen die Kontraktnummer (40000201) und wählen den Abruf-Auftraggeber aus. In unserem Beispiel erfolgt der Abruf durch die Firma Lebensmittelhandel Klein & Fein OHG (Debitorennummer 95100). Der Einstieg in die Erfassung des Abrufauftrags wird in Abbildung 3.162 gezeigt.

Schritt 3: Abrufauftrag erfassen

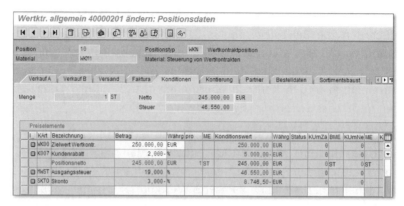

Abbildung 3.161 Konditionen im Wertkontrakt (Transaktion VA42)

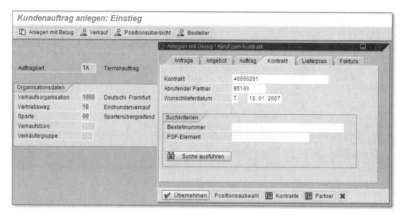

Abbildung 3.162 Erfassung eines Abrufauftrags zum Wertkontrakt (Transaktion VA01)

Normalerweise wird beim *Anlegen mit Bezug zum Vorgängerbeleg* die Position in den Folgebeleg kopiert. Beim Abruf zu unserem Wertkontrakt sind jedoch zunächst die konkreten Materialnummern und deren Abrufmengen festzulegen. Dabei stehen die Materialien des Sortiments zur Auswahl. In Abbildung 3.163 sehen wir die Auswahl der Materialien für den Abrufauftrag und die Erfassung der Abrufmenge.

Die ausgewählten Materialien werden als Auftragspositionen in den Abrufauftrag übernommen. Wird bei der Erfassung des Abrufs der Zielwert überschritten, erhält der Anwender eine Information. Er kann den Abruf dennoch anlegen. Abbildung 3.164 zeigt uns den Abrufauftrag mit der Belegnummer 11980.

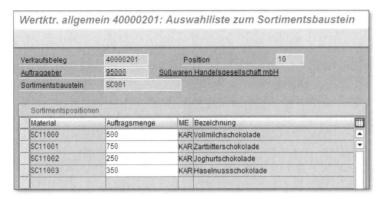

Abbildung 3.163 Auswahl der Materialien aus dem Sortiment beim Anlegen des Abrufauftrags (Transaktion VA01)

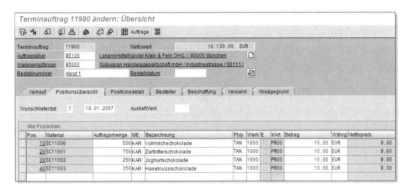

Abbildung 3.164 Abrufauftrag zum Kontrakt (Transaktion VA02)

In Abbildung 3.164 sehen wir, dass für die ausgewählten Materialien Positionen mit dem Positionstyp TAN (Normalposition, siehe Abschnitt 3.3, »Terminauftragsabwicklung«) angelegt wurden. Alle Materialien haben den gleichen Verkaufspreis (Feld BETRAG). Im Feld NETTOPREIS erkennen wir, dass der Rabatt in Höhe von 2 % berücksichtigt wird.

Nach der Erfassung des Abrufauftrags werfen wir einen Blick auf die aktuelle Bedarfs- und Bestandsliste, die uns bereits aus den vorherigen Kapiteln bekannt ist. Abbildung 3.165 zeigt uns die Liste für unser Material SC11003 (Haselnussschokolade).

Schritt 4: Aktuelle Bedarfs- und Bestandsliste

3 | Vertriebskomponente SD – Prozessüberblick

Abbildung 3.165 Aktuelle Bedarfs- und Bestandsliste für das Material SC11003 im Werk 1000 (Hamburg) (Transaktion MD04)

Im Werk 1000 ist für unser Material ein Bestand von 1.000 Kartons (Basismengeneinheit KAR) vorhanden. Der Abrufauftrag 11980 hat einen Bedarf in Höhe von 350 Kartons an die Disposition übergeben. Der Wertkontrakt hat keinerlei Auswirkungen auf die Disposition: Bedarfsübergabe und Verfügbarkeitsprüfung erfolgen vielmehr in den Abrufaufträgen.

Schritt 5: Belieferung — Mit Bezug zum Abrufauftrag erzeugen wir einen Lieferbeleg. Die Auftragspositionen werden kopiert. Abbildung 3.166 zeigt uns den kommissionierten Lieferbeleg, für den anschließend die Warenausgangsbuchung vorgenommen wird.

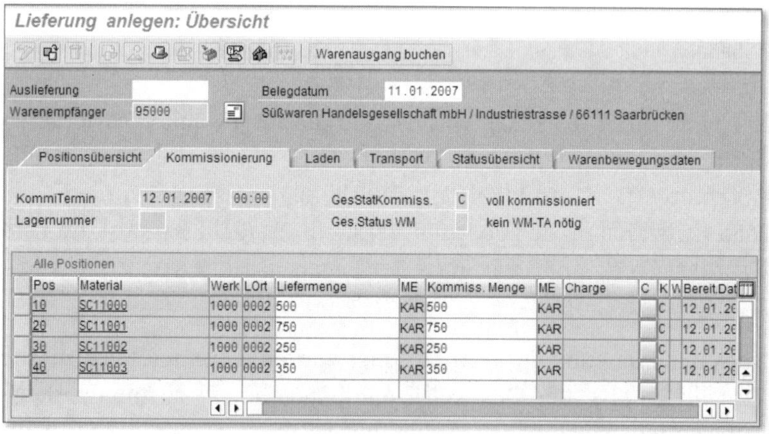

Abbildung 3.166 Lieferbeleg zum Abrufauftrag (Transaktion VL01N)

Schritt 6: Fakturierung — An die Lieferung schließt sich die Erstellung der Rechnung an. Abbildung 3.167 zeigt die Faktura zur Lieferung.

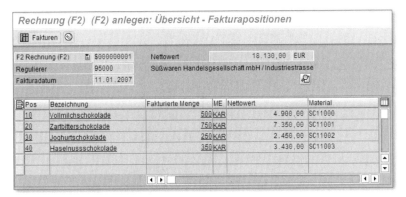

Abbildung 3.167 Fakturabeleg (Transaktion VF01)

Mit der Erfassung der Rechnung haben wir den Abrufauftrag abgeschlossen. Betrachten wir nun die Auswirkungen im Wertkontrakt. Wir erkennen sie daran, dass jetzt der »abgerufene« Wert um den Auftragswert erhöht worden ist (siehe Abbildung 3.168).

Schritt 7: Kontrolle des Wertkontrakts

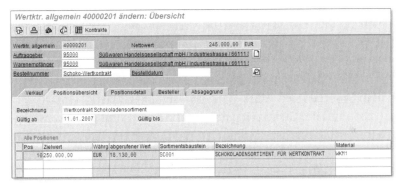

Abbildung 3.168 Überwachung des Wertkontrakts (Transaktion VA42)

Zudem wird der Belegfluss entsprechend aufgebaut. Abbildung 3.169 zeigt uns den Belegfluss zum Wertkontrakt. Über diese Funktion können wir jederzeit nachvollziehen, welche Abrufe zu unserem Wertkontrakt getätigt wurden und welchen Status diese Abrufaufträge derzeit haben.

Abbildung 3.169 Belegfluss zum Wertkontrakt (Transaktion VA42)

3.11 Cross-Company-Geschäfte

In Zeiten globalen Wettbewerbs unterliegen die Organisationsstrukturen von Unternehmen einem ständigen Wandel. Steuerliche, organisatorische und rechtliche Gründe führen dazu, dass innerhalb eines Konzerns mehrere rechtlich selbstständige Einheiten entstehen, die Geschäfte miteinander abwickeln. Vertriebs- und Servicegesellschaften spezialisieren sich auf den Absatz in unterschiedlichen Märkten, während sich produzierende Einheiten auf die Entwicklung und die Herstellung der Produkte konzentrieren. Gerade die Prozesse zwischen Unternehmen eines Konzerns sollten effizient, einfach und transparent sein. Gleichzeitig müssen die Anforderungen an das Controlling erfüllt werden. Mithilfe einer integrierten Standardsoftware ist dieses Ziel erreichbar. Aber auch hier gilt grundsätzlich: Selbst mit der besten Software lässt sich nicht jede Struktur abbilden. Im Folgenden zeigen wir Gestaltungsspielräume für die Entwicklung von Cross-Company-Prozessen.

3.11.1 Betriebswirtschaftliche Grundlagen

Zwei Geschäftsmodelle

Konzerne sind in mehrere rechtlich selbstständige Einheiten untergliedert. Zwischen diesen Einheiten bestehen häufig vielfältige Kunden- und Lieferantenbeziehungen, d.h., die einzelnen Gesellschaften kaufen und verkaufen einander Produkte und Dienstleistungen. Wir wollen dabei zwei Geschäfte unterscheiden:

- **Verkauf an Endkunden**
  Dabei kauft ein Endkunde außerhalb des Konzerns Produkte bei einer Konzerngesellschaft, der Vertriebsgesellschaft. Die Lieferung

erfolgt jedoch direkt aus dem Bestand einer anderen Konzerneinheit, der Produktionsgesellschaft. Die Vertriebsgesellschaft berechnet die Ware an den Endkunden, die Produktionsgesellschaft liefert die Ware direkt an den Endkunden und stellt eine interne Rechnung an die Vertriebsgesellschaft.

- **Konzerninterne Beschaffung**
  Dabei sind Kunde und Lieferant jeweils Unternehmen *eines* Konzerns. Der Kunde bestellt die Ware, diese wird vom Lieferanten geliefert und berechnet. Der Kunde wird Eigentümer und führt die Ware in seinem Bestand. Anschließend verbraucht er die Ware als Rohstoff oder Komponente in der eigenen Produktion oder verkauft diese als Handelsware weiter.

Beide Vorgänge sind eigentlich »normale« Verkaufsvorgänge. Grundsätzlich könnte man demnach diese Vorgänge auch als »normalen« Vertriebsprozess abbilden. Abbildung 3.170 zeigt den Prozess *Verkauf an Endkunden* innerhalb eines Konzerns als konventionellen Vertriebsprozess.

Verkauf an Endkunden

Abbildung 3.170 Verkauf an Endkunden (konventionell)

Die Vertriebsgesellschaft erfasst in diesem Prozess zunächst den Kundenauftrag vom Endkunden, erzeugt dann eine Bestellung und leitet diese an die Produktionsgesellschaft weiter. Dort wird ein Kundenauftrag (Auftraggeber: Vertriebsgesellschaft) angelegt. Die Auslieferung an den Endkunden erfolgt über einen SD-Lieferbeleg. Mit Bezug zu dieser Lieferung erfolgt die Fakturierung an die Vertriebsgesellschaft, die abschließend die Rechnung an den Endkunden stellt. Dieser Prozess entspricht dem klassischen Streckengeschäft (siehe Abschnitt 3.4, »Streckenauftragsabwicklung«).

Interne Beschaffung — Auch der Prozess der internen Beschaffung lässt sich als konventioneller Liefervorgang abbilden. Dieser wird anschaulich in Abbildung 3.171 wiedergegeben.

Abbildung 3.171 Interne Beschaffung (konventionell)

Dabei wird in der Vertriebsgesellschaft eine Bestellung erfasst. Lieferant ist die Produktionsgesellschaft, die bei sich einen Kundenauftrag (Auftraggeber: Vertriebsgesellschaft) erfasst. Über eine SD-Lieferung wird die Ware geliefert. In der Vertriebsgesellschaft verbucht man den Wareneingang. In der Produktionsgesellschaft wird eine Rechnung gestellt, die in der Vertriebsgesellschaft zu einer Eingangsrechnung führt.

3.11.2 Cross-Company-Konzept in SAP ERP

In Kapitel 1, »Einführung«, haben wir unter anderem die Bedeutung der unterschiedlichen Organisationsstrukturen in der Software SAP ERP beschrieben. Für die Abwicklung von Cross-Company-Prozessen rücken die folgenden Objekte in den Mittelpunkt:

- Buchungskreis
- Vertriebsbereich
- Werk

Die in Abschnitt 3.11.1, »Betriebswirtschaftliche Grundlagen«, beschriebenen Abläufe werden in SAP ERP durch folgende Szenarien abgebildet:

- Buchungskreisübergreifender Verkauf (Verkauf an Endkunden)
- Buchungskreisübergreifende Umlagerung (konzerninterne Beschaffung)

Diese Szenarien ermöglichen eine wesentlich schlankere Abbildung von Cross-Company-Prozessen als die in Abbildung 3.170 und in Abbildung 3.171 beschriebene »konventionelle« Vorgehensweise. Beschäftigen wir uns zunächst mit dem Szenario *Buchungskreisübergreifender Verkauf*.

Buchungskreisübergreifender Verkauf

Abbildung 3.172 gibt uns hierzu einen Überblick. Im Folgenden werden wir die dort gezeigten Schritte näher vorstellen:

1. Cross-Company-Auftrag im verkaufenden Buchungskreis erfassen
2. Lieferung im produzierenden Buchungskreis erfassen
3. Externe Faktura im verkaufenden Buchungskreis
4. Interne Faktura im produzierenden Buchungskreis
5. Eingangsrechnung im verkaufenden Buchungskreis

3 | Vertriebskomponente SD – Prozessüberblick

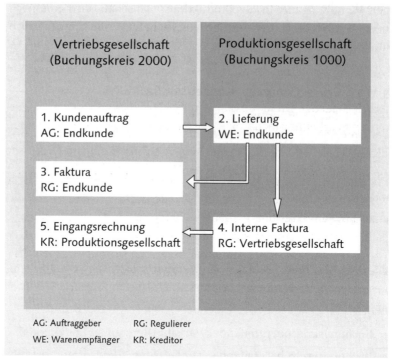

Abbildung 3.172 Buchungskreisübergreifender Verkauf

Schritt 1: Cross-Company-Auftrag im verkaufenden Buchungskreis

Im Buchungskreis der Vertriebsgesellschaft (Buchungskreis 2000) wird ein Kundenauftrag (Auftragsart TA, Positionstyp TAN) erfasst. In der Position des Kundenauftrags wird jedoch ein Auslieferwerk ermittelt, das dem Buchungskreis der Produktionsgesellschaft zugeordnet ist. Die Versandstelle gehört ebenfalls zu dem Werk der Produktionsgesellschaft. Über die Preisfindung wird in diesem Auftrag zusätzlich die Konditionsart PI01 (interner Verrechnungspreis) ermittelt. Im Auftrag ist diese Kondition statistisch. Damit beeinflusst sie den Auftragswert nicht. Sie stellt lediglich den Verrechnungspreis der Produktionsgesellschaft an die Vertriebsgesellschaft als zusätzliche Information dar. Da als Auslieferwerk der Position direkt das Werk der Produktionsgesellschaft erfasst wurde, erfolgt die Bedarfsübergabe direkt in dieses Werk. Auch die Verfügbarkeitsprüfung prüft gegen die Bestände bzw. die geplanten Zu- und Abgänge im Produktionswerk. Dadurch kann sowohl die Bestellung in der Vertriebsgesellschaft als auch der Kundenauftrag in der Produktionsgesellschaft entfallen. Im Vergleich zu Abbildung 3.170 hat Abbildung 3.172 deshalb zwei Prozessschritte weniger. Auch erhält der Sachbearbeiter, der den Auftrag anlegt, sofort eine aktuelle Information über die möglichen Liefertermine. Dies wäre bei einer konventionellen Abwicklung ebenfalls nicht möglich, zumindest nicht auf der Basis der dispositiven Situation im Lieferwerk.

Mit Bezug zum Kundenauftrag in der Vertriebsgesellschaft wird dann im Werk der Produktionsgesellschaft (Buchungskreis 1000) ein SD-Lieferbeleg erzeugt. Dieser unterscheidet sich zunächst nicht von der Lieferungsbearbeitung im normalen Auftragsprozess (siehe Abschnitt 3.3, »Terminauftragsabwicklung«). Allerdings stellt sich bei dieser Lieferung die Frage nach der Ermittlung des Vertriebsbereichs (Kombination aus Verkaufsorganisation, Vertriebsweg, Sparte). Normalerweise wird der Vertriebsbereich aus dem Kundenauftrag übernommen. Bei einer buchungskreisübergreifenden Lieferung ist dies nicht möglich, da der Kundenauftrag in einem anderen Buchungskreis liegt. Deshalb wird der Vertriebsbereich aus dem Customizing ermittelt. Jedem (Liefer-)Werk wird ein Vertriebsbereich für die interne Verrechnung zugeordnet. Abbildung 3.173 zeigt die Customizing-Einstellungen. Dort ist dem Werk 1000 der Vertriebsbereich 1000/10/00 zugeordnet.

Schritt 2: Lieferung im produzierenden Buchungskreis

Werk	Name 1	VOrgIV	Bezeichn.	VtwIV	Bezeichn.	SpIV	Bezeichn.
1000	Werk Hamburg	1000	Deutschl. Frankfurt	10	Endkundenverkauf	00	Spartenübergreife
1100	Berlin	1000	Deutschl. Frankfurt	10	Endkundenverkauf	00	Spartenübergreife
1200	Dresden	1000	Deutschl. Frankfurt	12	Wiederverkäufer	00	Spartenübergreife
1300	Frankfurt	1000	Deutschl. Frankfurt	12	Wiederverkäufer	00	Spartenübergreife
1400	Stuttgart	1000	Deutschl. Frankfurt	12	Wiederverkäufer	00	Spartenübergreife
2000	Heathrow / Hayes	2000	UK Heathrow/Hayes	12	Wiederverkäufer	00	Spartenübergreife
2010	DC London	2000	UK Heathrow/Hayes	12	Wiederverkäufer	00	Spartenübergreife
2100	Porto						
2200	Paris	2200	Frankreich Paris	12	Wiederverkäufer	00	Spartenübergreife
2210	Lyon	2200	Frankreich Paris	10	Endkundenverkauf	00	Spartenübergreife

Abbildung 3.173 Customizing-Einstellungen zur Ermittlung des Vertriebsbereichs in der buchungskreisübergreifenden Lieferung (Transaktion OVV9)

Nur wenn diese Einstellung vorhanden ist, kann aus diesem Werk buchungskreisübergreifend verkauft werden. Der Vertriebsbereich in der Produktionsgesellschaft wird demzufolge abhängig vom Werk der zugrunde liegenden Lieferung ermittelt: Wird also im Werk 1000 eine Lieferung für einen Auftrag aus einem anderen Buchungskreis erfasst, wird in dieser Lieferung der Vertriebsbereich 1000/10/00 ermittelt.

Schritt 3: Externe Faktura im verkaufenden Buchungskreis

Im Unterschied zur »normalen« Auftragsabwicklung werden im Szenario *Buchungskreisübergreifender Verkauf* zwei Fakturen mit Bezug zur SD-Lieferung angelegt. Zunächst wird die *externe Faktura* (Fakturaart F2) im Buchungskreis der Vertriebsgesellschaft erzeugt. Über diese fakturiert die Vertriebsgesellschaft die Lieferung an den Endkunden. Die Erlöse werden in der Finanzbuchhaltung gebucht und an die Ergebnis- und Marktsegmentrechnung übergeben (siehe Abschnitt 2.12, »Integration der Ergebnis- und Marktsegmentrechnung«). Allerdings werden die Kosten in der Ergebnisrechnung hier in der Regel nicht aus dem Verrechnungspreis VPRS ermittelt, denn dieser spiegelt bekanntlich den Bewertungspreis in der Produktionsgesellschaft und damit die Planherstellkosten aus Sicht eines anderen Buchungskreises wider. Die Kosten in CO-PA werden daher häufig über die Konditionsart PI01 (interner Verrechnungspreis) ermittelt. Dies ist der Preis, den die Vertriebsgesellschaft an die Produktionsgesellschaft zahlt. Aus Sicht der Vertriebsgesellschaft stellt die Konditionsart PI01 also die Kosten des Umsatzes dar. Die Konditionsart PI01 ist somit im Customizing der Ergebnis- und Marktsegmentrechnung (siehe Abschnitt 2.12) dem Wertfeld UMSATZKOSTEN zugeordnet. Auf diese Einstellung kommen wir im vierten Schritt unseres Szenarios zurück.

Exkurs: Umsatzsteuer bei Cross Company und Export

Besonderheiten gibt es in der Cross-Company-Abwicklung auch bei der Ermittlung des richtigen Mehrwertsteuerkennzeichens. Im Inlandsgeschäft ist dies unkritisch: Sind Endkunde, Vertriebsgesellschaft und Produktionsgesellschaft in einem Land angesiedelt, sind beide Vorgänge (externe Faktura und interne Faktura) umsatzsteuerpflichtig. Der Mehrwertsteuersatz hängt dann nur am Steuerkennzeichen des Debitors und des Materials. Allerdings gibt es die Möglichkeit, mit den Finanzbehörden zu vereinbaren, dass die *interne Faktura* von der Umsatzsteuerpflicht ausgenommen wird (umsatzsteuerliche Organschaft innerhalb eines Konzerns). Interessant dagegen ist der Exportfall. Im Exportfall ermittelt das System das Steuerkennzeichen abhängig von folgenden Kriterien:

- Abgangsland
- Empfangsland
- Steuerkennzeichen Debitor
- Steuerkennzeichen Material

Das Abgangsland wird dabei aus dem Lieferwerk ermittelt. Für die *externe Faktura* ist das im Exportfall aber problematisch. Nehmen wir an, unsere Vertriebsgesellschaft hat ihren Sitz in England und die Produktionsgesellschaft ihren Sitz in Deutschland. Die englische Vertriebsgesellschaft verkauft an einen Kunden in England, und zwar buchungskreisübergreifend aus dem Werk der Produktionsgesellschaft in Deutschland. Wird das Abgangsland jetzt aus dem Lieferwerk ermittelt, so ist dies Deutschland. Für die externe Faktura ergäbe sich folgende Situation:

- Abgangsland: Deutschland (aus Lieferwerk)
- Empfangsland: England (aus dem Debitorenstamm des Kunden)

In diesem Fall müsste das System einen Mehrwertsteuersatz von 0 % ermitteln, da Lieferungen innerhalb der Europäischen Union unter bestimmten Voraussetzungen (der Kunde muss über eine Umsatzsteuer-Identifikationsnummer verfügen) von der Umsatzsteuer befreit sind. Tatsächlich gilt dies aber nur für die Verrechnung der Produktionsgesellschaft in Deutschland an die Vertriebsgesellschaft in England. Die englische Vertriebsgesellschaft dagegen liefert innerhalb eines Landes an einen Kunden in England – auch wenn die Ware direkt geliefert wird. Dieser Vorgang, und damit die externe Faktura, unterliegt normalerweise der Umsatzsteuer. Für diesen Fall sieht das SAP-System die Möglichkeit vor, das Abgangsland aus der Verkaufsorganisation im Kundenauftrag zu ermitteln. Dazu ist ein sogenannter *User Exit* im Programm MV45AFZZ vorgesehen. Die genaue Vorgehensweise können Sie dem SAP-Service-Hinweis mit der Nummer 10560 entnehmen (weitere wichtige Informationen zur Verwendung von User Exits finden Sie im SAP-Hinweis 381348). Damit ist England sowohl das Abgangs- als auch das Empfangsland für die externe Faktura, und die Umsatzsteuer wird entsprechend ermittelt. An dieser Stelle sei darauf hingewiesen, dass in der Praxis die korrekte Ermittlung der Umsatzsteuer, vor allem im Exportfall, immer mit den zuständigen Behörden zu klären ist. Dies gilt vor allem bei EU-Dreiecksgeschäften. Ein solches liegt z. B. dann vor, wenn die Vertriebsgesellschaft im Ausland über den beschriebenen Cross-Company-Ablauf aus einem deutschen Produktionswerk an einen Kunden verkauft, der seinen Sitz weder im Land der Vertriebsgesellschaft noch im Land der Produktionsgesellschaft hat. In diesen Fällen muss die Ermittlung des Steuerkennzeichens von weiteren Bedingungen abhängig gemacht werden. Je nach Anforderung können diese in dem angesprochenen User Exit (MV45AFZZ) oder aber durch Bedingungen und Übernahmeroutinen (Transaktion VOFM) im Rahmen der Kopiersteuerung hinterlegt werden. Wir sehen die Umsatzsteuerermittlung auch im Systembeispiel in Abschnitt 3.11.3.

Schritt 4: Interne Faktura im produzierenden Buchungskreis

Ebenfalls mit Bezug zur Lieferung wird die interne Faktura (Fakturaart IV) im produzierenden Buchungskreis erzeugt. In dieser Faktura ist die Konditionsart PI01 nicht mehr statistisch, vielmehr dient sie jetzt der Ermittlung des Fakturawerts. Der Vertriebsbereich wird aus der Lieferung übernommen. In unserem Fall wird der Vertriebsbereich 1000/10/00 übergeben (siehe Schritt 2). Eine weitere Besonderheit besteht in der Ermittlung des Regulierers und des Rechnungsempfängers. Beide werden im Standardablauf (Terminauftragsabwicklung, bei der verkaufender und produzierender (liefernder) Buchungskreis identisch sind) aus dem Kundenauftrag übernommen. Dies ist bei der internen Verrechnung nicht möglich: Als Rechnungsempfänger und Regulierer fungiert die Vertriebsgesellschaft und nicht der Endkunde. Also ist für die Vertriebsgesellschaft ein entsprechender Debitorenstammsatz im Buchungskreis der Produktionsgesellschaft zu verwenden. Auch dieser Stammsatz wird über das Customizing ermittelt, indem jeder Verkaufsorganisation ein entsprechender Debitorenstamm zugeordnet wird (siehe Abbildung 3.174).

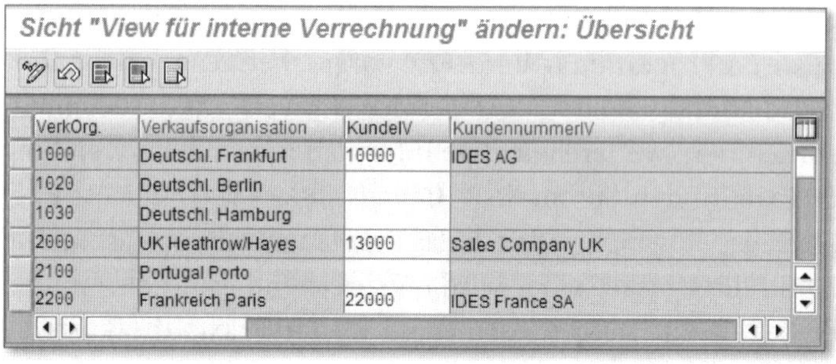
Sicht "View für interne Verrechnung" ändern: Übersicht
VerkOrg.
Verkaufsorganisation
KundeIV
KundennummerIV
1000
Deutschl. Frankfurt
10000
IDES AG
1020
Deutschl. Berlin
1030
Deutschl. Hamburg
2000
UK Heathrow/Hayes
13000
Sales Company UK
2100
Portugal Porto
2200
Frankreich Paris
22000
IDES France SA

Abbildung 3.174 Zuordnung einer Kundennummer zur Verkaufsorganisation (Transaktion OVVA)

Abhängig von der Verkaufsorganisation im Kundenauftrag wird der Debitorenstammsatz der internen Faktura ermittelt. In unserem Beispiel (siehe Abbildung 3.174) heißt das: Wenn in der Verkaufsorganisation 2000 ein Kundenauftrag mit buchungskreisübergreifendem Verkauf angelegt wird, dann wird in der zugehörigen internen Faktura (Buchungskreis 1000) der Debitor 13000 (Sales Company UK) über das Customizing ermittelt.

Die interne Faktura erzeugt einen Buchhaltungsbeleg im liefernden Buchungskreis. Dieser enthält die Erlösbuchung *Debitorenkonto an Umsatzerlöse und Mehrwertsteuer*. Genau wie in der externen Faktura erfolgt eine Fortschreibung der Ergebnis- und Marktsegmentrechnung (CO-PA) im liefernden Buchungskreis. Übergeben werden die geplanten Erlöse sowie die Planumsatzkosten. Die Ermittlung der Erlöse basiert auf der Konditionsart PI01 und damit auf dem Preis, den der verkaufende Buchungskreis an den liefernden Buchungskreis bezahlen muss. In Schritt 3 (Externe Faktura) haben wir jedoch gesehen, dass diese Konditionsart dem Wertfeld UMSATZKOSTEN im CO-PA-Customizing zugeordnet ist. Um zu erreichen, dass die Konditionsart PI01 in der internen Faktura dem Wertfeld ERLÖSE zugeordnet wird, sind Ergänzungen im CO-PA-Customizing notwendig. Dabei wird abhängig von der Fakturaart (IV – Interne Verrechnung) der Wert der Kondition PI01 in das Wertfeld ERLÖSE fortgeschrieben. Die Umsatzkosten werden »ganz normal« aus der Konditionsart VPRS (Bewertungspreis des Materialstamms des liefernden Werks) ermittelt.

Kommen wir damit zum Schritt 5, der Verbuchung der Eingangsrechnung im verkaufenden Buchungskreis. Im »normalen« Einkaufsprozess (Bestellanforderung, Bestellung, Wareneingang, Rechnung) wird die Eingangsrechnung über die Rechnungsprüfung in der Komponente *Materialwirtschaft* (MM) mit Bezug zu Bestellung und Wareneingang verbucht. Im konventionellen Ablauf (siehe Abbildung 3.170) würde dies deckungsgleich erfolgen. Da aber im Szenario *Buchungskreisübergreifender Verkauf* Bestellung und Wareneingangsbuchung in der Vertriebsgesellschaft entfallen, ist diese Funktion hier nicht einsetzbar, weshalb die Rechnung direkt in der Finanzbuchhaltung als Kreditorenbeleg zu erfassen ist. Der Buchungssatz lautet dann *Aufwandskonto (z. B. Wareneinsatz oder Verbrauch Handelsware) und Vorsteuer an Kreditorenkonto*.

Schritt 5: Eingangsrechnung im verkaufenden Buchungskreis

Auch dieser Schritt lässt sich automatisieren. Dabei kommt die ALE(Application-Link-Enabling)-Komponente der SAP-Software zum Einsatz. Es handelt sich dabei um ein generelles Werkzeug zur Verteilung von Daten. Mithilfe der ALE-Werkzeuge lassen sich

Automatisierung durch ALE

- Daten an eine Integrationsplattform (z. B. SAP Exchange Infrastructure) zur Übermittlung an andere Systeme oder Unternehmen übergeben (siehe Kapitel 6, »Unternehmensübergreifende Geschäftsprozesse«)
- Daten an ein EDI-Subsystem zur Versendung von EDI-Nachrichten übergeben
- Daten von einem EDI-Subsystem empfangen und verarbeiten
- Daten zwischen verschiedenen SAP-Systemen austauschen
- Daten zwischen Mandanten austauschen
- Aktivitäten innerhalb eines Mandanten anstoßen

IDocs

Als Datenbasis für den Datenaustausch dienen sogenannte *Zwischendateien – IDocs* genannt. IDoc steht für *Intermediate Document*. In unserem Beispiel wird über die Nachrichtenfindung in der internen Faktura eine Nachrichtenart mit dem Typ ALE ermittelt. Diese initiiert das Anlegen eines IDocs mit dem IDoc-Typ INVOICE. Diese Datei enthält sämtliche Daten der Faktura. Dazu gehören Kopfdaten wie der Regulierer, der Rechnungsempfänger oder die Zahlungsbedingungen. Genauso enthalten sind Positionsdaten wie Material, Menge, Preise und Konditionen. Es werden jedoch nur die Konditionen in das IDoc übergeben, für die im Kalkulationsschema das Druckkennzeichen gesetzt wurde. Dieses dient normalerweise der Drucksteuerung auf dem Fakturaformular. Ist das Kennzeichen gesetzt, wird die Kondition auf dem Formular gedruckt. Dieses Kennzeichen ist also auch für die Erstellung der IDoc-Datei bei der Ausgangsrechnung zuständig.

Eingangsverarbeitung

Sobald die Zwischendatei erzeugt ist, wird in SAP ERP Financials eine sogenannte *Eingangsverarbeitung* für diese Datei gestartet. Somit dient dieses IDoc gleichermaßen als Eingangs- und als Ausgangsdatei. Dabei wird auf der Basis der Rechnungsdaten die Eingangsrechnung in der Finanzbuchhaltung gebucht – vorausgesetzt, dass entsprechende Customizing-Einstellungen in SAP ERP Financials vorgenommen worden sind. Die wichtigsten Einstellungen wollen wir kurz aufzählen:

- Ermittlung des Kreditorenstamms für den liefernden Buchungskreis
- Ermittlung des Aufwandskontos für die Verbuchung (siehe Abbildung 3.175); dabei wird abhängig vom Materialstamm ein Sachkonto ermittelt.

- Ermittlung einer kostenrechnungsrelevanten Zusatzkontierung (Kostenstelle, Projekt, Innenauftrag); diese Zuordnung muss dann vorgenommen werden, wenn es sich bei dem Aufwandskonto um eine Kostenart handelt – nicht jedes Aufwandskonto ist zwingend auch als Kostenart angelegt.
- Ermittlung des Vorsteuerkennzeichens
- Ermittlung von Programmparametern für die Durchführung der Buchung (siehe Abbildung 3.176)

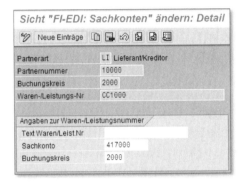

Abbildung 3.175 Ermittlung des Sachkontos bei der automatischen Verbuchung der Eingangsrechnung im verkaufenden Buchungskreis (Transaktion SPRO • Sachkonten für EDI-Verfahren zuordnen)

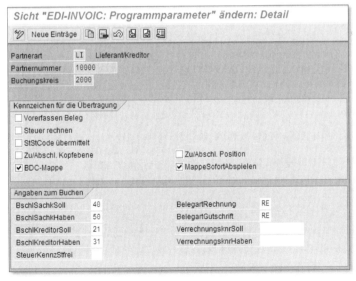

Abbildung 3.176 Eingangsparameter im Customizing von SAP ERP Financials zur automatischen Verbuchung der Eingangsrechnung im verkaufenden Buchungskreis (Transaktion OBCE)

Sind diese Parameter gepflegt, wird mit der Verbuchung der Ausgangsrechnung in der Produktionsgesellschaft automatisch die Verbuchung der Eingangsrechnung in der Vertriebsgesellschaft initiiert. Um eine gewisse Kontrolle im verkaufenden Buchungskreis zu haben, kann der Beleg mit einer Zahlsperre versehen werden. In diesem Fall muss der Sachbearbeiter in der Kreditorenbuchhaltung diese Sperre erst entfernen, bevor die Zahlung erfolgen kann.

Buchungskreisübergreifende Umlagerung

Kommen wir jetzt zum zweiten Szenario im Cross-Company-Geschäft, der *Buchungskreisübergreifenden Umlagerung*. Dabei kauft die Vertriebsgesellschaft (Buchungskreis 2000) Produkte von der Produktionsgesellschaft (Buchungskreis 1000). Anstatt diese aber wie beim buchungskreisübergreifenden Verkauf direkt an den Kunden zu liefern, erfolgt die Lieferung an die Vertriebsgesellschaft. Diese übernimmt die Materialien in ihren Bestand und verwendet sie dann entweder als Komponente oder Rohstoff in der eigenen Produktion oder verkauft sie als Handelsware an ihre Kunden weiter. Abbildung 3.177 gibt uns hierzu einen Überblick.

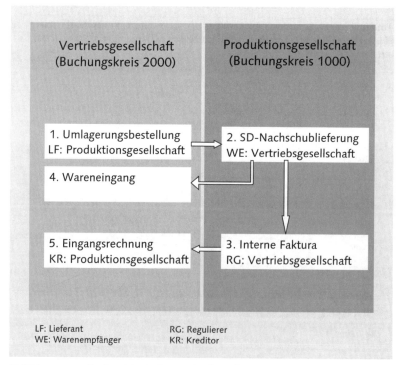

Abbildung 3.177 Buchungskreisübergreifende Umlagerung

Wir werden uns jetzt im Detail mit den folgenden Schritten beschäftigen:

1. Umlagerungsbestellung erfassen
2. SD-Nachschublieferung erfassen
3. Interne Verrechnung durchführen
4. Wareneingangsbuchung in der Vertriebsgesellschaft
5. Eingangsrechnung erfassen

Im ersten Schritt wird in der Vertriebsgesellschaft eine Umlagerungsbestellung in der Komponente MM erfasst. Grundsätzlich könnte vor der Umlagerungsbestellung auch eine Umlagerungs-Bestellanforderung stehen. Diese wird dann anschließend in eine Umlagerungsbestellung umgewandelt. Jede Umlagerungs-Bestellanforderung wird im Werk der Vertriebsgesellschaft als geplanter Zugang in der Disposition wirksam. Gleichzeitig wird sie als geplanter Abgang (Bestellanforderungsabruf) in der Produktionsgesellschaft eingelastet. Mit der Umsetzung der Umlagerungs-Bestellanforderung in eine Umlagerungsbestellung in der Vertriebsgesellschaft wird der Abrufbedarf zu einem Bestellabruf in der Produktionsgesellschaft (zur Thematik der werksübergreifenden Beschaffung siehe auch Abschnitt 4.1, »Lagerverkauf mit Chargenfertigung«). Jede Bestellung hat im Belegkopf einen Lieferantenstamm. Die Umlagerungsbestellung enthält den Lieferantenstamm, der die Produktionsgesellschaft als Kreditor in der Vertriebsgesellschaft repräsentiert. In diesem Kreditorenstamm ist das Lieferwerk hinterlegt, wodurch das System erkennt, dass es sich um eine Umlagerung aus einem anderen Werk handelt. In den Positionen der Umlagerungsbestellung werden außerdem Materialien und Mengen sowie das Lieferdatum festgelegt.

Schritt 1: Umlagerungsbestellung

Mit Bezug zur Umlagerungsbestellung kann nun in der Komponente SD eine Lieferung mit der Lieferart *Nachschublieferung Cross Company* in der Produktionsgesellschaft (Buchungskreis 1000) angelegt werden. Bei der Terminauftragsabwicklung wird der Warenempfänger im Auftrag erfasst und in den Lieferbeleg kopiert. Dies ist bei dieser Abwicklung nicht möglich, da es keinen Kundenauftrag gibt. Vielmehr wird der Warenempfänger über Customizing-Einstellungen in der Komponente MM ermittelt. Dort ist jedem Empfangswerk ein entsprechender Debitorenstamm zugeordnet. Das Empfangswerk wird in der Umlagerungsbestellung vom Anwender erfasst. Abbil-

Schritt 2: SD-Nachschublieferung

dung 3.178 zeigt die Zuordnung des Werks zu einem Debitorenstammsatz.

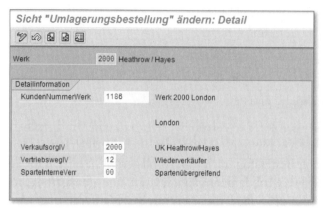

Abbildung 3.178 Zuordnung des Debitorenstamms zum Werk (Transaktion SPRO • Versanddaten für Werke einstellen)

Abbildung 3.178 zeigt uns damit Folgendes: Wenn eine Umlagerungsbestellung in der Vertriebsgesellschaft (Werk 2000) erfasst wird, dann wird in der Nachschublieferung der Produktionsgesellschaft der Debitorenstamm 1186 (Debitorenname: Werk 2000 London) über die Customizing-Einstellung ermittelt.

Neben dem Debitorenstammsatz muss auch der Vertriebsbereich über das Customizing ermittelt werden. Dies geschieht nach der gleichen Logik wie in der SD-Lieferung im Szenario *Buchungskreisübergreifender Verkauf* (siehe Abbildung 3.173). Jedem Lieferwerk wird dabei ein Vertriebsbereich zugeordnet. Für eine SD-Nachschublieferung im Buchungskreis 1000 (Produktionsgesellschaft) wird der Vertriebsbereich 1000/10/00 im Customizing ermittelt. Es handelt sich hierbei um die gleiche Tabelle wie im SD-Customizing des Szenarios *Buchungskreisübergreifender Verkauf* (siehe Abbildung 3.173). Damit kann jedem Werk nur ein Vertriebsbereich zugeordnet werden. Dieser wird bei beiden Szenarien herangezogen.

Schritt 3: Interne Verrechnung — Mit Bezug zur Lieferung wird in der Produktionsgesellschaft (Buchungskreis 1000) eine Faktura mit der Fakturaart *interne Verrechnung* angelegt. Im Unterschied zum Szenario *Buchungskreisübergreifender Verkauf* entfällt die externe Faktura. Es können hier keinerlei Konditionen aus dem Kundenauftrag übernommen werden. Die Preisbestandteile, z. B. die Konditionsart PI01, müssen neu ermittelt werden. Ansonsten unterscheidet sich der Fakturierungsvorgang nicht von der Erstellung der internen Faktura beim buchungskreisübergreifenden Verkauf. Durch die Faktura wird also ein Buchhaltungsbeleg *Debitor an Umsatz und Mehrwertsteuer* erzeugt. Auch werden die Daten in die Ergebnis- und Marktsegmentrechnung (CO-PA) fortgeschrieben.

Im vierten Schritt wird der Wareneingang in der Materialwirtschaftskomponente MM in der Vertriebsgesellschaft gebucht. Dies erfolgt mit Bezug zur Umlagerungsbestellung. Damit werden die entsprechenden Bestellpositionen zur Auswahl angeboten. Der Buchhaltungsbeleg zur Wareneingangsbuchung enthält die Buchung *Bestand an Wareneingangs-/Rechnungseingangs-Verrechnungskonto*. Über die Wareneingangsbuchung wird die Bestellentwicklungsstatistik der Umlagerungsbestellung fortgeschrieben.

Schritt 4: Wareneingangsbuchung in der Vertriebsgesellschaft

Im letzten Schritt des Ablaufs ist die Eingangsrechnung in der Vertriebsgesellschaft zu erfassen. Im Unterschied zum Szenario *Buchungskreisübergreifender Verkauf* existiert jetzt in der Vertriebsgesellschaft eine Bestellung. Damit kann auch die Funktion *Rechnungsprüfung* in der Komponente MM genutzt werden. Für den Anwender ergeben sich keine Unterschiede zur Erfassung einer »normalen« Eingangsrechnung. Der Buchungssatz des Belegs in der Finanzbuchhaltung lautet *Wareneingangs-/Rechnungseingangs-Verrechnungskonto und Vorsteuer an Kreditor*. Auch bei diesem Ablauf kann die Rechnungserfassung über die ALE-Komponente automatisiert werden (siehe Szenario *Buchungskreisübergreifender Verkauf*). Dabei ist es sehr wichtig, das ALE-Customizing so zu steuern, dass die Rechnungsprüfung der Materialwirtschaft genutzt wird. Die Eingangsverarbeitung simuliert gewissermaßen die Prüfung einer Eingangsrechnung über die Komponente *Rechnungsprüfung* und erzeugt den entsprechenden Beleg. Nur wenn die Komponente *Rechnungsprüfung* genutzt wird, wird die Umlagerungsbestellung richtig fortgeschrieben und erhält dadurch den Status ENDGELIEFERT. Damit ist die Umlagerungsbestellung erledigt. Vor allem wird das WE/RE-Konto (Wareneingangs-/Rechnungseingangs-Verrechnungskonto), das beim Wareneingang bebucht wurde, wieder korrekt ausgeglichen.

Schritt 5: Eingangsrechnung erfassen

3.11.3 Beispiel

Ausgangslage In unserem Systembeispiel wollen wir das Szenario *Buchungskreisübergreifender Verkauf* demonstrieren. Wir bleiben bei den in Abschnitt 3.11.2, »Cross-Company-Konzept in SAP ERP«, eingeführten Organisationseinheiten. Unser Endkunde in England, die Chemical Machines Ltd. (Debitorennummer 12500), bestellt das Material CC1000 (Reinigungslösung im 5-l-Kanister) bei unserer Vertriebsgesellschaft in England. Diese wird im System über den Buchungskreis 2000 abgebildet. Für den Verkauf ist der Vertriebsbereich 2000/10/00 zuständig. Die Lieferung erfolgt aus der Produktionsgesellschaft (Buchungskreis 1000) in Deutschland direkt an den Endkunden in England. Die Rechnung an den Endkunden stellt die Vertriebsgesellschaft in England (Buchungskreis 2000). Die Produktionsgesellschaft (Buchungskreis 1000) stellt eine interne Faktura an die Vertriebsgesellschaft in England (Buchungskreis 2000). In unserem Beispiel durchlaufen wir folgende Schritte:

1. Anzeige der Bestandssituation in der Produktionsgesellschaft (Buchungskreis 1000, Werk 1000)
2. Erfassen des Kundenauftrags im Vertriebsbereich 2000/10/00 (Buchungskreis 2000, Vertriebsgesellschaft in England)
3. Anlegen der Lieferung in der Produktionsgesellschaft
4. Anzeige der Bestandssituation in der Produktionsgesellschaft (Buchungskreis 1000, Werk 1000)
5. Erstellung der externen Faktura in der Vertriebsgesellschaft (Buchungskreis 2000)
6. Erstellung der internen Faktura in der Produktionsgesellschaft (Buchungskreis 1000)
7. Automatisches Verbuchen der Eingangsrechnung in der Vertriebsgesellschaft (Buchungskreis 2000)
8. Gesamtüberblick durch Anzeige des Belegflusses zum Kundenauftrag

Schritt 1: Bestandsanzeige des Buchungskreises 1000 Zunächst betrachten wir die Bestände im Produktionswerk 1000 im Buchungskreis 1000 (siehe Abbildung 3.179). Für unser Material CC1000 befinden sich noch 190 Stück im Lagerort 0002 (Fertigwarenlager).

Cross-Company-Geschäfte | 3.11

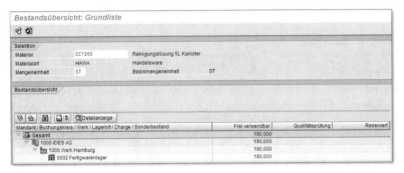

Abbildung 3.179 Bestandsübersicht im Werk 1000 (Produktionsgesellschaft) (Transaktion MMBE)

Erfassen wir jetzt den Kundenauftrag mit der Auftragsart TA (Terminauftrag) im Vertriebsbereich der Vertriebsgesellschaft (2000/10/00). Abbildung 3.180 zeigt den Einstieg in die Auftragserfassung.

Schritt 2: Kundenauftrag

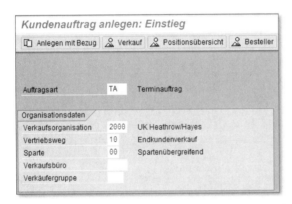

Abbildung 3.180 Erfassung des Kundenauftrags im Vertriebsbereich 2000/10/00 der Vertriebsgesellschaft (Transaktion VA01)

Der Kunde Chemical Machines Ltd. (Debitorennummer 12500) bestellt 10 Stück des Materials CC1000 (Reinigungslösung im 5-l-Kanister). In der Positionsübersicht im Kundenauftrag (siehe Abbildung 3.181) sehen wir, dass als Auslieferwerk das Werk 1000 aus dem Buchungskreis der Produktionsgesellschaft erfasst wurde. Damit gehört das Werk zu einem anderen Buchungskreis als die Verkaufsorganisation des Kundenauftrags.

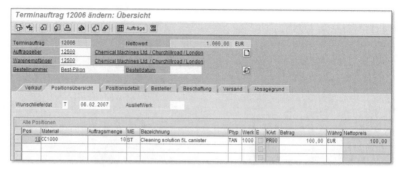

Abbildung 3.181 Positionsübersicht im Kundenauftrag (Transaktion VA02)

In der Preisfindung für diese Position erkennen wir die Konditionsarten PR00 (Verkaufspreis des Endkunden) und PI01 (interner Verrechnungspreis). Die Konditionsart PI01 ist im Auftrag »statistisch« und beeinflusst den Nettowert der Position nicht (siehe Abbildung 3.182). Als Verkaufspreis für den Endkunden wurden 100,00 € pro Stück festgelegt. Der Verkaufspreis der Produktionsgesellschaft an die Vertriebsgesellschaft beträgt 75,00 € pro Stück.

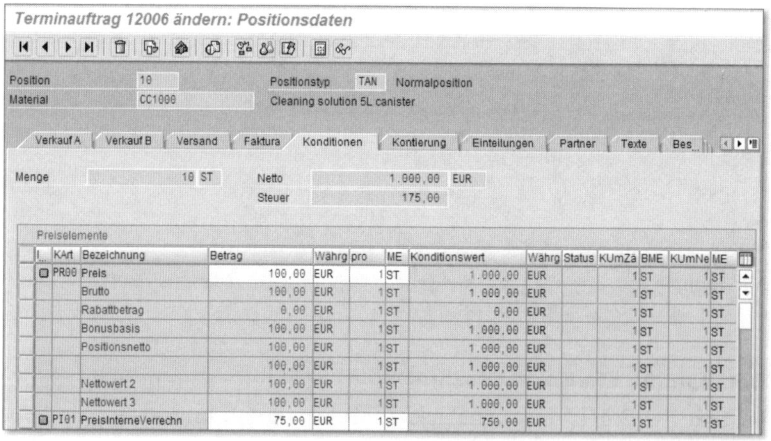

Abbildung 3.182 Preisfindung im Kundenauftrag (Transaktion VA02)

Über die Konditionsart PI01 wird der Preis festgelegt, den die Vertriebsgesellschaft (Buchungskreis 2000) an die Produktionsgesellschaft (Buchungskreis 1000) bezahlt.

Schritt 3: Lieferung Mit Bezug zum Kundenauftrag wird ein SD-Lieferbeleg im Werk der Produktionsgesellschaft angelegt. Die Kommissionierung wird über die Pickmenge dokumentiert. Abbildung 3.183 zeigt uns die Lieferung.

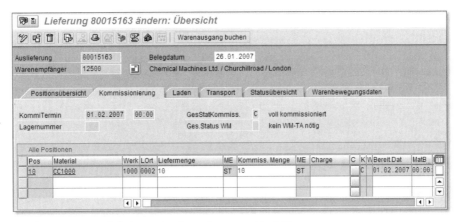

Abbildung 3.183 Lieferbeleg in der Cross-Company-Abwicklung (Transaktion VL02N)

Durch die Warenausgangsbuchung hat sich die Bestandssituation im Werk der Produktionsgesellschaft verändert (siehe Abbildung 3.184). Die Bestände im Werk 1000 wurden um 10 auf 180 Stück reduziert.

Schritt 4: Bestandsanzeige im Werk 1000

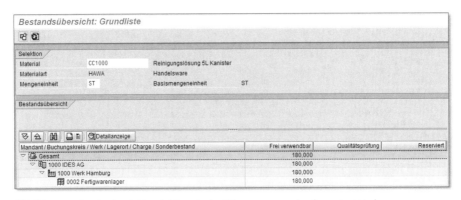

Abbildung 3.184 Bestandsübersicht nach der Warenausgangsbuchung im Werk 1000 (Transaktion MMBE)

Der Warenausgang wurde wie üblich mit der Bewegungsart 601 gebucht. Der zugehörige Buchhaltungsbeleg enthält den Buchungssatz *Bestandsveränderungen an Bestand*.

Im fünften Schritt wird die »externe« Faktura der Vertriebsgesellschaft an den Endkunden erstellt. Abbildung 3.185 zeigt sowohl den Preis des Endkunden (1.000,00 €) als auch den Preis der internen Verrechnung als statistischen Wert (750,00 €). Diese Preise wurden aus dem Auftrag übernommen.

Schritt 5: Externe Faktura

Abbildung 3.185 Faktura der Vertriebsgesellschaft an den Endkunden (Transaktion VF02)

Als Regulierer erscheint der externe Kunde im Kopf der Faktura. In unserem Beispiel ist dies der Kunde Chemical Machines Ltd. mit der Debitorennummer 12500. Die Faktura führt zu folgendem Buchhaltungsbeleg.

Abbildung 3.186 Buchhaltungsbeleg zur externen Faktura im Buchungskreis 2000 (Vertriebsgesellschaft) (Transaktion VF03)

Der Buchhaltungsbeleg (siehe Abbildung 3.186) enthält die Buchung *Debitorenkonto an Umsatz und Mehrwertsteuer*. In unserem Beispiel tritt der Fall ein, der in Abschnitt 3.11.2 unter der Überschrift »Exkurs: Umsatzsteuer bei Cross Company und Export« beschrieben wurde. Die Rechnung der englischen Vertriebsgesellschaft an den Kunden in England ist umsatzsteuerpflichtig. Unser System wurde so eingestellt, dass das Abgangsland in der externen Faktura aus der Verkaufsorganisation (in unserem Fall: Verkaufsorganisation 2000 mit Sitz in England) ermittelt wird. In der Ergebnis- und Marktsegmentrechnung (CO-PA) spiegeln sich Erlöse (aus der Konditionsart PR00) und Kosten (aus der statistischen Kondition PI01) wider. In Abbildung 3.187 sehen wir den Beleg der Ergebnisrechnung in der Vertriebsgesellschaft. Wir erkennen, dass die fakturierte Menge (10 Stück), die Erlöse (1.000,00 €) und die Umsatzkosten (750,00 €) in der Ergebnis- und Marktsegmentrechnung (CO-PA) der Vertriebsgesellschaft fortgeschrieben wurden.

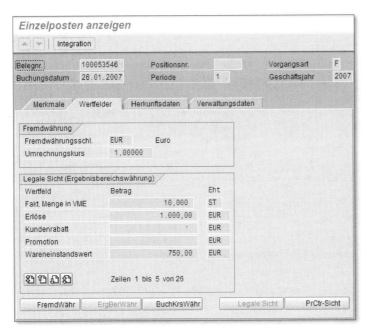

Abbildung 3.187 Beleg der Ergebnisrechnung zur externen Faktura

Ebenfalls mit Bezug zur Lieferung erstellen wir nun die interne Faktura. Der Nettowert (750,00 €) wird aus der Konditionsart PI01 ermittelt (siehe Abbildung 3.188). Dagegen wird der Verrechnungswert (700,00 €) hier aus der Konditionsart VPRS ermittelt.

Schritt 6: Interne Faktura

Abbildung 3.188 Anzeige interne Faktura im Cross-Company-Geschäft (Transaktion VA03)

Über die interne Faktura stellt die Produktionsgesellschaft (Buchungskreis 1000) eine Rechnung an die Vertriebsgesellschaft (Buchungskreis 2000). Folgerichtig tritt die Vertriebsgesellschaft hier als Regulierer (Debitorenstamm 13000) auf. Der Debitor wird über das Customizing ermittelt (siehe auch Abbildung 3.174). Der Buchhaltungsbeleg in der Produktionsgesellschaft enthält den Buchungssatz *Debitor an Umsatzerlöse* (siehe Abbildung 3.189).

Abbildung 3.189 Buchhaltungsbeleg der internen Faktura im Buchungskreis der Produktionsgesellschaft (Transaktion VF03)

Da es sich beim Verkauf der deutschen Produktionsgesellschaft an die englische Vertriebsgesellschaft um ein Geschäft innerhalb der Europäischen Union handelt und der Debitorenstammsatz der Vertriebsgesellschaft über eine Umsatzsteuer-Identifikationsnummer verfügt, bleibt der Vorgang von der Umsatzsteuer befreit. Auch in der Produktionsgesellschaft werden Erlöse und Umsatzkosten an die Ergebnis- und Marktsegmentrechnung weitergeleitet. Die Erlöse stammen von der Konditionsart PI01 (750,00 €), die Umsatzkosten werden nun über die Konditionsart VPRS aus dem Bewertungspreis im Materialstamm ermittelt. Damit werden an die Ergebnisrechnung in der Produktionsgesellschaft die Planherstellkosten übergeben. Abbildung 3.190 zeigt den Beleg der Ergebnisrechnung in der Produktionsgesellschaft.

Schritt 7: Eingangsrechnung in der Vertriebsgesellschaft

In der Vertriebsgesellschaft ist nun eine Eingangsrechnung zu buchen. In unserem Systembeispiel haben wir diesen Schritt automatisiert. Über die Nachrichtenfindung wurde die Nachrichtenart RD04 ermittelt. Diese Nachrichtenart initiiert die Verbuchung der Eingangsrechnung. Abbildung 3.191 zeigt uns das Nachrichtenbild zur internen Faktura.

Cross-Company-Geschäfte | **3.11**

Abbildung 3.190 Beleg der Ergebnisrechnung zur internen Faktura

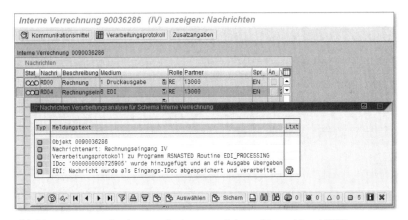

Abbildung 3.191 Nachrichten in der internen Faktura (Transaktion VF03)

Die Abbildung enthält auch das Verarbeitungsprotokoll VERARBEITUNGSANALYSE zur Nachrichtenart RD04. Aus diesem geht hervor, dass das System ein IDoc (Intermediate Document) mit der Nummer 725905 angelegt hat. Diese Datei enthält die Rechnungsdaten. Lassen wir uns einmal den Verarbeitungsstatus dieser Datei anzeigen (siehe Abbildung 3.192).

Abbildung 3.192 IDoc zur internen Faktura (Transaktion BD87)

Der Status 53 zeigt, dass über die Eingangsverarbeitung eine sogenannte *Batch-Input-Mappe* erzeugt wurde. Mithilfe des Batch-Input-Verfahrens werden Anwendertransaktionen durch ein Programm automatisch ausgeführt. In unserem Fall wird also, basierend auf den Rechnungsdaten aus dem IDoc 725905, eine Eingangsrechnung in SAP ERP Financials gebucht. Das Protokoll der Batch-Input-Verarbeitung hat das in Abbildung 3.193 gezeigte Aussehen.

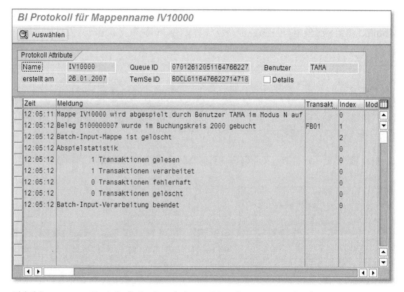

Abbildung 3.193 Protokoll der Batch-Input-Verarbeitung zur Buchung einer Eingangsrechnung in SAP ERP Financials (Transaktion SM35)

Wir sehen, der Beleg 5100000007 wurde automatisch erzeugt. Abbildung 3.194 zeigt uns den Beleg in der Finanzbuchhaltung.

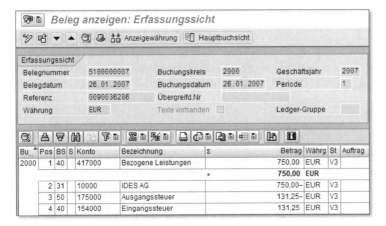

Abbildung 3.194 Beleg über die Eingangsrechnung im Buchungskreis 2000 (Transaktion FBL1N)

In der internen Faktura haben wir gesehen, dass dieser Vorgang von der Umsatzsteuer befreit ist, da es sich um eine innergemeinschaftliche Lieferung handelt. Folgerichtig ist auch die Eingangsrechnung ohne Mehrwertsteuer zu buchen. Gemäß Umsatzsteuerrecht der Europäischen Union sind hier jedoch zwei Buchungszeilen zu erfassen: eine über die Ausgangssteuer und eine über die Eingangssteuer (Erwerbsteuer). Die Produktionsgesellschaft muss somit Erwerbsteuer entrichten, darf diese aber in gleicher Höhe als abzugsfähige Vorsteuer geltend machen. Die Effekte heben sich also gegenseitig auf, es erfolgt jedoch ein getrennter Ausweis in der Umsatzsteuervoranmeldung.

Werfen wir abschließend einen Blick auf den Belegfluss unseres Kundenauftrags mit der Auftragsnummer 12006 (siehe Abbildung 3.195). Wir sehen, dass zunächst ein Kundenauftrag angelegt wurde. Der erste Folgebeleg ist die Lieferung aus einem Werk, das zu einem anderen Buchungskreis gehört. Die Lieferung löst zwei Fakturen aus: die *externe Faktura* mit Fakturaart F2 und die *interne Verrechnung* mit Fakturaart IV. Die Eingangsrechnung in der Vertriebsgesellschaft sehen wir im Belegfluss zum Kundenauftrag nicht.

Schritt 8: Belegfluss

3 | Vertriebskomponente SD – Prozessüberblick

Abbildung 3.195 Belegfluss im Kundenauftrag

3.12 Zentrale Reklamationsbearbeitung

Die effiziente und schnelle Bearbeitung von Reklamationen hat uns schon in Abschnitt 3.8, »Retourenabwicklung«, und in Abschnitt 3.9, »Gut- und Lastschriften«, beschäftigt. Mit Release SAP ERP 6.0 hat SAP eine interessante Funktion zur Verfügung gestellt, um unterschiedliche Prozesse aus einer zentralen Transaktion heraus zu starten. Diese Transaktion wurde im Enhancement Package 3 erweitert und um die Möglichkeit einer Massenbearbeitung von Belegen ergänzt. Diese Massenabwicklung beschreiben wir in einem weiteren Systembeispiel in Abschnitt 3.12.4. Im Folgenden wird die Reklamationsabwicklung einzelner Belege vorgestellt.

3.12.1 Betriebswirtschaftliche Grundlagen

Die Transaktion WCMP_PROCESSING ermöglicht eine zentrale Reklamationsbearbeitung im Vertrieb. Folgende Prozesse können aus dieser Transaktion heraus gestartet werden:

- Retouren (siehe Abschnitt 3.8)
- Gut- und Lastschriften (siehe Abschnitt 3.9)

Es geht an dieser Stelle also nicht um zusätzliche Prozesse und Funktionen innerhalb der Reklamationsbearbeitung, sondern um mehr Benutzerfreundlichkeit.

Wie schon in den genannten Abschnitten dargestellt, ist bei der Bearbeitung von Kundenreklamationen einerseits Schnelligkeit gefordert. Ist etwas schiefgegangen, soll der Schaden so schnell wie möglich behoben werden. Andererseits zeichnen sich Reklamationsprozesse in der Praxis häufig durch eine hohe Komplexität aus. Reklamationen sind zeit- und damit kostenintensiv, da individuelle Fälle zu betrachten sind und sich die Prozesse deshalb nur schwer standardisieren lassen.

Für den Anwender stellen sich daher folgende Fragen:

- Wie lassen sich die Bezugsbelege (z. B. Kundenaufträge, Lieferungen, Fakturen) schnell identifizieren?
- Um welche Produkte (Materialien) geht es?
- Welche Folgeaktivitäten (Retoure, kostenlose Nachlieferung, Austausch etc.) sind einzuleiten?
- Können Standards für die Reklamationsprozesse definiert werden?

Über die zentrale Reklamationsbearbeitung (Transaktion WCMP_PROCESSING) stehen dem Anwender folgende Selektionskriterien zur Verfügung, um einen Bezugsbeleg (z. B. eine Faktura) zu ermitteln:

- Bestellnummer des Kunden
- Lieferscheinnummer
- Fakturanummer
- Kundennummer des Warenempfängers

Über diese Kriterien wird die Faktura ermittelt. Mit Bezug zur Faktura können dann Folgeaktivitäten (Gutschriften, Retouren, Nachlieferungen etc.) ausgelöst werden. Es ist jedoch nicht möglich, ohne Bezug zu einem Vorgängerbeleg Folgeaktivitäten auszulösen. Mit dem Bezugsbeleg werden auch die Materialnummern und die gelieferten Mengen ermittelt. Anschließend kann der Benutzer über die Vorgabe eines Reklamationsgrunds auch die Auslösung der Folgeaktivitäten steuern.

Reklamationsgründe werden im Customizing angelegt. Pro Reklamationsgrund können zwei unterschiedliche Folgebelege ausgelöst werden. Hat der Kunde eine Falschlieferung erhalten, dann kann über einen Reklamationsgrund gesteuert werden, dass automatisch aus der Reklamationsbearbeitung heraus ein Retourenauftrag zur Rücknahme der falschen Waren angelegt wird. Gleichzeitig legt das System einen Kundenauftrag (Terminauftrag) an, über den der Kunde die richtigen Materialien erhält. Über die Reklamationsgründe lassen

Reklamationsgründe

sich also Standards für die Behandlung von Reklamationen definieren, die dem Anwender die Entscheidung über die Folgemaßnahmen erleichtern. Darüber hinaus lässt sich damit die Belegerfassung automatisieren, wodurch der Anwender Zeit spart. Fälle, die nicht über die in den Reklamationsgründen vordefinierten Prozessstandards abgedeckt sind, müssen nach wie vor individuell behandelt werden. Dabei stehen die bekannten Prozesse zur Bearbeitung von Retouren und Gut- und Lastschriften zur Verfügung. Abbildung 3.196 zeigt das Customizing der Reklamationsgründe.

Um die verwendeten Reklamationsgründe aus der bisherigen Reklamationsabwicklung einzusetzen, müssen Sie die Datenbanktabelle CMP_REASON im ABAP Dictionary (Transaktion SE11) aktualisieren.

Abkürzun	VArt	FkArt	Position änderbar	Mengen prüfen	Retoure	VArt	FkArt	Position änderbar	Mengen prüfen	Retoure	Reklamationsgrund	Massenr
Z001	TA		✓	☐	☐		RE	☐	☐	☐	FALSCHLIEFERUNG (RETOURE/NA	☐
Z002	RE		✓	✓	☐			☐	☐	☐	NUR RETOURE/GUTSCHRIFT +	☐
Z003		G2	✓	✓	☐			☐	☐	☐	GUTSCHRIFT	☐
Z004		G2	✓	✓	☐	L2		✓	✓	☐	FALSCHER PREIS	✓
Z005	RE		☐	☐	✓	TA		✓	☐	☐	FALSCHLIEFERUNG	☐
Z006	RE		☐	☐	✓			☐	☐	☐	RETOURE (MASSENREKLAMATION)	✓

Abbildung 3.196 Customizing der Reklamationsgründe (Transaktion SPRO • Reklamationsgründe definieren)

Folgeaktivität Pro Reklamationsgrund können zwei Folgeaktivitäten festgelegt werden. Diese werden über die Auftrags- bzw. Fakturaarten definiert. Der Reklamationsgrund Z005 sieht als Folgeaktivität zwei Auftragsarten vor: einen Retourenauftrag (im Feld VArt ist dazu die Belegart RE eingetragen) und zusätzlich einen Terminauftrag (im Feld VArt ist dazu die Belegart TA eingetragen). Sind dem Kunden falsche Produkte geliefert worden, kann über diesen Reklamationsgrund die Rückholung der falsch gelieferten Produkte und die Auslieferung der richtigen Produkte initiiert werden. Für den Reklamationsgrund Z004 sind als Folgeaktivitäten zwei Fakturaarten in den Feldern FkArt zugeordnet: eine Gutschrift der Fakturaart G2 und eine Lastschrift der Fakturaart L2.

Das Kennzeichen POSITION ÄNDERBAR bewirkt, dass in dem Folgebeleg Mengen, Mengeneinheiten und Konditionen geändert werden können. Das Kennzeichen MENGEN PRÜFEN (Mengenprüfung) bewirkt, dass vom System geprüft wird, ob die Menge im Folgebeleg die Menge im Bezugsbeleg überschreitet. Das Feld RETOURE markiert den Folgebeleg als Retoure. Die besonderen betriebswirtschaftlichen Fragen hinsichtlich der Bewertung von Produkten im Retourenbestand und der Behandlung im Controlling wurden bereits in den Abschnitten 3.8 und 3.9 behandelt. Wir wollen deshalb an dieser Stelle nicht mehr darauf eingehen. Das gilt auch für die Beschreibung der Prozesse, die aus der Reklamationsbearbeitung heraus ausgelöst werden.

Für die Massenbearbeitung von Reklamationen können für Preisänderungen in den Folgebelegen Konditionen aus den Fakturapositionen des Ursprungsbelegs zugeordnet werden. Nur diese Konditionen können im Folgebeleg geändert werden. Außerdem ist es darüber möglich, Zwischensummen aus der Fakturaposition dem Bearbeiter anzeigen zu lassen. Je Kalkulationsschema können bis zu sechs Konditionsarten hinterlegt werden.

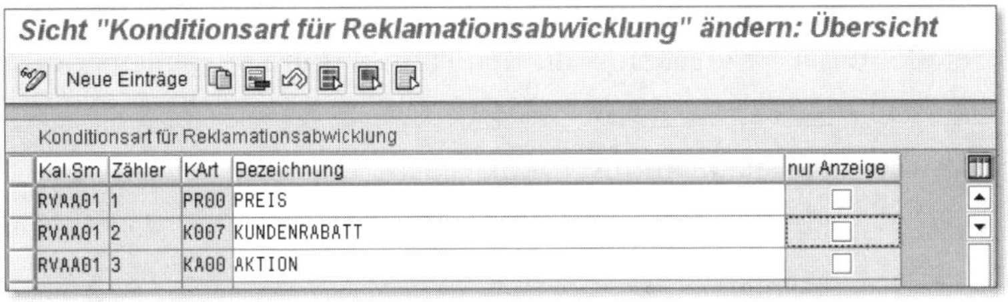

Abbildung 3.197 Customizing-Konditionsarten für Reklamationsgründe (Transaktion SPRO • Konditionsarten zuweisen)

Für eine noch einfachere Bearbeitung der Kundenreklamation durch den Anwender können für die im Vorfeld bereits definierten Konditionsarten auch kundeneigene Kürzel hinterlegt werden (siehe Abbildung 3.198). Diese dienen als Eingabehilfe in der Transaktion für die Massenreklamationsbearbeitung (Transaktion WCMP_PROCESSING).

Abbildung 3.198 Customizing der Konditionskürzel für Konditionsarten (Transaktion SPRO • Konditionskürzel zuweisen)

Im Folgenden werden wir die Möglichkeiten der zentralen Reklamationsbearbeitung anhand von drei Systembeispielen erläutern.

3.12.2 Beispiel »Austausch«

Im ersten Systembeispiel hat unser Kunde, die Industrietechnik GmbH (Kundennummer 1075), das Material NT100 (Netzteil) bestellt und irrtümlich das Material NT103 geliefert bekommen. Die gelieferte Menge des Materials NT100 wird zurückgenommen und ein neuer Auftrag über das ursprüngliche Material erfasst. Wir müssen deshalb einen Austausch vornehmen. Für die Rückholung ist ein Retourenauftrag anzulegen, und für die Nachlieferung ist ein Kundenauftrag zu erzeugen. Für die Retoure erhält der Kunde eine Gutschrift, die Nachlieferung wird über eine Faktura berechnet. Das Beispiel umfasst folgende Schritte:

1. Anzeige des ursprünglichen Kundenauftrags
2. Selektion der Bezugsbelege in der Transaktion zur Reklamationsbearbeitung
3. Auswahl des Reklamationsgrunds
4. Erzeugen der Folgebelege
5. Anzeige der Folgebelege
6. Anzeige des Gesamtbelegflusses zum ursprünglichen Auftrag

Schritt 1: Kundenauftrag
Als Erstes wollen wir uns einen Überblick über die Ausgangssituation verschaffen und werfen einen Blick auf den ursprünglichen Kundenauftrag (siehe Abbildung 3.199). Der Kunde hat 20 Stück des Materials NT100 bestellt.

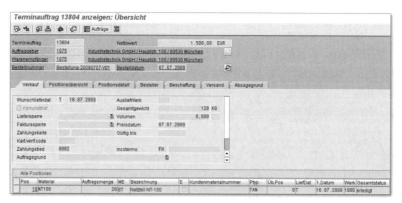

Abbildung 3.199 Ursprünglicher Kundenauftrag (Transaktion VA02)

Die Informationen über die Folgebelege liefert uns der Belegfluss zu diesem Kundenauftrag. Abbildung 3.200 zeigt uns, dass mit Bezug zu dem Kundenauftrag ein Lieferbeleg existiert. An dessen Status (ERLEDIGT) erkennen wir, dass der Warenausgang gebucht ist. Auch die Faktura wurde bereits erstellt, allerdings steht die Zahlung durch den Kunden noch aus.

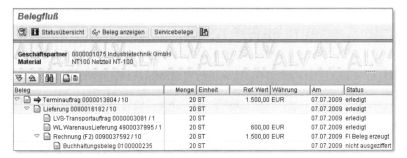

Abbildung 3.200 Belegfluss zum Kundenauftrag 13804 (Transaktion VA02)

Der Kunde möchte einen Austausch vornehmen und statt des gelieferten Materials NT103 das Modell NT100 bekommen (wie es in den Auftrags- und Lieferbelegen auch ausgewiesen ist). Als Referenz nennt er uns die Liefernummer. Der Anwender ruft die Transaktion zur Reklamationsbearbeitung auf und sucht über die Lieferscheinnummer nach der entsprechenden Faktura (siehe Abbildung 3.201).

Schritt 2: Selektion der Bezugsbelege

Abbildung 3.201 Selektion der Bezugsbelege in der Reklamationsabwicklung (Transaktion WCMP_PROCESSING)

Der Anwender hat die Liefernummer erfasst und die Selektion gestartet. Das System zeigt ihm daraufhin die entsprechende Faktura, die als Bezugsbeleg ausgewählt wird.

Nach der Auswahl des Bezugsbelegs zeigt das System die entsprechenden Positionen an (siehe Abbildung 3.202).

Schritt 3: Auswahl des Reklamationsgrunds

Abbildung 3.202 Auswahl des Reklamationsgrunds (Transaktion WCMP_PROCESSING)

Nach Eingabe der Positionsnummer muss die Auswahl des Reklamationsgrunds erfolgen. In diesem Fall wird der Reklamationsgrund Z005 ausgewählt (das entsprechende Customizing zeigt Abbildung 3.196). Ebenfalls kann die tatsächlich fakturierte Menge eingeben werden, wenn dem Kunden eine falsche Menge in Rechnung gestellt wurde. So wird ein neuer Kundenauftrag mit der eingetragenen Menge erstellt, der bearbeitet werden kann.

Über die Customizing-Einstellungen zum Reklamationsgrund ermittelt das System automatisch die zu erzeugenden Folgebelege und leitet daraus einen Vorschlag für die entsprechenden Positionen in diesen Belegen ab. In Abbildung 3.203 sehen wir, welche Positionen SAP ERP für die Folgebelege vorschlägt.

Zur Position 10 des Ursprungsbelegs werden zwei Positionen vorgeschlagen: eine für einen Auftrag über das Material NT100 mit der Belegart TA und eine für die Retoure des falsch gelieferten Materials mit der Belegart RE. Wir sehen, dass nur in der Position für den neuen Auftrag des Materials NT100 das Feld MATERIAL eingabebereit ist. Dies wird durch das Kennzeichen POSITION ÄNDERBAR im Customizing des Reklamationsgrunds bewirkt (siehe Abbildung 3.196). Ebenso kann die Menge dieser Position geändert werden. Für die Retourenposition lassen sich diese Felder aufgrund der Einstellungen im Customizing nicht ändern.

Abbildung 3.203 Positionsvorschlag des Systems für die Folgebelege (Transaktion WCMP_PROCESSING)

Mit dem Sichern werden die Folgebelege vom System automatisch angelegt. Abbildung 3.204 zeigt uns das Ergebnis.

Schritt 4: Erzeugen der Folgebelege

Abbildung 3.204 Protokoll zum Anlegen der Folgebelege (Transaktion WCMP_PROCESSING)

Durch das System wurden automatisch ein Kundenauftrag mit der Belegnummer 13806 und ein Retourenauftrag mit der Belegnummer 60000157 angelegt. Diese Folgebelege wollen wir uns kurz ansehen. Abbildung 3.205 zeigt den Retourenauftrag und Abbildung 3.206 den Kundenauftrag mit dem Material NT100.

Schritt 5: Anzeige der Folgebelege

3 | Vertriebskomponente SD – Prozessüberblick

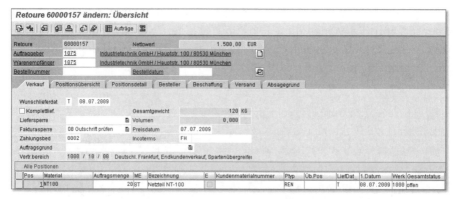

Abbildung 3.205 Retourenauftrag (Transaktion VA02)

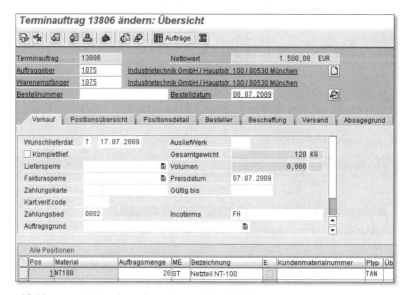

Abbildung 3.206 Kundenauftrag (Transaktion VA02)

Beide Aufträge werden jetzt so weiterbearbeitet, wie es in Abschnitt 3.3, »Terminauftragsabwicklung«, und in Abschnitt 3.8, »Retourenabwicklung«, beschrieben wurde. Zum Retourenauftrag wurden in SAP ERP eine Retourenanlieferung und eine Retourengutschrift angelegt, zum Kundenauftrag wurden Lieferung und Faktura erzeugt. Diese Schritte zeigen wir an dieser Stelle aber nicht mehr durch eigene Abbildungen und verweisen auf die genannten Abschnitte. Noch ein Hinweis zum Retourenauftrag: Der Kunde sendet das falsch gelieferte Material NT103 zurück. Der Retourenauftrag enthält aber das Material NT100. In einem Positionstext sollte darauf hingewiesen werden, damit dies beim Wareneingang der Retoure erkannt werden kann. Es ist dennoch richtig, dass der Retourenauftrag das Material NT100 enthält, weil nur so der Bestand für dieses Material nach dem Wareneingang für die Retourenanlieferung korrekt ausgewiesen wird.

Beide Belege (Retouren- und Kundenauftrag) wurden automatisch mit Bezug zur Faktura (Belegnummer 90037592) angelegt. Damit lässt sich der Gesamtvorgang im Belegfluss des der Faktura zugrunde liegenden Kundenauftrags mit der Belegnummer 13804 nachvollziehen (siehe Abbildung 3.207).

Schritt 6: Belegfluss des ursprünglichen Auftrags

Abbildung 3.207 Belegfluss mit dem ursprünglichen Kundenauftrag und den Folgebelegen der Reklamationsbearbeitung (Transaktion VA02)

Der Belegfluss zeigt, dass zum Retourenauftrag (60000157) ein Lieferbeleg (84000104) und die Retourengutschrift (90037597) angelegt wurden. Damit ist der Retourenvorgang abgeschlossen. Zum Kundenauftrag wurden ein Lieferbeleg (80016185) und die Faktura (90037596) erfasst. Damit hat der Kunde das gewünschte Material NT100 erhalten, und der Prozess ist abgeschlossen.

3.12.3 Beispiel »Gutschrift«

Im Beispiel *Gutschrift* hat unser Kunde, die Industrietechnik GmbH (Kundennummer 1075), eine Lieferung erhalten, die teilweise beschädigt war. Es wurden 5 Stück des Materials NT200 (Netzteil) ausgeliefert. Davon war 1 Stück defekt. Nach einer Überprüfung durch unseren Servicemitarbeiter wurde das Teil entsorgt, eine Nachlieferung wird nicht benötigt. Das Beispiel umfasst folgende Schritte:

1. Anzeige des ursprünglichen Auftrags
2. Selektion der Bezugsbelege in der Transaktion zur Reklamationsbearbeitung
3. Auswahl des Reklamationsgrunds
4. Erzeugen des Folgebelegs (Gutschrift)
5. Anzeige der Folgebelege (Gutschrift)
6. Anzeige des Gesamtbelegflusses zum ursprünglichen Auftrag

Schritt 1: Kundenauftrag

Auch in diesem Beispiel verschaffen wir uns zuerst einen Überblick darüber, welche Belege im Zuge des ursprünglichen Kundenauftrags erzeugt wurden. Der Kunde hat 5 Stück des Materials NT200 erhalten. Diesem Vorgang liegt der Kundenauftrag mit der Belegnummer 13809 zugrunde, den wir in Abbildung 3.208 sehen.

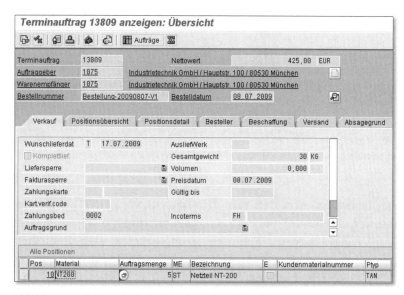

Abbildung 3.208 Ursprünglicher Kundenauftrag (Transaktion VA02)

Im Kundenauftrag ist auch die Bestellnummer (Bestellung-20090807-V1) des Kunden als Referenzbeleg erfasst worden. Auf diese Nummer wird sich der Kunde bei seiner Reklamation beziehen. In Abbildung 3.209 sehen wir den vollständigen Belegfluss zu diesem Kundenauftrag, der auch in diesem Beispiel aus Terminauftrag, Lieferung und

Faktura besteht. Auch in diesem Fall wurde die Faktura durch den Kunden noch nicht bezahlt.

Abbildung 3.209 Belegfluss zum Kundenauftrag 13809 (Transaktion VA02)

Der Kunde reklamiert, dass ein Teil defekt war. Bei seiner Reklamation bezieht er sich auf seine Bestellnummer (Bestellung-20090807-V1), die im Kundenauftrag (siehe Abbildung 3.208) erfasst wurde. Über diese Referenz suchen wir in der Reklamationsbearbeitung nach dem Bezugsbeleg (siehe Abbildung 3.210).

Schritt 2: Selektion der Bezugsbelege

Abbildung 3.210 Selektion des Bezugsbelegs (Transaktion WCMP_Processing)

Das System ermittelt über die Bestellnummer aus dem Kundenauftrag die Faktura des ursprünglichen Auftrags (siehe Abbildung 3.210) als Bezugsbeleg und zeigt diesen am Bildschirm an.

Der Anwender wählt den Bezugsbeleg für die Reklamation aus und erhält anschließend einen automatischen Vorschlag für die Folgebelege und die Reklamationspositionen. Dieser Vorschlag wird über die Customizing-Einstellungen zum Reklamationsgrund (siehe Abbildung 3.196) ermittelt.

Schritt 3: Auswahl des Reklamationsgrunds

Abbildung 3.211 Auswahl des Reklamationsgrunds (Transaktion WCMP_PROCESSING)

In diesem Beispiel wird der Reklamationsgrund Z003 aus den drei angebotenen Reklamationsgründen ausgewählt (siehe Abbildung 3.211). Darüber wird gesteuert, dass für den Kunden eine Gutschrift mit Bezug zur Faktura erzeugt wird. Da im Customizing des Reklamationsgrunds eine Fakturaart (G2) eingetragen ist, erstellt das System in diesem Fall direkt eine Faktura. Es wird also keine Gutschriftanforderung (wie in Abschnitt 3.9, »Gut- und Lastschriften«, beschrieben) benötigt. Damit wird der Prozess einfacher und überschaubarer als der eigentliche Prozess der Gutschrifterstellung, der immer eine Gutschriftanforderung als Auftragsart benötigt, die dann durch die Fakturaart Gutschrift fakturiert wird. In das Feld FAKTURIERTE MENGE muss die Menge eingetragen werden, über die eine Gutschrift erfolgen soll. Da nur ein Teil der Lieferung defekt war, geben wir die Menge entsprechend ein. Der Kunde soll eine Gutschrift über 1 Stück erhalten.

Abbildung 3.212 zeigt das Ergebnis: Das System schlägt zur Position 10 des Ursprungsbelegs eine Gutschriftposition mit der Menge 1 vor.

Zentrale Reklamationsbearbeitung | **3.12**

Abbildung 3.212 Positionsvorschlag des Systems für die Folgebelege (Transaktion WCMP_PROCESSING)

Mit dem Sichern erzeugt das System automatisch die entsprechende Gutschrift und zeigt ein Protokoll an (siehe Abbildung 3.213).

Schritt 4: Erzeugen des Folgebelegs

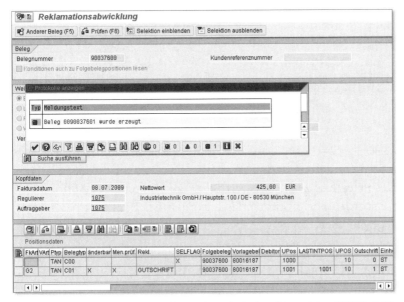

Abbildung 3.213 Protokoll zum Anlegen des Folgebelegs (Transaktion WCMP_PROCESSING)

Das System hat nun automatisch eine Gutschrift mit der Belegnummer 90037601 angelegt (siehe Abbildung 3.214). Da es sich um einen Fakturabeleg handelt, sind keine weiteren Folgebelege zu erfassen.

Schritt 5: Anzeige der Folgebelege

435

3 | Vertriebskomponente SD – Prozessüberblick

Abbildung 3.214 Gutschrift (Transaktion VF02)

Schritt 6:
Belegfluss des ursprünglichen Auftrags

Die Gutschrift wurde mit Bezug zum Ursprungsbeleg (Faktura) angelegt. Dies lässt sich auch im Belegfluss des ursprünglichen Auftrags nachvollziehen (siehe Abbildung 3.215).

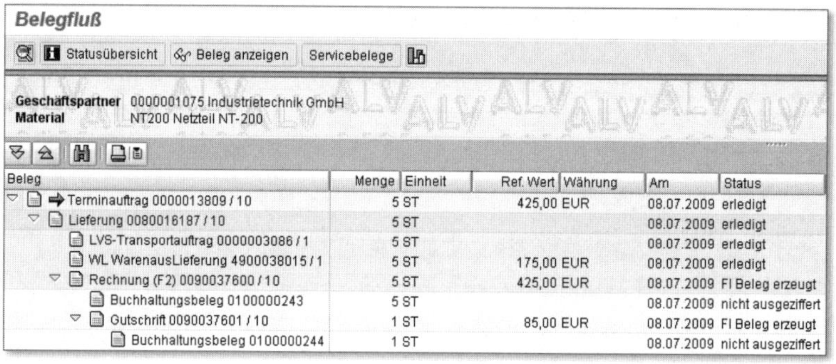

Abbildung 3.215 Belegfluss des ursprünglichen Kundenauftrags (Transaktion VA02)

Der Belegfluss zeigt, dass mit Bezug zur Faktura des Auftrags eine Gutschrift über 1 Stück erfasst worden ist. Damit ist das Beispiel abgeschlossen.

3.12.4 Beispiel »Massenreklamation«

Ab Enhancement Package 3 kann die Reklamationsabwicklung für mehrere Fakturen zusammen in einem Schritt durchgeführt werden. In dem folgenden Beispiel *Massenreklamation* hat der Kunde, die GT Warenhandel GmbH (Kundennummer 1070), mehrere Kundenaufträge mit dem Material NT103 (Netzteil) geliefert bekommen. Mit dem Kunden war ein neuer Preis von 80 € pro Stück vereinbart, irrtümlich wurde ihm aber der bisherige Preis von 83,50 € in Rechnung gestellt.

Das Beispiel umfasst folgende Schritte:

1. Anzeige Fakturen
2. Selektion der Bezugsbelege in der Transaktion zur Massenreklamation
3. Auswahl des Reklamationsgrunds
4. Auswahl der Belege
5. Anzeige der Folgebelege (Gut- und Lastschrift)
6. Anzeige des Gesamtbelegflusses zum ursprünglichen Auftrag

In der Liste der Fakturen (Transaktion VF05) finden wir zu dem Material NT103 und unserem Kunden (Kundennummer 1070) die zugehörigen Fakturabelege, die noch nicht ausgeziffert sind. Der Kunde nennt bei seiner Reklamation als Referenz die in Abbildung 3.216 aufgeführten Fakturanummern.

Schritt 1: Anzeige der Fakturen

Fakturadat	Faktura	Pos	Material	Bezeichnung	Fakt.Menge	ME	Σ	Nettowert	Währg	VkOrg
							•••	4.175,00	EUR	
10.07.2009							••	4.175,00	EUR	
	90037642						•	1.252,50	EUR	
		10	NT103	Netzteil NT-103 (weiß)	15	ST		1.252,50	EUR	1000
	90037641						•	417,50	EUR	
		20	NT103	Netzteil NT-103 (weiß)	5	ST		417,50	EUR	1000
	90037640						•	1.002,00	EUR	
		10	NT103	Netzteil NT-103 (weiß)	12	ST		1.002,00	EUR	1000
	90037639						•	835,00	EUR	
		30	NT103	Netzteil NT-103 (weiß)	10	ST		835,00	EUR	1000
	90037638						•	668,00	EUR	
		20	NT103	Netzteil NT-103 (weiß)	8	ST		668,00	EUR	1000

Abbildung 3.216 Liste der Fakturen zu dem Regulierer 1070 und dem Material NT103 (Transaktion VF05)

Bei der Rechnungseingangsbearbeitung hat der Kunde festgestellt, dass ihm ein falscher Preis für das Material NT103 berechnet wurde und meldet dies. Bei der Reklamation gibt er uns die Fakturanummern, die Materialnummer und den neuen Preis an. Da es sich um mehrere Fakturabelege handelt, werden diese in der speziellen Transaktion für die Massenreklamationsabwicklung WCMP_MASS bearbeitet.

Schritt 2: Selektion der Bezugsbelege

In der Transaktion selektieren wir nach den vom Kunden genannten Belegnummern (siehe Abbildung 3.217).

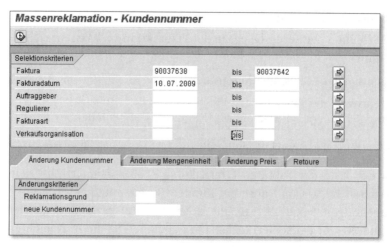

Abbildung 3.217 Selektion der relevanten Fakturen (Transaktion WCMP_MASS)

Nach der Erfassung der relevanten Fakturen wird über die Registerkarten die Art der Änderung ausgewählt. Es ist möglich, die Kundennummer, den Artikelpreis oder die Mengeneinheit eines Artikels zu korrigieren oder eine Retoure für ein Material anzulegen. In unserem Beispiel wird der Preis angepasst.

Schritt 3: Auswahl des Reklamationsgrunds Wie in Abbildung 3.218 dargestellt, wählen wir auf der Registerkarte ARTIKELPREIS den Reklamationsgrund *Z004 (Falscher Preis)* aus. Im Customizing des Reklamationsgrunds sind als Folgeaktivitäten das Erstellen von Gut- und Lastschrift definiert (siehe Abbildung 3.196).

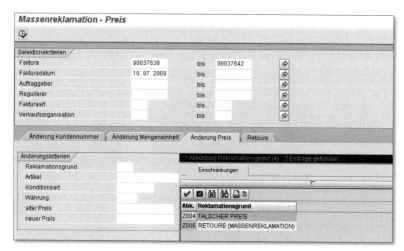

Abbildung 3.218 Auswahl des Reklamationsgrunds (Transaktion WCMP_MASS)

Aufgrund dieser Einstellung wird zu den ausgewählten Fakturen automatisch eine Gutschrift (G2) und eine Lastschrift (L2) mit Bezug zum ursprünglichen Kundenauftrag angelegt.

Nach Eingabe der Artikelnummer wählt der Anwender die Konditionsart aus. Über das im Customizing definierte Kürzel (siehe Abbildung 3.198) wird die zugehörige Konditionsart gefunden.

Abbildung 3.219 zeigt die Auswahl der Konditionsart PR00 für unser Beispiel.

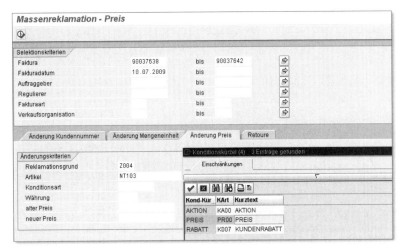

Abbildung 3.219 Auswahl des Konditionskürzels (Transaktion WCMP_MASS)

Um die Ursprungsbelege selektieren zu können, muss der Anwender die Währung und den alten Preis aus der Ursprungsfaktura erfassen und den neuen Preis eingeben (siehe Abbildung 3.220).

Das System ermittelt alle Fakturapositionen mit dem eingegebenen Material und Preis (siehe Abbildung 3.221). In der Anwendung können einzelne Positionen ausgewählt werden.

Schritt 4: Auswahl der Belege

Nach der Auswahl der Belege erzeugt das System zu den selektierten Fakturen jeweils eine Gut- und eine Lastschrift.

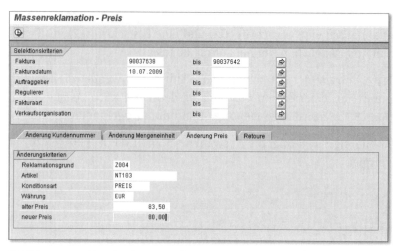

Abbildung 3.220 Eingabe der Preisänderung (Transaktion WCMP_MASS)

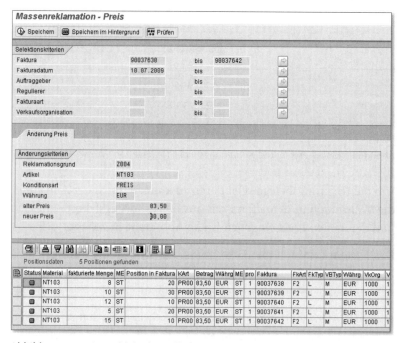

Abbildung 3.221 Auswahl der betroffenen Positionen für die Preisänderung (Transaktion WCMP_MASS)

Schritt 5: Anzeige der Folgebelege

Das System hat nun automatisch je Ursprungsfaktura mit Bezug zum Kundenauftrag eine Gutschrift und einen Beleg für die Lastschrift erzeugt (siehe Abbildung 3.222).

Zentrale Reklamationsbearbeitung | 3.12

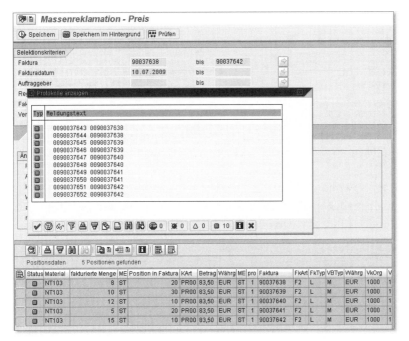

Abbildung 3.222 Protokoll zum Anlegen der Folgebelege (Transaktion WCMP_MASS)

Beispielhaft sind nachfolgend die Belege für die Faktura 90037642 abgebildet. Die Gutschrift 90037651 lautet über den kompletten Betrag und die Menge des Artikels NT103 (siehe Abbildung 3.223). Der Gutschrift liegt der Nettopreis in Höhe von 83,50 € zugrunde.

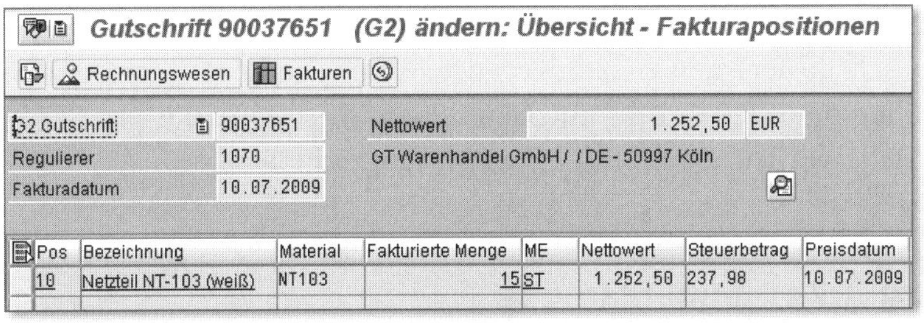

Abbildung 3.223 Gutschrift (Transaktion VF02)

Ebenfalls mit Bezug zum Kundenauftrag 13835 hat das System eine Lastschrift mit der Belegnummer 90037652 erstellt (siehe Abbildung 3.224). Die Lastschrift basiert auf dem korrekten Preis in Höhe von 80 € (1.200 € / 15).

3 | Vertriebskomponente SD – Prozessüberblick

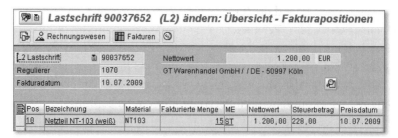

Abbildung 3.224 Lastschrift (Transaktion VF02)

Schritt 6:
Anzeige des
Belegflusses zum
Kundenauftrag

Dass sowohl die Gut- als auch die Lastschrift mit Bezug zu der ursprünglichen Faktura anlegt wurde, lässt sich im Belegfluss des Kundenauftrags nachvollziehen (siehe Abbildung 3.225).

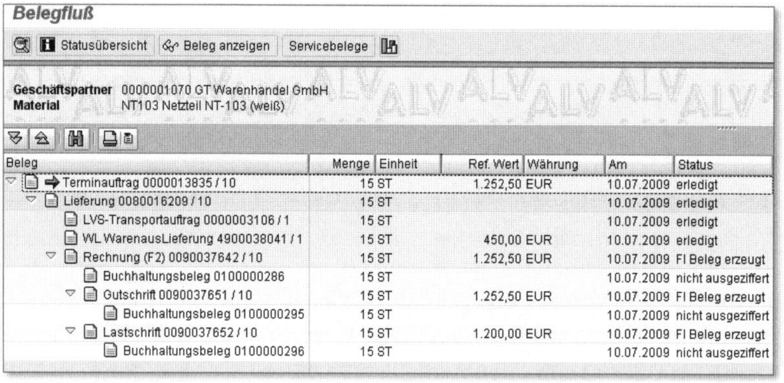

Abbildung 3.225 Belegfluss des Kundenauftrags (Transaktion VA02)

Der Belegfluss zeigt, dass mit Bezug zur Faktura des Auftrags eine Gutschrift über den Gesamtwert der Faktura und eine Lastschrift in Höhe von 1.200 €, d.h. mit dem neuen Wert von 80 € pro Stück, erstellt wurden. Damit ist das Beispiel abgeschlossen.

3.13 Zusammenfassung

In diesem Kapitel haben Sie zunächst den grundsätzlichen Aufbau und die grundsätzliche Abfolge des Belegflusses in der Komponente SD kennengelernt. Damit wollten wir Ihnen zeigen, dass es einen »Kernablauf« (siehe Abschnitt 3.3, »Terminauftragsabwicklung«) gibt, der dann, in unterschiedlichen Varianten ausgestaltet, die verschiedenen Unternehmensprozesse repräsentiert. Obwohl wir dabei stets die

Auswirkungen in und die Integration mit den anderen Komponenten (Materialwirtschaft, Produktion, Finanzen und Controlling) thematisiert haben, standen bislang die Vertriebsprozesse in der Komponente SD im Mittelpunkt der Betrachtungen. Im folgenden Kapitel wollen wir abermals die Perspektive erweitern und den Blick darauf richten, wie komponentenübergreifende Wertschöpfungsketten in SAP ERP abgebildet werden können.

In diesem Kapitel zeigen wir Ihnen, wie Sie die SD-Funktionen und -Prozesse zur Gestaltung und Optimierung komponentenübergreifender Wertschöpfungsketten einsetzen können. Wir behalten dabei den grundsätzlichen Aufbau aus den vorherigen Kapiteln bei und geben zunächst einen Überblick über die jeweiligen Szenarien in der Logistik und im Rechnungswesen. In den Beispielen kommen dann die Komponenten SD, MM, PP, SAP ERP Financials und CO zum Einsatz.

4 Gestaltung von Wertschöpfungsketten in SAP ERP

Die Idee der Beschreibung von Wertschöpfungsketten in einem Buch über Vertriebsprozesse basiert auf der folgenden Überlegung: Die Gestaltung der Prozesse und Funktionen im Vertrieb ist immer im Kontext des jeweiligen Gesamtprozesses zu sehen. So wird eine Verfügbarkeitsprüfung beim Vertrieb einer kundenindividuell gefertigten Großanlage (z. B. eines Kraftwerks) völlig anders ablaufen als beim Verkauf eines massenhaft produzierten Produkts (z. B. eines Pharmaprodukts). Dem wollen wir Rechnung tragen, indem wir im Folgenden die beschriebenen Funktionen im Licht unterschiedlicher Szenarien betrachten. Schon in Abschnitt 2.3, »Verfügbarkeitsprüfung«, wurde auf den engen Zusammenhang zwischen Planungsszenarien der Produktion, der Prüfung von Verfügbarkeiten in Vertriebsbelegen und auch der Controllingstrategie (siehe Abschnitt 2.12, »Integration der Ergebnis- und Marktsegmentrechnung«) hingewiesen. Diese Aspekte stehen bei der Betrachtung der jeweiligen Szenarien im Mittelpunkt.

Grundlagen

In den folgenden drei Abschnitten beschreiben wir konkrete Szenarien komponentenübergreifend: von der Absatzplanung über die Disposition und die Kundenauftragsbearbeitung, die Beschaffung von Komponenten und die Fertigung der Endgeräte bis zum Versand und der Fakturierung. Diese Abschnitte enthalten jeweils ein Beispiel für die Abbildung in der Software SAP ERP für die unterschiedlichen

Aufbau des Kapitels

Wertschöpfungsketten. Wir beschreiben in Abschnitt 4.1, »Lagerverkauf mit Chargenfertigung«, zunächst ein Szenario der reinen Massenproduktion. Anschließend betrachten wir in Abschnitt 4.2, »Vorplanung ohne Endmontage«, einen Prozess, bei dem zwar die Komponenten und Baugruppen unabhängig von Kundenaufträgen geplant und beschafft werden, die Endmontage aber erst durch einen konkreten Kundenauftrag ausgelöst wird. Beide Szenarien sind aus der Sicht des Controllings (siehe Abschnitt 2.12.3) der *anonymen Massenfertigung* zuzurechnen. Im Gegensatz dazu behandeln wir in Abschnitt 4.3, »Kundeneinzelfertigung«, ein klassisches Beispiel der Kundeneinzelfertigung. Abschließend bieten wir in Abschnitt 4.4, »Weitere Szenarien«, einen Überblick über weitere Szenarien an.

4.1 Lagerverkauf mit Chargenfertigung

In diesem Szenario beschreiben wir den *Lagerverkauf von Produkten mit Chargenpflicht*. Diese sollen in großen Mengen hergestellt und an Handelsunternehmen verkauft werden. In der Praxis sind solche Prozesse vor allem in der chemisch-pharmazeutischen Industrie zu finden.

4.1.1 Produkte und Märkte

Unser Beispielunternehmen fertigt apothekenpflichtige Pharmaprodukte (Medikamente, Hautpflegepräparate), die an Pharma-Großhändler vertrieben werden. Diese übernehmen die Versorgung von Apotheken. Das Sortiment ist in einer Produkthierarchie geordnet und umfasst sehr viele unterschiedliche Produktgruppen. Außerdem haben viele Produkte identische Inhaltsstoffe, werden aber in unterschiedlichen *Darreichungsformen* angeboten. So gibt es einen bestimmten Hustensaft z. B. in folgenden Darreichungsformen:

- Hustensaft 20 ml Reiseflasche
- Hustensaft 100 ml Glasflasche
- Hustensaft 100 ml Plastikflasche
- Hustensaft 250 ml Plastikflasche

In der Praxis wird ein eigener Materialstammsatz pro Darreichungsform (Bezeichnung »Hustensaft 100 ml Glasflasche«) im System hinterlegt.

4.1.2 Organisationsstruktur

Produktion und Vertrieb der Produkte erfolgen in unterschiedlichen Werken. Während die Produktion im Werk 1100 (Berlin) angesiedelt ist, wird der Vertrieb über das Werk 1000 (Hamburg) abgewickelt. Im weiteren Verlauf bezeichnen wir das Werk 1000 (Hamburg) als Vertriebswerk und das Werk 1100 (Berlin) als Produktionswerk. Abbildung 4.1 zeigt uns die Organisationsstruktur für unser Beispielunternehmen.

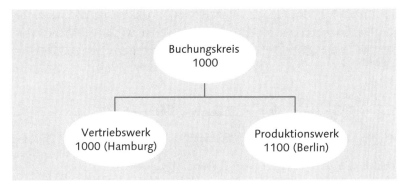

Abbildung 4.1 Organisationsstruktur

Beide Werke liegen in einem Buchungskreis. Gleichzeitig liegt zwischen dem Vertriebswerk und dem Produktionswerk eine große räumliche Distanz. Dies ist für die Abbildung der Liefervorgänge zwischen den Werken bedeutsam: Aus der räumlichen Distanz ergibt sich in der Praxis die Anforderung, entsprechende Lieferpapiere (nicht nur einen »internen« Warenbegleitschein) beizulegen und auch Transportmittel frühzeitig einzuplanen. In unserem Beispiel hat die Verfügbarkeit der Produkte die höchste Priorität; um diese zu gewährleisten, werden auch höhere Bestände in Kauf genommen.

4.1.3 Prozessbeschreibung

Das Zusammenspiel von Absatz- und Produktionsgrobplanung, Programmplanung, Materialbedarfsplanung, Kundenaufträgen, Versand und Fakturierung ist einer der entscheidenden Aspekte beim Gestalten einer Wertschöpfungskette im Unternehmen. Unterschiedliche Bereiche im Unternehmen (Marketing, Vertrieb, Produktion, Disposition), aber auch unterschiedliche Komponenten der SAP-Software sind betroffen. Die Komplexität ist hoch und komponentenübergrei-

Überblick

fendes Wissen von außerordentlicher Bedeutung. Wertschöpfungsketten wie in Abbildung 4.2 veranschaulichen den Gesamtprozess in elf Schritten – hier für das Szenario *Verkauf ab Lager*.

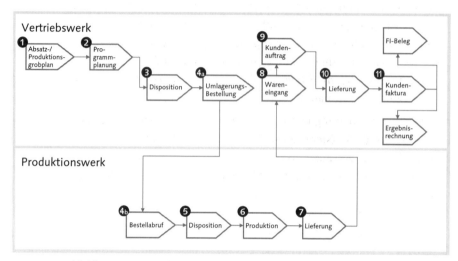

Abbildung 4.2 Wertschöpfungskette »Verkauf ab Lager«

In Schritt ❶ wird der Absatz- und Produktionsgrobplan erstellt. Dieser wird in Schritt ❷ an die Programmplanung übergeben. Anschließend betrachten wir in Schritt ❸ die Materialbedarfsplanung. Die Schritte ❹ₐ und ❹♭ erfolgen gleichzeitig: Mit dem Anlegen der Umlagerungsbestellung im Vertriebswerk (Schritt ❹ₐ) wird ein geplanter Zugang eingelastet. Gleichzeitig wird mit einem Bestellabruf im Produktionswerk (Schritt ❹♭) ein geplanter Abgang dispositiv wirksam. In Schritt ❺ wird die Materialbedarfsplanung im Produktionswerk durchgeführt. Danach erfolgt die eigentliche Produktion (Schritt ❻). Der Versand (Schritt ❼) führt zu einer Auslieferung an das Vertriebswerk, dort wird im achten Schritt der Wareneingang gebucht ❽. Anschließend wird ein Kundenauftrag erfasst (Schritt ❾). Mit Bezug zum Auftrag erfolgt im zehnten Schritt die Lieferung aus dem Vertriebswerk an den Endkunden ❿ und danach die Fakturierung (Schritt ⓫). Im Folgenden werden wir diese elf Schritte im Detail erläutern.

Schritt 1: Absatz- und Produktionsgrobplan Zunächst wird die Vertriebsplanung für das Vertriebswerk vorgenommen. Dort gibt es die Möglichkeit, Absatz- und Produktionsmengen zu planen. Die Planung erfolgt in der *Absatz- und Produktionsgrobplanung* in der Komponente PP. Für die Erstellung der Planung gibt es jedoch unterschiedliche Möglichkeiten:

- Im Sinne einer integrierten Planung können die Informationen aus der Ergebnisplanung in die *Ergebnis- und Marktsegmentrechnung* (CO-PA) übernommen werden. Dort werden zunächst Absatzmengen, Umsatz und Ergebnis für die kommenden Perioden geplant. Die Absatzmengen können auf der Ebene von Produktgruppen an die *Absatz- und Produktionsgrobplanung* übergeben werden (die Planung auf einzelnen Produkten wäre aufgrund der Vielzahl nicht zu bewerkstelligen). Über die Funktion *Disaggregation* wird die Absatzmenge dann auf konkrete Materialien verteilt.

- Die Vertriebsplanung kann in SD innerhalb des *Vertriebsinformationssystems* (VIS) (siehe Abschnitt 2.13) vorgenommen werden. Dort können Absatzplanzahlen erfasst und anschließend an die Komponente *Absatz- und Produktionsgrobplanung* übergeben werden. Da in VIS auch die tatsächlichen Absatzmengen aus den Vertriebsbelegen heraus fortgeschrieben werden, lässt sich hierbei ein guter Plan-Ist-Vergleich ableiten.

- Auch SAP NetWeaver Business Warehouse bietet eigene Planungsfunktionen, die eine integrierte Unternehmensplanung oder eine Vertriebsplanung ermöglichen (siehe Abschnitt 2.14, »SAP NetWeaver Business Warehouse [BW] inklusive SAP BusinessObjects«). Da es sich dabei um eine eigene Software handelt, werden die Plandaten dort erfasst und anschließend bei Bedarf über eine sogenannte *Retraktion* in das System SAP ERP überspielt. Als Zielstrukturen in SAP ERP kommen dann wiederum die Ergebnis- und Marktsegmentrechnung und das Vertriebsinformationssystem infrage.

- Die Vertriebsplanung kann auch direkt in der *Absatz- und Produktionsgrobplanung* vorgenommen werden. Es ist möglich, hierarchische Produktgruppen für die Planung anzulegen. Auf der untersten Ebene ordnet man konkrete Materialstämme zu. Die Planung kann dann auf der Ebene einer Produktgruppe vorgenommen und über die Funktion *Disaggregation* auf einzelne Materialien heruntergebrochen werden.

Innerhalb der Absatz- und Produktionsgrobplanung kann zwischen verschiedenen Planversionen unterschieden werden. Damit lassen sich mehrere Planungsszenarien (z. B. optimistisch, pessimistisch) abbilden. Die Absatzplanung kann anschließend über eine Funktion an die Programmplanung übergeben werden. Erst dann werden konkrete Vorplanungsbedarfe in der aktuellen Bedarfs- und Bestandsliste sichtbar.

Schritt 2: Programmplanung
Wir haben schon in Abschnitt 2.3, »Verfügbarkeitsprüfung«, gesehen, wie über Parameter im Materialstamm (Strategiegruppe, Dispositionsgruppe) die Bedarfsart des Kundenauftrags ermittelt wird. Über die gleichen Parameter wird auch die Bedarfsart für die Vorplanungsbedarfe automatisch ermittelt. Die Steuerung der Vorplanungsbedarfe erfolgt im Customizing der Komponente PP über die Strategiegruppe. Dort wird z. B. festgelegt, ob sich Kundenauftragsbedarfe und Vorplanungsbedarfe gegenseitig verrechnen. In unserem Fall verwenden wir im Materialstamm die Strategiegruppe 10, *Anonyme Lagerfertigung*. Dies führt zu Vorplanungsbedarfen (Bedarfsart LSF), die für die Disposition relevant sind. Wir gehen von einer *Nettoplanung* aus, bei der die Vorplanungsbedarfe mit vorhandenen Beständen abgeglichen werden. Es wird also nur produziert, wenn die Vorplanung nicht durch vorhandene Bestände gedeckt ist. Bei der *Bruttoplanung* erfolgt die Produktion unabhängig von vorhandenen Beständen (siehe Abschnitt 4.4.2, »Anonyme Lagerfertigung mit Bruttoplanung«).

Schritt 3: Disposition im Vertriebswerk
Die Vorplanungsbedarfe werden beim Starten des *Dispositionslaufs* (auch *MRP-Lauf, Material Requirements Planning*, genannt) in der Komponente Materialbedarfsplanung automatisch in entsprechende Beschaffungs- bzw. Produktionsvorschläge umgesetzt, und zwar unabhängig davon, ob bereits konkrete Kundenauftragsbedarfe vorliegen oder nicht. In unserem Szenario werden im Vertriebswerk über die Materialbedarfsplanung Umlagerungs-Bestellanforderungen angelegt.

Schritte 4a und 4b: Umlagerungsbestellung
Die Bedeutung von Umlagerungs-Bestellanforderungen haben wir bereits bei der Beschreibung des Cross-Company-Prozesses in Abschnitt 3.11, »Cross-Company-Geschäfte«, kennengelernt. Diese Bestellanforderung wird anschließend in eine Umlagerungsbestellung umgesetzt. Umlagerungs-Bestellanforderungen führen automatisch zu sogenannten *Abrufbedarfen* im Produktionswerk. Damit erscheint die benötigte Menge im Vertriebswerk als geplanter Zugang und im Produktionswerk als geplanter Abgang.

Schritt 5: Disposition im Produktionswerk
Im Produktionswerk führen die Abrufbedarfe aus der Umlagerungsbestellung über die Materialbedarfsplanung (*Disposition*) zu Planaufträgen. Diese sind das Werkzeug des Disponenten zur Feinsteuerung

der Produktion. Selbstverständlich können im Produktionswerk Bedarfe aus unterschiedlichen Vertriebswerken (z. B. im In- und Ausland) zusammengefasst werden.

Die *Planaufträge* werden anschließend in *Fertigungsaufträge* umgesetzt. Über die Stücklistenauflösung werden die Komponenten ermittelt, die für die Herstellung des Endprodukts benötigt werden. In *Arbeitsplänen* werden die notwendigen Produktionsschritte zur Herstellung eines Materials definiert: Im Fertigungsauftrag werden die Arbeitspläne aufgelöst und initiieren über den Druck von Fertigungspapieren die tatsächliche Produktion. Sobald die Produktion abgeschlossen ist, erfolgt eine Rückmeldung des Fertigungsauftrags. Mit der Rückmeldung können der Komponentenverbrauch und der Wareneingang des Fertigprodukts im Produktionswerk verbucht werden.

Schritt 6: Produktion

Der Fertigungsauftrag hat zusätzlich zur Steuerung der Produktion eine wichtige Bedeutung für die Kalkulation in der Controllingkomponente (CO). Über die Stücklisten und die Arbeitspläne werden die geplanten Kosten für die Herstellung der Produkte durch eine Kalkulation bestimmt. Über die tatsächlich entnommenen Komponenten und die tatsächlich zurückgemeldeten Zeiten werden die Ist-Kosten ermittelt. In unserem Szenario *Verkauf ab Lager* werden lediglich Plan-Ist-Abweichungen an die Ergebnisrechnung in CO-PA abgerechnet (siehe Abschnitt 2.12, »Integration der Ergebnis- und Marktsegmentrechnung«).

Über eine *SD-Nachschublieferung* wird die Auslieferung aus dem Produktionswerk abgebildet. Da wir in unserem Fall davon ausgehen, dass zwischen Produktions- und Vertriebswerk ein großer räumlicher Abstand besteht, ist es sehr wichtig, die Warenauslieferung mit SD-Nachschublieferungen zu organisieren. Darüber lässt sich die gesamte Versandorganisation (Kommissionierung, Warenausgang, Erstellung der Lieferpapiere) abdecken. In der SD-Lieferung kann auch die Funktion *Chargenfindung* genutzt werden. Darüber werden die zu entnehmenden Chargen automatisch ermittelt. Eine Fakturierung der Lieferung – wie im Cross-Company-Fall – ist nicht erforderlich, da Produktions- und Vertriebswerk zu einem Buchungskreis gehören und sich in einem Land befinden.

Schritt 7: Lieferung

Sobald die Ware im Vertriebswerk angekommen ist, wird dort mit Bezug zur Umlagerungsbestellung ein Wareneingang gebucht.

Schritt 8: Wareneingang

| **Schritt 9:** Kundenauftrag | Eingehende Kundenaufträge werden im Vertriebswerk mit der Bedarfsart KSL eingelastet. Diese sind nicht relevant für die Disposition. Damit verändern eingehende Kundenaufträge die Produktionsplanung nicht, sie werden in der aktuellen Bedarfs- und Bestandsliste nur als Information angezeigt. Die Produktion wird somit ausschließlich über die Vorplanung gesteuert. Die Verfügbarkeitsprüfung im Kundenauftrag berücksichtigt physische Bestände sowie die Umlagerungs-Bestellanforderung (bzw. Umlagerungsbestellungen) als geplante Zugänge. |

Die Preisfindung in dem beschriebenen Szenario wird häufig durch folgende Konditionen gekennzeichnet:

- kundenindividuelle Preise für die einzelnen Produkte
- zusätzliche Rabatte auf der Ebene von Produktgruppen oder Produkthierarchien
- Mindermengenzuschläge bei Unterschreitung von Mindestmengen
- zeitlich begrenzte Sonderkonditionen für einzelne Produkte und Produktgruppen

| **Schritt 10:** Auslieferung aus dem Vertriebswerk | Die Belieferung des Endkunden erfolgt über einen SD-Lieferbeleg. Dieser wird im Vertriebswerk mit Bezug zum Kundenauftrag angelegt. Hier ist die Funktion *Chargenfindung* von besonderer Bedeutung, da die speziellen Anforderungen des Kunden (Haltbarkeit, Qualität etc.) zu berücksichtigen sind. In Abschnitt 3.3, »Terminauftragsabwicklung«, haben wir die Bedeutung der Lagerwirtschaftskomponente (WM) erläutert. In der Regel wird die Lagerverwaltung in einem Zentrallager über diese Komponente organisiert. Sowohl Kommissionierung als auch die automatische Chargenfindung erfolgen dann in einem Transportbeleg in der Komponente WM. Über die Anbindung eines Lagersteuerrechners kann auch die physische Entnahme weitgehend automatisiert werden. |

| **Exkurs:** Externe Lagerhalter | Viele Unternehmen haben die Funktionen des Zentrallagers auch völlig auf einen externen Logistikdienstleister ausgelagert. Dies ist vor allem in der Pharmaindustrie sehr häufig der Fall. Da der Dienstleister die Verantwortung für die Bestände und die korrekte Auslieferung (Menge, Termin, Charge) übernimmt, wird er in der Regel ein eigenes System zur Bestandsführung einsetzen. Dabei kommt es darauf an, das unternehmensübergreifende Zusammenspiel unterschied- |

licher ERP-Systeme möglichst reibungslos zu gestalten. Innerhalb der Komponente SD gibt es dazu entsprechende Werkzeuge.

Zunächst wird analog zum bisherigen Ablauf in der Vertriebskomponente ein Lieferbeleg angelegt. Allerdings wird die Kommissioniernachricht jetzt als elektronische Nachricht an den Lagerhalter versendet. Dazu wird im SAP-System über die Nachrichtenfindung ein sogenanntes *IDoc* (Intermediate Document) erzeugt. Im Standard steht dafür der IDoc-Typ DELVRY05 zur Verfügung. Diese Nachricht wird dann über ein weiteres System (z. B. EDI-Subsystem, Integrationsplattform wie etwa SAP Exchange Infrastructure) in ein entsprechendes Format (z. B. EDI, XML) umgesetzt und an den Lagerhalter gesendet. Dessen System verarbeitet die eingehende Nachricht und steuert auf dieser Basis den Kommissionierprozess. Die tatsächlich entnommene Menge erfasst der Lagerhalter zunächst in seinem System. Dieses erzeugt dann eine elektronische Nachricht zur Rückmeldung der Kommissionierung. Diese Nachricht wird anschließend an das verkaufende Unternehmen gesendet. Im gleichen System, das die Versendung der Kommissionierung übernommen hat, wird nun die Rückmeldung empfangen und wieder in ein IDoc umgewandelt. Auch für die Kommissionierdatenrückmeldung wird der IDoc-Typ DELVRY05 verwendet. Über die Eingangsverarbeitung des IDocs wird die Pickmenge im Lieferbeleg aktualisiert. Anschließend kann der Mitarbeiter im Lager den Warenausgang in der SD-Lieferung buchen. (Die Buchung des Warenausgangs lässt sich ebenfalls automatisieren.)

Im Zuge der Entwicklung von serviceorientierten IT-Architekturen haben sich auch für den Nachrichtenaustausch neue Standards etabliert. Dabei übernehmen Integrationsplattformen (z. B. SAP NetWeaver Process Integration, webMethods Fabric) die XML-basierte Kommunikation zwischen unterschiedlichen Systemen. Auf diese Aspekte werden wir in Kapitel 6, »Unternehmensübergreifende Geschäftsprozesse«, näher eingehen.

In diesem systemübergreifenden Zusammenspiel sind vor allem zwei Probleme zu berücksichtigen:

▶ Verarbeitung von geänderten Kommissionierlisten
▶ Bestandsabgleich

Die Verarbeitung von geänderten Kommissionierlisten wird dann erforderlich, wenn der Lagerhalter andere Mengen und/oder andere Chargen ausgeliefert hat. In diesem Fall ist meist eine manuelle Abstimmung per Telefon notwendig. Programme für den Bestandsabgleich vergleichen die Bestände in den unterschiedlichen Systemen und zeigen Differenzen an. Anschließend können entsprechende Korrekturbuchungen initiiert werden. Aufgrund der heterogenen Landschaften handelt es sich bei diesen Programmen meist um Eigenentwicklungen.

Schritt 11: Fakturierung
Der Auftragsprozess wird, wie wir in Kapitel 3, »Vertriebskomponente SD – Prozessüberblick«, beschrieben haben, durch die Fakturierung abgeschlossen. In unserem Szenario ist die Integration in die Ergebnisrechnung (siehe Abschnitt 3.3.4, »Lieferungsbearbeitung«) relativ einfach: Umsatz, Absatzmenge, Erlösschmälerungen und Planumsatzkosten werden aus der SD-Faktura übergeben. Die Abrechnung des Fertigungsauftrags liefert die Produktionsabweichungen, und somit ergeben sich aus Plankosten plus/minus Produktionsabweichungen die Ist-Kosten.

4.1.4 Beispiel

Für unser Beispiel stehen folgende Werke zur Verfügung:

- Werk 1000: Vertriebswerk in Hamburg
- Werk 1100: Produktionswerk in Berlin

Das Beispielmaterial mit der Materialnummer SZCHF4711 hat die Bezeichnung »Hustensaft 100 ml Glasflasche«.

In unserem Systembeispiel werden wir folgende Schritte durchlaufen:

1. Durchführung der Vertriebsplanung
2. Übergabe der Absatz- in die Programmplanung
3. Materialbedarfsplanung im Vertriebswerk
4. Umlagerungsbestellungen im Vertriebswerk anlegen
5. Nachschublieferung im Produktionswerk
6. Wareneingang im Vertriebswerk
7. Kundenauftrag im Vertriebswerk

8. Auslieferung aus dem Vertriebswerk

9. Fakturierung

Bevor wir eine Absatzplanung für unser Produkt anlegen, werfen wir einen Blick auf die Ausgangssituation in den beiden Werken. In Abbildung 4.3 sehen wir die aktuelle Bedarfs- und Bestandsliste im Vertriebswerk (Werk 1000). Im Vertriebswerk gibt es demnach weder Bestände noch geplante Zu- oder Abgänge.

Schritt 1: Durchführung der Vertriebsplanung

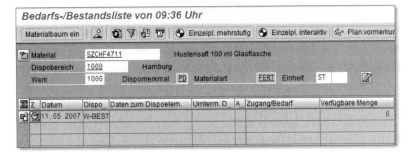

Abbildung 4.3 Aktuelle Bedarfs- und Bestandsliste im Vertriebswerk (Werk 1000) (Transaktion MD04)

Abbildung 4.4 zeigt uns die aktuelle Bedarfs- und Bestandsliste im Produktionswerk. Im Produktionswerk in Berlin (Werk 1100) ist noch ein Bestand von 900 Stück vorhanden.

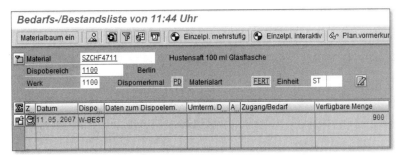

Abbildung 4.4 Aktuelle Bedarfs- und Bestandsliste im Produktionswerk (Werk 1100) (Transaktion MD04)

Wir wollen jetzt im Vertriebswerk 1000 (Hamburg) mithilfe der *Absatz- und Produktionsgrobplanung* in der Komponente PP eine Absatzplanung vornehmen. Abbildung 4.5 zeigt die Erfassung der Planwerte.

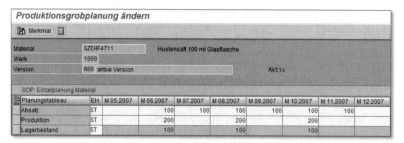

Abbildung 4.5 Absatzplanung im Vertriebswerk 1000 (Transaktion MC88)

In der Abbildung sehen wir, dass die Vertriebsabteilung in den Monaten Juni (M 06.2007) bis November (M 11.2007) mit einem konstanten Absatz von 100 Stück pro Monat für das Produkt rechnet. Dies geht aus der Zeile ABSATZ hervor. Die Zeile PRODUKTION zeigt, dass im Rhythmus von zwei Monaten eine Menge von 200 Stück im Produktionswerk bestellt werden soll. Somit hat man eine gewisse Sicherheit bei Schwankungen.

Schritt 2: Übergabe der Absatz- in die Programmplanung

Diese Planwerte haben noch keinerlei Auswirkungen auf die dispositive Situation in den Vertriebs- und Produktionswerken. Erst im zweiten Schritt, der Übergabe der Absatzplanung an die *Programmplanung* über die Transaktion MC74, werden sogenannte *Vorplanungsbedarfe* eingelastet.

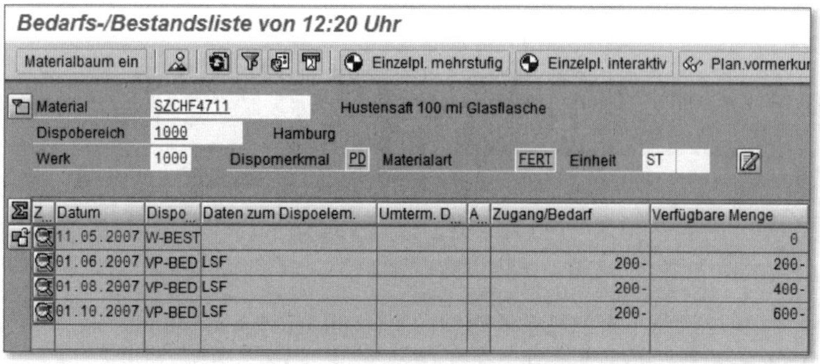

Abbildung 4.6 Aktuelle Bedarfs- und Bestandsliste nach Übergabe der Absatzplanung (Transaktion MD04)

Abbildung 4.6 zeigt uns die Planungssituation nach der Übergabe des Produktionsplans an die Programmplanung. Die Vorplanungsbedarfe ergeben sich aus dem Beschaffungsrhythmus, der in der Grobplanung festgelegt wurde. Die einzelnen Vorplanungsbedarfe (VP-BED) wurden mit der Bedarfsart LSF angelegt.

Wir führen jetzt eine *Materialbedarfsplanung* (Dispositionslauf) im Vertriebswerk 1000 (Hamburg) durch. Im Materialstamm unseres Beispielmaterials wurde über einen sogenannten *Sonderbeschaffungsschlüssel* festgelegt, dass die Beschaffung über eine Umlagerungsbestellung aus dem Produktionswerk 1100 in Berlin erfolgen soll. In Abbildung 4.7 sehen wir den Start des Dispositionslaufs in der Komponente PP.

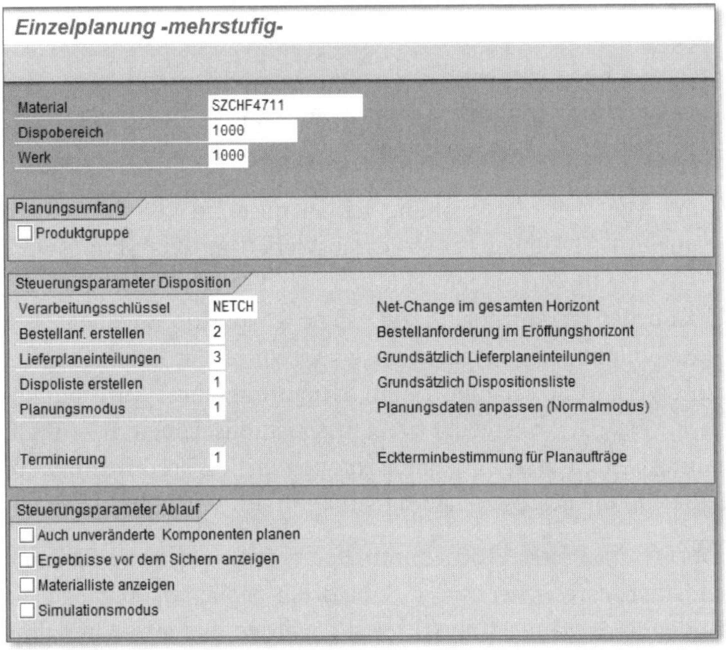

Schritt 3: Materialbedarfsplanung im Vertriebswerk

Einzelplanung -mehrstufig-

Material	SZCHF4711
Dispobereich	1000
Werk	1000

Planungsumfang
☐ Produktgruppe

Steuerungsparameter Disposition
Verarbeitungsschlüssel	NETCH	Net-Change im gesamten Horizont
Bestellanf. erstellen	2	Bestellanforderung im Eröffnungshorizont
Lieferplaneinteilungen	3	Grundsätzlich Lieferplaneinteilungen
Dispoliste erstellen	1	Grundsätzlich Dispositionsliste
Planungsmodus	1	Planungsdaten anpassen (Normalmodus)
Terminierung	1	Eckterminbestimmung für Planaufträge

Steuerungsparameter Ablauf
☐ Auch unveränderte Komponenten planen
☐ Ergebnisse vor dem Sichern anzeigen
☐ Materialliste anzeigen
☐ Simulationsmodus

Abbildung 4.7 Start des Dispositionslaufs im Vertriebswerk 1000 (Transaktion MD02)

Wichtig ist hier vor allem die Option BESTELLANF. ERSTELLEN. Mit dem gewählten Schlüssel 2 wird festgelegt, dass in einem bestimmten Zeithorizont, dem Eröffnungshorizont, Bestellanforderungen angelegt werden sollen. Für Planbedarfe mit einem späteren Termin werden lediglich Planaufträge angelegt, die dann vom Disponenten in Bestellanforderungen umgesetzt werden können. Der *Eröffnungshorizont* wird im Materialstamm hinterlegt und beträgt bei unserem Beispielmaterial 30 Tage. Folgerichtig wird in Abbildung 4.8 der erste Vorplanungsbedarf (Anfang Juni) durch eine Bestellanforderung gedeckt, alle weiteren hingegen durch Planaufträge.

Abbildung 4.8 Aktuelle Bedarfs- und Bestandsliste im Vertriebswerk 1000 nach der Materialbedarfsplanung (Transaktion MD04)

Doch die Materialbedarfsplanung hat in unserem Beispielszenario nicht nur Auswirkungen im Vertriebswerk. Im Produktionswerk wird gleichzeitig zu jeder Umlagerungs-Bestellanforderung ein Bestellanforderungsabruf angelegt (siehe Dispositionselement BA-ABR in Abbildung 4.9). Außerdem wurde zu jedem Planauftrag im Vertriebswerk 1000 (Hamburg) ein Planauftragsabruf im Produktionswerk 1100 (Berlin) erzeugt (siehe Dispositionselement PA-ABR in Abbildung 4.9). Damit ist dem Disponenten im Produktionswerk 1100 (Berlin) die gesamte Planungssituation des Vertriebs bekannt.

Die Abrufe in Werk 1100 führen dazu, dass die entsprechende Bestandsmenge reserviert wird. Sobald die geplanten Abgänge die vorhandenen Bestände überschreiten, werden in der Materialbedarfsplanung des Produktionswerks entsprechende Beschaffungsvorschläge erzeugt. In der Regel werden dies Planaufträge sein, die dann in Fertigungsaufträge umgesetzt werden.

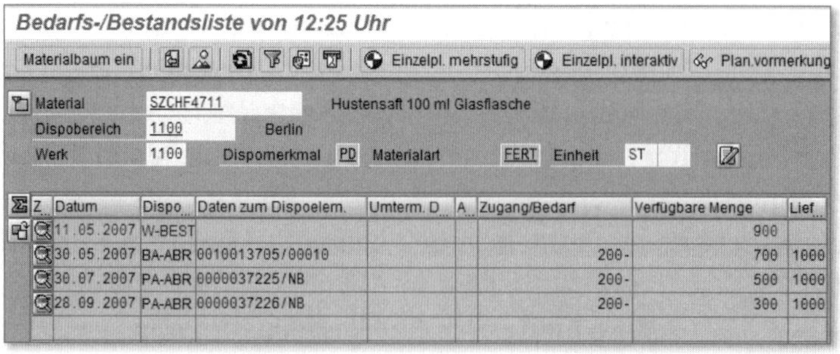

Abbildung 4.9 Aktuelle Bedarfs- und Bestandsliste im Produktionswerk 1100 (Berlin) nach der Durchführung der Materialbedarfsplanung im Vertriebswerk 1000 (Hamburg) (Transaktion MD04)

Lagerverkauf mit Chargenfertigung | **4.1**

Bislang wurde über die Disposition im Vertriebswerk lediglich eine Umlagerungs-Bestellanforderung angelegt. Diese wird nun im vierten Schritt unseres Beispiels in eine Bestellung umgesetzt. Die Umsetzung kann direkt aus der aktuellen Bedarfs- und Bestandsliste heraus erfolgen oder aber über die Transaktion ME58 in der Materialwirtschaftskomponente MM. In Abbildung 4.10 wurde das Dispositionselement in der aktuellen Bedarfs- und Bestandsliste von BS-ANF (Bestellanforderung) auf BS-EIN (Bestellung) geändert. Gleichzeitig ändert sich im Werk 1100 das Dispositionselement BA-ABR (Bestellanforderungsabruf) auf BS-ABR (Bestellabruf).

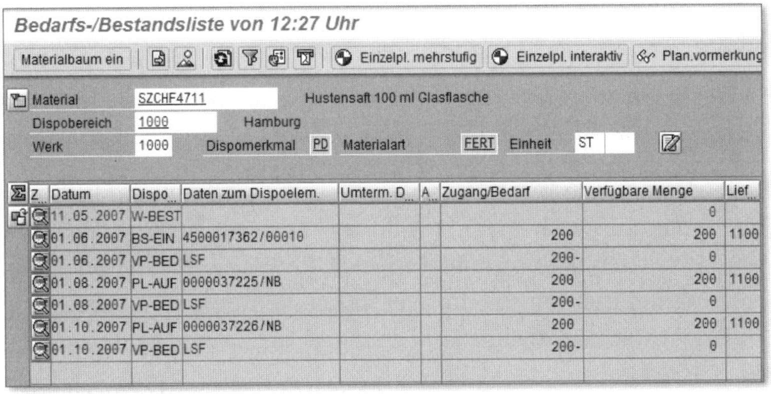

Schritt 4: Umlagerungsbestellungen im Vertriebswerk anlegen

Abbildung 4.10 Aktuelle Bedarfs- und Bestandsliste im Vertriebswerk 1000 nach Umsetzung der Bestellanforderung in eine Bestellung (Transaktion MD04)

Diese Änderung bewirkt, dass nunmehr im Produktionswerk 1100 in Berlin eine SD-Nachschublieferung mit Bezug zur Umlagerungsbestellung (Beleg 4500017362) angelegt werden kann. Abbildung 4.11 zeigt die bereits kommissionierte Lieferung im Produktionswerk.

Schritt 5: Nachschublieferung im Produktionswerk

Abbildung 4.11 Nachschublieferung im Produktionswerk (Transaktion VL02N)

Mit der Erfassung der Nachschublieferung in der Vertriebskomponente SD wird das Dispositionselement *Bestellabruf* (BS-ABR) im Produktionswerk 1100 in einen Lieferbedarf umgesetzt (siehe Dispositionselement LIEFER in Abbildung 4.12).

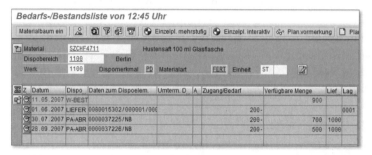

Abbildung 4.12 Aktuelle Bedarfs- und Bestandsliste im Produktionswerk 1100 nach dem Anlegen der Nachschublieferung (Transaktion MD04)

Schritt 6: Wareneingang im Vertriebswerk Die anschließende Warenausgangsbuchung aktualisiert die Bestände im Produktionswerk 1100. Sobald das Material im Vertriebswerk 1000 angeliefert wird, erfolgt dort auch die Wareneingangsbuchung. Diese wird mit Bezug zur Umlagerungsbestellung erfasst. Abbildung 4.13 zeigt die Wareneingangsbuchung in der Komponente MM im Werk 1000.

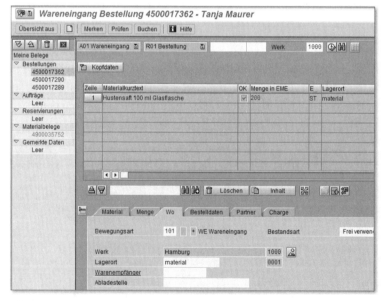

Abbildung 4.13 Wareneingang zur Umlagerungsbestellung im Vertriebswerk 1000 (Transaktion MIGO)

Die Buchung des Wareneingangs im Vertriebswerk 1000 verändert die aktuelle Bedarfs- und Bestandsliste (siehe Abbildung 4.14). Im Vertriebswerk zeigt sie nun einen Bestand von 200 Stück. Der Vorplanungsbedarf zum 01.06.2007 wird jetzt durch diesen Bestand gedeckt. Er ist aber nach wie vor als Planbedarf vorhanden.

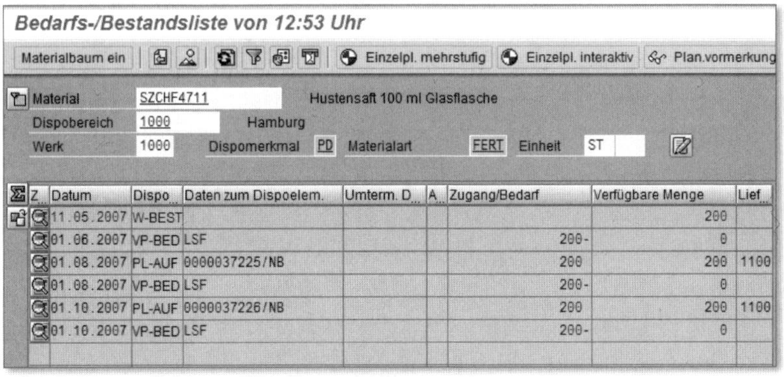

Z	Datum	Dispo	Daten zum Dispoelem.	Umterm. D	A	Zugang/Bedarf	Verfügbare Menge	Lief
	11.05.2007	W-BEST					200	
	01.06.2007	VP-BED	LSF			200-	0	
	01.08.2007	PL-AUF	0000037225/NB			200	200	1100
	01.08.2007	VP-BED	LSF			200-	0	
	01.10.2007	PL-AUF	0000037226/NB			200	200	1100
	01.10.2007	VP-BED	LSF			200-	0	

Abbildung 4.14 Aktuelle Bedarfs- und Bestandsliste im Vertriebswerk 1000 nach der Wareneingangsbuchung (Transaktion MD04)

Im nächsten Schritt erfassen wir einen Kundenauftrag im Vertriebswerk. Der Kundenauftrag enthält eine Position über 250 Stück. In der Verfügbarkeitsprüfung im Kundenauftrag (siehe Abbildung 4.15) sehen wir im Bereich LIEFERVORSCHLAG, dass im Vertriebswerk 1000 (Hamburg) 200 Stück zum 23.05.2007 bestätigt werden können. Die restlichen 50 Stück werden durch den Planauftrag zum 06.08.2007 bestätigt.

Schritt 7: Kundenauftrag im Vertriebswerk

Wir akzeptieren den Liefervorschlag. Wie verändert sich jetzt die aktuelle Bedarfs- und Bestandssituation im Vertriebswerk? Der Kundenauftragsbedarf (siehe Abbildung 4.16) wird in der aktuellen Bedarfs- und Bestandsliste im Vertriebswerk 1000 als Dispositionselement K-AUFT angezeigt.

Würde man allerdings jetzt eine weitere Materialbedarfsplanung durchführen, fände der ungedeckte Teil des Auftrags (50 Stück) keine Berücksichtigung: Das System würde keine Umlagerungs-Bestellanforderung anlegen, denn die entsprechende Bedarfsklasse der Kundenauftragsposition wurde im Customizing als »nicht dispositionsrelevant« gekennzeichnet.

4 | Gestaltung von Wertschöpfungsketten in SAP ERP

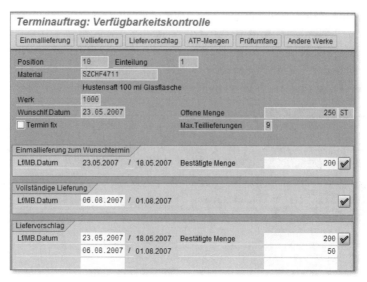

Abbildung 4.15 Verfügbarkeitsprüfung im Kundenauftrag, der aus dem Vertriebswerk 1000 geliefert werden soll (Transaktion VA01)

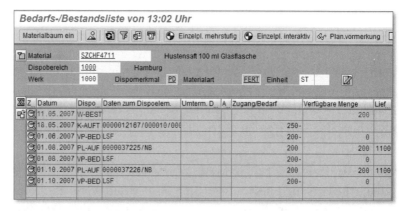

Abbildung 4.16 Aktuelle Bedarfs- und Bestandsliste im Vertriebswerk 1000 nach Erfassung des Kundenauftrags (Transaktion MD04)

Schritt 8: Auslieferung aus dem Vertriebswerk
Mit Bezug zu unserem Auftrag wird jetzt ein Lieferbeleg erstellt. Über diesen erfolgen die Kommissionierung und die Warenausgangsbuchung. Nach der Warenausgangsbuchung zeigt die aktuelle Bedarfs- und Bestandsliste im Vertriebswerk 1000 das in Abbildung 4.17 dargestellte Bild.

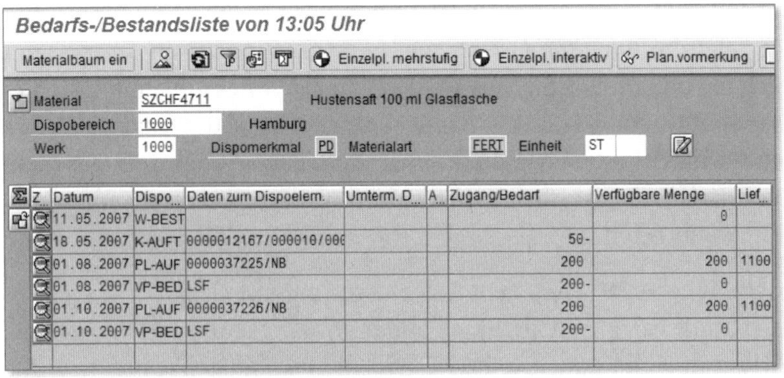

Lagerverkauf mit Chargenfertigung | 4.1

Abbildung 4.17 Aktuelle Bedarfs- und Bestandsliste im Vertriebswerk 1000 nach der Warenausgangsbuchung (Transaktion MD04)

Da zu diesem Zeitpunkt nur 200 Stück im Vertriebswerk vorhanden waren, wird ein Lieferbeleg über diese Menge erstellt. Es bleibt ein offener Auftragsbedarf in Höhe von 50 Stück bestehen. Sehr wichtig ist zu beobachten, dass der Vorplanungsbedarf zum 01.06.2007 durch die Warenausgangsbuchung der Lieferung abgebaut worden ist. Mit diesem Abbau der Planbedarfe im Vertriebswerk schließt sich der Kreis von Planung, Produktion, Vertrieb und Versand.

Der Prozess wird durch die Erstellung der Debitorenrechnung abgeschlossen. Diese wird als lieferbezogene Faktura erzeugt (siehe Abbildung 4.18). In der Abbildung wird unter anderem auch die Liste der Belege im Rechnungswesen angezeigt.

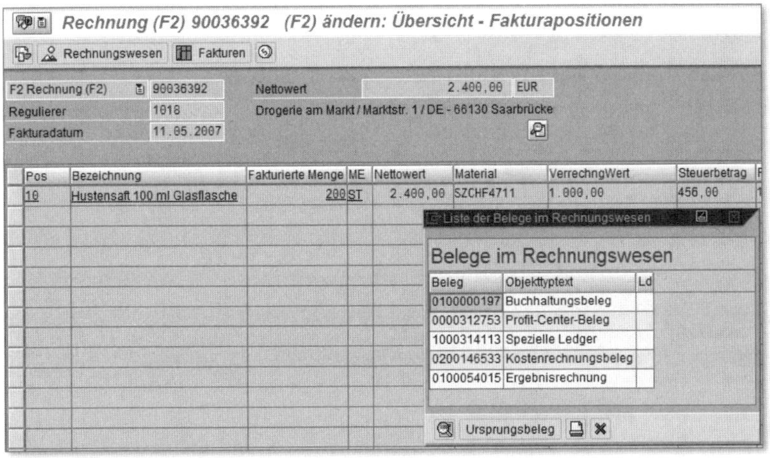

Schritt 9: Fakturierung

Abbildung 4.18 Fakturierung (Transaktion VF02)

4 | Gestaltung von Wertschöpfungsketten in SAP ERP

Uns interessiert nun der Buchhaltungsbeleg (siehe Abbildung 4.19). Er zeigt die Buchung *Debitor an Umsatz und Mehrwertsteuer*. Da es sich bei diesem Beispiel aus Sicht des Controllings um ein klassisches Massenfertigungsszenario handelt, werden aus der Faktura Erlöse und Umsatzkosten, ermittelt über den Bewertungspreis aus dem Materialstamm, an die Ergebnis- und Marktsegmentrechnung (CO-PA) weitergeleitet.

Abbildung 4.20 zeigt den Ergebnisrechnungsbeleg. Der Ergebnisrechnungsbeleg enthält unter anderem die fakturierte Menge, die Erlöse in Höhe von 2.400,00 € und die Planherstellkosten in Höhe von 1.000,00 €.

Abbildung 4.19 Buchhaltungsbeleg zur Debitorenrechnung (Transaktion VF02)

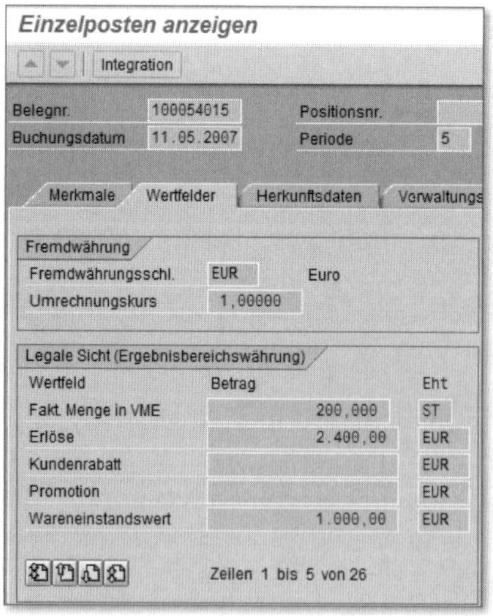

Abbildung 4.20 Ergebnisrechnungsbeleg zur Debitorenrechnung (Transaktion VF02)

Wir schließen unser Beispiel mit einem Gesamtüberblick ab. Dazu lassen wir uns in Abbildung 4.21 den Belegfluss der Faktura anzeigen. Der Terminauftrag 12167 hat den Status IN ARBEIT, da noch nicht die gesamte Menge ausgeliefert werden konnte.

Abbildung 4.21 Belegfluss in der Debitorenrechnung (Transaktion VF02 • Belegfluss)

4.2 Vorplanung ohne Endmontage

Hohe Lagerbestände an Fertigerzeugnissen sind problematisch: Sie verursachen Lagerkosten und gehen mit einer hohen Kapitalbindung im Lager einher. Auch die Flexibilität ist gering, Kundenwünsche können kaum mehr berücksichtigt werden. Das andere Extrem, eine rein kundenauftragsbezogene Fertigung, ist aber auch nicht immer zielführend, denn die Lieferzeiten verlängern sich, und die Einhaltung zugesagter Termine ist schwierig. Schließlich können viele Ereignisse die Terminerfüllung beeinträchtigen. Das Szenario *Vorplanung ohne Endmontage* stellt einen Mittelweg dar. Die Absatzplanung erfolgt auf der Ebene des Fertigprodukts. Diese Planung löst die Beschaffung der benötigten Komponenten aus. Die Endmontage erfolgt jedoch erst, wenn ein Kundenauftrag vorliegt.

4.2.1 Produkte und Märkte

Diesmal fertigt unser Beispielunternehmen Pumpen. Unsere Beispielpumpe mit dem Materialstamm PMP-10000 wird häufig in Privathaushalten für den Anschluss einer Regenwasserzisterne benötigt. Sie besteht aus fünf Komponenten. Diese fertigen wir nur zum Teil selbst. Die übrigen Teile beziehen wir von Zulieferbetrieben. Die Stückliste für unsere Pumpe besteht aus folgenden Positionen:

Beispielfertigung

- Standard-Pumpengehäuse (Fremdbezug)
- Stromaggregat (Fremdbezug)
- Pumpe (Eigenfertigung)
- Eingangsschlauch (Eigenfertigung)
- Ausgangsschlauch (Eigenfertigung)

Abbildung 4.22 zeigt uns die Stückliste, die als Stammsatz in der Produktionsplanung und -steuerung (PP) für unser Material angelegt wurde.

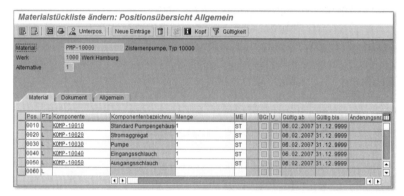

Abbildung 4.22 Stückliste für unser Beispielmaterial PMP-10000, eine Zisternenpumpe (Transaktion CS02)

Schon vor längerer Zeit hat unser Unternehmen die Zahl der Komponenten drastisch reduziert. Wir verwenden deshalb standardisierte Halbfertigerzeugnisse, die in unterschiedliche Endgeräte eingebaut werden können. Außerdem werden die Komponenten als Ersatzteile verkauft. Aus diesem Grund erfolgt die Endmontage der Pumpe erst, wenn ein entsprechender Kundenauftrag vorliegt. Um jedoch den Kunden eine Lieferzeit von zwei Wochen garantieren zu können, werden die benötigten Komponenten auftragsanonym disponiert. Dabei erarbeiten wir zunächst eine Absatzplanung für die Fertigerzeugnisse, auf deren Basis dann die Beschaffung der Komponenten erfolgt.

Unsere Kunden sind in der Regel Großabnehmer (Großhändler, Baumarktketten). Als Mindestabnahme wurde mit den Kunden eine Menge von 50 Stück vereinbart. Diese Information haben wir im Materialstamm (PMP-10000) hinterlegt. Da wir für unsere Produkte auch den technischen Kundendienst übernehmen, wird für jedes Einzelteil eine eindeutige Gerätenummer vergeben. Diese wird im SAP-System mithilfe der Serialnummer abgebildet (siehe Abschnitt 2.6). Aus diesem Grund wurde im Materialstamm ein Serialnummernprofil zugeordnet. In unserem Systembeispiel (siehe Abschnitt 4.2.4) werden wir auch die Vergabe und die Statusveränderung der Serialnummer verfolgen.

4.2.2 Organisationsstruktur

Im Vergleich zu unserem Beispiel aus Abschnitt 4.1, »Lagerverkauf mit Chargenfertigung«, wählen wir diesmal eine einfache Organisationsstruktur: Die Pumpen werden im Werk 1000 (Hamburg) gefertigt. Aus diesem Werk erfolgt auch direkt die Lieferung an unsere Kunden. Der zuständige Vertriebsbereich besteht aus der folgenden Kombination:

- Verkaufsorganisation 1000
- Vertriebsweg 10
- Sparte 00

Abbildung 4.23 gibt uns einen Überblick über diese Struktur.

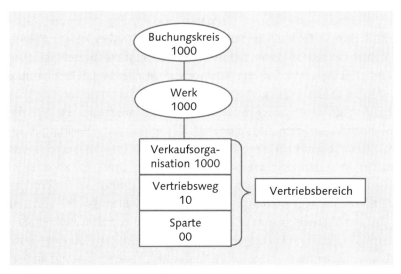

Abbildung 4.23 Organisationsstruktur

4.2.3 Prozessbeschreibung

Überblick Auch in diesem Szenario beschäftigt uns die komponentenübergreifende Gestaltung von Geschäftsprozessen. Abbildung 4.24 zeigt das Szenario *Vorplanung ohne Endmontage* in zehn Schritten (❸a und ❸b sind separate Schritte).

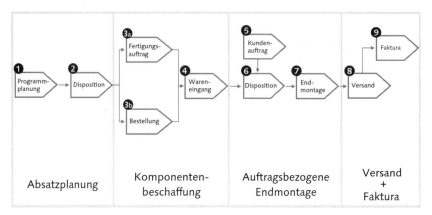

Abbildung 4.24 Wertschöpfungskette »Vorplanung ohne Endmontage«

Vorplanung ohne Endmontage Auch dieses Szenario beginnt mit der Planung der Absatzmenge (Schritt ❶, Programmplanung) für das Endprodukt. Durch die Programmplanung werden Planprimärbedarfe angelegt. Über die Disposition (Schritt ❷) wird die Stückliste aufgelöst, und es werden Sekundärbedarfe für die Beschaffung der Komponenten erzeugt. Die Komponenten werden auftragsanonym beschafft, die Beschaffung erfolgt also unabhängig von der Frage, ob für das Endprodukt bereits Kundenaufträge vorliegen oder nicht. Grundsätzlich stehen die Beschaffungsarten *Eigen-* oder *Fremdbeschaffung* zur Verfügung. Im SAP-System wird die Fremdbeschaffung über Einkaufsbestellungen in der Materialwirtschaftskomponente MM (Schritt ❸b) abgebildet. Die interne Beschaffung wird über Fertigungsaufträge in der Produktionsplanung und -steuerung (PP) gesteuert (Schritt ❸a). In Schritt ❹ wird der Wareneingang für die Komponenten gebucht. Bei der Strategie *Vorplanung ohne Endmontage* gibt es zum Zeitpunkt der Kundenauftragserfassung (Schritt ❺) in der Regel keinen Bestand an Fertigerzeugnissen. Trotzdem ist ein Liefertermin zu ermitteln. Dies erfolgt über eine Verrechnung des *Auftragsbedarfs* gegen die *Vorplanung*. Der Auftragsbedarf wird in die Disposition (Schritt ❻) als geplanter Abgang eingelastet. Zur Deckung dieses Bedarfs erzeugt die Disposition Planaufträge, die vom Disponenten in Fertigungsaufträge umgesetzt werden. Über diese Fertigungsaufträge wird die Endmontage (Schritt ❼) eingeplant. Nach der Fertigung wird das Produkt versendet (Schritt ❽) und fakturiert (Schritt ❾). Mit der Fakturierung werden die Umsätze in der Finanzbuchhaltung gebucht sowie die Umsätze und Kosten an die Ergebnisrechnung übergeben. Diese einzelnen Schritte der Wertschöpfungskette wollen wir im Folgenden näher betrachten.

Im ersten Schritt nehmen wir eine Absatzplanung für das Fertigprodukt vor. Grundsätzlich stehen dazu die gleichen Instrumente zur Verfügung, die bereits in Abschnitt 4.1 für den anonymen Lagerverkauf beschrieben worden sind, z. B. die Absatz- und Produktionsgrobplanung. In diesem Beispiel verzichten wir jedoch auf die Funktionen der Absatz- und Produktionsgrobplanung und erfassen die Planprimärbedarfe für das Fertigerzeugnis direkt in der *Programmplanung*. Die Planung kann auf Monats-, Wochen- oder Tagesbasis erfolgen. Über die Strategiegruppe im Materialstamm ermittelt das System automatisch die Bedarfsarten – sowohl für die Vorplanung als auch für den Kundenauftrag.

Schritt 1: Programmplanung

Abbildung 4.25 Customizing der Planungsstrategie in der Komponente PP (Transaktion SPRO • Strategie festlegen)

Abbildung 4.25 zeigt das Customizing für die Strategiegruppe 52, die unserem Beispielmaterial PMP-10000 zugeordnet ist. Wir erfahren, dass für die Vorplanung die Bedarfsart VSE zur Verfügung steht. Außerdem wird an dieser Stelle festgelegt, dass sich diese Bedarfsart mit Kundenauftragsbedarfen verrechnet. Über die Bedarfsart der Vorplanung (VSE) wird gesteuert, dass für Planprimärbedarfe ein eigenes Planungssegment *Vorplanung ohne Endmontage* für das Material angelegt wird. In der aktuellen Bedarfs- und Bestandsliste wird also ein eigener Bereich nur für die Vorplanungsbedarfe eingerichtet.

Schritt 2: Disposition

Im zweiten Schritt wird ein Dispositionslauf für das Enderzeugnis gestartet. Dabei handelt es sich um eine mehrstufige Planung. Auf der Ebene des Enderzeugnisses – in unserem Beispiel das Material PMP-10000 – werden zur Deckung der Vorplanungsbedarfe spezielle Planaufträge erzeugt. Diese Planaufträge werden in dem Planungssegment *Vorplanung ohne Endmontage* angelegt und erhalten das Kennzeichen VORPLANUNG. Damit können sie nicht in Fertigungsaufträge umgesetzt werden. Dies soll im Zuge der Strategie *Vorplanung ohne Endmontage* ja erst geschehen, wenn Kundenaufträge vorliegen. Über diese Planaufträge erfolgt aber die Auflösung der Stückliste. Durch die mehrstufige Planung werden sogenannte *Sekundärbedarfe* für die Komponenten erzeugt. Sind diese Sekundärbedarfe nicht durch Bestand gedeckt, erzeugt das System einen Beschaffungsvorschlag für die jeweilige Baugruppe.

Schritte 3a und 3b: Komponentenbeschaffung

Im Materialstamm der Komponente wird festgelegt, ob das Material selbst hergestellt oder zugekauft wird. Im Fall der Eigenfertigung erzeugt die Materialbedarfsplanung Planaufträge, die vom Disponenten in Fertigungsaufträge umgesetzt werden. Bei der Fremdbeschaffung kann das System direkt Bestellanforderungen erstellen, die vom Einkauf über die Materialwirtschaftskomponente in Bestellungen umgewandelt werden.

Schritt 4: Wareneingang der Komponenten

Nach der Lieferung durch den Lieferanten wird ein Wareneingang mit Bezug zur Bestellung gebucht. Bei der Eigenfertigung erfolgt die Wareneingangsbuchung mit Bezug zum Fertigungsauftrag. Durch diese Wareneingänge werden die Sekundärbedarfe gedeckt – die Komponentenbeschaffung ist abgeschlossen.

Schritt 5: Kundenauftrag

Im fünften Schritt erfassen wir den Kundenauftrag für das Enderzeugnis. Dabei interessiert uns vor allem die Ermittlung des Liefertermins. Ein Bestand an Fertigerzeugnissen ist bei dieser Strategie in der Regel nicht vorhanden, wodurch eine Verfügbarkeitsprüfung nach der ATP-(Available-to-Promise-)Logik (siehe Abschnitt 2.3) nicht sinnvoll ist. Deshalb nutzen wir hier die *Verrechnung gegen die Vorplanung*. In Abbildung 4.25 sehen wir das Customizing für die Strategiegruppe 52, die unserem Beispielmaterial (PMP-10000) zugeordnet ist. Darin wird nicht nur die Bedarfsart für die Vorplanungsbedarfe (VSE), sondern auch die Bedarfsart für den Kundenauftrag (KSVS) festgelegt. Im Vertriebs-Customizing wurde dieser Bedarfsart die Bedarfsklasse 049 zugeordnet. Für diese Bedarfsklasse erfolgt eine Bedarfsübergabe, aber keine Verfügbarkeitsprüfung. Die Verfügbarkeitsprüfung wird also ausgeschaltet. Stattdessen verrechnet sich der Auftragsbedarf mit dem Vorplanungsbedarf. In Abbildung 4.25 erkennen wir dies am Feld ZUORDNUNGSKENNZ. Dort ist die Option 2 (VORPLANUNG OHNE ENDMONTAGE) eingetragen.

Noch ein kleiner Tipp für die Leser, die sich künftig stärker mit dem Customizing beschäftigen wollen: Die Einstellungen zur Bedarfsart im Kundenauftrag erfolgen im Vertriebs-Customizing. Die Daten sind im PP-Customizing (siehe Abbildung 4.25) zwar sichtbar, sie können aber nicht geändert werden. In Abschnitt 2.3 »Verfügbarkeitsprüfung« zeigen wir das Customizing einer Bedarfsklasse in der Vertriebskomponente SD.

Tipp für das Customizing

Kommen wir zurück zur Logik der Verrechnung gegen die Vorplanung im Kundenauftrag. Solange ein Vorplanungsbedarf vorhanden ist, gegen den sich der Kundenauftrag verrechnen kann, erhält der Auftrag eine bestätigte Menge. Auf dem Dispositionsbild im Materialstamm werden die Verrechnungshorizonte definiert. Folgende Optionen stehen zur Auswahl:

Verrechnungshorizonte definieren

- Der Auftragsbedarf verrechnet sich nur gegen Vorplanungsbedarfe, die exakt den gleichen Bedarfstermin haben.
- Der Auftragsbedarf verrechnet sich nur gegen Vorplanungsbedarfe in der Zukunft. Ein Tageshorizont für die Verrechnung wird im Materialstamm hinterlegt.
- Der Auftragsbedarf verrechnet sich nur gegen Vorplanungsbedarfe in der Vergangenheit. Ein Tageshorizont für die Verrechnung wird im Materialstamm hinterlegt.

- Der Auftragsbedarf verrechnet sich zuerst gegen Vorplanungsbedarfe in der Zukunft und dann gegen Vorplanungsbedarfe in der Vergangenheit.
- Der Auftragsbedarf verrechnet sich zuerst gegen Vorplanungsbedarfe in der Vergangenheit und dann gegen Vorplanungsbedarfe in der Zukunft.

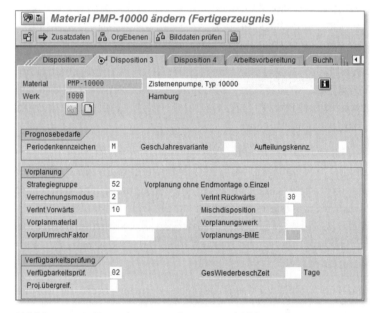

Abbildung 4.26 Materialstamm im Dispositionsbild (Transaktion MM02)

Wie ist die Verrechnungslogik bei unserer Pumpe eingestellt? Ein Blick auf den Materialstamm (siehe Abbildung 4.26) hilft uns weiter. Wir sehen, dass im Feld VERRECHNUNGSMODUS die Option 2 eingestellt ist. Damit versucht das System, zunächst eine Rückwärts- und anschließend eine Vorwärtsverrechnung durchzuführen. Als Verrechnungsintervall wurden 30 Tage (Rückwärtsverrechnung) und zehn Tage (Vorwärtsverrechnung) eingestellt. Wir sehen in Abbildung 4.26 auch, dass dem Materialstamm die Strategiegruppe 52 (VORPLANUNG OHNE ENDMONTAGE) zugeordnet wurde.

Eine weitere Besonderheit unseres Beispiels liegt darin, dass es sich um ein Material mit Serialnummernpflicht handelt. Im Serialnummernprofil wurde im Customizing eingestellt, dass die Vergabe der Serialnummer im Kundenauftrag erfolgen kann, aber nicht erfolgen muss. In unserem konkreten Fall sind die Geräte zum Zeitpunkt der

Auftragserfassung noch nicht gefertigt, weshalb die Serialnummer nicht im Auftrag vergeben wird. Wir werden darauf bei der Auslieferung zurückkommen.

Nach der Auftragserfassung wird ein Auftragsbedarf für das Enderzeugnis an die Disposition übergeben. In Schritt 1 wurden Vorplanungsbedarfe in einem eigenen Planungssegment (Vorplanung ohne Endmontage) angelegt. Mit der Auftragserfassung hat eine Verrechnung des Kundenbedarfs mit dem Vorplanungsbedarf stattgefunden. Dabei wurde der Vorplanungsbedarf abgebaut. Gleichzeitig wird für das Material PMP-10000 ein Kundenauftragsbedarf *außerhalb* des Planungssegments für die Vorplanung angelegt.

Schritt 6: Disposition

Über den Dispositionslauf wird zur Deckung dieses Auftragsbedarfs ein Planauftrag angelegt. Im Gegensatz zu den Planaufträgen aus dem ersten Schritt können diese Planaufträge auch in Fertigungsaufträge umgesetzt werden. Die Planaufträge erzeugen jetzt keine Sekundärbedarfe für die Komponenten. Bei der Umsetzung des Planauftrags in einen Fertigungsauftrag werden die bereits aus Schritt 2 vorhandenen Sekundärbedarfe in abhängige Reservierungen umgesetzt. Damit reserviert sich der Fertigungsauftrag die benötigte Menge aus dem Lagerbestand an Komponenten. Die abhängige Reservierung auf Ebene der Komponente liefert dem Disponenten die wichtige Information darüber, ob die Endmontage des Fertigprodukts bereits eingeplant ist oder ob es sich lediglich um eine Vorplanung handelt.

Über die Materialbedarfsplanung (Disposition) wurde im vorangegangenen Schritt ein Planauftrag vom Disponenten in einen Fertigungsauftrag umgesetzt, über den nun die Endmontage unserer Pumpe abgebildet wird. Über die Stückliste (siehe Abbildung 4.22) werden die benötigten Komponenten in den Fertigungsauftrag eingestellt, und durch den Arbeitsplan (siehe Abbildung 4.27) werden die Vorgänge definiert, die zur Endmontage ausgeführt werden müssen.

Schritt 7: Endmontage

Unser Arbeitsplan enthält einen einzigen Vorgang – die Endmontage. Zu diesem Vorgang wurden entsprechende Zeiten (Rüstzeit, Maschinenzeit, Personenzeit) hinterlegt. Den einzelnen Zeiten werden Leistungsarten zugeordnet. Für diese Leistungsarten werden in der Controllingkomponente (CO) Tarife festgelegt, die mit den Planzeiten des Fertigungsauftrags multipliziert werden. Der errechnete Wert geht in die Plankalkulation des Materials ein.

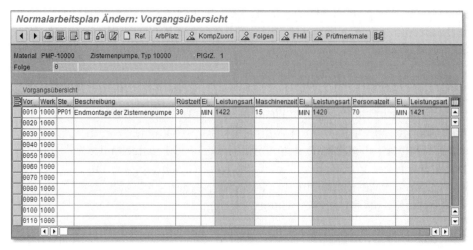

Abbildung 4.27 Arbeitsplan für das Material PMP-10000 (Transaktion CA02)

Kalkulation Diese Plankalkulation wurde in der Komponente CO für unser Material angelegt. Dabei wurden die Planselbstkosten für das Enderzeugnis über die Stückliste, den Arbeitsplan und entsprechende Gemeinkostenzuschläge ermittelt. Über diese Kalkulation wurde auch der Standardpreis, der zur Bestandsbewertung herangezogen wird, im Materialstamm gesetzt. Abbildung 4.28 zeigt das Buchhaltungsbild mit dem Bewertungspreis (Standardpreis: 1.812,86 €).

Nach der Freigabe des Fertigungsauftrags werden nun die benötigten Komponenten aus dem Lager entnommen. Dies erfolgt über eine Warenausgangsbewegung in der Materialwirtschaftskomponente (MM). Mit dieser Warenausgangsbuchung werden zusätzlich zur Bestandsbuchung die Ist-Kosten auf dem Fertigungsauftrag verbucht. Verbraucht man mehr Komponenten als in der Stückliste geplant, entsteht eine Plan-Ist-Abweichung bei den Herstellkosten.

Im Fertigungsauftrag erfolgt nun auch die Vergabe der Serialnummern für unsere Enderzeugnisse. Diese können vom Anwender manuell vorgegeben werden. Es ist jedoch auch möglich, die Serialnummern automatisch vom System ermitteln zu lassen.

Ist die Endmontage unserer Pumpe abgeschlossen, wird zum Fertigungsauftrag eine Rückmeldung gebucht. Dabei werden die tatsächlich benötigten Zeiten für die Montage erfasst. Abweichungen zu den Planzeiten im Arbeitsplan führen ebenfalls zu Plan-Ist-Abweichungen bei den Herstellkosten.

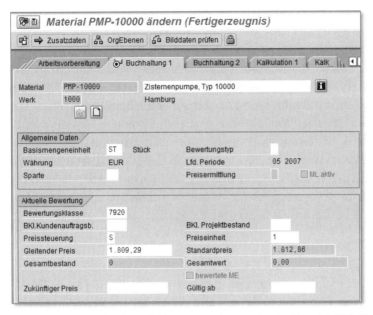

Abbildung 4.28 Buchhaltungsbild im Materialstamm für das Material PMP-10000 (Transaktion MM02)

Nach der Rückmeldung des Fertigungsauftrags wird der Wareneingang für unsere Pumpe gebucht. Auch dabei können Abweichungen durch Unter- oder Überlieferung des Auftrags entstehen. Durch die Ablieferung der Pumpen an das Lager wird der Fertigungsauftrag kostenmäßig entlastet (Wert = Gutmenge mal Standardpreis aus dem Materialstamm). Die eventuell entstandenen Differenzen (zwischen Plankosten und Ist-Kosten) können durch die Abrechnung des Fertigungsauftrags in die Finanzbuchhaltung und die Ergebnisrechnung weitergeleitet werden.

Mit Bezug zum Kundenauftrag aus Schritt 5 wird ein SD-Lieferbeleg erfasst. Die Verfügbarkeitsprüfung im Lieferbeleg erfolgt nach der ATP-Logik. In der Lieferung ist die Verfügbarkeitsprüfung so einzustellen, dass vor allem die physisch vorhandenen Bestände berücksichtigt werden. Ebenfalls im Lieferbeleg sind die Seriennummern auszuwählen, die an den Kunden versendet werden. Da die Seriennummern bereits im Fertigungsauftrag (Schritt 7) angelegt wurden, müssen wir hier aus den vorhandenen Nummern diejenigen zuordnen, die tatsächlich geliefert werden. Über die Warenausgangsbuchung werden die Bestände in der Materialwirtschaft und die Bestandswerte in der Finanzbuchhaltung aktualisiert.

Schritt 8: Versand

Schritt 9:
Fakturierung

Im letzten Schritt des Szenarios erfolgt nun die Fakturierung. Dabei werden Preise aus dem Auftrag und Liefermengen aus dem Lieferbeleg übernommen. Zur Faktura wird ein Buchhaltungsbeleg erzeugt. Dieser enthält die Erlösbuchung *Debitor an Umsatz und Mehrwertsteuer*. Die Erlöse sowie die Kosten des Umsatzes (Planherstellkosten) werden an die Ergebnis- und Marktsegmentrechnung übergeben. Die geplanten Herstellkosten werden in der Preisfindung über die Konditionsart VPRS ermittelt. Diese Konditionsart ermittelt die geplanten Herstellkosten aus dem Bewertungspreis des Materialstamms. Sofern eine gültige Plankalkulation zum Material existiert, können auch die einzelnen Kostenelemente (z. B. Material- und Fertigungskosten) in die Ergebnisrechnung übernommen werden.

4.2.4 Beispiel

In unserem Systembeispiel werden wir nun für unsere Pumpe (Materialstamm: PMP-10000) die gesamte Wertschöpfungskette im System abbilden. Dabei wollen wir insbesondere das komponentenübergreifende Zusammenspiel von Vertrieb, Kalkulation, Herstellung, Materialwirtschaft, Versand, Fakturierung und Betriebsergebnis aufzeigen. Im Einzelnen werden dabei folgende Schritte durchlaufen:

1. Ausgangssituation anzeigen (aktuelle Bedarfs- und Bestandsliste)
2. Programmplanung für das Endprodukt (PMP-10000)
3. Materialbedarfsplanung (Disposition)
4. Beschaffung der Komponenten
5. Kundenauftrag erfassen
6. Materialbedarfsplanung (Disposition)
7. Endmontage des Endprodukts
8. Versand
9. Fakturierung
10. Betriebsergebnis für das Endprodukt analysieren

Schritt 1:
Ausgangssituation anzeigen

Zu Beginn wollen wir uns die dispositive Ausgangssituation für unser Endprodukt und die benötigten Komponenten (siehe Stückliste aus Abbildung 4.22) ansehen. Für unser Endprodukt sind lediglich ein Materialstamm, die Stückliste und der Arbeitsplan (siehe Abbildung 4.27) vorhanden. Im Controlling (CO) wurde für das Material eine Kalkulation der Planherstellkosten vorgenommen. Diese spiegeln sich im Bewertungspreis des Materialstamms (siehe Abbildung 4.28) wider. Ansonsten existiert für das Material PMP-10000 weder ein Bestand noch eine Vorplanung. Dies bestätigt uns die aktuelle Bedarfs- und Bestandsliste in Abbildung 4.29.

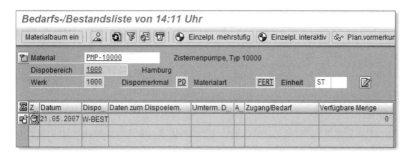

Abbildung 4.29 Aktuelle Bedarfs- und Bestandsliste für das Material PMP-10000 (Endprodukt Pumpe) (Transaktion MD04)

Für unsere Komponenten aus der Stückliste existieren zum Teil noch Lagerbestände. Eine Planung für die Komponenten wurde ebenfalls noch nicht durchgeführt. Die aktuelle Bedarfs- und Bestandsliste (siehe Abbildung 4.30) für das Gehäuse (Material KOMP-10010) zeigt uns, dass ein Bestand von zehn Stück vorhanden ist. Geplante Zu- und Abgänge existieren nicht.

Auch bei den Stromaggregaten haben wir noch einen Bestand von zehn Stück im Lager. Auch hier gibt es weder geplante Zu- noch Abgänge. Abbildung 4.31 zeigt uns die aktuelle Bedarfs- und Bestandsliste für das Stromaggregat (Material KOMP-10020). Für die übrigen Komponenten liegen keinerlei Bestände und auch keine geplanten Zu- oder Abgänge vor.

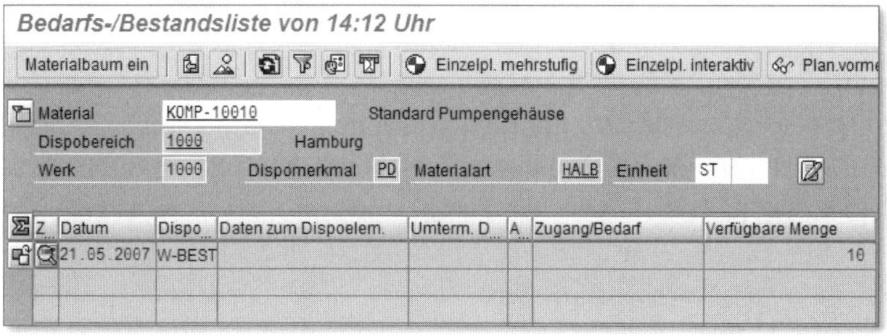

Abbildung 4.30 Aktuelle Bedarfs- und Bestandsliste für das Material KOMP-10010 (Zukaufteil) (Transaktion MD04)

4 | Gestaltung von Wertschöpfungsketten in SAP ERP

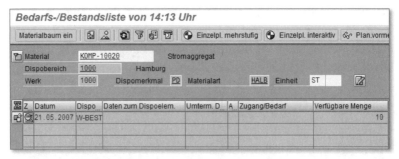

Abbildung 4.31 Aktuelle Bedarfs- und Bestandsliste für das Material KOMP-10020 (Halbfabrikat in Eigenfertigung) (Transaktion MD04)

Schritt 2: Programmplanung

Im zweiten Schritt erfassen wir jetzt die Programmplanung für das Endprodukt, unsere Pumpe mit der Materialnummer PMP-10000. Im Unterschied zum Vorgehen in Abschnitt 4.1, »Lagerverkauf mit Chargenfertigung«, legen wir die Vorplanungsbedarfe direkt in der Programmplanung an und planen somit direkt die Produktionsmengen auf Wochenbasis. Abbildung 4.32 zeigt uns den Programmplan für unser Endprodukt.

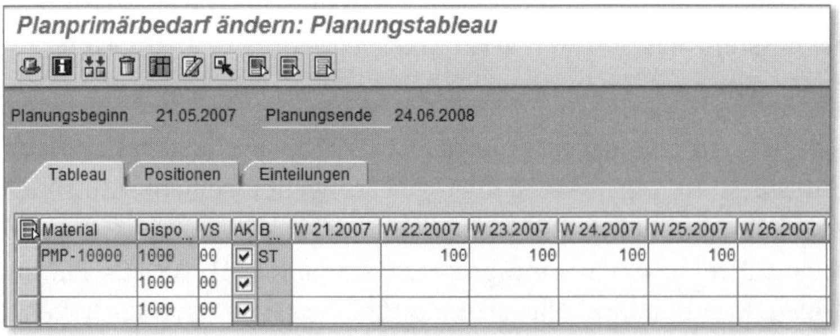

Abbildung 4.32 Programmplan für das Material PMP-10000 (Transaktion MD62)

Unsere Planung beginnt in der Kalenderwoche 22. Um die Übersichtlichkeit zu erhalten, wurde die Planung für vier Wochen erstellt. Wir planen, pro Woche 100 Pumpen zu produzieren. Bei der Erstellung der Programmplanung können unterschiedliche Planversionen angelegt werden. Wir haben eine Planung mit der Version 00 angelegt und diese auch gleich aktiviert. Abbildung 4.33 zeigt die Positionsdaten zu unserem Programmplan.

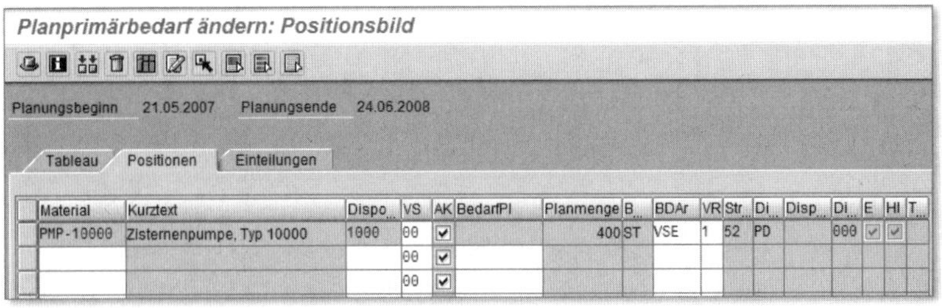

4.2 Vorplanung ohne Endmontage

Abbildung 4.33 Programmplan für das Material PMP-10000 (Transaktion MD62)

In der Position werden die Planmengen kumuliert. Außerdem sehen wir, dass die Vorplanungsbedarfe mit der Bedarfsart VSE angelegt wurden. Wie wirkt sich die Erfassung unseres Programmplans auf die aktuelle Bedarfs- und Bestandsliste unserer Pumpe (siehe Abbildung 4.34) aus? In der aktuellen Bedarfs- und Bestandsliste für unsere Pumpe erscheinen die Vorplanungsbedarfe in einem eigenen Segment (Vorplanung ohne Montage). In diesem Bereich werden die Planprimärbedarfe verwaltet.

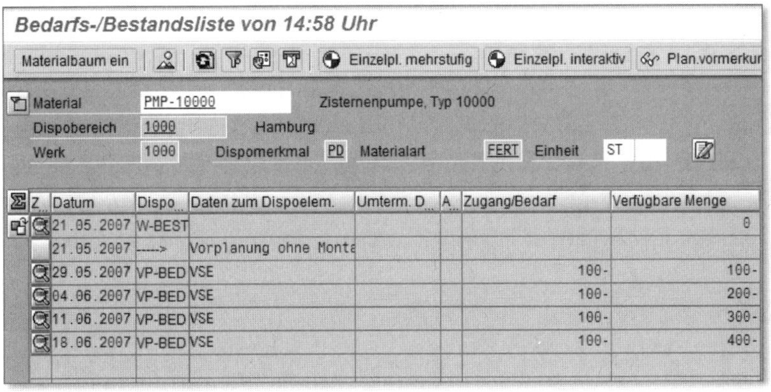

Abbildung 4.34 Aktuelle Bedarfs- und Bestandsliste für das Material PMP-10000 nach Erfassung der Programmplanung (Transaktion MD04)

Nach der Erfassung der Programmplanung wollen wir nun im dritten Schritt einen mehrstufigen Materialbedarfsplanungslauf für unsere Pumpe (PMP-10000) starten. Im Zuge des Dispositionslaufs werden auf der Basis der Vorplanungsbedarfe (siehe Abbildung 4.34) Planaufträge erzeugt. In Abbildung 4.35 wird die aktuelle Bedarfs- und Bestandsliste unserer Pumpe nach der Disposition angezeigt.

Schritt 3: Materialbedarfsplanung

4 | Gestaltung von Wertschöpfungsketten in SAP ERP

Bedarfs-/Bestandsliste von 14:59 Uhr						
Material	PMP-10000		Zisternenpumpe, Typ 10000			
Dispobereich	1000		Hamburg			
Werk	1000	Dispomerkmal PD	Materialart	FERT	Einheit	ST

Z	Datum	Dispo	Daten zum Dispoelem.	Umterm. D.	A.	Zugang/Bedarf	Verfügbare Menge
	21.05.2007	W-BEST					0
	21.05.2007	--->	Vorplanung ohne Montа				
	29.05.2007	PL-AUF	0000037337/VP			100	100
	29.05.2007	VP-BED	VSE			100-	0
	04.06.2007	PL-AUF	0000037338/VP			100	100
	04.06.2007	VP-BED	VSE			100-	0
	11.06.2007	PL-AUF	0000037339/VP			100	100
	11.06.2007	VP-BED	VSE			100-	0
	18.06.2007	PL-AUF	0000037340/VP			100	100
	18.06.2007	VP-BED	VSE			100-	0

Abbildung 4.35 Aktuelle Bedarfs- und Bestandsliste für das Endprodukt nach der Programmplanung und der Disposition (Transaktion MD04)

Die Planaufträge werden ebenfalls in dem Planungssegment für die Vorplanung geführt. Im Feld DATEN ZUM DISPOELEM. erkennen wir das Kennzeichen VP (Vorplanung). Planaufträge mit diesem Kennzeichen dienen nur der Vorplanung und können nicht in Fertigungsaufträge umgesetzt werden. Zu jedem Vorplanungsbedarf wurde ein Planauftrag angelegt. Über diese Planaufträge erfolgt auch eine Stücklistenauflösung für die Komponenten. Dadurch werden Sekundärbedarfe (geplante Abgänge) für unsere Materialien KOMP-10010, KOMP-10020, KOMP-10030, KOMP-10040 und KOMP-10050 gebildet.

Bedarfs-/Bestandsliste von 15:00 Uhr						
Material	KOMP-10010		Standard Pumpengehäuse			
Dispobereich	1000		Hamburg			
Werk	1000	Dispomerkmal PD	Materialart	HALB	Einheit	ST

Z	Datum	Dispo	Daten zum Dispoelem.	Umterm. D.	A.	Zugang/Bedarf	Verfügbare Menge
	21.05.2007	W-BEST					10
	29.05.2007	BS-ANF	0010013739/00010			90	100
	29.05.2007	SK-BED	PMP-10000			100-	0
	04.06.2007	BS-ANF	0010013740/00010			100	100
	04.06.2007	SK-BED	PMP-10000			100-	0
	11.06.2007	PL-AUF	0000037341/NB			100	100
	11.06.2007	SK-BED	PMP-10000			100-	0
	18.06.2007	PL-AUF	0000037342/NB			100	100
	18.06.2007	SK-BED	PMP-10000			100-	0

Abbildung 4.36 Aktuelle Bedarfs- und Bestandsliste für das Gehäuse unserer Pumpe (KOMP-10010) (Transaktion MD04)

4.2 Vorplanung ohne Endmontage

Die Auswirkungen in der Dispositionssituation zeigen wir exemplarisch für das Gehäuse (KOMP-10010) unserer Pumpe (siehe Abbildung 4.36). Über einen mehrstufigen Planungslauf wurden Sekundärbedarfe für das Pumpengehäuse angelegt. Im Feld DATEN ZUM DISPOELEM. erscheint ein Bezug zu dem Endprodukt, über dessen Planung der Sekundärbedarf erzeugt wurde. Diese Bedarfe werden nur zum Teil durch den vorhandenen Bestand (10 Stück) gedeckt. Für die restlichen geplanten Abgänge wurden über den Dispositionslauf Bestellanforderungen im Einkauf in der Materialwirtschaftskomponente MM angelegt. Das System hat am Beschaffungskennzeichen (F für Fremdbeschaffung) im Materialstamm erkannt, dass es sich um ein Kaufteil handelt, und deshalb Bestellanforderungen angelegt. Bei unserer Komponente KOMP-10030, der eigentlichen Pumpe, handelt es sich um ein Halbfertigerzeugnis, das wir selbst produzieren. Aus diesem Grund werden bei diesem Material keine Bestellanforderungen, sondern Planaufträge erfasst (siehe Abbildung 4.37).

Für die eigengefertigten Teile (z. B. KOMP-10030) werden die Planaufträge in Fertigungsaufträge umgesetzt. Über diese Fertigungsaufträge wird die Produktion der Komponenten gesteuert. Nach der Herstellung wird ein Wareneingang mit Bezug zum Fertigungsauftrag gebucht. Auf diesen Schritt werden wir für unser Endprodukt noch näher eingehen.

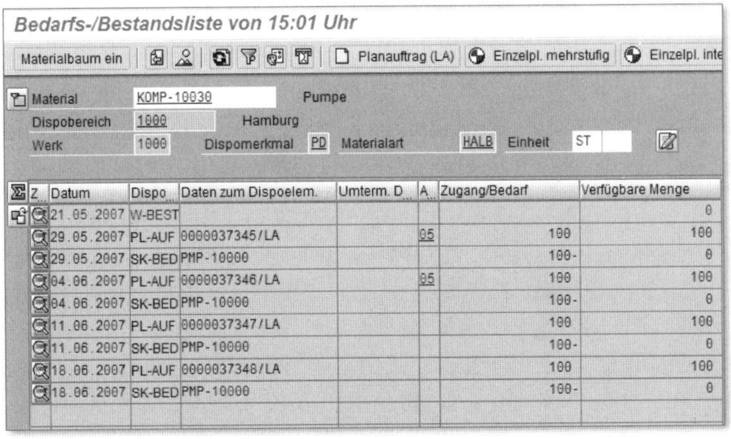

Schritt 4: Beschaffung der Komponenten

Abbildung 4.37 Aktuelle Bedarfs- und Bestandsliste für das Material KOMP-10030 nach der Materialbedarfsplanung (Transaktion MD04)

Für die Einkaufsteile werden die Bestellanforderungen vom Einkauf weiterbearbeitet. Zunächst wird eine Bezugsquelle (Lieferant) zugeordnet. Im zweiten Schritt erfolgt die Umsetzung der Bestellanforderung in eine Bestellung. Nach der Lieferung durch den Lieferanten wird ein Wareneingang mit Bezug zur Bestellung gebucht. Die Bearbeitung der Bestellanforderung kann direkt aus der aktuellen Bedarfs- und Bestandsliste heraus erfolgen. In Abbildung 4.36 erkennen wir die Bestellanforderung 10013739. Diese enthält eine Bedarfsmenge von 90 Stück. Es wird also exakt die Menge bestellt, die zur Bedarfsdeckung benötigt wird. Dies wird über den Losgrößenschlüssel im Materialstamm festgelegt.

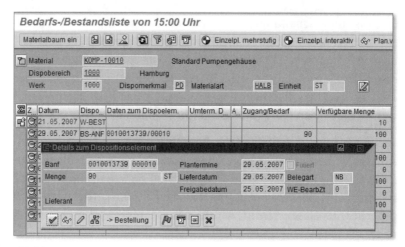

Abbildung 4.38 Umsetzen einer Bestellanforderung in eine Bestellung aus der aktuellen Bedarfs- und Bestandsliste heraus (Transaktion MD04 • Doppelklick auf BS-ANF)

In Abbildung 4.38 wird die Bestellanforderung in eine Bestellung umgesetzt. Nach der Umsetzung hat die aktuelle Bedarfs- und Bestandsliste das in Abbildung 4.39 gezeigte Bild.

Das Dispositionselement wurde von BS-ANF in BS-EIN geändert. Mit Bezug zur Bestellung 4500017377 kann jetzt der Wareneingang für die Komponente verbucht werden. Danach liegt der Bestand für das Material bei 100 Stück. Auch für die anderen Komponenten wurde die Herstellung bzw. der Einkauf in die Wege geleitet. Jeweils der erste Planauftrag bzw. die erste Bestellanforderung wurde umgesetzt. Damit haben alle Komponenten jetzt einen Bestand von mindestens 100 Stück. In Abbildung 4.40 zeigen wir die aktuelle Bedarfs- und Bestandsliste für unser Pumpengehäuse. Der geplante Zugang (BS-EIN) wurde mit dem Wareneingang gelöscht. Stattdessen wurde der Bestand (W-BEST) auf 100 Stück erhöht.

Bedarfs-/Bestandsliste von 15:04 Uhr

Materialbaum ein | Einzelpl. mehrstufig | Einzelpl. interaktiv | Plan.v

Material: KOMP-10010 — Standard Pumpengehäuse
Dispobereich: 1000 — Hamburg
Werk: 1000 — Dispomerkmal: PD — Materialart: HALB — Einheit: ST

Z	Datum	Dispo	Daten zum Dispoelem.	Umterm. D	A	Zugang/Bedarf	Verfügbare Menge
	21.05.2007	W-BEST					10
	29.05.2007	BS-EIN	4500017377/00010			90	100
	29.05.2007	SK-BED	PMP-10000			100-	0
	04.06.2007	BS-ANF	0010013740/00010			100	100
	04.06.2007	SK-BED	PMP-10000			100-	0
	11.06.2007	PL-AUF	0000037341/NB			100	100
	11.06.2007	SK-BED	PMP-10000			100-	0
	18.06.2007	PL-AUF	0000037342/NB			100	100
	18.06.2007	SK-BED	PMP-10000			100-	0

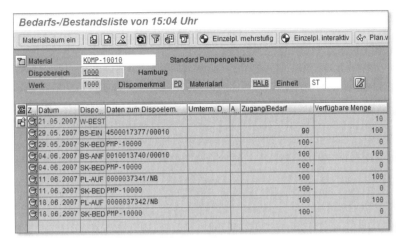

Abbildung 4.39 Aktuelle Bedarfs- und Bestandsliste für das Material KOMP-10010 nach Umsetzung der Bestellanforderung (Transaktion MD04)

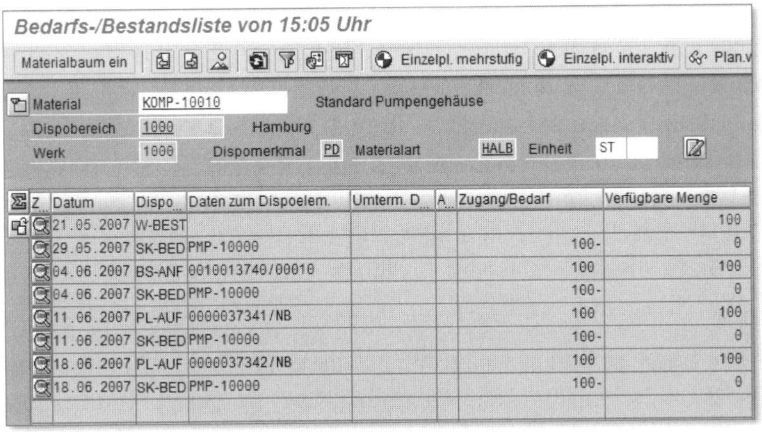

Schritt 5: Kundenauftrag erfassen

In den Schritten 1 bis 4 haben wir die Planung für unser Endgerät, die Pumpe, durchgeführt. Auf Basis dieser Planung wurden die Komponenten, die wir für die Fertigung eines Endgeräts benötigen, bereits beschafft, obwohl noch gar kein Kundenauftrag vorlag. Diesen erfassen wir im nächsten Schritt. Ein neuer Kunde bestellt 40 Stück unseres Materials PMP-10000.

Bedarfs-/Bestandsliste von 15:05 Uhr

Materialbaum ein | Einzelpl. mehrstufig | Einzelpl. interaktiv | Plan.v

Material: KOMP-10010 — Standard Pumpengehäuse
Dispobereich: 1000 — Hamburg
Werk: 1000 — Dispomerkmal: PD — Materialart: HALB — Einheit: ST

Z	Datum	Dispo	Daten zum Dispoelem.	Umterm. D	A	Zugang/Bedarf	Verfügbare Menge
	21.05.2007	W-BEST					100
	29.05.2007	SK-BED	PMP-10000			100-	0
	04.06.2007	BS-ANF	0010013740/00010			100	100
	04.06.2007	SK-BED	PMP-10000			100-	0
	11.06.2007	PL-AUF	0000037341/NB			100	100
	11.06.2007	SK-BED	PMP-10000			100-	0
	18.06.2007	PL-AUF	0000037342/NB			100	100
	18.06.2007	SK-BED	PMP-10000			100-	0

Abbildung 4.40 Aktuelle Bedarfs- und Bestandsliste für das Material KOMP-10010 nach der Wareneingangsbuchung zur Bestellung (Transaktion MD04)

In Abschnitt 4.2.1, »Produkte und Märkte«, haben wir erfahren, dass eine Mindestbestellmenge von 50 Stück definiert worden ist. Wie reagiert darauf das SAP ERP-System? Erfassen wir einen Kundenauftrag zunächst mit der Menge von 40 Stück (siehe Abbildung 4.41). Das System antwortet uns daraufhin mit einer Warnmeldung (siehe Abbildung 4.41, unterste Zeile).

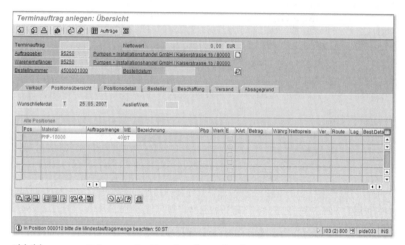

Abbildung 4.41 Erfassung des Terminauftrags für das Material PMP-10000 (Transaktion VA01)

Wir erhöhen die Menge auf 50 Stück. Anschließend ermittelt das System den Liefertermin über die Logik *Verrechnung gegen die Vorplanung* (siehe Abbildung 4.42). Als Wunschliefertermin wurde im Kundenauftrag der 25.05.2007 erfasst. Das System sucht nun gemäß den Einstellungen im Materialstamm (siehe Abbildung 4.26) nach einem Vorplanungsbedarf, und zwar zunächst über die Rückwärtsverrechnung. Allerdings wissen wir aus Abbildung 4.34, dass der erste Bedarf für den 29.05.2007 eingeplant wurde. Über die Vorwärtsverrechnung ermittelt das System diesen Vorplanungsbedarf und verrechnet den Kundenbedarf entsprechend. Die Position wird demzufolge zum 29.05.2007 bestätigt. Über die Versandterminierung (siehe Abschnitt 2.4) wird das frühestmögliche Lieferdatum (04.06.2007) errechnet.

Kennzeichen »Termin fix« Besondere Beachtung wollen wir an dieser Stelle dem Kennzeichen TERMIN FIX schenken (siehe Abbildung 4.42). In unserem Auftrag ist dieses Kennzeichen *nicht* gesetzt. In diesem Fall übergibt der Auftrag den Bedarfstermin, der zur Einhaltung des ursprünglichen Wunschlieferdatums führen würde. Dies ist der 21.05.2007. In der Produktion wird nach dieser Information der Versuch unternommen, die Fertigung zu beschleunigen, um das ursprüngliche Lieferdatum des Kunden zu halten.

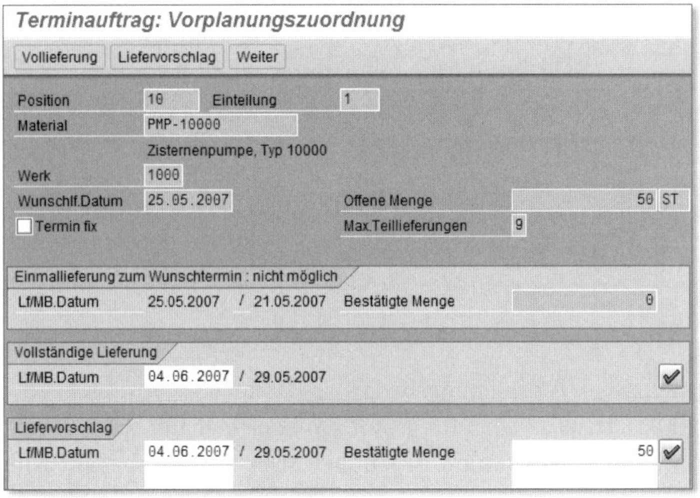

Abbildung 4.42 Erfassung des Terminauftrags für das Material PMP-10000 (Transaktion VA01)

Wird das Kennzeichen gesetzt, wird der Bestätigungstermin im Kundenauftrag *fixiert*. Der Auftragsbedarf wird dann zum Bestätigungsdatum, also zum 29.05.2007 übergeben, und es wird kein Versuch unternommen, den ursprünglichen Termin zu halten. Die Disposition plant lediglich die Einhaltung des so nun bestätigten Termins, da sie davon ausgeht, dass dieser Termin mit dem Kunden abgestimmt wurde.

Nach der Bestätigung der Liefertermine und der Kontrolle der Preisfindung wird ein Kundenauftrag mit der Auftragsnummer 12189 angelegt. Wir sehen den Kundenauftrag in Abbildung 4.43. Unter anderem erkennen wir, dass die Bedarfsart KSVS ermittelt wurde. Die Position wird zum 29.05.2007 bestätigt, als Kundenlieferdatum wurde der 04.06.2007 errechnet.

Welche Auswirkungen hat der Terminauftrag in der aktuellen Bedarfs- und Bestandsliste? Der Auftrag hat den Vorplanungsbedarf vom 29.05.2007 abgebaut und zusätzlich einen Auftragsbedarf (K-AUFT) für das Endprodukt an die Disposition übergeben. Dieser wird nun außerhalb des Planungssegments *Vorplanung ohne Endmontage* verwaltet. Betrachten wir also die aktualisierte aktuelle Bedarfs- und Bestandsliste nach der Auftragserfassung (siehe Abbildung 4.44).

4 | Gestaltung von Wertschöpfungsketten in SAP ERP

Abbildung 4.43 Terminauftrag 12189 (Transaktion VA02)

Damit steht dem Vorplanungsbedarf in Höhe von 50 Stück vom 29.05.2007 jetzt ein Planauftrag (mit Kennzeichen VP, siehe Schritt 2) in Höhe von 100 Stück gegenüber. Der Auftragsbedarf zum 21.05.2007 in Höhe von 50 Stück ist nicht gedeckt.

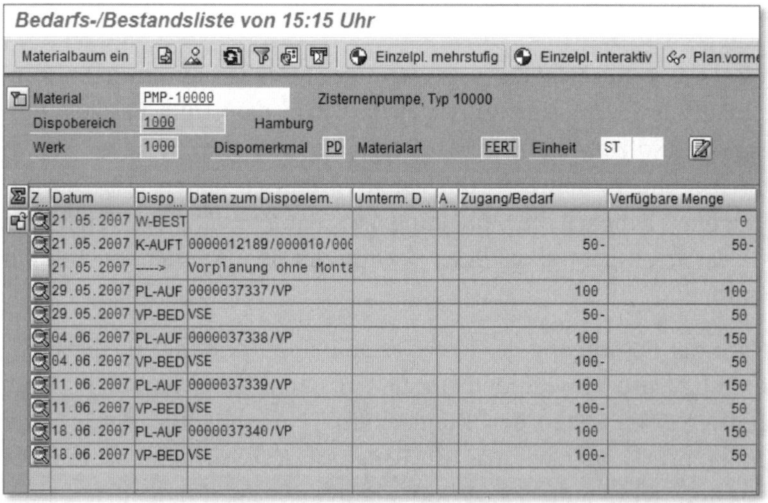

Abbildung 4.44 Aktuelle Bedarfs- und Bestandsliste nach Auftragserfassung mit Vorplanungsverrechnung (Transaktion MD04)

Schritt 6: Materialbedarfsplanung
Der Disponent analysiert die Situation aus Abbildung 4.44. Er sieht, dass der Kundenauftrag einen Bedarf zum 21.05.2007 übergeben hat. Da er jedoch die ursprüngliche Produktionsplanung nicht gefährden will, vereinbart er mit dem Vertrieb, dass im Auftrag die bestätigten Termine fixiert werden. Dazu setzt er nachträglich das Kennzeichen TERMIN FIX im Auftrag. Anschließend führt er einen Dispositionslauf durch. Das Ergebnis sehen wir in Abbildung 4.45.

Bedarfs-/Bestandsliste von 15:16 Uhr							
Material	PMP-10000		Zisternenpumpe, Typ 10000				
Dispobereich	1000		Hamburg				
Werk	1000	Dispomerkmal	PD	Materialart	FERT	Einheit	ST

Z	Datum	Dispo.	Daten zum Dispoelem.	Umterm. D	A	Zugang/Bedarf	Verfügbare Menge
	21.05.2007	W-BEST					0
	29.05.2007	PL-AUF	0000037357/LA		05	50	50
	29.05.2007	K-AUFT	0000012189/000010/000			50-	0
	21.05.2007	---->	Vorplanung ohne Monta				
	29.05.2007	PL-AUF	0000037337/VP			50	50
	29.05.2007	VP-BED	VSE			50-	0
	04.06.2007	PL-AUF	0000037338/VP			100	100
	04.06.2007	VP-BED	VSE			100-	0
	11.06.2007	PL-AUF	0000037339/VP			100	100
	11.06.2007	VP-BED	VSE			100-	0
	18.06.2007	PL-AUF	0000037340/VP			100	100
	18.06.2007	VP-BED	VSE			100-	0

Abbildung 4.45 Aktuelle Bedarfs- und Bestandsliste für das Material PMP-10000 nach Auftragserfassung und Disposition (Transaktion MD04)

Der Auftragsbedarf wurde nach dem Setzen des Fixierungskennzeichens auf den 29.05.2007 geändert. Durch den Dispositionslauf wurde ein Planauftrag (Auftragsnummer 37357) zur Deckung des Kundenauftrags angelegt. Dieser Planauftrag kann entgegen den Planaufträgen im Planungssegment *Vorplanung ohne Montage* in einen Fertigungsauftrag umgesetzt werden. Über diesen Fertigungsauftrag wird nun die Endmontage unserer Pumpe angestoßen. Der Fertigungsauftrag wird so terminiert, dass die bestätigten Termine im Kundenauftrag eingehalten werden. Durch den Dispositionslauf wurde außerdem der Planauftrag 37337 um 50 Stück verringert. Er deckt den Vorplanungsbedarf vom 29.05.2007 jetzt wieder exakt!

Wie wirkt sich dieser erneute Dispositionslauf auf die dispositive Situation bei den Komponenten aus? Abbildung 4.46 zeigt uns die aktuelle Bedarfs- und Bestandsliste zu unserem Standard-Pumpengehäuse. Wir sehen, dass der ursprüngliche Sekundärbedarf des Materials KOMP-10010 um 50 Stück reduziert wurde. Gleichzeitig wurde ein neuer Sekundärbedarf in Höhe von 50 Stück aufgebaut. In den Detaildaten zum Dispositionselement erkennen wir, dass der Sekundärbedarf dem neuen Planauftrag mit der Auftragsnummer 37357 zugeordnet ist!

4 | Gestaltung von Wertschöpfungsketten in SAP ERP

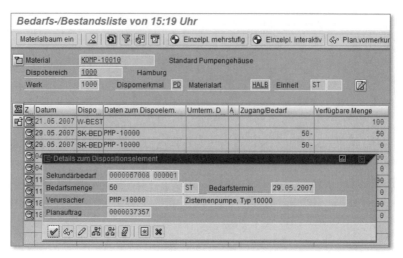

Abbildung 4.46 Aktuelle Bedarfs- und Bestandsliste der Komponente Standard-Pumpengehäuse (Material KOMP-10010 (Transaktion MD04)

Schritt 7: Endmontage

Genau dieser Planauftrag (37357) wird vom Disponenten in einen Fertigungsauftrag zur Montage des Endgeräts umgesetzt. Bevor der Fertigungsauftrag freigegeben werden kann, müssen die Serialnummern vergeben werden. Wir erinnern uns:

- Im Materialstamm wurde die Serialnummernpflicht festgelegt. Dazu wurde ein Serialnummernprofil zugeordnet.
- Im Customizing des Serialnummernprofils wurde festgelegt, dass im Fertigungsauftrag Serialnummern vergeben werden *müssen* (siehe Abschnitt 2.6).

Die Serialnummern können durch das System fortlaufend vergeben werden. Es ist auch möglich, die Serialnummern manuell zu vergeben. Wir entscheiden uns, die Serialnummern automatisch vergeben zu lassen. Das System vergibt die Nummern 101 bis 150 für unsere 50 Pumpen (siehe Abbildung 4.47).

Nach der Vergabe der Serialnummern wird der Fertigungsauftrag freigegeben. Über die Stückliste werden die benötigten Komponenten (und die Planmengen) im Fertigungsauftrag ermittelt und über den Arbeitsplan wird der Vorgang zur Endmontage mit seinen Planzeiten festgelegt. Abbildung 4.48 zeigt die aktuelle Bedarfs- und Bestandsliste nach der Umsetzung des Planauftrags in einen Fertigungsauftrag.

4.2 Vorplanung ohne Endmontage

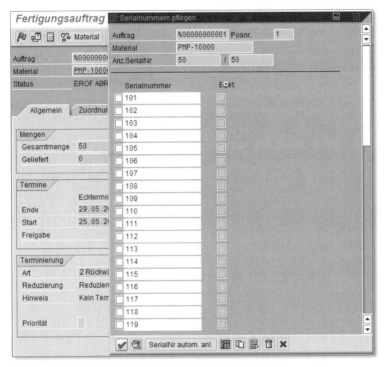

Abbildung 4.47 Serialnummernvergabe im Fertigungsauftrag (Transaktion CO01)

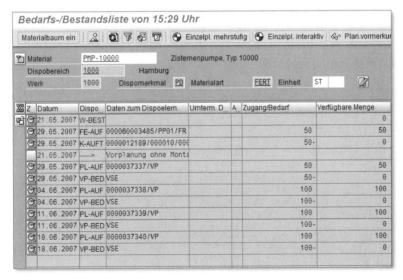

Abbildung 4.48 Aktuelle Bedarfs- und Bestandsliste nach der Erstellung des Fertigungsauftrags (Transaktion MD04)

Mit der Umsetzung des Planauftrags wurden die Sekundärbedarfe für die Komponenten in eine abhängige Reservierung zum Fertigungsauftrag umgesetzt. Dies zeigt uns Abbildung 4.49 am Beispiel der Komponente KOMP-10010 (Standard-Pumpengehäuse).

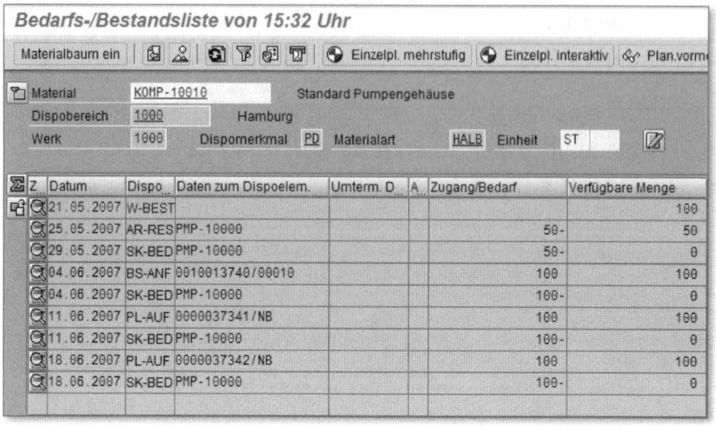

Abbildung 4.49 Aktuelle Bedarfs- und Bestandsliste für das Material KOMP-10010 mit Reservierung zum Fertigungsauftrag (Transaktion MD04)

Der nächste Schritt innerhalb des Fertigungsauftrags ist die Entnahme der Komponenten aus dem Lager. Die entsprechende Verbrauchsbuchung wird auf den Fertigungsauftrag kontiert. Abbildung 4.50 zeigt den Materialbeleg, der mit der Entnahmebuchung (Bewegungsart 261: Verbrauch für Fertigungsauftrag) in der Materialwirtschaftskomponente MM erzeugt wurde.

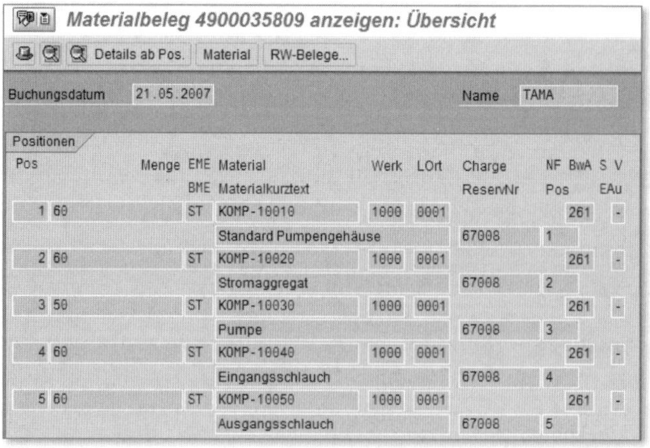

Abbildung 4.50 Materialbeleg zur Entnahme der Komponenten (Transaktion MB03)

Bei der Montage unserer Pumpen wurde bei einigen Komponenten der Planverbrauch überschritten (z. B. bei der Komponente KOMP-10010 wurden 60 Stück verbraucht, obwohl nur 50 Stück reserviert waren, siehe auch Abbildung 4.49). Deshalb musste von diesen Komponenten mehr als die geplante Menge auf den Fertigungsauftrag entnommen werden. Dies wird zu einer Mengenabweichung bei der Ermittlung der Ist-Kosten im Fertigungsauftrag führen.

Zum Materialbeleg wurde auch ein Buchhaltungsbeleg in der Finanzbuchhaltung erstellt (siehe Abbildung 4.51). Dieser enthält die Verbrauchsbuchung für die Halbfertigerzeugnisse. Der Buchungssatz lautet *Verbrauch unfertige Produkte an Bestand unfertige Erzeugnisse*.

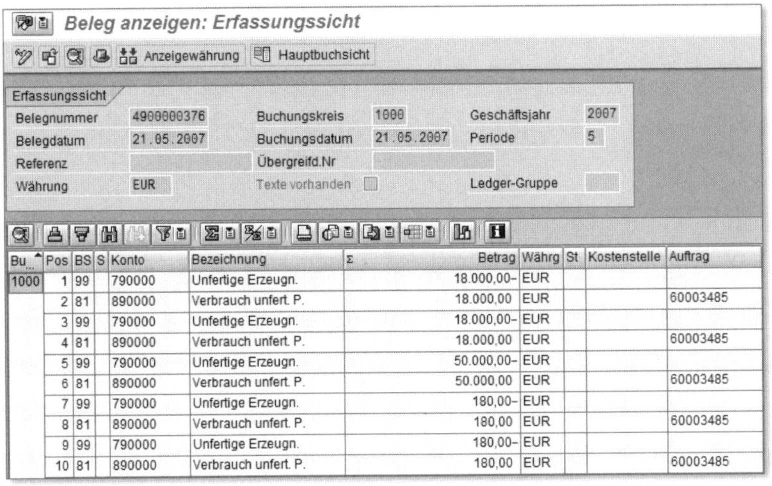

Bu...	Pos	BS	S	Konto	Bezeichnung	Σ	Betrag	Währg	St	Kostenstelle	Auftrag
1000	1	99		790000	Unfertige Erzeugn.		18.000,00-	EUR			
	2	81		890000	Verbrauch unfert. P.		18.000,00	EUR			60003485
	3	99		790000	Unfertige Erzeugn.		18.000,00-	EUR			
	4	81		890000	Verbrauch unfert. P.		18.000,00	EUR			60003485
	5	99		790000	Unfertige Erzeugn.		50.000,00-	EUR			
	6	81		890000	Verbrauch unfert. P.		50.000,00	EUR			60003485
	7	99		790000	Unfertige Erzeugn.		180,00-	EUR			
	8	81		890000	Verbrauch unfert. P.		180,00	EUR			60003485
	9	99		790000	Unfertige Erzeugn.		180,00-	EUR			
	10	81		890000	Verbrauch unfert. P.		180,00	EUR			60003485

Abbildung 4.51 Buchhaltungsbeleg zur Warenentnahme (Transaktion MB03 • RW-Belege)

Die Verbrauchsbuchung auf das Sachkonto 890000 ist auf den Fertigungsauftrag mit der Auftragsnummer 60003485 kontiert. Abbildung 4.52 zeigt uns das Detailbild zur Buchungszeile 2 aus unserem Buchhaltungsbeleg. Dort sehen wir unter anderem die Kontierung auf den Fertigungsauftrag. Über diese Kontierung wird der Fertigungsauftrag mit Ist-Kosten belastet. Er dient als Kostensammler.

Im nächsten Schritt innerhalb der Endmontage erfolgt nun die Rückmeldung des Fertigungsauftrags. Dabei werden die Ist-Zeiten (Rüstzeit, Maschinenzeit, Personalzeit) von den Mitarbeitern erfasst und über die Tarife aus der Kostenrechnung bewertet.

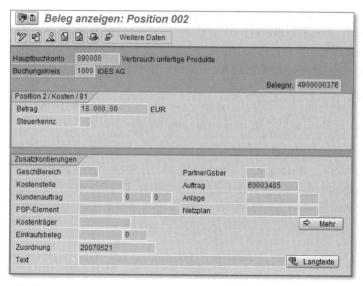

Abbildung 4.52 Detailbild zur Verbrauchsbuchung im Buchhaltungsbeleg (Transaktion MB03)

Damit werden weitere Ist-Kosten auf dem Fertigungsauftrag verbucht. Unterscheiden sich diese Zeiten von den Planzeiten im Arbeitsplan, ergeben sich Zeit- und in deren Folge Kostenabweichungen (man kann das System auch so einstellen, dass immer automatisch Planzeiten zurückgemeldet werden).

Schließlich erfolgt die Ablieferung unserer Pumpen an das Lager. Diese Buchung erfolgt über eine Wareneingangsbuchung mit der Bewegungsart 101 (Wareneingang mit Bezug zum Fertigungsauftrag). Dabei wird ein Materialbeleg (siehe Abbildung 4.53) erzeugt.

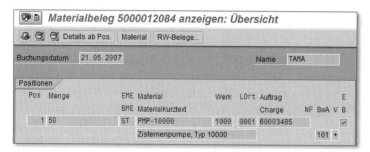

Abbildung 4.53 Materialbeleg zur Wareneingangsbuchung der Endgeräte im Lager (Transaktion MB03)

Über die Wareneingangsbuchung entsteht auch ein Buchhaltungsbeleg (siehe Abbildung 4.54). Dieser enthält den Buchungssatz *Bestand an Fertigerzeugnissen an Fabrikleistung Fertigungsaufträge*. Es wird also ein Ertrag (positive Bestandsveränderung) gebucht.

Die Buchung auf dem Bestandsveränderungskonto ist auf den Fertigungsauftrag kontiert, womit dieser kostenmäßig entlastet wird. Die Wareneingangsbuchung wird mit dem Bewertungspreis aus dem Materialstamm und damit mit Plankosten bewertet. Die Menge (50 Stück) wurde mit dem Standardpreis (1.812,86 €) multipliziert.

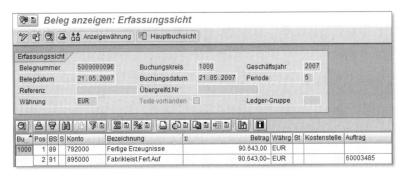

Abbildung 4.54 Buchhaltungsbeleg zur Wareneingangsbuchung für die Endgeräte (Transaktion MB03)

Mit der Buchung des Wareneingangs für unsere Pumpen ist der Fertigungsauftrag aus logistischer Sicht abgeschlossen. Im Controlling kann nun eine *Abweichungsanalyse* und anschließend die Abrechnung des Auftrags durchgeführt werden (typischerweise geschieht dies in einem Sammellauf über alle Fertigungsaufträge im Rahmen des Monatsabschlusses). Bei der Abweichungsanalyse wird die Differenz zwischen den Plankosten aus der Materialkalkulation und den Ist-Kosten im Fertigungsauftrag errechnet und in verschiedene Abweichungskategorien wie z. B. Mengenabweichung und Preisabweichung aufgeschlüsselt. Über die Abrechnung des Fertigungsauftrags wird die ermittelte Differenz als Preisabweichung in der Finanzbuchhaltung gebucht. Diese Buchung ist nicht ergebniswirksam (Gewinn- und Verlustkonto an Gewinn- und Verlustkonto) und dient lediglich dazu, den verbleibenden Saldo des Fertigungsauftrags auszubuchen.

Abweichungsanalyse

Die Auftragsabrechnung übergibt die Abweichungen zusätzlich an die Ergebnis- und Marktsegmentrechnung (CO-PA), wobei die unterschiedlichen Abweichungskategorien je nach Anforderung in ver-

Auftragsabrechnung

schiedenen Berichtszeilen (Wertfeldern) ausgewiesen werden können. Auf die Auswirkungen in der Ergebnisrechnung werden wir nach der Fakturierung des Kundenauftrags noch zurückkommen.

Schritt 8: Versand

Nachdem die Montage unserer Pumpen abgeschlossen ist, kann jetzt der Versand beginnen. Nach der Zubuchung der Bestände für die Endgeräte zeigt die aktuelle Bedarfs- und Bestandsliste die in Abbildung 4.55 dargestellte Situation.

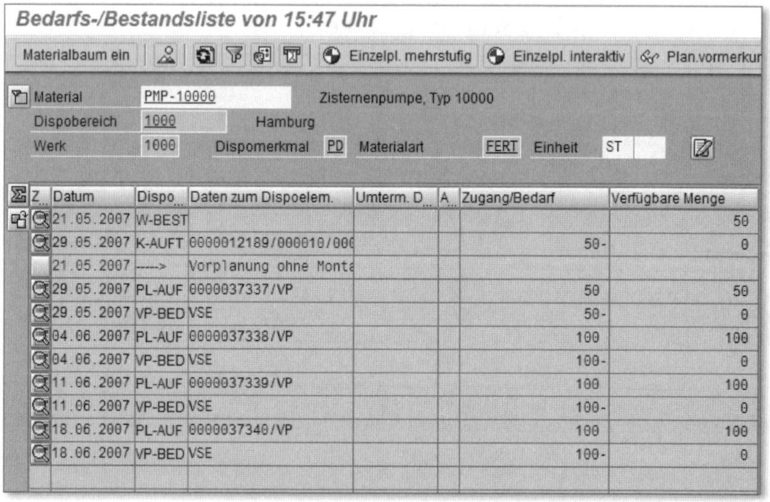

Z...	Datum	Dispo...	Daten zum Dispoelem.	Umterm. D...	A...	Zugang/Bedarf	Verfügbare Menge
	21.05.2007	W-BEST					50
	29.05.2007	K-AUFT	0000012189/000010/000			50-	0
	21.05.2007	----->	Vorplanung ohne Monta				
	29.05.2007	PL-AUF	0000037337/VP			50	50
	29.05.2007	VP-BED	VSE			50-	0
	04.06.2007	PL-AUF	0000037338/VP			100	100
	04.06.2007	VP-BED	VSE			100-	0
	11.06.2007	PL-AUF	0000037339/VP			100	100
	11.06.2007	VP-BED	VSE			100-	0
	18.06.2007	PL-AUF	0000037340/VP			100	100
	18.06.2007	VP-BED	VSE			100-	0

Abbildung 4.55 Aktuelle Bedarfs- und Bestandsliste nach der Endmontage (Transaktion MD04)

Der Kundenauftragsbedarf in Höhe von 50 Stück ist jetzt durch den Lagerbestand gedeckt, und mit Bezug zum Kundenauftrag kann eine Lieferung angelegt werden. Da die Serialnummern für unsere Pumpen bereits im Fertigungsauftrag vergeben wurden, müssen nun die Serialnummern im Lieferbeleg ausgewählt werden. Das System zeigt in der Auswahlliste nur die Serialnummern an, die den Status ELAG (am Lager) ausweisen.

In Abbildung 4.56 sehen wir die Selektion der Serialnummern in der Lieferung. Das System bietet uns die Liste der Materialnummern an, die im Fertigungsauftrag vergeben wurden (101 bis 150). Die Warenausgangsbuchung in der Lieferung erfolgt über die Bewegungsart 601 (Warenausgang Lieferung). Die Buchung wird mit dem Bewertungspreis aus dem Materialstamm bewertet. Der Buchhaltungsbeleg enthält die Buchung *Fertigerzeugnisse an Bestandsveränderungen*.

Wie hat sich der Status der Serialnummern durch die Warenausgangsbuchung verändert? Abbildung 4.56 zeigt, dass eine der ausgelieferten Serialnummern die Nummer 124 ist. Lassen wir uns also den zugehörigen Serialnummernstammsatz anzeigen (siehe Abbildung 4.57).

Material	SerialNr	Werk	LOrt	Equipment	Bezeichng	SysSt	Char...	LB	S
PMP-10000	101	1000	0001	10006274		ELAG		01	
PMP-10000	102	1000	0001	10006275		ELAG		01	
PMP-10000	103	1000	0001	10006276		ELAG		01	
PMP-10000	104	1000	0001	10006277		ELAG		01	
PMP-10000	105	1000	0001	10006278		ELAG		01	
PMP-10000	106	1000	0001	10006279		ELAG		01	
PMP-10000	107	1000	0001	10006280		ELAG		01	
PMP-10000	108	1000	0001	10006281		ELAG		01	
PMP-10000	109	1000	0001	10006282		ELAG		01	
PMP-10000	110	1000	0001	10006283		ELAG		01	
PMP-10000	111	1000	0001	10006284		ELAG		01	
PMP-10000	112	1000	0001	10006285		ELAG		01	
PMP-10000	113	1000	0001	10006286		ELAG		01	
PMP-10000	114	1000	0001	10006287		ELAG		01	
PMP-10000	115	1000	0001	10006288		ELAG		01	
PMP-10000	116	1000	0001	10006289		ELAG		01	
PMP-10000	117	1000	0001	10006290		ELAG		01	
PMP-10000	118	1000	0001	10006291		ELAG		01	
PMP-10000	119	1000	0001	10006292		ELAG		01	
PMP-10000	120	1000	0001	10006293		ELAG		01	
PMP-10000	121	1000	0001	10006294		ELAG		01	
PMP-10000	122	1000	0001	10006295		ELAG		01	
PMP-10000	123	1000	0001	10006296		ELAG		01	
PMP-10000	124	1000	0001	10006297		ELAG		01	

Abbildung 4.56 Auswahl der Serialnummern in der Lieferung (Transaktion VL01N)

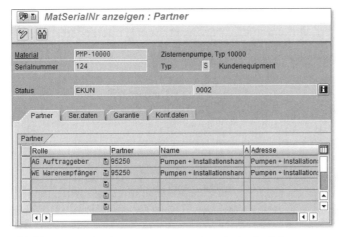

Abbildung 4.57 Serialnummernstammsatz nach der Auslieferung (Transaktion IQ03)

Nach der Auslieferung erhält der Serialnummernstammsatz den Status EKUN (Kundenbestand). In der Sicht PARTNER sehen wir, dass unser Kunde mit der Debitorennummer 95250 das Gerät mit der Serialnummer 124 erhalten hat. Damit können wir jederzeit nachvollziehen, wann und an wen das Gerät geliefert wurde.

Schritt 9: Fakturierung

Im neunten und letzten Schritt unseres Szenarios *Vorplanung ohne Endmontage* geht es um die Fakturierung. Mit Bezug zur Lieferung wird eine Kundenrechnung im System erzeugt. Der Nettowert (115.000,00 €) ergibt sich aus einem Stückpreis von 2.300,00 €, der aus dem Auftrag übernommen wurde. Der Verrechnungspreis entspricht dem Bewertungspreis aus dem Materialstamm und – wie bereits erwähnt – auch den Planherstellkosten (siehe Abbildung 4.58).

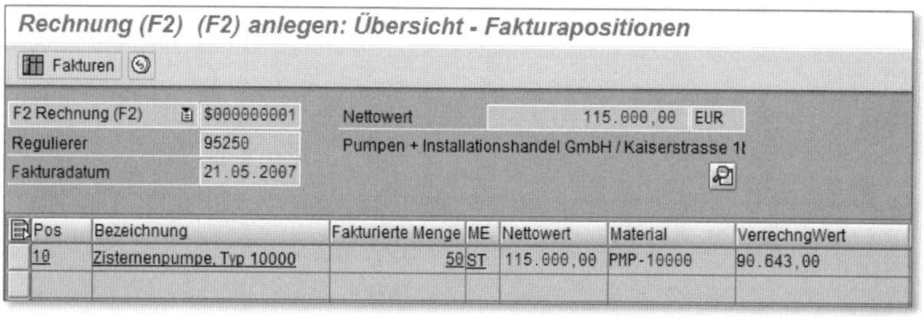

Abbildung 4.58 Fakturierung (Transaktion VF01)

Der Vollständigkeit halber wollen wir uns auch den Buchhaltungsbeleg ansehen (siehe Abbildung 4.59). Er enthält die Erlösbuchung *Debitor an Umsatzerlöse und Mehrwertsteuer*. Die Erlöse und die Planherstellkosten werden an die Ergebnisrechnung übergeben.

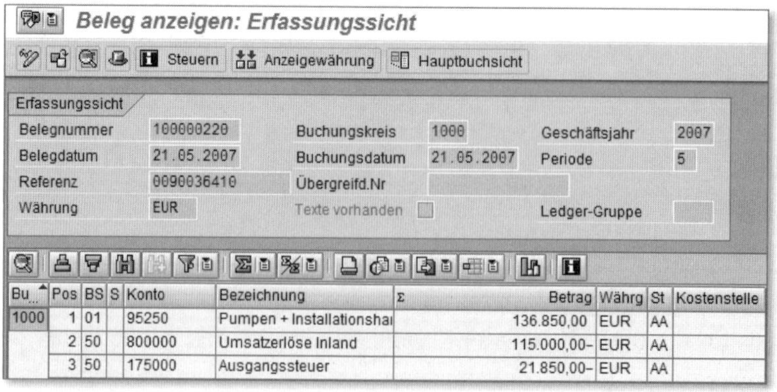

Abbildung 4.59 Buchhaltungsbeleg zur Kundenrechnung (Transaktion VF02)

Vorplanung ohne Endmontage | **4.2**

Im Verlauf des Szenarios haben wir auch die Entstehung der Ist-Kosten auf dem Fertigungsauftrag verfolgt. Wie bereits dargestellt, wurde für den Fertigungsauftrag eine Abweichungsermittlung durchgeführt. Der Betrag der Abweichung wurde an die Ergebnisrechnung übermittelt. Aus diesem Grund wollen wir zum Abschluss ein Beispiel für einen Ergebnisbericht in der Ergebnis- und Marktsegmentrechnung (CO-PA) der Komponente Controlling (CO) betrachten. Die Auswertung wurde auf Artikelbasis erstellt, wir sehen also lediglich Daten, die auf unserem Systembeispiel beruhen (siehe Abbildung 4.60).

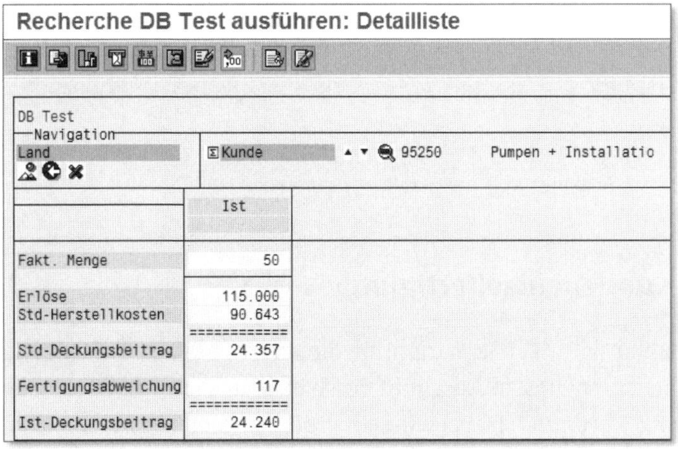

Recherche DB Test ausführen: Detailliste	
DB Test — Navigation — Land	Kunde ▲▼ 🔍 95250 Pumpen + Installatio
	Ist
Fakt. Menge	50
Erlöse	115.000
Std-Herstellkosten	90.643
	=========
Std-Deckungsbeitrag	24.357
Fertigungsabweichung	117
	=========
Ist-Deckungsbeitrag	24.240

Abbildung 4.60 Ergebnisbericht für das Material PMP-10000 (Transaktion KE30)

Die fakturierte Menge (50 Stück), die Umsätze (115.000,00 €) und die Standard-Herstellkosten (90.643,00 €) stammen aus der Faktura. Daraus errechnet sich der Standard-Deckungsbeitrag. Davon werden die Abweichungen auf dem Fertigungsauftrag in Höhe von insgesamt 117,39 € abgezogen. Somit verbleibt ein Ist-Deckungsbeitrag in Höhe von 24.240,00 €. Die Abweichung ergibt sich aus dem erhöhten Verbrauch an Komponenten (siehe Abbildung 4.50). Hiermit schließen wir das Beispiel ab.

Abschließend wollen wir anhand des Belegflusses im Kundenauftrag (siehe Abbildung 4.61) das Szenario *Vorplanung ohne Endmontage* zusammenfassen. Bereits vor der Erfassung des Auftrags wurde für unsere Pumpe eine Programmplanung angelegt. Diese wurde als Basis für die Beschaffung der Komponenten genutzt. Der eingehende Kundenauftrag mit der Auftragsnummer 12189 übergab einen Bedarf an die Disposition. Der Auftragsbedarf verrechnete sich mit der Vor-

Zusammenfassung

planung und führte über die Disposition zu einem Fertigungsauftrag für die Endmontage. Nach dem Wareneingang der Endprodukte im Lager folgten der Lieferbeleg mit der Nummer 80015325 und die Kundenrechnung mit der Rechnungsnummer 90036410.

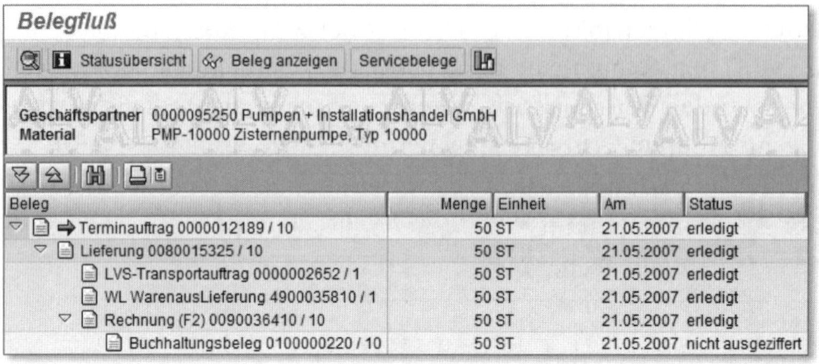
Belegfluß
Statusübersicht
Beleg anzeigen
Servicebelege
Geschäftspartner 0000095250 Pumpen + Installationshandel GmbH
Material PMP-10000 Zisternenpumpe, Typ 10000
Beleg
Menge
Einheit
Am
Status
Terminauftrag 0000012189 / 10 50 ST 21.05.2007 erledigt
Lieferung 0080015325 / 10 50 ST 21.05.2007 erledigt
LVS-Transportauftrag 0000002652 / 1 50 ST 21.05.2007 erledigt
WL WarenausLieferung 4900035810 / 1 50 ST 21.05.2007 erledigt
Rechnung (F2) 0090036410 / 10 50 ST 21.05.2007 erledigt
Buchhaltungsbeleg 0100000220 / 10 50 ST 21.05.2007 nicht ausgeziffert

Abbildung 4.61 Belegfluss im Kundenauftrag (Transaktion VA02)

4.3 Kundeneinzelfertigung

Bislang haben wir zwei Szenarien für die anonyme Massenfertigung kennengelernt. In diesem Abschnitt beschäftigt uns jetzt die klassische Kundeneinzelfertigung. Dabei wird ein Produkt speziell für einen Kundenauftrag entwickelt, hergestellt und geliefert. Neben der entsprechenden Gestaltung der logistischen Abläufe in der Produktion, der Materialwirtschaft und dem Vertrieb ist ein auftragsbezogenes Controlling von außerordentlicher Bedeutung. Der vorliegende Abschnitt wurde in der aktuellen dritten Auflage um einen Fakturierungsplan erweitert. Die Erklärung der Grundlagen zu Fakturierungsplänen finden Sie in Kapitel 3, »Vertriebskomponente SD – Prozessüberblick«.

4.3.1 Produkte und Märkte

Auch in diesem Beispiel bleiben wir bei der Herstellung von Pumpen, die wir schon aus dem Szenario *Vorplanung ohne Endmontage* aus Abschnitt 4.2 kennen. Neben den dort behandelten Standardpumpen fertigt unser Unternehmen auch Spezialpumpen. Wir erhalten von unseren Kunden die kompletten Konstruktionszeichnungen für die entsprechende Pumpe und sind anschließend für die Herstellung des Geräts verantwortlich. Das Gerät wird als Ganzes ausgeliefert und anschließend vom Kunden eingebaut. Da es sich um hochindividuelle

Produkte handelt, können nur in sehr begrenztem Ausmaß Standardkomponenten eingesetzt werden. Viele der benötigten Komponenten werden nach detaillierten Vorgaben des Kunden individuell beschafft. Demzufolge wird pro Kundenauftrag eine sogenannte *Auftragsstückliste* erstellt. Auch der Arbeitsplan für die Herstellung des Produkts wird pro Kundenauftrag angelegt. Auf der Basis dieser Daten erfolgt eine Kalkulation der Herstell- und Selbstkosten im Kundenauftrag. Im Gegensatz zu Abschnitt 4.1, »Lagerverkauf mit Chargenfertigung«, und Abschnitt 4.2, »Vorplanung ohne Endmontage«, werden Aufträge immer erst nach Abgabe eines entsprechenden Angebots abgeschlossen. Der Materialstamm PMP-20000 (Spezialpumpe Kundeneinzelfertigung) dient uns als Beispiel. Die benötigten Komponenten, Stücklisten und Arbeitspläne werden erst im Laufe des Beispiels erstellt. Da die Pumpe eine Spezialanfertigung für unseren Kunden ist, haben wir mit ihm vereinbart, dass wir bei Vertragsabschluss eine Anzahlung erhalten. Nach der Lieferung wird der Restbetrag fällig. Die Anzahlung wird bei der Schlussrechnung verrechnet.

4.3.2 Organisationsstruktur

Wir verwenden die gleichen Organisationsstruktur wie im Beispiel aus Abschnitt 4.2. Abbildung 4.62 zeigt uns die Struktur. Auch in diesem Beispiel erfolgt die Produktion in Werk 1000, und der Vertrieb wird über den Vertriebsbereich 1000/10/00 organisiert.

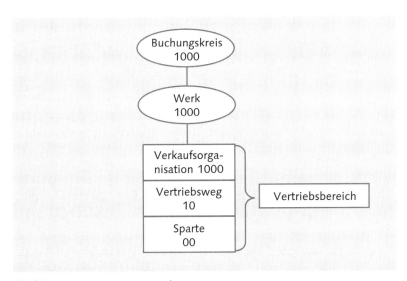

Abbildung 4.62 Organisationsstruktur

4.3.3 Prozessbeschreibung

Überblick In Abschnitt 2.12, »Integration der Ergebnis- und Marktsegmentrechnung«, haben wir bereits auf den Zusammenhang zwischen Produktions- und Planungsszenarien, Vertrieb und Materialwirtschaft einerseits und den Controllingkonzepten andererseits hingewiesen. In dieser Wertschöpfungskette beschäftigt uns die reine Kundeneinzelfertigung mit einem unbewerteten Kundeneinzelbestand. Abbildung 4.63 liefert den Überblick in Form einer Wertschöpfungskette.

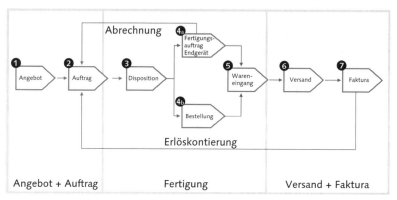

Abbildung 4.63 Wertschöpfungskette »Kundeneinzelfertigung«

Im Gegensatz zu den bisherigen Szenarien wird bei der *Einzelfertigung* keine Absatzplanung vorgenommen. Es handelt sich hier um sehr individuelle Produkte, für die eine solche Planung nicht sinnvoll ist. Der erste Schritt in unserer Prozesskette besteht in der Erfassung eines Angebots ❶. Bei Aufträgen dieser Größenordnung (unsere Spezialpumpen haben einen Wert bis zu 1.000.000,00 €) holen die Kunden unseres Beispielunternehmens immer mehrere Angebote ein. Wir hinterlegen auf Positionsebene im Angebot den Fakturierungsplan, bestehend aus einer Anzahlung und einer Schlussrechnung nach Lieferung. Die Anzahlung ist in der Wertschöpfungskette nicht dargestellt.

In Schritt ❷ wird mit Bezug zum Angebot ein Kundenauftrag erfasst. Zum Kundenauftrag werden eine Auftragsstückliste für unsere Spezialpumpe und ein Arbeitsplan entwickelt, der nur für das Material in *diesem* Auftrag gültig ist. Aus dem Kundenauftrag heraus wird bei der Kundeneinzelfertigung ein sogenanntes *Einzelbestandssegment* angelegt. Es handelt sich um einen Bestand, der nur der Auftragsposition zugeordnet ist. Zusätzlich wird der Auftragsbedarf übergeben. Nach der Auftragsanlage wird eine Anzahlungsrechnung entsprechend dem hinterlegten Fakturierungsplan erstellt. In Schritt ❸ erfolgt dann die Disposition (Materialbedarfsplanung) in der Komponente PP. Als Dispositionsergebnis liegt ein Planauftrag für die Herstellung unserer Spezialpumpe vor. Über die mehrstufige Stücklistenauflösung in der Disposition werden in Schritt ❹ᵇ Sekundärbedarfe für die Beschaffung der Komponenten ausgelöst. Der Planauftrag für das Endgerät wird in Schritt ❹ᵃ in einen Fertigungsauftrag umgesetzt. Im Unterschied zum vorherigen Kapitel ist dieser Fertigungsauftrag aber auf den Kundenauftrag kontiert. Diese Kontierung bewirkt zweierlei: Zum einen wird das Endgerät beim Wareneingang in das Lager in den Einzelbestand der Kundenauftragsposition gebucht. Damit ist es nur für den bedarfsauslösenden Kundenauftrag verfügbar. Zum anderen werden mit der Auftragsabrechnung die Ist-Kosten der Fertigung an die Kundenauftragsposition abgerechnet. Die Kundenauftragsposition in der Einzelfertigung verfügt über ein sogenanntes *CO-Objekt*. Dieses sammelt Kosten und Erlöse. In Schritt ❺ erfolgt die Wareneingangsbuchung mit Bezug zum Fertigungsauftrag für das Endgerät in den Kundeneinzelbestand. Anschließend wird eine Lieferung angelegt und der Warenausgang gebucht (Schritt ❻). Im letzten Schritt ❼, erfolgt die Erstellung der Schlussrechnung. Sofern der Kunde die Anzahlung bereits geleistet hat, wird sie auf der Schlussrechnung automatisch vom System verrechnet. Im Unterschied zu den bisherigen Szenarien wird hier in der Ergebnisrechnung noch kein Beleg erzeugt. Vielmehr werden die Erlöse auf die Kundenauftragsposition kontiert. Erst über die Abrechnung des Kundenauftrags gelangen Kosten und Erlöse in die Ergebnis- und Marktsegmentrechnung.

Im ersten Schritt erfassen wir eine Angebotsposition mit unserem Materialstamm (PMP-20000). Da es sich bei der Kundeneinzelfertigung um ein Produkt handelt, das in dieser Form noch nicht produziert wurde, stellt sich die Frage nach der Grundlage für die Preisfindung. Stücklisten und Arbeitspläne, die bei Serienprodukten Auskunft über die benötigten Teile und Komponenten sowie die erforderlichen Arbeitsschritte geben, sind noch nicht vorhanden. Damit fehlt die Basis für die Durchführung einer Erzeugniskalkulation in der Komponente CO: Diese basiert schließlich genau auf diesen Informationen. Wie aber soll der Verkaufspreis kalkuliert werden, wenn die Herstellkosten bzw. die Selbstkosten (Selbstkosten = Herstellkosten + Vertriebs- und Verwaltungskosten) noch nicht	Schritt 1: Angebot erfassen

bekannt sind? Grundsätzlich gibt es zwei Möglichkeiten: die Erzeugniskalkulation und die Einzelkalkulation.

Erzeugniskalkulation — Die erste Möglichkeit besteht darin, auf der Basis der detaillierten Kundeninformation (z. B. Zeichnungen, Pflichtenhefte) Stücklisten und Arbeitspläne anzulegen und anschließend eine *Erzeugniskalkulation* durchzuführen. In der Praxis scheuen sich jedoch die meisten Unternehmen, diesen Schritt bereits im Angebot durchzuführen. Die Gründe dafür liegen im hohen Aufwand (mehrstufige Stücklisten und entsprechende Arbeitspläne sind anzulegen) und in der Inflation an Materialstämmen, die entstünde, betriebe man für jedes Angebot die komplette Datenerfassung.

Einzelkalkulation — Die zweite Möglichkeit besteht in der Durchführung einer *Einzelkalkulation* im Angebot. Im Gegensatz zur Erzeugniskalkulation benötigt diese Art der Kalkulation keine Stücklisten und Arbeitspläne. Die Bestandteile einer Einzelkalkulation können in einer Art Tabellenkalkulation erfasst werden, wobei es möglich ist, auf bereits vorhandene Stammdaten (z. B. Materialstämme, Einkaufsinfosätze) zurückzugreifen. Auch können Leistungen von Kostenstellen (z. B. Fertigungskostenstellen, Montagekostenstellen, Maschinenstunden, Personalstunden) in der Einzelkalkulation berücksichtigt werden. Darüber hinaus gibt es einfache Wertpositionen, mit deren Hilfe man beliebige Kosten kalkulieren kann. Zudem kann eine automatische Gemeinkostenbezuschlagung, z. B. zur Berechnung von Vertriebs- und Verwaltungskosten, erfolgen. Das Ergebnis der Einzelplanung kann an eine spezielle Konditionsart der SD-Preisfindung übergeben werden. Im Standard ist dies unter anderem die Konditionsart EK01. Damit erhält man einen Anhaltspunkt für die Gestaltung der Verkaufspreise im Angebot. Die Kalkulation der Kosten und die Ermittlung des Verkaufspreises sind die Hauptaufgaben des Angebots im Szenario der Kundeneinzelfertigung.

Verfügbarkeitsprüfung und Bedarfsübergabe — Es stellt sich aber auch die Frage nach den Funktionen *Verfügbarkeitsprüfung* und *Bedarfsübergabe*. Eine Verfügbarkeitsprüfung nach der ATP(Available-to-Promise)-Logik (siehe Abschnitt 2.3) ist im Angebot nicht sinnvoll, da die Produkte auf Kundenwunsch gefertigt werden und daher nicht am Lager vorrätig sein können. Wie aber sieht es mit der Bedarfsübergabe aus? Erinnern wir uns an Abschnitt 2.3, »Verfügbarkeitsprüfung«. Dort haben wir gelernt, dass im Vertriebsbeleg die Bedarfsart automatisch ermittelt wird und dass dieser Bedarfsart im Customizing einer Bedarfsklasse zugeordnet ist. Diese Bedarfsklasse steuert die Verfügbarkeitsprüfung und die Bedarfsübergabe, aber zusätzlich auch Einstellungen, die für das Controlling relevant sind. Für unser Szenario ermitteln wir im Angebot die Bedarfsart ZAK (Kundeneinzel-Angebot). Diese Bedarfsart wird über die Strategiegruppe YA (Kundeneinzelfertigung) im Materialstamm ermittelt. Abbildung 4.64 zeigt die Zuordnung der Strategiegruppe im Dispositionsdatenbild im Materialstamm PMP-20000.

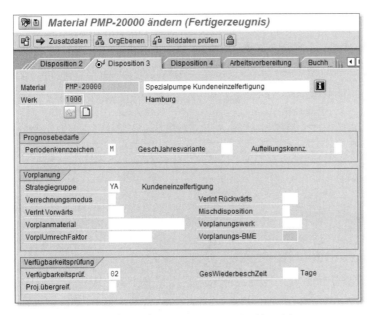

Abbildung 4.64 Zuordnung der Strategiegruppe im Materialstamm (Transaktion MM02)

Sowohl die Strategiegruppe als auch die im Customizing zugeordnete Bedarfsart ZAK (Kundeneinzel-Angebot) wurden neu angelegt, d.h., sie sind in dieser Form nicht im Standard-Customizing enthalten. Über die Bedarfsart ZAK wird im Customizing die Bedarfsklasse Z40 ermittelt.

In Abbildung 4.65 sehen wir das Customizing für die Bedarfsklasse Z40. In dieser Abbildung ist für unser Szenario das Folgende wesentlich:

▶ Die Option VERFÜGBARKEITSPRÜFUNG ist deaktiviert.

▶ Die Option BEDARFSÜBERGABE ist deaktiviert; somit wird in der aktuellen Bedarfs- und Bestandsliste nach der Angebotserfassung weder ein Kundenbedarf noch ein Einzelbestandssegment sichtbar.

- Als Kalkulationsmethode wurde die Option 2 (Einzelkalkulation) eingestellt. Damit ist die Voraussetzung dafür geschaffen, dass zu der Position eine Einzelkalkulation in der Komponente CO angelegt werden kann.
- Das Feld KONTIERTYP erhält den Eintrag M und das Feld BEWERTUNG den Eintrag A. Damit wird ein bewerteter Kundeneinzelbestand ohne CO-Objekt realisiert.

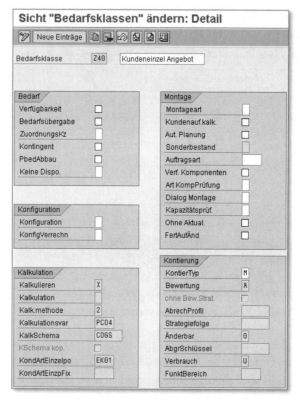

Abbildung 4.65 Customizing der Bedarfsklasse (Transaktion OVZG)

> **Zusatzhinweis für Spezialisten**
>
> Es handelt sich hier um einen bewerteten Kundeneinzelbestand mit anonymer Bewertung. Durch die Verwendung eines Kontierungstyps wird eine Kontomodifikationskonstante ermittelt, die für die Verbrauchskontenfindung in der Kalkulation benötigt wird. Gleichzeitig vermeiden wir durch die anonyme Bewertung ein CO-Objekt für die Angebotsposition.

Im SAP-Standard wird das CO-Objekt bereits im Angebot angelegt. Die Kundenauftragsposition »erbt« dann das CO-Objekt der Angebotsposition. Der Vorteil in diesem Szenario besteht darin, dass es möglich ist, Kosten (z. B. Reisekosten für Vertriebsmitarbeiter) auf die Angebotsposition zu erfassen. In unserem Szenario ist dies aber nicht gewünscht, weil in der Regel sehr viele Angebote erstellt werden müssen, bis es zu einem Auftrag kommt. Eine Kostenkontrolle der Angebote wäre somit zu aufwendig. Wir wollen vielmehr eine Einzelkalkulation im Angebot durchführen, um eine grobe Kostenschätzung auf der Basis vorhandener Daten (Tarife, Bewertungspreise, Gemeinkostenzuschläge) zu erhalten. Ein CO-Objekt ist dazu nicht erforderlich. Aus diesem Grund werden wir erst im Kundenauftrag eine Bedarfsklasse mit dem Einzelbestandskennzeichen »E« ermitteln.

Aus diesen Überlegungen heraus wird abermals deutlich, wie über die Bedarfsklasse die Vertriebs-, Produktions- und Controllingstrategien im Customizing definiert werden.

Zusätzlich werden Liefertermine, Mengen, Gültigkeitstermine und die Partnerdaten (Warenempfänger, Regulierer) erfasst. Auch die Erfassung von Texten ist bei der Kundeneinzelfertigung von größerer Bedeutung als im Prozess der Massenfertigung. Hier können Sonderwünsche des Kunden bezüglich der Angebots- und Auftragsabwicklung hinterlegt werden. Der Fakturierungsplan wird im Angebot hinterlegt. Schließlich wird das Angebot gedruckt und an den Kunden versendet.

Im zweiten Schritt wird mit Bezug zum Angebot der Auftrag angelegt. Dabei werden die Informationen wiederum in den Auftrag kopiert. Auch im Kundenauftrag ist die Ermittlung der *Bedarfsklasse* von besonderer Bedeutung, da wir jetzt eine andere Bedarfsklasse benötigen als im Angebot. Da die Bedarfsklasse über die Bedarfsart ermittelt wird, können wir diese nicht automatisch über die Strategiegruppe im Materialstamm ermitteln. Entweder definiert man also in der Strategiegruppe eine alternative Bedarfsart und erfasst diese im Kundenauftrag manuell, oder man steuert die Ermittlung über die Kombination POSITIONSTYP und DISPOMERKMAL (das Dispomerkmal wird ebenfalls im Materialstamm zugeordnet). Genau diese Möglichkeit wollen wir nutzen, um im Kundenauftrag die Bedarfsart ZAA (Kundeneinzel-Auftrag) zu ermitteln.

Schritt 2: Kundenauftrag erfassen

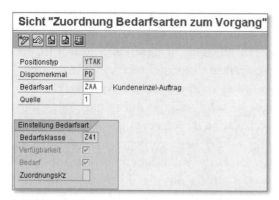

Abbildung 4.66 Ermittlung der Bedarfsart über die Kombination »Positionstyp« und »Dispomerkmal« (Transaktion SPRO • Zuordnung Bedarfsarten zum Vorgang)

Abbildung 4.66 zeigt uns die notwendigen Einstellungen im SD-Customizing. Wir erkennen, dass bei dem Positionstyp YTAK in Kombination mit dem Dispomerkmal PD die Bedarfsart ZAA ermittelt wird. Der Eintrag 1 im Feld QUELLE bewirkt, dass diese Einstellung Priorität vor der Ermittlung der Bedarfsart über die Strategiegruppe aus dem Materialstamm genießt.

Über die Bedarfsart ZAA wird im Customizing die Bedarfsklasse Z41 ermittelt. Diese Bedarfsklasse steuert den Ablauf der Verfügbarkeitsprüfung und der Bedarfsübergabe im Kundenauftrag. Abbildung 4.67 zeigt diese Bedarfsklasse.

Folgende Optionen sind zu beachten:

- Die Option VERFÜGBARKEITSPRÜFUNG ist aktiviert. Dies ist notwendig, auch wenn bei der Auftragserfassung natürlich noch kein Bestand vorhanden ist. Nach der Fertigung unserer Pumpe erhält der Auftrag über die Verfügbarkeitsprüfung eine bestätigte Menge und kann geliefert werden.

- Die Option BEDARFSÜBERGABE ist ebenfalls aktiviert. Damit wird ein Einzelbestandssegment angelegt, innerhalb dessen ein Kundenauftragsbedarf übergeben wird.

- Die Option KALKULATION ist aktiviert. Als Kalkulationsmethode wurde die Option 1 (Erzeugniskalkulation) eingestellt. Damit ist die Voraussetzung dafür geschaffen, dass zu der Position eine Erzeugniskalkulation in der Komponente CO angelegt werden kann.

- Das Feld KONTIERTYP erhält den Eintrag E. Damit wird die Position zur Einzelfertigungsposition mit einem CO-Objekt realisiert. Über diese Einstellung wird auch festgelegt, dass es sich um einen unbewerteten Kundeneinzelbestand handelt (siehe Abschnitt 2.12, »Integration der Ergebnis- und Marktsegmentrechnung«).
- Im Feld KONDARTEINZELPO (Konditionsart Einzelposition) wurde die Konditionsart EK01 hinterlegt. Damit wird das Kalkulationsergebnis (und somit die Selbstkosten) an die SD-Preisfindung als Basis für die Verkaufspreiskalkulation übergeben.

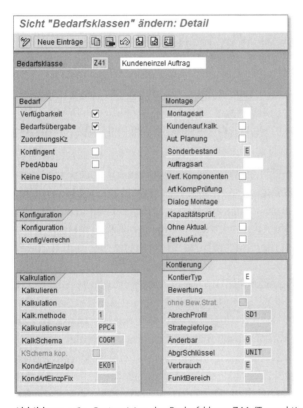

Abbildung 4.67 Customizing der Bedarfsklasse Z41 (Transaktion OVZG)

Nach der Erfassung des Kundenauftrags werden die auftragsbezogenen Stücklisten und Arbeitspläne im System angelegt. Die kalkulierten Kosten werden aus dem Angebot übernommen, ebenso der festgelegte Verkaufspreis. Allerdings wird jetzt eine Erzeugniskalkulation auf exakter Datenbasis (Stückliste, Arbeitsplan, Mengengerüst) durchgeführt. Das Ergebnis aktualisiert die Konditionsart EK01.

Der Positionsfakturierungsplan besteht aus einer Anzahlung bei Vertragsabschluss und einer Schlussrechnung bei Lieferung, die beiden Fakturatermine bekommen zunächst jeweils eine Fakturasperre.

Anzahlung Nachdem der Auftrag angelegt wurde, wird die Fakturasperre für die Anzahlung entfernt. Die Anzahlungsrechnung kann dann erstellt werden. Das System bucht die Anzahlungsanforderung als Merkposten zum Regulierer in der Komponente FI.

Schritt 3: Disposition Über den Kundenauftrag wird ein Einzelbestandssegment zur Auftragsposition erzeugt. Innerhalb dieses Segments ist nach der Auftragserfassung kein Bestand vorhanden. Dem Einzelbestandssegment ist ebenfalls der Auftragsbedarf (als geplanter Abgang) zugeordnet. Dieser Logik folgend, kann der Kundenauftrag jetzt auch disponiert werden. Ergebnis der Disposition (Materialbedarfsplanung) ist ein Planauftrag, der auf den Kundenauftrag kontiert ist. Im Planauftrag wird die im vorangegangenen Schritt erfasste Auftragsstückliste aufgelöst, und für die erforderlichen Komponenten werden Sekundärbedarfe erzeugt.

Schritt 4a: Fertigungsauftrag für das Endgerät In der Fertigungssteuerung wird der Planauftrag für unsere Individualpumpe in einen Fertigungsauftrag umgesetzt. Wie der Planauftrag ist auch der Fertigungsauftrag auf den Kundenauftrag kontiert. Die Vorgänge werden über den auftragsbezogenen Arbeitsplan und die Komponenten über die Stückliste ermittelt. Die Sekundärbedarfe werden ebenfalls über die Stückliste ermittelt und in abhängige Reservierungen umgewandelt. Im Laufe der Fertigung werden die Komponenten aus dem Lager mit Kontierung auf den Fertigungsauftrag entnommen. Die Kontierung bewirkt, dass die wertmäßigen Verbräuche als Ist-Kosten auf dem Fertigungsauftrag gesammelt werden. Über die Rückmeldung des Fertigungsauftrags werden Ist-Zeiten (Fertigungszeiten, Rüstzeiten etc.) erfasst. Damit werden die Ist-Kosten der Fertigung fortgeschrieben. Der Fertigungsauftrag rechnet die Ist-Kosten an den Kundenauftrag ab und wird dadurch vollständig entlastet.

Schritt 4b: Beschaffung der Komponenten Die Beschaffung der Komponenten unterscheidet sich nicht wesentlich von unserem Szenario in Abschnitt 4.2, »Vorplanung ohne Endmontage«. Allerdings kann im Unterschied zur anonymen Fertigung auch für die Sekundärbedarfe ein Einzelbestandssegment zur Kundenauftragsposition angelegt werden. Dies ist dann erforderlich, wenn auch die Komponenten individuell gefertigt werden und die entstehenden Ist-Kosten auf den Kundenauftrag abzurechnen sind. In diesem Fall ist auch der Fertigungsauftrag für eine Komponente auf den Kundenauftrag kontiert und rechnet seine Kosten an diesen ab. Ob auch für die Komponenten Kundeneinzelbestände erzeugt werden, hängt vom Einzel-/Sammelbedarfskennzeichen im Materialstamm der Komponente ab.

Werden die Komponenten ebenfalls über unbewertete Kundeneinzelbestände verwaltet, ergeben sich auch bei den Bestandsbuchungen Besonderheiten. So wird bei dem Wareneingang der Komponente mit Bezug zum Fertigungsauftrag in einen unbewerteten Kundeneinzelbestand kein Buchhaltungsbeleg erzeugt. Ebenso verhält es sich bei der Entnahme der Komponente für den Fertigungsauftrag des Endgeräts: Auch hierbei entsteht keine Buchung in der Finanzbuchhaltung, da die Komponenten in diesem Fall aus einem unbewerteten Bestand entnommen werden.

Der Wareneingang für das Endgerät wird als *Wareneingang zum Fertigungsauftrag* gebucht. Die Zubuchung erfolgt in das Einzelbestandssegment zur Kundenauftragsposition. Diese Bestände sind für andere Kundenaufträge nicht verfügbar. Es handelt sich um einen unbewerteten Bestand (siehe Abschnitt 2.12, »Integration der Ergebnis- und Marktsegmentrechnung«). Aus diesem Grund entsteht bei der Wareneingangsbuchung in diesem Szenario kein Buchhaltungsbeleg.

Schritt 5: Wareneingang für das Endgerät

Jetzt kann im Kundenauftrag eine erneute Verfügbarkeitsprüfung durchgeführt werden. Das Ergebnis der Prüfung ist ein bestätigtes Lieferdatum. Anschließend wird ein Lieferbeleg mit Bezug zum Kundenauftrag erfasst. Die Bearbeitung der Lieferung unterscheidet sich zunächst nicht von den übrigen Szenarien. Erst beim Buchen des Warenausgangs ist zu berücksichtigen, dass kein Buchhaltungsbeleg erzeugt wird (unbewerteter Bestand).

Schritt 6: Versand

Im letzten Schritt wird mit Bezug zum Auftrag eine Faktura angelegt. Erhaltene Anzahlungen werden in dieser Faktura verrechnet. Beim Sichern wird ein Buchhaltungsbeleg *Debitor an Umsatz und Mehrwertsteuer* erzeugt. Allerdings wird kein Beleg in der Ergebnisrechnung erzeugt, vielmehr sind die Erlöse auf den Kundenauftrag kontiert. Nach der Erfassung der Faktura kann ein Ergebnis im Kundenauftrag ermittelt und über die Abrechnung an die Ergebnis- und Marktsegmentrechnung übergeleitet werden.

Schritt 7: Fakturierung

4.3.4 Beispiel

In unserem Systembeispiel werden wir die komplette Auftragsabwicklung und das Controlling für eine Kundeneinzelfertigung am Beispiel unserer Pumpe durchlaufen. Unser Kunde in diesem Beispiel ist das Ingenieurbüro Meier, das als Generalunternehmer ein bestehendes Kraftwerk erweitern soll. Wir haben die Aufgabe, eine spezielle Pumpe für dieses Kraftwerk zu bauen und zu liefern, die Pumpe ist direkt an das Kraftwerk zu liefern. Im Einzelnen sind folgende Schritte erforderlich:

1. Angebotserfassung für unser Material PMP-20000
2. Durchführung der Einzelkalkulation im Angebot
3. Ermittlung des Angebotspreises über die SD-Preisfindung
4. Kundenauftrag mit Bezug zum Angebot erfassen
5. Anlegen der auftragsbezogenen Stückliste und des auftragsbezogenen Arbeitsplans
6. Durchführung der Erzeugniskalkulation im Kundenauftrag
7. Erstellung Anzahlungsanforderung
8. Buchen Zahlungseingang Anzahlung
9. Disposition des Kundenauftrags
10. Fertigung der Pumpe
11. Entnahmen der Komponenten für den Fertigungsauftrag
12. Wareneingang für das Endgerät und Rückmeldung des Fertigungsauftrags
13. Erstellung der Lieferung
14. Fakturierung und Auftragsabrechnung

Schritt 1: Angebotserfassung

Im ersten Schritt lassen wir uns die Ausgangssituation für unser Material PMP-20000 in der aktuellen Bedarfs- und Bestandsliste anzeigen. Bislang existieren keinerlei Bestände, Zu- oder Abgänge (siehe Abbildung 4.68).

Da die Pumpe direkt an das Kraftwerk zu liefern ist, erfassen wir im Kundenstamm des Ingenieurbüros das Kraftwerk als zusätzlichen Warenempfänger mit der Kundennummer 95900 und wählen diesen bei der Angebotserfassung aus. Abbildung 4.69 zeigt uns die Übersicht über die Angebotserfassung. Wir sehen hier auch, dass bislang kein Preis im Angebot festgelegt wurde; der Nettowert der Position ist null.

Abbildung 4.68 Aktuelle Bedarfs- und Bestandsliste für das Material PMP-20000 (Transaktion MD04)

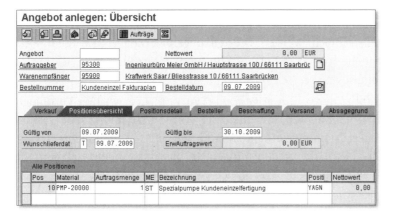

Abbildung 4.69 Angebotserfassung für die Spezialpumpe (Transaktion VA21)

Um den Verkaufspreis zu ermitteln, wollen wir zunächst eine Grobkalkulation der Kosten auf der Basis einer Einzelkalkulation vornehmen. In Abbildung 4.70 sehen wir die Angebotskalkulation.

Schritt 2:
Einzelkalkulation im Angebot

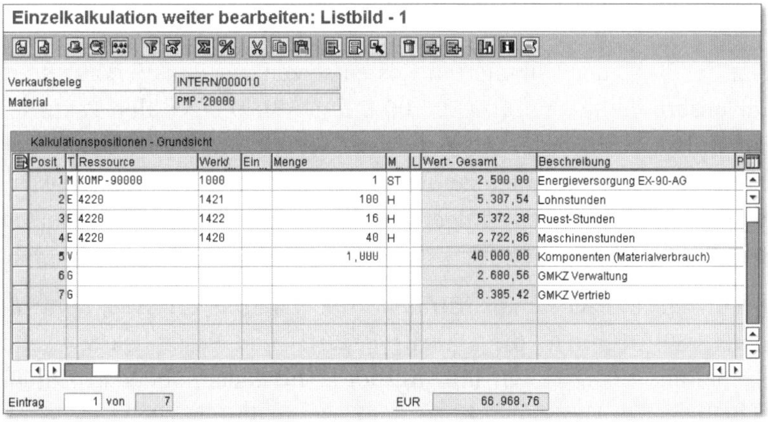

Abbildung 4.70 Einzelkalkulation im Angebot (Transaktion VA21)

Bestandteil unserer Einzelkalkulation sind eine Materialposition (Typ M), drei Positionen mit Eigenleistung (Typ E), eine variable Wertposition (Typ V) und zwei Gemeinkostenpositionen mit prozentualen Zuschlägen zur Deckung der Vertriebs- und Verwaltungskosten:

- Die *Materialposition* enthält das Bauteil mit der Materialnummer KOMP-90000, das als Standardkomponente in unsere Pumpe eingebaut wird. Die Kosten werden über den Bewertungspreis aus dem Materialstamm ermittelt.
- Die Einzelkosten der Fertigung planen wir als *Eigenleistungen*. Dazu erfassen wir eine Kostenstelle und Leistungen (Maschinenstunden, Rüststunden, Personalstunden), die von dieser Kostenstelle erbracht werden. Die Leistungen werden mit Tarifen bewertet, die für die Kostenstelle und die jeweilige Leistungsart hinterlegt sind.
- Mithilfe der *variablen Position* (Typ V) planen wir den Verbrauch an Komponenten, für die zum Angebotszeitpunkt noch keine Materialstämme vorhanden sind, weil diese individuell gefertigt oder beschafft werden müssen. In unserem Angebot planen wir einen Komponentenverbrauch von insgesamt 40.000,00 €.
- Schließlich erfolgt eine automatische Zuschlagsrechnung für die *Gemeinkosten*. Das System berechnet den Wert auf der Basis einer Zuschlagskalkulation, die im Customizing der Komponente CO definiert wird. Für die Gemeinkosten erzeugt das System Positionen mit dem Typ G.

Schritt 3: Ermittlung des Angebotspreises

Die geplanten Selbstkosten in Höhe von 66.968,76 € werden an die Konditionsart EK01 in der Preisfindung übergeben. Abbildung 4.71 zeigt das Ergebnis.

Auf der Basis der kalkulierten Kosten setzen wir den Verkaufspreis für unsere Pumpe auf 100.000,00 € fest. Wir pflegen den Fakturierungsplan bereits im Angebot (siehe Abbildung 4.72), damit der Kunde die Informationen zu den von uns angebotenen Zahlungsterminen und den dann fälligen Beträgen frühzeitig erhält. Danach sichern wir das Angebot.

Bevor wir im nächsten Schritt den Kundenauftrag erfassen, kontrollieren wir nochmals die aktuelle Bedarfs- und Bestandsliste (siehe Abbildung 4.73). Da wir im Angebot keine Bedarfsübergabe durchführen (siehe Abbildung 4.65 zum Customizing der Bedarfsklasse), ändert sich die aktuelle Bedarfs- und Bestandsliste nicht.

Abbildung 4.71 Preisfindung auf der Basis der Konditionsart EK01 (kalkulierte Kosten) (Transaktion VA21)

Abbildung 4.72 Fakturierungsplan im Angebot (Transaktion VA21)

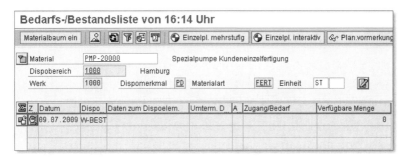

Abbildung 4.73 Aktuelle Bedarfs- und Bestandsliste nach der Angebotserfassung (Transaktion MD04)

4 | Gestaltung von Wertschöpfungsketten in SAP ERP

**Schritt 4:
Kundenauftrag mit
Bezug zum
Angebot erfassen**

Mit Bezug zu diesem Angebot erfassen wir den Kundenauftrag. Dabei werden die Angebotsdaten kopiert. Abbildung 4.74 zeigt die Erfassung des Kundenauftrags.

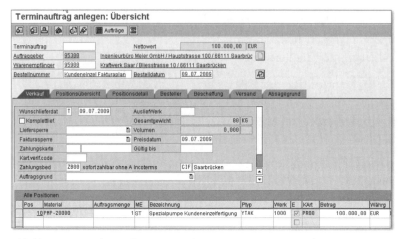

Abbildung 4.74 Anlegen des Terminauftrags mit Bezug zum Angebot (Transaktion VA01)

Abhängig vom Positionstyp (YTAK) im Kundenauftrag und dem Dispomerkmal (PD) im Materialstamm ermittelt das System im Kundenauftrag die Bedarfsklasse Z41 (siehe Abbildung 4.67). Jetzt wird zunächst eine Verfügbarkeitsprüfung durchgeführt. Deren Ergebnis sehen wir in Abbildung 4.75.

Abbildung 4.75 Ergebnis der Verfügbarkeitsprüfung im Kundenauftrag (Transaktion VA01)

Natürlich gilt auch hier, dass es für unsere Pumpe keinen Bestand geben kann. Trotzdem ermitteln wir über die Wiederbeschaffungszeit aus dem Materialstamm das frühestmögliche Lieferdatum. Wir sehen in Abbildung 4.75, dass das Kennzeichen TERMIN FIX gesetzt wurde. Der Kunde hat diesen Liefertermin akzeptiert, und das System übergibt diesen Bedarfstermin an die Disposition. Er dient dort als Ecktermin für die Fertigung.

Da wir den Auftrag mit Bezug zu unserem Angebot angelegt haben, werden auch die Angebotskonditionen in der Preisfindung an den Auftrag übergeben. Abbildung 4.76 zeigt uns einen Ausschnitt aus der Preisfindung im Kundenauftrag.

Dabei erkennen wir, dass auch die kalkulierten Kosten aus der Einzelkalkulation im Angebot (Konditionsart EK01) übergeben worden sind. Der manuell vorgegebene Preis (Konditionsart PR00) wurde ebenfalls aus dem Auftrag übernommen. Unser Kundenauftrag wurde unter der Auftragsnummer 13824 im System erfasst. Wie hat sich nun die aktuelle Bedarfs- und Bestandsliste durch die Auftragserfassung verändert? Abbildung 4.77 gibt uns darüber Aufschluss.

Abbildung 4.76 Auszug aus der Preisfindung im Kundenauftrag (Transaktion VA02)

Aus dem Kundenauftrag wird ein Bedarf an die Disposition übergeben. Da es sich um eine Kundeneinzelfertigung handelt, wird, wie bereits erwähnt, ein Einzelbestandssegment erzeugt. Es handelt sich dabei um einen separaten Bereich in der aktuellen Bedarfs- und Bestandsliste. Dieser ist der Auftragsposition zugeordnet. Das Einzelbestandssegment für unseren Auftrag erhält das Dispositionselement K-BEST (siehe Abbildung 4.77). Gleichzeitig wird innerhalb des Kundeneinzelbestands ein Bedarf für unseren Kundenauftrag übergeben (Dispositionselement K-AUFT).

Abbildung 4.77 Aktuelle Bedarfs- und Bestandsliste nach der Auftragserfassung (Transaktion MD04)

In Abbildung 4.77 werden auch die Detaildaten zum Auftragsbedarf angezeigt. Unter anderem erkennen wir die Bedarfsklasse des Kundenauftrags (Kundeneinzel-Auftrag). Das Customizing dieser Bedarfsklasse haben wir bereits in Abbildung 4.67 kennengelernt. Von Interesse ist auch der Bedarfstermin. Dieser Termin (22.10.2009) wurde in der Verfügbarkeitsprüfung über die Wiederbeschaffungszeit ermittelt, mit dem Kunden abgestimmt und als fixierter Termin an die Disposition übergeben.

Schritt 5: Auftragsbezogene Stückliste, auftragsbezogener Arbeitsplan

Erinnern wir uns jetzt an Schritt 2. Im Angebot haben wir über die *Einzelkalkulation* die Kosten sozusagen grob kalkuliert. Im Auftrag wollen wir mithilfe einer *Erzeugniskalkulation* die Kosten exakt kalkulieren. Dies geschieht auf der Basis der Stückliste, des Arbeitsplans und der neu berechneten Gemeinkostenzuschläge. Voraussetzung für die Erzeugniskalkulation ist das Anlegen von Stückliste und Arbeitsplan. In Abbildung 4.78 sehen wir die Auftragsstückliste für unsere Pumpe mit der Materialnummer PMP-20000.

Die entsprechenden Materialstämme für die Komponenten wurden zuvor ebenfalls neu angelegt. Lediglich die Standardkomponente KOMP-90000 existierte bereits vor der Auftragserfassung.

Abbildung 4.78 Auftragsstückliste (Transaktion CS62)

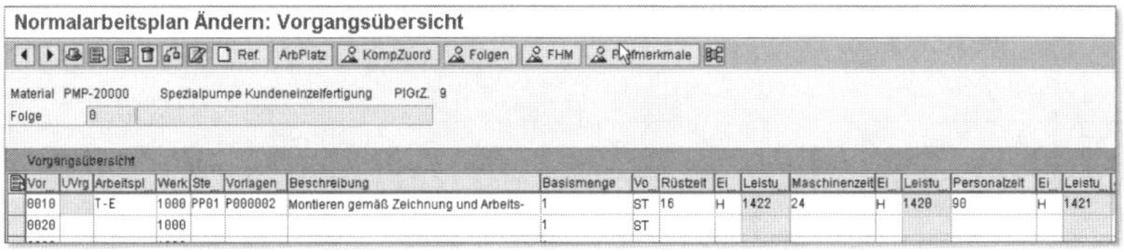

Abbildung 4.79 Arbeitsplan zur Kundenauftragsposition (Transaktion CA02)

Neben der Stückliste wird auch der Arbeitsplan für unseren Kundenauftrag angelegt, der in Abbildung 4.79 angezeigt wird. Auch in diesem Beispiel wollen wir einen sehr einfachen Arbeitsplan verwenden: Er besteht lediglich aus einem Vorgang. Für diesen Vorgang haben wir Rüstzeiten (16 Stunden), Maschinenzeiten (24 Stunden) und Personenstunden (90 Stunden) geplant. Über diese Zeiten werden – über die Tarife der Kostenstelle – die Fertigungseinzelkosten ermittelt.

Da die erforderlichen Stammdaten nun vorhanden sind, kann im Kundenauftrag eine Erzeugniskalkulation durchgeführt werden. Abbildung 4.80 zeigt uns das Ergebnis der Erzeugniskalkulation im Kundenauftrag.

Schritt 6: Erzeugniskalkulation im Kundenauftrag

Basierend auf den Informationen der Stückliste und des Arbeitsplans hat das System zunächst die Herstellkosten (Materialverbrauch, Kosten der Fertigung) ermittelt. Über ein Kalkulationsschema im CO-Customizing wurden die Gemeinkostenzuschläge (Vertriebs- und Verwaltungskosten) ermittelt. Daraus errechnen sich die Selbstkosten in Höhe von 63.056,90 €.

4 | Gestaltung von Wertschöpfungsketten in SAP ERP

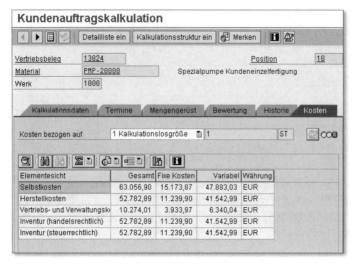

Abbildung 4.80 Ergebnis der Erzeugniskalkulation (Transaktion VA02)

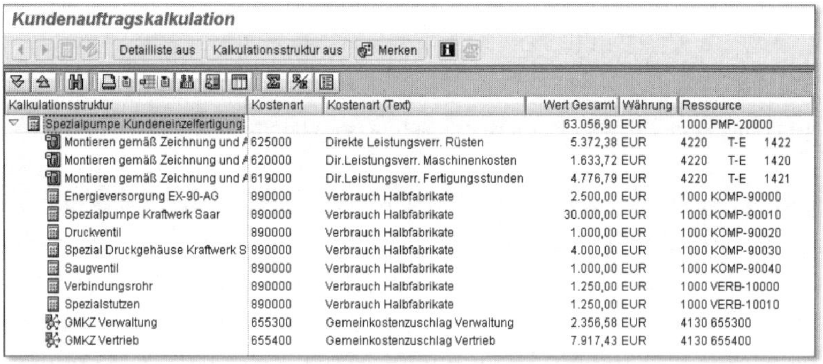

Abbildung 4.81 Ergebnis der Auftragskalkulation im Detail (Transaktion VA02)

Abbildung 4.81 zeigt das Kalkulationsergebnis im Detail. Dabei können wir die Herkunft der einzelnen Kostenbestandteile nachvollziehen. Die ersten drei Positionen beziehen sich auf die Planfertigungsstunden aus dem Arbeitsplan. Die Stunden werden mit Tarifen der Kostenstelle bewertet. Für jede Komponente aus der Stückliste wird der geplante Verbrauch ermittelt. Die Wertermittlung basiert auf dem Bewertungspreis im Materialstamm. Zusätzlich sehen wir die Gemeinkostenzuschläge (GMKZ Verwaltung, GMKZ Vertrieb), die das System automatisch berechnet.

Abbildung 4.82 Preisfindung im Kundenauftrag (Transaktion VA02)

Die Erzeugniskalkulation hat die Konditionsart EK01 in der Preisfindung des Kundenauftrags aktualisiert. In Abbildung 4.82 sehen wir einen Auszug aus der Preisfindung im Kundenauftrag. Die Konditionsart EK01 enthält jetzt den aktuellen Wert, der über die Erzeugniskalkulation ermittelt worden ist. Die geplanten Selbstkosten sind somit geringer, als in der Einzelkalkulation angenommen. Bis jetzt liegen wir also mit unserem Verkaufspreis in Höhe von 100.000,00 € richtig. Wir planen einen Gewinn für diesen Auftrag in Höhe von 36.943,10 €.

Der Kundenauftrag enthält einen Fakturierungsplan für die Pumpe (siehe Abbildung 4.83). Er besteht aus einer Anzahlung bei Auftragserteilung und einer Schlussrechnung bei Lieferung. Die beiden Fakturatermine sind zunächst zur Fakturierung gesperrt, der Anwender muss die Sperre manuell vor der Fakturierung entfernen.

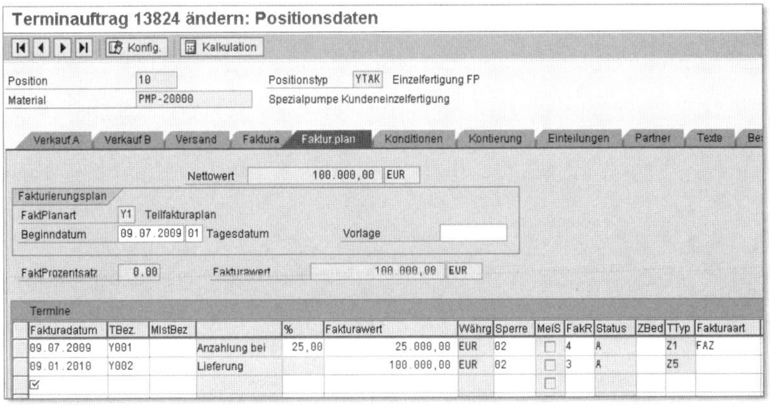

Schritt 7: Anzahlungsanforderung erstellen

Abbildung 4.83 Fakturierungsplan zur Kundenauftragsposition (Transaktion VA02)

Anhand des Eintrags FAZ im Feld FAKTURAART sehen Sie, dass zum 09.07.2009 eine Anzahlungsanforderung mit der Fakturaart FAZ erstellt werden soll.

Nachdem die Fakturasperre für die Anzahlung entfernt wurde, kann die Anzahlungsanforderung über die Transaktion VF01 angelegt werden. Die Erstellung der Anzahlungsanforderung sehen Sie in Abbildung 4.84.

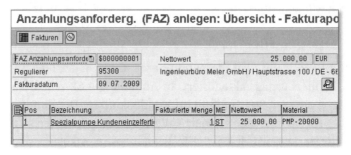

Abbildung 4.84 Erstellung der Anzahlungsanforderung (Transaktion VF01)

Schritt 8: Zahlungseingang zur Anzahlung buchen
Der Zahlungseingang zur Anzahlungsanforderung wird über die Transaktion F-29 gebucht. In Abbildung 4.85 sehen Sie das Einstiegsbild zu dieser Transaktion.

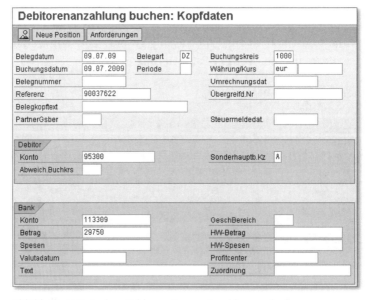

Abbildung 4.85 Buchen Zahlungseingang Anzahlungsanforderung (Transaktion F-29)

Bei der Buchung ist das Sonderhauptbuchkennzeichen »A« (Anzahlung) mitzugeben. Damit wird sichergestellt, dass der Eingang als debitorische Anzahlung ausgewiesen wird. Nach der Zahlungseingangsbuchung ist die Anzahlungsanforderung ausgeziffert. Die Anzahlungsanforderung wird im Belegfluss angezeigt (siehe Abbildung 4.86). Wenn Sie die Schlussrechnung erstellen, wird die erhaltene Anzahlung verrechnet. Das System berücksichtigt bei der Erstellung der Schlussrechnung nur Anzahlungsanforderungen mit ausgezifferten Buchhaltungsbelegen.

Abbildung 4.86 Belegfluss nach Zahlungseingang (Transaktion VA23)

Im nächsten Schritt führen wir eine Disposition (Materialbedarfsplanung) für unseren Kundenauftrag durch. Abbildung 4.87 zeigt das Startbild für den Dispositionslauf.

Schritt 9: Disposition des Kundenauftrags

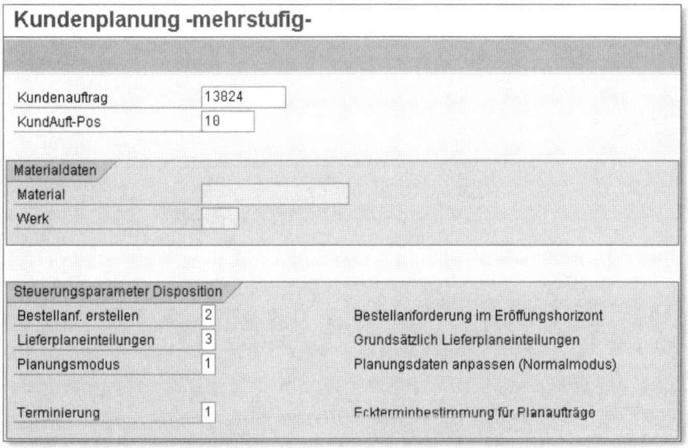

Abbildung 4.87 Dispositionslauf für den Kundenauftrag (Transaktion MD50)

Über den Dispositionslauf erzeugt das System für unser Endprodukt einen Planauftrag. Abbildung 4.88 zeigt die aktuelle Bedarfs- und Bestandsliste nach der Auftragsdisposition.

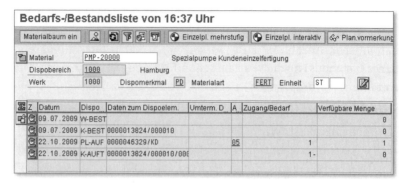

Abbildung 4.88 Aktuelle Bedarfs- und Bestandsliste nach der Materialbedarfsplanung (Transaktion MD04)

Der Planauftrag für unsere Pumpe wird innerhalb des Einzelbestandssegments für unseren Kundenauftrag angelegt. Der Planauftrag deckt den Kundenbedarf zum 22.10.2009. Über die Stücklistenauflösung im Planauftrag werden Sekundärbedarfe für die Komponenten erzeugt.

Schritt 10: Fertigung der Pumpe
Der Disponent setzt den Planauftrag 46329 aus Abbildung 4.88 in einen Fertigungsauftrag um. Nach dieser Aktion zeigt die aktuelle Bedarfs- und Bestandsliste die in Abbildung 4.89 dargestellte Situation.

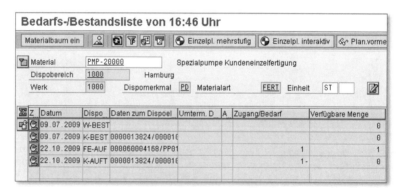

Abbildung 4.89 Aktuelle Bedarfs- und Bestandsliste nach der Umsetzung des Planauftrags (Transaktion MD04)

Der Fertigungsauftrag mit der Nummer 60004168 wird ebenfalls im Einzelbestand zur Kundenauftragsposition mit der Nummer 13824/000010 verwaltet. Er ist auf den Kundenauftrag kontiert. Diese Zuordnung erkennen wir in Abbildung 4.90. Neben der Auftragsnummer wird auch der Auftraggeber (Ingenieurbüro Meier) im Fertigungsauftrag angezeigt. Der Fertigungsauftrag kann nun durch den zuständigen Mitarbeiter in der Arbeitsvorbereitung freigegeben werden. Davor muss noch die Serialnummer für unsere Pumpe vergeben werden.

Bereits durch die Disposition wurden Sekundärbedarfe für die Komponenten ausgelöst. Wir haben in Abschnitt 4.3.3, »Prozessbeschreibung«, bereits erwähnt, dass auch für die Komponenten Einzelbestandsegmente zum Kundenauftrag des Endprodukts erzeugt werden können. In unserem Systembeispiel gehen wir jedoch davon aus, dass wir die Kundeneinzelfertigung nur auf der Ebene des Endprodukts einsetzen. Damit unterscheidet sich die Vorgehensweise für die Komponentenbeschaffung nicht von dem Beispiel aus Abschnitt 4.2, »Vorplanung ohne Endmontage«.

Schritt 11: Entnahmen der Komponenten für den Fertigungsauftrag

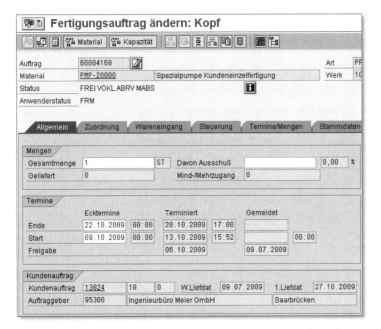

Abbildung 4.90 Fertigungsauftrag mit Kontierung auf den Kundenauftrag (Transaktion CO02)

Demnach werden die Komponenten entweder über Fremdbezug (Einkauf) oder eigene Herstellung beschafft und über die Wareneingangsbuchung in einen anonymen (d.h. nicht auftragsbezogenen) und bewerteten Bestand eingebucht. Anschließend werden die Komponenten auf den Fertigungsauftrag entnommen. Die entsprechende

Buchung in der Materialwirtschaft erfolgt über die Bewegungsart 261 (Warenausgang zum Fertigungsauftrag). Abbildung 4.91 zeigt den Materialbeleg für die Komponentenentnahme.

In Abbildung 4.91 sehen wir, dass sich die Positionen auf eine Reservierungsnummer (71846) beziehen. Diese Materialreservierung wurde beim Umsetzen des Planauftrags in den Fertigungsauftrag erzeugt. Die Materialreservierung löst die Sekundärbedarfe ab, die wiederum durch den Planauftrag erzeugt wurden. Da die Komponenten aus einem bewerteten Bestand entnommen werden, wird ein Buchhaltungsbeleg erzeugt. Diesen sehen wir in Abbildung 4.92.

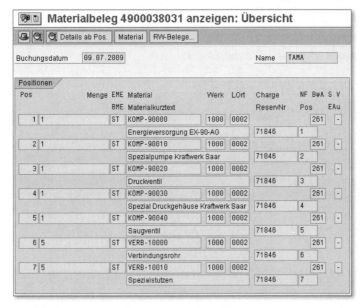

Abbildung 4.91 Materialbeleg zur Entnahme der Komponenten (Transaktion MB03)

Für jede der Komponenten wird eine Buchungszeile mit der Buchung *Verbrauch an Bestand* erzeugt. Die Verbrauchsbuchungen sind auf den Fertigungsauftrag kontiert, wodurch dieser durch die Komponentenentnahme mit Kosten belastet wird. Die Bewertung erfolgt anhand des Bewertungspreises aus dem Materialstamm.

Schritt 12: Im nächsten Schritt erfolgt die Rückmeldung des Fertigungsauftrags.
Wareneingang für Wir erfassen eine Endrückmeldung mit den tatsächlich benötigten
das Endgerät und Zeiteinheiten. Abbildung 4.93 zeigt die Rückmeldung zum Ferti-
Rückmeldung des gungsauftrag. Aus der Rückmeldung geht hervor, dass die geplanten
Fertigungsauftrags Zeiten aus dem Arbeitsplan eingehalten werden konnten.

Abbildung 4.92 Buchhaltungsbeleg zur Entnahme der Komponenten (Transaktion MB03)

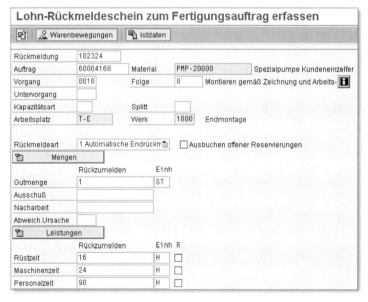

Abbildung 4.93 Erfassung der Rückmeldung zum Fertigungsauftrag (Transaktion CO11N)

Nach der Rückmeldung ist die Fertigung unserer Pumpe abgeschlossen. Damit kann der Wareneingang des Endgeräts in den Kundeneinzelbestand gebucht werden. Abbildung 4.94 zeigt den Materialbeleg mit der Bewegungsart 101 (Wareneingang mit Bezug zum Fertigungsauftrag).

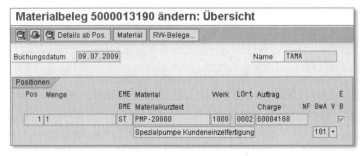

Abbildung 4.94 Materialbeleg zur Wareneingangsbuchung für das Endgerät (Transaktion MB03)

Da es sich in unserem Szenario um einen unbewerteten Kundeneinzelbestand handelt, wird kein Buchhaltungsbeleg erzeugt. Wie hat sich nun die aktuelle Bedarfs- und Bestandsliste verändert? In Abbildung 4.95 erkennen wir, dass die Zugangsbuchung im Einzelbestandssegment (K-BEST) erfolgte. Damit steht dem Auftragsbedarf (K-AUFT) jetzt ein entsprechender Bestand gegenüber. Der Lieferbeleg kann erstellt werden.

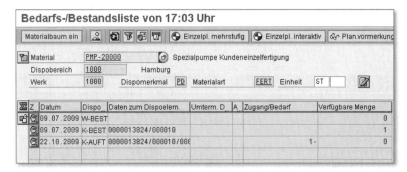

Abbildung 4.95 Aktuelle Bedarfs- und Bestandsliste nach der Wareneingangsbuchung des Endgeräts (Transaktion MD04)

Der Fertigungsauftrag ist nun abgeschlossen und kann abgerechnet werden. Über diese Funktion werden die Kosten an den Kundenauftrag weitergeleitet. Der Fertigungsauftrag wird entlastet, der Kundenauftrag belastet.

Nach der Wareneingangsbuchung des Endgeräts kann die Lieferung erfolgen. Die Erstellung des Lieferbelegs in der Kundeneinzelfertigung unterscheidet sich nicht von der Abwicklung bei der auftragsanonymen Fertigung. Allerdings erfolgt die Lieferung aus dem unbewerteten Bestand – damit wird durch die Warenausgangsbuchung kein Buchhaltungsbeleg erzeugt. Abbildung 4.96 zeigt die Erstellung des Lieferbelegs.

Schritt 13: Lieferung

Abbildung 4.96 Erstellung des Lieferbelegs (Transaktion VL01N)

Da es sich auch bei unserer Pumpe um ein serialnummernpflichtiges Produkt handelt, ist auch hier die Serialnummer auszuwählen. Bereits im Fertigungsauftrag wurde für die Pumpe die Serialnummer 123 vergeben. Im Lieferbeleg wird diese dann ausgewählt. Abbildung 4.97 zeigt die Serialnummernauswahl im Versand.

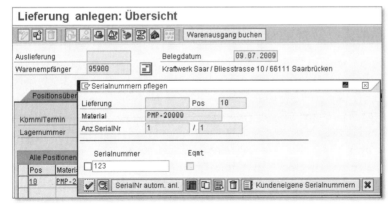

Abbildung 4.97 Serialnummernauswahl in der Lieferung (Transaktion VL01N)

Nach der Erfassung der Kommissioniermenge kann der Warenausgang gebucht werden. In Abbildung 4.98 sehen wir die aktuelle Bedarfs- und Bestandsliste nach der Warenausgangsbuchung. Das Einzelbestandssegment ist nach der Auslieferung aufgelöst worden. Die aktuelle Bedarfs- und Bestandsliste hat jetzt wieder den gleichen Zustand wie zu Beginn unseres Beispiels.

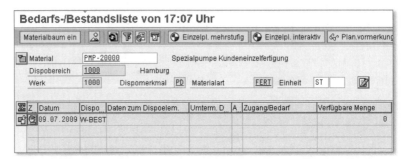

Abbildung 4.98 Aktuelle Bedarfs- und Bestandsliste nach der Warenausgangsbuchung (Transaktion MD04)

Schritt 14:
Fakturierung und Auftragsabrechnung

Nach der Lieferung der Pumpe an den Kunden kann die Faktura erzeugt werden. Da wir einen Fakturierungsplan verwenden, wird die Faktura nicht lieferbezogen, sondern auftragsbezogen erstellt. Vor der Fakturierung muss zunächst die Fakturasperre für die Schlussrechnung aus dem Kundenauftrag entfernt werden. In Abbildung 4.99 sehen wir die Anlage der Schlussfaktura. Die erhaltene Anzahlung wird als Position in die Faktura aufgenommen und auf dem Rechnungsformular ausgewiesen (siehe Abbildung 4.100). Abbildung 4.101 zeigt den Fakturabeleg.

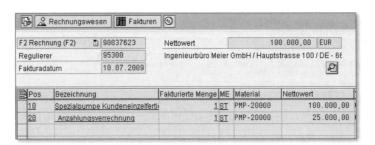

Abbildung 4.99 Anlegen der Schlussfaktura (Transaktion VF01)

Kundeneinzelfertigung | 4.3

Abbildung 4.100 Formular »Schlussrechnung« (Transaktion VF02)

Abbildung 4.101 Faktura (Transaktion VF02)

An der Liste der Belege im Rechnungswesen erkennen wir, dass im Fall der Kundeneinzelfertigung mit unbewertetem Bestand kein Beleg in der Ergebnisrechnung erzeugt wird. Betrachten wir jedoch zunächst den Buchhaltungsbeleg (siehe Abbildung 4.102).

Abbildung 4.102 Buchhaltungsbeleg zur Faktura (Transaktion VF02)

Im Unterschied zu den bisherigen Erlösbuchungen in Abschnitt 4.1, »Lagerverkauf mit Chargenfertigung«, und Abschnitt 4.2, »Vorplanung ohne Endmontage«, enthält der Buchhaltungsbeleg in Abbildung 4.102 zusätzlich die Verrechnung der Anzahlungsposition. Damit wird der bisher vorhandene Anzahlungsposten aufgelöst und der Umsatz gebucht. Einen weiteren Unterschied erkennen wir in Abbildung 4.103, wenn wir uns die Buchungszeile mit der Erlösbuchung (Position 2) im Detail ansehen.

Das Detailbild zeigt, dass die Erlöse auf den Kundenauftrag kontiert sind. Damit werden die Erlöse nicht wie bisher direkt in die Ergebnis- und Marktsegmentrechnung übergeleitet, sondern an die Kundenauftragsposition weitergegeben (siehe Abschnitt 2.12, »Integration der Ergebnis- und Marktsegmentrechnung«).

Die Kundenauftragsposition sammelt also die Kosten aus der Abrechnung des Fertigungsauftrags und die Erlöse aus der Faktura. Analog zum Vorgehen in der Kundenauftragskalkulation, bei der die Plan-Gemeinkostenzuschläge ermittelt wurden, werden jetzt die Ist-Gemeinkostenzuschläge errechnet.

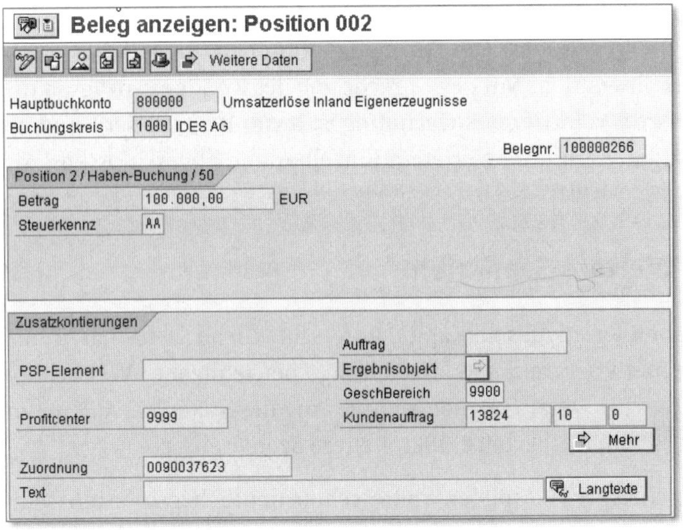

Abbildung 4.103 Detailbild zur Erlösbuchung (Transaktion VF02)

Anschließend wird in der Controllingkomponente CO eine Ergebnisermittlung durchgeführt. Dabei werden die Erlöse und Kosten periodengerecht abgegrenzt. In unserem Beispiel ist der Auftrag bereits voll fakturiert, insofern ist keine Kostenabgrenzung erforderlich. Sobald das Auftragsergebnis ermittelt ist, wird der Kundenauftrag abgerechnet. Bei dieser Abrechnung wird ein Ergebnisbeleg erzeugt (siehe Abbildung 4.104).

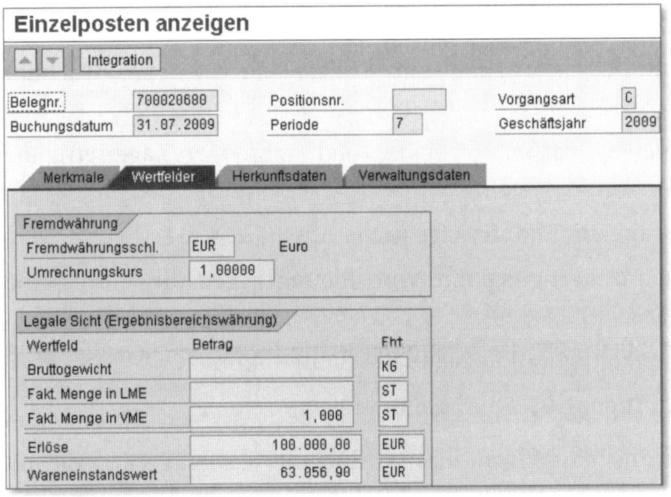

Abbildung 4.104 Ergebnisbeleg aus der Auftragsabrechnung des Kundenauftrags (Transaktion VA88)

Den Erlösen in Höhe von 100.000,00 € stehen Kosten in Höhe von 63.056,90 € gegenüber. Der Erfolg des Kundenauftrags kann somit nun beurteilt werden. Mit der Abrechnung des Kundenauftrags in die Ergebnis- und Marktsegmentrechnung ist unser Beispiel der Kundeneinzelfertigung mit unbewertetem Einzelbestand abgeschlossen.

4.4 Weitere Szenarien

Bisher haben wir in diesem Kapitel unterschiedliche Szenarien für die komponentenübergreifende Gestaltung betrieblicher Wertschöpfungsketten im Detail kennengelernt. An dieser Stelle wollen wir Ihnen noch einen Überblick über weitere Szenarien geben.

In den bisherigen Beispielen sollte schon deutlich geworden sein, dass mithilfe der Customizing-Einstellungen, insbesondere zur Bedarfsklasse, noch sehr viele weitere Szenarien entwickelt werden können. Dabei kann es sich durchaus um Misch- oder Ergänzungsformen derjenigen Abläufe handeln, die bereits vorgestellt wurden. Auch kommen häufig noch weitere Komponenten (z. B. PS, Projektsystem) oder Funktionen (z. B. die Variantenkonfiguration) zum Einsatz. Es ist nicht möglich, alle Szenarien in diesem Buch zu behandeln. Gleichwohl bietet es sich an, zumindest einen Überblick über weitere Szenarien zu geben. Diese Szenarien werden Sie dabei im Folgenden kennenlernen:

- Losfertigung (siehe Abschnitt 4.4.1)
- Anonyme Lagerfertigung mit Bruttoplanung (siehe Abschnitt 4.4.2)
- Kombination von Losfertigung und anonymer Lagerfertigung (siehe Abschnitt 4.4.3)
- Vorplanung mit Endmontage (siehe Abschnitt 4.4.4)
- Kundeneinzelfertigung mit Verrechnung gegen die Vorplanung (siehe Abschnitt 4.4.5)
- Variantenkonfiguration (siehe Abschnitt 4.4.6)
- Projektfertigung (siehe Abschnitt 4.4.7)

Dabei hilft uns das Wissen, das in Abschnitt 4.1, »Lagerverkauf mit Chargenfertigung«, Abschnitt 4.2, »Vorplanung ohne Endmontage«, und in Abschnitt 4.3, »Kundeneinzelfertigung«, vermittelt wurde, um die wesentlichen Zusammenhänge zu erkennen. Bei der Beschreibung dieser Szenarien konzentrieren wir uns auf folgende Aspekte:

- Absatzplanung
- Kundenauftragsbearbeitung (Verfügbarkeit, Bedarfsübergabe)
- Produktionsplanung
- Controllingszenario
- Versand und Fakturierung

4.4.1 Losfertigung

In Abschnitt 4.1 haben wir die Strategie *Anonyme Lagerfertigung* kennengelernt. Dabei wird die Produktion ausschließlich über die Vorplanung gesteuert. Kundenauftragsbedarfe sind nicht dispositionsrelevant und haben somit keinen Einfluss auf die Produktion. Im Gegensatz dazu sind Auftragsbedarfe bei der Losfertigung dispositionsrelevant. Es erfolgt keine auftragsanonyme Vorplanung der Produktion, die Produktion beginnt vielmehr erst, wenn Kundenauftragsbedarfe vorliegen. Diese können in der Produktion zu Fertigungslosen zusammengefasst werden.

Disposition

In der Auftragsbearbeitung erfolgt die Verfügbarkeitsprüfung nach der ATP(Available-to-Promise)-Logik (siehe Abschnitt 2.3). Die Auslieferung erfolgt aus dem anonymen Bestand und baut den Auftragsbedarf in der Disposition ab.

Bezüglich des Controllings handelt es sich hier um eine Massenfertigung mit produktbezogenem Controlling, also nicht um eine Kundeneinzelfertigung mit auftragsorientiertem Controlling (siehe Abschnitt 2.12, »Integration der Ergebnis- und Marktsegmentrechnung«). Das bedeutet, dass durch die Faktura Erlöse und Kosten (Standard-Herstellkosten) an die Ergebnis- und Marktsegmentrechnung (CO-PA) übergeben werden. Aus logistischer Sicht unterscheidet sich die Losfertigung von der Kundeneinzelfertigung dadurch, dass bei der Losfertigung keine Kundeneinzelbestände wie im Szenario aus Abschnitt 4.3 aufgebaut werden.

Produktbezogenes Controlling

4.4.2 Anonyme Lagerfertigung mit Bruttoplanung

In Abschnitt 4.1 haben wir die Strategie *Anonyme Lagerfertigung* kennengelernt. Dabei werden über eine Vorplanung sogenannte *Planpri-*

Nettoplanung

märbedarfe erzeugt, die die Produktion auslösen. In Abschnitt 4.1 haben wir dabei zudem eine *Nettoplanung* unterstellt. Bei dieser Strategie werden die Vorplanungsbedarfe mit den vorhandenen Beständen abgeglichen: Es wird nur dann produziert, wenn die geplante Menge nicht durch Bestand gedeckt ist. Die eingehenden Kundenaufträge beeinflussen die Disposition dagegen nicht. Die Vorplanungsbedarfe werden durch die Warenausgangsbuchung im SD-Lieferbeleg abgebaut (siehe Systembeispiel in Abschnitt 4.1).

| Bruttoplanung | Bei der *Bruttoplanung* wird unabhängig von vorhandenen Beständen produziert. Dies ist in Industriezweigen erforderlich, die ihre Produktion nicht ohne Weiteres stoppen können (Prozessfertigung, chemische Industrie, Stahlerzeugung). Der Abbau der Vorplanungsbedarfe erfolgt aber nicht wie in Abschnitt 4.1 durch den Lieferbeleg. Vielmehr wird der Planprimärbedarf durch den Wareneingang aus der Produktion abgebaut. Ansonsten entspricht diese Strategie der anonymen Lagerfertigung aus Abschnitt 4.1. |

4.4.3 Kombination von Losfertigung und anonymer Lagerfertigung

Die reine Losfertigung lässt sich natürlich auch mit dem Szenario *Auftragsanonyme Lagerfertigung* kombinieren. In diesem Fall erfolgt zunächst eine auftragsanonyme Vorplanung. Diese ist dispositionsrelevant und löst damit die Fertigung von Endprodukten aus.

| Bedarfsart und -klasse ermitteln | Im Kundenauftrag wird entschieden, ob der Auftragsbedarf als zusätzlicher dispositionsrelevanter Bedarf eingelastet wird oder ob der Auftragsbedarf die Produktionsplanung nicht verändern soll. Dies hängt von den Einstellungen der Bedarfsklasse ab, die wiederum über die Bedarfsart ermittelt wird. Die Bedarfsart im Kundenauftrag wird über die Strategiegruppe im Materialstamm oder über die Kombination aus Positionstyp und Dispomerkmal im Kundenauftrag ermittelt. Demzufolge kann die Entscheidung über die Dispositionsrelevanz des Auftrags entweder durch eine manuelle Änderung der Bedarfsart im Kundenauftrag erfolgen, wobei die Voraussetzung hierfür ist, dass in der Strategiegruppe eine alternative Bedarfsart zugelassen ist. Oder der Anwender ändert den Positionstyp im Kundenauftrag manuell ab, und das System ermittelt eine neue Bedarfsart. |

Die Verfügbarkeitsprüfung im Kundenauftrag erfolgt in diesem Szenario über die ATP-Logik. Aus der Sicht des Controllings handelt es sich hierbei um ein Szenario der Massenfertigung. Erlöse und Planherstellkosten werden also durch die Faktura an die Ergebnisrechnung übergeben.

Verfügbarkeitsprüfung

Dieses Szenario kann z. B. dann eingesetzt werden, wenn ein Unternehmen in erster Linie einige wenige Großkunden beliefert. Deren Kundenaufträge werden als dispositionsrelevante Bedarfe an die Produktion übergeben. Dies ist insbesondere dann sinnvoll, wenn mit den Kunden Lieferpläne (siehe Abschnitt 3.9, »Gut- und Lastschriften«) vereinbart werden können, sodass die Bedarfe relativ früh bekannt sind. Zusätzlich zu den Auftragsbedarfen der Großkunden erfasst man eine Vorplanung, die ebenfalls die Produktion beeinflusst. Damit können einerseits die Produktionslose optimiert werden, zum anderen können kleinere Aufträge mit nicht dispositionsrelevanten Auftragsbedarfen aus dem Lager bedient werden, ohne dass der Produktionsplan geändert werden muss.

Belieferung von Großkunden

4.4.4 Vorplanung mit Endmontage

Ein weiteres in der Praxis sehr häufig eingesetztes Verfahren zur Planung des Vertriebs und der Produktion ist die Strategie *Verrechnung gegen die Vorplanung mit Endmontage*. Wir haben auf diese Verrechnungslogik bereits in Abschnitt 2.3, »Verfügbarkeitsprüfung«, hingewiesen. Trotzdem sollte gerade dieses Szenario hier nicht fehlen.

Im Gegensatz zur Vorplanung *ohne* Endmontage werden hier nicht nur die Komponenten, sondern auch die Fertigprodukte auftragsanonym geplant und beschafft. Basierend auf der Absatz- und Produktionsgrobplanung werden Vorplanungsbedarfe erzeugt. Der Dispositionslauf erzeugt zur Deckung der Vorplanungsbedarfe Planaufträge. Über die Stücklistenauflösung werden Sekundärbedarfe für die Komponenten erzeugt. Schließlich erfolgen die Beschaffung der Komponenten und die Fertigung der Enderzeugnisse. Die Enderzeugnisse werden im Lager in einem anonymen Bestand verwaltet. Auch nach dem Wareneingang der Enderzeugnisse bleiben die Vorplanungsbedarfe bestehen. Sie sind jetzt lediglich durch den Bestand gedeckt.

Auftragsanonyme Planung und Beschaffung von Endprodukten

Die Vorplanungsbedarfe werden erst durch eingehende Kundenaufträge über die Verrechnungslogik (siehe Abschnitt 2.3) abgebaut.

Dabei erfolgt die Verfügbarkeitsprüfung im Kundenauftrag über die ATP-Logik. Vorplanungsbedarfe, die nicht durch die Verrechnung mit Auftragsbedarfen abgebaut werden, erhöhen den Lagerbestand. Übersteigen die Auftragsbedarfe die Vorplanung, wird die Produktionsplanung entsprechend erhöht.

Dieses Verfahren findet vor allem in Unternehmen Anwendung, die ihren Absatz relativ gut planen können, die aber auch auf zusätzliche Nachfrage flexibel reagieren wollen.

4.4.5 Kundeneinzelfertigung mit Verrechnung gegen die Vorplanung

In Abschnitt 4.2 haben wir eine Wertschöpfungskette gesehen, bei der die Vorplanung auf Komponentenebene erfolgt. Dabei werden aus dem Absatzplan für das Endprodukt Komponentenbedarfe abgeleitet. Die Beschaffung der Komponenten erfolgt auftragsanonym. Die Endmontage wird erst gestartet, wenn ein Kundenauftrag vorliegt. Die Ermittlung des Lieferdatums in diesem Kundenauftrag erfolgt auf der Basis der *Verrechnung gegen die Vorplanung*. In Abschnitt 4.3 haben wir ein ausführliches Beispiel zur Kundeneinzelfertigung gesehen.

Ablauf des Szenarios

Beide Strategien werden in dem Szenario *Kundeneinzelfertigung mit Verrechnung gegen die Vorplanung* kombiniert. In diesem Fall wird die auftragsorientierte Endmontage als Kundeneinzelfertigung abgebildet. Die Absatzplanung und die Beschaffung der Komponenten unterscheiden sich nicht von dem Beispiel in Abschnitt 4.2. Für eintreffende Kundenaufträge wird eine Bedarfsklasse mit den Einstellungen zur Kundeneinzelfertigung ermittelt (siehe Abbildung 4.67). Es wird ein Einzelbestandssegment für die Auftragsposition gebildet, die entstehenden Fertigungsaufträge für die Endmontage sind auf die Kundenauftragsposition kontiert. Die vorher auftragsanonym beschafften Komponenten werden auf den Fertigungsauftrag entnommen, die entstehenden Kosten für den Materialverbrauch werden auf den Fertigungsauftrag kontiert. Der Fertigungsauftrag verrechnet die Kosten an den Kundenauftrag weiter. Die Auslieferung zum Kundenauftrag erfolgt im Gegensatz zu den Szenarien in den Abschnitten 4.4.1 bis 4.4.3 aus dem Einzelbestand. Aus Controllingsicht handelt es sich hier um eine klassische Kundeneinzelfertigung. Man ist dabei am Ergebnis des Kundenauftrags interessiert (siehe Abschnitt 2.12).

Dieses Szenario wird dann eingesetzt, wenn bei der Endmontage kundenspezifische Komponenten eingebaut oder spezielle Dienstleistungen (z. B. Montage vor Ort) erbracht werden. Um kundenspezifische Sonderwünsche zu berücksichtigen, können im Fertigungsauftrag Komponenten ersetzt, gelöscht oder ergänzt werden. Dabei ist es auch denkbar, dass zusätzliche Fertigungsschritte erforderlich sind. In diesem Fall sind die Vorgänge, die in unserem Beispiel aus dem Arbeitsplan ermittelt und an den Fertigungsauftrag übergeben werden, zu ändern. Für die Erbringung spezifischer Dienstleistungen können innerbetriebliche Leistungsverrechnungen (Zeitrückmeldungen) auf das CO-Objekt der Kundenauftragsposition gebucht werden. All diese vom Produktstandard abweichenden Komponenten und Aktivitäten können ein auftragsspezifisches Controlling erforderlich machen.

Einsatz des Szenarios

Bezüglich der Bestandsbewertung (bewertet/unbewertet) stellen sich die in Abschnitt 2.12 diskutierten Fragen. In unserem Beispiel zur Kundeneinzelfertigung in Abschnitt 4.3 arbeiten wir mit dem unbewerteten Einzelbestand. Sowohl dieses Beispiel als auch die Strategie *Kundeneinzelfertigung mit Verrechnung gegen die Vorplanung* können mit bewerteten, aber auch mit unbewerteten Beständen abgebildet werden. Die Unterschiede liegen in der Sichtweise des Controllings. Diese werden in Abschnitt 2.12 dargelegt.

Bestandsbewertung

4.4.6 Variantenkonfiguration

Eine weitere wichtige Funktion zur Gestaltung betrieblicher Wertschöpfungsketten ist die Variantenkonfiguration. Dabei werden gleichartige und standardisierte Produkte in unterschiedlichen Varianten hergestellt. Beispiele für variantenreiche Produkte sind uns allen bekannt, etwa das Auto, die Einbauküche und der Personal Computer. Unternehmen, die diese Art von Produkten herstellen, können entweder für jede denkbare Variante einen Materialstamm, eine Stückliste und einen Arbeitsplan anlegen oder die Variantenkonfiguration nutzen. Die erste Möglichkeit führt zu einer Vielzahl von Stammdaten (Materialstämme, Stücklisten, Arbeitspläne), deren Änderungsmanagement kaum zu bewältigen ist. Kommen wir auf das Beispiel aus Abschnitt 2.12 zurück. Ein Auto eines bestimmten Typs (z. B. ein BMW der 5er-Reihe) wird in einer Vielzahl von Varianten gefertigt (Farbe, Motor, Reifen, Ausstattung, Interieur, Sonderaus-

Einsatzgebiet des Szenarios

stattung, Telefon etc.). In diesem Beispiel entsteht somit eine fast unendlich scheinende Variantenvielfalt!

Konfiguration der Stückliste und des Arbeitsplans

Bei der Variantenkonfiguration in SAP wird in diesem Fall ein sogenanntes *konfigurierbares Material* (z. B. ein BMW der 5er-Reihe) angelegt. Dazu werden *eine* Maximal-Stückliste und *ein* Maximal-Arbeitsplan angelegt. Die Maximal-Stückliste enthält alle möglichen Komponenten des Produkts (z. B. Benzinmotor, Dieselmotor). Ebenso enthält der Maximal-Arbeitsplan alle möglichen Arbeitsvorgänge. Außerdem wird dem konfigurierbaren Material eine Klasse im SAP-Klassensystem (Klassifizierung) zugeordnet. Diese Klasse enthält Merkmale, die das konfigurierbare Material beschreiben (Farbe, Motor, Bremsen etc.). Zwischen den Merkmalen kann ein Beziehungswissen hinterlegt werden. Wenn z. B. eine bestimmte Motorleistung ausgewählt wurde, kommt auch nur ein bestimmtes Bremssystem infrage. Im Kundenauftrag wird der Erfasser aufgefordert, die Merkmale des konfigurierbaren Materials zu erfassen. Er gibt also die Farbe, die gewünschte Motorenart (z. B. Diesel, Benzin), die Motorleistung und die übrigen Merkmale ein. Das System ermittelt dann aus der Maximal-Stückliste die individuelle Auftragsstückliste, die im Fertigungsauftrag aufgelöst wird. Gleiches geschieht für den Arbeitsplan. Neben diesen Auswirkungen in der Produktion (Ableitung der Stückliste und des Arbeitsplans) kann die Merkmalsbewertung auch für die Preisfindung verwendet werden. Dazu stehen eigene Variantenkonditionsarten zur Verfügung. Damit kann auch die Verkaufspreisermittlung der konkreten Variante automatisiert werden. Zur Ermittlung der entsprechenden Variantenpreise können die Möglichkeiten der Preisfindung (siehe Abschnitt 2.1) genutzt werden.

Zusammenhang mit Kundeneinzelfertigung

Die Variantenkonfiguration basiert also ganz ähnlich wie unser Beispiel zur Kundeneinzelfertigung (siehe Abschnitt 4.3) auf einer auftragsbezogenen Stückliste. Für diese Stückliste gibt es aber keinen eigenen Materialstamm, denn schließlich wollen wir durch die Variantenkonfiguration gerade vermeiden, Materialstämme auf der Ebene der Varianten anlegen zu müssen. Ohne Materialstamm gibt es aber auch keinen Bestand! Die logische Konsequenz ist, dass die Variantenfertigung nur in Zusammenhang mit der Kundeneinzelfertigung eingesetzt werden kann. Durch den Kundenauftrag wird ein Einzelbestandssegment für das konfigurierbare Material (z. B. ein BMW der 5er-Reihe) erzeugt. Der zugehörige Fertigungsauftrag liefert das fertige Produkt in diesen Bestand ab.

An dieser Stelle kommt wieder die Frage nach der Controllingstrategie ins Spiel. Gerade die Hersteller von Automobilen werden kein Interesse an einer Ergebnisermittlung auf der Ebene des einzelnen Kundenauftrags haben. Sie sind an einem produktbezogenen Controlling interessiert. In diesem Zusammenhang ist also von Bedeutung, welche Ergebnisbeiträge bestimmte Fahrzeugtypen (z. B. ein BMW der 5er-Reihe) geleistet haben. Genau aus diesem Grund wird man die Variantenfertigung in diesem Beispiel immer in Kombination mit der Controllingstrategie *Auftragsorientierte Massenfertigung* einsetzen. Diese Strategie haben wir für die am Controlling interessierten Leser in Abschnitt 2.12 erklärt. Im Unterschied zum Beispiel in Abschnitt 4.3 werden dabei bewertete Kundeneinzelbestände eingesetzt. Die Kosten werden nicht auf dem Kundenauftrag, sondern auf einem Produktkostensammler gesammelt. Allerdings kann die Variantenkonfiguration auch zusammen mit unbewerteten Kundeneinzelbeständen eingesetzt werden.

Controllingstrategie

Auch eine Kombination mit der Strategie *Kundeneinzelfertigung mit Verrechnung gegen die Vorplanung* aus Abschnitt 4.3.4, »Beispiel«, ist denkbar. Gerade bei der Variantenkonfiguration können zumindest einige Standardkomponenten, nämlich die Gleichteile, auftragsanonym geplant werden.

4.4.7 Projektfertigung

In Abschnitt 4.3 haben wir ein Beispiel zur Kundeneinzelfertigung kennengelernt. Dabei wird der Kundeneinzelbestand auf der Ebene der Auftragsposition verwaltet. Für die Entwicklung, die Planung, die Herstellung und die Montage komplexer Anlagen reichen jedoch die Strukturierungsmöglichkeiten im Kundenauftrag bzw. im Fertigungsauftrag nicht aus. In diesem Fall kommt zusätzlich die Komponente PS (*Projektsystem*) zum Einsatz. PS dient der Strukturierung von komplexen Projekten hinsichtlich Aufbau und Ablauf. Der Aufbau von Projekten erfolgt über sogenannte *Projektstrukturplanelemente* (PSP-Elemente), während der Ablauf über Netzpläne abgebildet werden kann. Die PSP-Elemente sind hierarchisch angeordnet und dienen sowohl der kaufmännischen als auch der technischen Planung und Steuerung.

In diesem Szenario wird zunächst ein Kundenauftrag erfasst. Die Auftragsposition ist auf ein PSP-Element kontiert. Auf diesem PSP-Ele-

Ablauf des Szenarios

ment werden dann in der Regel auch die Einzelbestandssegmente geführt. Denkbar ist aber auch eine Verwendung von Einzelbestandssegmenten auf Kundenauftragspositionsebene, wobei dann aber die Möglichkeiten des Projektcontrollings eingeschränkt sind. Analog zum CO-Objekt der Auftragsposition wird jetzt das PSP-Element zum Kosten- und Erlössammler. Die Fertigungsaufträge können aus Netzplanvorgängen heraus ausgelöst werden. Sie sind auf das PSP-Element kontiert und liefern das Produkt in den Einzelbestand zum PSP-Element ab.

Im Gegensatz zur normalen Abwicklung in der Vertriebskomponente SD können Lieferungen aus den Netzplanvorgängen heraus angelegt werden, d.h. ohne direkten Bezug zum Kundenauftrag. Dies ist besonders dann wichtig, wenn eine komplexe Anlage aus mehreren Lieferkomponenten besteht und erst vor Ort montiert wird. Die Fakturierung des Kundenauftrags erfolgt dann auftragsorientiert. Dabei können im Kundenauftrag Fakturierungspläne hinterlegt werden. Über diese ist die Abwicklung von Anzahlungen möglich. Fakturierungspläne und die auftragsbezogene Fakturierung haben wir bereits in Abschnitt 3.6, »Fakturierungspläne und Anzahlungsabwicklung«, kennengelernt.

4.5 Zusammenfassung

Mit diesem Kapitel haben wir den Blick über den Tellerrand der Komponente SD hinaus gewagt und die komplette Abbildung von betrieblichen Wertschöpfungsketten in den Mittelpunkt gerückt. Die grundlegende Idee dahinter ist die Prozessorientierung – dabei muss sich die Einführung einer ERP-Software immer daran messen lassen, wie gut die Abläufe gerade an den Schnittstellen zwischen den unterschiedlichen Funktionsbereichen eines Unternehmens funktionieren. Im folgenden Kapitel lernen Sie nun eine Vorgehensweise zur prozessorientierten Einführung von SAP ERP kennen.

In diesem Kapitel benennen wir zwei entscheidende Prinzipien für eine erfolgreiche SAP-Einführung: Prozess- und Mitarbeiterorientierung. Darüber hinaus lernen Sie einen Vorschlag für eine Projektorganisation kennen.

5 Prozessorientierte Einführung

Ansätze für ein effizientes Vorgehen in Projekten gibt es viele. Es ist daher nicht unser Ziel, an dieser Stelle einen weiteren Entwurf hinzuzufügen. Vielmehr wollen wir aus unserer Beratungserfahrung heraus zwei wichtige Prinzipien benennen, die für den Erfolg einer SAP-Einführung ausschlaggebend sind. Anschließend geben wir ein Beispiel für den Aufbau einer Projektorganisation, die diese Prinzipien in den Mittelpunkt stellt.

Unternehmen müssen in Zeiten globalen Wettbewerbs ihre gesamte betriebliche Wertschöpfungskette optimieren – von der ersten Anfrage des Kunden über die Produktion bis hin zur Auslieferung und der Fakturierung (siehe Abbildung 5.1).

Prinzipien: Prozess- und Mitarbeiterorientierung

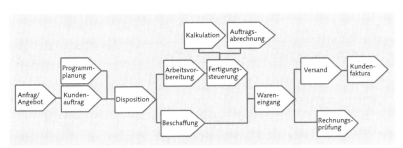

Abbildung 5.1 Optimierung der betrieblichen Wertschöpfungskette

Es kommt darauf an, die Produkte und Leistungen in der gewünschten Qualität, der gewünschten Zeit und zu konkurrenzfähigen Preisen im Markt zu platzieren. Die Optimierung von Teilaspekten (oder besser Teilprozessen) ist dabei nicht zielführend! Anders gesagt: Sich einzig und allein auf den Vertriebsprozess zu konzentrieren ist nicht sinnvoll. Es kommt auf das effektive und effiziente Zusammenspiel der unterschiedlichen Teilbereiche im Unternehmen an. So verstehen wir das Thema Prozessorientierung als ganzheitliche Optimierung der betrieblichen Wertschöpfungskette. Das erste Prinzip einer erfolgreichen Einführung ist deshalb die *Prozessorientierung*.

Daraus leitet sich dann auch gleich das zweite Prinzip ab, die *Mitarbeiterorientierung*. Schließlich wird das Zusammenspiel der unterschiedlichen Bereiche im Unternehmen von Menschen geprägt. Wenn nun dieses Zusammenspiel durch die Einführung einer Software verändert wird, ja wenn sogar die Einführung einer Software das Ziel hat, dieses Zusammenspiel zu verbessern, dann müssen die Mitarbeiter an dem Einführungsprozess maßgeblich beteiligt werden. Sie müssen ihn nachvollziehen, verstehen und beeinflussen können, denn nur dann werden sie die Ergebnisse in ihrer täglichen Arbeit umsetzen können.

5.1 Prinzip »Prozessorientierung«

Die Erkenntnis, dass Unternehmen ihre gesamte Wertschöpfungskette und nicht nur Teilbereiche optimieren müssen, ist nicht revolutionär, sie ist nicht einmal besonders neu. Wenn dieser Aspekt trotzdem zu einem Thema dieses Buchs wird, dann aus folgenden, noch näher darzustellenden Gründen:

- Unternehmensorganisation
- komponentenorientierte Systemorganisation
- Ausrichtung der Mitarbeiter

Unternehmensorganisation
Divisionalisierung und Spartenorganisation haben in vielen Unternehmen eine stärkere Fokussierung auf die Unternehmensprozesse mit sich gebracht. Gleichwohl wird das operative Geschäft häufig von funktional gegliederten Einheiten (Vertrieb, Produktion, Controlling) erledigt. Konkurrierende Zielsetzungen (z. B. Bestandsoptimierung versus Lieferservice) machen das Zusammenspiel schwierig und fördern das alte Denken in abgegrenzten Bereichen.

Systemorganisation
Eingangs des Buchs haben wir erwähnt, dass einer der größten Vorteile der SAP-Software die Vernetzung der unterschiedlichen Komponenten ist. Wenn auch vernetzt, so lässt sich dennoch eine funktionsorientierte Struktur in Komponenten wie SD, MM, PP oder CO

schwerlich leugnen. Dies führt dazu, dass die Wertschöpfungskette durch unterschiedliche Komponenten unterstützt wird. Legt man die Komponenten über die Wertschöpfungskette aus der ersten Abbildung (siehe Abbildung Abbildung 5.1), ergibt sich das in Abbildung 5.2 dargestellte Bild.

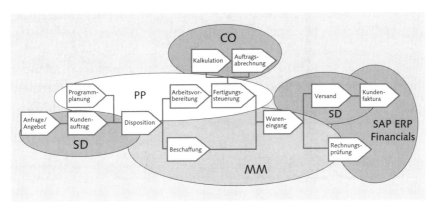

Abbildung 5.2 Unterstützung der betrieblichen Wertschöpfungskette durch SAP ERP

Erinnern wir uns an die Wertschöpfungsketten in Kapitel 4, »Gestaltung von Wertschöpfungsketten in SAP ERP«: Dort wurde deutlich, dass SAP ERP die Prozesse integriert unterstützt und damit eine gute Voraussetzung für die ganzheitliche Betrachtung bietet. Ebenso wurde in Kapitel 4 aber auch deutlich, dass zur Abbildung der Prozesse Aktivitäten in unterschiedlichen Komponenten notwendig waren. Vielleicht fragen Sie sich als Leser ja auch, warum in einem Buch über Vertriebsprozesse relativ detaillierte Fragen der Produktionsplanung, der Fertigung, der Materialwirtschaft und des Controllings behandelt werden. Wir wollten aber bewusst diesen weiten Bogen spannen, um deutlich zu machen, dass die einzelnen Funktionen immer aus dem Kontext der gesamten Wertschöpfungskette betrachtet werden müssen. Wer wollte bestreiten, dass die Gestaltung der Verfügbarkeitsprüfung und der Materialdisposition in Abschnitt 4.1, »Lagerverkauf mit Chargenfertigung«, Abschnitt 4.2, »Vorplanung ohne Endmontage«, und Abschnitt 4.3, »Kundeneinzelfertigung«, völlig unterschiedlich gehandhabt wird? Und zwar abhängig von dem jeweils besprochenen Szenario. Gleiches gilt für viele andere Funktionen (z. B. Preisfindung, Serialnummernvergabe, Chargenfindung) und auch Teilprozesse (z. B. Versand, Fakturierung). Diesen Aspekt fassen wir in Abbildung 5.3 noch einmal zusammen.

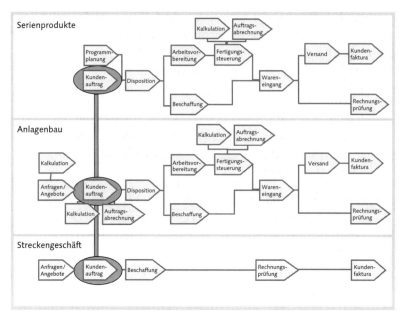

Abbildung 5.3 Teilprozess »Kundenauftrag« in unterschiedlichen Wertschöpfungsketten

Ausrichtung der Mitarbeiter

Aus den vorgenannten Aspekten der Unternehmensorganisation und der komponentenorientierten Struktur von SAP ergibt es sich fast zwangsläufig, dass IT-Mitarbeiter und externe Berater ihr Wissensspektrum mehr oder weniger auf eine Komponente konzentrieren. Das ist vor dem Hintergrund der Komplexität der einzelnen Komponenten vielleicht verständlich – akzeptabel ist es gleichwohl nicht, verstärkt es doch die genannten Probleme.

Konsequenzen

Folgende Konsequenzen für die Einführungsstrategie ergeben sich aus den bisherigen Ergebnissen:

- Es geht bei der Einführung von SAP ERP um die Optimierung der ganzheitlich betrachteten Wertschöpfungskette eines Unternehmens. Die Optimierung von Teilprozessen (Vertrieb, Produktion, Controlling) ist suboptimal.
- Durch die prozessorientierte Einführungsstrategie wird die Denkweise im modernen Management (Prozessorientierung, Qualitätsorientierung, Kundenorientierung) in den Einführungsprozess übernommen und umgesetzt.
- Die Optimierungspotenziale bei der Einführung liegen vor allem in den Integrationsfunktionen (z. B. Verfügbarkeitsprüfung, Mate-

rialbedarfsplanung, Kreditmanagement). Das gute *Zusammenspiel von Prozess, Mensch und Software* ist entscheidend.

- IT-Mitarbeiter und vor allem SAP-Berater müssen komponentenübergreifende Qualifikationen entwickeln.
- Es empfiehlt sich, die Gesamtkomplexität einer Einführung nicht durch die Zerlegung in *komponentenorientierte Teilprojekte* (SD-Einführung, MM-Einführung), sondern in *prozessorientierte Teilprojekte* (Prozess Streckengeschäft, Prozess Handelsware, Prozess Serienprodukt) zu reduzieren.

Aus dem letzten Punkt wollen wir das Vorgehen bei der Einführung ableiten: Im ersten Schritt ist festzustellen, welche unterschiedlichen Wertschöpfungsketten im Unternehmen zu betrachten sind und welche von der SAP-Einführung betroffen sind. Diese Prozesse werden mit *Wertschöpfungsketten-Diagrammen* beschrieben (siehe Abbildung 5.1, Abbildung 5.2 und Abbildung 5.3). Beispiele für Wertschöpfungsketten liefert dieses Buch in zahlreichen Abschnitten:

- Streckengeschäft (siehe Abschnitt 3.4)
- Cross-Company-Geschäft (siehe Abschnitt 3.10)
- Lagerverkauf (siehe Abschnitt 4.1)
- Lagerverkauf mit Komponentenvorplanung (siehe Abschnitt 4.2)
- Kundeneinzelfertigung (siehe Abschnitt 4.3)
- Weitere Szenarien (siehe Abschnitt 4.4)

Die Beschreibung von Prozessen mithilfe von Wertschöpfungsketten liefert einen umfassenden Überblick und definiert gleichzeitig einen zweckmäßigen Rahmen für die weitere Detaillierung. Diese ist notwendig, um dann aus der konzeptionellen Vorlage das Customizing ableiten zu können.

5.2 Prinzip »Mitarbeiterorientierung«

Die Bedeutung der Mitarbeiter der jeweiligen Fachabteilungen innerhalb eines Einführungsprojekts wird eigentlich von niemand ernsthaft bestritten. Sie versteht sich gewissermaßen von selbst. Unter dem Druck von Budgets und Terminen gerät sie gleichwohl in der Praxis oft in den Hintergrund. Probleme beim Produktivstart, Unzufriedenheit der Mitarbeiter, Überlastung durch die Umstellung auf ein neues System und letztlich mangelnde Effizienz im Tagesgeschäft (die man sich nicht leisten kann) sind die Folge.

Die Beteiligung der Mitarbeiter basiert auf:

- Information und Verständnis
- Partizipation
- Eigenverantwortung

Information und Verständnis

Eine umfassende *Information* der Mitarbeiter ist von Beginn an von größter Bedeutung. Auch Mitarbeitervertretungen dürfen dabei nicht vergessen werden. Sie müssen die Projektziele kennen und sollten sicher sein, dass die Geschäftsführung hinter diesen Zielen steht. Dies ist aber nur der Anfang. Die Mitarbeiter, die das Einführungsprojekt (z. B. als Power User) aktiv unterstützen, benötigen Schulungen, die ihnen ein umfassendes *Verständnis* des SAP-Systems vermitteln. Erfahrungsgemäß brauchen Mitarbeiter eine gewisse Zeit, bis sich das in Schulungen Erlernte »gesetzt« hat. Erst dann können sie eine Verknüpfung zwischen den Abläufen in einem fremden System (SAP) und ihrer eigenen täglichen Arbeitswelt herstellen.

Partizipation

Basierend auf diesem Verständnis sollten die Mitarbeiter der Fachabteilungen dann an den Entscheidungen im Einführungsprojekt auch *beteiligt* werden. Der Vorteil dabei ist, dass Mitarbeiter, die die Möglichkeiten und Grenzen des SAP-Systems kennengelernt haben, realistische (d.h. umsetzbare) Forderungen stellen können. Auch muss andererseits die IT stets in der Lage sein, ihre Belange zu verantworten. Sie zum reinen Erfüllungsgehilfen der Fachabteilungen zu machen, hat sich in den wenigsten Fällen als Königsweg erwiesen. Dies führt häufig zu einer Philosophie, bei der zunächst ein Fachkonzept losgelöst von den Möglichkeiten der Software erstellt wird, das dann eins zu eins umgesetzt werden soll. Dabei werden häufig Modifikationen des Standards erforderlich, die zu erheblichen Zukunftsproblemen führen, z. B. beim Releasewechsel oder bei der Optimierung und Weiterentwicklung des Systems.

Es ist also wichtig, ein gemeinsames Verständnis von Zielen, Konzepten und Realisierungsmöglichkeiten zu entwickeln. Dies gilt sowohl im Verhältnis der IT-Mitarbeiter und Berater zu den Mitarbeitern der Fachabteilung als auch im Verhältnis zwischen den Fachabteilungen zueinander. In Abschnitt 5.1 wurde deutlich, dass bei einer prozessorientierten Einführungsstrategie komponenten- und bereichsübergreifendes Denken und Handeln gefragt ist. Es liegt auf der Hand, dass dies nicht immer konfliktfrei bleibt. Man sollte sich deshalb nicht davor scheuen, diese »weichen« Aspekte in einem Einführungsprojekt durch geeignete Maßnahmen zu unterstützen. Dazu gehören in jedem Fall regelmäßige Informationsveranstaltungen, die vor allem die nicht unmittelbar Beteiligten einbeziehen. Es kann auch sinnvoll sein, eine neutrale Person als Moderator für die Konfliktlösung hinzuzuziehen. Dies erscheint manchem Projektleiter vielleicht aufwendig und ungewöhnlich. Andererseits ergibt sich aus der produktiven Auflösung von Konflikten ein enormes Potenzial. Wenn es gelingt, die Probleme offen anzusprechen und diese dann auch zu lösen, ergeben sich positive Effekte, die weit über den Einführungsprozess hinaus wirken.

Letztlich sollen die Mitarbeiter in die Lage versetzt werden, eine *eigenverantwortliche* Position einzunehmen. Dies gilt sowohl für die Nutzung von Gestaltungsspielräumen in der Einführungsphase (beispielsweise bei der Entwicklung von Vorgaben für das Customizing) als auch nach dem Produktivstart. Zu den wichtigsten Aufgaben der Anwender nach einem Produktivstart gehört die *korrekte* und *vollständige* Pflege der Stammdaten. An verschiedenen Stellen dieses Buchs haben wir gesehen, wie Stammdaten und Customizing in der Anwendung zusammenspielen. Dies gilt aber auch für die Optimierung und die Weiterentwicklung des Customizings. Ein weiterer Punkt in diesem Zusammenhang ist das *Monitoring*. Dabei wird geprüft, ob alle Vorgänge korrekt abgearbeitet worden sind: Wurden z. B. alle gelieferten Artikel fakturiert, bzw. konnten alle Fakturabelege ordnungsgemäß an die Finanzbuchhaltung übergeben werden?

Eigenverantwortung

5.3 Projektorganisation

Wir wollen dieses Kapitel mit einem Vorschlag zum Aufbau einer Projektorganisation abrunden. In Abbildung 5.4 sehen wir das entsprechende Diagramm.

5 Prozessorientierte Einführung

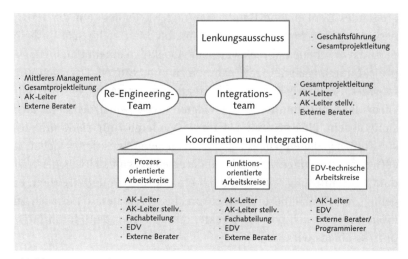

Abbildung 5.4 Projektorganisation

Lenkungs-
ausschuss

Im *Lenkungsausschuss* (Steering Committee) erfolgt die Gesamtkoordination des Projekts. An der Besetzung dieses Gremiums lässt sich oft die Bedeutung erkennen, die man dem Projekt vor allem in der Geschäftsführung beimisst. Der Lenkungsausschuss sollte in regelmäßigen Abständen tagen, damit der »Abstand« zur Tagesarbeit im Projekt nicht zu groß wird und die Auftraggeber einen realistischen Eindruck vom Projektfortschritt erhalten.

Integrationsteam

Die operative Leitung des Projekts erfolgt in einem *Integrationsteam*. Dort sind der Projektleiter und alle Arbeitskreisleiter vertreten. Hier sollten alle wichtigen Integrationsfragen besprochen und geklärt werden. In der Regel empfehlen sich wöchentliche Meetings. Bei Bedarf wird das Team durch die Mitarbeiter ergänzt, die in den Arbeitskreisen die tatsächliche Umsetzung übernommen haben.

Re-Engineering-
Team

Das *Re-Engineering-Team* ist für jede Einführung von großer Bedeutung und besteht in der Regel aus den wichtigsten Entscheidungsträgern im Unternehmen. Das Team tritt nur bei Bedarf zusammen, z. B. dann, wenn die Unternehmenspolitik berührt wird oder Geschäftsprozesse geändert bzw. neu eingeführt werden müssen. Es ist von großer Bedeutung, im Projekt sicherzustellen, dass dieses Team bei Bedarf sehr schnell Entscheidungen herbeiführen kann.

Prozessorientierte
Arbeitskreise

In den *prozessorientierten Arbeitskreisen* werden die Wertschöpfungsketten entwickelt und anschließend detailliert. Hier werden Lösungen für Prozesse und das Customizing erarbeitet.

Es muss nicht verwundern, wenn es in einer prozessorientierten Einführungsstrategie auch *funktionsorientierte Arbeitskreise* gibt. Auch wenn wir bisher die Bedeutung der Prozessorientierung in den Mittelpunkt gestellt haben, gibt es Funktionen, die für alle Prozesse gleich oder ähnlich ablaufen. Dazu gehören z. B. die Frage der Einrichtung von Kostenarten und Kostenstellen und die Frage des Aufbaus der Ergebnisrechnung oder der Finanzbuchhaltung, insbesondere der Anlagenbuchhaltung. Wo diese Funktionen die Prozesse berühren (z. B. in der Controllingstrategie wie in Abschnitt 2.12, »Integration der Ergebnis- und Marktsegmentrechnung«, oder in Kapitel 4, »Gestaltung von Wertschöpfungsketten in SAP ERP«, diskutiert), sollten entsprechende Vertreter zu den prozessorientierten Arbeitskreisen gehören.

Funktionsorientierte Arbeitskreise

Schließlich gibt es rein EDV-technische Fragen, die in einer eigenen Arbeitsgruppe beantwortet werden können. Dazu gehören vor allem die System- und Benutzeradministration, die Konzeption und Entwicklung von Schnittstellen zu Fremdsystemen sowie die technische Seite der Altdatenübernahme.

EDV-technische Arbeitskreise

5.4 Zusammenfassung

Das Gelingen einer SAP-Einführung hängt von vielen Faktoren ab. Entscheidend ist aus unserer Sicht, dass Menschen ein System nutzen, um Prozesse in Unternehmen effizient zu gestalten und abzuwickeln. Dazu gehören nach unserer Überzeugung neben klaren Zielsetzungen und einer gut strukturierten Vorgehensweise die Orientierung an Prozessen und die frühe und umfassende Einbeziehung der Mitarbeiter.

Die Optimierung von Geschäftsprozessen erfolgt heute nicht mehr nur innerhalb von Unternehmens- oder Systemgrenzen. In diesem Kapitel stellen wir entsprechende Prozesse, Technologien und Anwendungen vor.

6 Unternehmensübergreifende Geschäftsprozesse

Im Verlauf des Buchs haben wir uns zunächst mit Vertriebsfunktionen, dann mit Vertriebsprozessen und schließlich mit bereichs- und damit komponentenübergreifenden Prozessen beschäftigt. Jetzt wollen wir die Perspektive abermals erweitern und die Abbildung unternehmens- und systemübergreifender Geschäftsprozesse in den Mittelpunkt unserer Betrachtungen stellen.

Die enorme technologische Entwicklung hin zu serviceorientierten Architekturen hat wichtige Voraussetzungen für die Entwicklung neuer Anwendungen zur Abbildung unternehmensübergreifender Prozesse geschaffen. In Abschnitt 6.1 wollen wir Ihnen zunächst einen kurzen Überblick über die wichtigsten technologischen Grundlagen von SAP NetWeaver geben. Wenn Sie daran weniger interessiert sind, können Sie problemlos mit Abschnitt 6.2 fortfahren. Dort zeigen wir Ihnen eine unternehmensübergreifende Auftragsabwicklung auf der Basis elektronischer Nachrichten. Auf Lieferantenseite finden Sie dort die Ihnen aus Kapitel 3, »Vertriebskomponente SD – Prozessüberblick«, vertrauten Vertriebsprozesse. Auf Kundenseite haben wir auch die Abwicklung im Einkauf beschrieben. Abschließend stellen wir Ihnen in Abschnitt 6.3 die Lösung SAP CRM (Customer Relationship Management) im Überblick vor. Damit wollen wir Ihnen weitere Anregungen für die Gestaltung unternehmensübergreifender Prozesse liefern.

6.1 SAP NetWeaver als Technologiebasis

Mit SAP NetWeaver hat SAP in den letzten Jahren eine offene Anwendungs- und Entwicklungsplattform etabliert, die die technologische Basis für unterschiedliche Anwendungen darstellt. Im Folgenden werden wir zunächst den grundlegenden Aufbau erläutern und dann die einzelnen Komponenten vorstellen.

6.1.1 Architektur

Serviceorientierte Architekturen

Innerhalb der letzten Jahre haben sich die Architekturen von IT-Landschaften grundlegend geändert. Es sind sogenannte *serviceorientierte Architekturen* (engl. SOA, Service-Oriented Architecture) entstanden, die vorhandene Applikationen integrieren und die Abbildung system- und unternehmensübergreifender Prozesse ermöglichen. Mittlerweile existiert eine Vielzahl von Systemen mit unterschiedlichen Schwerpunkten. ERP, E-Procurement, CRM, Supply Chain Management, Data Warehouse oder etwa Benutzerportale sind einige Begriffe, die hier zu nennen sind. Hinzu kommen Altsysteme (Legacy-Systeme, vielfach Eigenentwicklungen), die in vielen Unternehmen noch im Einsatz sind. Innerhalb einer serviceorientierten Softwarearchitektur liefern all diese verschiedenen Systeme sogenannte *Services*, also einzelne gekapselte Funktionen, die zur Abbildung von Prozessen »orchestriert« werden. Es entstehen neuartige Anwendungen, die auf vorhandene Applikationen zugreifen und dort Services ausführen. Dem Anwender steht damit eine geeignete Benutzeroberfläche zur Verfügung, über die er unterschiedliche Anwendungen nutzen kann, ohne all diese Systeme im Detail beherrschen zu müssen.

Neue Potenziale zur Prozessgestaltung und -optimierung

Diese neuen Möglichkeiten der Prozessgestaltung haben sich zu einem wichtigen Treiber für die Optimierung von Prozessen in der betrieblichen Praxis entwickelt. Durch offene Anwendungsplattformen und Standards für den Austausch von Nachrichten (z. B. Webservices, XML) ergeben sich viele neue Potenziale zur Gestaltung und Optimierung von Prozessen. SAP NetWeaver ist ein wichtiger Eckpfeiler für die Entwicklung von system- und unternehmensübergreifenden Geschäftsprozessen geworden. Abbildung 6.1 zeigt die grundlegende Architektur von SAP NetWeaver.

6.1 SAP NetWeaver als Technologiebasis

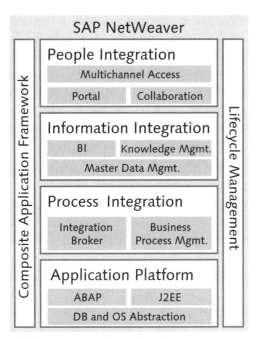

Abbildung 6.1 Grundlegende Architektur von SAP NetWeaver (Komponentensicht)

SAP NetWeaver zielt auf eine umfassende Integration von

- Anwendungen (Application Platform)
- Prozessen (Process Integration)
- Informationen (Information Integration)
- Menschen (People Integration)

Über die Komponente *Composite Application Framework* (CAF) werden Anwendungen erstellt, die Services aus unterschiedlichen Backendsystemen (SAP ERP, SAP R/3, Nicht-SAP-Anwendungen) verwenden. Damit liefert das Composite Application Framework einen wichtigen Beitrag für die Nutzung von Services in SAP NetWeaver. Auf Basis der Portaltechnologie (SAP NetWeaver Portal) und mithilfe von Web Dynpros (lauffähigen Webanwendungen) werden Benutzeroberflächen gestaltet. Dafür stehen Templates und Implementierungsmodelle zur Verfügung. Mithilfe von sogenannten *Guided Procedures* werden dann Services (z. B. Transaktionen in SAP ERP), die in unterschiedlichen Anwendungssystemen ausgeführt werden, zu neuen Anwendungen und workflowbasierten Prozessen komponiert. Das Composite Application Framework nutzt dabei die weiteren

Composite Application Framework

6 | Unternehmensübergreifende Geschäftsprozesse

Komponenten der SAP NetWeaver-Architektur, die wir in den folgenden Abschnitten vorstellen werden. Damit ist es eine Entwicklungsplattform, mit deren Hilfe aus bereits vorhandenen Komponenten neue Anwendungen und Lösungen erstellt werden. Das SAP Composite Application Framework wird in Zukunft in das *SAP NetWeaver Composition Environment* (CE) integriert, in dem verschiedene Werkzeuge für das Design und die Entwicklung von SOA-Applikationen bereitgestellt werden. Zu diesen Komponenten gehört unter anderem das *Enterprise Service Repository* (ESR), das auch in der Komponente *SAP NetWeaver Process Integration* (SAP NetWeaver PI) benötigt wird (siehe Abschnitt 6.1.3). Mithilfe des Werkzeugs *Visual Composer* können auf einfache Art und Weise Benutzeroberflächen für Webanwendungen konfiguriert werden. Ebenfalls in das CE integriert wird eine *Business Rules Workbench*. Damit können Regeln für die Abbildung von Geschäftslogik hinterlegt werden, die in Integrationsprozessen zur Anwendung kommen. Damit lassen sich z. B. wertabhängige Genehmigungsverfahren oder ähnliche Anforderungen abbilden.

Lifecycle Management

Über die Komponente *Lifecycle Management* werden die unterschiedlichen Installationen und Softwarekomponenten über den gesamten Lebenszyklus hinweg verwaltet. Dazu gehören unter anderem das Lizenzmanagement sowie die Konfiguration und das Monitoring der Systemlandschaft. SAP stellt hierfür die Software *Solution Manager* zur Verfügung.

6.1.2 Integration von Anwendungen

SAP NetWeaver Application Server

Die SAP NetWeaver-Anwendungsplattform mit ihrer Kernkomponente, dem *SAP NetWeaver Application Server*, bildet ein grundlegendes Fundament für die unterschiedlichen SAP-Softwarekomponenten. Der SAP NetWeaver Application Server enthält die Entwicklungs- und Laufzeitumgebung für die SAP-Programmiersprache *ABAP* (Advanced Business Application Programming). In dieser Sprache, die zu einer objektorientierten Programmiersprache (ABAP Objects) weiterentwickelt worden ist, sind auch die wesentlichen Bausteine der Anwendung SAP ERP realisiert worden.

Daneben steht eine komplette Java-J2EE-Engine für die Entwicklung und den Betrieb von Java-Programmen zur Verfügung. Große Teile der neuen SAP-Komponenten (z. B. *SAP CRM*, *SAP Process Integration*,

SAP Portal) sind in dieser Sprache entwickelt worden. Der SAP NetWeaver Application Server ist voll internetfähig; es werden z. B. die Protokolle http/https und SOAP unterstützt. Bislang konnten viele Funktionen des SAP-Systems über einen Remote Function Call aus anderen Systemen heraus aufgerufen werden. Mit SAP NetWeaver können diese künftig auch als (Web-)Service für externe Systeme verfügbar gemacht werden. Ebenso wurde ein SMTP-Modul für den Versand und Empfang von E-Mails direkt aus dem SAP NetWeaver Application Server heraus integriert. Nachrichten (z. B. innerhalb der SAP-Nachrichtenfindung in SAP ERP) können unter SAP NetWeaver auch als PDF-Anhänge zu E-Mails versendet werden, ohne dass dafür Zusatzsoftware benötigt wird (früher wurde dazu der SAP Exchange Connector benötigt).

Auf Basis des SAP NetWeaver Application Server lassen sich auch Webapplikationen entwickeln, die direkt aus einem Internetbrowser heraus aufgerufen werden. Webapplikationen lassen sich sowohl mit der Programmiersprache ABAP als auch mit Java entwickeln. Unter ABAP stehen dazu die BSP (Business Server Pages) und die Web Dynpro ABAP-Technologie zur Verfügung. Diese Technologie trennt die Geschäftslogik von der Präsentationslogik: Die Geschäftslogik läuft serverseitig ab. Für die Präsentation werden html-Seiten generiert. Innerhalb der Abbildung der Geschäftslogik stehen dem Entwickler sämtliche Objekte (Funktionsbausteine, Tabellen der Datenbank etc.) zur Verfügung.

Webapplikationen

Für die Entwicklung von browserbasierten Benutzeroberflächen ist mittlerweile die Web-Dynpro-Technologie von besonderer Bedeutung. Innerhalb dieser Technologie stehen unterschiedliche Entwicklungswerkzeuge zur Gestaltung von intuitiv bedienbaren Benutzeroberflächen zur Verfügung. Web Dynpro kann sowohl im Zusammenspiel mit ABAP (Web Dynpro for ABAP) als auch in Kombination mit Java (Web Dynpro for Java) eingesetzt werden. Hierfür stehen jeweils unterschiedliche Entwicklungswerkzeuge zur Verfügung: Für die Entwicklung von Web Dynpros mit Java wird das SAP NetWeaver Developer Studio verwendet. Diese Entwicklungsumgebung basiert auf dem Open-Source-Projekt Eclipse. Zusätzlich wurden von SAP zahlreiche Plugins zur leichteren Implementierung von Web Dynpros eingebaut. Für die Entwicklung von Web Dynpros unter ABAP steht als Entwicklungsumgebung die erweiterte ABAP Development Workbench (Transaktion SE80) zur Verfügung. In bei-

Web Dynpro

6 | Unternehmensübergreifende Geschäftsprozesse

den Umgebungen kann der Entwickler auf zahlreiche Wizards zugreifen, die ihn bei der Gestaltung der Oberflächen unterstützen. Wizards sind geführte Dialoge zur Unterstützung und Beschleunigung der Entwicklung. Sie können beispielsweise dazu genutzt werden, Funktionen, die in SAP ERP (z. B. als BAPI) zur Verfügung stehen, als Webservice bereitzustellen.

6.1.3 Integration von Prozessen

SAP NetWeaver Process Integration

Für die Integration von Prozessen steht innerhalb von SAP NetWeaver die Anwendung SAP NetWeaver Process Integration (PI) zur Verfügung. Sie liefert die Infrastruktur für die nachrichtengesteuerte Kommunikation zwischen Anwendungen und damit für die Abbildung system- und unternehmensübergreifender Geschäftsprozesse.

> In früheren Releases wurde diese Komponente *SAP NetWeaver Exchange Infrastructure* (XI) genannt. Mit Release 7.0 der NetWeaver-Basis wurde diese Bezeichnung durch Process Integration (PI) ersetzt.

Als Standard für den Austausch von Nachrichten zwischen den unterschiedlichen Systemen und für die Verarbeitung von Nachrichten innerhalb von SAP NetWeaver PI wird das Format XML (Extended Markup Language) genutzt. Der Nachrichtenaustausch zwischen den unterschiedlichen Systemen kann über viele Kommunikationswege laufen (z. B. SOAP, http, Dateischnittstellen, JMS). Die Kommunikation erstreckt sich dabei nicht nur auf die unterschiedlichen SAP-Systeme. Vielmehr handelt es sich um eine generelle Integrationsplattform, die auch Nicht-SAP-Systeme einschließt.

Folgende Komponenten von SAP NetWeaver PI wollen wir kurz vorstellen:

- Integration Server
- Enterprise Service Repository
- Integration Directory

Integration Server

Die Komponente *Integration Server* stellt die Laufzeitumgebung für die Integrationsprozesse dar. Innerhalb dieser Prozesse werden Nachrichten mit unterschiedlichen Systemen ausgetauscht und innerhalb von SAP NetWeaver PI in Prozessschritten verarbeitet und weitergeleitet.

Der Integration Server setzt sich aus den Bestandteilen *Integration Engine*, *Business Process Engine* und *Adapter Engine* zusammen.

In der *Integration Engine* wird die Verarbeitungslogik der einzelnen Nachrichten implementiert. Sie stellt damit die einzelnen Verarbeitungsschritte, die sogenannten *Pipeline-Services*, innerhalb der Nachrichtenverarbeitung zur Verfügung. Zu den zentralen Services der Integration Engine gehören z. B.:

- Empfang und Versand von XML-Nachrichten
- Ermittlung von Nachrichtenempfängern (Routing)
- Ausführung von Mappings

Über ein Mapping kann die Umsetzung von einer Quellstruktur (Nachricht des Senders) auf eine Zielstruktur (Nachricht des Empfängers) erfolgen. Dabei werden z. B. nur die Daten in die Zielstruktur übernommen, die auch an die Empfänger übertragen werden sollen. Diesen Schritt bezeichnet man als *Strukturmapping*. In der Praxis ist es häufig zusätzlich erforderlich, Feldwerte der Quellstruktur über Berechnungen oder Umschlüsselungen (z. B. Umrechnung von Mengen anhand unterschiedlicher Mengeneinheiten) umzusetzen. Diesen Prozessschritt bezeichnet man als *Werte- oder Feldmapping*.

Die *Business Process Engine* ist für die Ausführung von komplexeren Integrationsprozessen verantwortlich und verwaltet unter anderem den Zustand eines Prozesses. Über die Zustandsverwaltung kann ein logischer Zusammenhang zwischen unterschiedlichen XML-Nachrichten hergestellt werden. Folgende Prozessschritte lassen sich beispielsweise darüber realisieren:

- Splitting von XML-Nachrichten
- Zusammenführung von Nachrichten
- Datenanreicherungen (Ermittlung von zusätzlichen Informationen)

Ein Beispiel für das Splitten von Nachrichten ist die Verteilung von Bestellpositionen auf unterschiedliche Empfängersysteme. In vielen Unternehmen sind die IT-Landschaften historisch gewachsen. Durch Zukäufe von Unternehmen (Mergers & Acquisitions) ist eine heterogene Systemlandschaft entstanden, in denen häufig mehrere SAP ERP-Systeme parallel eingesetzt werden. In diesem Fall ist es möglich, dass die einzelnen Positionen einer Kundenbestellung, die in *einer*

Nachricht übermittelt worden sind, an unterschiedliche SAP-Systeme oder SAP-Mandanten weiterzuleiten sind. Dabei wird die Nachricht anhand von Bedingungen (z. B. Materialnummer, Warenempfänger) in mehrere Nachrichten gesplittet, die getrennt an unterschiedliche Backendsysteme weitergeleitet werden.

Umgekehrt können mithilfe der Business Process Engine auch Bestellungen aus unterschiedlichen Systemen gesammelt und in eine Nachricht zusammengeführt werden. Diese Nachricht wird dann an den Empfänger (z. B. den Lieferanten) weitergeleitet.

Eine weitere Anforderung besteht häufig darin, die Daten einer Nachricht anzureichern (z. B. mit Informationen aus technischen Subsystemen). So können zu einer Nachricht an einen Partner (Kunde, Lieferant, Entwicklungspartner) Informationen geliefert werden, die in SAP ERP nicht vorhanden sind. In einem eigenen Prozessschritt wird in einem Anwendungssystem ein Service aufgerufen, der die entsprechenden Informationen zur Anreicherung der Nachricht liefert.

Über die *Adapter Engine* erfolgt die technische Anbindung der unterschiedlichen Backendsysteme. Die XML-basierten Nachrichten werden in Formate umgesetzt, die von den jeweiligen Backendsystemen verarbeitet werden können. Umgekehrt werden Formate aus den Backendsystemen in XML-basierte Nachrichten umgewandelt, die innerhalb von SAP NetWeaver PI weiterverarbeitet werden können. Für interne Kommunikation zwischen den unterschiedlichen PI-Komponenten wird das SOAP-Protokoll (Simple Object Access Protocol) verwendet. Es handelt sich dabei um einen Standard für den Austausch XML-basierender Nachrichten. Für die Kommunikation mit SAP-Systemen steht z. B. der IDoc-Adapter zur Verfügung, mit dessen Hilfe die XML-basierten Nachrichten von SAP NetWeaver PI in das IDoc-Format umgewandelt und innerhalb von SAP ERP verarbeitet werden. Darüber hinaus gibt es eine Vielzahl von weiteren Adaptern für die Kommunikation mit Datenbanken (JDBC-Adapter) oder die Kommunikation über eine Dateischnittstelle (File/FTP-Adapter).

Zusätzlich ist es möglich, mit SAP-Systemen auch direkt (d. h. ohne die Adapter Engine) über das PI-interne Format (XI-SOAP) zu kommunizieren. Voraussetzung ist, dass die SAP-Systeme bereits die Systembasis SAP NetWeaver Application Server 6.20 (vormals Web Application Server) nutzen; dies ist bereits ab SAP R/3 Release 4.7 der Fall. Um die Kommunikation zu ermöglichen, wird im Partnersystem (also z. B. SAP R/3, SAP CRM) auf Basis der Definitionen im Enterprise Service Repository ein sogenannter *Proxy* generiert. Dabei handelt es sich um eine ABAP- oder Java-Klasse. Die Klasse enthält Kommunikationsmethoden, beispielsweise für die Übergabe von Daten an die Integration Engine von SAP NetWeaver PI. Dieses Verfahren ermöglicht die flexible und schnelle Entwicklung von Schnittstellen für den Nachrichtenaustausch mit SAP NetWeaver PI. Es wird vor allem dort eingesetzt, wo für die Kommunikation noch keine vordefinierten IDoc-Strukturen oder BAPIs (siehe folgenden Abschnitt) existieren.

Neben den beschriebenen Komponenten (*Integration Engine*, *Business Process Engine*, *Adapter Engine*) steht im Integration Server auch eine Komponente für das *Monitoring* zur Verfügung. Über diese Funktionen kann ein Administrator den korrekten Ablauf der Prozesse systemübergreifend überwachen und im Fehlerfall eingreifen.

Im *Enterprise Service Repository* (ESR) erfolgt das Design der Integrationsszenarien. Unter dem Design versteht man in diesem Zusammenhang die Beschreibung der Komponenten eines system- oder unternehmensübergreifenden Szenarios. Dabei werden sowohl einzelne Nachrichtentypen und Service-Interfaces als auch die benötigten Verarbeitungsschritte (Mapping, Integrationsprozesse) definiert. Das *Enterprise Service Repository* verwaltet die entsprechenden Objekte und stellt sie allen beteiligten Systemen als zentrales Repository zur Verfügung. Die Einstellungen werden mit dem Werkzeug *Integration Builder* vorgenommen.

Enterprise Service Repository

Unter der Konfiguration im *Integration Directory* versteht man die Festlegung der konkreten Einstellungen für den Nachrichtenaustausch mit einem oder mehreren Partnern auf konkreten Systemen. Die beteiligten Geschäftspartner und Anwendungssysteme werden hier definiert oder aus dem *System Landscape Directory* importiert. Außerdem werden hier die Einstellungen zur Weiterleitung (Routing) und die Zuordnung der jeweiligen Mappingprogramme für die Nachrichten vorgenommen. Die Konfiguration erfolgt ebenso wie das Design mithilfe des Integration Builders.

Integration Directory

6.1.4 Integration von Informationen

Für die Integration von Informationen stehen innerhalb von SAP NetWeaver die Komponenten *SAP NetWeaver Business Warehouse (BW)*, *SAP NetWeaver Master Data Management* und *Knowledge Management* zur Verfügung.

SAP NetWeaver Business Warehouse

Bereits in Abschnitt 2.14, »SAP NetWeaver Business Warehouse (BW) inklusive SAP BusinessObjects«, haben wir den grundsätzlichen Aufbau von SAP NetWeaver BW und damit die Struktur und Funktionsweise der Data-Warehouse-Lösung von SAP erläutert. In einem Data Warehouse werden Daten aus unterschiedlichen Quellen (SAP-Systeme, Nicht-SAP-Anwendungen, Datenbanken, Dateien etc.) gesammelt und in einer eigenen Datenbasis gespeichert. So können aus Daten, die in vielen Systemen verteilt verwaltet werden, strukturierte Informationen zur gezielten Unterstützung von Entscheidungen gewonnen und die Informationsbedürfnisse der unterschiedlichen Anwendergruppen im Unternehmen (Management, Sachbearbeiter) befriedigt werden. Die auf Basis von SAP NetWeaver BW erzeugten Berichte können in einem Internetbrowser angezeigt werden (Web Reporting) oder auf Basis von Microsoft Excel im Business Explorer Analyzer ausgeführt werden.

SAP NetWeaver Master Data Management

Die Verwaltung von Stammdaten gewinnt in heterogenen Systemlandschaften zunehmend an Bedeutung. Dazu gibt es die Komponente *SAP NetWeaver Master Data Management*. Mit dieser soll eine einheitliche Verwaltung von Kunden-, Material- und Lieferantenstammsätzen sichergestellt werden. Die Stammdaten werden aus den unterschiedlichen Systemen in den zentralen Stammdatenserver von SAP NetWeaver MDM geladen. Dabei können bereits Mappingschritte (Umsetzung einer Quellstruktur auf eine Zielstruktur) realisiert werden. Anschließend kann eine Konsolidierung der Stammdaten in SAP NetWeaver MDM durchgeführt werden, bei der Dubletten ermittelt und konsolidiert werden. Es ist darüber hinaus auch möglich, die Stammdatenpflege komplett in SAP NetWeaver MDM abzubilden. Die Stammdatenverteilung versorgt die angebundenen Systeme mit den harmonisierten Stammdaten. Als zentrales Kommunikationswerkzeug wird hier die Komponente *SAP NetWeaver Process Integration* verwendet.

Knowledge Management

In der Komponente *Knowledge Management* werden unstrukturierte Informationen verwaltet, die in Form von Dokumenten (Web Content, Texte, Bilder, Zeichnungen etc.) vorliegen. Diese Informationen werden klassifiziert und in Taxonomiestrukturen (hierarchische Kategorien) abgelegt, um den Benutzern die Suche zu erleichtern. Zudem können hiermit Informationen aufgabenbezogen zusammengefasst und für die richtigen Zielgruppen bereitgestellt werden.

6.1.5 Integration von Menschen

Heterogene Systemlandschaften stellen den Benutzer vor das Problem, mit unterschiedlichen Systemen zu arbeiten. Damit müssen unterschiedliche Oberflächen beherrscht, aber auch mehrere Passwörter verwaltet werden. SAP stellt mit dem SAP NetWeaver Portal eine Portalsoftware bereit, die dem Benutzer einen zentralen Zugriff auf die unterschiedlichen Systeme ermöglicht. Über eine Single-Sign-on-Funktion kann sich der Benutzer mit einer Login-Prozedur in allen Systemen, die er benötigt, gleichzeitig anmelden. Für die unterschiedlichen Benutzergruppen (Verkäufer, Einkäufer, Buchhalter, Controller) können jeweils passende Arbeitsumgebungen geschaffen werden. In diesen personalisierten Umgebungen führen die Benutzer Transaktionen auf unterschiedlichen Backendsystemen aus, lassen sich Reports aus SAP NetWeaver BW anzeigen oder erhalten Zugriff auf unstrukturierte Informationen im Internet bzw. Intranet.

SAP NetWeaver Portal

Die SAP AG stellt bereits vorgefertigte Arbeitsumgebungen für verschiedene Unternehmensbereiche in Form von sogenannten *Business Packages* zur Verfügung. An dieser Stelle soll das Business Package »Internal Sales Representative« kurz vorgestellt werden, mit dem der Vertriebsmitarbeiter sein Tagesgeschäft – von der Kunden-Stammdaten-Pflege über die Angebotserstellung bis hin zur Rechnungsstellung und Vertriebsanalyse – im Unternehmensportal abwickeln kann.

Als zentrale Navigationskomponente steht dem Vertriebsmitarbeiter die sogenannte *Service Map* zur Verfügung. Es handelt sich um eine Einstiegsmaske, über die er die einzelnen Funktionen aufrufen kann. Die Service Map ist frei konfigurierbar, lässt sich beliebig erweitern und kann damit an die individuellen Anforderungen der Mitarbeiter angepasst werden. Abbildung 6.2 zeigt uns die Service Map. Sie erkennen, dass z. B. Funktionen zur Erfassung und Bearbeitung von Verkaufbelegen, die Pflege von Stammdaten oder das Aufrufen von Auswertungen vorgesehen sind.

6 | Unternehmensübergreifende Geschäftsprozesse

Abbildung 6.2 Business Package »Internal Sales Representative« – Service Map im SAP NetWeaver Portal

Im Folgenden wollen wir nun in einem kleinen Systembeispiel zeigen, wie aus SAP NetWeaver Portal heraus Vertriebsprozesse bearbeitet werden können. Wir wollen dabei folgende Schritte durchführen:

1. Anlegen des Angebots
2. Anzeigen des Angebots
3. Analyse des Belegflusses

Angebot anlegen

Um ein Angebot anzulegen, klickt der Vertriebsmitarbeiter im Bereich VERKAUFSBELEGE auf den entsprechenden Link ANGEBOT ANLEGEN. In einem separaten Fenster kann er nun, wie in Abbildung 6.3 zu sehen ist, alle relevanten Informationen im Angebot eingeben und sichern.

Der Dialog orientiert sich dabei weitgehend an der entsprechenden Transaktion im ERP-System, weicht aber in Bezug auf gewisse Details und das Layout davon ab. Technisch gesehen, handelt es sich dabei um Webtransaktionen, die mit unterschiedlichen Technologien (z. B. Web Dynpro ABAP oder Business Server Pages) erstellt werden können. In unserem Beispiel (siehe Abbildung 6.3) wird zunächst die Kundennummer 1040 unseres Kunden DROBEDA erfasst. Anschließend werden die Positionsdaten (Materialnummer, Menge) ergänzt. Nach dem Sichern wird das Angebot im ERP-Backendsystem gespeichert.

SAP NetWeaver als Technologiebasis | **6.1**

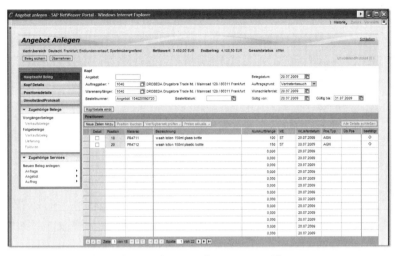

Abbildung 6.3 Anlegen des Angebots aus dem SAP-Portal heraus

Im nächsten Schritt wollen wir den Status unseres Angebots kontrollieren. Wir nutzen dazu die Funktion ANGEBOT BEARBEITEN aus der Service Map. Abbildung 6.4 zeigt uns den Einstieg in die Transaktion ANGEBOTE BEARBEITEN.

Angebot anzeigen

Abbildung 6.4 Einstiegsmaske für die Funktion
»Angebote bearbeiten« in SAP NetWeaver Portal

Über die Suchhilfe zum Feld VERTRIEBSBELEG (ähnlich der [F4]-Hilfe in SAP ERP) lassen wir uns alle Angebote zu unserem Kunden 1040, der DROBEDA Handelsgesellschaft, anzeigen. Das Ergebnis sehen wir in Abbildung 6.5.

Für unseren Kunden wurden bereits mehrere Angebote erfasst. Das Angebot aus unserem Beispiel hat die Angebotsnummer 20000141. Unser Angebot wurde in der Zwischenzeit innerhalb von SAP ERP weiterbearbeitet.

563

6 | Unternehmensübergreifende Geschäftsprozesse

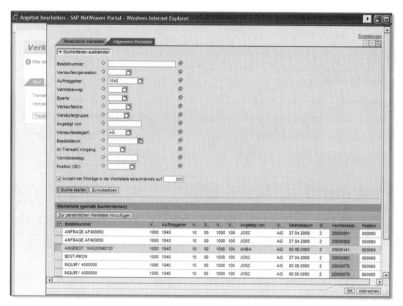

Abbildung 6.5 Suchhilfe der Funktion »Angebote bearbeiten« in SAP NetWeaver Portal

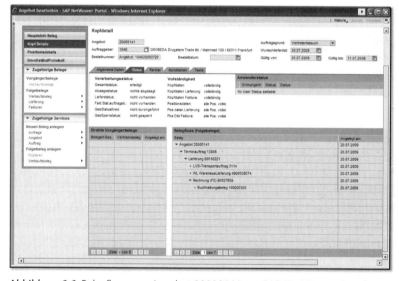

Abbildung 6.6 Belegfluss zum Angebot 20000141 aus SAP NetWeaver Portal

Belegfluss anzeigen
Wir wählen dieses Angebot aus und sehen in Abbildung 6.6 den Belegfluss. Wir erkennen, dass das Angebot bereits in einen Kundenauftrag (Auftragsnummer 13848) umgesetzt wurde. Der Lieferbeleg (80016221) wurde ebenfalls erzeugt, und auch die Faktura

(90037659) wurde bereits gebucht. Wie wir es von SAP ERP her kennen, ist der Absprung aus dem Belegfluss in die unterschiedlichen Belege ebenfalls möglich.

Abschließend wollen wir noch ein Beispiel für den Aufruf eines Reports aus SAP NetWeaver BW, dem Business-Intelligence-System von SAP zeigen. Im Bereich AUSWERTUNGEN innerhalb der Service Map können wir z. B. die folgende Auswertung in Abbildung 6.7 aufrufen. Die Auswertung zeigt uns die Kennzahlen ANGEBOTSWERT und ANGENOMMENER ANGEBOTSWERT. Damit können wir in die Erfolgsanalyse unserer Angebote einsteigen. Weitere Ausführungen zum Thema Auswertungen finden Sie im SAP PRESS-Buch »Vertriebscontrolling mit SAP NetWeaver BI«.

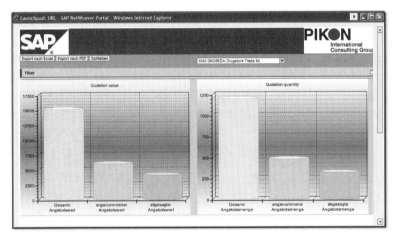

Abbildung 6.7 Auswertungen zum Angebotswert in SAP NetWeaver Portal

Über das Portal lässt sich auch die Zusammenarbeit von räumlich getrennten Benutzern organisieren: So können in virtuellen Arbeitsräumen Aufgaben definiert und verteilt werden, und über den Multi Channel Access (SAP NetWeaver Mobile) können Teile von Anwendungen auf mobilen Endgeräten verfügbar gemacht werden.

Der entscheidende Vorteil von SAP NetWeaver Portal liegt vor allem darin, dass der Anwender seinen Fokus auf die tatsächliche Arbeit richten kann und hierbei nicht von technischen Rahmenbedingungen wie Tool- und Systemauswahl abgelenkt wird. Über ein auf seine konkreten Bedürfnisse zugeschnittenes Menü erhält er im Idealfall mit einer einzigen Anmeldung Zugriff auf das gesamte Tätigkeitsfeld, das für ihn relevant und interessant ist.

6 Unternehmensübergreifende Geschäftsprozesse

Wo die Daten gespeichert sind und auf welche ERP-, BW- oder CRM-Systeme hierfür zugegriffen werden muss, liegt in der Verantwortung der IT. Der Endanwender muss darum aber nicht kümmern.

6.1.6 Wandel von der Komponenten- zur Anwendungssicht

Wandel zu IT-Practices

Wie Sie gesehen haben, ist die Komponentensicht auf SAP NetWeaver recht technisch und deutlich an Produkten orientiert. Um die Stärken mehr in den Blickpunkt zu rücken, wurde der Blick mit Release SAP NetWeaver 7.0 auf die Lösungen bzw. Anwendungen gerichtet. Diese Anwendungen werden *IT-Practices* genannt und kombinieren je nach der zu erfüllenden Aufgabe verschiedene der technischen Komponenten von SAP NetWeaver. Da hierzu unter Umständen alle SAP NetWeaver-Komponenten notwendig sind, können Sie sich die Visualisierung der IT-Practices als Querschnitt von SAP NetWeaver vorstellen. Jede dieser IT-Practices kann dabei jede der in SAP NetWeaver enthaltenen Komponenten beinhalten (siehe Abbildung 6.8 und die Abschnitte 6.1.1 bis 6.1.5).

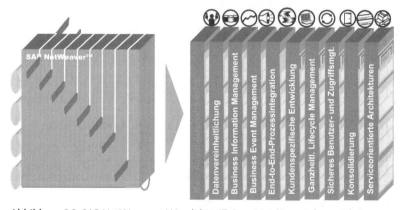

Abbildung 6.8 SAP NetWeaver – Wandel zu IT-Practices (Anwendungssicht)

6.2 Unternehmensübergreifende Auftragsabwicklung

In Kapitel 3, »Vertriebskomponente SD – Prozessüberblick«, haben wir verschiedene Prozessvarianten der Auftragsabwicklung vorgestellt. Im Rahmen dieser Darstellung haben wir uns auf die Beschreibung der Prozesse innerhalb eines Unternehmens (Angebot, Auftrag,

Lieferung, Fakturierung, Zahlung) konzentriert. An dieser Stelle rücken nun unternehmensübergreifende Prozesse in den Mittelpunkt.

Betrachten wir einmal die konventionelle Abwicklung zwischen zwei Unternehmen, einem Kunden und seinem Lieferanten. Gehen wir dabei davon aus, dass beide SAP als ERP-System einsetzen. Der Kunde erzeugt auf seinem System eine Bestellung, druckt diese aus und sendet sie an den Lieferanten. Beim Lieferanten wird dann ein Kundenauftrag erfasst. Über die Nachrichtenfindung (siehe Abschnitt 2.2) wird eine Auftragsbestätigung gedruckt und an den Kunden versendet. Der Kunde wiederum erfasst die Auftragsbestätigung in SAP ERP und aktualisiert damit seine Bestellung.

Konventionelle Abwicklung

Schnell wird deutlich, dass hier einige manuelle Schritte notwendig sind, die prinzipiell auch automatisch laufen könnten. Dieses Potenzial hat man schon vor dem Aufkommen des Internets und der damit verbundenen Entwicklung von leistungsfähigen Integrationsplattformen erkannt. Zu dieser Zeit hat man Standards für EDI (Electronic Data Interchange) entwickelt. Damit wurde es möglich, dass Unternehmen die angesprochenen Informationen (z. B. Auftragsübermittlung, Auftragsbestätigung, Lieferavis, Rechnung) über standardisierte Dateien austauschen. Auf Basis dieser Dateien konnten die betroffenen Prozessschritte (Erfassung der Kundenaufträge, Versand der Auftragsbestätigung, Verbuchung der Auftragsbestätigung im Lieferantensystem) automatisiert werden. Für die technische Übertragung der Daten wurden seinerzeit EDI-Subsysteme eingesetzt, die mit ihrer aufwendigen Einrichtung und Überwachung IT-Experten vorbehalten blieben. Nicht zuletzt aus diesem Grund haben sich EDI-Abläufe nur in Unternehmen durchgesetzt, die mit großen Kunden ein erhebliches Auftragsvolumen zu bewältigen hatten (z. B. die Abwicklung zwischen Automobilherstellern und der Zulieferindustrie). Wie schon zu Beginn dieses Kapitels erwähnt, hat sich dies in den letzten Jahren grundlegend geändert. Durch die Weiterentwicklung der IT-Infrastruktur (Internet, Integrationsplattformen), die sich bei SAP in der Plattform SAP NetWeaver manifestiert, können Unternehmen heute Geschäftsprozesse mit vertretbarem Aufwand auch über Unternehmensgrenzen hinweg durchgängig auf Basis elektronischer Nachrichten abbilden. Durch die Automatisierung einzelner Schritte (z. B. Auftragsübermittlung) lassen sich Prozesse schneller und damit kostengünstiger abwickeln.

Optimierungspotenzial durch elektronischen Datenaustausch

6.2.1 Prozessbeschreibung

Im Folgenden wollen wir ein Beispiel für einen unternehmensübergreifenden Prozess beschreiben, der auch den Beschaffungsprozess beim Kunden mit einschließt. Damit richten wir einmal mehr den Blick auf Funktionen, die außerhalb der Vertriebskomponente SD liegen. Abbildung 6.9 zeigt uns den Informationsfluss des Prozesses im Überblick.

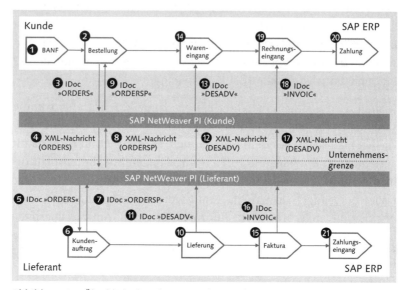

Abbildung 6.9 Überblick über die unternehmensübergreifende Auftragsabwicklung

Bei der Beschreibung des Prozesses gehen wir davon aus, dass sowohl beim Kunden als auch beim Lieferanten SAP-Systeme zur Abbildung der Prozesse eingesetzt werden.

Schritt 1: Bestellanforderung

Schritt ❶ im Beschaffungsprozess im SAP-System des Kunden ist die Erzeugung der Bestellanforderung (BANF). Bestellanforderungen können über die Materialbedarfsplanung (MRP-Lauf) automatisch generiert werden. Dabei wird über Stücklisten aus einem Primärbedarf (Bedarf an Fertigerzeugnissen) der Sekundärbedarf für Komponenten und Kaufteile ermittelt. Für Kaufteile wird durch den Materialbedarfsplanungslauf eine Bestellanforderung erzeugt, die den geplanten Zugangstermin enthält. In der Bestellanforderung wird eine Bezugsquellenermittlung durchgeführt. Mit der Bezugsquellenfindung wird der Bestellanforderung ein Lieferant zugeordnet. Damit das System dem Anforderer oder dem Einkäufer einen Lieferanten vorschlagen kann, müssen sogenannte *Lieferanten-Materialinfosätze* im System gepflegt sein. Diese Stammsätze enthalten Daten für die Beschaffung des Materials bei einem bestimmten Lieferanten. Jeder Lieferant, für den ein Materialinfosatz zu diesem Material angelegt ist, kommt grundsätzlich als Bezugsquelle infrage.

Im Materialinfosatz sind die Lieferzeit, der lieferantenspezifische Preis sowie weitere Bestellinformationen enthalten. Im Zusammenhang mit der unternehmensübergreifenden Auftragsabwicklung ist vor allem die Lieferanten-Materialnummer von einiger Bedeutung. Der Kunde verwaltet das benötigte Material unter »seiner« Materialnummer in seinem System. Beim Lieferanten wird das Material unter der eigenen Materialnummer des Lieferanten verwaltet. Die Lieferanten-Materialnummer enthält die Umschlüsselung der Materialnummer des Kunden auf die Materialnummer des Lieferanten. Diese Umschlüsselung ist eine Voraussetzung dafür, dass später der Kundenauftrag auf dem System des Lieferanten automatisch erfasst werden kann. Die Umschlüsselung der Materialnummer könnte jedoch auch auf dem System des Lieferanten erfolgen. In diesem Fall ist in der Komponente SD eine Kundenmaterialinformation zu erfassen. Diesen Vorgang werden wir in dem Systembeispiel in Abschnitt 6.2.2 zeigen. Zusätzlich ist auch die Lieferantennummer umzuschlüsseln. Im Lieferantenstammsatz der SAP-Materialwirtschaft (MM) wird dazu die Kundennummer beim Lieferanten gepflegt.

Damit enthält die Bestellanforderung bereits folgende Informationen:

- Materialnummer des Kunden
- Materialnummer des Lieferanten (über den Materialinfosatz)
- Bestellmenge
- Lieferantennummer
- Kundennummer beim Lieferanten (über den Lieferantenstammsatz)

Die Bestellanforderung (BANF) wird auf dem SAP-System des Kunden in eine Bestellung umgewandelt (Schritt ❷). Dieser Prozessschritt erfolgt in der Komponente MM und kann automatisch oder manuell ausgeführt werden. In der Bestellung steht dann die Funktion der Nachrichtenfindung zur Verfügung. Die Nachrichtenfindung der Komponente MM ist vom grundsätzlichen Aufbau her identisch

Schritt 2: Bestellung

mit der Nachrichtenfindung in der Komponente SD (siehe Abschnitt 2.2). Bei der elektronischen Nachrichtenübermittlung entfallen der Druck und der Versand per Post oder Fax. Vielmehr wird eine elektronische Nachricht erzeugt und an den Lieferanten versendet.

Schritt 3: Ausgang IDoc (Bestellung) Dazu wird in Schritt ❸ ein sogenanntes *IDoc* (Intermediate Document, siehe Abschnitt 3.10.2, »Rahmenverträge in SAP ERP«), ein elektronisches Dokument, erzeugt. Darin sind die Informationen der Bestellung (Lieferant, Material, Menge, Lieferdatum, Lieferungs- und Zahlungsbedingungen) enthalten. SAP stellt für die verschiedenen Nachrichtenarten (z. B. Auftrag, Auftragsbestätigung, Lieferavis, Lieferschein, Rechnung) unterschiedliche IDoc-Formate im Standard zur Verfügung. In diesem Fall wird der Nachrichtentyp ORDERS zur Übermittlung von Auftragsdaten eingesetzt. Die IDoc-Daten werden anschließend an die Integrationsplattform SAP NetWeaver Process Integration (PI) übergeben.

Schritt 4: Versand XML-Nachricht Dort wird in der Komponente *Adapter Engine* das IDoc-Format von SAP in eine XML-Struktur (Extended Markup Language) umgewandelt. Dabei handelt es sich um ein Standardformat für die Übertragung von Informationen im Internet, das auch innerhalb von SAP NetWeaver PI genutzt wird. Das XML-Format hat den Vorteil der Plattformunabhängigkeit, d. h., dass die damit versendeten Bestellinformationen auch von Nicht-SAP-Systemen verarbeitet werden können. Anschließend erfolgt in Schritt ❹ der Versand der XML-Daten (z. B. über das Internet) an die Integrationsplattform des Lieferanten.

Schritt 5: Eingang IDoc (Bestellung) Diese nimmt die Daten entgegen und wandelt die Struktur in ein IDoc-Format um. So entsteht wieder der Nachrichtentyp ORDERS, der in Schritt ❺ an das SAP ERP-System des Lieferanten übergeben wird.

Schritt 6: Kundenauftrag Auf Basis des IDocs mit den Bestelldaten des Kunden wird in Schritt ❻ im SAP-System des Lieferanten automatisch ein Kundenauftrag angelegt. Bei der Auftragserfassung laufen die Funktionen (Preisfindung, Verfügbarkeitsprüfung, Kreditmanagement etc.) automatisch ab.

Schritt 7: Ausgang IDoc (Auftragsbestätigung) Innerhalb des Kundenauftrags wird über die Funktion *Nachrichtenfindung* (siehe Abschnitt 2.2) in Schritt ❼ eine Auftragsbestätigung erzeugt. Auch für die Auftragsbestätigung wird ein IDoc, diesmal mit dem Nachrichtentyp ORDRSP erzeugt, der auf gleichem Weg an das Kundensystem geschickt wird.

Dazu wird das IDoc zunächst an die Integrationsplattform des Lieferanten übergeben und dort in das XML-Format übersetzt. Anschließend wird die elektronische Auftragsbestätigung in Schritt ❽ an die Integrationsplattform des Kunden geschickt und dort in das IDoc-Format umgewandelt.

Schritt 8: Versand XML-Nachricht

In Schritt ❾ wird dieses IDoc mit der Auftragsbestätigung an das SAP ERP-System des Kunden übergeben. Auf Basis dieser Nachricht erfolgt dann die automatische Aktualisierung der Bestellung im System des Kunden. Die unter Umständen abweichenden Liefertermine, die der Lieferant auf diesem Weg übermittelt hat, können abhängig von den Einstellungen in der Materialwirtschaftskomponente MM dispositiv wirksam werden. Es ist aber auch möglich, diese Auswirkung auf die Disposition zu verhindern. In diesem Fall steht dem Disponenten zwar die Information zur Verfügung, es bleibt aber ihm überlassen, eine Umterminierung manuell vorzunehmen.

Schritt 9: Eingang IDoc (Auftragsbestätigung)

In Schritt ❿ wird auf dem SAP ERP-System des Lieferanten mit Bezug zu dem Kundenauftrag eine Lieferung in der Komponente SD angelegt. Diesen Prozessschritt kennen Sie aus den Kapiteln 3 und 4. In der Lieferung wird die Kommissionierung gesteuert, und unter anderem werden auch die Lieferpapiere gedruckt.

Schritt 10: Lieferung

Zusätzlich wird aus der SD-Lieferung heraus ein elektronisches Lieferavis über die Nachrichtenfindung erzeugt. Dazu wird der Nachrichtentyp DESADV verwendet. Über ein Lieferavis wird dem Kunden nochmals der genaue Liefertermin angekündigt und bestätigt (avisiert). In Schritt ⓫ wird das elektronische Lieferavis als IDoc an die Integrationsplattform des Lieferanten übergeben.

Schritt 11: Ausgang IDoc (Lieferavis)

Wie schon beim Versand der Auftragsbestätigung wird innerhalb der Integrationsplattform die IDoc-Nachricht mit den Daten des Lieferavis in das XML-Format umgewandelt und in Schritt ⓬ an die Integrationsplattform des Kunden geschickt.

Schritt 12: Versand XML-Nachricht

Innerhalb des Integrationssystems erfolgt wiederum analog zur Abwicklung der Auftragsbestätigung die Umwandlung in das IDoc-Format innerhalb der Integrationsplattform des Kunden. In Schritt ⓭ wird das IDoc mit dem Lieferavis an das SAP ERP-System des Kunden übergeben. Die Daten des Lieferavis aktualisieren, wie schon zuvor die Auftragsbestätigung, automatisch die Bestellung in der Komponente *Materialwirtschaft*. Auch das Lieferavis kann dispositiv wirk-

Schritt 13: Eingang IDoc (Lieferavis)

	sam sein. In diesem Fall ändert sich der geplante Zugangstermin für das Material auf Basis der Informationen aus dem Lieferavis.
Schritt 14: Wareneingang beim Kunden	Nachdem die Ware beim Kunden angekommen ist ⑭, kann auf dem SAP ERP-System des Kunden der Wareneingang mit Bezug zur Bestellung gebucht werden. Alternativ dazu kann der Wareneingang mit Bezug zum Lieferavis vorgenommen werden. Der Vorteil besteht darin, dass hier schon die aktuellen tatsächlichen Lieferdaten enthalten sind. Dabei werden Bestandsmengen (Komponente *Materialwirtschaft*) und Bestandswerte (SAP ERP Financials) entsprechend fortgeschrieben.
Schritt 15: Faktura beim Lieferanten	Beim Lieferanten wird in Schritt ⑮ in der Vertriebskomponente die Faktura mit Bezug zum Lieferbeleg erzeugt. Auch diesen Schritt kennen Sie aus den Kapiteln 3 und 4. Die SD-Faktura wird in der Komponente SAP ERP Financials verbucht. Entsprechende offene Posten (debitorisch) werden in der Finanzbuchhaltung gebucht.
Schritt 16: Ausgang IDoc (Rechnung)	Wie das Lieferavis in der Lieferung, so kann auch die Rechnung in der SD-Faktura als elektronisches Dokument in Form eines IDocs erzeugt werden. Dazu wird der Nachrichtentyp INVOIC verwendet. In Schritt ⑯ wird das IDoc mit den Daten der Ausgangsrechnung an die Integrationsplattform des Lieferanten übergeben.
Schritt 17: Versand XML-Nachricht	In Schritt ⑰ erfolgen innerhalb der Integrationsplattform des Lieferanten analog zur Abwicklung der Auftragsbestätigung und des Lieferavis die Umwandlung des IDocs mit der elektronischen Rechnung in das XML-Format und der Versand an die Integrationsplattform des Kunden.
Schritt 18: Eingang IDoc (Rechnung)	Die Integrationsplattform des Kunden nimmt die Nachricht mit der elektronischen Bestellung im XML-Format entgegen ⑱. Es erfolgt wiederum die Umwandlung in das IDoc-Format und die Übergabe an das SAP ERP-System des Kunden.
Schritt 19: Rechnungseingang beim Kunden	Anschließend erfolgt in Schritt ⑲ die automatische Verbuchung der Eingangsrechnung mit Bezug zu Wareneingang und Bestellung im SAP ERP-System des Kunden. Bei der Verbuchung in SAP ERP Financials wird ein entsprechender offener Posten (kreditorisch) erzeugt.
Schritte 20 und 21	Der Prozess wird durch die Zahlung des Kunden (Schritt ⑳) und die Verbuchung des Zahlungseingangs beim Lieferanten (Schritt ㉑) abgeschlossen.

6.2.2 Beispiel

Unser Systembeispiel basiert auf der Beschreibung der unternehmensübergreifenden Auftragsabwicklung aus dem vorherigen Abschnitt. Damit das Beispiel anschaulich und nachvollziehbar bleibt, werden wir uns auf die elektronische Übermittlung der Auftragsdaten und die entsprechende Auftragsbestätigung des Lieferanten konzentrieren. Auf die Übermittlung elektronischer Nachrichten für das Lieferavis und die Faktura mit den jeweiligen automatischen Eingangsverarbeitungen haben wir verzichtet. Gleichwohl werden wir die restlichen Schritte des Beschaffungsprozesses (Wareneingang, Rechnungseingang, Zahlung) manuell durchführen und entsprechend erläutern. Gleiches gilt für den Vertriebsprozess beim Lieferanten. Dort werden wir den Warenausgang, die Rechnungserstellung und die Verbuchung der Zahlung des Kunden sehen.

Kundendaten

Unser Kunde ist die IPU Industriepumpen GmbH, die für die Abbildung ihrer Geschäftsprozesse die Software SAP ERP 6.0 einsetzt. Es handelt sich dabei um das SAP IDES-System I03. Dieses Unternehmen beschafft das Material PU1000 (Pumpengehäuse Metall XLR) bei dem Lieferanten 2050, der Industriemaschinen GmbH, für den ein entsprechender Lieferantenstamm gepflegt ist. Die IPU Industriepumpen GmbH verwendet als Integrationsplattform SAP NetWeaver PI. Die Übermittlung der Bestellung an den Lieferanten erfolgt elektronisch.

Lieferantendaten

Unser Lieferant ist die Industriemaschinen GmbH, die ihre Geschäftsprozesse mit SAP R/3 im Release 4.6c abwickelt. Es handelt sich dabei um das SAP IDES-System I02. Die Industriemaschinen GmbH hat für den Kunden IPU Industriepumpen GmbH auf ihrem System einen Debitorenstammsatz mit der Nummer 88000 angelegt. Die Industriemaschinen GmbH erhält die Bestellungen des Kunden auf elektronischem Weg. Auf Basis dieser Information wird automatisch ein Kundenauftrag angelegt. Die Übermittlung der Auftragsbestätigung an den Kunden erfolgt ebenfalls elektronisch. Alle anderen Schritte erfolgen manuell.

Im Einzelnen umfasst das Systembeispiel folgende Schritte:

1. Anzeige der Stammsätze (Lieferant, Infosatz) beim Kunden (SAP ERP)
2. Anzeige des Materialbestands beim Kunden (SAP ERP)

3. Erfassung der Bestellanforderung beim Kunden (SAP ERP)
4. Bestellung des Kunden (SAP ERP)
5. Anzeige des ausgehenden IDocs mit den Bestelldaten (SAP ERP)
6. Anzeige der XML-Daten in SAP NetWeaver PI
7. Anzeige des eingehenden IDocs mit den Bestelldaten beim Lieferanten (SAP R/3)
8. Kundenauftrag beim Lieferanten (SAP R/3)
9. Anzeige des ausgehenden IDocs mit der Auftragsbestätigung beim Lieferanten (SAP R/3)
10. Verbuchung der Auftragsbestätigung beim Kunden (SAP ERP)
11. Warenausgang beim Lieferanten (SAP R/3)
12. Rechnungsausgang beim Lieferanten (SAP R/3)
13. Wareneingang beim Kunden (SAP ERP)
14. Bestandsanzeige beim Kunden (SAP ERP)
15. Rechnungseingang beim Kunden (SAP ERP)
16. Anzeige der Bestellentwicklung beim Kunden (SAP ERP)
17. Zahlungsausgang beim Kunden (SAP ERP)
18. Zahlungseingang beim Lieferanten (SAP R/3)

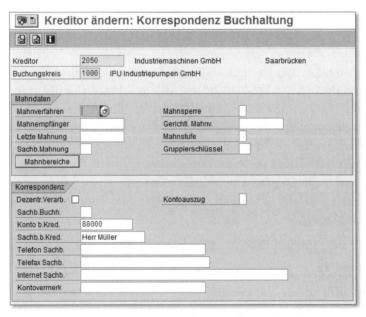

Abbildung 6.10 Anzeige des Lieferantenstamms (Transaktion XK02)

Bevor wir mit dem Beschaffungsprozess des Kunden im System I03 beginnen, wollen wir einen Blick auf die Stammdaten werfen. Das Material PU1000 wird bei dem Lieferanten mit der Lieferantennummer 2050 (Industriemaschinen GmbH) beschafft. Ein entsprechender Lieferantenstammsatz ist beim Kunden in SAP ERP angelegt. In Abbildung 6.10 sehen wir den Lieferantenstammsatz. Dabei ist vor allem das Feld KONTO B. KRED. interessant. Dort sehen wir die Kundennummer, unter der der Kunde beim Lieferanten geführt wird (in unserem Beispiel 88000). Unter dieser Kundennummer wird später auf dem System des Lieferanten der Kundenauftrag erzeugt.

Schritt 1: Anzeige der Stammdaten beim Kunden (SAP ERP)

Die Informationen für die Beschaffung des Materials PU1000 bei unserem Lieferanten 2050 sind in der Komponente MM im Einkaufsinformationssatz (Infosatz) hinterlegt. Diesen Infosatz sehen wir in Abbildung 6.11.

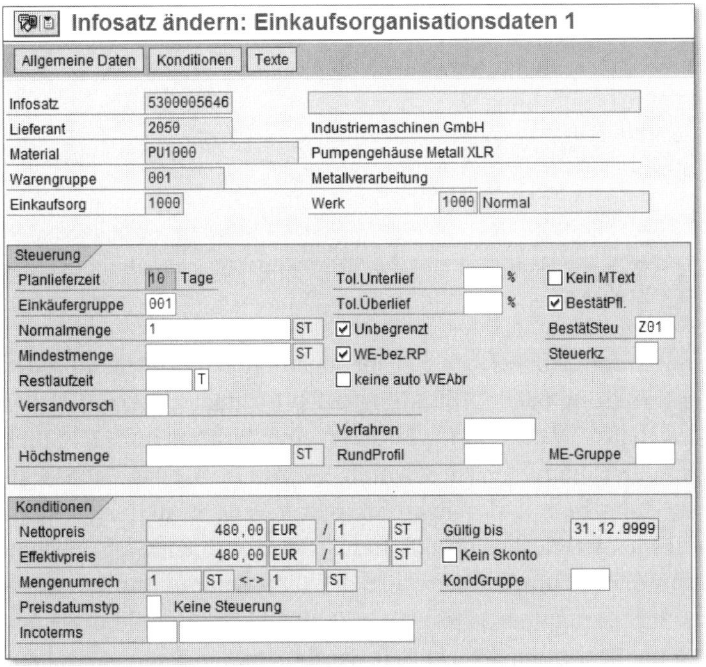

Abbildung 6.11 Infosatzdaten für die Beschaffung des Materials PU1000 beim Lieferanten 2050 (Transaktion ME12)

Im Feld BESTÄTPFL. ist ein Häkchen gesetzt. Damit wird festgelegt, dass zu Bestellungen eine Bestätigung des Lieferanten erwartet wird und diese auch im System erfasst wird. In unserem Systembeispiel erfolgt sowohl die Übermittlung der Bestellung als auch die Auftragsbestätigung des Lieferanten auf elektronischem Weg. Im Feld BESTÄT-STEU ist ein Bestätigungsschlüssel hinterlegt. Im Customizing der Komponente MM kann zu jedem Schlüssel hinterlegt werden, welche Bestätigungsnachrichten (z. B. Auftragsbestätigung oder Lieferavis) vom Lieferanten erwartet werden. In unserem Beispiel schickt uns der Lieferant eine elektronische Auftragsbestätigung.

Schritt 2: Bestandsanzeige beim Kunden (SAP ERP)

Bevor wir die Beschaffung des Materials PU1000 beginnen, wollen wir uns die Bestandssituation ansehen. Aus Abbildung 6.12 geht hervor, dass im Werk 1000 des Kunden derzeit kein Bestand vorhanden ist.

Abbildung 6.12 Bestandsübersicht über das Material PU1000 im Werk 1000 (Transaktion MMBE)

Schritt 3: Bestellanforderung beim Kunden (SAP ERP)

Der Beschaffungsprozess beginnt mit der manuellen Erfassung der Bestellanforderung (siehe Abbildung 6.13) für das Material PU1000 (Pumpengehäuse Metall XLR). Es wird eine Position mit 15 Stück erfasst. In den Detaildaten zur Position erkennt man, dass die Bezugsquellenfindung bereits durchgeführt wurde. Die Bestellung erfolgt bei unserem Lieferanten (2050, Industriemaschinen GmbH, siehe Abbildung 6.10). Unmittelbar unter der Lieferantennummer erkennen wir den Bezug zum Infosatz 5300005646 aus Abbildung 6.11, über den die Bezugsquelle ermittelt wurde.

Unternehmensübergreifende Auftragsabwicklung | **6.2**

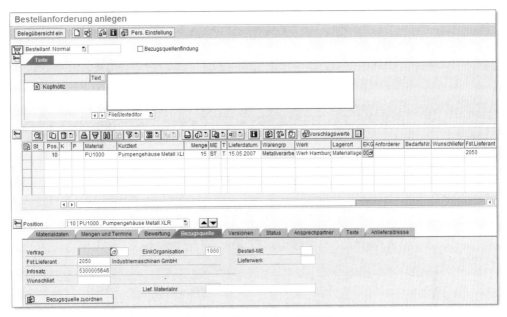

Abbildung 6.13 Anlegen der Bestellanforderung (Transaktion ME51N)

Anschließend wird die Bestellanforderung über die Transaktion ME58 in eine Bestellung umgesetzt. Das Ergebnis, die Bestellung mit der Belegnummer 4500017354, sehen wir in Abbildung 6.14. Die Position wurde aus der Bestellanforderung übernommen. Als Lieferdatum wurde der 15.05. festgelegt. Zu der Position existieren in der unteren Bildhälfte mehrere Sichten. In Abbildung 6.14 ist die Sicht für die Bestätigungssteuerung eingeblendet. Wir erkennen, dass das Feld BESTÄTPFLICHT gesetzt ist und als Schlüssel für die Bestätigungssteuerung Z01 ermittelt wurde. Beide Einstellungen wurden beim Anlegen der Bestellung automatisch aus dem Infosatz ermittelt. Die Zeilen darunter sind noch leer, da noch keine Bestellungen vom Lieferanten übermittelt wurden.

Schritt 4:
Bestellung des Kunden in SAP ERP

Die Funktion der *Nachrichtenfindung* kennen wir bereits aus der Vorstellung der Funktionen in Kapitel 2, »Vertriebskomponente SD – Funktionsüberblick«. Sie steht auch in der Komponente MM zur Verfügung. In Abbildung 6.15 sehen wir das Ergebnis der Nachrichtenfindung für die Bestellung 4500017354.

Abbildung 6.14 Bestellung mit Bestätigungspflicht (Transaktion ME22N)

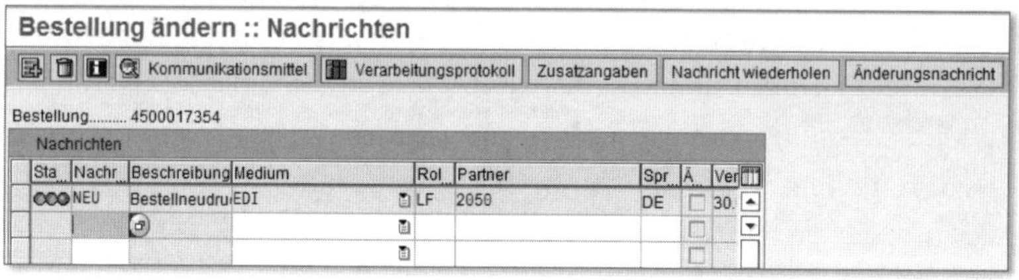

[Screenshot: Bestellung ändern :: Nachrichten]

Abbildung 6.15 Ergebnis der Nachrichtenfindung in der Bestellung (Transaktion ME22N)

Die Nachrichtenart »Neu« enthält die Informationen der Bestellung. In dem entsprechenden Konditionssatz zur Nachrichtenfindung wurde festgelegt, dass es sich um eine elektronische Nachricht (Medium: EDI, Electronic Data Interchange) handelt. Abbildung 6.16 zeigt, dass über diese Nachricht ein IDoc mit der Nummer 729821 erzeugt worden ist.

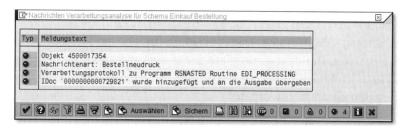

Abbildung 6.16 Verarbeitungsprotokoll zur Nachrichtenart »Neu« in der Bestellung (Transaktion ME22N)

Schritt 5: Anzeige des ausgehenden IDocs mit den Bestelldaten (SAP ERP)

Das IDoc 729821 enthält die elektronischen Bestelldaten (siehe Abbildung 6.17). Es handelt sich um den Nachrichtentyp ORDERS, mit dem Auftrags- und Bestelldaten zwischen Kunden und Lieferanten ausgetauscht werden. Über die Transaktion WE02 kann man sich den Verarbeitungsstatus und den Inhalt von IDocs anzeigen lassen.

6.2 | Unternehmensübergreifende Auftragsabwicklung

Abbildung 6.17 Abbildung 6.17: Anzeige des Ausgangs-IDocs mit den Bestellinformationen (Transaktion WE02)

Abbildung 6.18 zeigt im Detailbild der Transaktion WE02 die grundsätzliche Gliederung des IDocs in Kontroll-, Daten- und Statussätze. Die Kontrolldaten enthalten im Wesentlichen technische Informationen (z. B. Nachrichtentyp, Empfangssystem). Der betriebswirtschaftliche Inhalt befindet sich in den Datensätzen, während die Statussätze die einzelnen Bearbeitungsschritte dokumentieren (IDoc ezeugt, IDoc übergeben etc.). Zur Veranschaulichung unseres Beispiels wollen wir uns an dieser Stelle auf die betriebswirtschaftlichen Informationen in den Datensätzen konzentrieren. Abbildung 6.18 zeigt, dass die Datensätze in mehreren Segmenten für Kopf- und Positionsdaten enthalten sind. Die Kopfdaten der Bestellung sind in den Segmenten 1 bis 15 enthalten, die Positionsdaten in den Segmenten 16 bis 19.

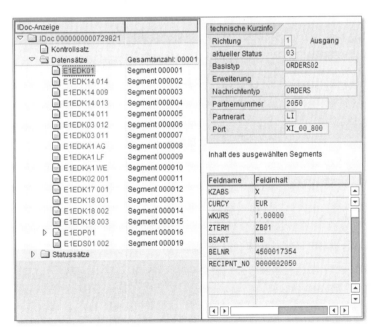

Abbildung 6.18 Anzeige der Datensätze des IDocs 729821 (Transaktion WE02)

6 | Unternehmensübergreifende Geschäftsprozesse

In Abbildung 6.18 ist das Segment E1EDK01 ausgewählt worden. Im Feld BELNR ist die Bestellnummer 4500017354 enthalten, und unmittelbar darunter finden wir die Lieferantennummer (2050) aus der Bestellung. In Abbildung 6.19 sehen Sie die Positionsdaten.

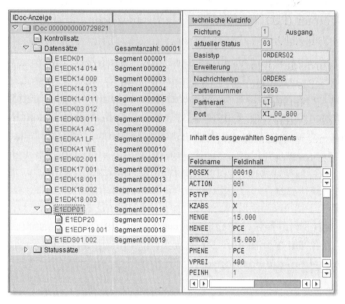

Abbildung 6.19 Anzeige der Datensätze des IDocs 729821 (Transaktion WE02)

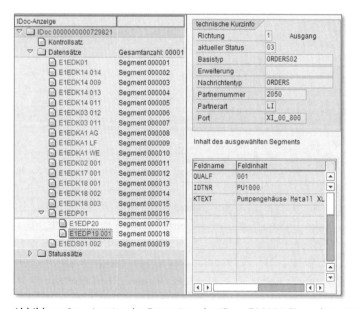

Abbildung 6.20 Anzeige der Datensätze des IDocs 729821 (Transaktion WE02)

Diese sind im Segment E1EDP01 und den Untersegmenten E1EDP20 und E1EDP19001 enthalten. Im Segment E1EDP01 (siehe Abbildung 6.19) erkennen wir die Bestellmenge (15) und die Mengeneinheit »PCE«, die der Basismengeneinheit »Stück« entspricht. Abbildung 6.20 zeigt das Segment E1EDP19001 mit den Informationen zur Materialnummer (PU1000) und der Materialbezeichnung (Pumpengehäuse Metall XLR).

| Schritt 6: Anzeige der XML-Daten (SAP NetWeaver PI) |

Das IDoc wurde auf dem SAP-System des Bestellers (Kunde) erzeugt und über die Festlegungen in den Kontrolldaten an die Integrationsplattform SAP NetWeaver PI übergeben. Der Empfang und die Weiterleitung der Daten innerhalb von SAP NetWeaver PI erfolgt über die Komponente *Adapter Engine*. Dort wurde die IDoc-Struktur bereits in das interne PI XML-Format umgewandelt. Abbildung 6.21 zeigt den Nachrichteneingang auf dem Integrationssystem.

Neben den Verarbeitungszeiten (Start, Ende) finden wir einen Hinweis auf das Sendersystem ECC60_DEMO (dies ist der technische Schlüssel für unser Quellsystem SAP ERP 6.0).

Abbildung 6.21 Nachrichteneingang in SAP NetWeaver PI

Auch hier wollen wir uns zur besseren Nachvollziehbarkeit die betriebswirtschaftlichen Inhalte der XML-Nachricht ansehen. Man bezeichnet die semantischen Inhalte der Nachricht auch als *Payload*.

Im rechten unteren Bildschirmteil (siehe Abbildung 6.22) erkennen wir unter anderem die Nummer des IDocs, aus dem die Daten stammen (Feld DOCNUM: 729821). Ebenso sind Informationen über den Nachrichtentyp (ORDERS) enthalten. Damit wird zum einen die Referenz zu den Quellbelegen hergestellt und zum anderen die Weiterverarbeitung beim Lieferanten ermöglicht. Über den Nachrichtentyp erhält der Lieferant die Information, um welchen Vorgang (in unserem Fall die Bestellübermittlung) es sich handelt.

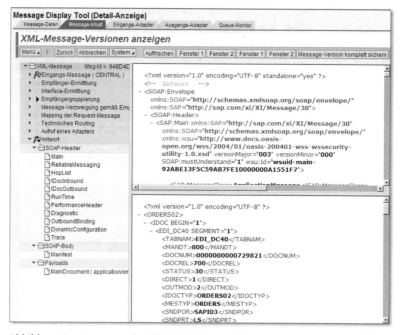

Abbildung 6.22 Anzeigen der XML-Nachricht in SAP NetWeaver PI, Ausschnitt 1

Abbildung 6.23 zeigt weitere Informationen der XML-Nachricht. Im Feld BELNR erkennen wir die Bestellnummer des Kunden und im Feld RECIPNT die Lieferantennummer 2050. Sämtliche Informationen aus den Segmenten des IDocs sind in der Payload der XML-Nachricht vorhanden. Abbildung 6.24 zeigt die Materialnummer PU1000 und die Bezeichnung des Materials.

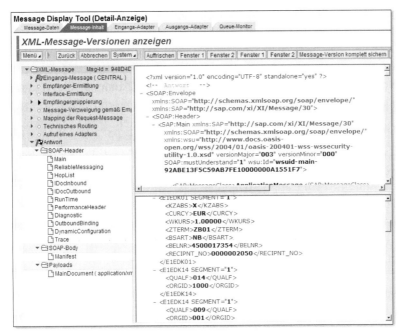

Abbildung 6.23 Anzeigen der XML-Nachricht in SAP NetWeaver PI, Ausschnitt 2

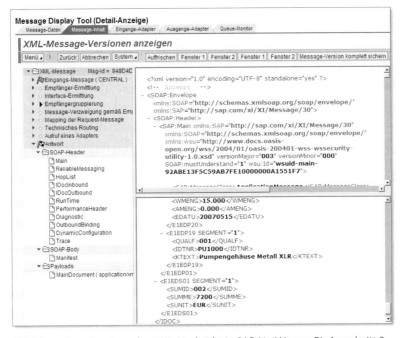

Abbildung 6.24 Anzeigen der XML-Nachricht in SAP NetWeaver PI, Ausschnitt 3

Bereits in Abschnitt 6.1.3, »Integration von Prozessen«, wurde beschrieben, dass an dieser Stelle sehr unterschiedliche Bearbeitungsschritte (Feldmapping, Strukturmapping, Anreicherung von Daten etc.) innerhalb der Integrationsplattform erfolgen können. Um das Systembeispiel überschaubar und damit nachvollziehbar zu gestalten, haben wir auf diese Bearbeitungsschritte verzichtet.

Die XML-Nachricht wird durch die Integrationsplattform SAP NetWeaver PI an die Integrationsplattform des Lieferanten weitergeleitet. Die Übermittlung kann über verschiedene Wege erfolgen (z. B. mit einem XML-Datenstrom über das Protokoll http(s) oder einen Datenaustausch über das File Transfer Protocol). Beim Lieferanten erfolgen die Bearbeitungsschritte auf der Integrationsplattform spiegelbildlich. Es ist dabei nicht erforderlich, dass der Lieferant die gleiche Integrationsplattform einsetzt; es gibt weitere Anbieter mit einer Reihe von vergleichbaren Systemen, die ebenfalls eingesetzt werden können (z. B. webMethods, TIBCO oder Seebeyond). Die verschiedenen Integrationsplattformen verfügen in der Regel über entsprechende Adaptoren für die unterschiedlichen Backendsysteme (z. B. SAP ERP). Innerhalb dieser Adaptoren werden die XML-Nachrichten in das IDoc-Format umgesetzt und an das Zielsystem, in unserem Fall das SAP R/3-Release 4.6c, übergeben.

Schritt 7: Anzeige des eingehenden IDocs (Bestellung) beim Lieferanten (SAP R/3)

Wir setzen unser Systembeispiel mit der Eingangsverarbeitung auf dem Zielsystem SAP R/3 fort. In Abbildung 6.25 sehen wir das eingehende IDoc mit den Bestellinformationen. Aus Sicht des Lieferanten handelt es sich hierbei um die elektronische Bestellung eines Kunden.

Abbildung 6.25 Anzeige des Eingangs-IDocs mit den Bestellinformationen (Transaktion WE02)

Auf Basis dieser Nachricht wurde in SAP R/3 ein Kundenauftrag mit der Auftragsnummer 9049 angelegt. Das geht aus den Statusinformationen des IDocs hervor (siehe Abbildung 6.26).

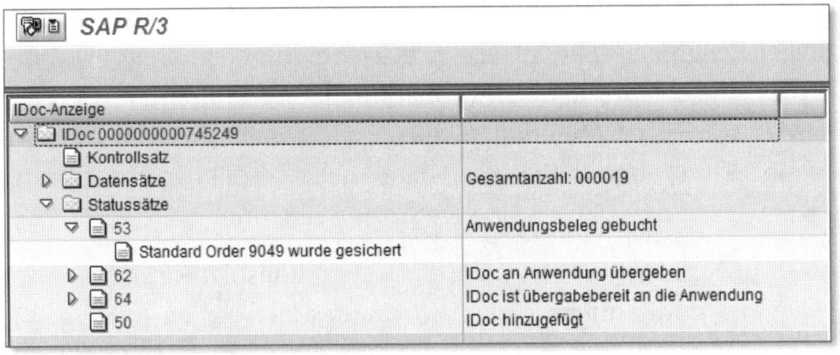

6.2 Unternehmensübergreifende Auftragsabwicklung

Abbildung 6.26 Anzeige der Statusinformationen des Eingangs-IDocs mit den Bestellinformationen (Transaktion WE02)

In Abbildung 6.27 erkennen wir die bekannte Struktur des IDocs (Kontrollsätze, Datensätze, Statussätze) und die Gliederung in die einzelnen Segmente. In diesem Fall wurde das Segment E1EDK01 aktiviert. Dort finden wir die Bestellnummer des Kunden (4500017354).

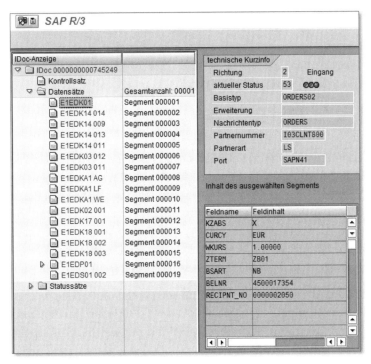

Abbildung 6.27 Anzeige der Datensätze des Eingangs-IDocs mit den Bestellinformationen (Transaktion WE02)

Abbildung 6.28 zeigt uns das IDoc-Segment E1EDKA1 mit der Auftraggebernummer 88000. Diese wurde vom Kunden bereits mitgeliefert, da eine entsprechende Information im Lieferantenstamm erfasst worden war (siehe Abbildung 6.10).

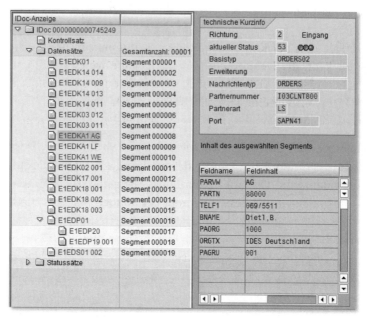

Abbildung 6.28 Anzeige der Datensätze des Eingangs-IDocs mit den Bestellinformationen (Transaktion WE02)

Schritt 8: Kundenauftrag beim Lieferanten (SAP R/3) Wie schon erwähnt, wurde auf Basis dieses IDocs ein Kundenauftrag im SAP R/3-System des Lieferanten angelegt. Wie wir aus den Kapiteln 2, 3 und 4 wissen, benötigt man dazu die entsprechenden Organisationsdaten (Verkaufsorganisation, Vertriebsweg, Sparte) und die Festlegung der Auftragsart (z. B. TA für Terminauftrag). Da diese Informationen nicht vom Kunden im IDoc mitgeliefert werden, stellt sich die Frage, wie die fehlenden Daten ermittelt werden.

Ein Blick auf Abbildung 6.29 zeigt eine entsprechende Tabelle im Customizing der Komponente SD (SAP R/3 4.6c). Für jeden Kunden wird festgelegt, in welchem Vertriebsbereich und mit welcher Auftragsart der Kundenauftrag bei der automatischen Eingangsverarbeitung anzulegen ist. In der Tabelle wird festgelegt, dass für die Debitorennummer 88000 und die Lieferantennummer 2050 (beide Informationen sind im IDoc vorhanden) die Auftragsart TA zu verwenden und der Auftrag im Vertriebsbereich 1000/10/00 anzulegen ist.

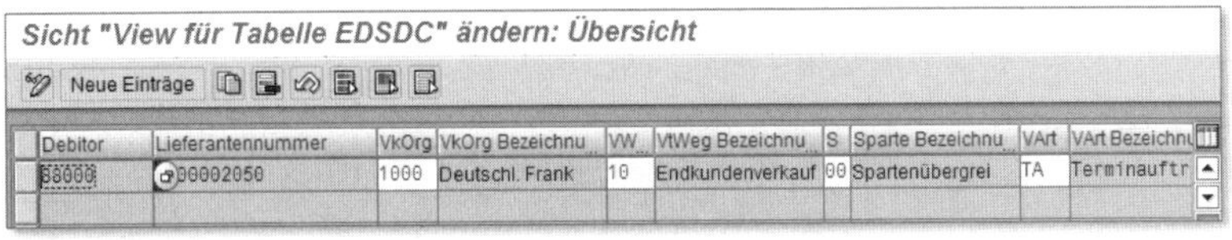

6.2 | Unternehmensübergreifende Auftragsabwicklung

Abbildung 6.29 Customizing der EDI-Eingangsverarbeitung (Transaktion VOE2)

Für den Fall, dass der Kunde seine Debitorennummer nicht im IDoc mitliefert, kann die Debitorennummer über eine weitere Customizing-Tabelle (Tabelle EDPAR über die Transaktion VOE4) ermittelt werden. Dort erfolgt eine Umschlüsselung der Lieferantennummer aus dem IDoc auf die interne Debitorennummer beim Lieferanten.

Die Thematik der Umschlüsselung stellt sich auch hinsichtlich der Materialnummer. Im IDoc befindet sich in unserem Beispiel lediglich die Materialnummer PU1000, unter der das Material auf dem Kundensystem verwaltet wird. Für die Ermittlung der zugehörigen Materialnummer beim Lieferanten nutzen wir in unserem Beispiel einen sogenannten *Kunden-Materialinfosatz* in der Komponente SD. Abbildung 6.30 zeigt uns diesen Stammsatz. Das Material wird auf dem Lieferantensystem SAP R/3 unter der Materialnummer FEPU8000 verwaltet. In dem Kunden-Materialinfosatz wird diesem Material die kundenspezifische Materialnummer PU1000 zugeordnet. Aufgrund dieser Information kann der Kundenauftrag beim automatischen Anlegen mit der richtigen Materialnummer erfasst werden. Die Funktionalität der Kunden-Materialinfo kann auch bei der Online-Erfassung von Kundenaufträgen durch einen Benutzer verwendet werden. Dies ist dann hilfreich, wenn eine schriftliche Bestellung des Kunden vorliegt, aus der lediglich dessen Materialnummer hervorgeht. Der Anwender gibt diese dann als Kundenmaterial ein, und das System ermittelt automatisch die entsprechende Materialnummer auf dem Lieferantensystem.

Auf Basis des IDocs, der erforderlichen Einstellungen im Customizing (Ermittlung der Organisationsdaten und der Auftragsnummer) und der Stammdaten zur Ermittlung der Materialnummer (Kunden-Materialinfo) wurde ein Kundenauftrag im System des Lieferanten angelegt. Diesen Beleg sehen wir in Abbildung 6.31.

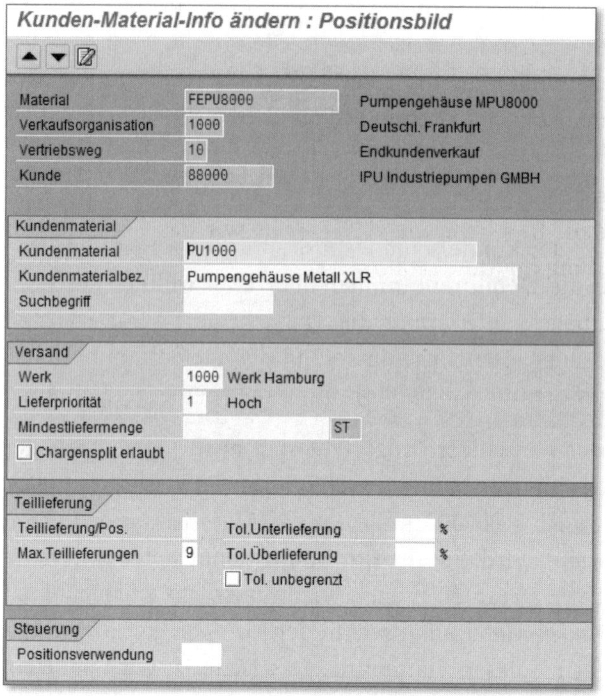

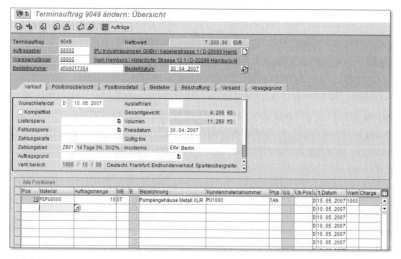

Abbildung 6.30 Anzeige der Kunden-Materialinfo (Transaktion VD52)

Abbildung 6.31 Kundenauftrag 9049 im SAP R/3-System (Transaktion VA02)

Für den Kunden mit der Debitorennummer 88000 (IPU Industriepumpen GmbH) wurde ein Kundenauftrag mit einer Position für das

Material FEPU8000 über 15 Stück angelegt. Im Feld BESTELLNUMMER sehen wir als Referenzinformation die Bestellnummer des Kunden (4500017354). Die Funktionen *Preisfindung* und *Verfügbarkeitsprüfung* werden genau wie bei der manuellen Erfassung automatisch ausgeführt. Das gilt auch für die *Nachrichtenfindung*. In unserem Beispiel soll die Auftragsbestätigung auf elektronischem Weg über ein IDoc versendet werden. In Abbildung 6.32 sehen wir das Ergebnis der Nachrichtenfindung im Kundenauftrag.

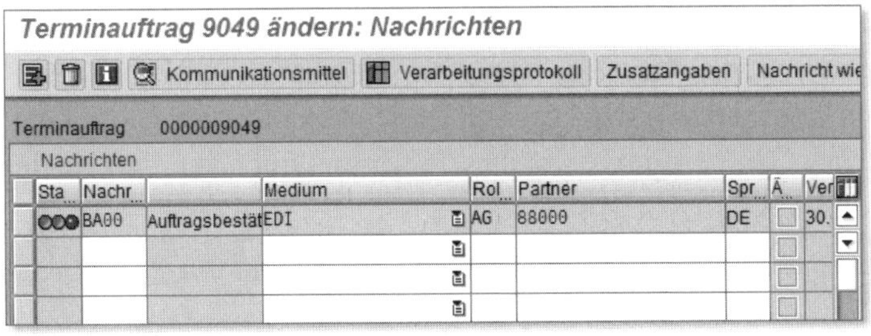

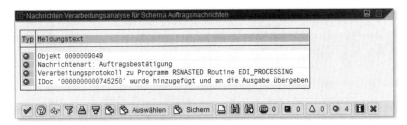

Abbildung 6.32 Nachrichtenfindung im Kundenauftrag 9049 (Transaktion VA02)

Für die Nachrichtenart BA00 wurde in dem entsprechenden Konditionssatz (siehe Abschnitt 2.2) über das Medium EDI festgelegt, dass die Auftragsbestätigung auf elektronischem Weg erfolgt. In Abbildung 6.33 wird das Verarbeitungsprotokoll der Nachrichtenausgabe angezeigt.

Abbildung 6.33 Verarbeitungsprotokoll zur Nachrichtenart »BA00, Auftragsbestätigung« im Kundenauftrag (Transaktion VA02)

Ein IDoc mit der Nummer 745250 und dem Nachrichtentyp ORDERSP wurde erzeugt. Dieser enthält die Bestätigungsdaten für den Kundenauftrag. Abbildung 6.34 zeigt den IDoc-Ausgang für dieses elektronische Dokument.

Schritt 9: Anzeige des ausgehenden IDocs (Auftragsbestätigung) beim Lieferanten (SAP R/3)

Abbildung 6.34 Anzeige des Ausgangs-IDocs mit der Auftragsbestätigung (Transaktion WE02)

Auch für dieses IDoc wollen wir uns die wichtigsten Inhalte ansehen. In Abbildung 6.35 sehen wir die Auftragsnummer (BELNR 9049), die dem Kunden in der Auftragsbestätigung übermittelt wird. Die Positionsdaten befinden sich wiederum in dem Segment E1EDP01 und den zugehörigen Untersegmenten (diese Informationen werden in der Abbildung nicht angezeigt).

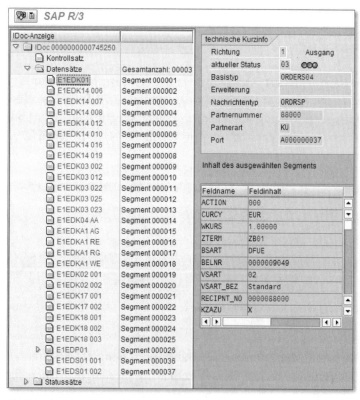

Abbildung 6.35 Anzeige der Datensätze des Ausgangs-IDocs mit den Daten der Auftragsbestätigung (Transaktion WE02)

Der Rückweg für die Übermittlung der Auftragsbestätigung entspricht dem Ablauf, den wir für die Übermittlung der Bestelldaten (siehe Schritt 6) bereits gezeigt haben (aus diesem Grund wollen wir hier auf die erneute detaillierte Darstellung der Aus- und Eingangsverarbeitung verzichten). Im nächsten Schritt wird das IDoc 745250 an die Integrationsplattform des Lieferanten übergeben. Dort wird das Dokument in das XML-Format umgewandelt und an die Integrationsplattform des Kunden geschickt. Über die Adapter Engine von SAP NetWeaver PI wird die XML-Datei in das IDoc-Format umgewandelt. Das entsprechende IDoc wird in SAP ERP verarbeitet. Auf Basis des IDocs wird automatisch eine Auftragsbestätigung zur Bestellung 4500017354 im Kundensystem I03 angelegt.

Schritt 10: Verbuchung der Auftragsbestätigung beim Kunden (SAP ERP)

In Abbildung 6.36 sehen wir bereits die Auswirkung in der Bestellung. In der unteren Bildhälfte wurde die Sicht BESTÄTIGUNGEN aktiviert. Im Gegensatz zur vorherigen Situation (siehe Abbildung 6.14) sehen wir in der ersten Zeile die Auftragsbestätigung des Lieferanten. Im Feld BT (Bestätigungstyp) erkennen wir die Art der Bestätigung (AB: Auftragsbestätigung). Zusätzlich wird das Lieferdatum (15.05.) und die Menge (15 Stück) bestätigt. Als Referenznummer dient die Auftragsnummer beim Lieferanten. In unserem Beispiel ist dies die Auftragsnummer 9049.

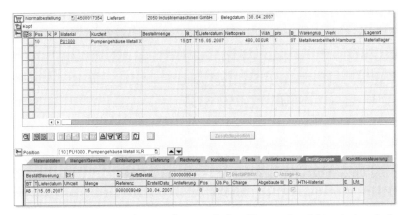

Abbildung 6.36 Anzeige der Bestellung nach dem Eingang der elektronischen Auftragsbestätigung (Transaktion ME22N)

In den nächsten Schritten wollen wir den Prozess in beiden Systemen vervollständigen. Diese Vorgänge nehmen wir als manuelle Benutzertransaktionen vor.

6 | Unternehmensübergreifende Geschäftsprozesse

Schritt 11:
Warenausgang beim Lieferanten (SAP R/3)

Zunächst wird im System des Lieferanten der Warenausgang gebucht. Dazu wird mit Bezug zum Kundenauftrag eine Lieferung angelegt. Diesen Beleg sehen wir in Abbildung 6.37. An dieser Stelle erfolgt auch die Buchung des Warenausgangs.

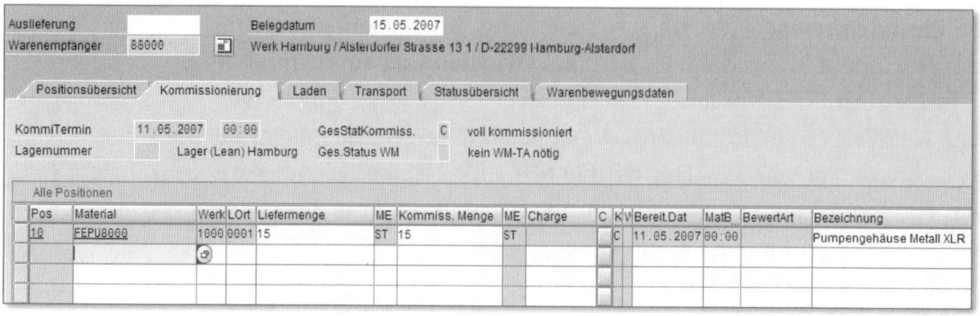

Abbildung 6.37 Anlegen der Lieferung mit Bezug zum Kundenauftrag (Transaktion VL01N)

Schritt 12:
Rechnungsausgang beim Lieferanten (SAP R/3)

Schließlich wird mit Bezug zum Lieferbeleg eine Rechnung für den Kunden erstellt. Die Kundenfaktura sehen wir in Abbildung 6.38.

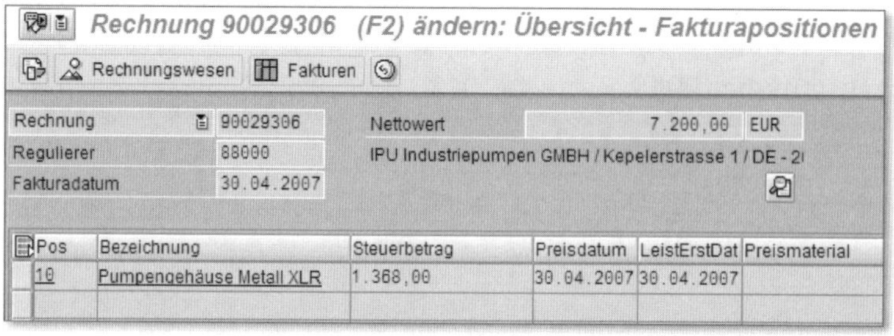

Abbildung 6.38 Kundenfaktura im SAP R/3-System (Transaktion VF02)

Schritt 13:
Wareneingang beim Kunden (SAP ERP)

Sobald die Ware beim Kunden eintrifft, erfolgt die Wareneingangsbuchung mit Bezug zur Bestellung. Abbildung 6.39 zeigt diesen Vorgang im SAP-System des Kunden (Release R/3 4.6c). Der Zugang in Höhe von 15 Stück erfolgt im Werk 1000 in den Lagerort 0001.

Schritt 14:
Bestandsanzeige beim Kunden (SAP ERP)

Diese Buchung aktualisiert die Bestandsmengen in der Materialwirtschaftskomponente MM und die Bestandswerte in SAP ERP Financials. Abbildung 6.40 zeigt eine Bestandsübersicht nach der Wareneingangsbuchung. Jetzt ist im Werk 1000 ein Bestand von 15 Stück vorhanden.

Unternehmensübergreifende Auftragsabwicklung | **6.2**

In SAP ERP Financials wird ein entsprechender Rechnungswesenbeleg mit dem Buchungssatz *Bestandskonto an Wareneingangs-/Rechnungseingangs-Verrechnungskonto* erzeugt.

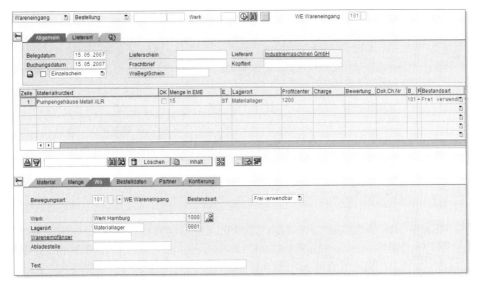

Abbildung 6.39 Wareneingang mit Bezug zur Bestellung (Transaktion MIGO)

Abbildung 6.40 Bestandsübersicht für das Material PU1000 im Werk 1000 (Transaktion MMBE)

Mit dem Eintreffen der Rechnung ist beim Kunden der Rechnungseingang über die Transaktion MIRO zu buchen. Abbildung 6.41 zeigt den Beleg, der für diese Buchung erzeugt worden ist. Die Werte für die Verbuchung der Eingangsrechnung werden aus der Bestellung und dem Wareneingang ermittelt. In dem zugehörigen Rechnungswesenbeleg wird der Buchungssatz *Wareneingangs-/Rechnungseingangs-Verrechnungskonto und Vorsteuer an das Kreditorenkonto (2050)* gebucht.

Schritt 15: Rechnungseingang beim Kunden (SAP ERP)

593

6 | Unternehmensübergreifende Geschäftsprozesse

Abbildung 6.41 Anzeige des Rechnungsbelegs zur Eingangsrechnung (Transaktion MIR4)

Schritt 16: Anzeige der Bestellentwicklung beim Kunden (SAP ERP)

Im nächsten Schritt (siehe Abbildung 6.42) wird die Bestellentwicklung zur Bestellung 4500017354 gezeigt. Im unteren Bildteil ist die Sicht BESTELLENTWICKLUNG aktiviert. Er zeigt, ähnlich dem Belegfluss in der Komponente SD, die einzelnen Folgeaktivitäten. Zunächst wurde der Wareneingang (WE) gebucht. Dazu wurde ein Materialbeleg erzeugt. Aus der Bestellung heraus lassen sich dieser Beleg und auch der zugehörige Rechnungswesenbeleg anzeigen. Des Weiteren wurde der Rechnungseingang gebucht (RE-L). Auf den entsprechenden Rechnungswesenbeleg kann man ebenfalls aus der Bestellung heraus zugreifen.

Schritt 17: Zahlungsausgang beim Kunden (SAP ERP)

Der Prozess wird beim Kunden durch die Zahlung abgeschlossen. Die Zahlung kann in SAP ERP Financials durch einen automatischen Zahllauf oder aber über die Transaktion F-53 erfolgen. Abbildung 6.43 zeigt den zugehörigen Buchhaltungsbeleg. Er beinhaltet den Buchungssatz *Kreditorenkonto (2050), Skontoertrag und Korrektur der Eingangssteuer (für das abgezogene Skonto) an Bank*. Der Kunde hat sich gemäß den Zahlungsbedingungen 3 % Skonto abgezogen und den Betrag in Höhe von 8.310,96 € überwiesen. Aus Sicht des Kunden ist der Vorgang damit abgeschlossen.

Schritt 18: Zahlungseingang beim Lieferanten (SAP R/3)

Spiegelbildlich wurde beim Lieferanten der Zahlungseingang gebucht. Abbildung 6.44 zeigt auch hier den entsprechenden Buchhaltungsbeleg. Der Betrag des Kunden in Höhe von 8.310,96 € wurde auf dem Bankkonto verbucht.

Unternehmensübergreifende Auftragsabwicklung | **6.2**

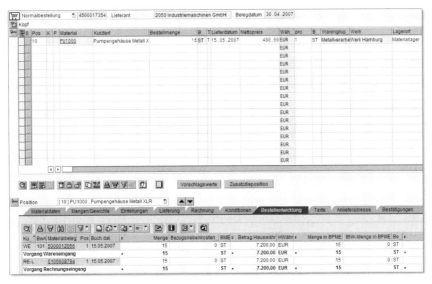

Abbildung 6.42 Anzeige der Bestellentwicklung zur Bestellung 4500017354 (Transaktion ME23N)

Abbildung 6.43 Buchhaltungsbeleg zur Zahlung (Transaktion FB03)

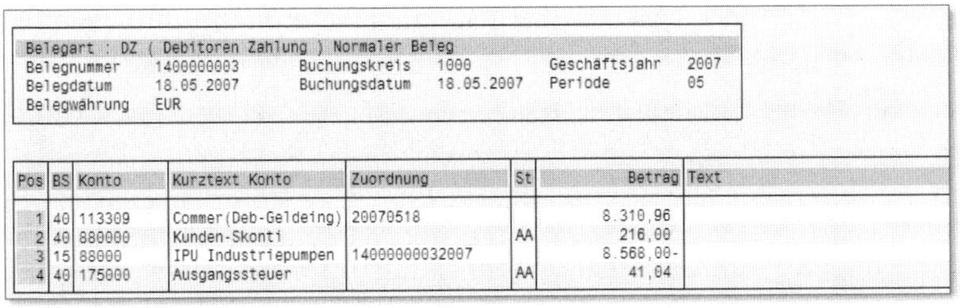

Abbildung 6.44 Buchhaltungsbeleg für den Zahlungseingang beim Lieferanten (Transaktion FB03)

Der Buchungssatz lautet hier *Bank, Kundenskonti und Korrektur der Ausgangssteuer (für den Skontoabzug) an Debitorenkonto.*

595

6.3 Customer Relationship Management

Wir wollen uns nun dem Thema *Customer Relationship Management* zuwenden – einem weiteren wichtigen Aspekt der unternehmensübergreifenden Zusammenarbeit. Die Lösung von SAP für diesen Bereich heißt SAP Customer Relationship Management (CRM) und ist ein von SAP ERP unabhängiges System. Dieses erweitert die vertrieblichen Funktionen und Prozesse, die wir in diesem Buch vorgestellt haben. Doch bevor wir hierzu einen Überblick geben, wollen wir uns die Bedeutung und die betriebswirtschaftlichen Grundlagen kurz verdeutlichen.

Betriebswirtschaftlicher Hintergrund

Bei dem Thema *Customer Relationship Management* geht es um die ganzheitliche Betrachtung und Gestaltung der Beziehung zum Kunden. Gewissermaßen rückt der Kunde in den Mittelpunkt sämtlicher Aktivitäten. Die Planung und Steuerung aller kundenbezogenen Aktivitäten soll sich an den Bedürfnissen der Kunden orientieren. Es geht einerseits um analytische Aspekte. Damit ist gemeint, die im Unternehmen verfügbaren Informationen über den Kunden (z. B. Besuchsberichte, Verkaufsauswertungen, Reklamationen) systematisch zu sammeln und aufzubereiten, um daraus zielgerichtete Entscheidungen ableiten zu können. In diesem Zusammenhang spielt SAP NetWeaver Business Warehouse (BW) eine herausragende Rolle. Den grundsätzlichen Aufbau dieser Komponente haben wir bereits in Abschnitt 2.14, »SAP NetWeaver Business Warehouse (BW) inklusive SAP BusinessObjects«, erläutert. Des Weiteren geht es um die Planung und Durchführung operativer Vorgänge. Dazu gehört, dass sämtliche Vertriebs- und Marketingaktivitäten (z. B. Mailings, Telefonate, E-Mails, Außendienstbesuche) geplant, erfasst und dokumentiert werden, um Folgeaktivitäten ableiten zu können. Aber auch die Serviceprozesse sind von großer Bedeutung (z. B. Abbildung von Serviceverträgen, Erfassung von Serviceaufträgen, Garantieabwicklung, Retourenabwicklung, Reparaturabwicklung, Reklamationsbearbeitung).

Seit einigen Jahren hat man erkannt, dass Informationssysteme sich nicht nur auf den eigentlichen Vertriebsprozess (Angebot, Auftrag, Lieferung, Fakturierung) konzentrieren dürfen, sondern ein weiteres Feld abbilden müssen. Es würde den Rahmen des Buchs sprengen, auch die Funktionen und Prozesse von SAP CRM in der gleichen Detaillierung zu erläutern, wie das für die ERP-Prozesse erfolgt ist. In einem groben Überblick sollen aber die wichtigsten Komponenten von SAP CRM dargestellt werden. Dabei gehen wir zunächst kurz auf die Stammdaten ein und erläutern dann die wesentlichen CRM-Prozesse.

6.3.1 Stammdaten in SAP CRM

Zu Beginn dieses Kapitels haben wir bereits darauf hingewiesen, dass es sich bei SAP CRM um ein eigenes System handelt und nicht um eine Erweiterung innerhalb von SAP ERP. Damit stellt sich die Frage, welche Daten zwischen den Systemen ausgetauscht werden müssen. In Kapitel 1, »Einführung«, haben wir bereits die Bedeutung des Kundenstammsatzes in SAP ERP erläutert. In SAP CRM wird der Kundenstamm als Ausprägung des allgemeinen SAP-Geschäftspartners abgebildet (siehe Abschnitt 2.11, »Kreditmanagement«). Kundenstammsätze können von SAP ERP auf das System SAP CRM übertragen werden. Aus organisatorischen Gründen ist dabei festzulegen, auf welchem System die Daten künftig *führend* gepflegt werden sollen. Über eine regelmäßige Datenreplikation erfolgt die Aktualisierung des anderen Systems. Damit wird systemübergreifend sichergestellt, dass alle Mitarbeiter auf den gleichen konsistenten Datenbestand zugreifen. Innerhalb von SAP CRM können zusätzlich auch zeitabhängige Beziehungen zwischen Stammsätzen abgebildet werden. Damit lässt sich z. B. ein Ansprechpartner einem Kundenstamm zuordnen (z. B. der Mitarbeiter Müller war in der Zeit vom 01.01.2008 bis zum 31.08.2009 Vertriebsleiter bei dem Kunden Maier Elektrohandel GmbH und ist seitdem bei dem Kunden Schulze Großhandel GmbH beschäftigt). Auch Kundenhierarchien (siehe Kapitel 1, »Einführung«) können zwischen SAP ERP und dem CRM-Server abgeglichen werden. Dies ist insbesondere für die Preisfindung bei der Angebots- und Auftragserfassung in SAP CRM von Bedeutung. Neben den Kundenstammsätzen können auch Materialstammsätze von SAP ERP auf SAP CRM übertragen werden. Sie werden dort unter dem Objekt *Produkt* gespeichert. Auch Vertriebskonditionen (siehe Abschnitt 2.1, »Preisfindung«) können zwischen den Systemen ausgetauscht werden. Damit die Preisfindung in SAP CRM nach den gleichen Regeln erfolgt wie in SAP ERP, müssen zuvor auch Customizing-Einstellungen zwischen den beiden Systemen repliziert werden. Auch dafür stehen entsprechende Programme zur Verfügung. Die Preisfindung erfolgt in SAP CRM über die in Java entwickelte Komponente IPC (Internet Pri-

Datenreplikation

cing and Configurator) – ab dem Release 5.0 in der neu geschaffenen Komponente VMC (Virtual Machine Container).

Initial- und Delta-Uploads
Für alle Stammdaten steht die Möglichkeit von Initial- und Delta-Uploads zur Verfügung. Beim Initial-Upload werden die Daten beim Aufbau des CRM-Systems erstmals »initial« übertragen. Das Quellsystem ist SAP ERP. Über die Delta-Uploads wird die Konsistenz der Stammdaten zwischen unterschiedlichen Systemen sichergestellt. Wird ein Datensatz auf dem Quellsystem geändert, wird diese Änderung über einen Delta-Upload auf das Zielsystem übertragen. Damit nutzen beide Systeme den gleichen Stammdatenbestand.

Bewegungsdaten
Neben den Stammdaten werden auch Bewegungsdaten zwischen den beiden Systemen ausgetauscht. Zu den wichtigsten Belegen gehören Kundenaufträge, Fakturen und Servicebelege. Die Ausführung der Lieferung verbleibt komplett in SAP ERP. Die Erstellung der Faktura kann sowohl in SAP ERP als auch in SAP CRM erfolgen. Für die Verbuchung der Faktura in der Finanzbuchhaltung wird jedoch stets die Lösung SAP ERP Financials benötigt.

Benutzeroberfläche
Bis Release SAP CRM 5.0 wurden als Oberflächen das SAP Win-GUI, das portalbasierte PC-UI und der IC-WEB-Client für die Nutzung im Callcenter zur Wahl angeboten. Seit SAP CRM 2007 steht lediglich das neu entwickelte CRM Web-UI zur Verfügung. Dieses wird direkt aus dem NetWeaver ABAP-Stack des CRM-Systems generiert und benötigt kein SAP NetWeaver Portal. Der Anwender benötigt auf seinem Rechner lediglich einen Browser.

ERP-Transaktionen können über den Transaction Launcher und den damit verbundenen Internet Transaction Server (ITS) eingebunden werden.

Die Usability wird für den Anwender durch das neue CRM Web-UI deutlich verbessert, wenngleich mit leichten Performanceeinbußen durch die Nutzung einer Webanwendung zu rechnen ist.

Für Power User bieten Drittanbieter Erweiterungen an, die es zulassen, das SAP Win-Gui in das CRM Web-UI zu integrieren und damit beliebige SAP ERP-Transaktionen mit gewohnt hoher Performance aufzurufen.

6.3.2 Funktionen und Prozesse in SAP CRM

An dieser Stelle wollen wir die wichtigsten Funktionen und Prozesse kurz vorstellen.

SAP CRM erweitert die Prozesse des Unternehmens auf die Vorverkaufsphase und unterstützt damit die Planung, Durchführung und Auswertung von Marketingaktivitäten. In der Funktion *Kampagnenmanagement* können operative Marketingprozesse ähnlich einem Projektplan strukturiert und dokumentiert werden. Eine Kampagne kann beispielsweise aus folgenden Schritten bestehen: Mailing/E-Mailing, Nachfasstelefonate, Versand von Informationsmaterial, Einplanung von Folgeaktivitäten, Musterversand, Vereinbarung von Besuchsterminen etc. Für jede Kampagne kann über eine Segmentierung der Kundenstammsätze die Zielgruppe festgelegt werden, an die sich die Aktion richtet. Ebenso können der Kampagne die Produktstammdaten zugeordnet werden, die beworben werden sollen. Auch die kaufmännische Planung und Steuerung (Budgetverwaltung) einer Kampagne werden unterstützt. Innerhalb der Marketingfunktionen können auch externe Adressbestände hochgeladen und anschließend bearbeitet werden. Diese Adressen lassen sich dann in Kampagnen zur Neukundengewinnung einsetzen. Des Weiteren können aus diesen Beständen heraus neue Geschäftspartner angelegt werden, die dann wiederum mit SAP ERP über den Delta-Upload abgeglichen werden.

Marketing

Eine Vertriebsstrategie, die den Kunden konsequent in den Mittelpunkt stellt, macht es erforderlich, verschiedenen Anwendern eine ganzheitliche und einheitliche Sicht auf alle Vertriebsaktivitäten zu gewähren. Dies gilt gleichermaßen für Außendienst- und Vertriebsmitarbeiter, Mitarbeiter der Marketingabteilung, des Kundenservice, eines Callcenters, der Versandabteilung oder der Finanzbuchhaltung. In der unternehmerischen Praxis wurden in der Vergangenheit viele Vorgänge und Aktivitäten, die außerhalb der ERP-Prozesse lagen, entweder gar nicht oder aber in unterschiedlichen Systemen dokumentiert. Jeweils mit dem Ergebnis, dass nicht für alle Beteiligten die benötigten Informationen zum richtigen Zeitpunkt verfügbar waren. SAP CRM will genau an dieser Stelle Abhilfe schaffen. Mithilfe der Funktion *Account Management* werden unter der Klammer des Geschäftspartners die vorhandenen Informationen gebündelt. Dazu gehören grundsätzlich Stamm- und Bewegungsdaten. Zu den Bewegungsdaten gehören sämtliche Verkaufsbelege (Angebote, Aufträge,

Verkauf

Lieferungen, Fakturen), aber auch alle Aktivitäten, die bereits im Vorfeld gelaufen sind (Telefonate, Außendienstbesuche, Dokumentenversand etc.). Diese Informationen können im Account Management systematisch ausgewertet werden, um daraus weitere Schritte ableiten zu können.

Ein wichtiger Schritt in der Vorverkaufsphase ist die Qualifizierung von *Leads*. Darunter versteht man im Vertrieb einen Kontakt zu einem potenziellen Geschäftspartner, bei dem grundsätzliches Interesse besteht. Der Kontakt kann über unterschiedliche Wege (Messen, Mailings, Telefonakquise, direkte Kundenanfrage über Telefon oder Internet, Marktplätze im Internet etc.) zustande gekommen sein. Wichtig ist, dass die Information in SAP CRM im *Lead Management* erfasst wird, um eine systematische Bearbeitung zu ermöglichen und die Erfolgsaussichten zu steigern. Nach der Erfassung erfolgt die Lead-Qualifizierung. Dabei wird in dem entsprechenden Beleg dokumentiert, auf welche Produkte und Leistungen sich das Interesse bezieht und wie groß das Potenzial ist. Die Bewertung der Verkaufschance erfolgt über die Zuordnung einer Lead-Qualifizierungsstufe (z. B. kurzfristige, mittelfristige, langfristige Verkaufschance). Diese Bewertung soll sicherstellen, dass sich der Ressourceneinsatz vor allem auf Kontakte richtet, die Erfolg versprechend und vom Umfang her interessant sind. Die Qualifizierung kann durch einen standardisierten Fragebogen unterstützt werden. Diese Fragebögen können im System verwaltet und einem Lead zugeordnet werden (diese Funktionen stehen an unterschiedlichen Stellen in SAP CRM zur Verfügung). Zu einem Lead können Folgeaktivitäten angelegt und den zuständigen Mitarbeitern zugeordnet werden. Diese Zuordnung von Aktivitäten zu Ansprechpartnern lässt sich auch über ein Regelwerk automatisieren (z. B. abhängig von den Daten, die zu dem Interessenten vorliegen, oder abhängig von den Produkten, auf die sich das Interesse bezieht). Jedem Lead wird ein Status (z. B. ERFASST, IN BEARBEITUNG, GEWONNEN, VERLOREN) zugewiesen, der im Laufe der Aktivitäten aktualisiert wird.

Im *Opportunity Management* werden reelle Verkaufschancen bearbeitet. Diese können sich als Folgeaktivität aus einem Lead ergeben oder direkt im System erfasst werden. Opportunities bilden die Möglichkeit, die Akquisitionstätigkeiten in einem Projekt zu strukturieren, zu planen, die Aktivitäten zu dokumentieren und den Projektfortschritt zu überwachen. Dabei gibt es die Möglichkeit, Projekthierarchien (etwa zur Gliederung in Teilprojekte) anzulegen und unterschiedliche Opportunities miteinander zu verknüpfen. Auf Basis einer erfassten Opportunity werden die Aktivitäten unterschiedlicher Mitarbeiter koordiniert.

Des Weiteren unterstützt das Opportunity Management die Anwendung einer *Verkaufsmethodik*. Damit wird der Verkaufsprozess systematisch in einzelne Phasen gegliedert. Über den Verkaufsassistenten können die Aktivitäten unternehmensgerecht definiert werden. Innerhalb der Verkaufsmethodik lassen sich Projektziele der Opportunity schriftlich fixieren. Die Ziele werden in unterschiedlichen Belegtexten erfasst, um zwischen den verschiedenen Zielsetzungen unterscheiden zu können (z. B. Ziele des Kunden, Ziele des verkaufenden Unternehmens). Ein wichtiger Bestandteil einer Verkaufsmethodik ist die differenzierte Beschreibung der Mitarbeiterrollen auf Kundenseite. Im CRM-Standard sind folgende Rollen definiert:

- **Genehmiger**
  Erteilt die endgültige Freigabe für die Entscheidung und kann diese auch blockieren.
- **Entscheider**
  Trägt die Verantwortung für die Entscheidung aus fachlicher Sicht und ist zumeist auch für das Budget verantwortlich.
- **Anwender**
  Die Personen, die die Produkte beim Kunden einsetzen.
- **Prüfer**
  Stellt sicher, dass auch alternative Angebote geprüft und bewertet werden.
- **Coach**
  Ein Berater, der den Prozess auf Kundenseite unterstützend begleitet.

Mitarbeiter, die diese Rollen wahrnehmen, beurteilen das Verkaufsangebot aus ihrer jeweiligen Perspektive, woraus sich oft unterschiedliche Bewertungen ergeben. Die Anwendung einer Verkaufsmethodik zielt darauf ab, diese Aspekte zu berücksichtigen und das Angebot entsprechend zu präsentieren. Die Dokumentation der unterschiedlichen Personen und Rollen innerhalb eines Verkaufsvorgangs ist zusätzlich für künftige Opportunities bei dem gleichen Interessenten von großer Bedeutung, da diese Informationen dann nicht von Grund auf neu erhoben werden müssen. Ein CRM-System ermöglicht dem Benutzer einen schnellen Zugriff auf diese bereits vorhandenen Informationen.

Der nächste Bestandteil der Verkaufsmethodik ist die Analyse des Wettbewerbs und die Ableitung einer Strategie im Rahmen des Opportunity Managements. Eng verknüpft mit der Wettbewerbsanalyse ist auch die Bewertung der Opportunity innerhalb des Akquisitionsprozesses. Wie beim Lead Management kann auch hier auf die CRM-Fragebögen zugegriffen werden. Anhand der Fragen werden systematisch Informationen ermittelt, die dann die Grundlage für die Bewertung darstellen (potenzieller Umsatz, Auftragswahrscheinlichkeit, Wettbewerbsprodukte, Entscheidungsstrukturen etc.). Innerhalb der Opportunity kann eine Entscheidung über die Weiterverfolgung (Go/No-Go) getroffen werden.

SWOT-Analyse Über die Fragebogentechnik kann z. B. auch eine SWOT-Analyse (Strengths, Weaknesses, Opportunities, Threats) abgebildet werden. Diese Form der Analyse strukturiert eine Verkaufschance nach folgenden Kriterien:

- **Strengths (Stärken)**
  Hier werden die internen Stärken des Angebots bewertet. Diese können sich z. B. aus der Produktqualität, dem Preis, dem Service oder dem Image der Produkte ergeben.

- **Weaknesses (Schwächen)**
  Den internen Stärken des Angebots werden die Schwächen gegenübergestellt.

- **Opportunities (Chancen)**
  Hier werden die Chancen bewertet, die sich ergeben, wenn die Opportunity gewonnen wird. Wird damit z. B. ein Neukunde gewonnen, steigen die Chancen auf Folgeumsätze. Aber auch die Erreichung der eigenen Zielumsätze kann von dem Erfolg bei einzelnen Opportunities abhängen.

- **Threats (Bedrohungen)**
  Hier werden die Bedrohungen gelistet, die sich ergeben, wenn die Opportunity gewonnen wird. Zum Beispiel kann es zu Kapazitätsengpässen kommen. Ebenso zählen Haftungsrisiken zu den Bedrohungen, die sich aus der Annahme eines Auftrags ergeben können.

Die SWOT-Analyse wird häufig in der Praxis eingesetzt. Sie dient der strukturierten Bewertung von strategischen und wichtigen operativen Vorgängen und Engagements.

Die Verkaufsmethodik wird durch die Abbildung eines *Opportunity Plans* abgerundet. Diese Funktion bietet einen Überblick über die wichtigsten Informationen und Aktivitäten, die in der Opportunity gepflegt worden sind. Der Opportunity Plan kann ausgedruckt werden und als Vorlage für Projekt- und Vertriebsbesprechungen verwendet werden.

Als Folgeaktivität zu einer Opportunity lässt sich in SAP CRM auch ein Angebot anlegen. Das Angebot kann auch an das System SAP ERP übergeben werden. Technisch wird dies über die CRM-Middleware realisiert. Die Weiterbearbeitung des Angebots (Auftrag, Lieferung, Faktura) erfolgt dann in SAP ERP. Ab SAP CRM 7.0 in Verbindung mit SAP ERP 6.0 EhP4 existiert das LORD-Szenario (Lean Order API). Damit ist es möglich, Angebote und Aufträge über die Oberfläche von SAP CRM anzulegen und zu bearbeiten, den Datensatz jedoch direkt in SAP ERP abzulegen.

Wenn SAP NetWeaver Portal im Einsatz ist, besteht auch für den Anwender die Möglichkeit, parallel in beiden Systemen (SAP CRM, SAP ERP) zu arbeiten. Im Portal werden dem Anwender die Oberflächen der beiden Systeme nebeneinander angezeigt. Er arbeitet dann direkt mit den beiden Systemen. Dieses Vorgehen bietet sich an, wenn man die Angebots- und Auftragsbearbeitung ausschließlich in SAP ERP abbilden will.

Anfragen, Angebote und Kundenaufträge können auch direkt in SAP CRM angelegt werden. Ähnlich wie in SAP ERP entstehen Folgebelege (z. B. Angebot aus Opportunity, Auftrag aus Angebot) mit Bezug zu Vorgängerbelegen. Der Belegfluss kann vollständig abgebildet werden, und er umfasst auch die Vorverkaufsaktivitäten (z. B. Leads, Opportunities). In SAP CRM stehen ebenfalls Funktionen für die Belegerfassung von Angeboten und Aufträgen zur Verfügung (z. B. Preisfindung, Nachrichtenbearbeitung, Partnerfindung, Kreditlimitprüfung). Besonderheiten gibt es vor allem bei der Kreditlimitprüfung und der Verfügbarkeitsprüfung zu berücksichtigen.

Die Kreditlimitprüfung wird klassisch in SAP ERP ausgeführt und folgt den gleichen Regeln wie für das Kreditmanagement beschrieben (siehe

Abschnitt 2.11). Der Aufruf der Kreditlimitprüfung in SAP ERP erfolgt über einen *Remote Function Call* (RFC). Abhängig von dem Ergebnis der Prüfung in SAP ERP wird der Beleg in SAP CRM gesperrt. Die Fortschreibung der Ausschöpfung des Kreditlimits erfolgt erst mit der Übergabe des Auftrags an das SAP ERP-System. In Abschnitt 2.11 haben wir auch die Funktionalität der neuen Kreditlimitprüfung in der Komponente *Financial Supply Chain Management* beschrieben. Diese Funktion kann auch aus SAP CRM heraus aufgerufen werden. Wie schon in Abschnitt 2.11.3 beschrieben, kommt dabei die Integrationskomponente SAP NetWeaver PI (siehe Abschnitt 6.1.3) als Kommunikationsplattform für den systemübergreifenden Datenaustausch zum Einsatz.

Da in SAP ERP auch sämtliche Informationen zu Beständen, geplanten Zu- und Abgängen liegen, wird auch die Verfügbarkeitsprüfung in diesem System ausgeführt. Nach der Verfügbarkeitsprüfung in SAP CRM-Kundenaufträgen werden die entsprechenden Mengen in SAP ERP reserviert. Bei der reinen Verfügbarkeitsauskunft (z. B. aus CRM-Angeboten) erfolgt dagegen keine Reservierung der entsprechenden Menge.

SAP APO   Alternativ zu dieser Vorgehensweise kann die Verfügbarkeitsprüfung auch mit der Komponente SAP Advanced Planning & Optimization (SAP APO) durchgeführt werden. Mithilfe von SAP APO lassen sich z. B. unternehmensübergreifende Planungsszenarien für die Organisation und Optimierung von Lieferketten (Supply Chain Management) abbilden. Eine weitere Funktion besteht darin, eine Verfügbarkeitsprüfung über mehrere Systeme hinweg durchführen zu können. Dies ist z. B. dann interessant, wenn ein Unternehmen ein Produkt an verschiedenen Standorten herstellt und dabei mehrere SAP-Systeme einsetzt.

Lieferung und Fakturierung   Die Lieferungsbearbeitung für die in SAP CRM angelegten Aufträge erfolgt in SAP ERP. Auf Basis der Lieferung erfolgt anschließend die Fakturierung ebenfalls in SAP ERP. Zusätzlich gibt es eine eigene Funktion für die Fakturierung in SAP CRM. Darüber können z. B. Kundenaufträge und Lieferungen sowie Gut- und Lastschriften erzeugt werden. Auch hier ist zwischen der auftragsbezogenen und der lieferbezogenen Fakturierung von Kundenaufträgen zu unterscheiden. Bei der auftragsbezogenen Fakturierung bildet ein in SAP CRM angelegter Kundenauftrag die Grundlage für die Erstellung der

Faktura. Bei der lieferbezogenen Faktura ist zu beachten, dass der eigentliche Lieferbeleg, der Grundlage für die Fakturierung ist, in SAP ERP (oder in einem Drittsystem) gespeichert ist. Deshalb ist es notwendig, dass der SAP CRM-Kundenauftrag aus der Lieferung (SAP ERP) heraus aktualisiert wird. Bei dieser Aktualisierung wird der Status ZUR FAKTURA FREIGEGEBEN gesetzt. Anschließend kann die Fakturierung in SAP CRM erfolgen. Die Verbuchung der SAP CRM-Faktura in der Finanzbuchhaltung und die anschließende Zahlungsabwicklung erfolgen dann wieder in SAP ERP Financials.

Innerhalb der Servicekomponente in SAP CRM werden vor allem Kundendienstprozesse abgebildet. Dazu gehören die Verwaltung von Serviceverträgen, die Garantieabwicklung, die Belegabwicklung für Serviceaufträge, die Abbildung von Reparaturen und Reklamationen und die Rückmeldung von Serviceaktivitäten. Diese Aktivitäten können in SAP CRM fakturiert werden. Innerhalb der Funktionen des E-Service werden die Kunden mit Self-Service-Funktionen für die Reklamations- und Retourenabwicklung, der Platzierung von Serviceaufträgen und bei der Suche nach Problemlösungen zu den Produkten und Dienstleistungen unterstützt.

Service

In den vergangenen Jahren hat sich das Internet zu einem wichtigen zusätzlichen Absatzkanal entwickelt, der für viele Unternehmen von erheblicher Bedeutung ist. Die E-Commerce-Prozesse sind ebenfalls in SAP CRM abgebildet. Dabei werden Produkte über Webshops an Endkunden (B2C: Business to Consumer) oder Geschäftspartner (B2B: Business to Business) verkauft.

E-Commerce

Die Produkte werden den Kunden in einem Produktkatalog im Internet angeboten. Die Produktkataloge werden im Customizing von SAP CRM angelegt. Dort wird auch festgelegt, welche Produktstammsätze über das Internet verkauft werden sollen. Produkte, die über elektronische Kataloge verkauft werden sollen, müssen zuvor als Stammsatz in SAP CRM angelegt werden. Sie können auch über eine Replikation mit den Materialstammsätzen aus SAP ERP automatisch hochgeladen werden. Die Produktkataloge können in Katalogbereiche (z. B. für Produkt- oder Warengruppen) gegliedert werden. Den einzelnen Katalogbereichen werden dann die Produktstammdaten zugeordnet. Zu jedem Katalog können Varianten hinsichtlich der Sprache, der Währung, der angebotenen Produkte und der Preise gepflegt werden. Die Preisfindung beim Anlegen der Aufträge kann entweder über einfache Listenpreise oder über die Komponente IPC (Internet Pricing and Configurator) abgebildet werden. Zusätzlich lassen sich auch die Kataloge externer Anbieter einbinden. Der Kunde kann dann die Produkte aus diesem Katalog auswählen und anschließend seinen Auftrag in SAP CRM platzieren. Die Anbindung externer Kataloge erfolgt über die OCI-Schnittstelle (Open Catalogue Interface).

Die Bestellung im Webshop erfolgt über einen virtuellen Einkaufskorb. Der Benutzer wählt die Produkte im Produktkatalog aus und wird dabei durch die hierarchische Katalogstruktur unterstützt. Zusätzlich kann man aber auch die Produktnummer direkt eingeben. Letzteres wird in B2B-Katalogen häufiger vorkommen. Des Weiteren wird der Benutzer durch eine Suchfunktion unterstützt. Anhand von Suchkriterien wird eine Liste mit Produkten ermittelt. Anschließend werden die ausgewählten Produkte in den Einkaufskorb übernommen, in dem die Bestellmenge erfasst wird. Durch die Integration des Webshops mit SAP CRM und SAP ERP können auch komplexe Bestellprozesse über diesen Weg abgewickelt werden. So ist es auch möglich, konfigurierbare Produkte zu bestellen (siehe Abschnitt 4.4.6, »Variantenkonfiguration«). Die Produktkonfiguration wird in SAP CRM über die Komponente IPC (Internet Pricing and Configurator) durchgeführt. Die Produktkonfiguration im IPC funktioniert zwar nach den gleichen Prinzipien wie die Variantenkonfiguration in SAP ERP, nichtsdestotrotz handelt es sich aber um eine eigene Komponente. Es ist möglich, die benötigten Stammdaten für die Konfiguration aus dem System SAP ERP in das System SAP CRM zu laden, womit diese Daten auch in der Komponente IPC zur Verfügung stehen. Allerdings weisen wir darauf hin, dass es in der Variantenkonfiguration zahlreiche Unterschiede zwischen CRM- und ERP-System gibt. Diese werden im SAP-Hinweis 837111 beschrieben. Die Variantenkonfiguration im IPC kann durch grafische Elemente unterstützt werden und auch für ungeübte Anwender die Konfiguration eines komplexen Produkts möglich machen.

Bei der Erfassung eines Auftrags im Webshop stehen weitere Funktionen zur Verfügung. Mithilfe der Produktsubstitution wird ein Produkt durch ein anderes ersetzt. Dabei können die erforderlichen Einstellungen aus SAP ERP geladen werden. Cross-Selling, Up-Selling und Down-Selling sind Funktionen, die beim Verkauf über das Internet besondere Bedeutung haben. Beim Cross-Selling werden im Einkaufskorb zusätzliche ergänzende Produkte angeboten, beim Up-Selling werden höherwertige Produkte und beim Down-Selling preisgünstigere Produkte angeboten. Die Verfügbarkeitsprüfung kann wie schon beim Verkauf über die Systeme SAP APO oder SAP ERP ausgeführt werden. In jedem Fall erhält der Benutzer eine aktuelle Information auf Basis von Beständen sowie geplanten Zu- und Abgängen. Der Benutzer kann den Einkaufskorb sichern und die Bearbeitung unterbrechen, um sie später abzuschließen. Abschließend kann aus dem Einkaufskorb die Bestellung des Kunden ausgelöst werden. Dazu wird in SAP CRM ein entsprechender Kundenauftrag angelegt. Dieser kann wiederum in das ERP-System repliziert und dort beliefert werden. Die Fakturierung erfolgt (wie oben beschrieben) entweder in SAP ERP oder in SAP CRM. Neben der Zahlung per Rechnung kann der Internetkunde auch die Zahlungsarten Nachnahme oder Zahlungskarte (z. B. Kreditkarte) auswählen. Bei der Abwicklung per Nachnahme erfolgt die Zahlung des Kunden direkt bei der Auslieferung. Ein Logistikdienstleister nimmt die Zahlung entgegen und leitet diese an das verkaufende Unternehmen weiter. In diesem Fall wird der Logistikdienstleister im Kundenauftrag als Regulierer erfasst. Bei der Zahlungskartenabwicklung kann im Kundenstamm die Nummer der Zahlungskarte hinterlegt werden. Diese steht dann im Auftrag zur Verfügung. Es ist auch möglich, die Nummer der Zahlungskarte im Kundenauftrag zu erfassen. Allerdings wird der Betreiber des Systems dann in die Pflicht einer PCI-Zertifizierung genommen, um die Sicherheit der abgespeicherten Kreditkartendaten sicherzustellen. Die Autorisierung der Karte erfolgt dann automatisch im Hintergrund. Bei erfolgreicher Autorisierung ist die Zahlung des Kunden nach der Auftragserfassung gesichert. Durch die Integration von Lösungen von Drittanbietern (z. B. innovate pay) ist es möglich, die Kreditkartendaten nicht in SAP ERP abzuspeichern, sondern dort lediglich eine Transaktions-ID abzuspeichern. Damit ist die PCI-Zertifizierung nicht mehr notwendig. Die Abrechnung erfolgt nach der Fakturierung mit dem Institut der Zahlungskarte.

Neben der Bestellung von Produkten kann der Kunde sich über den Webshop auch Angebote einholen. Er wählt dazu nach dem gleichen Verfahren die Produkte aus und erhält dann entsprechende Auskünfte über Preise und Liefertermine. Das Angebot wird auf dem CRM-System gespeichert und kann vom Kunden später aufgerufen werden. Mithilfe der Funktion *Kundenkonto* kann der Benutzer seine persönlichen Daten (Adresse, E-Mail etc.) sowie die von ihm ausgelösten Vorgänge (Bestellungen, Einkaufskörbe) verwalten.

Auktionen über den Webshop

Seit dem Aufkommen des Internets als Handelsplattform erfreuen sich Auktionen steigender Beliebtheit. Auktionen sind auch ein gutes Beispiel dafür, wie sich Absatzkanäle und damit verbundene Vertriebsprozesse verändern können. Die E-Commerce-Komponente von SAP CRM ermöglicht die Durchführung von Auktionen über den Webshop. Im ersten Schritt legt ein Administrator eine Auktion an und wählt die Produkte aus, die über die Auktion verkauft werden sollen. Im zweiten Schritt werden die Teilnehmer bestimmt, die an der Auktion teilnehmen können. Grundsätzlich können die Auktionen allen Benutzern des Webshops zugänglich gemacht werden. Es ist jedoch auch möglich, die Teilnahme an der Auktion auf bestimmte Benutzer einzuschränken. Beim Einrichten der Auktion kann ein Mindestpreis für das Gebot bestimmt werden. Außerdem lässt sich festlegen, dass die Erhöhung von Geboten in bestimmten Schritten erfolgen muss. Dabei wird entweder ein absoluter Betrag oder ein Prozentsatz festgelegt, um den das vorhandene Gebot übertroffen werden muss. Im dritten Schritt wird die Auktion veröffentlicht. Mit der Veröffentlichung erhalten die Teilnehmer der Auktion eine E-Mail mit einem URL-Link auf den Webshop, über den die Abwicklung erfolgt. Die für die Auktion ausgewählten Produkte sind im Webshop mit einem Symbol gekennzeichnet. Nach Beendigung der Auktion erfolgt die Ermittlung des Gewinners. Diese kann automatisch oder manuell durch den zuständigen Administrator erfolgen. Bei der automatischen Ermittlung erhält der Teilnehmer mit dem höchsten Gebot den Zuschlag. Bei der manuellen Gewinnerermittlung kann der Administrator die Auktion beenden und den Gewinner selbst festlegen – unabhängig davon, ob dieser das höchste Gebot abgegeben hat. Mit der Ermittlung des Gewinners legt das System automatisch eine Bestellung mit den Stammdaten des entsprechenden Teilnehmers an. Allerdings hat der Beleg noch eine Liefersperre, da der Benutzer den Kauf noch durchführen muss. Dazu erhält er eine E-Mail mit einem URL-Link auf die vom System zuvor angelegte Bestellung. Über den Link greift er auf die Bestellung zu und kann dort weitere Positionen ergänzen. Anschließend erhält er eine Auftragsbestätigung. Die Bestellung wird im Anschluss in SAP CRM aktualisiert und kann dann wieder an das SAP ERP-System übertragen und dort beliefert werden.

Es besteht zusätzlich die Möglichkeit, Produkte über die Auktionsplattform eBay zu verkaufen. Beim Anlegen der Auktion ist es möglich, als Backendsystem entweder SAP ERP *oder* SAP CRM zu wählen. Auch hier werden zunächst die Produkte definiert, die über eBay verkauft werden sollen. Die Liste der Produkte wird über eine CSV-Datei (Comma Separated Values) bei eBay importiert. Innerhalb der Auktionskonfiguration werden Anfang und Ende der Auktion festgelegt. Zusätzlich werden einige Parameter erfasst, die die Darstellung des Angebots innerhalb der Auktionsplattform steuern. Sobald die Auktion veröffentlicht worden ist, können die Bieter ihre Angebote erfassen. Mit der Veröffentlichung wird auf dem Backendsystem (SAP ERP oder SAP CRM) automatisch ein Angebot zur Reservierung der Produkte angelegt. Der Status der Auktion wird regelmäßig und automatisch im Hintergrund aktualisiert. Die Auktion endet entweder automatisch mit dem Ablauf oder durch einen manuellen Eingriff des Administrators. Anschließend erfolgt die Bestätigung des Kaufs durch den Käufer. Diese kann entweder direkt über eBay oder aber über den SAP CRM-Webshop erfolgen. Im Backendsystem wird durch die endgültige Bestellung des Käufers im Webshop das zuvor erzeugte Angebot in einen Auftrag umgesetzt. Der Auftrag erhält automatisch eine Liefersperre, die mit der Zahlung durch den Kunden aufgehoben wird. Anschließend kann die Lieferung erfolgen.

Auktionen über eBay

Im E-Marketing des SAP CRM-Systems werden strukturierte Marketingprojekte (Kampagnen) in Verbindung mit den E-Commerce-Funktionen eingesetzt. Im Rahmen einer Kampagne wird der Verkauf bestimmter Produkte über einen Webshop forciert. Dazu können auch eigene Kampagnenpreise für die Zielgruppe festgelegt werden. Es ist zwischen offenen und geschlossenen Kampagnen zu unterscheiden. Auf offene Kampagnen haben alle Benutzer eines Online-Shops Zugriff. Dagegen richten sich geschlossene Kampagnen an eine bestimmte Kundengruppe, die vorher über die Funktion *Segmentierung* ausgewählt wurde. Bei geschlossenen Kampagnen erhält der Kunde z. B. über eine E-Mail einen Kampagnencode, den er beim Einloggen mitgibt. Anschließend kann er aus den angebotenen Produkten der Kampagne auswählen. Diese Funktion ermöglicht es dem Anbieter des Webshops, zielgruppenspezifische Angebote im Internet zu platzieren und diese durch geeignete Instrumente (z. B. personalisierte E-Mails, die auf die Kampagne hinweisen) zu unterstützen. SAP CRM unterstützt dabei den gesamten Zyklus einer Kampagne mit

E-Marketing

den Phasen *Planung*, *Durchführung* und *Auswertung*. Der Auswertung kommt besondere Bedeutung zu. Sobald der Kunde einen Auftrag im Webshop platziert, wird ein entsprechender Kundenauftrag im SAP CRM-System erzeugt. Dieser Beleg kann, wie bereits ausgeführt, mit dem SAP ERP-System repliziert werden. Dabei wird das Kennzeichen MARKETINGSEGMENT mitgegeben. Dieses wird als Merkmal in der Ergebnis- und Marktsegmentrechnung (CO-PA) ausgewertet. Damit können die Umsätze auch nach Kampagnen ausgewertet werden, und der Erfolg einer Kampagne lässt sich messen.

SAP Interaction Center

Die Anwendung *Interaction Center* (IC) unterstützt die Kommunikation mit dem Kunden über unterschiedliche Kanäle (z. B. Telefon, E-Mail, Fax, Internet-Chat) und stellt dafür unterschiedliche Funktionen zur Verfügung. Ein Schritt in einer Marketingkampagne kann darin bestehen, eine ausgewählte Liste von potenziellen Kunden anzurufen, um entsprechende Leads zu generieren. Im Interaction Center können Anruflisten durch die Mitarbeiter im Callcenter abgearbeitet werden. Die sogenannten *Agents* können dabei durch vordefinierte Dialoge (Skripts) unterstützt werden. Diese stellen einen Gesprächsleitfaden für den Callcenteragenten dar. Während des Gesprächs können Vorgänge im Lead Management und Opportunity Management erfasst werden. Es können auch Folgeaktivitäten für Kollegen (z. B. Anruf durch einen Servicetechniker, Versand von Unterlagen) aus dem Gespräch heraus im System angelegt werden. Die gleiche Funktionalität kann auch für die Durchführung von Kundenbefragungen genutzt werden.

Mithilfe der Funktionen im *Inbound Telesales* werden eingehende Kundentelefonate entgegengenommen. Über eine automatische Nummernidentifikation (ANI) werden die Daten des Kunden (Stammdaten, Verkaufsvorgänge) ermittelt und automatisch am Bildschirm angezeigt. Um die automatische Nummernidentifikation nutzen zu können, muss über die CTI-Komponente (CTI: Computer Telephony Integration) von SAP CRM eine Schnittstelle zur Telefonanlage eingerichtet werden. Diese Schnittstelle nennt sich ICI (Integrated Communication Interface). Der Mitarbeiter im Callcenter kann für den Kunden Aufträge und Angebote erfassen, wobei die Funktionen des Verkaufsprozesses (z. B. Verfügbarkeitsprüfung, Produktvorschläge für das Cross-, Up- oder Down-Selling, Preisfindung) zur Verfügung stehen. Die gleichen Funktionen können im Rahmen von

Outbound Telesales genutzt werden. Dabei geht es um aktiven Telefonverkauf, bei dem der Kunde angerufen wird.

Des Weiteren steht im Interaction Center eine Lösungsdatenbank zur Verfügung, mit deren Hilfe die Mitarbeiter im Callcenter Kunden bei der Lösung von Problemen unterstützen können. Bei der Suche nach der entsprechenden Information wird der Agent durch eine Freitextsuche unterstützt. Die entsprechende Information kann per E-Mail an den Kunden weitergeleitet werden.

Neben den operativen Tätigkeiten im Callcenter können auch die Managementtätigkeiten unterstützt werden. Dazu zählt das Monitoring der Abläufe im Callcenter. Es ist möglich, den Status der verschiedenen Aufgaben und Aktivitäten zu überwachen, um daraus Schlüsse für die Optimierung zu ziehen (z. B. Entwicklung neuer Gesprächsleitfäden, Verteilung der Aufgaben, Pflege der Lösungsdatenbanken). Als weitere Funktion in diesem Zusammenhang kann das E-Mail Response Management zur automatisierten Bearbeitung und Weiterleitung eingehender E-Mails genutzt werden. Über die automatische Bearbeitung lässt sich z. B. der Versand einer Empfangsbestätigung oder einer Standardauskunft initiieren. Kann die E-Mail nicht automatisch beantwortet werden, kann über ein Regelwerk die automatische Weiterleitung an den entsprechenden Mitarbeiter gesteuert werden. Zur Nutzung des Interaction Centers wird das CRM Web-UI mit der IC Agent Rolle betrieben. Der aus früheren Releaseständen bekannte Interaction Center WinClient steht seit SAP CRM 2007 nicht mehr zur Verfügung.

Durch die Groupware Integration können Anwender die Kontakte, Aufgaben und Termine aus SAP CRM mit ihrer Groupware (z. B. Microsoft Outlook oder Lotus Notes) abgleichen. Ergänzt wird dies durch die E-Mail-Integration, die den Abgleich ein- und ausgehender E-Mails ermöglicht.

Groupware Integration

Es gibt kaum ein Gebiet, auf dem die Bedeutung unternehmensübergreifender Zusammenarbeit so offenkundig ist wie beim Thema *Channel Management*. Unternehmen konzentrieren sich heute auf ihre Kernkompetenzen und arbeiten außerhalb davon mit Partnern zusammen. Im Vertrieb sind dies z. B. Absatzmittler, Händler, Spezialisten für die Distributionslogistik oder Vertriebspartner. Mithilfe des Channel Management werden in SAP CRM mehrstufige Vertriebskonzepte unter Einbeziehung von Partnern unterstützt.

Channel Management

Obwohl partnerschaftliche Zusammenarbeit immer eine enge Kooperation und den Austausch von Informationen voraussetzt, sind die einzelnen Partner in einem Netzwerk doch zumeist eigenständige Unternehmen mit eigener Organisation und nicht zuletzt eigenen IT-Systemen. Daraus ergeben sich abhängig von der Funktion des Partners unterschiedliche Herausforderungen. Der Hersteller benötigt unter Umständen Informationen über die Endkunden, die in erster Linie direkt von Partnerunternehmen betreut werden. Vielfach gibt es gar keinen unmittelbaren Kontakt zwischen Hersteller und Endkunde. Auch wird sich ein Hersteller darüber Gedanken machen, wie ein Partner seine Produkte gegenüber den Endkunden präsentiert. Umgekehrt benötigt der Vertriebspartner weitreichende Informationen zu Produkten und Leistungen der Hersteller. Beim Channel Management geht es darum, diese Herausforderungen zu meistern und den Kunden durch einheitliche und abgestimmte Informationen und die Planung und Durchführung gemeinsamer Aktivitäten unternehmensübergreifend optimal zu betreuen. In SAP CRM gibt es dazu den Bereich Channel Management, der die bereits angesprochenen Funktionen des Marketings, des Verkaufs und des E-Commerce nutzt.

In der Funktion *Partner Management* werden Informationen über die Partner selbst verwaltet. Dazu gehören Stammdaten (Anschrift, Ansprechpartner etc.), aber auch Informationen zu dem Produkt- und Leistungsspektrum, Zielvereinbarungen und Messgrößen für die Zielerreichung, Partnerverträge und Kontrakte oder etwa die allgemeinen Geschäftsbedingungen. In SAP CRM können Partner nach den Kriterien Partnertyp, Partnerprogramm, Partnerstatus und Dauer der Zusammenarbeit klassifiziert werden. Ebenso lassen sich Schulungs- und Zertifizierungsprogramme verwalten. Diese Funktionen zielen darauf ab, die Informationen über den Partner über den gesamten Lebenszyklus der Partnerschaft abzubilden und die Zusammenarbeit zu dokumentieren. Für Partner steht eine Online-Registrierung zur Verfügung.

Mithilfe des Channel Marketing können die bereits beschriebenen Marketingfunktionen von SAP CRM für Planung, Durchführung und Auswertung gemeinsamer Aktivitäten und Kampagnen mit Vertriebs- und Marketingpartnern genutzt werden. Die Kampagnen werden dazu in SAP CRM angelegt und verwaltet. Den Partnern werden über diese Kampagnen entsprechende Informationen über Produkte,

Preise und Rabatte sowie zusätzliche Dokumente zur Verfügung gestellt. Über die Komponente Channel Marketing lassen sich also Kampagnen, deren Zielgruppe die Endkunden sind, mit den Vertriebspartnern abstimmen.

Die Vertriebspartner können auch Stammdaten für Geschäftspartner (Endkunden, Ansprechpartner, potenzielle Kunden) in SAP CRM pflegen. Über ein Berechtigungskonzept wird festgelegt, welche Kundenstammsätze durch einen Partner bearbeitet werden dürfen. Zusätzlich kann bei der Erfassung von Ansprechpartnern zu einem Endkunden auch eine Dublettenprüfung durchgeführt werden, um Doppelerfassungen zu vermeiden. Über die Pflege von Stammdaten hinaus können die Vertriebspartner auch Leads und Opportunities in SAP CRM erfassen. Damit lassen sich Vertriebsaktivitäten unternehmensübergreifend koordinieren. Die Erfassung der Leads erfolgt über das CRM Web-UI in SAP CRM. Die weitere Bearbeitung erfolgt dann durch einen Mitarbeiter des Herstellers. Umgekehrt kann auch der Hersteller Leads und Opportunities erfassen und diese an den am besten geeigneten Partner weiterleiten. Im weiteren Verlauf kann ein Vertriebspartner auch Angebote und Kundenaufträge im Namen des Endkunden in SAP CRM erfassen. Es handelt sich dabei um eine Bestellung des Endkunden (Auftraggeber) beim Hersteller (Lieferanten). Bei der Erfassung der Vertriebsbelege stehen die entsprechenden Funktionen (z. B. Produktkonfiguration, Verfügbarkeitsprüfung, Preisfindung) zur Verfügung.

Von besonderer Bedeutung für die Abbildung unternehmensübergreifender Prozesse innerhalb eines Partnernetzwerks sind die E-Commerce-Funktionen von SAP CRM. Über Multipartner-Webshops können Hersteller und Vertriebspartner Produkte gemeinsam über das Internet verkaufen. Dabei stellt der Hersteller einen Masterkatalog zur Verfügung. Jeder Händler erhält dann über eine sogenannte *Subskription* die Möglichkeit, die Produkte aus dem elektronischen Katalog auszuwählen, die er vertreiben will. In einem Multipartner-Webshop wählt der Endkunde die Produkte aus und legt sie in einen Einkaufskorb. Anschließend wird der Partner bestimmt, über den die Produkte bestellt werden sollen. Ein weiteres Szenario ist die Übergabe des Einkaufskorbs an den Webshop des Partners. Aus einem Multipartner-Webshop kann auch eine automatische Lead-Generierung erfolgen. Abhängig von bestimmten Aktivitäten des Online-Kunden kann automatisch ein Lead in SAP CRM erzeugt werden, der dann wiederum an den Partner oder einen Mitarbeiter beim Hersteller weitergeleitet wird. In diesem Zusammenhang sind auch die Business-on-Behalf-Szenarien von Bedeutung. Dabei kann ein Anwender (z. B. Außendienst, Handelsvertreter, Importeur) im Webshop Angebote und Aufträge im Namen des eigentlichen Endkunden erfassen, der die Lieferung erhält. In der Praxis wird dieses Verfahren auch häufig genutzt, um auf eine Mobile-Sales-Anwendung ganz oder teilweise verzichten zu können. Auf diese Mobile Sales-Anwendungen wollen wir jetzt kurz eingehen.

Field Applications — Mithilfe der sogenannten *Field Applications* ist es für Außendienstmitarbeiter auch dann möglich, die Funktionen von SAP CRM zu nutzen, wenn keine Online-Verbindung mit dem CRM-Server besteht. Folgende Field Applications stehen zur Verfügung:

- Mobile Sales
- Mobile Service
- Mobile Sales für Handhelds
- Mobile Service für Handhelds

Weitere Anwendungen, werden durch die Hersteller der Endgeräte wie z. B. Blackberrys (Research in Motion = RIM) oder Drittanbieter (z. B. innovate Mobile) auf der SAP NetWeaver-Infrastruktur zur Verfügung gestellt.

Es handelt sich um Offline-Anwendungen, die auf Laptops oder Handhelds installiert werden. Über eine Datenreplikation werden die Daten mit dem CRM-Server abgeglichen. Anschließend erfolgt die Bearbeitung auf den mobilen Endgeräten. Die dort erfassten Daten werden über eine erneute Datenübertragung mit dem CRM-Server abgeglichen. Innerhalb des Vertriebs stehen folgende Funktionen zur Verfügung: Account Management, Kampagnenmanagement, Lead und Opportunity Management sowie die Angebots- und Auftragsbearbeitung.

6.3.3 E-Commerce-Funktionen in SAP ERP

Produktkatalog — Ein Teil der vorgestellten E-Commerce-Funktionen kann auch ohne SAP CRM direkt mit SAP ERP betrieben werden. Dazu geben wir Ihnen in diesem Abschnitt einen kurzen Überblick. Ähnlich dem Produktkatalog in SAP CRM kann auch im ERP-System E-Commerce auf Basis der Materialstammdaten (aus SAP ERP) ein elektronischer Produktkatalog aufgebaut werden. Die Katalogstruktur wird über sogenannte *Layouts* festgelegt. Darüber kann der Katalog beispielsweise in unterschiedliche Produkt- oder Leistungsbereiche gegliedert werden. Wie auch in SAP CRM können für jeden Produktkatalog unterschiedliche Varianten für die Währung und die Sprache angelegt werden. Jedem Layoutbereich werden Materialstämme zugeordnet, die über das Internet verkauft werden sollen. Es können nur Materialstammsätze über den Katalog verkauft werden, die in SAP ERP vorhanden sind. Sowohl den einzelnen Materialstammsätzen als auch den Produktbereichen (Layoutbereichen) lassen sich ergänzende Multimediainformationen (Produktbilder, Beschreibungen, Dokumente, Broschüre etc.) zuordnen. Damit später eine Preisfindung für den Online-Katalog durchgeführt werden kann, werden dem Katalog ein Vertriebsbereich, ein Belegschema und ein Referenzkunde zugewiesen. Daraus ermittelt das System ein Kalkulationsschema (siehe Abschnitt 2.1), über das die Preisfindung abgewickelt wird. Der Katalogpreis wird dabei aus der Zeile ZWISCHENSUMME 1 des Kalkulationsschemas ermittelt.

Für den elektronischen Einkauf nutzt der Kunde einen virtuellen Einkaufskorb. Er wählt die Produkte aus dem elektronischen Katalog aus und legt sie in seinen Einkaufskorb. Über einen Button kann der Benutzer dann eine Verfügbarkeitsauskunft einholen. Dabei wird eine Verfügbarkeitsprüfung (siehe Abschnitt 2.3) im SAP ERP-System durchgeführt und das Lieferdatum im Einkaufskorb angezeigt. Im Unterschied zur Auftragserfassung in SAP ERP wird bei dieser Verfügbarkeitsauskunft kein Bedarf an die Produktion übergeben. Dies geschieht erst dann, wenn die Bestellung im Webshop ausgeführt wird. Auf Basis der Bestellung wird dann ein Kundenauftrag in SAP ERP erfasst, der einen Bedarf an die Produktion (PP, *Produktionsplanung und -steuerung*) übergibt.

Einkaufskorb und Bestellung

Die Preisfindung im Webshop kann entweder auf Basis der Informationen aus dem Produktkatalog (Vertriebsbereich, Belegschema, Referenzkunde) oder mithilfe des IPC (Internet Pricing and Configurator) durchgeführt werden. Der IPC muss dazu eigens installiert werden. Es handelt sich um die gleiche Komponente, die auch in SAP CRM verwendet wird. Mit dem IPC kann eine individuelle und komplexe Preisfindung mit Zu- und Abschlägen abgebildet werden. Auf diese Preise hat der Anwender bereits im Katalog Zugriff.

Ohne IPC werden dem Anwender im Katalog lediglich Preise für den Referenzkunden angezeigt. Allerdings kann er aus dem Warenkorb heraus eine Auftragssimulation durchführen. Dabei werden Preise über die Preisfindung in SAP ERP ermittelt, sodass an dieser Stelle (Auftragssimulation) ebenfalls individuelle Preise ermittelt werden. Durch Partnerlösungen wird es ermöglicht, bereits im Katalog kundenindividuelle Preise ohne IPC zu ermitteln.

Auch die Konfiguration von Produkten im Webshop kann auf Basis des IPC durchgeführt werden. Die weitere Auftragsabwicklung erfolgt dann über die Belege Kundenauftrag, Lieferung und Faktura in SAP ERP. Diese Abwicklung kennen Sie bereits aus den Kapiteln 3 und 4. Im Webshop wird der Auftragsstatus über die Funktion *Meine Vorgänge* angezeigt. Damit können die Vertriebsprozesse der Komponente SD auch ohne Einsatz des kompletten SAP CRM-Systems um die Funktionen des Internetvertriebs erweitert werden. Der Vorteil besteht darin, dass Sie vorhandene Funktionen (z. B. Preisfindung und Konfiguration) nutzen und die Aufträge direkt in SAP ERP anlegen können.

> Die Informationen zu SAP CRM hat Herr Jörg Kümpflein von der innovate Software GmbH beigesteuert. innovate bietet Dienstleistungen im Bereich SAP CRM, SAP E-Commerce und NetWeaver an, insbesondere die Optimierung der Benutzeroberflächen. Des Weiteren bietet innovate sinnvolle Ergänzungen zu den SAP-Standardprodukten an. Weitere Informationen finden Sie unter *www.innovate-gmbh.de*.

6.4 Zusammenfassung

In diesem Kapitel haben wir den Blick auf die Gestaltung unternehmens- und systemübergreifender Geschäftsprozesse gerichtet und dabei zunächst einige wichtige technologische Entwicklungen dargestellt. Anschließend haben Sie gesehen, wie eine unternehmensübergreifende Auftragsabwicklung auf Basis elektronischer Nachrichten ablaufen kann, und im letzten Abschnitt haben wir Ihnen einen Kurzüberblick über die Lösung SAP CRM vermittelt, mit der Sie die Vertriebsprozesse der Komponente SD erweitern können.

Am Ende dieses Buchs möchten wir hier noch einmal die einzelnen Kapitel mit ihrer zentralen Aussage Revue passieren lassen.

7 Zusammenfassung

Einleitend haben wir uns mit der Abbildung der Unternehmensorganisation in SAP ERP beschäftigt und Ihnen dabei schon einen ersten Hinweis auf die weitreichende Integration unterschiedlicher Komponenten (Vertrieb, Materialwirtschaft, Produktion, Controlling und Finanzwesen) gegeben – eine Erkenntnis, die uns über weite Strecken in diesem Buch begleitet hat.

In Kapitel 2, »Vertriebskomponente SD – Funktionsüberblick«, beschäftigten uns die wichtigsten Funktionen der Komponente SD: Wir wollten in diesem Kapitel die grundsätzliche Systematik der wichtigsten Funktionen beschreiben und das Zusammenspiel zwischen Customizing, Stammdaten und Anwendung erläutern. Dazu gehören auch die Aufbereitung und Analyse von Daten. SAP NetWeaver Business Warehouse bietet hier ganz neue Möglichkeiten, die wir ebenfalls umrissen haben. Zwar dürfte auch der aufmerksame Leser dieses Buchs noch nicht in der Lage sein, das Customizing selbstständig durchzuführen, aber die Einarbeitung in diese komplexe Problematik wird nun doch erheblich leichter fallen. Vor allem sollte es möglich sein, die einzelnen Teilfunktionen in einen Gesamtzusammenhang einzuordnen.

Dazu gehört das Verständnis der Prozesse, die in Kapitel 3, »Vertriebskomponente SD – Prozessüberblick«, beschrieben worden sind. Beginnend mit dem Belegaufbau und dem Überblick über den Belegfluss haben wir die Standardabwicklung des Vertriebs in Abschnitt 3.3, »Terminauftragsabwicklung«, intensiv besprochen. Dort wurde die Grundlage für das Verständnis von Abläufen im SAP ERP-System gelegt. Gleichzeitig sollten Gestaltungsspielräume für die Anpassung dieser Abläufe an die eigenen Anforderungen deutlich werden.

Basierend auf der Kenntnis von Funktionen und Prozessen stellte sich dann in Kapitel 4, »Gestaltung von Wertschöpfungsketten in SAP ERP«, die eigentlich spannende Frage, wie sich bereichs- und komponentenübergreifende Wertschöpfungsketten in SAP ERP abbilden lassen. Dabei wurde deutlich, wie sehr Vertriebsprozesse in die Strategien der Produktionsplanung, der Materialwirtschaft, der Finanzbuchhaltung und des Controllings integriert sind.

Dieses hohe Maß an Integration macht vernetztes Denken erforderlich. Genau dies ist bei einer SAP-Einführung gefragt – bei allen Beteiligten. Daraus leitet sich das Prinzip der Prozessorientierung für den Einführungsprozess geradezu zwangsläufig ab. Da aber Prozesse zuerst von Menschen gestaltet werden, müssen auch sie in den Mittelpunkt des Interesses rücken. Diesen Gedanken und einen Vorschlag für die Projektorganisation haben wir in Kapitel 5, »Prozessorientierte Einführung«, dargelegt.

In Kapitel 6, »Unternehmensübergreifende Geschäftsprozesse«, haben wir die Perspektive auf die Gestaltung unternehmensübergreifender Geschäftsprozesse erweitert. Mit SAP NetWeaver steht eine offene Anwendungs- und Entwicklungsplattform für die Gestaltung system- und unternehmensübergreifender Geschäftsprozesse zur Verfügung. Am konkreten Beispiel haben wir gezeigt, wie eine unternehmensübergreifende Auftragsabwicklung auf Basis elektronischer Nachrichten aussehen kann. Unternehmensübergreifende Prozesse im Vertrieb dienen vor allem dem Zweck, die Zusammenarbeit mit dem Kunden optimal zu unterstützen. Aus diesem Grund schließt dieses Kapitel mit einem Kurzüberblick über das Thema Customer Relationship Management (SAP CRM) ab.

Technologien wie SAP NetWeaver lassen neue Gestaltungsspielräume entstehen. Gleichzeitig steigt aber auch die Komplexität bei der Entwicklung von Lösungen. Umso wichtiger ist es, die neuen Funktionen sinnvoll in die prozessorientierten Zusammenhänge einordnen zu können, die unser Buch zu vermitteln versucht. Die Gestaltung der Prozesse in den Kernkomponenten ist nach wie vor ein entscheidender Aspekt für die Optimierung von Geschäftsprozessen: Nur wer ein schlüssiges Gesamtkonzept für die Abbildung von Wertschöpfungsketten hat, wird die neuen Möglichkeiten der Informationstechnologie für sich nutzen können.

Anhang

A	Transaktionen und Menüpfade	621
B	Glossar	633
C	Literaturempfehlungen	643
D	Die Autoren	645

A   Transaktionen und Menüpfade

Damit Sie die in diesem Buch erläuterten Systembeispiele und Customizing-Einstellungen leicht nachvollziehen können, haben wir Ihnen bereits in den einzelnen Kapiteln Hinweise auf die Transaktionscodes gegeben. Über diese können Sie die entsprechenden Funktionen direkt ausführen. In diesem Anhang erhalten Sie eine Übersicht über die im Buch verwendeten Transaktionscodes und erfahren zusätzlich, wie Sie die Transaktionen über das SAP-Menü erreichen können. Die Übersicht ist aufgeteilt in die Bereiche Anwendung und Customizing und dort weiter gegliedert nach den einzelnen Anwendungen. Die Transaktionen sind sachlogisch geordnet: zuerst Stammdaten, dann Funktionen und schließlich Prozesse.

Diesen Anhang können Sie auch über die Verlagswebsite *www.sappress.de* herunterladen.

A.1   Anwendung

A.1.1   Komponente SD

Logistik • Vertrieb •

Debitoren [XD01/XD02/XD03]: Stammdaten • Geschäftspartner • Kunde • Anlegen (Gesamt)/Ändern (Gesamt)/Anzeigen (Gesamt)

Debitoren [VD01/VD02/VD03]: Stammdaten • Geschäftspartner • Kunde • Anlegen (Vertrieb)/Ändern (Vertrieb)/Anzeigen (Vertrieb)

Vertriebsbeauftragte [VPE1/VPE2/VPE3]: Stammdaten • Geschäftspartner • Vertriebsbeauftragte • Anlegen/Ändern/Anzeigen

Material [MM01/MM02/MM03]: Stammdaten • Produkte • Sonstiges Material • Anlegen/Ändern/Anzeigen

Materialstückliste [CS01/CS02/CS03]: Stammdaten • Produkte • Stücklisten • Stückliste • Materialstückliste • Anlegen/Ändern/Anzeigen

Auftragsstückliste [CS61/CS62/CS63]: Stammdaten • Produkte • Stücklisten • Stückliste • Auftragsstückliste • Anlegen/Ändern/Anzeigen

Kunden-Material-Info [VD51/VD52/VD53]: Stammdaten • Absprachen • Kunden-Material-Info • Anlegen/Ändern/Anzeigen

Stammdaten Kreditmanagement [FD32/FD33]: Kreditmanagement • Stammdaten • Ändern/Anzeigen

Sortiment [WSV2/WSO2/WSO3/WSO4]: Stammdaten • Produkte • Wertktr-Sortimentsb. • Anlegen/Ändern/Anzeigen/Löschen

Konditionssätze Preisfindung [VK11/VK12/VK13]: Stammdaten • Konditionen • Selektion über Konditionsart • Anlegen/Ändern/Anzeigen

Konditionssätze in der Nachrichtenfindung [VV11/VV12/VV13]: Stammdaten • Nachrichten • Verkaufsbeleg • Anlegen/Ändern/Anzeigen

Konditionssätze Materialfindung [VB11/VB12/VB13]: Stammdaten • Produkte • Materialfindung • Anlegen/Ändern/Anzeigen

Konditionssätze Materiallistung [VB01/VB02/VB03]: Stammdaten • Produkte • Listung/Ausschluß • Anlegen/Ändern/Anzeigen

Konditionssätze Cross-Selling [VB41/VB42/VB43]: Stammdaten • Produkte • Cross-Selling • Anlegen/Ändern/Anzeigen

Chargensuchstrategie [VCH1/VCH2/VCH3]: Stammdaten • Produkte • Chargensuchstrategie • Anlegen/Ändern/Anzeigen

Anfrage [VA11/VA12/VA13]: Verkauf • Anfrage • Anlegen/Ändern/Anzeigen

Angebot [VA21/VA22/VA23]: Verkauf • Angebot • Anlegen/Ändern/Anzeigen

Wertkontrakt [VA41/VA42/VA43]: Verkauf • Kontrakt • Anlegen/Ändern/Anzeigen

Auftrag [VA01/VA02/VA03]: Verkauf • Auftrag • Anlegen/Ändern/Anzeigen

Lieferung [VL01N/VL02N/VL03N]: Versand und Transport • Auslieferung • Anlegen/Ändern/Anzeigen

Quittieren des Transportbelegs [LT12]: Versand und Transport • Kommissionierung • Transportauftrag quittieren • Einzelbeleg • in einem Schritt

Faktura [VF01/VF02/VF03]: Fakturierung • Faktura • Anlegen/Ändern/Anzeigen

Fakturavorrat [VF04]: Fakturierung • Faktura • Fakturavorrat bearbeiten

Fakturen ausgeben [VF31]: Fakturierung • Nachrichten • Fakturen ausgeben

Kundenanalyse [MCTA]: Vertriebsinfosystem • Standardanalysen • Kunde

Verkaufsorganisationsanalyse [MCTE]: Vertriebsinfosystem • Standardanalysen • Verkaufsorganisation

Gesperrte Vertriebsbelege [VKM1]: Kreditmanagement • Ausnahmen • Gesperrte Vertriebsbelege

Reklamationsabwicklung [WCMP_PROCESSING]: Fakturierung • Faktura • Reklamationsabwicklung

Massenreklamationsabwicklung [WCMP_MASS]: Fakturierung • Faktura • Massenreklamation

A.1.2 Komponente MM

Logistik • Materialwirtschaft •

Lieferanten [XK01/XK02/XK03]: Einkauf • Stammdaten • Lieferant • Zentral • Anlegen/Ändern/Anzeigen

Lieferanten [MK01/MK02/MK03]: Einkauf • Stammdaten • Lieferant • Einkauf • Anlegen/Ändern (Aktuell)/Anzeigen (Aktuell)

Material [MM01/MM02/MM03]: Materialstamm • Material • Anlegen allgemein (Sofort)/Ändern (Sofort)/Anzeigen (Anzeigen akt. Stand)

Infosatz [ME11/ME12/ME13]: Einkauf • Stammdaten • Infosatz • Anlegen/Ändern/Anzeigen

Serialnummern [IQ01/IQ02/IQ03]: Materialstamm • Umfeld • Serialnummern • Anlegen/Ändern/Anzeigen

Serialnummernliste [IQ04/IQ08/IQ09]: Materialstamm • Umfeld • Serialnummern • Listbearbeitung • Anlegen/Ändern/Anzeigen

Bestellanforderung [ME51N/ME52N/ME53N]: Einkauf • Banf • Anlegen/Ändern/Anzeigen

Umsetzung Bestellanforderung in Bestellung [ME58]: Einkauf • Bestellung • Anlegen • Über Banf-ZuordListe

Bestellung [ME21N/ME22N/ME23N]: Einkauf • Bestellung • Anlegen/Ändern/Anzeigen

Warenbewegung [MIGO]: Bestandsführung • Warenbewegung • Warenbewegung (MIGO)

Umbuchung [MIGO_TR]: Bestandsführung • Warenbewegung • Umbuchung (MIGO)

Materialbeleg [MB03]: Bestandsführung • Materialbeleg • Anzeigen

Eingangsrechnung [MIRO]: Logistik-Rechnungsprüfung • Belegerfassung • Eingangsrechnung hinzufügen

Rechnungsbeleg [MIR4]: Logistik-Rechnungsprüfung • Weiterverarbeitung • Rechnungsbeleg anzeigen

Aktuelle Bedarfs- und Bestandsliste [MD04]: Bestandsführung • Umfeld • Bestand • Akt.Bed./Best.Liste

Bestandsübersicht [MMBE]: Bestandsführung • Umfeld • Bestand • Bestandsübersicht

A.1.3 Komponente PP

Logistik • Produktion •

Material [MM01/MM02/MM03]: Stammdaten • Materialstamm • Material • Anlegen allgemein (Sofort)/Ändern (Sofort)/Anzeigen (Anzeigen akt. Stand)

Materialstückliste [CS01/CS02/CS03]: Stammdaten • Stücklisten • Stückliste • Materialstückliste • Anlegen/Ändern/Anzeigen

Normalarbeitspläne [CA01/CA02/CA03]: Stammdaten • Arbeitspläne • Arbeitspläne • Normalarbeitspläne • Anlegen/Ändern/Anzeigen

Arbeitsplätze [CR01/CR02/CR03]: Stammdaten • Arbeitsplätze • Arbeitsplatz • Anlegen/Ändern/Anzeigen

Produktionsgrobplanung [MC87/MC88/MC89]: Absatz-/Grobplanung • Planung • Für Material • Anlegen/Ändern/Anzeigen

Übergabe Plandaten an die Programmplanung [MC74]: Absatz-/Grobplanung • Planung • Für Material • Überg. Progr.pl. Mat

Programmplanung [MD61/MD62/MD63]: Produktion • Produktionsplanung • Programmplanung • Planprimärbedarf • Anlegen/Ändern/Anzeigen

Dispositionslauf [MD02]: Bedarfsplanung • Planung • Einzelpl. mehrstufig

Dispositionslauf [MD03]: Bedarfsplanung • Planung • Einzelpl. einstufig

Dispositionslauf für Kundenauftrag [MD50]: Bedarfsplanung • Planung • Einzelpl. KDAuftrag

Fertigungsaufträge [CO01/CO02/CO03]: Fertigungssteuerung • Auftrag • Anlegen (mit Material)/Ändern/Anzeigen

Rückmeldung Fertigungsauftrag [CO11N]: Fertigungssteuerung • Rückmeldung • Erfassen • Zum Vorgang • Lohn-Rückmeldeschein

Aktuelle Bedarfs- und Bestandsliste [MD04]: Bedarfsplanung • Auswertungen • Bedarfs-/Bestandsliste

A.1.4 Komponente FI

Rechnungswesen •

Zahlungseingang [F-28]: Finanzwesen • Debitoren • Buchung • Zahlungseingang

Zahlungseingang [F-29]: Finanzwesen • Debitoren • Buchung • Anzahlung • Anzahlung

Zahlungsausgang [F-53]: Finanzwesen • Kreditoren • Buchung • Zahlungsausgang • Buchen

Buchhaltungsbeleg [FB02/FB03]: Finanzwesen • Hauptbuch • Beleg • Ändern/Anzeigen

Debitoren Einzelpostenliste [FBL5N]: Finanzwesen • Debitoren • Konto • Posten anzeigen/ändern

Kreditoren Einzelpostenliste [FBL1N]: Finanzwesen • Kreditoren • Konto • Posten anzeigen/ändern

Geschäftspartnerstammdaten Credit Management [UKM_BP]: Financial Supply Chain Management • Credit Management • Stammdaten • Geschäftspartnerstammdaten

A.1.5 Komponente CO

Rechnungswesen • Controlling •

Ergebnisbericht [KE30]: Ergebnis- und Marktsegmentrechnung • Infosystem • Bericht ausführen

Konditionssätze [KE41/KE42/KE43]: Ergebnis- und Marktsegmentrechnung • Stammdaten • Konditionssätze/Preise • Anlegen/Ändern/Anzeigen

Ist-Kosten-Abrechnung [VA88]: Produktkosten-Controlling • Kostenträgerrechnung • Kundenauftrags-Controlling • Periodenabschluß • Einzelfunktionen • Abrechnung

A.1.6 Werkzeuge

Werkzeuge •

Batch-Input-Verarbeitung [SM35]: Administration • Monitor • Batch-Input

Ausgabesteuerung Drucker [SP01]: CCMS • Drucken • Ausgabesteuerung

Statusmonitor ALE-Nachrichten [BD87]: ALE • ALE-Administration • Monitoring • IDoc-Anzeige • Statusmonitor

IDoc-Liste [WE02]: ALE • ALE-Administration • Monitoring • IDoc-Anzeige • Anzeige

A.1.7 Sonstiges

Batch Information Cockpit [BMBC]: Logistik • Zentrale Funktionen • Chargenverwaltung • Batch Information Cockpit

Arbeitsplatz [SBWP]: Büro • Arbeitsplatz

A.2 Customizing

Im Customizing stehen nicht für alle Funktionen eigene Transaktionscodes zur Verfügung. In diesem Fall ist das Customizing-Menü über die Transaktion SPRO aufzurufen. Die weitere Navigation erfolgt über die im Folgenden beschriebenen Menüpfade. Wenn für eine Transaktion ein Transaktionscode vorhanden ist, haben wir diesen wie bei den Anwendungstransaktionen angefügt.

A.2.1 Komponente SD

SPRO • Vertrieb •

Auftragsarten definieren [VOV8]: Verkauf • Verkaufsbelege • Verkaufsbelegkopf • Verkaufsbelegarten definieren

Positionstypen definieren: Verkauf • Verkaufsbelege • Verkaufsbelegposition • Positionstypen definieren

Positionstyp zuordnen: Verkauf • Verkaufsbelege • Verkaufsbelegposition • Positionstypen zuordnen

Einteilungstypen definieren [VOV6]: Verkauf • Verkaufsbelege • Einteilungen • Einteilungstypen definieren

Einteilungstypen zuordnen: Verkauf • Verkaufsbelege • Einteilungen • Einteilungstypen zuordnen

Fakturaarten definieren [VOFA]: Fakturierung • Fakturen • Fakturaarten definieren

Reklamationsgründe definieren: Fakturierung • Fakturen • Reklamationsgründe definieren

Schemaermittlung [OVKK]: Grundfunktionen • Preisfindung • Steuerung der Preisfindung • Kalkulationsschemata definieren und zuordnen • Kalkulationsschemaermittlung festlegen

Konditionsarten Preisfindung pflegen: Grundfunktionen • Preisfindung • Steuerung der Preisfindung • Konditionsarten definieren

Bedarfsklassen [OVZG]: Grundfunktionen • Verfügbarkeitsprüfung und Bedarfsübergabe • Bedarfsübergabe • Bedarfsklassen definieren

Steuerung ATP-Prüfung [OVZ9]: Grundfunktionen • Verfügbarkeitsprüfung und Bedarfsübergabe • Verfügbarkeitsprüfung • Verfügbarkeitsprüfung nach ATP-Logik und gegen Vorplanung • Steuerung der Verfügbarkeitsprüfung vornehmen

Zuordnung Bedarfsarten zum Vorgang: Grundfunktionen • Verfügbarkeitsprüfung und Bedarfsübergabe • Bedarfsübergabe • Ermittlung der Bedarfsart über den Vorgang

Bedingung Bedarfsübergabe [OVB8]: Grundfunktionen • Verfügbarkeitsprüfung und Bedarfsübergabe • Bedarfsübergabe • Bedingungen für die Bedarfsübergabe pflegen

Richt-/Ladezeit einer Versandstelle [OVLZ]: Grundfunktionen • Versand- und Transportterminierung • Terminierung je Versandstelle definieren

Transitzeit für eine Route [0VTC]: Grundfunktionen • Routen • Routendefinition • Routen und Abschnitte definieren

Nachrichtenschemaermittlung/-pflege: Grundfunktionen • Nachrichtensteuerung • Nachrichtenfindung • Nachrichtenfindung über Konditionstechnik • Nachrichtenfindung für Verkaufsbelege pflegen • Nachrichtenschema zuordnen/Nachrichtenschema pflegen

Nachrichtenfindung [V/30]: Grundfunktionen • Nachrichtensteuerung • Nachrichtenfindung • Nachrichtenfindung über Konditionstechnik • Nachrichtenfindung für Verkaufsbelege pflegen • Nachrichtenarten pflegen

Nachrichtenfindung [V/43]: Grundfunktionen • Nachrichtensteuerung • Nachrichtenfindung • Nachrichtenfindung über Konditionstechnik • Nachrichtenfindung für Verkaufsbelege pflegen • Nachrichtenschema zuordnen • Verkaufsbelegkopf zuordnen

Materialfindungsschemas [OV14]: Grundfunktionen • Materialfindung • Schemata Verkaufsbelegarten zuordnen

Voraussetzungen für Materialfindung: Grundfunktionen • Materialfindung • Voraussetzungen für die Materialfindung pflegen (Schema pflegen)

Konditionsart für Materialfindung: Grundfunktionen • Materialfindung • Voraussetzungen für die Materialfindung pflegen • Konditionsarten definieren

Substitutionsgründe Materialfindung [OVRQ]: Grundfunktionen • Materialfindung • Substitutionsgründe definieren

Produktvorschlagsschema: Grundfunktionen • Dynamischer Produktvorschlag • Produktvorschlagsschema definieren und Zugriffsfolgen festlegen

Schemaermittlung Online-Verarbeitung: Grundfunktionen • Dynamischer Produktvorschlag • Schemaermittlung (Online) für Produktvorschlag pflegen

Schemaermittlung Hintergrundverarbeitung: Grundfunktionen • Dynamischer Produktvorschlag • Schemaermittlung (Hintergrund) für Produktvorschlag pflegen

Cross-Selling-Profil: Grundfunktionen • Cross-Selling • Cross-Selling-Profil definieren und zuordnen

Kalkulationsschema der Listung/Ausschluss pflegen: Grundfunktionen • Listung/Ausschluß • Schemata für Listung/Ausschluß pflegen

Erlöskontenfindung: Grundfunktionen • Kontierung/Kalkulation • Erlöskontenfindung

Sachkonten zuordnen [VKOA]: Grundfunktionen • Kontierung/Kalkulation • Erlöskontenfindung • Sachkonten zuordnen

Kreditprüfung [OVA8]: Grundfunktionen • Kreditmanagement/Risikomanagement • Kreditmanagement • Automatische Kreditkontrolle festlegen

Zuordnung Verkaufs- und Lieferbelege [OVAK]: Grundfunktionen • Kreditmanagement/Risikomanagement • Kreditmanagement • Zuordnung Verkaufsbelege und Lieferbelege vornehmen • Kreditlimitprüfung für Auftragsarten

Ermittlung des Vertriebsbereichs in der buchungsübergreifenden Lieferung [OVV9]: Fakturierung • Interne Verrechnung • Organisationseinheiten pro Werk zuordnen • Organisationseinheiten den Werken zuordnen

Zuordnung Kundennummer zur Verkaufsorganisation [OVVA]: Fakturierung • Interne Verrechnung • Interne Kundennummer pro Verkaufsorganisation festlegen

Konfiguration EDI-Partner [VOE2]: Electronic Data Interchange • EDI-Nachrichten • Konfiguration von EDI-Partnern • Zuordnung Kunde/Lieferant zu Vertriebsorganisationsdaten

Konfiguration EDI-Partner [VOE4]: Electronic Data Interchange • EDI-Nachrichten • Konfiguration von EDI-Partnern • Umschlüsselung von externer Partnernr zu interner Partnernr

Serialnummernprofile [OIS2]: Grundfunktionen • Serialnummern • Serialnummernprofile festlegen

A.2.2 Logistics Execution

SPRO • Logistics Execution •

Kommissionierlagerortermittlung: Versand • Kommissionierung • Kommissionierlagerortfindung • Kommissionierlagerorte zuordnen

Lieferarten definieren [0VLK]: Versand • Lieferungen • Lieferarten definieren

Positionstypen Lieferungen definieren [0VLP]: Versand • Lieferungen • Positionstypen Lieferungen definieren

A.2.3 Komponente MM

SPRO • Materialwirtschaft •

Versanddaten für Werke einstellen: Einkauf • Bestellung • Umlagerungsbestellung einstellen • Versanddaten für Werke einstellen

Kontierungstypen: Einkauf • Kontierung • Kontierungstypen pflegen

Kontenfindung [OBYC]: Bewertung und Kontierung • Kontenfindung • Kontenfindung ohne Assistent • Automatische Buchungen einstellen • Abbrechen • Kontierung

Bewegungsarten [OMJJ]: Bestandsführung und Inventur • Bewegungsarten • Bewegungsarten kopieren, ändern

A.2.4 Komponente PP

SPRO • Produktion •

Bedarfsklassen pflegen [OMPO]: Produktionsplanung • Programmplanung • Planprimärbedarf • Bedarfsarten/Bedarfsklassen • Bedarfsklassen pflegen

Planungsstrategie: Produktionsplanung • Programmplanung • Planprimärbedarf • Planungsstrategie • Strategie festlegen

A.2.5 Komponente FI

SPRO • Finanzwesen •

Umsatzsteuerkennzeichen [FTXP]: Grundeinstellungen Finanzwesen • Umsatzsteuer • Berechnung • Umsatzsteuerkennzeichen definieren

Programmparameter für EDI-Eingangsrechnung [OBCE]: Debitoren- und Kreditorenbuchhaltung • Geschäftsvorfälle • Rechnungseingang/Gutschrifteingang • EDI • Programmparameter für EDI-Eingangsrechnung eingeben

EDI-Sachkonten zuordnen: Finanzwesen • Debitoren- und Kreditorenbuchhaltung • Geschäftsvorfälle • Rechnungseingang/Gutschrifteingang • EDI • Sachkonten für EDI-Verfahren zuordnen

A.2.6 Komponente CO

SPRO • Controlling •

COPA-Wertfelder zurücksetzen [KE4W]: Ergebnis- und Marktsegmentrechnung • Werteflüsse im Ist • Fakturen übernehmen • Wert-/Mengenfelder zurücksetzen

Bewertungsstrategie [KE4U]: Ergebnis- und Marktsegmentrechnung • Stammdaten • Bewertung • Bewertungsstrategien • Bewertungsstrategie definieren und zuordnen

Merkmalsableitung definieren [KEDR]: Ergebnis- und Marktsegmentrechnung • Stammdaten • Merkmalsableitung definieren

Bedarfsklassen definieren: Produktkosten-Controlling • Kostenträgerrechnung • Kundenauftrags-Controlling • Steuerung Kundenauftragsfertigung/Kundenauftrags-Controlling • Bedarfsklassen überprüfen

A.2.7 Unternehmensstruktur

SPRO • Unternehmensstruktur •

Buchungskreis Kreditkontrollbereich zuordnen: Zuordnung • Finanzwesen • Buchungskreis • Kreditkontrollbereich zuordnen

Vertriebsbereich Kreditkontrollbereich zuordnen: Zuordnung • Vertrieb • Vertriebsbereich Kreditkontrollbereich zuordnen

Versandstelle: Definition • Logistics Execution • Versandstelle definieren, kopieren, löschen, prüfen

A.2.8 Logistik Allgemein

SPRO • Logistik Allgemein •

Chargenebene definieren [OMCE]: Chargenverwaltung • Chargenebene bestimmen und Zustandsverwaltung aktivieren • Chargenebene

Suchschema Chargenfindung: Chargenverwaltung • Chargenfindung und Chargenprüfung • Definieren des Chargensuchschemas • Suchschema Vertrieb definieren

Strategieart: Chargenverwaltung • Chargenfindung und Chargenprüfung • Strategiearten • Strategiearten Vertrieb definieren

B Glossar

ALE (Application Link Enabling)
SAP-Technologie für den Datenaustausch. ALE ermöglicht sowohl die Kommunikation zwischen SAP-Systemen als auch zwischen SAP-System und Fremdsystemen. Typische Anwendungen sind die Verteilung von Stammdaten über mehrere Systeme oder die Übergabe von Belegen in systemübergreifenden Vertriebs- und Einkaufsprozessen.

BAdI (Business Add-In) BAdIs dienen zur modifikationsfreien Erweiterung des SAP-Standards und sind objektorientiert. Sie sollen Customer Exits ablösen. Customer Exits können zu BAdIs migriert werden.

Batch-Input Eine zentrale Methode für die Automatisierung der Datenerfassung in SAP. Sie wird häufig auch für einmalige oder periodische Datenübernahmen in das SAP-System verwendet. Es werden Batch-Input-Mappen mit den Daten erstellt, die dann automatisch abgearbeitet werden. Dabei werden Online-Transaktionen durch Programme simuliert, die sämtliche Prüfungen durchlaufen, die auch bei der Online-Erfassung durch einen Benutzer aktiv sind. Damit ist gesichert, dass nur verifizierte Daten verarbeitet werden.

Bedarfsklasse Die Bedarfsklasse steuert die Bedarfsplanungs- und die Bedarfsverrechnungsstrategie sowie die Dispositionsrelevanz einer Auftragsposition. Die im Kundenauftrag ermittelte Bedarfsklasse legt fest, ob eine Bedarfsübergabe und eine Verfügbarkeitsprüfung durchgeführt werden (wobei eine Feinsteuerung über den Einteilungstyp möglich ist).

Belegfluss Der Belegfluss zeigt die Folgebelege zu einem Vertriebsbeleg (z. B. Angebot – Auftrag – Lieferung – Faktura).

Belegstruktur Grundsätzlicher Aufbau eines Belegs. Ein SAP-Verkaufsbeleg lässt sich in die drei folgenden Bereiche unterteilen: Auftragskopf, Position und Einteilung.

Berechtigungsprofile Diese sind im Benutzerstamm eingetragen und ordnen dem User die enthaltenen Berechtigungen für die jeweiligen Objekte und Transaktionen zu.

Bewertungsebene Die Ebene, auf der Materialbestände bewertet werden. Grundsätzlich kommt das Werk oder der Buchungskreis infrage. Werke können zu einem Bewertungskreis zusammengefasst werden.

Buchungskreis Dieser repräsentiert eine selbstständige bilanzierende Einheit, z. B. eine Firma innerhalb eines Konzerns.

Charge Unter einer Charge versteht man einen Teilbestand eines Produkts, der in einem Produktionsgang gefertigt worden ist und damit identische Merkmale hinsichtlich Fertigungszeitpunkt und Produktqualität aufweist. Die Verwaltung von Chargen ist vor allem in der chemischen und in der pharmazeutischen Industrie von großer Bedeutung.

Chargenfindung Diese dient der automatischen Ermittlung von Chargen in Vertriebs- und Produktionsprozessen. Damit wird sichergestellt, dass dem Kunden nur die Chargen geliefert werden, die den von ihm vorgegebenen Qualitätskriterien entsprechen. Innerhalb dieser Funktion kommt die Konditionstechnik zum Einsatz (siehe »Konditionstechnik«).

CRM (Customer Relationship Management) Ganzheitliche Betrachtung und Gestaltung der Beziehung zum Kunden, über die alle kundenbezogenen Aktivitäten geplant, gesteuert und ausgewertet werden.

Cross-Company-Geschäft Cross-Company-Prozesse dienen dazu, Vertriebs- und Beschaffungsprozesse zwischen den unterschiedlichen Buchungskreisen innerhalb eines SAP-Systems zu optimieren. Man unterscheidet die Szenarien buchungskreisübergreifender Verkauf (ein Buchungskreis verkauft Produkte, die sich im Eigentum eines anderen Buchungskreises befinden) und buchungskreisübergreifende Beschaffung (ein Buchungskreis tätigt eine Umlagerungsbestellung bei einem anderen Buchungskreis).

Cross-Selling In Abhängigkeit von einem im Kundenauftrag eingegebenen Material werden zusätzliche Materialien vorgeschlagen, die der Verkäufer dem Kunden anbieten kann. Innerhalb dieser Funktion kommt die Konditionstechnik zum Einsatz (siehe »Konditionstechnik«).

Customer Exit Möglichkeit zur modifikationsfreien Erweiterung des SAP-Standards. Customer Exits sollen durch BAdIs abgelöst werden.

Customizing Anpassung der SAP-Funktionen an die Prozesse des Unternehmens über einen separaten Bereich im Menü (Transaktion SPRO). Hier können die vielfältigen Einstellungen für den Ablauf der Anwendungen vorgenommen werden. Über das Customizing wird der Ablauf der Funktionen und Prozesse gesteuert.

Dynamischer Produktvorschlag In Abhängigkeit von einem Kunden werden während der Kundenauftragserfassung zusätzliche Materialien vorgeschlagen, die der Mitarbeiter dem Kunden anbieten kann. Innerhalb dieser Funktion kommt die Konditionstechnik zum Einsatz (siehe »Konditionstechnik«).

EDI (Electronic Data Interchange) Verfahren für den asynchronen unternehmensübergreifenden Datenaustausch auf Basis elektronischer Nachrichten. Für die unterschiedlichen Nachrichtenarten (z. B. Auftrag, Lieferung, Faktura) wurden Industriestandards (z. B. EDIFACT, Odette, RosettaNet) entwickelt. Diese Standards vereinheitlichen den Aufbau der Nachrichten.

Einteilungstyp Positionen in einem Verkaufsbeleg können in eine oder mehrere Einteilungen unterteilt sein. Diese Einteilungen unterscheiden sich in Bezug auf Termin und Menge voneinander. Die Steuerung der Einteilungstypen wird im Customizing definiert.

Enhancement Package (EhP) EhPs ermöglichen eine vereinfachte Nutzung und Einführung neuer Funktionen für das SAP-System. Neuentwicklungen können einzeln ausgewählt und so für die jeweiligen Geschäftsprozesse genutzt werden.

SAP stellt neue Funktionen immer mehr über Enhancement Packages zur Verfügung.

Ergebnis- und Marktsegmentrechnung (CO-PA) Diese dient zur periodischen Erfolgsrechnung nach dem Umsatzkostenverfahren.

Ergebnisbereich Der Ergebnisbereich ist die Organisationseinheit der Ergebnis- und Marktsegmentrechnung, innerhalb der die Struktur der Betriebsergebnisrechnung definiert wird. Der Ergebnisbereich kann mehrere Kostenrechnungskreise umfassen. Damit ist es möglich, das Betriebsergebnis über mehrere Buchungskreise und damit über verschiedene Legaleinheiten hinweg auszuwerten.

Faktura Überbegriff und Belegart für Rechnungen, Gutschriften, Lastschriften, Pro-forma-Rechnungen und Stornobelege. Alle Fakturen haben die gleiche Struktur. Sie gliedern sich in Fakturakopf und Fakturapositionen.

Fakturaplan Der Fakturaplan wird verwendet, wenn die Fakturierung über mehrere Termine verteilt werden soll.

Fertigungsauftrag Fertigungsaufträge sind Belege zur Steuerung der Produktion. Über Arbeitspläne werden die notwendigen Fertigungsschritte ermittelt, die Grundlage für die Terminierung sind. Anhand der Fertigungsschritte können Kapazitäten auf Arbeitsplätzen reserviert werden. Mit Hilfe der Funktion der Stücklistenauflösung werden die Materialien ermittelt, die als Komponenten für die Herstellung eines Fertig- und Halbfertigerzeugnisses benötigt werden. Für diese werden auch Reservierungen erzeugt. Darüber hinaus dient der Fertigungsauftrag auch als Kostensammler. Über die Verbrauchsbuchungen für die einzelnen Komponenten und die Zeitrückmeldungen der Produktionsmitarbeiter werden die Istkosten ermittelt und anschließend abgerechnet.

Funktionsbausteine Gekapselte Prozeduren, die aus allen ABAP-Programmen aufgerufen werden können. Innerhalb von Funktionsgruppen, die Behälter für thematisch zusammengehörige Funktionsbausteine sind, werden diese dann definiert.

Getrennte Bewertung Die Bewertung der Bestände erfolgt normalerweise auf den Ebenen Werk (bzw. Bewertungskreis) und Material. Über die Funktion getrennte Bewertung können für ein Material unterhalb der Bewertungsebene (Werk oder Bewertungskreis) weitere Bewertungssegmente gebildet werden. So ist es möglich, die Bewertung von Materialien nach Chargen (siehe »Charge«) oder Herkunft (eigen- oder fremdbeschafft) zu differenzieren.

Gutschrift Vertriebsbeleg, der mit Bezug auf einen Vorgängerbeleg (Faktura oder Gutschriftsanforderung) erstellt wird. Bei einer debitorischen Gutschrift entsteht eine Verbindlichkeit gegenüber dem Kunden.

IDoc (Intermediate Document) SAP-Standardformat zum elektronischen Datenaustausch zwischen SAP-Systemen. IDocs werden auch zusammen mit der ALE-Technologie (siehe »ALE«) eingesetzt.

Kalkulationsschema Kalkulationsschemata werden im Customizing der Konditionstechnik (siehe »Konditionstechnik«) angelegt und gepflegt. Hauptaufgabe eines Kalkulationsschemas ist es, die zulässigen Konditionsarten in einer bestimmten Reihenfolge festzulegen.

Kommissionierung Dieser Vorgang umfasst die Entnahme der Ware aus einem Lagerort und deren Bereitstellung in einem Kommissionierbereich. Dort erfolgt die Vorbereitung der Ware für den Versand.

Konditionsarten Konditionsarten sind Objekte der Konditionstechnik (siehe »Konditionstechnik«) und werden im Kalkulationsschema angeordnet. Abhängig von der konkreten Anwendung der Konditionstechnik (z. B. Preisfindung, Chargenfindung, Nachrichtenfindung) werden zu Konditionsarten unterschiedliche Customizing-Einstellungen vorgenommen, die den Ablauf der Funktion steuern.

Konditionssatz Innerhalb der Konditionstechnik wird über Zugriffsfolgen auf Konditionssätze zugegriffen. Diese enthalten die relevanten Daten, die an die Vertriebsbelege übergeben werden (z. B. Preise, Chargen, Nachrichten).

Konditionstechnik Die Konditionstechnik wird in SAP an verschiedenen Stellen eingesetzt (z. B. Preisfindung, Nachrichtenfindung, Chargenfindung). Sie ist damit eine wichtige Schlüsseltechnologie im Customizing von SAP ERP. Die Konditionstechnik liefert Regeln, anhand derer über Kalkulationsschema und Konditionsarten automatisch Konditionssätze gefunden werden können. . Die Konditionssätze liefern Daten (z. B. Preise, Chargennummern, Nachrichtenarten), die in Belege übernommen werden.

Konsignationsabwicklung Konsignationslager sind Lieferantenlager auf dem Gelände des Kunden. Der Lieferant ist für die Bevorratung verantwortlich, die Bestände bleiben Eigentum des Lieferanten. Der Kunde entnimmt Waren bedarfsgerecht aus dem Konsignationslager. Er meldet diese Entnahmen in regelmäßigen Abständen dem Lieferanten. Auf Basis dieser Entnahmemeldungen stellt der Lieferant seine Rechnung.

Kontenfindung Im Customizing von SAP werden Regeln für die automatische Ermittlung von Sachkonten in Belegen definiert. Bei der Ermittlung von Erlöskonten in der Komponente SD kommt die Konditionstechnik zum Einsatz (siehe »Konditionstechnik«).

Kostenrechnungskreis Organisatorische Einheit innerhalb eines Unternehmens, für die eine vollständige, in sich geschlossene Kostenrechnung (Kostenarten-, Kostenstellen-, Produktkosten- und Profit-Center-Rechnung) durchgeführt werden kann. Ein Kostenrechnungskreis kann einen oder mehrere, gegebenenfalls in unterschiedlichen Währungen operierende Buchungskreise umfassen. Die zugehörigen Buchungskreise müssen alle denselben operationalen Kontenplan nutzen. Jeder Buchungskreis muss eindeutig einem Kostenrechnungskreis zugeordnet werden.

Kreditkontrollbereich Organisatorische Einheit, auf deren Ebene für Debitoren ein Kreditlimit vergeben und kontrolliert wird. Ein Kreditkontrollbereich kann einen oder mehrere Buchungskreise umfassen.

Kreditmanagement Überprüfung der Kreditwürdigkeit, also der Bonität von Kunden, zur Verhinderung von Forderungsausfällen. Im Rahmen des Kreditmanagements werden Kreditlimits definiert, die im Vertriebsprozess systemseitig geprüft werden.

Kreditsegment Auf Ebene des Kreditsegments werden die Daten des Geschäftspartners für das Kreditlimit ermittelt und geprüft. Kreditsegmente sind Bestandteile der neuen Funktion SAP Credit Management aus dem Bereich Financial Supply Chain Management. Das SAP Credit Management wurde in der 3. Auflage dieses Buchs ergänzt.

Kundeneinzelfertigung Ein Produkt wird speziell für den Bedarf aus einem Kundenauftrag entwickelt, hergestellt und geliefert.

Lagerfertigung Verkauf von Standardprodukten. Die Produktionsplanung dieser Produkte erfolgt unabhängig von konkreten Aufträgen – z. B. auf Basis der Absatzplanung.

Lagerort Zusammenfassung mehrerer räumlich nahe zusammenliegender Orte mit Materialbestand innerhalb eines Werks.

Lastschrift Vertriebsbeleg in der Fakturierung, der meistens aufgrund einer Nachbelastung erstellt wird. Hierbei werden die Forderungen gegenüber dem Kunden in der Finanzbuchhaltung erhöht (siehe »Gutschrift«).

Leihgut Materialien, die dem Kunden ohne Berechnung für einen begrenzten Zeitraum überlassen werden.

Losfertigung Im Gegensatz zur anonymen Lagerfertigung sind bei der Losfertigung neben den Planprimärbedarfen auch die Kundenprimärbedarfe dispositionsrelevant. Es ist möglich, mehrere Bedarfe zu Fertigungslosen zusammenzufassen. Es findet keine Planung für das Enderzeugnis statt.

Mandant Abgegrenzter Bereich in einem SAP-System. Innerhalb eines Mandanten werden die weiteren Organisationsstrukturen sowie die Stamm- und Bewegungsdaten angelegt und verwaltet.

Materialausschluss Festlegung von Materialien, die von einem Kunden nicht bezogen werden dürfen. Innerhalb dieser Funktion kommt die Konditionstechnik zum Einsatz (siehe »Konditionstechnik«).

Materialbedarfsplanung/Disposition Eine der klassischen Integrationsfunktionen, die unterschiedliche Komponenten (Vertrieb, Materialwirtschaft und Produktion) miteinander verbinden. Mithilfe der Materialbedarfsplanung werden Vorschläge für die interne und externe Beschaffung automatisch erzeugt. Interne Beschaffungsvorschläge sind Planaufträge. Planaufträge werden anschließend in Fertigungsaufträge umgesetzt. Externe Beschaffungsvorschläge sind Bestellanforderungen. Außerdem werden über Primärbedarfe (Bedarfe an Fertigerzeugnissen) über Stücklisten Sekundärbedarfe (Bedarfe an Rohstoffen und Halbfertigerzeugnissen) abgeleitet.

Materialfindung Mithilfe der Materialfindung können während der Auftragserfassung eingegebene Materialien durch Substitutionsmaterialien ersetzt werden. Innerhalb dieser Funktion kommt die Konditionstechnik zum Einsatz (siehe »Konditionstechnik«).

Materiallistung Beschränkung des Gesamtsortiments auf bestimmte Materialien, die von einem Kunden bezogen werden können. Innerhalb dieser Funktion kommt die Konditionstechnik zum Einsatz (siehe »Konditionstechnik«).

Materialstamm Zentraler Stammsatz, um die Informationen bezüglich der Artikel, Teile und Dienstleistungen zu speichern, die ein Unternehmen beschafft, fertigt, lagert und verkauft.

Nachrichtenfindung Sie organisiert den Informationsaustausch mit dem Kunden und den internen Nachrichtenaustausch. Nachrichten können elektronisch versendet oder als klassische Dokumente ausgedruckt bzw. per Fax oder E-Mail-Anhang versendet werden. Innerhalb dieser Funktion kommt die Konditionstechnik zum Einsatz (siehe »Konditionstechnik«).

Organisationseinheiten Diese bilden die Aufbauorganisation des Unternehmens im SAP-System ab. Die meisten Customizing-Einstellungen sind abhängig von diesen Organisationsstrukturen. Damit wird es möglich, den Ablauf der SAP-Anwendung abhängig von der Aufbauorganisation des Unternehmens zu differenzieren.

Partnerrollen Partnerrollen dienen zur Abbildung von Geschäftspartnern im System und werden beim Anlegen eines Stammsatzes jedem Geschäftspartner zugeordnet. Mithilfe von Partnerrollen werden die Rechte und Pflichten festgelegt, die jeder Partner bei der Abwicklung eines Geschäftsvorfalls hat.

PI (SAP NetWeaver Process Integration) Die Integrationsplattform im Rahmen der SAP NetWeaver-Produkte von SAP. Diese Komponente ermöglicht den system- und unternehmensübergreifenden Nachrichtenaustausch zwischen IT-Systemen. Sie ist ein wichtiger Bestandteil der SOA-Strategie von SAP (siehe »Serviceorientierte Architektur (SOA)«).

Positionstypen Diese werden im Customizing definiert und über Customizing-Einstellungen in den Vertriebsbelegarten automatisch ermittelt. Sie steuern zusätzlich den Ablauf der verschiedenen Geschäftsvorfälle.

Preisfindung Zentrale Funktion zur Ermittlung von Preisen, Zu- und Abschlägen sowie Steuern im Vertriebsprozess. Innerhalb dieser Funktion kommt die Konditionstechnik zum Einsatz (siehe »Konditionstechnik«).

Primärbedarf Bedarf an einem Fertigerzeugnis. Primärbedarfe ergeben sich aus Kundenaufträgen (Kundenprimärbedarf) oder aus der Vorplanung (Planprimärbedarf). Aus den Primärbedarfen werden über Stücklisten Sekundärbedarfe abgeleitet (siehe »Sekundärbedarfe«).

Pro-forma-Rechnung Eine Rechnung, die als Warenbegleitpapier für Exporte erstellt wird, um den Zollbehörden die Kosten der Ware nachzuweisen. Eine Pro-forma-Rechnung ist identisch mit einer Kundenrechnung – mit dem Unterschied, dass diese Rechnung nicht bezahlt werden muss. Daher werden die Daten vom System nicht an die Finanzbuchhaltung weitergeleitet.

Projektfertigung Von Projektfertigung spricht man, wenn der Auftragsprozess über Projektstrukturen gegliedert wird. Typische Projektfertiger sind im Anlagenbau zu finden.

PSP-Elemente PSP-Elemente sind Projektstrukturplanelemente und dienen zur Strukturierung von Projekten. Mit ihnen lässt sich ein Projekt z. B. in die Phasen Planung, Herstellung, Lieferung und Fakturierung gliedern. PSP-Elemente bilden die Aufbauorganisation eines Projekts ab, wohingegen Netzpläne die Ablauforganisation eines Projekts darstellen.

Rahmenvertrag Langfristige Vereinbarung mit einem Geschäftspartner über eine Zusammenarbeit. Für einen bestimmten Zeitraum kann z. B. die Abnahme von bestimmten Mengen oder Werten vereinbart werden. In SAP unterscheidet man zwischen Lieferplänen und Kontrakten.

Reklamationsabwicklung Prozess zur Bearbeitung von Kundenreklamationen. In SAP stehen dafür vor allem Retouren sowie Gut- und Lastschriften zur Verfügung.

Retouren Rücksendung von gelieferten Materialien durch den Kunden. In SAP stehen dazu Retourenaufträge und Retourenanlieferungen zur Verfügung.

SAP NetWeaver SAP NetWeaver ist die offene Anwendungs- und Entwicklungsplattform von SAP. Sie bildet mit einer Laufzeitumgebung die technische Basis für die unterschiedlichen Applikationen (z. B. ERP, CRM, BW). Im Rahmen der Entwicklungsumgebung können eigene Programme in den Programmiersprachen Java oder ABAP erstellt werden. Ebenfalls Teil der Systembasis ist die Benutzerverwaltung.

SAP NetWeaver BW Business-Intelligence-Lösung von SAP, die Daten aus verschiedenen Systemen extrahieren und in eigenen Informationsstrukturen redundant abspeichern kann. Diese Daten können system- und komponentenübergreifend ausgewertet werden.

SAP Notes Hinweise von SAP zum Umgang mit bekannten Fehlern im SAP-System. Sie enthalten Beschreibungen zu den auftretenden Symptomen, Hinweise zu den Fehlerursachen und dem jeweiligen SAP-Releasestand, in dem der Fehler auftritt. Auch *SAP-Hinweis* genannt.

Sekundärbedarfe Diese werden über Stücklisten aus Primärbedarfen (siehe »Primärbedarf«) abgeleitet. Sie repräsentieren den Bedarf an Rohstoffen und Halbfertigerzeugnissen, die für die Herstellung eines Endprodukts benötigt werden.

Serialnummern Serialnummern dienen zur eindeutigen Unterscheidung von Artikeln mit gleicher Materialnummer. Jede Serialnummer repräsentiert genau ein konkretes Teil.

Serviceorientierte Architektur (SOA) Hierbei handelt es sich um ein aktuelles Entwurfsmuster und Designparadigma moderner Softwaresysteme. Zentrale Bausteine einer serviceorientierten Softwarelandschaft sind Services. Darunter verstehen wir gekapselte Geschäftsfunktionen, die von unterschiedlichen Anwendungssystemen bereitgestellt werden. Über eine SOA-Plattform kommunizieren die unterschiedlichen Anwendungen miteinander. So wird es möglich, dass Geschäftsprozesse nach einem völlig neuen Muster gestaltet werden, in dem Services aus unterschiedlichen

Systemen zu einem sinnvollen Prozess orchestriert werden.

Sparte Die Sparte stellt eine Produktlinie oder eine Produktgruppe dar. Jeder verkaufsfähige Materialstammsatz muss einer Sparte zugeordnet werden. Die Sparte geht auch in die Bildung von Vertriebsbereichen ein (siehe »Vertriebsbereich«).

Streckenauftragsabwicklung Das vom Kunden bestellte Material wird von einem Drittlieferanten an ihn geliefert. Die Rechnung wird aber von dem Unternehmen gestellt, bei dem der Kunde gekauft hat.

Terminauftragsabwicklung Standardvertriebsprozess in SAP, bestehend aus Angebot, Auftrag, Lieferung und Faktura.

Transportauftrag Über Transportaufträge werden Warenbewegungen in der Komponente *Warehouse Management* (SAP Logistics Execution System, LES) abgebildet.

User-Exit User-Exits sind klar definierte Stellen in den Standardprogrammen von SAP, an denen kundeneigene Programme eingebaut werden können. User-Exits bieten damit die Möglichkeit, den Programmablauf (z.B. bei der Preisfindung) mit einer eigenen Logik zu beeinflussen, ohne dass es sich dabei um eine Systemmodifikation handelt. So wird sichergestellt, dass die eigene Programmlogik auch nach einem Releasewechsel weiter funktioniert.

Variantenkonfiguration Gleichartige und standardisierte Materialien, die in unterschiedlichen Varianten gefertigt werden können. Aus einer Maximalstückliste für das konfigurierbare Produkt (z.B. Auto) wird über Merkmalsbewertungen (z.B. Motorleistung, Farbe, Antriebsart) eine konfigurierte Stückliste generiert. Die Variantenkonfiguration kann in Verbindung mit Auftragsstücklisten verwendet werden.

Verfügbarkeitsprüfung Eine der zentralen, komponentenübergreifenden Funktionen in SAP ERP. Über die Verfügbarkeitsprüfung wird ein Kundenlieferdatum ermittelt. Dabei können sowohl Bestände als auch Zu- und Abgänge berücksichtigt werden.

Verkäufergruppe Untergliederung der Verkaufsbüros in einzelne Personengruppen. Die Verkäufergruppe gehört zu den SAP-Organisationsstrukturen im Vertrieb. Mit Hilfe der Verkäufergruppe können Verkaufsbüros in mehrere organisatorische Einheiten gegliedert werden. Damit wird die differenzierte Vergabe von Berechtigungen für Benutzer ermöglicht. Außerdem können Auswertungen (z.B. Umsatz, Auftragseingang) auf dieser Ebene erstellt werden.

Verkaufsbelegart Verkaufsbelegarten repräsentieren die unterschiedlichen Belegarten im Vertrieb. Über Customizing-Einstellungen zu den Verkaufsbelegarten werden die konkreten Prozesse gesteuert. So wird z.B. in der Kopiersteuerung festgelegt, nach welchen Regeln die Kopie von Belegen in Folgebelege erfolgen darf.

Verkaufsbüro Diese dienen zur Abbildung der Strukturen im Innen- und Außendienst. Jedes Verkaufsbüro ist einem Vertriebsbereich zugeordnet. Wie die Verkäufergruppe dient das Verkaufsbüro zur organisatorischen Strukturierung des Vertriebs. Auch auf der Ebene Verkaufsbüro können Berechtigungen vergeben und Auswertungen vorgenommen werden.

Verkaufsorganisation Abbildung der Aufbauorganisation der Vertriebsabteilung. Jede Verkaufsorganisation ist genau einem Buchungskreis zugeordnet.

Versandstelle Die Versandstelle bildet die oberste Stufe in der Organisation für den Versand. Ein Lieferbeleg ist immer genau einer Versandstelle zugeordnet.

Versandterminierung Sie umfasst die Planung der Aktivitäten im Versandlager – von der Bereitstellung und Kommissionierung der Ware über das Verladen bis zum Versand zum Kunden.

Vertriebsbereich Der Vertriebsbereich ist die zentrale Organisationseinheit im Vertrieb, die über die Kombination aus Verkaufsorganisation, Vertriebsweg und Sparte gebildet wird. Verkaufsbelege werden immer innerhalb eines Vertriebsbereichs erfasst.

Vertriebsinformationssystem (VIS) Das VIS bietet die Möglichkeit, auf Basis von Kennzahlen betriebswirtschaftliche Vorgänge im Vertrieb auszuwerten. Es ist eine Komponente des Logistikinformationssystems (LIS).

Vertriebsweg Abbildung der Absatzkanäle eines Unternehmens im SAP-System. Teil des Vertriebsbereichs.

Vorplanung ohne Endmontage Die Absatzplanung erfolgt auf Ebene des Fertigprodukts und löst die Beschaffung der benötigten Komponenten aus. Die Endmontage erfolgt jedoch erst, wenn ein Kundenauftrag vorliegt.

Werk Abbildung der Produktionsstandorte im SAP-System. Einem Buchungskreis können mehrere Werke zugeordnet werden. Jedes Werk ist eindeutig einem Buchungskreis zugeordnet.

XML (Extensible Markup Language) Auszeichnungssprache, die unter anderem für den Austausch von Daten zwischen Computersystemen speziell über das Internet eingesetzt wird.

Zugriffsfolge steuert die automatische Ermittlung der Konditionssätze und wird im Customizing der Konditionsart zugeordnet. Sie ist Teil der Konditionstechnik (siehe »Konditionstechnik«).

C Literaturempfehlungen

Im Folgenden sind einige Bücher zur Vertiefung spezieller Themen aufgeführt:

- Balla, Jochen; Layer, Frank: *Produktionsplanung mit SAP APO-PP/DS*. 1. Aufl. Bonn: SAP PRESS 2006.
- Bomann, Stefan; Hellberg, Torsten: *Rechnungsprüfung mit SAP MM*. 1. Aufl. Bonn: SAP PRESS 2008.
- Dickersbach, Jörg Thomas; Keller, Gerhard; Weihrauch, Klaus: *Produktionsplanung und -steuerung mit SAP*. 2. Aufl. Bonn: SAP PRESS 2006.
- Egger, Norbert; Fiechter, Jean-Marie R.; Kramer, Sebastian; Sawicki, Ralf Patrick; Straub, Peter; Weber, Stephan: *SAP Business Intelligence*. 1. Aufl. Bonn: SAP PRESS 2006.
- Egger, Norbert; Hastenrath, Klemens; Kästner, Alexander; Kramer, Sebastian; Stecher, Daniel: *Reporting und Analyse mit SAP BusinessObjects*. 1. Aufl. Bonn: SAP PRESS 2009.
- Franz, Mario: *Projektmanagement mit SAP Projektsystem*. 2., aktual. Aufl. Bonn: SAP PRESS 2009.
- Hellberg, Torsten: *Einkauf mit SAP MM*. 2., aktual. und erw. Aufl. Bonn: SAP PRESS 2009.
- Hoppe, Marc: *Absatz- und Bestandsplanung mit SAP APO*. 1. Aufl. Bonn: SAP PRESS 2007.
- Hoppe, Marc; Käber, André: *Warehouse Management mit SAP ERP*. 2., aktual. und erw. Aufl. Bonn: SAP PRESS 2009.
- Hess, Susanne; Lenz, Stefanie; Scheibler, Jochen: *Vertriebscontrolling mit SAP NetWeaver BI*. 1. Aufl. Bonn: SAP PRESS 2009.
- Hilgefort, Ingo: *Integrating SAP BusinessObjects XI 3.1 Tools with SAP NetWeaver*. 1. Aufl. Bonn: SAP PRESS 2009.
- Katta, Srini: *Discover SAP CRM*. 1. Aufl. Bonn: SAP PRESS 2009.
- Kirchler, Markus; Manhart, Dirk; Unger, Jörg: *Service mit SAP CRM*. 1. Aufl. Bonn: SAP PRESS 2009.

D Die Autoren

Jochen Scheibler ist Vorstand der PIKON Deutschland AG (*www.pikon.com*), eines Beratungs- und Softwareunternehmens der PIKON International Consulting Group. Das Unternehmen hat weitere Landesgesellschaften in der Schweiz, in Belgien und in UK.

Er arbeitet seit 1994 im Bereich der prozessorientierten SAP-Einführung und gründete das Unternehmen 1996 mit seinem Partner Jörg Hofmann. Die Strategie der prozessorientierten SAP-Einführung stellt die bereichsübergreifende Kooperation im Unternehmen über die Funktionsorientierung sicher und ist die ideale Basis zur Entwicklung von system- und unternehmensübergreifenden Geschäftsprozessen. Darüber hinaus unterstützt die PIKON ihre Kunden bei der Einführung von Business-Intelligence-Lösungen. Die PIKON International Consulting Group hat ihre Strategie auf die Geschäftsfelder ERP, Business Intelligence und Business Integration ausgerichtet.

Jochen Scheibler ist auch Co-Autor des Buchs »Vertriebscontrolling mit SAP NetWeaver BI«, das im Oktober 2008 in deutscher und im März 2009 in englischer Sprache im Verlag Galileo Press erschienen ist.

Tanja Maurer arbeitet seit 2006 bei der PIKON Deutschland AG und ist dort als Beraterin im Bereich ERP beschäftigt. Sie unterstützt die Kunden der PIKON bei der Gestaltung von Geschäftsprozessen auf Basis von SAP ERP. Ihr Spezialgebiet ist die Komponente SD und deren Integration in die Logistik (Produktion, Materialwirtschaft) und das Rechnungswesen. Im Rahmen ihrer Tätigkeit in internationalen SAP-Einführungs- und Rollout-Projekten hat sie zahlreiche Konzepte zur Optimierung von Prozessen erarbeitet und erfolgreich umgesetzt.

Index

A

ABAP 554
ABAP Development Workbench 555
ABAP Objects 554
ABC-Analyse 209
Abgangsland 51, 403
Abrufauftrag 388
Absagegrund 286
Absatz- und Produktionsgrobplanung 447, 448, 455
Abweichungsanalyse 493
Account Management 599
Adapter Engine 558, 570, 581
Adobe Forms 66
aktuelle Bedarfs- und Bestandsliste 274, 275, 393, 452, 455, 461, 479, 512, 522
ALE (Application Link Enabling) 171, 405, 633
Alternativposition 255
Analyse 207, 209, 493
 flexible 209
Analysewerkzeuge 208
Änderungskennzeichen 48
Angebot 256, 501, 514, 562
Angebotserfassung 510
Angebotskondition 515
Angebotswert 565
anonyme Lagerfertigung 450, 532
anonyme Massenfertigung 193
anonymer Lagerverkauf 469
Anzahlung 17, 307
Anzahlungsabwicklung 307
 mit Belegkonditionen 329
Anzahlungsanforderung 310, 316
Application Link Enabling → ALE (Application Link Enabling)
Arbeitskreis
 EDV-technischer 549
 funktionsorientierter 549
 prozessorientierter 548
Arbeitsplan 474, 500, 516, 538
 auftragsbezogener 516
Artikelnummer 200

Asset Accounting (AA) 20
ATP-Logik 471, 502
Aufrissliste 207
Auftraggeber 36, 137, 242, 257, 302
 Abruf-Auftraggeber 388
Auftragsabrechnung 528
Auftragsabwicklung 510
auftragsanonyme Planung und Beschaffung 535
Auftragsart 43, 245
Auftragsbestätigung 60, 570, 589
auftragsbezogene Faktura 293
Auftragseingang 209
Auftragserfassung 47, 254, 258, 377
Auftragshistorie 145
Auftragskopf 242
Auftragsposition 53, 78, 129, 193
Auftragsstückliste 499, 516
Auftragswahrscheinlichkeit 255, 276
Auftragszusammenführung 258
Auktionen 608
Auslieferung 452, 462
Auslieferwerk 74, 262, 400
automatische Produktselektion 244

B

B2B 605
B2C 605
BAdI 174, 633
Batch-Input 633
Batch-Input-Verarbeitung 420
Batchjob 293
Bedarfsart 534
Bedarfsklasse 471, 505, 534, 633
Bedarfstermin 85, 471, 484, 516
Bedarfsübergabe 75, 248, 277, 502, 503, 506
Bedingung 161
Belegdaten 206
Belegfluss 250, 285, 431, 465, 633
 Fakturierungsphase 252
 Verkaufsphase 251
 Versandphase 252
 Vertriebsunterstützung 250

647

Belegstruktur 241, 242, 445, 633
  Auftragskopf 242
  Einteilungen 242
  Positionsebene 242
Berechtigungsprofil 633
Beschaffung 508
  interne 398
Bestandsabgleich 454
Bestandsbewertung 537
Bestätigungssteuerung 577
Bestellabruf 409, 448
Bestellanforderung 289, 295, 296, 482, 568, 569, 576, 577
Bestellanforderungsabruf 458
Bestellentwicklung 594
Bestellung 482, 577
Bewegungsart 248, 339, 350, 526
Bewegungsdaten 598
Bewertung 202
Bewertungsart 354
Bewertungsebene 633
Bewertungspreis 474
  Materialstamm 58
Bewertungsstrategie 201
Bewertungstyp 354
BEx-Filter 225
Bezugsquelle 292, 481
Bonitäts- und Kreditlimitermittlung 177
Bonitätskennziffer
  interne 178
Bruttoplanung 450, 533
BSP 555
Buchhaltungsbeleg 491, 524
Buchungskreis 22, 447, 633
Buchungskreisdaten 35
buchungskreisübergreifende Umlagerung 409
buchungskreisübergreifender Verkauf 399, 400, 405, 410, 412
Business Content 220
Business Explorer Analyzer (BEx) 215
Business Package 561
  Internal Sales Representative 561
Business Process Engine 557
Business Rules Workbench 554
Business Server Pages → BSP

C

Callcenter 610
Channel Management 611
Channel Marketing 612
Charge 95, 633
Chargenfertigung 446
Chargenfindung 451, 634
  automatische 452
Chargenpflicht 446
Chargensplit 96
Comma Separated Value → CSV
Composite Application Framework (CAF) 553
Controlling 20, 192, 451, 464, 510, 533
  produktbezogenes 498, 533, 539
Credit Manager Portal 173
CRM 634
Cross Company 16, 396, 450
  Abwicklung 415
  Auftrag 400
  Geschäft 417
  Konzept 386, 399, 412
  Umsatzsteuer 402
Cross-Company-Geschäft 634
Cross-Selling 152, 606, 634
CSV 609
Customer Exit 634
Customer Service (CS) 20, 350
Customizing 20, 198, 461, 470, 471, 503, 634

D

Darreichungsform 446
Data-Warehouse-Lösung 212
Datenbanktabelle 219
Datenquelle 204
Datenreplikation 173, 597
Debitor 257, 285, 464
  Konto 272
  Stammsatz 404
Delta-Upload 598
Dispomerkmal 505, 514
Disposition 450, 470, 473, 508, 521, 533, 637
  bedarfsgesteuerte 83
  verbrauchsgesteuerte 83

Dispositionselement 481, 482
Dispositionsgruppe 450
Dispositionslauf 450, 521
Druckprogramm 65
Dublettenprüfung 613
dynamischer Produktvorschlag 634

E

eBay 609
ECC 15, 19
Eclipse 555
E-Commerce 605, 608, 614
EDI 406, 567, 578, 587, 634
Eigenbeschaffung 31
Eigenleistung 512
Eigenverantwortung 547
Einführung 541
 prozessorientierte 541
Einführungsprojekt 545
Eingangsrechnung 284, 297, 411
Eingangsverarbeitung 406
Einkaufsinformationssatz 575
Einkaufskorb 613
Einteilung 242
Einteilungstyp 248, 277, 634
Einteilungstypenermittlung 248
Einzelbestand 194
Einzelbestandssegment 500, 508, 515, 540
Einzelfertigung 500
Einzelkalkulation 502, 511
Einzelkosten 512
Einzelkreditlimit 159
Einzelposition 507
Electronic Data Interchange → EDI
E-Marketing 609
Empfangsland 51, 403
Endmontage 473, 488
Enhancement Package (EhP) 16, 634
 3 16, 307
 4 16, 52, 365, 603
Enterprise Asset Management 108, 112
Enterprise Asset Management (EAM) 20, 350
Enterprise Core Component → ECC 15
Enterprise Data Warehouse 214

Enterprise Service Repository 554, 556
Equipmentstammsatz 107
Ergebnis- und Marktsegmentrechnung (CO-PA) 189, 352, 353, 360, 416, 449, 464, 635
Ergebnisbereich 27, 28, 635
Ergebnisrechnung 189, 533
 buchhalterische 191
 kalkulatorische 191
Ergebnisrechnungsbeleg 464
Erlöskonto 272
Erlössammler 195, 540
Eröffnungshorizont 457
erweiterte Retourenabwicklung 366
Erzeugniskalkulation 502, 516
ETL-Prozess 214
EU-Dreiecksgeschäft 403
Exception 211
Exportrechnung 61

F

Faktura 202, 416, 572, 635
 Arten 249
 auftragsbezogene 290, 293, 351, 374, 377, 604
 Beleg 282, 395
 externe 402, 415
 interne 402, 404, 417
 lieferbezogene 270
Fakturaart 313
 FAZ 313
Fakturaplan 635
Fakturasperre 313
Fakturasplit 270
Fakturierung 194, 269, 447, 454, 463, 476, 496, 509, 528, 604
 periodischer 307, 311
Fakturierungsplan 307, 310
 Kopf 310
 periodisch 310
 Position 310
 Teil- 310
Fakturierungsplanart 311, 315
 Teilfakturierung 311
Fakturierungsregel 313
Feinabruf 386
Feldmapping 557

Fertigung 522
Fertigungsauftrag 78, 451, 470, 508, 523, 524, 635
Field Applications 614
 Mobile Sales 614
 Mobile Sales für Handhelds 614
 Mobile Service 614
 Mobile Service für Handhelds 614
File/FTP-Adapter 558
Financial Supply Chain Management (FSCM) 17
Finanzbuchhaltung 491
First-In-First-Out-Prinzip 264
Fixierungskennzeichen 487
Folgebelegsteuerung 384
Formeleditor 177
Formular 65
Fremdbeschaffung 468
Frühwarnsystem 211
FTP 584
Funktionsbaustein 635

G

Garantieaufwand 352
Garantiefaktura 353
Garantielieferung 352
Gemeinkosten 512
Gemeinkostenzuschlag 77, 474, 505, 518, 530
Geschäftspartner 173
getrennte Bewertung 349, 354, 356, 635
Grobkalkulation 511
Groupware Integration 611
Grundliste 207
Gruppenkontrakt 388
Guided Procedures 553
Gutschrift 374, 422, 434, 535, 635
 Gutschriftsanforderung 371, 375
 Gutschriftsposition 375

H

Herstellkosten 77, 476, 501
Hierarchie 208
HTTP 555, 556, 558, 584
HTTPS 555, 584
Human Capital Management (HCM) 20

I

IDoc 406, 453, 558, 570, 578, 579, 580, 635
 Adapter 558
 Datensatz 579, 585
 Eingangsverarbeitung 586
 Kontrollsatz 579, 585
 Nachrichtentyp 570
 Segment 579, 585
 Statussatz 579, 585
Inbound Telesales 610
InfoCube 219
InfoObject 218
 Kennzahl 218
 Merkmal 218
InfoProvider 219
Initial-Upload 598
Instandhaltung → Enterprise Asset Management (EAM)
Integrated Planning 217
Integration Builder 556
Integration Directory 556, 559
Integration Repository 559
Integration Server 556
Integrationsteam 548
Intermediate Document → IDoc 570
Internet 605
Internet Pricing and Configurator → IPC
IPC 606
IT-Practices 566

J

J2EE-Engine 554
JDBC-Adapter 558

K

Kalkulation 474, 506
Kalkulationsschema 44, 330, 635
 Anzahlung 316
 Ermittlung 47
Kampagne 609
Kampagnenmanagement 599
Kennzahl 210
Klassifizierung 98, 538
Knowledge Management 560

Kommissionierliste 453
Kommissionierung 261, 280, 452, 462, 636
   Lean-WM 264
   manuelle 264
Komplettlieferung 259
Komponente 470, 508, 523
Konditionen
   Frachtkonditionen 53
   Kopf 53
   manuelle 53
Konditionsart 201, 636
Konditionsklasse 48
Konditionssatz 49, 636
Konditionstabelle 49, 66
Konditionstechnik 43, 636
Konditionstyp 48
Konfiguration 538
Konsignationsabholung 303
Konsignationsabwicklung 300, 301, 636
Konsignationsbeschickung 302, 304
Konsignationsentnahme 303
Konsignationslager 300
Konsignationsretoure 303
Kontenfindung 266, 636
Kontengruppe 38
Kontierungstyp 291
Kontomodifikationskonstante 267
Kontoschlüssel 46
Kontrakt 387
Kontraktabwicklung 388
Kopiersteuerung 250
kostenlose Lieferung 352
Kostenrechnungskreis 27, 28, 636
Kostensammler 195, 491, 539
Kreditkontrollbereich 157, 636
Kreditlimit 157
Kreditmanagement 156, 603, 637
   FI-AR-CR 157
Kreditor 20, 34, 292
Kreditorenbuchhaltung 20
Kreditorennummer 34
Kreditsegment 174, 637
   Hauptkreditsegment 174
Kreditstammdaten 157
   Kreditkontrollbereichsdaten 159
   zentrale Kreditstammdaten 159
Kreditvektor 171

Kunden 194
Kundenanfrage 254
Kundenangebot 256
Kundenauftrag 447, 452, 461, 470, 483, 505, 514, 570, 586
kundenauftragsbezogene Massenfertigung 197
Kundenauftragscontrolling 196
Kundenauftragskalkulation 195
Kundenauftragsposition 195, 530
Kundendaten 573
Kundendienstprozess 605
Kundeneinzelangebot 503
Kundeneinzelauftrag 505
Kundeneinzelbestand 526
   bewerteter 194
   unbewerteter 267
Kundeneinzelfertigung 194, 196, 267, 498, 532, 536, 538, 637
Kundengruppe 199
Kundenhierarchie 39, 597
Kundenkonto 607
Kunden-Materialinfo 587
Kunden-Materialinformation 569
Kundenstamm 34, 51
   allgemeine Daten 34
   Buchhaltungsdaten 34
   Vertriebsdaten 34

L

Ladedatum 89
Ladegruppe 91
Ladezeit 88
Lagerfertigung 637
Lagerhalter
   externe 452
Lagernummer 262
Lagerort 23, 263, 637
Lagerplatz 262
Lagertyp 263
Lagerverkauf 193, 409, 446, 467, 478, 499, 530, 532, 543
Lagerverkauf mit Chargenfertigung 446
Lastschrift 374, 422, 434, 535, 637
Lastschriftsanforderung 375
Lastschriftsposition 375
Lead Management 600, 610

Leads 600
Lean-WM 264, 279, 304
Leihgut 637
Leihgutabholung 340
Leihgutabwicklung 338
Leihgutbeschickung 339
Leihgutnachbelastung 339
Lenkungsausschuss 548
Lieferabruf 386
Lieferant 292
Lieferantendaten 573
Lieferanten-Materialinfosatz 569
Lieferanten-Materialnummer 569
Lieferavis 60, 571
Lieferbedarf 460
Lieferbeleg 266
Liefergruppe 258
Lieferplan 384
Lieferplanabwicklung 385
Lieferplanposition 385
Lieferschein 60
Lieferung 451, 527, 604
Lieferungsbearbeitung 258
Liefervorschlag 85
Lieferwerk 401
Lifecycle Management 554
Login 22
Logistikanwendungen 19
logistische Folgeaktionen 367
LORD-Szenario 603
Losfertigung 532, 637
Losgröße 83
Lösungsdatenbank 611

M

Mandant 22, 637
Mapping 557, 559
Marketing 599
Massenreklamation 436
Massenreklamationsbearbeitung 425
Material
 konfigurierbares 538
 unbewertetes 267
Materialarten 32
Materialausschluss 137, 637
Materialbedarfsplanung 447, 457, 458, 479, 486, 568, 637
Materialdisposition 543

Materialfindung 120, 637
Materialinfosatz 569
Materialinspektion 369
Materiallistung 137, 638
Materialnummer 569
Materialposition 512
Materialreservierung 524
Materials Management (MM) → Materialwirtschaft
Materialstamm 28, 51, 282, 294, 362, 450, 465, 471, 514, 638
Materialwirtschaft 19, 263, 266, 289, 405, 569, 571, 575, 577
Maximal-Arbeitsplan 538
Maximal-Stückliste 538
Mengengutschrift 377
Mengenkontrakt 388
Mengenlastschrift 377
Mergers & Acquisitions 557
Merkmal 198, 210
Merkposten 316
Mietfaktura 346
Mietvertrag 340
Mindermengenzuschlag 452
Mindestbestellmenge 483
Mindestrestlaufzeit 96
Mitarbeiterorientierung 542, 545
MM → Materialwirtschaft
Monitoring 547, 611
Multi Channel Access → SAP NetWeaver Portal
MultiProvider 219, 220, 231

N

Nachbelastung 375
Nachrichtenart 62
Nachrichtenfindung 255, 569, 570, 577, 589, 638
Nachrichtenschema 62
Nachschublieferung 459
Nettoplanung 534
Neuterminierung 85

O

Obligofortschreibung 183
OCI 606
 Schnittstelle 606

Open Catalogue Interface → OCI
Opportunity Management 600, 610
Organisationseinheit 21, 189, 638
Organisationsstruktur 263, 447, 467, 499

P

parallele Bewertung 190
Partizipation 546
Partner Management 612
Partnerrolle 36, 37, 638
Payload 581, 582
Pickmenge 264
Pipeline-Services 557
Planabruf 387
Planauftrag 72, 451, 482
Planauftragsabruf 458
Planherstellkosten 476
Plankalkulation 474
Planprimärbedarf 77, 479, 534
Planselbstkosten 474
Plant Maintenance (PM) → Enterprise Asset Management (EAM)
Planungssegment 473, 480
Planverbrauch 491
Planversion 478
Position
  untergeordnete 244
Positionsdaten 254
Positionsebene 242
Positionstyp 246, 505, 638
Positionstypenermittlung 246, 247
Positionstypengruppe 246, 290, 294, 385
Positionsübersicht 275
Preisfindung 414, 512, 589, 638
Primärbedarf 638
Production Planning (PP) → Produktionsplanung und -steuerung
Produkthierarchie 33, 34, 446
Produktion 451
Produktionsgesellschaft 397
Produktionsplan 72
Produktionsplanung und -steuerung 19, 466, 615
Produktionswerk 450
Produktivstart 545
Produktkatalog 614

Produktselektion 122
Produktvorschlag 143
Produktvorschlagsschema 145
Pro-forma-Rechnung 638
Programmplanung 447, 450, 456, 469, 478
Project System (PS) 20
Projektfertigung 197, 539, 638
Projektorganisation 547
Projektstrukturplanelemente 539
Proxy 559
prozessorientierte Einführung 541
Prozessorientierung 542
Prüfregel 181
Prüfumfang 82
PSP-Element 539, 639

Q

Quality Management (QM) 20
Quellstruktur 557, 560

R

Rahmenvertrag 383, 384, 570, 639
Raumbedingung 262
Rechnungsempfänger 36, 257, 302
Rechnungsliste 61
Re-Engineering-Team 548
Regulierer 36, 416
Reklamation 422, 605
Reklamationsabwicklung 427, 639
Reklamationsbearbeitung 422
Reklamationsgrund 423
Remote Function Call (RFC) 555, 604
Reservierungsnummer 524
Retour 639
Retourenabwicklung 348, 362
Retourenanlieferung 350
Retourenauftrag 350
Retourengründe 367
Retourengutschrift 351
Retourensperrbestand 350
Richtzeit 88
Risikoklasse 160, 181
Route 91
Routenfindung 91
Routing 559
Rückerstattungsschlüssel 367

Rückerstattungssteuerung 369
Rückwärtsterminierung 88

S

Sales and Distribution (SD) → SD
Sammelrechnung 270
SAP APO 604
SAP BusinessObjects 17
SAP BusinessObjects und SAP NetWeaver Business Warehouse (BW) 212
SAP Credit Management 171
  Aktivierung 174
  Systemlandschaft 172
SAP CRM 551, 596
SAP ERP Financials 20, 284, 285, 406, 407, 420, 572, 594
SAP Exchange Connector 555
SAP IDES-System 16
SAP Interaction Center 610
SAP NetWeaver 15, 552, 553, 554, 556, 558, 639
  Composite Application Framework (CAF) 553
  Lifecycle Management 554
SAP NetWeaver Application Server → SAP NetWeaver
SAP NetWeaver BW 16, 212, 560, 596, 639
  Web Reporting 560
SAP NetWeaver Composition Environment 554
SAP NetWeaver Developer Studio 555
SAP NetWeaver Exchange Infrastructure (XI) → SAP NetWeaver Process Integration (PI)
SAP NetWeaver MDM 560
SAP NetWeaver Mobile 565
SAP NetWeaver PI 556, 570, 638
  Integration Engine 557
SAP NetWeaver Portal 553, 561, 565
SAP NetWeaver Process Integration (PI) 556
SAP Product Lifecycle Management (SAP PLM) 350
SAP Solution Manager 554
SAP-Einführung 541

SAP-Hinweis
  10560 403
  1165078 (Berechtigungsprüfung für Konditionen oder Zwischensummen) 52
  374213 165
  381348 403
  837111 606
SAPscript 66
Scoringtabelle 177
SD 189, 191, 263, 449, 471
Segmentierung 609
Sekundärbedarf 480, 508, 523, 535, 568, 639
Selbstkosten 77, 501, 507, 517
Serialnummer 106, 494, 639
  mehrere 116
Serialnummernliste 343, 344
Serialnummernprofil 108
Serialnummernstammsatz 495
serviceorientierte Architektur 552, 639
Setabwicklung 244
Sichten (Materialstamm)
  Arbeitsvorbereitung 29
  Bestand 29
  Buchhaltung 29
  Einkauf 29
  Grunddaten 29
  Kalkulation 29
  Klassifizierung 29
  Lagerung 29
  Lagerverwaltung 29
  Prognose 29
  Qualitätsmanagement 29
  Vertrieb 29
Single Sign-on 561
SOA → serviceorientierte Architektur
SOAP-Protokoll 558
Sonderbeschaffungsschlüssel 457
Sonderbestandsführer 302
Sortiment 389
Sparte 24
Stammdaten 560, 575, 597
Standardanalyse 207
Statistik 206
Statistikfortschreibung 269
Steering Committee 548
Sternschema 219

654

Steuerkennzeichen 402
Steuerklasse
  Kundenstamm 51
  Materialstamm 51
Steuerkonto 273
Strategic Enterprise Management (SEM) 217
Strategiegruppe 450
Streckenauftrag 290
Streckenauftragsabwicklung 287, 288, 640
Streckenbestellung 292
Streckenposition 290
Strukturmapping 557
Stückliste 516, 538
  auftragsbezogene 516
Substitutionsergebnis 126
Substitutionsgrund 125
Substitutionsmaterial 120
Substitutionsstrategie 126
SWOT-Analyse 602
Systemorganisation 542

T

Tageshorizont 471
Teilfakturen 307
Teillieferung 259
Teilprojekt
  komponentenorientiertes 545
  prozessorientiertes 545
Termin fix 484
Terminauftrag 256
Terminauftragsabwicklung 253, 273, 640
Terminbezeichnung 313
Termintyp 313
Terminvorschlag 314
Transitzeit 88
Transportauftrag 265, 640
Transportbeleg 452
Transportdispositionsdatum 89
Transportdispositionszeit 88

U

Umlagerungsbestellung 450, 459
Umsatzkosten 191
Umsatzsteueridentnummer 51

Unternehmensorganisation 542
Unternehmensplanung 217, 449
unternehmensübergreifende Auftragsabwicklung 566
unternehmensübergreifende Geschäftsprozesse 551
Unterposition 244
User-Exit 640

V

Variantenkonfiguration 537, 606, 640
Vendor Managed Inventory (VMI) 301
Verarbeitungsanalyse 419
Verarbeitungsprotokoll 589
Verarbeitungszeitpunkt 64
Verbrauchsbuchung 491, 524
Verfalldatum 97
Verfügbarkeitsprüfung 242, 248, 252, 445, 502, 535, 543, 589, 607, 640
Verkauf ab Lager 192, 448
Verkäufergruppe 26, 640
Verkaufsbelegart 640
Verkaufsbüro 26, 640
Verkaufsmethodik 601
Verkaufsorganisation 24, 200, 208, 641
Verrechnung
  gegen Vorplanung 73
  gegen Vorplanungsmaterial 76
  interne 410
Verrechnungshorizont 471
Verrechnungslogik 472
Versand 447, 475, 494
Versandfälligkeit 244
Versandorganisation 451
Versandstelle 27, 641
Versandterminierung 641
Vertriebsbeleg → Belegstruktur
Vertriebsbelegart 67
Vertriebsbelegtyp 245
Vertriebsbereich 24, 641
Vertriebsgesellschaft 397
Vertriebsinformationssystem (VIS) 203, 218, 220, 269, 449, 641
Vertriebsplanung 449, 455
Vertriebsprozess 445

Vertriebsweg 24, 200, 641
Vertriebswerk 452, 457
Visual Composer 554
Vorplanung mit Endmontage 535
Vorplanung ohne Endmontage 76, 465, 468, 485, 641
Vorplanungsbedarf 456, 471
Vorwärtsterminierung 90
VPRS (Verrechnungspreis) 53

W

Warehouse Management (WM) 262
Warenausgangsbuchung 265, 266, 269, 281, 462
Warenausgangsdatum 89
Wareneingang 451, 460, 470, 509, 524, 526, 572
Wareneingangsbuchung 411, 460, 492
Wareneinstandswert 382
Warenempfänger 36, 510
Web Dynpro 555
 for ABAP 555
 for Java 555
Web Reporting 215, 216
Webshop 605, 609, 615
Werk 23, 641
werksübergreifende Verfügbarkeitsprüfung 79
Wertemapping 557
Wertfelder 202
Wertfeldzuordnung 201
Wertgutschrift 377
Wertkontrakt 388, 390
Wertlastschrift 377
Wertschöpfungskette 445, 500
Wiederbeschaffungszeit 515
Wunschlieferdatum 277

X

XML 556, 557, 558, 570, 641
XML-Nachricht 557
 Datenanreicherung 557
 in das IDoc-Format umwandeln 558
 Splitting 557
 Zusammenführung 557

Z

Zahlungseingang 285
Zahlungskartenabwicklung 607
Zielstruktur 557, 560
Zugriffsfolge 48, 641
Zugriffshierarchie 199

www.sap-press.de

Susanne Hess, Stefanie Lenz, Jochen Scheibler

Vertriebscontrolling mit SAP NetWeaver BI

Dieses Buch kombiniert umfassendes Vertriebswissen mit besten Kenntnissen in SAP NetWeaver Business Intelligence (BI). Sie lernen SAP NetWeaver BI kennen und erfahren, wie Sie die wichtigsten Vertriebskennzahlen betriebswirtschaftlich korrekt ermitteln. Anhand konkreter Beispiele und veranschaulicht durch viele Abbildungen sehen Sie, wie Daten aus dem ERP-System im BI-System modelliert werden. Klar und verständlich wird Ihnen erklärt, wie Sie das Controlling von Vertriebsprozessen passgenau auf Ihr Unternehmen abstimmen.

255 S., 2009, 59,90 Euro, 99,90 CHF
ISBN 978-3-8362-1199-4

>> www.sap-press.de/1792

www.sap-press.de

Ihr Einstieg in das Kundenbeziehungsmanagement mit SAP

Marketing, Vertrieb und Service verständlich erklärt

Mit vielen anschaulichen Praxisbeispielen zum Einsatz im Unternehmen

Srini Katta

Discover SAP CRM

Entdecken Sie die Funktionen und Möglichkeiten von SAP CRM. Ob Sie neu in der Welt des Kundenbeziehungsmanagements mit SAP sind, überlegen, SAP CRM in Ihrem Unternehmen einzuführen, oder einen schnellen Überblick über den neuesten Wissensstand brauchen: in diesem Buch finden Sie, was Sie suchen. Übersichtlich und trotzdem umfassend lernen Sie die Kernbereiche Marketing, Vertrieb und Service kennen, entdecken verschiedene Kommunikationswege, die zugrundeliegenden Technologien, CRM Analytics u.v.m.

431 S., 2009, 39,90 Euro, 67,90 CHF
ISBN 978-3-8362-1350-9

\>\> www.sap-press.de/2011

www.sap-press.de

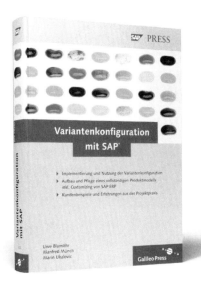

Implementierung und Nutzung der Variantenkonfiguration

Aufbau und Pflege eines vollständigen Produktmodells

inkl. Customizing von SAP ERP

Kundenbeispiele und Erfahrungen aus der Projektpraxis

Uwe Blumöhr, Manfred Münch, Marin Ukalovic

Variantenkonfiguration mit SAP

Lernen Sie mit diesem Buch von A bis Z, wie Sie die SAP-Variantenkonfiguration implementieren und nutzen. Nach einer Einführung in die betriebswirtschaftlichen Grundlagen erfahren Sie detailliert, wie Sie ein Produktmodell erstellen: Ob Klassensystem, Konfigurationsprofil, Beziehungswissen – kein Aspekt wird vergessen. Im Anschluss erläutern Ihnen die Autoren das Customizing der relevanten Geschäftsprozesse in SAP ERP und das Zusammenspiel mit SAP CRM. Am Beispiel der Branchenlösung DIMP wird aufgezeigt, welche Zusatzfunktionen für spezielle Anforderungen zur Verfügung stehen. Profitieren werden Sie zudem von den hilfreichen SAP-Partnerentwicklungen und von Erfahrungen, die Projektleiter und Kunden mit der SAP-Variantenkonfiguration gemacht haben.

557 S., 2009, 69,90 Euro, 115,– CHF
ISBN 978-3-8362-1202-1

>> www.sap-press.de/1808

www.sap-press.de

Umfassende Einführung in die neue Benutzeroberfläche von SAP CRM

Flexible Anpassung von Web Client UI, Benutzerrollen und Navigationsleisten

Praxisnahe Anleitungen und ausführliche Workshops

Für SAP CRM 2007 und SAP CRM 7.0 geeignet

Michael Füchsle, Matthias E. Zierke

SAP CRM Web Client - Customizing und Entwicklung

Dieses Buch erläutert alles, was Sie über die brandneue Oberfläche von SAP CRM wissen müssen: Es erklärt die Architektur des UI-Frameworks, erläutert Ihnen die Anpassungsmöglichkeiten im Customizing (Rollen, Navigation, Factsheets u. v. m.) und alle Optionen, die Sie zu kundenspezifischer Erweiterung mittels Programmierung haben. Zwei umfangreiche Praxisbeispiele zeigen Ihnen schließlich, wie Sie das Gelernte zur Anwendung bringen und z.B. eigene Komponenten entwickeln oder das Autorisierungskonzept erweitern.

475 S., 2009, 69,90 Euro, 115,– CHF
ISBN 978-3-8362-1287-8

>> www.sap-press.de/1923

www.sap-press.de

Das Standardwerk für FI-Anwender

Alle Aufgaben im SAP-Finanzwesen verständlich erklärt

Mit vielen Tipps und Hinweisen für die tägliche Arbeit

3., aktualisierte und erweiterte Auflage

Heinz Forsthuber, Jörg Siebert

Praxishandbuch SAP-Finanzwesen

In diesem Buch erhalten Anwender eine kompakte Einführung in die FI-Komponente von SAP ERP Financials. Sie erhalten Einblicke in die Prozesse und Werteflüsse sowie die Integration mit anderen SAP-Anwendungen. Sie werden Schritt für Schritt mit den für Sie wichtigen Funktionen vertraut gemacht; kein Thema Ihres Interesses wird ausgespart, seien es Belege, Kontenberichte, spezielle Buchungen, automatische Verfahren, Abschlussarbeiten oder die Anlagenbuchhaltung. Die 3. Auflage wurde komplett überarbeitet und berücksichtigt alle Neuerungen in SAP ERP 6.0, z.B. das neue Hauptbuch.

623 S., 3. Auflage 2009, 59,90 Euro, 99,90 CHF
ISBN 978-3-8362-1127-7

>> www.sap-press.de/1652

www.sap-press.de

Lösungen für die tägliche Arbeit mit CO-OM und BW

Kostenarten, Kostenstellen, Innenaufträge u.v.m.

Mit einem durchgängigen Praxisbeispiel

2., aktualisierte und erweiterte Auflage

Uwe Brück, Alfons Raps

Praxishandbuch Gemeinkosten-Controlling mit SAP

So bekommen Sie die Gemeinkosten Ihres Unternehmens in den Griff: Dieses Praxisbuch zeigt Ihnen, wie Sie die SAP-Komponente CO-OM bestmöglich anwenden. Sie lernen die betriebswirtschaftlichen Hintergründe und die Umsetzung im SAP-System kennen. Außerem erhalten Sie Einblick in wichtige Steuerungselemente wie BW. Die Integration mit anderen SAP-Komponenten wird ebenfalls behandelt. Zahlreiche Beispiele aus dem Controller-Alltag bieten Hilfestellung in der Praxis. Die 2., aktualisierte und erweiterte Auflage basiert auf Release SAP ERP 6.0.

ca. 500 S., 2. Auflage, 59,90 Euro, 99,90 CHF
ISBN 978-3-8362-1485-8, Januar 2010

>> www.sap-press.de/2227

www.sap-press.de

End-to-end-Prozessintegration aus Entwicklersicht

Einzelübungen zur Erstellung von Mappings, Adaptern und Proxys

Umfassendes Beispielszenario aus dem Vertrieb

Valentin Nicolescu, Burkhardt Funk, Peter Niemeyer, Matthias Heiler, Holger Wittges, Thomas Morandell, Florian Visintin, Benedikt Kleine

Praxishandbuch SAP NetWeaver PI – Entwicklung

Mappings, Adapter und Proxys im Griff! Die 2. Auflage dieses praktischen Übungsbuches für SAP NetWeaver Process Integration widmet sich der Entwicklung und Konfiguration mithilfe dieser drei Technologien – aktualisiert zu Release 7.1 sowie erweitert um die Darstellung neuer Funktionen und Praxisbeispiele. Ein Grundlagenteil stellt Ihnen zunächst die zentralen Herausforderungen bei der Integration von betrieblichen Informationssystemen vor. Sie lernen in diesem Zusammenhang auch, welche Möglichkeiten und Funktionen Ihnen SAP NetWeaver PI bei der Lösung dieser Fragestellungen bietet. Im Hauptteil des Buches geht es schließlich tief ins System: In Grundlagenübungen lernen Sie alle drei Schnittstellentechnologien im Einzelnen kennen, bevor diese dann in einem vielschichtigen Fallstudienkapitel zusammengeführt werden. Monitoring-Aspekte runden jede Übungseinheit ab.

504 S., 2. Auflage 2009, 69,90 Euro, 115,– CHF, ISBN 978-3-8362-1440-7

>> www.sap-press.de/2159

www.sap-press.de

Alle Funktionen von SAP BusinessObjects Planning and Consolidation (BPC) im Detail

Modellierung und Konzeption eigener Planungsanwendungen

Mit einem umfassenden Praxisbeispiel

Martin Kießwetter, Goran Gulis, Dirk Vahlkamp

Praxishandbuch Unternehmensplanung mit SAP BPC

Lernen Sie, wie Sie SAP BusinessObjects Planning and Consolidation (BPC) für die Finanzplanung nutzen. Dieses Buch zeigt Ihnen, wie Sie eine Planungsanwendung sowohl modellieren als auch nutzen können und erfahren, wie besonders häufig auftretende Planungsanforderungen umgesetzt werden können. Ein konkretes Planungsbeispiel, das Sie leicht nachvollziehen können, wird im Verlauf des Buches entwickelt. Das Buch ist für Anwender der .NET-Version und der SAP NetWeaver-Version geeignet; es richtet sich an Mitarbeiter aus den Fachabteilungen, die sich mit der Planung beschäftigen.

ca. 500 S., 69,90 Euro, 115,– CHF
ISBN 978-3-8362-1435-3, Januar 2010

>> www.sap-press.de/2150